복음주의 리포트

복음주의의 역사, 쟁점 그리고 과제
:미국과 한국을 중심으로

배 덕 만

KB210427

복음주의 리포트

지은이	배덕만
초판발행	2020년 8월 26일

펴낸이	배용하
책임편집	배용하
등록	제364-2008-000013호
펴낸곳	도서출판 대장간
	www.daejanggan.org
등록한 곳	충청남도 논산시 가야곡면 매죽헌로1176번길 8-54
편집부	전화 (041) 742-1424
영업부	전화 (041) 742-1424 전송 0303-0959-1424
분류	기독교	교회사	복음주의

ISBN	978-89-7071-533-9 03230
CIP제어번호	CIP2020034541

 값 25,000원

복음주의 리포트

복음주의의 역사, 쟁점 그리고 과제
:미국과 한국을 중심으로

배 덕 만

복음주의 리포트

The Evangelicalism Report

프롤로그

지난 20세기 동안 세상은 거의 천지개벽 수준으로 근원적인 변화를 경험했다. 과학기술의 눈부신 발달은 인간의 삶 자체에 결정적인 혁신을 초래했으며, 종교를 포함한 문화 전반에도 측정 불능 수준의 충격을 안겨주었다. 특히, 두 차례의 세계대전은 인간의 본성과 과학기술의 부정적 파괴력을 적나라하게 노출하여, 인류의 문명 자체에 대해서도 진지한 반성과 경계를 촉구하게 되었다. 동시에, 자본주의, 공산주의, 자유주의, 파시즘, 아나키즘 등의 새로운 이념들이 출현하면서, 세계는 기존의 종교적 갈등을 대체하는 이념적 분쟁의 시대로 이동했다. 동시에, 오일 달러를 중심으로 중동의 존재가치가 급부상하면서 이슬람의 교세가 급격히 확대되었고, 그 결과 기독교와 이슬람 간의 "문명의 충돌"이 중요한 시대적 쟁점으로 부상했다.

이런 급격한 변화와 새로운 갈등은 기독교에도 직간접적인 영향을 끼치면서, 기독교 자체에 다양한 방식과 모습으로 지각 변동을 가져왔다. 기본적으로, 기독교는 더 이상 서양의 종교가 아니다. 그야말로 5대양 6대주에 널리 분포하는 세계인의 종교가 되었다. 비록, 서유럽 선교사들의 헌신적인 노력으로 비서구 지역으로 성경이 보급되고 교회가 세워졌으나, 이후 각 지역의 고유한 역사와 문화 속에서 다양한 정도의 토착화를 경험하며 수많은 버전의 기독교들이 공존하게 되었다. 동시에, 이 과정에서 서구의 기독교는 세속화의 광풍을 통과하며 기존의 사회적 지위와 정치적 영향력이 크게 약화되었다. 반면, 서구의 재정적·인적 후원 하에 개척된 비서구지역의 기독교는 교인수와 종교적 열정 면에서 서구를 빠르게 추월했고, 기독교의 중심축은 비서구권을 상징하는 남반부Global South로 이동했다. 급변하는 세상 속에서 기독교도 변화의 압력에서 벗어날 수 없었던 것이다.

20세기에 발생한 문명사적 변화에서 가장 중요한 역할을 담당한 국가는 단연 미국이다. 거대한 영토와 풍부한 자원, 급증하는 인구, 성공적인 산업화와 경제발전, 그리고 정치적·종교적 활력 등에 힘입어, 17세기 영국의 식민지로 출발했던 미국이 20세기에 세계 유일의 절대강국으로 등극했고, 이런 미국의 힘과 성장은 20세기 기독교의 지형도 자체를 재구성했다. 즉, 미국의 경제적·정치적·군사적 힘은 미국의 영향력을 전 세계로 빠르게 확장시켰으며, 19세기 내내 지속된 종교적 부흥의 열기가 열정적인 선교운동 및 묵시적 종말론과 연동되어 미국적 기독교를 전 세계로 확산시킨 것이다. 그 결과, 사람들은 세계 전역에서 미군과 시티은행, 코카콜라와 맥도널드, 할리우드와 빌보드 등과 함께 미국에서 들어온 다양한 교회들을 쉽게 만날 수 있게 되었다.

이 맥락에서 우리는 특히 두 가지 사항에 주목하게 된다. 첫째, 이런 미국의 정치적·종교적 팽창의 산물로 한국에 개신교회가 등장했다는 사실이다. 비록, 1830년대부터 독일과 영국 출신 선교사들이 한반도와 조선인들에 접근한 기록이 있으나, 이 땅에 개신교를 도입하고 정착시킨 것은 것은 1882년 조미수호통상조약 이후 한국에 진출하기 시작한 미국 선교사들이다. 뿐만 아니라, 그 후 1세기 이상 동안 한국 개신교의 성장과 변화에 가장 광범위하고 결정적인 영향을 지속적으로 끼친 것도 미국의 다양한 기독교 교파와 단체들이다. 그런 이유에서, 한국 개신교와 미국 개신교의 관계는 가히 '운명적'이라 할 수 있다. 한국에 존재하는 대다수의 교파들, 신학과 선교, 예배와 찬송, 심지어 영성과 정치까지 미국의 영향이 미치지 않은 영역이 거의 없을 정도다. 따라서 한국 개신교의 본질과 현상을 이해하는 과정에서 미국은 첫번째 고려 대상이다.

둘째, 20세기 미국의 팽창을 통해 전 세계로 확산된 기독교, 그 과정에서 한국 개신교의 형성과 발전에 결정적인 영향을 끼친 기독교는 단연 '복음주의' evangelicalism였다. 미국 기독교는 소위 '종교적 백화점'이라 불릴 만큼 다양한 교파와 신학, 영성과 제도가 공존, 경쟁, 혼합되면서 역사상 전례가 없는 독특한 기독교 문화를 형성했다. 이민자들의 민족적·인종적 다양성만큼 다양한 전통과 교파들이 공존하게 되었으며, 그리스도교회, 나사렛교회, 하나님의 성회 같은 독특한 교회들이 미국에서 새로 출현했고, 정교분리와 종교의 자유 같은 독특한 제도와 문화를 정착시켰다. 그 결과, 유니테리언 교회 같은 극단적 진보주의부터 정통장로교회 같은 근본주의, 심지어 몰몬과 여호와의 증인 같은 신흥종교 등 대단히 다양한 스펙트럼을 형성했다. 그럼에도 미국 기독교의 저변을 관통하는 지배적인 흐름이 존재한다. 바로 복음주의다. 잘 알려진 것처럼, 복음주의는 정의하기도 쉽지 않다. 그 역사가 복잡하고 관련된 교파와 인물, 쟁점이 다양하고 유동적이기 때문이다. 그럼에도 복음주의가 미국 기독교의 독특한 산물이며, 다양하고 역동적인 미국 기독교에 직간접적으로 영향과 연관을 맺으며 진화·분화한 것은 부인할 수는 사실이다. 그리고 20세기 동안 미국의 제국주의적 팽창과 병행하여 진행된 미국 기독교의 세계선교를 통해 전 세계로 빠르고 광범위하게 확산된 새로운 기독교 운동도 복음주의였다. 동시에, 그런 팽창과 확산의 연장선상에서 한국에 수용된 기독교도 복음주의가 지배적이었다. 따라서 현대 기독교를 이해하려는 진지한 노력은 마땅히 복음주의에 주목할 수밖에 없다. 또한, 복음주의가 지배적인 한국 기독교를 이해하려 할 때, 미국 기독교와의 역사적·신학적 관계를 염두에 두어야 하며, 무엇보다 미국 복음주의에 집중해야 한다.

이런 문제의식 하에, 이 책은 미국과 한국의 복음주의를 역사적·주제적 관점에서 검토하고자 한다. 17세기에 활발히 활동하다 역사의 뒷편으로 사라진 경건주의나 청교도주의와 달리, 복음주의는 지금도 활발히 활동하며 지속적으로 변모하는 '현재진행형 운동'이다. 그래서 그 본질과 실체를 명확히 규정하는 것이 쉽지 않고, 그것에 대한 정의를 내리는 것은 훨씬 더 어렵다. 그럼에도 복음주의를 이해하는 가장 보편적인 방법은 여전히 그 역사를 포괄적으로 검토하는 것이다. 그리고 복음주의란 이름하에 발생한 다양한 현상을 객관적으로 관찰·서술하는 것이다. 따라서 이 책은 미국과 한국에서 발생한 복음주의의 다양한 인물, 사건, 운동, 쟁점을 최대한 포괄적으로 검토하고 객관적으로 소개하고자 한다. 물론, 복음주의는 16세기 종교개혁의 전통을 충실히 계승하고, 17세기 청교도와 경건주의, 18-19세기 영미 부흥운동의 영향을 깊고 넓게 수용했다. 그리고 20세기에 그 활동영역이 전 세계로 확장되었고, 당면한 과제와 쟁점도 다양하게 변모했다. 이런 역사와 현실을 충분히 이해하지만, 이 책은 시기적으로 20세기에 한정하고, 지역적 범위도 미국과 한국의 복음주의에 한정한다.

이런 의도와 목적 하에, 이 책은 크게 3부로 구성된다. 제1부[1~3장]는 복음주의의 역사를 개괄적으로 살펴본다. 특히, 20세기 복음주의의 가장 주목할 만한 주제와 현상인 복음주의와 사회개혁의 관계, 그리고 오순절운동의 역사를 주요 인물과 사건, 쟁점을 중심으로 서술한다. 제2부[4~9장]는 복음주의 중심지인 미국의 상황을 다양한 인물과 흐름에 주목하며 검토한다. 여기서는 성결운동 안에서 사회개혁을 추구했던 B. T. 로버츠와 자유감리교회, 오순절주의자로서 광범위한 영역에서 치유사역을 전개한 에이미 샘플 맥퍼슨, 신복음주의의 탄생과 확장에 크게 기여한 복음전도자 빌리 그레이엄, 분리주의란 전통적 금기를 깬 기독교 우파의 상징 팻 로버트슨, 보수적 신앙 위에서 진보적 사회참여를 추구해 온 복음주의 좌파 짐 월리스, 포스트모더니즘을 배경으로 새로운 복음주의를 모색하는 이머징교회의 브라이언 맥클라렌을 차례로 소개한다. 제3부[10~16장]는 한국의 복음주의를 다루는데, 복음주의와 관련된 다양한 주제와 운동, 쟁점을 중심으로 구성된다. 즉, 한국 기독교의 지배적 흐름인 근본주의, 근본주의의 극복을 위해 출현한 진보적 복음주의, 뜨거운 감자로 급부상한 신사도개혁운동, 오랫동안 한국교회의 분열과 갈등의 주제인 정교분리, 교회세습, 혐오와 차별, 한국기독교총연맹을 차례로 검토한다.

이 책에 실린 글들은 내가 이미 다른 지면에 발표했던 논문을 수정하여 다시 수록한 것이다. 나는 성결교회에서 성장하고 공부하면서 성령운동의 가치와 한계를 경험적으로 인지할 수 있었고, 신학수업 기간 동안 성령운동, 종말론, 사회참여에 주목하며 미국교회의 다양한 현상에 대한 자료들을 읽었다. 그리고 지금까지 미국의 상황을 한국교회와 학계에 소개하는 논문과 번역에 힘을 쏟아왔다. 동시에, 동일한 관점과 방법론으로 한국의 상황을 검토하고 분석하는 작업도 병행했다. 그 결과, 그 동안 미국과 한국의 복음주의에 대해 적지 않은 양의 글을 발표할 수 있었다. 하지만 그 과정에서 전공 영역이 불분명해지고 말았다. 주 전공인 미국교회사에 온전히 집중하지 못했고, 한국교회사가들의 경계를 허가 없이 범하고 만 것이다. 예상치 못했지만, 결국 이 두 영역의 경계지대가 나의 학문적 놀이터가 되고 말았다. 따라서 이 지점이 내가 공헌할 수 있는 분야이지만, 동시에 양 분야의 전문가들에게 눈총을 받을 수밖에 없을 것이다. 내가 짊어져야 할 책임이자 감당해야 할 십자가다. 그런 부담과 책임의 결과물이 바로 이 책이다. 곳곳에 한계와 오류가 드러날 수밖에 없을 것이다. 하지만 20세기 미국과 한국의 복음주의에 관심 있는 이들에게 작은 도움이라도 제공할 수 있다면 더 큰 보람과 기쁨이 없을 것이다. 동시에, 전문가의 눈에 포착된 오류와 부정확한 내용은 모두 저자의 한계요 책임이다. 동학들의 진정어린 비판과 교정을 기대한다.

책을 한권 새로 발표할 때마다 긴장과 기대가 교차하고, 감사와 미안함이 함께 밀려온다. 무엇보다, 한국교회가 암흑기를 맞이한 때, 신학적 책임을 감당하기 위해 동분서주하는 기독연구원 느헤미야의 동료 교수들과 학생들은 나의 학문적 영감과 동력의 원천이다. 고맙고 소중한 분들이다. 또한 마음의 절반이 느헤미야에 머물러 있는 목사와 함께 세속도시 한복판에서 하나님나라를 꿈꾸는 백향나무교회는 나의 신앙적 고민과 희망의 근원적 이유다. 교우들에게 늘 미안하고 감사할 뿐이다. 그리고 학교와 교회 때문에 하숙생처럼 사는 내게 가족은 나의 존재 이유와 목적이다. 그들의 존재가 내가 사는 힘이다. 끝으로 이 모든 것을 가능케 하신 주님께 감사와 영광을 돌린다.

2020년 8월

배덕만

1부 ▪ 개관

Evangelicalism Reports

제1장
복음주의, 난해하고 복잡한 역사 [1]

복음주의Evangelicalism의 기원을 설명하는 일은 결코 용이하지 않다. 이 것은 "복음주의란 무엇인가?"란 정의definition 자체가 매우 다양하고 복잡하기 때문이다. 복음주의 정의에 대한 일치된 합의가 없는 상황에서, 복음주의 기원을 설명하는 일은 쉽지 않다. 역으로, 복음주의의 기원에 대한 학자들의 입장차이로, 복음주의에 대한 정확한, 혹은 통일된 정의를 내리는 것도 대단히 어렵다. 따라서 자신을 복음주의자로 고백하는 사람들 중에는 그 의미도 정확히 이해하지 못한 채 정체불명의 이름표를 달고 다니거나, 아군인 줄 알았던 사람들이 복음주의 우산 아래 진흙탕싸움을 벌이는 기이한 광경이 벌어지기도 한다. 정녕, 아군과 적군의 식별이 불가능한 상황에 처한 것이다.

이런 상황에서 복음주의를 이해하려는 무모한(?) 시도는 그 난해하고 복잡한 역사를 계속 더듬고 확인할 수밖에 없다. 기존의 고정된 틀과 관점을 반복하는 대신, 새로운 관점과 방법에 근거한 용감하고 창조적인 접근이 필요하다. 동시에, 이것은 기존의 연구에 대한 비판적 검토를 전제하며, 자신이 발견한 사실과 주장의 유한성마저 겸허히 인정해야 한다. 하지만 이런 방법과 태도도 말처럼 쉬운 것은 아니다. 이런 문제의식 하에, 이 글은 복음주의 역사를 미국을 중심으로 간략히 검토하는데 일차적 목적이 있다. 복잡하고 난해한 복음주의 역사를 시기별로 구분하고 각각의 논점과 특징을 지적함으로써, 복음주의의 다양성과 통일성을 보다 객관적 · 포괄적으로 이해하고자 한다.

I. 복음주의의 탄생

복음주의 역사신학자 도널드 데이튼Donald W. Dayton은 복음주의 역사적 기원을 3가지로 구분하여 설명한다. 그에 따르면, 복음주의를 지칭하는 영어단어가 Evangelicalism 하나뿐이지만, 독일어의 경우, Evangelische, Pietismus, Evangelikal이라는 세 가지 상이한 단어들이 존재한다.[2] 그는 이 세 단어가 미국에서 모두 영어 Evangelicalism으로 번역됨으로써, 개념적 혼란이 발생했다고 지적한다. 이제, 그의 논리를 따라, 복음주의의 세 가지 상이한 기원을, 그에 따른 최소한 세 가지 상이한 흐름을 검토해 보자.

1. Evangelische

이 용어는 16세기 종교개혁 당시, 루터가 자신의 운동을 로마 가톨릭과 구별하기 위해 사용한 것이다. 당시, 루터의 가장 중요한 신학적 쟁점은 행위중심의 가톨릭 구원론을 비판하면서, 성경적 구원론을 정립하는 것이었다. 결국, 루터신학의 핵심은 칭의론justificationo by faith이었다. 그는 바울서신에 대한 주석 작업을 토대로, 선행이 구원의 필수조건이 아니며, 구원은 오직 하나님의 은총이고 우리의 믿음을 통해 예수 그리스도의 의義가 우리에게 전가된다고 주장했다. 그러면서, 구원에 인간적 요소를 첨가하는 일체의 시도를 강력히 비판했다. 그가 신약성경의 야고보서를 "지푸라기 서신"으로 비판하고 수도원제도를 공격한 것, 그리고 끊임없이 복음과 율법을 대비시킨 것은 이신칭의에 대한 그의 절대적인 확신과 행위에 대한 과도한 비판의 단적인 표현들이다. 이런 루터신학의 특징은 그의 사후에 개

신교 정통주의로 계승되면서 경직되었다.[3]

그렇다면 루터의 복음주의는 개신교[Protestantism], 혹은 루터교회[Lutheranism]로 번역되는 것이 보다 정확할 것이다.[4] 이때 루터는 '행위에 대한 가톨릭의 강조' 의 반제[antithesis]로 믿음을 강조한다. 따라서 그가 칭의를 지나치게 강조함으로써, 상대적으로 성화에 대한 관심이 약화될 수밖에 없었고, 성령과 영적 체험에 대한 관심도 미미했다. 또한 루터는 전통/전승[tradition]을 강조하는 가톨릭에 저항하면서 성경의 권위를 절대시했으나, 지나치게 바울을 교조적으로 이해함으로써 야고보서를 정경으로 인정하지 않는 한계를 드러냈다. 동시에, 종말에 대한 관심, 국가와 교회의 관계, 전도에 대해서도 중세적 한계를 벗어나지 못했다. 이런 면을 고려할 때, 루터의 복음주의는 분명한 시대적 한계를 지닌다. 한 가지 더 첨가할 것은 루터의 복음주의가 16세기 종교개혁에서 주류에 의해 급진주의 혹은 좌파적 종교개혁으로 비난받은 재세례파와도 결정적인 차이점을 갖고 있다는 사실이다.[5]

2. Pietismus

Pietismus는 흔히 경건주의[Pietism]로 번역된다. 하지만 학자들에 따라 경건주의에 대한 정의도 다양하다. 예를 들어, 슈테플러 같은 학자는 영국의 청교도운동을 경건주의에 포함시킨다. 그럼에도 대부분 학자들은 Pietismus가 16세기 종교개혁의 온전한 성취를 위해 개신교 정통주의에 대한 비판적 대안운동으로 17세기에 출현했다고 생각했다. 이신칭의와 성경에 대한 관심 면에서, 경건주의는 루터와 별다른 차이가 없다. 하지만, 개신교 정통주의가 과도하게 교조주의화하면서 루터의 본래적 의도에서 일탈하고 경직되자, 성경, 체험, 실천을 강조하며 출현한 것이다. 요한 아른트, 필립 야콥 슈페너, 헤르만 프랑케, 진젠도르프, 그리고 18세기 존 웨슬리에 이르는 경건주의의 계보는 성경에 대한 존중과 함께 종교적 체험을 강조한다. 따라서 '이신칭의' justification by faith란 법정적 개념 대신 '중생' regeneration이라는 생물학적 용어를 선호하고, 이것은 자연스럽게 성화에 대한 관심으로 발전하여, 다양한 형태의 사회개혁운동과 연결되었다.[6]

데이튼은 이 운동의 대표적 인물로 존 웨슬리를 꼽고, 그를 통해 복음주의의 새로운 실체를 분석한다. 존 웨슬리는 기본적으로 자신의 종교를 계몽주의에 경도된 이신론의 반제로 규정하면서, 그리고 이성적 종교와 대비되는 것으로서 '옛 종교' Old religion, 혹은 '마음의 종교' religion of heart로 정의했다. 동시에, 신자를 '명목상의 그리스도인' nominal Christian과 '진정한 그리스도인' real Christian으로 분류하고, 중생과 성화를 시간적으로 구분하며 '기독자의 완전' 완전성화을 추구했다. 학자들은 이런 웨슬리의 사상에 동방정교회와 재세례파, 경건주의, 청교도의 영향이 로마가톨릭과 성공회의 영향만큼 광범위한 영향을 미쳤다고 해석한다. 하지만 경건주의의 영향이 가장 절대적이었음은 부인할 수 없다.[7] 여기서 우리가 특히 주목할 것은 웨슬리가 칭의란 용어보다 중생regeneration 혹은 신생new birth이란 개념을 선호했고, 무엇보다 중생/칭의/신생보다 성화sanctification를 더 강조했다는 사실이다. 이런 맥락에서, 특히 그는 인간을 "의인이면서 죄인"simul justus et peccator으로 규정한 루터의 인간론과 인간구원에 대한 칼빈의 예정론 모두를 "율법폐기론"antinomianism으로 비판했다. 이것은 행위/율법에 대해 부정적인 입장을 고수했던 루터와 정면으로 충돌하는 부분이다. 동시에, 웨슬리는 초대교회의 대표적 성령-종말운동가였던 몬타누스를 옹호하면서 종교적 체험을 긍정했고, 빈민, 감옥, 노예제도 등의 사회문제에도 관심이 많았다. 무엇보다, 복음을 전하기 위해 옥외설교와 여성/평신도 설교를 허용하는 등, 복음전도와 선교에도 깊이 헌신했다. 이런 점들은 웨슬리와 루터 간의 차이를 보다 뚜렷하게 보여준다.[8]

결국, 웨슬리로 대표되는 경건주의는 이미 가톨릭과의 대결이 종식된 상태에서, 개신교회의 종교적 열정과 윤리적 삶이 하강국면에 접어들었을 때, 이를 개혁하려는 노력의 일환으로 출현한 것이다. 이때 이들의 비판 혹은 개혁의 대상은 같은 개신교 내에 존재하는 '이름뿐인 그리스도인들' 이었고, 신학적 관심도 칭의보다 성화에 있었다. 즉, 17세기 독일과 네덜란드의 경건주의뿐만 아니라, 18세기 진젠도르프의 모라비안운동과 웨슬리의 감리교운동 모두 교리보다 종교적 체험을 강조하고 거룩한 삶을 추구했다. 또한 전도와 선교에 열정적으로 헌신했으며, 사회개혁에 대한 실천적 관심도 대단했다. 많은 학자들은 이런 경건주의적 영성이 18세기와 19세기 미국의 부흥운동에 결정적으로 영향을 끼쳤다고 믿는다.[9]

3. Evangelikal

이 용어는 20세기의 대표적 복음주의자 빌리 그레이엄 Billy Graham을 통해 독일에 수입된 보수적 기독교운동을 기존의 흐름과 구별하기 위해 고안된 것이다. 기존의 두 흐름이 독일 중심의 유럽적 산물이었다면, 이 용어는 20세기에 발생한 미국식 기독교의 독일식 표현인 것이다. 뒤에서 좀 더 상세히 설명하겠지만, 이것은 20세기 초반, 소위 "근대주의-근본주의" 논쟁의 산물로 미국에서 탄생한 "근본주의/신복음주의"를 지칭한다.

간략히 설명한다면, 이 흐름은 성서비평학과 진화론으로 대표되는 서양의 진보적 · 자유주의적 흐름에 대한 반제로 등장했으며, 흔히 성서무오설을 개발한 프린스턴신학과 세대주의적 전천년설을 지적 기반으로 수용했고, 소위 성서무오설을 포함한 "근본주의 5대 교리"를 신봉한다. 따라서 이들의 적은 같은 개신교 내에 있는 무기력한 기독교인들이 아니라, 성서무오설을 부인하는 자유주의적 진보주의자들이며, 이들의 일차적인 관심은 자유주의적 영향으로부터 성경의 절대권위를 보호하는 것이다. 물론, 이 흐름 속에 존재하는 초창기 근본주의자들과 20세기 중반 이후 신복음주의자들 사이에는 세대 차이와 함께, 세상에 대한 관심의 정도에도 명백한 차이가 있다. 하지만 성경무오설의 신봉과 자유주의에 대한 적대감은 공통적인 유산으로 자리하고 있다.[10]

II. 복음주의의 발전

복음주의는 넓은 의미에서 개신교의 한 부분이므로, 종교개혁 이래 다양한 유산들을 공유한다. 하지만 보다 구체적으로, 복음주의는 18세기 영국과 미국에서 기원했다고 보는 것이 지배적인 해석이다. 18세기에 미국은 아직 영국의 식민지였으므로, 미국 기독교의 일차적 근원은 영국일 수밖에 없다. 하지만 영국교회에서 감독제와 의전중심의 고교회적 경향이 강화되면서 다양한 형태의 복음주의적 교파들이 비국교도로 분류되었고, 웨슬리 이후 영국의 복음주의는 비주류로 전락했다.

반대로, 복음주의는 미국에서 본격적으로 발전했다. 위의 도식을 차용한다면, 미국 복음주의는 Pietismus의 영향 속에 제1, 2차 대각성운동을 겪으며 뼈대를 형성했고, 19세기 후반의 급변한 사회적 · 신학적 환경 속에 Pietismus와 Evangelikal로 분화되었다. 이제 18세기부터 20세기까지 미국 복음주의 역사를 간략히 살펴봄으로써, 미국식 복음주의의 다양한 흐름과 각자의 독특성을 검토해 보고자 한다.

1. 18세기: 제1차 대각성운동

널리 알려진 것처럼, 미국의 종교적 기원은 성공회와 청교도로 양분된다. 성공회는 주로 남부에서 발전했고, 보스턴을 중심으로 한 북동부지역, 소위 뉴잉글랜드 지역에서 청교도가 뿌리를 내렸다. 청교도는 장 칼뱅이 주도했던 제네바 개혁주의를 모델로 영국교회를 재구성하려던 급진적 개신교를 말한다. 일련의 정치적 · 종교적 파동을 겪은 후, 일군의 무리가 미국 식민지를 건설하기 위해 이주했다. 이들은 신대륙에 "언덕 위의 도성" City upon a Hill, 즉 새 예루살렘을 건설할 비전을 품고 있었다. 이들은 중생 체험을 신자 됨의 핵심으로 규정했고, 그런 체험 위에 기독교 사회를 건설하고자 했다. 이들은 유럽의 교구제도를 그대로 수용했으며, 감독제에 반대하여 회중제나 장로제도를 교회정치제도로 채택했다.[11]

하지만 17세기 중반 이후 영국에서 청교도들의 이민이 중단되고 비종교적 목적의 이민자 수가 급증하면서, 그리고 신앙적 열정에 사로잡혔던 1세대 청교도들이 죽고 형식적 신앙의 2세대 청교도 사회가 도래하면서, 뉴잉글랜드의 종교적 정체성은 빠르게 약화 · 붕괴되고 말았다. 이런 상황에서 하나님의 거룩한 도성을 건설하겠다는 숭고한 비전 중심의 역동적 설교가 타락한 백성의 회개를 촉구하는 "탄식설교" Jermiad로 돌변했다. 청교도사회가 빠르게 붕괴되면서 급속한 세속화 과정에 접어든 것이다. 이런 맥락에서 발생한 것이 제1차 대각성운동이었다.[12]

제1차 대각성운동을 주도했던 인물들의 면면을 살펴보면, 이 운동의 다양성과 통일성을 확인할 수 있다. 먼저, 이 운동은 미국 식민지 북동부 지역을 중심으로 발생했으며, 1720년대 뉴저지에서 화란개혁교회 목사 시어도어 프렐링후이젠 Theodore J. Frelinghuysen, 1691~1747, 같은 지역의 장로교 목사 길버트 테넌트 Gilbert Tennent, 1703~63, 코네티컷의 회중교회 목사 조너선 에드워즈 Jonathan Edwards, 1703~58, 그리고 영국 성공회 소속 조지 윗필드 George Whitefield, 1714~70 등이 주도했다. 프렐링후이젠은 화란 개혁파 경건주의의 중심적 인물이었으며, 자신의 교인들이 형식주의에 물든 것을 발견하고 중생을 강력히 설교했다. 자신의 심각한 목회적 위기상황에서 프렐링후이젠을 만난 테넌트는 프렐링후이젠의 지도하에 슬럼프에서 벗어났으며, 거듭나지 않은 목회자들이 교회위기의 일차적 원인이라고 확신하고 목회자들의 중생을 강력히 요구했다. 영적 체험을 강조하는 청교도 전통을 이어받은 에드워즈도 자신의 노샘턴교회에서 무기력한 신자들을 향해 중생의 복음을 수년 동안 열정적으로 선포하며 회심을 촉구했다. 윗필드는 존 웨슬리John Wesley, 1703~91의 감리교 영성에 직접 영향을 받은 인물로서, 대서양 양편에서 열풍을 일으켰던 그의 설교도 "중생"이 중심 메시지였다.[13]

결국, 이 제1차 대각성운동에서 청교도와 경건주의적 영향이 절대적이었다. 이 운동을 통해 중생은 신자들의 진정성을 확인하는 결정적 요소가 되었고, 종교 체험이 미국교회의 핵심으로 뿌리내렸다. 이 운동을 통해, 전국적으로 교인수가 급증했으며, 많은 교회와 학교가 설립되었고, 미국에 하나님 나라가 건설될 것이란 낙관적 미래관혹은 후천년설적 종말론이 확산되었다.[14]

2. 19세기 초반: 제2차 대각성운동

19세기의 시작과 함께 미국 종교지형에 주목할 만한 변화들이 발생했다. 19세기에 미국의 서부개척이 본격적으로 시작되었으며, 잭슨 대통령을 중심으로 보다 민중적 성격의 민주주의가 크게 확산되었다. 특히, 감리교와 침례교라는 두 신흥기독교가 빠르게 성장하면서, 미국 교회의 주류에 합류했다. 복음에 대한 열정, 빠른 기동력, 체험적 신앙 등이 두 교회의 성장에 크게 기여했고, 이들의 영향은 곧 미국 복음주의 발전에 결정적인 영향을 끼쳤다.

제2차 대각성운동은 이런 시대적·종교적 배경 속에 출현했다. 먼저, 19세기의 시작과 함께 동부의 예일대학교와 서부의 캐인릿지에서 동시 다발적으로 부흥운동이 일어났다. 예일에서는 조너선 에드워즈의 외손자 티모시 드와이트Timothy Dwight, 1752~1817가 학장으로서 부흥운동을 주도했다. 그는 형식적 신앙에 젖어 있던 예일대 학생들을 상대로 중생을 강조하는 설교를 지속적으로 행함으로써 예일 부흥을 이끌었다. 이 부흥운동의 결과, 장차 미국 교회의 주요 인물들이 대거 배출되었다. 거의 같은 시기에 캔터키의 캐인릿지에서 서부로 이동하던 개척민들 사이에서 부흥이 일어났다. 이 집회는 향후 미국부흥운동의 한 특징이 되는 "캠프집회"tent meeting의 효시가 되었다. 또한 가난한 서민들 사이에서 강렬한 성령임재현상이 나타나면서 엘리트 중심의 예일부흥회와 극명한 차이점을 보였다.[15] 이 집회의 부흥운동은 1830년대에 발생한 찰스 피니Charles G. Finney, 1792~1875의 개혁파 성결운동과 피비 파머Phoebe Palmer, 1807~74를 중심으로 한 웨슬리안 성결운동에 직접 영향을 끼쳤다.[16]

찰스 피니의 부흥운동은 개혁주의 신학과 웨슬리안 성결운동의 결합물로 이해할 수 있고, 중생 및 성령세례를 강조하면서 당대 부흥운동의 결정판이 되었다. 특히, 피니의 집회가 중요한 것은 그가 부흥을 하나님의 주권적 섭리에 의한 초자연적 현상으로 이해하는 대신, 일정한 조건과 환경이 조성되면 언제든지 반복적으로 체험할 수 있다고 주장한 것이다. "신조치"new measure로 불리는 그의 독특한 부흥기법에는 통곡석과 연장집회가 포함되어 있었는데, 개혁주의 목회자들은 그가 부흥을 인위적으로 통제함으로써 인본주의적 활동으로 변질시켰다고 비판했다. 하지만 그의 이런 부흥기법은 이후 미국부흥사들에 의해 적극적으로 수용되면서 하나의 전통으로 자리 잡았다. 동시에, 피니는 부흥운동과 사회개혁운동을 연결함으로써 당대의 민감한 사회문제인 노예제도, 회중석 대여제도, 여권운동, 도시빈민문제 등에 복음주의자들이 적극 가담하도록 도왔다.[17]

한편, 감리교 평신도 여성 피비 파머는 중생과 성화를 시기적으로 구분하고 성화를 성령세례로 이해했으며, 즉각적으로 성화성결가 가능하다고 주장했다. "성결증진을 위한 화요기도회"를 통해, 수많은 감리교 평신도 및 목회자들에게 영향을 끼친 그녀는 요엘 2:8을 근거로, 성령세례 여부가 사역의 근본적 자격요건이므로 성령세례를 체험한 여성은 복음전도사역에 관여할 수 있다고 주장했다. 그녀는 구세군의 공동창설자인 캐서린 부스Catherine Booth, 1829~90에게 직접 영향을 끼쳤고, 1860년대 이후 전국으로 확장된 성결운동에도 강력한 영향을 미쳤다.[18]

이 시대에 기억할 또 하나의 사건은 수많은 자원단체들이 조직된 것이다. 성서공회, 주일학교연합회, 그리고 각종 선교단체들이 우후죽순 출현했다. 모든 사역이 교단 중심으로 전개되던 기존의 관행과 달리, 유사한 관심을 공유하는 사람들이 자발적으로 단체를 구성함으로써 교회활동이 대단히 다양하고 역동적이 되었다. 이것은 당시에 빠른 속도로 진행되던 민주주의의 종교적·사회적 표현이라고 할 수 있다.[19] 또한 미국의 영토가 대륙 전체로 빠르게 확장되고, 미국의 산업도 급성장을 반복하면서 미래에 대한 낙관적 기대가 고조되었다. 이것은 후천년설적 종말론의 확산으로 정당화되었다.

3. 1865년 이후

미국의 근대사에서 남북전쟁1861-65은 가장 중요한 역사적 전환점 중 하나였다. 이 전쟁 이후, 미국 사회는 흑인 노동력에 의존한 남부의 대농장들이 몰락하고, 북부 중심의 산업 사회로 빠르게 이행했다. 전쟁에서 패하고 농장마저 붕괴된 남부에선 해방 노예와 백인들 간의 갈등이 고조되었고, 전쟁에서 승리한 북부에서는 급격한 산업화로 도시화가 촉진되면서 이전에 경험하지 못한 수많은 사회적 문제들이 파생되었다. 도시의 빈민가가 형성되면서 도시 내의 빈부격차가 심화되었고, 이것은 다시 사회적 갈등과 범죄의 원인이 되었다. 이런 변화된 사회 환경은 교회 역할의 근본적인 변화를 요구했다. 빈민, 이민자, 흑인에 대한 관심이 크게 증대되었고, 교회사역도 개인적 차원에서 사회적 차원으로 변화될 수밖에 없었다.

이런 상황에서 "사회복음"Social Gospel이란 진보적 신학이 미국에서 새로 출현했다.[20]

한편, 남북전쟁을 전후로 신학적 측면에도 변화가 감지되었다. 가장 중요한 것은 독일 유학에서 귀국한 진보적 신학자들의 수가 급증한 것이다. 그들은 독일에서 유행하던 성서비평학을 미국 신학교에 소개했고, 이것은 성경에 대해 소박한 믿음을 견지했던 기존 교회들에 큰 파장을 일으켰다. 또한 1859년 출판된 찰스 다윈Charles R. Darwin, 1809~82의 『종의 기원』은 창세기를 토대로 한 교회의 전통적인 창조론에 강력한 도전이 되었다. 이 또한 성경에 대한 믿음을 뒤흔들며 교회 내에 위기감을 크게 심화시켰다. 이런 위기 상황에서 두 가지의 보수적인 반응이 나타났다. 첫째는 프린스턴 신학교를 중심으로 '성경무오설'이 발전한 것이다. 찰스 하지Charles Hodge, 1797~1878, B. B. 와필드B. B. Warfield, 1851~1921 등이 중심이 되어 스코틀랜드 상식철학과 축자영감론을 토대로 성서무오설이 탄생했다. 동시에, 사회적 아노미와 신학적 위기감이 고조되면서, 종전에 강세를 보이던 후천년설이 후퇴하고 전천년설이 다시 등장하기 시작했다. 특히, 영국에서 유입된 존 넬슨 달비John N. Darby, 1800~82의 세대주의적 전천년설이 중요한 종말론적 대안으로 부상했다. 결국, 프린스턴 신학의 성서무오설과 달비의 세대주의적 전천년설은 19세기 후반에 영향력 있는 부흥사 무디D. L. Moody, 1837~99를 만나면서 소위 근본주의 신학으로 통합/발전하게 되었다.[21]

19세기 후반에 이르러, 한 가지 더 주목할 현상이 발생했다. 그것은 미국 교회 부흥운동 내에서 발생한 변화다. 앞에서 언급했듯이, 18세기 대각성운동과 19세기 초반의 제2차 대각성운동 모두 성령, 중생, 체험을 강조했다. 종말론적 측면에선 두 운동 모두 후천년설을 신봉했고, 제2차 대각성운동에 이르러서는 부흥운동과 사회운동이 통합되기에 이르렀다. 하지만 남북전쟁 이후의 사회적·신학적 격변 속에서 부흥운동도 정체성의 중요한 변화를 경험했다. 당시의 부흥운동은 무디를 중심으로 한 케직사경회 계열과 웨슬리안 성결운동으로 양분되어 있었다.[22] 두 운동은 개혁주의와 웨슬리안으로 신학적 전제가 달랐지만, 모두 성령세례와 복음전도를 강조했고 심지어 사중복음중생, 성결, 신유, 재림을 공통적으로 강조했다. 이런 성결운동은 성령세례와 세대주의적 전천년설을 강조함으로써 후천년설과 은사중지론을 신봉하는 프린스턴 그룹과 달랐고, 사회개혁에 무관심 혹은 비판적이었기 때문에 사회복음과도 거리가 있었다. 하지만 20세기에 들어서면서, 이들은 근본주의-근대주의 논쟁에서 근본주의 진영에 가담했다.

결국, 19세기 초반의 부흥운동에서 하나로 통합되었던 성령운동과 사회운동이 19세기 후반에는 사회복음과 근본주의로 양분되면서 미국교회와 신학이 분열되었다. 결국, 1940년대에 신복음주의가 출현하기 전까지, 미국 복음주의는 대체로 근본주의와 동일시되면서 극단적인 양상을 보이게 되었다.[23]

III. 복음주의의 현재: 20세기

19세기만큼 20세기의 복음주의 역사도 복잡하다. 이제, 20세기 미국 복음주의 역사를 다음의 세 시기로 나누어 설명하고자 한다.

1. 1925년

1925년은 유명한 '스코프스 재판' 일명, 원숭이재판이 열린 해다. 이 재판은 공립학교에서 진화론 교육이 금지되었던 테네시 주에서 주법을 어기고 파면된 존 스코프스John Scopes, 1900~70가 미국 소수자의 인권을 대변하는 단체 ACLUAmerican Civil Liberties Union의 후원 하에 테네시 주법에 소송을 제기하면서 시작되었다. 이 재판에서 ACLU 소속 변호사 클러렌스 데로우[Clarrence Darow, 1857~1938]와 저명한 정치인이자 보수적 기독교인인 윌리엄 제닝스 브라이언[William Jennings Bryan, 1860~1925] 간에 치열한 신학논쟁이 벌어졌다. 결국, 창조론과 진화론 간의 신학적 · 법적 공방에서 법정은 테네시 주의 손을 들어주어 스코프스에게 100불의 벌금을 부과했다. 하지만 대중의 의식 속에 근본주의자들에 대한 부정적 인식을 강하게 심어주는 결정적인 계기가 되었다.[24]

이 재판 후에 근본주의자들은 사회적 비난과 조롱의 대상으로 전락했고, 교계의 주도권도 사회복음을 비판적으로 계승한 기독교 현실주의[Christian realism] 손으로 넘어갔다. 이 재판을 전후로, 미국의 장로교회와 침례교회가 심각한 내분을 겪으면서 진보진영과 근본주의 진영으로 분열되는 아픔을 겪었다. 이들은 성경무오설을 포함한 '근본주의 5대 교리'를 중심으로 자신들의 정체성을 확고히 했고, 세대주의적 전천년설을 신봉하면서 일체의 사회개혁을 포기했으며, 개인구원 중심의 전도와 선교에 몰두했다. 이들은 교회를 개척하고 신학교[예, 달라스신학교]를 설립하면서 자신들의 영역을 지속적으로 확장하고 자신들의 입장을 신학적으로 정당화했다.[25]

이 시기에 기억해야할 또 하나의 사건은 20세기 시작과 함께, 특히 1906년 아주사부흥운동을 통해 오순절운동[Pentecostalism]이 미국 교회에 출현한 것이다. 이 운동은 19세기 후반의 성결운동에서 파생된 것으로, 강력한 묵시적 종말론을 배경으로 성령세례와 세계선교를 강조했다. 이들이 성령세례의 증거로 방언을 강조했기 때문에, 같은 교회 내의 성결그룹과 갈등이 폭발하여 교회/교단이 분열되는 아픔을 겪었다. 이들은 당시에 복음주의의 주도세력이던 근본주의 진영으로부터 이단이란 비판을 받았지만, 이들은 진화론-창조론 혹은 근본주의-자유주의 논쟁에서 창조론을 강조하는 근본주의 진영에 가담했고, 이후 보수적 복음주의자로서 자신들의 정체성을 강화했다. 당시에는 이들의 교세가 미미했지만, 20세기 중반이후 미국에서 가장 빠르게 성장하는 개신교 진영이 되었고, 세계적으로 그 영향력이 급속히 확산되면서 20세기 개신교 부흥운동의 중심세력으로 부상했다.[26]

2. 1942년

1942년은 미국 복음주의자들에 의해 NAE^{National Association of Evangelicals}가 조직된 해다. 이 단체의 조직은 미국 복음주의가 근본주의와 결별하는 중요한 순간이었다. NAE 구성과정에서 함께 했던 대표적 근본주의자 칼 맥킨타이어^{Carl McIntire, 1906~2002}는 NAE가 오순절주의자들을 회원으로 초대하는 것에 반발하여, 그리고 진보진영의 연합단체인 FCC^{Federal Council of Churches, National Council of Churches의 모체}에 대항하기 위해 1941년 ACCC^{American Council of Christian Churches}를 조직했다. ACCC는 당시 조직을 준비하던 NAE 맴버들에게 합류를 요청했으나, 그들은 이 요청을 거절하고 자신들만의 새로운 조직^{NAE}을 결성했다.[27] 이로써 근본주의 진영이 NAE와 ACCC로 양분되었다. 그런데 NAE 설립과정에서 결정적인 역할을 했고 초대회장으로 취임했던 헤롤드 오켕가^{Harold Ockenga, 1913~2018}는 1947년 풀러신학교 설립에도 깊이 관여했으며, 이 학교의 초대학장으로 봉직했다. 이 학교는 근본주의자들의 분리주의와 반지성주의에 대한 대안으로 설립되었다.[28] 같은 해, 칼 헨리^{Carl F. H. Henry, 1913~2003}는 *The Uneasy Conscience of Modern Fundamentalism*를 출판하여 자유주의에 대한 경계심과 함께 근본주의의 경직된 사고와 사회적 무책임을 통렬히 비난했다.[29] 이 시기에 혜성같이 등장한 또 한 사람이 빌리 그레이엄^{Billy Graham, 1918~2018}이다. 1949년 LA집회를 통해 일약 스타덤에 오른 그는 1956년 *Christianity Today*를 창간하여 칼 헨리를 초대 편집장으로 영입했다. 또한 1957년 근본주의자

들의 반대 속에도 뉴욕 매디슨 스퀘어 가든 집회를 강행함으로써 근본주의자들과 결별하였다.[30]

결국, 1942년을 기점으로 헤롤드 오켕가, 칼 헨리, 빌리 그레이엄 등이 주축이 되어 근본주의 내에 보다 개방적·진보적 성향의 그룹이 형성되기 시작한 것이다. 오켕가는 이들을 "신복음주의자" Neo Evangelicals라고 명명했다. 역사가 조지 말스덴George M. Marsden, 1939~에 의하면, 1960년대에 복음주의는 "빌리 그레이엄을 좋아하는 사람들"이었다고 한다. 이들은 기본적으로 신학적 보수주의를 견지하기에 신학적 자유주의에 경계심을 갖고 있었지만, 동시에 근본주의자들의 분리주의와 반지성주의에 반대하고, 세대주의적 전천년설이나 성서무오설에 대해서는 보다 전향적인 생각을 갖기 시작했다.[31] 하지만 신정통주의의 대표자인 라인홀드 니버Reinhold Niebuhr, 1892~1971와 빌리 그레이엄과의 적대적 관계, 흑인인권운동가인 마틴 루터 킹 2세Martin Luther King, Jr.와 빌리 그레이엄의 미묘한 갈등 등을 고려할 때,[32] 당시 신복음주의의 위치 및 특성은 근본주의와 자유주의혹은 신정통주의 사이에서 진자운동을 반복한 것 같다.

3. 1976년

1976년은 뉴스위크Newsweek지가 "The Year of Evangelicalism"이라고 명명했던 해였다. 뉴스위크지가 이런 결정을 내린 가장 중요한 이유는 자신을 "거듭난 그리스도인" a born again Christian으로 당당히 소개한 지미 카터Jimmy Carter, 1917~63가 미국의 새 대통령으로 당선되었기 때문이다. 이것은 복음주의자들의 본격적인 정치참여의 신호탄이었다. 물론, 빌리 그레이엄이 개인적으로 대통령들과 친분관계를 유지하며 간접적으로 정치에 관여했지만, 복음주의적 침례교인인 카터의 백악관 입성으로 복음주의자들이 정치활동의 전면에 나서기 시작한 것이다. 주목할 것은, 카터가 대선과정에서 자신의 복음주의적 정체성을 강조했고, 많은 기독교 유권자들이 그의 신앙 때문에 그에게 표를 던졌다는 사실이다. 이것은 가톨릭신자로서 자신의 종교적 정체성이 정치활동에 장애가 되지 않도록 "정교분리원칙"을 강조했던 존 F. 케네디 이후 민주당의 전통적 입장이 바뀐 것이었기에 더욱 중요하다.[33]

1970년대는 여러 면에서 복음주의자들의 정치적 커밍아웃의 분기점이 되었다. 밥존스대학교는 1971년부터 연방정부 결정에 반대하여 인종통합교육을 계속 거부하고 흑인학생들의 입학을 불허했다. 이것은 연방국세청과 이 대학의 법정소송으로 번졌고, 결국 이 대학교의 세금감면혜택이 철회되는 극단적 상황이 발생했다. 이것은 종교의 자유와 연방법이 충돌한 대표적인 경우로서, 이후 보수적 복음주의자들의 정치참여에 큰 영향을 미쳤다.[34] 1973년에는 소위 웨이드 대 로우Wade vs. Roe 판결에 의해, 산모의 요구에 의한 낙태를 합법화하는 판결이 대법원에서 내려졌다. 이것은 미국 보수주의자들에게 정치참여의 필요성을 일깨워준 결정적 사건이었다. 한편, 1973년에는 로날드 사이더Ron Sider를 중심으로 한 소위 젊은 복음주의자들young Evangelicals이 "복음주의 사회적 관심에 대한 시카고 선언" Chicago Declaration of Evangelical Social Concern을 발표하면서 복음주의자들에게 사회적 불의에 저항하라고 촉구했다.[35] 이런 상황에서 1974년 스위스 로잔에서 '제1회 세계복음화국제대회'가 개최되어, 복음전파와 함께 사회참여를 복음주의운동의 중요한 영역으로 선언했다.

이렇게 본격화된 복음주의자들의 정치참여는 1980년 로널드 레이건 Ronald Reagan의 대통령 당선과 함께 또 다른 국면으로 접어들었다. 1976년도 선거에서 복음주의자 카터를 지지했던 남부 복음주의자들은 이후 카터의 행보에 큰 실망을 느끼고 보다 보수적인 레이건을 대안으로 선택했다. 이 과정에서 제리 폴웰Jerry Falwell, 1933~2007로 대표되는 '도덕적 다수' Moral Majority가 결정적인 역할을 했다. 폴웰은 낙태, 동성애, 공립학교의 기도 같은 이슈를 중심으로 미국의 보수적 종교인들의 표심을 공화당으로 결집시켰다. 그 결과, 기독교 근본주의자들뿐 아니라 유대교와 가톨릭의 보수주의자들도 망라하여, 소위 '종교적 우파' Religious Right 혹은 '기독교 우파' Christian Right가 탄생했다. 이것은 1989년 팻 로버트슨 Pat Robertson, 1930~ 의 '기독교연합' Christian Coalition of America 을 통해 더욱 정교하고 조직적인 형태로 발전했다.[36] 이 그룹은 네오콘 Neocon 과 함께 공화당 배후의 강력한 정치세력으로 거의 반 세대 동안 막대한 영향력을 행사해 왔다.[37]

하지만 같은 기간 동안, 기독교 우파의 대척점에 복음주의 좌파 Evangelical Left 도 존재해 왔다. 사이더, 짐 월리스 Jim Wallis, 1948~ , 토니 캄폴로 Tony Campolo, 1935~ 등이 주축이 된 이 그룹은 기독교 우파에 비해 규모와 세력에서는 매우 미약했지만, 꾸준하게 자신들의 입장을 견지 · 발전하면서 복음주의 내에서 중요한 목소리를 대변해왔다. 특히, 바락 오바마의 당선과정에서 결정적인 기여를 한 월리스의 영향력이 급격히 상승하면서, 최근 이들에 대한 관심도 급증하고 있다. 이들은 기독교 우파가 낙태와 동성애 같은 개인윤리에 관심을 한정하는 것에 반대하면서, 부흥운동적 특성을 유지하되 빈곤, 환경, 전쟁 같은 문제에 더 많은 관심을 보이고 있다. 이 운동의 대표적 인물인 짐 월리스가 자신을 "20세기에 태어난 19세기 복음주의자"로 명명하는 것은 19세기에 활동한 찰스 피니를 자신의 모범으로 삼고 있다는 증거다.[38]

결국, 20세기 복음주의는 미국사회의 급격한 변화와 함께 극적인 변화를 거듭해 왔다. 복음주의가 신복음주의와 근본주의로 양분되었고, 양측 모두 정치사회 문제에 깊이 개입하기 시작한 것이다. 근본주의 그룹은 신학적 보수주의를 극단적으로 추구하면서 보수적 정치판에 적극적으로 관여하고 있다. 한편, 빌리 그레이엄으로 대표되는 신복음주의 진영은 근본주의와 거리를 유지하면서 신학적·사회적 개방성을 주장하고 있지만, 여전히 신학적 보수주의를 고수하고 사회참여 보다 복음전도에 방점을 두고 있다. 반면, 최근에 두각을 나타내고 있는 복음주의 좌파들은 신복음주의 내에서 보다 적극적으로 사회참여를 추구하고 있다. 이런 면에서, 20세기 말의 복음주의는 근본주의, 신복음주의, 복음주의 좌파 간에 팽팽한 기싸움을 전개하는 것 같다.

마무리

이상에서 복음주의의 기원과 발전과정을 살펴보았다. 이제 그 내용을 토대로, 현재 복음주의의 상황과 특징, 그리고 전망과 제언을 제시함으로써 글을 마무리 하고자 한다.

무엇보다, 복음주의는 영미 기독교의 산물이란 점을 기억할 필요가 있다. 특히, 복음주의는 미국이란 토양에서 성장하고 발전했다. 이때 미국은 기본적으로 유럽대륙과 달리, 역사상 최초로 정교분리를 헌법적으로 규정했고, 민주주의와 자본주의가 번성한 곳이다. 결국, 복음주의는 정교분리의 토대가 마련되지 않는다면, 즉 국가교회 체제 내에선 존재하기 어렵다. 더욱이 민주주의가 발달하지 않은 상태에서도, 즉 전제국가/전체주의 사회에서도 복음주의가 제대로 성장하기 힘들다. 무엇보다 복음주의는 자본주의 토양에서 형성되었다. 이처럼, 복음주의는 국가의 종교적 통제에서 벗어나고 경쟁이 보장된 종교시장에서 대중들의 자발적 선택을 통해 형성된 것이다.

둘째, 복음주의는 부흥운동과 운명적 관계를 맺어 왔다. 20세기의 근본주의가 자유주의와 신학논쟁을 벌이며 교조화되었지만, 복음주의와 부흥운동의 역사가 중첩된다는 사실은 부인할 수 없다. 그것은 복음주의의 일차적 관심이 부흥운동을 통한 영적 체험과 변화된 삶에 있다는 사실을 기억하게 해준다. 20세기 중반의 복음주의자를 "빌리 그레이엄을 좋아하는 사람들"이라고 했던 점을 기억할 필요가 있다. 복음주의의 대표적 상징이 찰스 하지나 칼 헨리가 아닌, 빌리 그레이엄이라는 사실, 그레이엄은 신학자가 아닌 복음전도자요 부흥사였다는 사실은 복음주의의 본질을 이해하는데 중요한 통찰을 제공해 준다.

셋째, 복음주의는 대중사회의 산물이다. 물론, 복음주의 역사에서 조너선 에드워즈, 그레샴 메이첸, 칼 헨리 같은 뛰어난 신학자들이 있었음을 부인할 수 없다. 예일, 프린스턴, 풀러 같은 훌륭한 교육기관이 존재했던 것도 사실이다. IVP처럼 양질의 도서를 출판하는 기관도 있다. 또한 CCC나 IVF처럼 대학생 · 지성인을 대상으로 한 학원운동도 있었다. 하지만 민주주의, 자본주의, 부흥운동 같은 요소들은 이 운동의 주체가 일차적으로 대중임을 보여준다. 예일대의 해리 스타우트Harry O. Stout는 제1차 대각성운동의 성공 및 역사적 공헌이 부흥사를 통해, 기독교문화가 문자중심에서 구어중심으로 변한 것이라고 주장했다. 이것이 정치적 · 종교적 민주화에 중대한 영향을 끼쳤다는 것이다. 이것은 대중사회의 도래와 복음주의 발흥이 궤를 같이 한다는 뜻이다. 웨슬리와 윗필드의 부흥운동, 에드워즈, 피니, 무디의 청중들은 모두 일반대중이었다. 심지어 성서비평학보다 성서무오설이 더 대중적 반향을 불러온 것, 성결운동과 오순절운동이 폭발적 성장을 이룬 것도 이 운동이 지닌 대중적 호소력 때문이다. 20세기의 대표적인 복음주의 학교들이 학문성을 추구하는 명문대학에 반기를 들고, 성경공부와 복음전도, 실천적 목회에 치중하는 성경학교로 출발했다는 사실도 이런 주장을 뒷받침해준다. 이런 맥락에서 복음주의의 대중성을 간과하거나 폄하하는 것은 복음주의에 대한 심각한 오해요 왜곡이다.

넷째, 복음주의는 살아 있는 실체다. 복음주의를 정의하거나 이해하는 것이 어렵다는 현실은 복음주의가 오래 전에 시효가 종결된 과거의 유물이 아니라, 현재에도 끊임없이 진화하는 생물체이기 때문이다. 18세기부터 21세기 초반까지 복음주의는 지속적으로 변해왔다. 새로운 도전 앞에서 복음주의는 새로운 해법과 탈출구를 모색했고, 이 과정에서 이합집산을 거듭하며 자신의 겉과 속을 일신해 왔다. 따라서 복음주의를 과거의 특정한 시점의 정의와 관점에 고착하여 이해하려는 시도는 시대착오적 오류를 범할 수밖에 없다. 이런 이유에서, "복음주의는 ◦◦이다"란 정의가 점점 더 어려워지는 것이다. 20세기 초반에 살았던 윌리엄 제닝스 브라이언의 눈으로 21세기 짐 월리스를 동료 복음주의자로 이해하는 것은 쉬운 일이 아닐 것이다. 세대주의에 심취했던 무디의 눈으로 후천년설을 추구하는 얼 픽Earl Paulk 같은 오순절주의자를 이해하기도 어려울 것이다. 일체의 사회개혁을 부정했던 20세기 초반의 근본주의자들의 눈에 적극적 정치참여를 추구하는 20세기 말 근본주의자들의 모습은 어떻게 보일까? 그러나 그들 모두가 자신들을 복음주의자로 규정한다는 사실을 우리는 어떻게 이해해야 할까? 이런 기이한 현상은 복음주의가 살아 있기 때문에 발생한 일이다.

끝으로, 우리는 이런 복음주의의 극단적 다양성 앞에서 창조적 대화와 공존을 추구해야 한다. 이 글을 준비하며 읽은 한 비중 있는 신학자의 논문에서, 저자는 진보적 복음주의가 복음주의 본질에서 이탈했다며 강력한 비판을 퍼부었다. 저자 자신이 복음주의의 다양성과 정의의 난해함을 인정했으면서도, 자신이 선택한 특정한 입장에 근거해서 자신과 다른 복음주의자들을 맹렬히 비난한 것은 심각한 자기모순이며, 대단히 위험한 징후다. 그의 글 어디에서도 상생과 공존, 대화와 협력의 소망을 감지할 수 없었다. 한국복음주의신학계에서도 오순절계열 학자들이 학회참여를 꺼린다. 이유는 다수를 차지하는 개혁주의자들이 오순절주의자들을 폄하하며 차별하기 때문이란다. 물론, 한기총이나 부흥사협회 같은 단체에서는 신학적 계파와 상관없이 특정한 목적을 위해 협력하는 모습을 발견할 수 있지만. 아무튼, 이런 맥락에서 중요한 것은 복음주의에 대한 통일된 정의나 기관을 추구하는 대신, 다양성 속에서 각자의 고유한 역할을 인정하고 건전한 경쟁과 지혜로운 협력을 추구하는 것이다. 아무리 다양한 차이가 존재한다고 해도, 이들은 기본적으로 예수를 그리스도로 고백하는 자들이며, 성경과 성령체험을 중시하는 사람들이고, 복음의 개인적·사회적 능력을 확신하는 신자들이 아닌가? 그렇다면 서로의 가슴에 지울 수 없는 상처를 남기는 대신, 혹은 자신의 우월성과 기득권에 맹목적으로 집착하는 대신, 하나님 나라를 위해 서로 각자의 영역에서 주어진 역량과 사명을 다하는 것이 더 긴박하고 절실한 책임과 사명이 아닐까?

미주

1. 이 글은 "복음주의를 말한다: 그 난해하고 복잡한 역사," 「피어선신학논단」 1(1) (2012): 69-92 에 수록된 것을 수정한 것이다.
2. Donald W. Dayton, "The Limits of Evangelicalism: The Pentecostal Tradition," in *The Variety of American Evangelicalism*, eds., Donald W. Dayton and Robert K. Johnston (Doners Grove, Ill.: InterVarsity Press, 1991), 47-8.
3. 루터신학에 대해서는 파울 알트하우스, 「마르틴 루터의 신학」, 구영철 옮김 (서울: 성광문화사, 1994)과 베른하르트 로제, 「마틴 루터의 신학: 역사적, 조직신학적 연구」, 정병식 옮김 (서울: 한국신학연구소, 2005)을 참조.
4. 복음주의를 이런 관점에서 해석하는 대표적 학자는 알리스터 맥그라스다.
5. 최근에 출판된 재세례파에 대한 훌륭한 개괄서는 김승진, 「근원적 종교개혁: 16세기 성서적 아나뱁티스트들의 역사와 신앙과 삶」 (대전: 침례신학대학교 출판부, 2011)이 있다. 루터와 재세례파간의 신학적 차이에 대한 흥미로운 연구는, 홍지훈, 「마르틴 루터와 아나뱁티즘」(서울: 한들, 2000)이 있다.
6. 경건주의에 대한 훌륭한 연구서로는 Dale W. Brown, *Undrstanding Pietism* (Nappanee, IN.: Evangel Publishing House, 1978); Peter C. Erb, *Pietists* (New York: Paulist Press, 1983); Philip Jacob Spener, *Pia Desideria* (Philadelphia, PA.: Portress Press, 1964); 지형은, 「갱신·시대의 요청」 (서울: 한들출판사, 2003); 카터 린드버그, 「경건주의 신학과 신학자들」, 이은재 역 (서울: CLC, 2009)가 있다.
7. 웨슬리 신학에 대한 대표적 연구서로는 Randy L. Maddox, *Responsible Grace* (Nashville, TN.: Kingswood Books, 1989)와 Kenneth J. Collins, *The Scripture Way of Salvation* (Nashville, TN.: Abingdon Press, 1997)가 있다.
8. 웨슬리와 루터의 주목할 만한 차이에 대한 데이튼의 설명은, 도널드 데이튼, "존 웨슬리와 종교개혁,"「종교개혁기념강좌 자료집」 (서울신학대학교, 2003)에서 확인할 수 있다.
9. 이 주제에 대한 흥미로운 연구는, Frank Lambert, *Inventing the "Great Awakening"* (Princeton, NJ.: Princeton University Press, 1999)과 Allen C. Guelzo, "Perfectionism and Its Edwardsian Origins, 1835-1870," in *Jonathan Edwards's Writings: Text, Context, Interpretation*, ed., Stephen J. Stein (Bloomington and Indianapolis: Indiana University Press, 1996): 159-74.
10. 근본주의의 역사, 근본주의와 복음주의의 관계성 등에 대해서는 배덕만, 「한국개신교근본주의」 (대전: 대장간, 2010), 15-28; 목창균, 「현대복음주의」 (서울: 황금부엉이, 2005), 127-49; 죠지 마르스텐, 「미국의 근본주의와 복음주의 이해」, 홍치모 옮김 (서울: 성광문화사, 1992)을 참조.
11. 미국 청교도의 역사에 대해서는 정만득, 「미국의 청교도 사회」 (서울: 비봉출판사, 2001)을 참조. 특히, 청교도와 관련된 다양한 주제들에 대해서는 오덕교, 「언덕 위의 도시」 (수원: 합동신학대학원대학교, 2004)와 리랜드 라이큰, 「청교도-이 세상의 성자들」, 김성웅 옮김 (서울: 생명의 말씀사, 2003)을 참조. 미국 청교도 사회의 대중신앙에 대해서는, David D. Hall, *Worlds of Wonder, Days of Judgement: Popular Religious Belief in Early New England* (New York: Alfred A. Knopf, 1989)을 참조.
12. 청교도사회의 설교에 대한 훌륭한 연구는 Harry S. Stout, *New England Soul: Preaching and Religious Culture in Colonial New England* (Oxford and New York: Oxford University Press, 1986)이 있다. 제1차 대각성운동의 배경과 발전 과정에 대한 짧으면서 심도 있는 연구는, Edwin Scott Gaustad, *The Great Awakening in New England* (Chicago: Quadrangle Books,

1957)이 있다.

13. 제1차 대각성의 주요인문들에 대한 적절한 설명은 키드 하드먼, 『부흥의 계절』, 박응규 옮김 (서울: CLC, 2006), 69-138을 참조. 특히, 조지 휫필드에 대해서는, Harry S. Stout, *The Divine Dramatist: George Whitefield and the Rise of Modern Evangelicalism* (Grand Rapids, MI.: William B. Eerdman Publishing Company, 1991)을 참조. 조나단 에드워즈에 대해서는, George M. Marsden, *Jonathan Edwards: A Life* (New Haven, London: Yale University Press, 2003)을, 부흥에 대한 그의 생생한 보고는 조나든 에드워즈, 『놀라운 부흥과 회심 이야기』, 백금산 역 (서울: 부흥과 개혁사, 2006)을 각각 참조.

14. 제1차 대각성운동의 영향에 대한 유용한 정보는 이혜원, "미국 제1차 대각성운동의 영향력," 『근현대 부흥운동사』, 최재건 편 (서울: CLC, 2007)에서 얻을 수 있다.

15. 이 시기의 부흥운동에 대한 전체적 개관은 Sydney E. Ahlstrom, *A Religious History of the American People* (New Haven and London: Yale University Press, 1972), 415-54; 키드먼 하먼, 『부흥의 계절』, 193-238을 참조.

16. 빈슨 사이난, 『세계오순절성결운동의 역사』, 이영훈·박명수 공역 (서울: 서울말씀사, 2000), 26-37.

17. 피니에 대한 훌륭한 전기는, Charles E. Hambrick-Stowe, *Charles G. Finney and the Spirit of American Evangelicalism* (Grand Rapids, MI.: William B. Eerdmans Publishing Company, 1996)이며, 피니의 부흥운동과 사회개혁운동에 대한 대표적 연구서로는 Timothy L. Smith, *Revivalism and Social Reform: American Protestantism on the Eve of the Civil War* (Baltimore and London: The Johns Hopkins University Press, 1957)과 도널드 데이턴, 『다시 보는 복음주의 유산』, 배덕만 옮김 (서울: 요단출판사, 2003)이 있다.

18. 파머의 생애와 사상에 대해서는, Edward White, *The Beauty of Holiness: Phoebe Palmer as Theologian, Revivalist, Feminist, and Humanitarian* (Wipf & Stock Publishers, 2008)을 참조. 또한 그녀가 케서린 부츠에게 끼친 영향에 대해서는, Donald W. Dayton, *Discovering an Evangelical Heritage* (Peabody, MA.: Hendrickson Publishers, 1976), 85-98과 Nancy A. Hardesty, *Women Called to Witness* (Knoxville, TN.: The Univeristy of Tennessee Press, 1999), 49.

19. 제2차 대각성운동의 영향 하에 출현한 다양한 자원단체에 대해, 윈스롭 허드슨& 존 코리건, 『미국의 종교』, 배덕만 옮김 (서울: 성광문화사, 2008), 247-53을 참조.

20. 사회복음에 대해서는, Ronald C. White, Jr. and C. Howard Hopkins, *The Social Gospel: Religion and Reform in Changing America* (Philadelphia: Temple University Press, 1976); Walter Rauschenbush, *A Theology for the Social Gospel* (Nashville and New York: Abingdon Press, 1945).

21. 근본주의 신학의 출현 과정에 대한 간략한 소개는 배덕만, 『한국개신교근본주의』 (대전: 대장간, 2010), 15-28을 참조. 이 주제에 대한 대표적인 연구로는 Ernest Sandeen, *The Roots of Fundamentalism: British and American Millenarianism 1800-1930* (Chicago and London: The University of Chicago Press, 1970)과 George M. Marsden, *Fundamentalism and American Culture* (Oxford and New York: Oxford University Press, 1980)이 있다.

22. 성결운동의 두 흐름에 대해서는 배덕만, "성결운동과 오순절운동 사이의 관계," 「성결교회와 신학」 제6호 (2001 가을): 69-93을 참조.

23. 이 시기의 근본주의에 대한 훌륭한 연구는 Joel A. Carpenter, *Revive Us Again: The Reawakening of American Fundamentalism* (New York and London: Oxford University Press, 1997)가 있다.

24. ACLU와 스코프스 재판과의 관계에 대해서는 ACLU의 홈페이지를 참조. http://www.aclu.org/aclu-history.

25. Joel A. Carpenter, *Revive Us Again*, 187-232.

26. 오순절운동의 기원과 초기 발전에 대한 대표적 연구서로는 다음의 것들을 참조하라. 빈슨 사이 난, 『세계오순절성결운동의 역사』; John Thomas Nichol, *The Pentecostals* (Plainfield, NJ. : Logos International, 1966); D. William Faupel, *The Everlasting Gospel: The Significance of Eschotology in the Development of Pentecostal Thought* (Sheffield, UK. : Sheffield Academic Press, 1996); Donald W. Dayton, *Theological Roots of Pentecostalism* (Peabody, MA. : Hendrickson Publishers, 1987).

27. 이 분리과정에 대해서는, Garth M. Rosell, *The Surprising Work of God: Harold J. Ockenga, Billy Graham, and the Rebirth of Evangelicalism* (Grand Rapids, MI. : Baker Academic, 2008), 91-100을 참조.

28. 조지 말스덴이 풀러신학교의 역사를 훌륭하게 정리했다. George M. Marsden, *Reforming Fundamentalism: Fuller Seminary and the New Evangelicalism* (Grand Rapids, MI. : William B. Eerdmans Publishing Company, 1987).

29. Carl F. H. Henry, *The Uneasy Conscience of Modern Fundamentalism* (Grand Rapids, MI. : William B. Eerdmans Publishing Company, 1947).

30. Billy Graham, *Just as I am: The Autobiography of Billy Graham* (Grand Rapids, MI. : Zondervan and HarperSanFrancisco, 1997), 302-3.

31. 죠지 마르스텐, 『미국의 근본주의와 복음주의 이해』, 홍치모 옮김 (서울: 성광문화사, 1992), 91-6.

32. 인종문제에 대해, 니버는 그레이엄의 입장을 신랄하게 비판했고, 그레이엄은 복음전도를 무시하는 니버의 입장에 반대했다. 반면, 킹과 그레이엄은 인종문제에 있어서 비슷한 생각을 공유했지만, 베트남 전쟁에 대해선 서로 다른 입장을 견지했다.

33 카터의 대선과정에 대해서는 Randall Balmer, *God in the White House: A History* (New York: HarperOne, 2008), 79-107을 참조. 대선과정에서 정치와 종교의 분리를 주장했던 케네디의 입장에 대해서는 같은 책, 7-46을 참조.

34. 밥존스대학교와 국세청간의 갈등에 대해서는, 다음의 사이트를 참조. http://en.wikipedia. org/wiki/Bob_Jones_University

35. Kenneth J. Collins, *The Evangelical Movement: The Promise of an American Religion* (Grand Rapids, MI. : Baker Academic, 2005), 123.

36. 미국 기독교우파의 역사에 대해서는 배덕만, 『미국 기독교우파의 정치활동』 (서울: 넷북스, 2007) 참조.

37. 미국의 네오콘에 대한 종합적 연구서는 남궁 곤 편, 『네오콘 프로젝트: 미국 신보수주의의 이념과 실천』 (서울: 사회평론, 2005)이다.

38. 짐 월리스의 생애와 사상에 대해서는 배덕만, "짐 월리(Jim Wallis): 복음주의 사회참여의 새로운 모델," 『역사신학논총』 제17집 (2009): 89-114을 참조.

제2장
사회개혁: 미국의 경우를 중심으로

　　복음주의와 사회개혁의 관계에 대해 중요한 연구를 수행한 종교사회
학자 데이비드 모벅David O. Moberg, 1922~은 근본주의자들의 문제점을 구체적
으로 지적했다. 그의 지적은 곧 복음주의자들에게 주어진 사회적 과제의
다른 표현일 수 있다.

　　근본주의자들은 대체로 사회적 불의를 개혁하는데 관심이 별로 없다.
UN과 그것에 연관된 기구들에 무관심하거나 반대하는 경향을 보이며,
남부나 북부에서 지배적 형태의 인종차별을 지지하고, 권위주의를 용
인하는 교육철학에 굴복한다. 모든 백성의 복지를 추구하기보다 민족
주의적 목표를 우선시하고, 미국적 삶의 방식이 마치 모든 사회를 위한
하나님의 청사진인 것처럼 취급한다. 또한, 우리의 풍요로운 사회에서
비 기독교인들과 똑같은 방식으로 지위와 쾌락을 추구한다. 노동조합
의 부패는 재빠르게 비판하지만, 대기업의 부패를 인정하는데 더디고,
그것을 비난하길 꺼려한다. 야곱, 바리새인, 그리고 성경의 다른 유대인
들을 은근히 언급하면서 반-유대주의를 양산하고 부추기며, 자신들의
정당에 대한 선전이나 공산주의에 대한 반대는 무조건 용납하지만, 그
것의 진실은 검토하지 않은 채 그것의 확산을 위해 협력한다. 백인들의
사업이 민권운동가들의 시위 때문에 피해를 입을 경우, 그들이 행한 불

의는 혹독하게 비난하지만, 미국 흑인들이 지난 3세기 동안 당한 불의들에 대해 어떤 대안도 제공하지 않았다. 사회에서 부자들의 이익을 지원하기 위해 애를 쓰지만, 그것이 예수께서 큰 애정을 보이신 가난한 사람들, 병자와 장애인들, 사회에서 버림받은 다수의 사람들의 필요와는 어떤 관계가 있는지에 대해 어떤 평가도 행하지 않는다.[1]

모벅이 제시한 과제를 고려할 때, 복음주의가 주목하고 해결해야 할 사회적 과제는 매우 다양하고 난해하지만, 크게 인종, 빈곤, 평화, 여성문제로 분류할 수 있을 것 같다. 사실, 이것들은 역사적으로 복음주의자들이 특별한 관심을 보이며 씨름해온 문제들이다. 따라서 이 장에선 이 주제들에 집중함으로써, 복음주의와 사회개혁의 관계에 대해 보다 거시적인 그림과 미시적 정보를 함께 얻을 수 있도록 노력할 것이다. 끝으로, 이제 복음주의는 전 세계적 현상이 되었지만, 여전히 복음주의 안에서 영국과 미국, 특히 미국의 영향력이 지배적이다. 따라서 이 글은 미국을 중심으로, 복음주의와 사회개혁의 관계를 검토할 것이다.

I. 인종문제

복음주의 안에서 인종문제는 오랫동안 아킬레스건이었다. 18세기부터 흑인노예를 중심으로 한 인종문제가 영국과 미국에서 심각한 사회문제로 부상하면서, 사회뿐 아니라 교회도 갈등과 분열을 겪었기 때문이다. 잘 알려진 것처럼, 미국에서 노예제도는 남북전쟁의 직접적 원인이 될 정도로 민감하고 위험한 문제였으며, 복음주의자들도 같은 이유에서 남북으로 양분되는 아픔을 겪었다.[2] 같은 하나님을 예배하고 동일한 성경을 읽었으며 심지어 같은 교단에 속해 있었지만, 노예제도를 둘러싼 양측의 성경해석과 목회방식이 극단적으로 달랐던 것이다. 사실, 대다수의 사람들, 대다수의 복음주의자들은 당시의 지배적인 사고와 문화의 영향 속에서 흑인들을 동등한 인간으로 인정하길 거절하고 노예제를 정당화했다.[3] 특히, 미국 남부에서는 목회자들마저 노예제를 성경을 통해 정당화함으로써, 수많은 흑인 노예들이 인간으로서의 정당한 권리를 부정당하며 부당한 차별을 받았다. 18세기의 대표적 복음주의자 조너선 에드워즈마저 노예를 소유했던 것을 볼 때, 당시의 형편을 짐작할 수 있다.[4]

하지만, 그런 지배적 경향 속에서도 일군의 복음주의자들이 노예제를 둘러싼 인종문제에 관심을 갖고, 문제해결을 위해 분투했다. 에드워즈와 동시대 인물인 존 웨슬리와 새뮤얼 홉킨스Samuel Hopkins, 1721~1803가 대표적인 경우다. 영국국교회 내에서 감리교운동을 시작했던 웨슬리는 개인적 성결을 증진시키기 위해 노력하면서 사회의 다양한 문제들에도 깊은 관심을 보였다. 특히, 그는 노예제도를 강력히 반대하여 노예를 소유하거나 매매하는 일에 관여하는 사람들을 자신의 그룹에서 용납하지 않았다.[5] 에드워즈의 제자였던 홉킨스는 뉴포트의 '제1회중교회' 목사로 일하면서 그곳에 성행하던 노예매매에 반대하고 노예해방을 위한 기금까지 마련했다. 궁극적으로, 홉킨스는 아프리카에 노예들을 위한 식민지를 건설하겠다는 계획을 세웠지만 실현되지 못했다.[6] 또한, 이 시기에 꼭 기억해야 할 인물이 있다. 바로 윌리엄 윌버포스William Wilberforce, 1759~1833다. 그는 영국의 하원의원으로서 영국에서 노예제를 종식시키는데 결정적인 역할을 담당했다. 전직 노예무역선장이자 저명한 찬송가 작사가인 존 뉴튼John Newton, 1725~1807의 영향을 깊이 받으면서, 그는 뜻을 같이 하는 일군의 동지들과 함께 노예제도 폐지를 위해 오랜 세월 분투했다. 하지만 그런 선구자적 노력은 현실의 벽에 막혀 번번이 실패하고 말았다. 깊은 좌절감 속에 절망하고 있을 때, 그는 웨슬리로부터 한 통의 편지를 받았다. "태양 아래 가장 추악한 악인 노예제가 사라지는 그 날까지 하나님의 이름과 그분의 능력으로 전진하세요."라는 웨슬리의 격려에 용기를 얻은 윌버포스는 다시 법안을 상정했다. 그리고 마침내 법안이 통과되어 영국에서 노예제도가 폐지되었다.[7]

19세기 미국에서 노예제폐지를 위한 노력이 복음주의자들 사이에서 활발하게 전개되기 시작했다. 제2차 대각성을 주도했던 찰스 피니Charles G. Finney와 태픈 형제Arthur and Lewis Tappan, 시어도어 웰드Theodore D. Weld, 1803~95, 그리고 헤릿 스토우Harriet Elizabeth Beecher Stowe, 1811~96 등이 대표적인 인물들이다. 복음전도자로 널리 알려진 피니는 부흥과 개혁을 동일시하며 19세기 미국 복음주의에 지각변동을 일으켰다.[8] 그는 미국노예제폐지협회를 창설한 태픈 형제들과 긴밀한 관계를 맺으면서 노예제에 대해 더욱 비판적인 태도를 갖게 되었다. 특히, 태픈 형제들은 후에 오벌린대학의 후원자로서 막강한 영향력을 행사했는데, 피니를 이 대학의 조직신학교수로 초빙하도록 압력을 행사했다. 그 결과, 오벌린대학은 노예제 반대투쟁의 요새로 중요한 역할을 담당했다.[9] 동시에, 피니의 부흥회에서 회심을 체험한 사람들 중에서 노예제 폐지운동의 중요한 인물들이 대거 배출되었다. 대표적인 인물이 시어도어 웰드다. 피니의 영향을 크게 받은 그는 미국노예제폐지협회 일원으로 미국 전역을 순회하며 노예제폐지를 위한 뛰어난 강연을 했고,『노예제도의 현실』Slavery as It is을 저술하여 노예제의 잔학상을 만천하에 폭로했다. 이 책은『톰 아저씨의 오두막집』Uncle Tom's Cabin을 쓴 스토우 부인에게 큰 영향을 끼쳤다. 그녀는 당시에 저명한 복음주의 지도자 라이먼 비처Lyman Beecher, 1775~1863의 딸로서, "자신이 소설을 쓰는 동안 베개 밑에 이『노예제도의 현실』을 놓아두고, 그 책과 함께 잠을 잤다"고 한다.[10] 그녀의 책『톰 아저씨의 오두막집』은 1976년 출판된 알렉스 헤일리Alex Haley, 1921~92의『뿌리』와 더불어, 미국사회에서 흑인들의 참상을 세상에 알리는데 가장 큰 영향을 끼친 것으로 평가된다. 물론, 미국에서 노예제는 남북전쟁에서 북군이 승리함으로써 폐지되었지만,[11] 이 문제에 대한 사회적 인식과 여론 형성에 복음주의자들이 끼친 영향은 폄하될 수 없다.

　미국에서 노예제는 1865년 법적으로 폐지되었으나, 흑인들에 대한 인종차별은 20세기까지 지속되었다. 특히, 남부에선 인종차별법인 '짐크로법' *Jim Crow Law*에 의해, 흑인은 백인과 철저히 분리된 채 차별적 삶을 강요당했다. 공립학교를 포함한 공공장소와 버스좌석까지 분리와 차별의 대상이었고, 교회마저 흑인과 백인의 교회로 분리되었다. 대부분의 그리스도인들은 이런 현실을 당연시했으며, 흑인들조차 이런 체제를 운명으로 수용했다. 이런 상황에서, 인종차별에 대해 전향적 태도를 보인 복음주의자들은 20세기와 함께 출현한 오순절운동의 추종자들이었다. 1906년, 흑인 목사 윌리엄 시무어 William J. Seymour, 1870~1922가 주도한 아주사부흥운동에서, 백인, 흑인, 아메리카원주민, 히스패닉과 아시아인들이 성령 안에서 하나가 되어 함께 예배를 드렸다.[12] KKK단 같은 인종차별집단이 흑인이나 친절한 백인에게 린치와 테러를 감행하던 시절에, 그런 인종혼합예배는 사회적으로 큰 파장을 불러왔다. 이런 예배광경을 목격했던 프랭크 바틀맨 Frank Bartleman, 1871~1936은 "흑인보다 백인들이 더 많이 오고 있었다. 인종분리의 선이 그리스도의 보혈 속에서 제거되었다."[13]고 상황을 묘사했다. 아주사부흥운동 이후, 성령 안에서 인종분리를 극복하려는 노력은 오순절운동의 중요한 전통이 되었다. 1920년-40년대까지 미국에서 선풍적 인기를 얻었던 여성 오순절운동가 에이미 샘플 맥퍼슨 Aimee Semple McPherson, 1890~1944 과 1940년대부터-1970년대까지 신유집회로 세계적 명성을 얻었던 오랄 로버츠 Oral Roberts, 1918~2009도 자신들의 집회를 모든 인종에게 개방함으로써 당대의 지배적인 경향에 반기를 들었다. 맥퍼슨이 여성이고 로버츠가 인디언의 후손이란 점도 그들의 독특한 생각과 사역에 영향을 끼쳤을 것으로 보인다. 특히, 1994년에 흑인오순절주의자들과 백인오순절주의자들이 한 자리에 모여 '북미 오순절 및 은사주의 교회협의회'를 조직할 때, 양측의 지도자들이 공개적으로 서로의 발을 씻어주었다. 이 사건은 "맴피스의 기적"으로 알려졌다.[14]

　20세기 중반에 이르러, 일부 보수적 복음주의자들도 인종문제에 관심을 갖기 시작했다. 풀러신학교 교수였던 칼 헨리는 1947년『복음주의자의 불편한 양심』The Uneasy Conscience of Modern Fundamentalism을 발표하여, 복음주의자들의 적극적인 사회참여를 촉구했다. 그가 반복적으로 지적했던 사회적 악들 속에 "인종적 차별"도 항상 포함되었다.[15] 헨리와 함께, 대표적인 복음주의자 빌리 그레이엄도 자신의 전도 집회에서 인종문제를 진지하게 다루면서 신자들이 인종차별에 반대한다는 서약서에 서명하도록 요구했다.[16] 한편, 1960년대부터 칼 헨리나 빌리 그레이엄보다 진보적 성향의 젊은 복음주의자들이 출현하기 시작했다. 이들은 보수적 복음주의 환경에서 성장했지만, 1960년대 흑인인권운동에 직접 영향을 받았다. 그 결과, 그들은 인종문제에 대해선 근본주의자나 신복음주의자들보다 훨씬 더 개방적·진보적 태도를 갖게 되었다. 특히, 이들 가운데 짐 월리스를 주목해야 한다. 그는 워싱턴 D.C.의 흑인빈민지역에 '소저너스 공동체'를 설립하여, 부동산개발업자들의 횡포로부터 흑인들의 인권과 주택을 보호하기 위해 분투했기 때문이다.[17]

　하지만 인종문제와 관련해서 불행한 기록들도 복음주의 역사에서 많이 발견된다. 대표적인 경우가 밥존스대학교다. 이 학교는 1971년부터 연방정부결정에 반대하여 인종통합교육을 계속 거부하면서 흑인학생들의 입학을 불허했다. 이것은 연방국세청과 이 대학의 법정소송으로 번졌고, 결국 이 대학교의 세금감면혜택이 철회되는 극단적 상황이 발생했다. 이것은 종교의 자유와 연방법이 충돌한 대표적인 사례로서, 이후 기독교우파의

출현에 결정적인 영향을 끼쳤다.[18]

　기본적으로, 복음주의자들은 시대, 지역, 계급의 한계를 쉽게 극복하지 못했다. 따라서 대부분의 복음주의자들은 인종문제에 대해 당시의 지배적 사고와 문화에 순응하는 모습을 보였다. 밥존스대학교가 대표적 경우다. 하지만, 선지자적 통찰과 용기를 가진 일군의 사람들이 노예제도^{인종차별} 같은 시대적 오류와 사회적 죄악에 대해 문제를 제기하고, 동시대인들의 각성과 인식의 전환을 유도했다. 특히, 웨슬리, 피니, 시무어, 그레이엄 같은 부흥사들이 이 문제에 대한 대중적 관심과 여론형성에 큰 영향을 끼쳤고, 흑인 시무어, 여성 맥퍼슨, 인디언 로버츠 같은 사회적 소수자들의 헌신도 돋보였다. 하지만 복음주의자들은 당위적 차원에서 성경에 근거하여 인종차별을 반대했지만, 문제해결을 위한 학문연구와 정치운동으로 자신들의 노력을 확대하지 못했다. 그레이엄의 경우처럼, 개인의 양심적 결단을 인종차별 같은 사회문제의 해법으로 제시한 것은 상황인식의 한계를 드러내는 부분이다. 최근에, 짐 월리스를 중심으로 한 복음주의 좌파계열에서 이 문제에 대한 법적 · 제도적 대안을 마련하기 위해 분투하는 모습은 복음주의 내부에서 주목할 만한 발전으로 보인다.

II. 전쟁과 평화

　미국에서 반전운동은 퀘이커와 재세례파들이 오랫동안 주도했다. 이들을 복음주의자로 정의할 수 있느냐에 대해선 논쟁의 여지가 있지만, 그들이 복음주의자들에게 직간접적으로 큰 영향을 끼친 것만은 부인할 수 없다. 퀘이커들은 초창기부터 교권제도를 반대하면서, 평화주의와 남녀평등을 노래하고 노예제도를 반대했다. 재세례파들도 평화주의를 신앙의 핵심으로 신앙하며 용감하게 실천해 왔다. 그들은 미국사회에서 예언자적 목소리를 대표했지만, 주변사회의 오해와 비판 속에서 험난한 세월을 보낼 수밖에 없었다. 그럼에도, 그들의 영웅적인 모습은 세월이 흐르면서, 교회와 사회 구석구석으로 깊이 스며들었다.[19]

한편, 복음주의자들은 독립전쟁과 남북전쟁을 포함한 대부분의 전쟁에 참여했다. 북부의 청교도 후예들은 독립전쟁에 적극적으로 참여했고, 남부의 성공회웨슬리 추종자들 포함는 영국 편에서 전쟁을 지지했다.[20] 장로교, 회중교회, 침례교 목사들은 이 전쟁에 종말론적 의미를 부여하며 교인들을 전쟁에 동원했고,[21] 웨슬리는 독립을 지지하는 미국교회를 맹렬히 비난했다.[22] 남북전쟁 때도 상황은 비슷했다. 독립을 위해 함께 싸웠던 교회들이 노예제를 둘러싼 내전에선 남북으로 나뉘어서 전쟁을 정당화하고 독려했다. 사실, 감리교, 침례교, 장로교는 전쟁 발발 전에 노예제 문제로 남감리교와 북감리교, 남침례교와 북침례교, 그리고 남장로교와 북장로교로 각각 분리됨으로써, 국가적 재난을 방지하기보다 비극적 전쟁을 촉발하고 말았다.[23]

이런 상황에서, 복음주의자들의 반전구호가 오순절운동에서 들려왔다. 방언을 성령세례의 일차적 증거로 해석하면서 오순절신학의 아버지로 불린 찰스 팔함Charles F. Parham, 1873~1929은 미국-스페인 전쟁1898을 반대했고, 전쟁에 참여하는 사람들을 "자발적 살인자들"이라고 비판했다. 프랭크 바틀맨도 국가에 의해 합법적으로 수행되는 전쟁도 "합법적 살인"으로 규정했으며, 제1차 세계대전에 오순절신자들의 참가를 강력히 반대했다. 뿐만 아니라, 오순절운동의 대표적인 교단인 하나님의 성회는 1917년 발표한 선언문에서, "기독교인들인 우리는 비록 충성된 시민으로서의 모든 의무를 충실히 수행하지만, 그럼에도 불구하고 인간의 생명을 실제로 파괴하는 전쟁과 무력 저항에는 양심상 참여할 수 없다고 선언하는 바이다." 라고 평화주의적 입장을 천명했다. 이런 입장은 톰린슨의 하나님의 교회테네시파와 찰스 메이슨의 하나님의 교회그리스도파에서도 동일하게 반복되었다. 평화주의에 입각하여 징집을 반대하고 선동적 반전운동을 전개했던 찰스 메이슨 Charles H. Mason, 1866~1961은 두 차례나 FBI 조사를 받았으며, 제시 페인 목사는 같은 지역의 폭도들에게 모욕과 폭행을 당했다. 그렇게 국가적 폭력과 압력에 시달리던 오순절주의자들은 차례로 평화주의를 포기하고 국가정책에 순응하고 말았다.24

　　1960년대에 복음주의는 전쟁문제로 다시 한 번 내적 분열을 경험했다. 베트남전쟁이 발발하자, 미국의 진보진영은 마틴 루터 킹 목사를 중심으로 반전운동을 전개했다. 수많은 청년들이 거리로 뛰어나가 반전의 구호를 외쳤고 징집영장을 불태웠다. 하지만 빌리 그레이엄을 중심으로 한 복음주의 진영은 킹 목사를 공산주의자로 공격하며 전쟁을 지지했다. 특히, 그레이엄은 미국의 북베트남 폭격을 중지하도록 대통령을 설득해달라는 교계 지도자들의 요청을 공개적으로 거부하여 많은 사람들을 실망시켰다. 그는 1973년 Christianity Today지에 쓴 "해명"clarification이란 제목의 글에서, "나는 하나님께서 나를 구약의 선지자가 아니라, 신약의 복음전도자로 부르셨다고 확신한다."라고 선언했던 것이다. 결국, 그레이엄은 명분 없는 전쟁에 면죄부를 부여했고, 복음주의자들은 그레이엄의 입장을 맹목적으로 추종했다.25 그런데 그레이엄과 다른 목소리가 터져 나오기 시작했다. 평화주의를 옹호하는 급진적 목소리가 출현한 것이다. 이 흐름을 주도한 인물은 메노나이트 소속의 존 하워드 요더John H. Yoder, 1927~97였다. 1972년, 요더가 출판한 『예수의 정치학』The Politics of Jesus은 평화주의를 강력히 옹호했으며, 이후 복음주의 진영에서 평화주의의 고전이 되었다. 뿐만 아니라, 요더의 영향을 깊이 받은 스텐리 하우어워스Stanley Hauerwas, 1940~도 전쟁에 반대하며 복음주의 진영에 중요한 영향을 끼치고 있다.26

　　70년대 이후로도 복음주의는 전쟁문제를 둘러싸고 근본주의적 성향의 기독교우파와 진보적 성향의 복음주의 좌파로 분열되었다. 복음주의 좌파들은 60년대 반전운동에 참여하고 요더의 사상에 영향을 받으면서 평화주의(혹은 정당전쟁론)를 수용하게 되었다. 짐 윌리스는 그의 책 『회심』에서, 전쟁에 대한 자신의 입장을 다음과 같이 천명했다.

> 회심한 자들은 평화를 만드는 자들로 알려져야 한다. 우리는 적대적인 세상에서 평화를 만들기 위한 대가를 기꺼이 짊어지고자 하신 분의 지도를 따라야 한다. 평화를 위한 위험을 감수하는 것은 끊임없는 전쟁의 과정 속에 포함된 위험 부담이 훨씬 더 크다는 것을 표명한다. 결코 그치지 않을 전쟁을 준비하는 세상 한가운데서, 교회는 다른 길을 담대히 확증해야 한다. 안전을 위해 무기를 신뢰하는 일을 그만두고 평화를 만드는 일을 신뢰하기를 배워야 한다. 그리고 우리는 새롭게 하나님을 신뢰함으로써 평화를 준비하는 일에 서로 협력하기 시작해야 한다.[27]

반면, 1970년대 낙태논쟁과 함께 출현하기 시작한 기독교우파는 근본주의 신학을 옹호하면서 공화당과 밀월관계를 형성했다. 이들은 공화당의 주도하에 진행된 여러 전쟁들, 그리고 미국과 관련된 중동과 유럽의 여러 분쟁들을 적극적으로 지지했다. 이 그룹의 대표적 인물인 팻 로버트슨은 전쟁에 대한 자신의 입장을 밝힌 글에서, 주님의 재림과 함께 이 땅에서 전쟁이 사라지겠지만 그 전까지는 사악한 세력에 대항하는 전쟁은 불가피하다고 주장했다. 그는 평화주의를 비성경적이라고 비판했다.

> 우리는 악이 줄어드는 대신 증가하고, 어떤 사람들이 이기심과 광중에 사로잡힌 듯이 보이며, 어떤 이들은 다른 사람들을 억압하려는 경향을

보이는 시대에 살고 있다. 그런 태도가 존재하는 한, 의로운 사람들은 악에 대항해서 싸워야 한다. 나는 전쟁과 전쟁에 참여하는 것이 도덕적으로 틀렸다고 생각하는 기독교인들이 있음을 잘 알고 있다. 물론, 나는 그들의 견해를 존중하고, 그들이 자신들의 양심에 따라 살도록 허용해야 한다. 하지만 나는 성경이 평화주의를 가르친다고 믿지 않는다. 성경은 우리에게 억압과 압제를 당하는 사람들에게서 억압의 멍에를 벗겨내야 한다고 가르친다. 억압의 멍에는 단지 기도만으로 벗겨지지 않는다. 행동이 꼭 필요하다.28

이처럼, 복음주의자들의 전쟁관은 다수의 전쟁지지파와 소수의 평화주의자로 양분되어 왔다. 대부분의 복음주의자들은 국가, 지역, 계급의 영향을 깊이 받으면서 대부분의 전쟁에 참여하고 지지를 표명했다. 특히, 기독교우파는 특정 정당과 과도히 밀착하여 미국의 모든 전쟁을 일방적으로 지지하고 정부의 입장을 옹호함으로써 많은 사람들에게 비판의 대상이 되었다. 이들을 "기독교 파시즘"으로 비판하는 목소리가 있을 정도로 말이다.29 그들에게는 샬롬을 전하는 성경의 가르침보다 국가의 이익을 배타적으로 옹호하는 것이 더 중요해 보이는 것 같다. 반면, 예언자적 소수가 꾸준히 전쟁에 반대하며 징집을 거부했던 기록도 간과할 수 없다. 사실, 미국처럼 국가주의와 애국주의가 강력한 나라에서, 또한 그런 이념이 극대화되는 전쟁기간 중 전쟁을 반대하며 평화주의를 옹호하는 것은 매우 위험한 행위다. 하지만 일군의 복음주의자들이 그런 운동에 적극적으로 참여하며 성경에 근거한 평화의 사도들이 되었다는 것은 매우 감동적인 기록이다. 특히, 70년대부터 '하나님의 정치'를 천명하면서 반전의 목소리를 높이는 복음주의 좌파들의 등장은 그런 지배적인 흐름에 제동을 걸면서 복음주의자들의 지평을 확장하는데 긍정적 기여를 하고 있다. 이들의 수는 적지만 성경적 가르침에 충실하려는 예언자적 그룹임에 틀림없다.

III. 빈곤

영미 복음주의자들은 초기부터 빈곤에 관심이 많았다. 특히, 18세기 감리교운동을 시작했던 존 웨슬리는 가난한 자들에 대한 관심이 지대했고, 물질적 부에 대한 깊은 경각심을 갖고 있었다. 그는 한 편지에서 물질적 부의 유혹에 대해 다음과 같이 절절한 필체로 경고했다.

> 60, 70년 간 여러분에게 봉사한 후 침침한 눈, 떨리는 손, 비틀거리는 발로, 먼지 속으로 사라지기 전에 저는 여러분에게 한마디만 더 충고하겠습니다. 바울 사도의 말씀을 기억하십시오. 부자가 되기를 바라거나 부자가 되기 위해 노력하는 사람들은 그 순간 유혹, 즉 깊은 유혹의 늪에 떨어집니다. 어떤 막강한 힘도 그들을 그 유혹으로부터 건져낼 수는 없습니다. '그들은 유혹에 빠집니다.' 이 말은 적절하게 표현하자면 강한 덫, 즉 동물이 붙잡히자마자 산산조각 내버리는 그런 덫을 의미합니다. 즉 '인간을 파괴와 멸망으로 빠지게 하는 어리석고 고통스러운 욕망의 늪에 빠지게 됩니다.' 여러분들은 이 세상에서 번창하는 모든 이들의 위에 군림하는 이 두려운 말들을 결코 잊어서는 안 됩니다![30]

이들은 가난했지만 부의 위험을 깊이 인지했고, 동시에 가난한 사람들과 자신들을 동일시했다. 감리교창설에 결정적 역할을 담당했던 프란시스 에즈베리Francis Asbury, 1745~1816도 당시 감리교회가 가난한 자들을 위한 교회라고 믿었다. "우리가 가난한 자들을 위해 일한다면, 우리는 그들과 함께 고난도 받아야 한다."[31] 이런 정신은 당시 감리교 목회자들의 삶에서 구체적으로 표현·실천되었다. 당시 감리교 목회자들은 최저생계비 이하의 임금을 받고 선교 볼모지에서 희생적으로 사역했던 것이다.

가난한 사람들에 대한 웨슬리의 관심은 19세기 영국과 미국의 성결운동으로 이어졌다. 가장 대표적인 그룹이 1860년 윌리엄 부스William Booth, 1829~1912와 캐서린 부스에 의해 영국의 빈민가에서 시작된 '구세군' Salvation Army이다. 구세군은 빈민들을 대상으로 복음을 전했고, 음식, 의복, 쉼터를 제공했다. '빈민은행,' 탁아소, 무료법률상담, 매춘 등에도 관심을 집중했다. 이처럼, 가난하고 억압받는 사람들과 접촉하면서, 구세군은 영국과 미국 사회에 대해 점점 더 급진적인 비판을 가하게 되었다.[32] 또한 같은 해에 벤자민 로버츠Benjamin T. Roberts의 주도하에 설립된 자유감리교회도 미국 감리교회가 "가난한 자들에게 복음을 전파해야 한다"는 성경과 웨슬리의 정신을 망각하고 부자들 중심의 교회로 변질되는 것에 대한 반작용으로 탄생했다. 특히, 교회들이 재정 마련을 위해 예배당 좌석을 경매에 붙이는 관행을 도입하자, 로버츠와 일군의 감리교 목사들이 이에 대해 강력히 반대했다. 결국, 그들은 교회의 기득권 세력에 의해 축출되었다. 이후 그들은 "가난한 자들에게 복음"을 전할 목적으로 회중석 대여제를 반대하면서 교인들이 예배당에서 무료로 자신이 원하는 자리에 앉을 수 있도록 허용했다.[33] 같은 정신을 이어 받은 또 하나의 성결그룹이 나사렛교회1895년 설립다. 이 교회를 설립한 피니스 브레시Phineas F. Bresee, 1838~1915는 가난한 자들에게 복음을 전할 목적으로 교회 이름까지 "나사렛"이라고 정했다. 브레시는 가난한 자들을 배려할 목적으로, "헌금을 강요하지 않았고, 당시에 유행하던 회중석 대여제도를 반대했으며, 화려한 교회건축을 비판했다. 심지어, 가난한 자들에게 상처를 줄 수 있는 사치스런 복장도 엄격하게 규제했다."[34]

이런 교단적 차원의 빈민운동과 함께, 19세기 중반 이후 미국의 복음주의 진영 내에서 빈민선교와 구제활동을 목적으로 한 다양한 선교회가 조직되었다. 대표적인 단체로는 워터스트리트선교회the Water Street Mission와 플로렌스크리텐톤선교회the Florence Crittenton Homes를 들 수 있다. 워터스트리트선교회는 1872년 전과자인 제리 맥올리Jerry McAuley가 설립했다. 이 단체는 이후 수십개의 유사한 기관들의 모델이 되었으며, 수많은 알코올중독 남성들이 이 단체를 통해 회심했다. "이런 선교들을 통해서 당대의 복음주의계는 알코올과의 대규모 전쟁을 시작했다."35 플로렌스크리텐톤선교회는 찰스 크리텐톤Charles Crittenton에 의해 1882년 설립되었다. 마약사업을 통해 많은 돈을 번 그는 자신의 어린 딸이 죽자 그 딸의 이름을 딴 선교회를 설립하고 타락한 여성들을 구원하는 사역을 시작했다. 이에 대해 데이튼은 다음과 같이 평가했다.

> 이것은 결코 쉬운 일이 아니었다. 교회들은 그가 '도덕적으로 불결한' 사람들을 상대한다면서 그를 무시하였고, 상당한 시간이 경과한 후에야 그는, 여성들이 매춘업에 종사하게 된 것은 [도덕적 결함이 아닌] 경제적 필요 때문이었으며, 또 그 누구도 그들이 그런 일에서 벗어나 새로운 직업을 갖도록 도와주지 않았기 때문에 계속해서 그런 일을 할 수 밖에 없었다는 사실을 교회의 고상한 사람들에게 납득시킬 수 있었다.36

20세기에도 지속된 근대주의와 근본주의 논쟁 속에서, 복음주의는 사회에 대한 관심을 자제하고 복음전도에 힘을 집중했다. 반면, 도시빈민들에 대한 관심과 구호활동은 진보적 성향의 주류교회들이 주도했다. 사회복음과 기독교 현실주의가 이 시대 주류교회의 신학과 목회를 지배했다. 동시에, 이 시기에 가난한 자들에 대한 관심은 오순절주의자들 속에서 새로운 활력을 발견했다. 대표적인 예가 에이미 샘플 맥퍼슨이 설립한 '천사성전' Angelus Temple이었다. 이 교회는 1929년 대공황이 발생하자, 빈민구제활동에 자신의 모든 역량을 동원했다. 구호활동에 너무 몰두한 결과, 교회재정이 파산의 위기를 맞이할 정도였다. 이 교회는 현재에도 도시 빈민, 고아, 그리고 노숙자들을 위한 다양한 구제활동을 전개하고 있다.[37]

복음주의 내에서 이런 정신은 1960대에 출현한 복음주의 좌파들에 의해 계승되었다. 흑인민권운동과 베트남전쟁 반대운동에 영향을 받은 일군의 젊은 복음주의자들이 사회에 대해 보다 진보적인 시각을 갖고 적극적으로 사회운동에 참여하기 시작한 것이다. 이들 중에서, 빈곤문제에 대해 예언자적 목소리를 낸 인물이 로널드 사이더Ronald J. Sider였다. 그는 1968년 인종차별과 빈곤으로 고통 받는 흑인 기독교인들의 어려움을 알게 되었고, 이후 칼 헨리, 짐 월리스, 사무엘 에스코바 등 같은 생각을 지닌 복음주의자들과 함께 사회문제들을 다루기 시작했다. 그런 노력의 산물이 1973년 발표된 '복음주의 사회적 관심에 대한 시카고 선언'이었다. 1977년 출판한 책, 『가난한 시대를 사는 부유한 그리스도인』Rich Christians in an Age of Hunger에서, 그는 이 문제에 대한 성경적 해석뿐 아니라, 빈곤에 대한 경제적·정치적 원인과 현황을 치밀하게 분석하고 실천적인 대안까지 제시했다. 그와 뜻을 같이 했던 짐 월리스는 1973년 워싱턴 DC에 소저너스 공동체를 설립하고 같은 이름의 잡지도 발간하기 시작했다. 이들은 생활과 예배를 함께 하면서, 경제정의와 가난한 자들을 위한 서비스 확대에 관심을 보였으며, 특히 부동산개발업자들에 의해 빈민촌에서 추방의 위험에 놓인 흑인들을 위해 다양한 형태의 저항과 투쟁을 지속했다.[38]

이 시기에 또 하나의 중요한 발전은 복음주의진영의 대표적 인물인 릭 워렌Rick Warren과 빌 하이벨스Bill Hybels가 빈곤문제에 깊은 관심을 갖게 된 것이다. 이 교회들은 미국에서 가장 큰 교회들이며 영향력은 세계적이다. 최근에 이 교회들이 에이즈와 빈곤으로 고난 받는 아프리카에 관심을 갖고 자신들의 인력과 재정을 쏟아 붓고 있다. 이 교회를 비판적 눈으로 관찰했던 쉐인 클레이본Shane Claiborne, 1975~은 다음과 같은 글을 남겼다.

> 윌로우크릭교회 사람들은 진심으로 작은 자들을 돌봤고, 많은 위험을 무릅쓰면서 사람들을 초대해 그리스도의 사랑과 은혜와 크리스천의 교제를 나누었으며, 추운 겨울날 노숙자들을 예배당으로 불러들여 잠자리를 제공했다. 그 교회에는 자동차 사역이란 것도 있어서 자영업을 하는 사람들이 자원하여 자동차가 필요한 편모들을 위해 봉사했고, 교회 주차장의 맨 앞줄은 편모들 전용으로 지정해놓고 있었다.… 나는 그런 모습들을 보면서 섣부른 판단이 위험하다는 것과 그들이 정체된 '정상적인 크리스천들'을 부끄럽게 하고 있다는 것을 알았을 뿐 아니라 하나님께서 그 교회에 살아 계시다는 것을 정말로 느꼈다. 만약 그런 느낌이 없었다면 그들에 대해 존경할만한 가치가 없는 사람들이라고 단정했을 것이다.[39]

이처럼, 가난은 전통적으로 복음주의자들이 가장 많은 관심과 노력을 기울였던 영역이다. 특히, 웨슬리의 영향을 받은 이들이 교단의 분열까지 감수하며 자신들의 핵심적 사명으로 천명했다. 그 전통은 성결운동과 오순절운동으로 이어지면서, 웨슬리안들이 이 분야에서 가장 주목할 만한 족적을 남겼다. 구세군, 자유감리교회, 나사렛교회 같은 교회들이 이런 문제의식 속에 출현했다는 것은 역사적으로 대단히 중요한 의미를 지닌다. 개혁주의 계열의 교회들이 주로 신학논쟁에 의해 분열을 경험했다면, 웨슬리안 계열의 교회들은 사회적 문제에 대한 입장차이로 분열되는 특징을 보여주었다. 이것은 영적 체험을 삶의 실천으로 이어가려는 웨슬리안 전통의 논리적인 귀결로 보인다. 또한 빈곤문제를 개인적·교단적 차원에서 이해하던 전통적 복음주의자들의 한계를 넘어서, 최근에는 사이더와 월리스 같은 복음주의 좌파들이 이 문제를 국가적·세계적 차원에서 연구하면서 해법마련을 위해 분투하고 있다. 이것은 빈곤에 대한 복음주의자들의 이해가 소박한 '동정적 차원'에서 과학적·제도적 차원으로 발전했다는 증거다. 뿐만 아니라, 기득권자들의 입장을 대변하면서 빈곤문제에 대해 소극적 태도를 고수하던 대형교회들과 달리, 최근에 윌로우크릭교회와 새들백교회들이 빈곤문제에 대해 관심을 집중하기 시작한 것은 또 하나의 긍정적인 변화로 보인다. 물론, 여전히 대다수의 복음주의자들, 특히 기독교우파를 포함한 근본주의자들이 이 문제에 대해 보수적인 입장을 고수하고 있지만 말이다.

IV. 여성

역사적으로, 복음주의는 여성의 사회적 지위향상에 중요한 공헌을 했다. 복음주의와 여성의 관계에 대해 주목할 만한 전환점도 존 웨슬리와 함께 시작했다. 웨슬리가 여성들에게 설교권을 허락했던 것은 당대에 대단히 혁신적인 조치였다. 이렇게 웨슬리가 뿌린 여성운동의 씨앗은 19세기 미국의 성결운동에서 꽃을 피웠다. 자신의 언니 사라 랭포드와 "성결증진을 위한 화요기도회"를 이끌었던 피비 파머는 요엘 2:8을 근거로 사역의 필수요건이 "성령세례"라고 생각하며 여성의 설교사역을 정당화했다.[40] 그녀의 영향을 깊이 받은 캐서린 부스는『여성목회』란 책을 집필하여 여성사역의 정당성을 주장했고, 구세군에서 남녀평등을 제도화하는데 결정적 역할을 끼쳤다.[41] 그 후, 구세군에선 남자와 여자가 사관으로 동등한 자격과 대우를 받을 수 있게 되었으며, 캐서린의 딸 에반젤린 부스Evangeline Booth는 구세군의 최고 지위인 대장으로 활약하기도 했다. 또한 복음주의 여성운동에서 주목해야 할 사람은 프란시스 윌라드Frances Willard, 1839~98이다. 데이튼이 "그 누구도 프란시스 윌라드를 언급하지 않고 복음주의 여성운동에 대해 논할 수 없다."고 말했을 정도다. 그녀에 대한 데이튼의 평가는 이렇게 이어진다.

> 그녀는 여성들을 위한 정치적 출구를 제공하고, 참정권 투쟁을 위해서 "기독교여성금주연맹"the Women's Christian Temperance Union을 활용하였던 감리교여성운가이다. 참정권 문제를 금주운동 및 "가정 지키기"운동과 연결함으로써, 대중들로 하여금 이 문제를 수용할 수 있도록 한 것은 보다 급진적인 여성운동가들이 아닌, 프랜시스 윌라드였다고 할 수 있다. 또한 프랜시스 윌라드는『강단에 선 여성』Woman in the Pulpit, 1888에서 여성 안수를 주장하였고, 설교자들이 회중 앞에서 여성들에 대해선 거의 언급하지 않고, "오직 남성들에 대해서만, 그리고 남성의 과거, 현재, 그리고 미래에 대해서만 이야기한다"고 이의를 제기하면서 남녀의 문제에 대해 보다 포용적인 언어의 사용을 요구하였다.[42]

성결운동과 함께 주목할 것은 동시대에 피니를 통해 진행된 제2차 대각성운동의 영향이다. 피니의 영향을 받았던 사람들은 곧 노예제도 반대운동에 깊이 헌신하였다. 흑인들의 비참하고 부당한 삶에 대해 애정을 갖게 된 이들은 곧 당시의 여성들 안에서 비슷한 상황을 발견했다. 그 결과, 노예해방운동이 여성해방운동으로 자연스럽게 발전했다. 이 과정에서 오벌린 대학Oberlin College이 중요한 역할을 담당했다. 이 학교는 노예제도반대운동과 자유교회운동에서 중요한 역할을 담당했던 태픈 형제들의 영향 하에 있었고, 그들의 요구로 피니가 조직신학교수로 초빙될 수 있었다. 그들의 영향 하에, 오벌린대학은 당대에 가장 혁신적인 대학으로 명성을 얻었다. 특히,

이 대학은 세계 최초의 '남녀공학대학'으로서 여성들에게 대학교육의 기회를 주었으며, 이 학교 졸업생인 앙트와네트 브라운Antoinette Brown, 1825~1921 이 1853년 미국 최초로 안수 받은 여성목사가 되었다.[43]

　성결운동의 전통을 이어 받은 오순절운동도 여성운동에서 주목할 만한 자취를 남겼다. 19세기말에 성결운동에서 오순절운동이 분화하여 발전하는 시기에, 마리아 우드워스 이터Maria Woodworth-Etter, 1883~1936는 신유부흥사로서 전국적인 명성을 얻었다. 1906-1910년까지 지속된 아주사부흥회에서도 흑인목사 시무어 뿐만 아니라, 그의 아내인 제니 무어Jennie E. Moore를 비롯한 다수의 여성들이 지도자로서 큰 영향을 발휘했다.[44] 또한 1920년-40년까지 여성신유사역자요 목회자로서 큰 인기를 누렸던 에이미 샘플 맥펄슨은 1921년 로스앤젤레스에 당시에 가장 큰 교회 중 하나인 '천사성전'Angelus Temple을 세웠고, 얼마 후 국제복음교회International Church of Foursquare Gospel란 오순절교단도 창설했다. 그녀는 미국 최초로 라디오방송국을 설립했으며, 매주 주일저녁에 행한 "예화설교"는 당시 주변에 있던 헐리우드만큼 큰 인기를 누렸다. 1960-78년대에는 캐서린 쿨만Cathryn Kuhlman, 1907~76이 여성신유사역자로서 전국적인 인기를 얻었다.[45]

　성령운동은 한국에서도 여성들이 자신들의 꿈을 펼칠 수 있는 예외적 기회를 제공했다. 1907년 한국에 성결운동을 도입한 동양선교회는 일본에서 찰스 카우만, 나카다 주지 등에 의해 설립되었다. 찰스의 아내 레티 카우만Lettie B. Cowman, 1870~1960은 남편처럼 안수 받은 목사였으며, 남편을 도와 동양선교회를 통한 한국선교의 초석을 놓았다. 남편의 사후에는 동양선교회의 제4대 총리가 되어 동양선교회를 이끌면서 한국, 일본, 중국에서 선교활동을 이어갔다.[46] 여의도순복음교회와 오산리금식기도원을 설립한 최자실1915~89,[47] 대한예수교복음교회와 대성학원을 설립한 김신옥1924~,[48]은 한국에서 예외적인 여성목사들이었으며, 모두 한국의 성령운동을 주도했던 인물들이다. 동시에, 안수 받는 길이 매우 제한적이었던 시절, 한국교회 부흥의 요람이었던 기도원들은 여성사역자들이 주도했던 예외적인 사역 공간이었다. 대부분의 기도원 원장들이 여성이었다는 사실은 이런 역사를 단적으로 입증해 준다.[49]

하지만 이런 진보적 목소리와 역사적 기록에 반하는 반동적 장면들도 복음주의 역사 속에서 쉽게 발견할 수 있다. 빌리 그레이엄의 아내 루스 그레이엄은 전통적인 성역할을 고수하면서 여성들의 존재이유와 가치를 여성의 가정 사역에서 찾고 있다. 특히, 그녀는 여성안수에 반대하면서 다음과 같이 역설했다.

> 개인적으로 저는 여성안수에 대해서 반대하는 입장입니다. 일단, 제가 보기에 남자들의 수가 그렇게 부족한 것 같지는 않습니다. 또한 저는 여성안수가 기본적으로 성경의 원칙들에 어긋난다고 믿습니다.⋯제가 생각하기에, 당신이 연구해본다면, 다음과 같은 사실들을 발견하게 될 것입니다. 즉, 당신은 곧 세상에서 가장 뛰어난 요리사들이 남자들아마도 셰프라고 불릴 것입니다이며, 세계 최고의 의상 디자이너들도 대개는 남자들이고, 가장 훌륭한 정치가들도 남자들이며, 우리의 가장 위대한 작가들 대부분도 남자들이고, 가장 뛰어난 운동선수들 대부분도 역시 남자들입니다. 또 다른 이름들을 말해보십시오. 오직 두 영역을 제외하곤 모든 영역에서 남자들이 여자들보다 뛰어납니다. 즉 여자들은 최고의 아내들이 될 수 있으며, 또한 최고의 어머니들이 될 수 있는 것입니다.[50]

이런 입장을 더욱 확고히 견지하고 있는 복음주의 그룹은 기독교우파다. 이들은 전통적인 여성관을 고수하면서, 여성의 지위를 남성에게 종속된 것으로 이해하고, 여성의 가장 고귀한 임무를 자녀교육과 남편내조로 제시한다. 이런 맥락에서, 여성의 사회활동을 매우 부정적으로 간주하며, 심지어 여성의 사회활동이 남성의 일자리를 빼앗는다고 주장한다. 팻 로버트슨은 여성들을 직장에서 가정으로 돌려보내는 것이 가정 문제와 실업 문제를 동시에 해결할 수 있는 실제적 방안이라고 주장했다.[51]

이처럼, 대다수의 복음주의자들이 여성의 지위와 역할에 대해 전통적인 관념을 지속적으로 유지해 왔다. 그 결과, 복음주의자들이 여성들의 사회적 지위향상을 위해 국가적으로 주목할 만한 이념이나 운동을 주도하지 못했다. 여성들의 교육과 참정권에 대해 침묵하고 기존의 관습을 반복했다. 교회 내에서도 여성들의 지위는 남성에 비해 늘 열등했고, 지금도 상황은 크게 변하지 않았다. 오랫동안 여성들은 교회에서 주일학교 교사나 집사의 신분에 만족해야 했고, 해외선교지에서 선교사 부인이나 독신 선교사로서 예외적 지위를 인정받았을 뿐, 국내에선 여성목회자로 안수 받을 수 있는 자격과 목회의 기회가 오랫동안 제한되었다. 하지만 18세기의 웨슬리와 19세기의 찰스 피니가 여성들에게 발언권을 허용했고, 19세기와 20세기에 뛰어난 여성사역자들이 출현하여 기성제도에 도전하고 충격을 주었다. 특히, 19세기 동안, 일군의 복음주의 여성들이 여성인권을 위해 조직을 구성하며 여권운동의 선구자들이 되었으며, 오벌린대학은 여성에게 입학을 허용함으로써 여권신장에 중요한 기여를 했다. 결국, 성역할에 대한 보수적 문화 속에서 소수의 남성과 여성이 선구자적 역할을 용감하게 수행함으로써, 복음주의 전체의 의식과 행동 변화에 중요한 공헌을 한 것이다. 물론, 여성의 권한이 꾸준히 성장해 왔지만, 앞으로도 해결해야 할 문제들이 산적해 있다. 복음주의자들의 보다 성숙된 의식과 적극적 노력이 절실히 요청된다.

마무리

이상에서 미국을 중심으로, 복음주의와 사회개혁의 관계를 간략히 살펴보았다. 이상의 서술을 토대로, 복음주의와 사회개혁의 관계를 정리하면 다음과 같다.

무엇보다, 복음주의는 자신이 속한 시대와 사회의 지배적 흐름에 대체로 순응했다. 인종, 여성, 빈곤, 전쟁 같은 심각한 사회적 이슈들에 대해, 대다수의 복음주의자들은 성직자와 평신도의 구분 없이, 남성과 여성의 차이 없이, 심지어 사회적 계급의 구별 없이, 전통적 혹은 지배적 입장을 수용하고 옹호했다. 이런 면에서 복음주의는 신학적 측면에서 뿐만 아니라, 사회적인 측면에서도 보수주의로 분류할 수 있을 것이다.

반면, 이런 보수적 분위기 속에서, 소수의 선각적 목소리들이 복음주의 진영 내에 꾸준히 존재해 왔다. 수는 적었지만, 그들의 영향력은 결코 미약하지 않았으며, 그들의 영웅적 헌신 덕택에, 복음주의가 일방적 보수주의로 경도되지 않고, 진보적·예언자적 정신을 유지하며 역사적 발전에 일정부분 기여할 수 있었다. 특히, 성결운동과 오순절운동이 이런 영역에서 예언자적 전통에 서 있었다는 사실을 주목할 필요가 있다. 하지만, 그런 전통을 소유한 교회들조차 지금은 자신들의 전통에 충실하지 못한 채 보수적 주류와 동화되는 것 같은 현상은 안타깝다.

복음주의 내의 예언자적 소수의 목소리는 그 자체로 역사적 가치가 충분하지만, 그들의 운동이 구조적 개혁과 제도적 대안을 제시하지 못한 것은 역사적 한계로 남는다. 물론, 웨슬리와 피니의 혁신적 사상과 목회는 현재적 관점에서도 대단한 혜안과 통찰이었다. 수많은 여성사역자들의 영웅적 행보는 교회사의 자랑스런 족적임에 틀림없다. 노예제도와 회중석대여제도에 반대하여 교단을 새롭게 창설했던 웨슬리안감리교회와 자유감리교회, 여성과 흑인들에게 교육의 기회를 제공했던 오벌린대학, 그리고 최초의 여성참정권을 요구했던 1848년 '세네카 폴스 회의'Seneca Falls meeting는 복음주의 사회운동의 훌륭한 제도적 표현들이다. 그럼에도, 이런 개인과 조직, 운동이 개인주의적 모범, 낭만주의적 구호, 일시적 반응으로 머물고, 국가적 차원의 제도적 개혁과 문화적 혁신으로까지 충분히 발전하지 못한 것은 아쉬움으로 남는다. 다만, 최근의 복음주의 좌파진영에서 학자들과 운동가들에 의해 구체적·정책적 대안이 제시되고, 여론형성과 정부에 압력을 가하기 위한 창조적 전략들이 제시되고 실천되는 모습은 조심스럽지만 긍정적인 기대를 갖게 한다.

복음주의자들이 사회개혁에 소극적 태도를 견지했던 주된 이유는 그들이 처해 있던 시대적 상황 때문이었다. 인종적, 성적, 계급적, 지역적 한계를 극복하는 것은 결코 쉬운 일이 아니기 때문이다. 동시에, 이런 외적 한계를 더욱 강화시킨 신학적·목회적 한계도 함께 존재했던 것으로 보인다. 즉, 인간의 타락을 신학적 제1명제로 설정하고 개인적·영적 구원을 목회의 일차적 사명으로 간주하며, 무엇보다 묵시적 종말론을 신봉하는 전통이 복음주의 사회운동에 태생적 한계를 부여할 수밖에 없었다는 것이다. 하지만 그런 부정적 인간이해, 제한적 목회, 그리고 소극적 종말론은 더이상 복잡한 현대사회의 상황과 문제에 적합하지 않다. 정말, 복음과 성령의 권능이 인간을 죄와 악습에서 해방시킨다고 복음주의자들이 확신한다면, 인간의 죄악을 강화하고 사회적 타락을 부추기는 사회적·구조적 죄악들에 대항하기 위해, 복음주의자들은 자신들의 신학을 좀더 창조적으로 재해석하고, 목회와 조직을 보다 능동적으로 재구성하는 노력이 필요하다.

미주

1. David O. Moberg, "The Future of Human Relations: Evangelical Christianity and the Social Sciences," in *Bulletin of the Evangelical Theological Society* 4 no. 4 (1961): 107.
2. 노예제로 인한 미국교회의 분열을 연구했던 고엔(C. C. Goen)은 당시 상황을 다음과 같이 묘사했다. "교회성장에 몰두하고 분파적 관심에 휩쓸리며 인종적 편견에 대해 침묵하면서, 그들은 그런 흐름에 역행할 수 없었고, 그런 물결의 방향을 바꿀 수도 없었다. 그래서 그들은 주된 흐름에 가까이 머물면서 자신들의 입장을 보호하기로 했다." C. C. Goen, *Broken Churches, Broken Nation* (Macon, GA.: Mercer University Press, 1985), 189.
3. "1930년대에 이르러 이런 정서[노예제도를 반대하는]는 후퇴하고, 남부의 '독특한 제도'를 지지하는 목소리들이 점차 남부의 정서를 장악하기 시작했다. 이런 변화를 초래한 가장 결정적인 요인은 남부 경제에 있어 목화의 중요성이 점차 높아진 것과 이익이 많이 남는 목화 재배가 노예의 노동에 많이 의존한다는 확신이 동반된 것이다. 북부와 서부의 노예제도 폐지론자들의 거친 공격 또한 남부에서 노예제도를 찬성하는 정서를 강화시키는데 기여했다. 뿐만 아니라 급격히 팽창하는 나라에서 노예제도를 유지하는 주들의 입지가 점차 작아지면서 발생한 근심도 한몫했다." 윈스롭 허드슨/존 코리건, 『미국의 종교』, 배덕만 옮김 (서울: 성광문화사, 2008), 324-25.
4. George M. Marsden, *Jonathan Edwards: A Life* (New Haven, CT.: Yale University Press, 2003), 255-58.
5. 웨슬리는 당시의 노예무역을 "혐오스런 무역"(execrable trade)라고 불렀으며, 노예제도를 지속하는 것은 인류뿐 아니라 기독교에도 스캔들이라고 비판했다. Kenneth J. Collins, *A Real Christian: The Life of John Wesley* (Nashville: Abindgon Press, 1999), 156-57.
6. 새뮤얼 홉킨스의 생애와 사역에 대해선, Joseph A. *Conforti, Samuel Hopkins and the New Divinity Movement* (Grand Rapids, MI.: Christian Univeristy Press, 1981) 참조.
7. Richard P. Heitzenrater, *Wesley and the People Called Methodist* (Nashville: Abingdon Press, 1995), 307. 웨슬리는 그 편지를 쓰고 며칠 뒤에 세상을 떠났다.
8. 피니는 한 편지에서 이렇게 썼다. "노예들을 위한 그 운동이 교회 기구들과 선교단체들, 교회들, 그리고 목회자들에 의해서 어떻게 취급되는지를 생각해 본다면, 하나님의 영이 교회를 떠났다고 생각한다고 해서 뭐가 이상하겠습니까?" 도널드 데이튼, 『다시 보는 복음주의 유산』, 배덕만 역 (서울: 요단출판사, 2003), 55.
9. 오벌린대학의 교수와 학생들은 당시에 도망노예의 귀환을 요구했던 연방의 도망노예법에 공공연히 도전하며 흑인노예들이 캐나다로 탈출하도록 적극적으로 도왔다. 이에 대해선, 도널드 데이튼, 『다시 보는 복음주의 유산』, 91-112 참조.
10. 도널드 데이튼, 『다시 보는 복음주의 유산』, 71.
11. 남북전쟁이 끝난 뒤인 1865년 12월 18일, "노예제는 미국 연방 및 미국 연방의 관할에 속하는 어떤 지역에서도 금지 된다"는 내용의 수정헌법 13조가 의회를 통과함으로써 노예제가 폐지되었다.
12. Cecil M. Robeck, Jr., *The Azusa Street: Mission & Revival* (Nashville, TN.: Nelson Reference & Electronic, 2006), 138.
13. Frank Bartleman, *Azusa Street* (New Kensington, PA.: Whitaker House, 2000), 54.
14. 오순절운동과 인종문제 간의 관계에 대해선 배덕만, "진보적 사회운동으로서 오순절운동의 가능성 모색: 현대 종교적 담론의 한 모델," 『종교와 문화』 제13호 (2007): 65-87 참조.
15. "복음주의자들은 침략 전쟁과 정치적 자연주의, 인종적 편견, 금주법을 비웃는 주류 유통, 노사 간 불평등, 그 밖의 모든 잘못과 맞서 싸우는 일에 인본주의자나 종교적 근본주의자들보다

더 적극적으로 임해야 한다." 칼 헨리,『복음주의자의 불편한 양심』, 박세혁 옮김 (서울: IVP, 2009), 124.

16. 이런 빌리 그레이엄의 방식에 대해서 동시대의 저명한 신학자 라인홀드 니버는 이렇게 통렬하게 비판했다. "그는 [빌리 그레이엄] 사람들에게 기도하라고, 그리스도에게 마음을 드리라고, 그리고 결신자 카드에 서명하라고 말합니다. 그는 사람들에게 사도 바울의 말을 빌려서, '누구든지 그리스도 안에 있으면, 새로운 피조물이 될 것입니다'라고 말합니다. 하지만 이것은 비현실적입니다. 왜냐하면 이것은 단지 개신교의 약점인 개인주의를 노출할 뿐이기 때문입니다. 그것은 집단적인 죄를, 특별히 인종문제를 순전히 개인주의적인 용어로 다루고 있습니다. 당신은 결코 결신자 카드에 서명함으로써 인종적 편견을 극복할 순 없습니다. 그러나 빌리 그레이엄은 그들에게, 만약 그들이 견신자 카드에 서명하면 그들은 인종문제를 극복하게 될 것이라고 말합니다. 그렇다면 이 사람들이 전도 집회를 떠난 후, 그들이 인종문제를 극복했다는 아무런 증거도 우리가 볼 수 없는 것은 왜 그렇습니까?" Patrick Granfield, "Reinhold Niebuhr," in *Theologians at Work* (New York: The MacMillan Co., 1967), 62.

17. 짐 월리의 삶과 사역에 대해선 Jim Wallis, *Revive Us Again: A Sojourner's Story* (Nashville: Abingdon Press, 1983)과 배덕만, "짐 월리스: 복음주의 사회참여의 새로운 모델,『복음과 상황』제216호 (2008년 10월): 34–59 참조.

18. http://en.wikipedia.org/wiki/Bob_Jones_University

19. 퀘이커와 재세례파의 평화운동에 대해선 박충구,『종교의 두 얼굴: 평화와 폭력』(서울: 홍성사, 2013), 215–60 참조.

20. 윈스롭 허드슨/존 코리건,『미국의 종교』, 167–70.

21. 이 주제에 대한 탁월한 연구는 Nathan O. Hatch, *The Sacred Cause of Liberty: Republican Thought and the Millennium in Revolutionary New England* (New Haven, CT.: Yale Univeristy Press, 1977)이다.

22. 웨슬리는 "그리스도인의 완전을 명백히 적대시하는 이들은 대개 조지 왕과 그의 권위에 대한 열광적인 반대자들이다"라고 주장하며 그리스도인의 완전과 하노버 왕가에 대한 복종을 일치시켰고, "하늘 아래 공화당만큼 독재적인 것은 없다."라며 공화정부에 대한 개인적 혐오감을 드러냈으며, "민중이 정부와 많은 것을 공유하면 할수록, 대개 국가가 시민적이거나 또는 종교적인 자유를 덜 향유하게 된다"라고 주장하여, 미국정부가 주장하는 주권재민사상을 거부했다. 미국 민주주의를 신봉했던 프란시스 애즈베리는 웨슬리의 이런 견해에 깊이 실망했다. 케네스 콜린스,『전정한 그리스도인: 존 웨슬리의 생애』, 박창훈 옮김 (부천: 서울신학대학교출판부, 2009), 166–68.

23. C. C. Goen, *Broken Churches, Broken Nation* (Macon, GA.: Mercer University Press, 1997) 참조.

24. 배덕만,『성령을 받으라』(대전: 대장간, 2012), 177–78.

25. Billy Graham, "A Clarification," *Christianity Today*, 19 January 1973, 36. Donald W. Dayton, *Discovering An Evangelical Heritage*, 8에서 재인용.

26. 존 하워드 요더,『예수의 정치학』, 신원하·권연경 옮김 (서울: IVP, 2007)과 스텐리 하우어워스·윌리엄 윌리몬,『십계명』, 강봉재 역 (서울: 복있는사람, 2007) 참조.

27. 짐 월리스,『회심』, 정모세 옮김 (서울: IVP, 2008), 161.

28. Pat Robertson, *Answers to 200 of Life's Most Probing Questions* (Nashville: Thomas Nelson Publishers, 1984), 190–91.

29. Chris Hedges, *American Fascists: The Christian Right and the War on America* (New York: Free Press, 2006).

30. 한국웨슬리학회 편,『웨슬리 설교전집 7』, 조종남, 김홍기, 임승안 외 공역 (서울: 대한기독교서회, 2006), 380.

31. 윈스롭 허드슨/존 코리건,『미국의 종교』, 380.

32. 특히, 부스의 아들 볼링턴(Ballington)은 이렇게 말했다. "우리는 정의를, 보다 많은 정의를 구현해야 한다... 사회적 오류를 자선사업을 통해 교정하는 것은 골무로 바닷물을 퍼내는 것과 같다...우리는 우리 사회의 구조를 재조정하여, 부의 생산자들이 부의 소유자들이 되도록 해야만 한다." 도널드 데이튼, 『다시 보는 복음주의 유산』, 195.

33. 자유감리교회에 대해선 배덕만, "개혁의 빛과 그림자: B. T. 로버츠의 자유감리교회를 중심으로," 『역사신학논총』 제23집 (2012): 93-120 참조.

34. 배덕만, "'가난한 자에게 성결을': 나사렛교회의 정체성에 대한 역사신학적 고찰," 『지성과 창조』 Vol. 14 (2011), 43.

35. 도널드 데이튼, 『다시 보는 복음주의 유산』, 192.

36. Ibid.

37. 맥퍼슨의 구제활동에 대해선, George D. Townsend, "The Material Dream of Aimee Semple McPherson: A Lesson in Pentecostal Spirituality," in *Pneuma* 14 no 2 (Fall 1992): 171-83 참조.

38. 짐 월리스와 소저너스에 대해선 배덕만, "짐 월리스: 복음주의 사회참여의 새로운 모델," 『복음과 상황』 216호 (2008년 9월) 참조. 이글은 인터넷에서 읽을 수 있다.

39. 쉐인 클레어본, 『믿음은 행동이 증명한다』, 배응준 옮김 (서울: 규장, 2007), 72.

40. 피비 파머의 사역에 대해선 박명수, "푀비 파머 부인의 사역과 신학: 성령, 성결, 여성," 『근대사회와 복음주의』 (서울: 한들출판사, 2008). 83-110과 Charles Edward White, *The Beauty of Holiness: Phoebe Palmer as Theologian, Revivalist, Feminist, and Humanitarian* (Grand Rapids, MI.: Francis Asbury Press, 1986) 참조.

41. 캐서린은 『여성목회』에서, "오순절사건을 통해서, 성령이 남성 제자들뿐만 아니라 여성 제자들에게도 주어졌다...하지만 이 사실을 철저히 은폐하는데 성공한 사탄의 계략이 얼마나 대단한가...하지만 그녀들의 구원의 때가 다가오고 있다."고 주장했다. 도널드 데이튼, 『다시 보는 복음주의 유산』, 163-64.

42. Donald W. Dayton, *Discovering an Evangelical Heritage* (Peabody, MA.: Hendrickson Publishers, 1976), 95-6.

43. 피니, 오벌린대학, 그리고 앙트와네트 브라운에 대한 정보는 모두 도널드 데이튼, 『다시 보는 복음주의 유산』에서 얻을 수 있다.

44. Estrelda Alexander, *The Women of Azusa Street* (The Seymour Press: 2012).

45. 캐서린 쿨만에 대해선 Jamie Buckingham, *Daughter of Destiny: Kathryn Kuhlman* (Alachua, FL.: Bridge-Logos: 1999) 참조.

46. 정상운, "이달의 성결인: 레티 카우만," 『활천』 Vol. 569, no. 4 (2001): 10-3.

47. 최자실 목사에 대해선 최자실, 『나는 할렐루야 아줌마였네』 (서울: 서울말씀사, 2010) 참조.

48. 김신옥 목사의 생애와 사역에 대해선 김신옥, 『행함으로 믿음을 온전케 하라: 김신옥 목사의 삶 이야기』 (대전: 대장간, 2010) 참조.

49. 오산리금식기도원의 최자실과 할렐루야기도원의 김계화가 대표적이다.

50. Ruth Graham, comment in 'Others Say …' column, *Christianity Today*, 6 June 1975, p. 32. 도널드 데이튼, 『다시 보는 복음주의 유산』, 150에서 재인용.

51. 배덕만, 『미국 기독교우파의 정치운동』 (서울: 넷북스, 2007), 68.

제3장[1]
오순절운동

20세기 기독교 역사를 서술할 때, 가장 주목할 만한 현상은 단연 오순절운동의 출현과 급성장이다. 전통적인 기독교 국가들, 특히 서유럽에서 세속화가 빠르게 진행되면서 기독교의 위치와 영향력이 급격히 약화될 때, 이런 흐름에 역행하며 기독교의 열정과 동력을 회복하고 지리적·사회적 영향력을 확대할 수 있었던 것은 오순절운동의 팽창과 깊은 관련이 있기 때문이다. 그 결과, 20세기 초반 세상에 첫 모습을 드러냈을 때 전통교회들로부터 수모와 박해를 받았던 오순절주의자들이 21세기가 시작된 현재 세계 기독교의 부흥과 성장을 견인하고 있으니 그야말로 격세지감隔世之感이다. 물론, 오순절운동의 역사가 항상 장밋빛이었던 것은 결코 아니다. 이 운동이 남긴 역사적 유산과 현재의 상황이 모두 긍정적·낙관적인 것도 아니다. 주류교회로부터 끊임없이 '이단'으로 공격받고, 신학과 실천면에서 비난을 피하기 어려운 과오도 적지 않게 범했다. 그럼에도 오순절운동에 대한 서술 없이 20세기 개신교 역사서술은 불가능하다. 동시에, 이 운동에 대한 객관적 이해와 공정한 서술은 21세기 복음주의의 미래를 위해서도 꼭 필요한 학문적·신앙적 작업이다.

I. 배경

흔히 역사가들은 1901년 1월 1일, 캔자스 주 토피카^{Topeka}에 위치한 베델성경학교에서 방언현상이 출현한 것에서 오순절운동의 기원을 찾는다. 하지만 이런 오순절운동의 역사적 출현을 이해하기 위해선 그 이전에 진행된 "성령세례" baptism with the Holy Spirit에 대한 오랜 논쟁을 먼저 이해해야 한다. 대략, 그 출발점은 존 웨슬리로부터 시작된다. 웨슬리는 "이신칭의" justification by faith 교리를 강조했던 16세기 종교개혁의 전통을 충실히 계승하면서, 18세기 영국교회의 형식화·이성화된 신앙에 불편해하며 "명목상의 그리스도인" nominal Christian을 "진정한 그리스도인" real Christian으로 변화·성장시키는데 관심을 집중했다. 그는 "칭의"를 강조하면서 칭의와 성화성결, 기독자 완전를 동시적 사건으로 이해했던 칼뱅주의에 반발하여, 칭의라는 법정적 개념 대신 "중생/신생" regeneration/new birth이라는 생물학적 용어를 선호하고, 중생과 성화를 시간적으로 구분했다. 이로써 이름뿐인 신자들의 형식적 신앙이 보다 역동적·실천적 신앙으로 발전하도록 유도했다. 하지만 웨슬리는 성령세례라는 말의 사용을 자제했고, 성령은 죄인의 중생체험 순간에 한번만 역사한다고 주장했다. 그런데 웨슬리가 생전에 자신의 후계자로 지명했던 존 플렛처John W. Fletcher, 1729-85는 웨슬리의 논리를 충실히 따르되, 성화를 성령세례라고 명명함으로써 웨슬리와 갈등을 초래했다.[2]

이런 웨슬리와 플렛처의 사상은 미국에서 형성된 미국 감리교회에 직접적인 영향을 끼쳤다. 그리고 1830년대 감리교 여성 사역자 피비 파머가 "성결증진을 위한 화요기도회"를 자신의 언니와 함께 인도하면서 강력한 성령의 역사가 나타났다. 파머는 웨슬리와 플렛처의 사상을 좀더 단순하게 이론화하여 자신의 독자적 신학으로 발전시켰다. 그녀는 성화의 점진적·즉각적 가능성 모두를 인정했던 웨슬리와 달리 '성화의 즉각적 체험'을 강조했고, 성화를 성령세례로 이해했던 플렛처의 입장을 수용했다. 그녀는 신자들이 '제단' altar이신 예수 그리스도께 믿음으로 헌신할 때 즉각적으로 성화성결의 은총을 받게 된다고 주장한 것이다. 파머의 이런 주장은 "제단신학" altar theology으로 불리기 시작했다.3

이처럼 감리교 내에서 성결에 대한 관심이 고조되는 가운데, 1867년 감리교 목회자들인 윌리엄 오스본William B. Osborn, 1832-1902과 존 인스킵John S. Inskip, 1816-84의 주도로, "성결증진을 위한 전국캠프집회"가 개최되었다. 이 집회에서 강사들은 중생 이후 제2의 은총으로서 성결을 체험해야 한다고 설교했고, 이것은 성령세례를 통해 가능하다고 주장했다. 이 집회는 매년 개최되면서 전국으로 빠르게 확산되었다. 이로써 파머에서 비롯된 성결운동은 감리교 내에서 확고히 뿌리를 내리며 제도적 장치를 확보했다.

하지만 이 운동이 전국으로 확산되면서 초창기의 의도와 다른 변화를 경험하게 되었다. 먼저, '성령세례'라는 개념에 변화가 생기기 시작했다. 본래, 이들이 추구했던 성령세례는 성화, 즉 내적인 정결inner purity이었다. 하지만 성령세례를 "권능의 부여" empowerment로 해석하는 그룹이 출현한 것이다. 그 결과, 한동안 성결그룹 내에서 성화를 "정결" purity로 이해하는 그룹과 "권능" power으로 주장하는 그룹이 공존하게 되었다. 당연히 이들 사이에서 갈등이 고조되었다. 또 다른 변화는 지방연합회에 가입한 침례교와 장로교 출신 목회자들이 성화 외에 신유와 재림의 교리도 강조하기 시작한 것이다. 이것은 성결운동 지도그룹의 전통적 신학과 상충되는 교리였기 때문에, 당연히 지도그룹은 지방연합회에서 확산되고 있던 신유와 재림 교리에 대해 반대의사를 표명했다. 결국, 사중복음중생, 성결, 신유, 재림을 강조하는 새로운 그룹이 "급진적" 성결운동으로 분류되기 시작했다. 1894년을 기점으로, 이들이 감리교회 내에서 축출되거나 자발적으로 탈퇴하면서 다양한 이름과 규모의 성결교회가 탄생했다.

II. 오순절운동과 출현과 확장

사중복음의 출현으로 감리교 내에서 성결교회가 분립/탄생하게 된 후 성결교회 내에 다시 한 번 분열의 회오리바람이 불어오기 시작했다. 그것은 성결을 성령세례와 동일시하는 전통적 성결운동의 입장에 반대하여, 성결과 성령세례를 분리하고 성령세례를 권능power으로 이해하는 그룹이 급증했기 때문이다. 특별히 성령세례를 권능으로 이해하고 성령세례의 증거를 '방언' speaking in tongue이라고 주장하는 그룹이 출현하면서 분열은 돌이킬 수 없는 현실이 되고 말았다.

이 분열의 단초를 제공한 사람은 찰스 팔함Charles F. Parham, 1873-1929이었다. 그는 캔자스 주 토피카에 베델성경학교를 개원하여 성결운동을 위한 사역자들을 양성하고 있었다. 그런데 1900년 12월 31일 송구영신예배 중 학생 아그네스 오즈만Agnes Ozman, 1870-1937이 방언을 말하기 시작했다. 이 사건을 계기로, 팔함은 방언을 성령세례의 일차적 증거로 해석하며 감리교 및 성결운동과 구별된 독특한 오순절 교리를 만들어 냈다. 그의 오순절신학은 단순히 방언운동의 범주를 넘어 신유와 재림 교리를 수용하면서 캔자스와 텍사스 지역에 부흥의 불길을 확산시켰다. 한편, 팔함이 텍사스에 임시로 개설한 단기성경학교에서 공부했던 흑인 성결운동가 윌리엄 시무어 William J. Seymour, 1870-1922는 1906년부터 1909년까지 로스앤젤레스의 아주사 거리Azusa Street에서 폭발적인 부흥운동을 이끌었다. 이 부흥운동의 소식은 로스앤젤레스의 경계를 넘어 미국 전역과 전 세계로 급속히 확산되었다.

얼마 후 이 아주사거리는 새로 임한 오순절의 불길을 목격하고 체험하기 위해 원근각처에서 몰려온 사람들로 인산인해를 이루었다. 동시에, 그곳에서 성령체험을 한 사람들이 자신들의 고향과 고국으로 이 불길을 옮겨 심었다. 이 과정에서 중요한 신학적 분열이 오순절운동 내부에서 발생했다. 1907년 아주사에서 방언을 체험한 윌리엄 더함William Durham, 1873-1912은 1910년 소위 '갈보리의 완성된 사역' Finished Work of Calvary이란 새로운 교리를 주창했다. 즉, 침례교 출신인 더함은 중생 이후 성결/성화를 체험한다는 성결 교리에 반대하여, 예수께서 갈보리 언덕 위 십자가에 달리셨을 때 '완성하신 사역' 을 신자들이 중생할 때 이용하여 성화도 함께 이룰 수 있다고 주장한 것이다. 이로써 오순절운동이 웨슬리 전통을 따르는 그룹과 이에 반대하는 그룹으로 양분되었다. 이런 신학적 차이에 따라, 오순절운동 내에 하나님의 성회Assemblies of God, 1914, 하나님의 교회클리블랜드파, Church of God, Cleveland, 1886, 하나님의 교회그리스도파, Church of God in Christ, 1907, 국제복음교회 International Church of Foursqure Gospel, 1923, 오순절성결교회Pentecostal Holiness Church, 1911 같은 다양한 교단들이 탄생하게 되었다.4

아주사거리에서 폭발한 오순절운동은 즉시 미국의 경계를 넘어 전 세계로 확산되기 시작했다. 이 운동에 참여한 사람들이 성령세례를 종말적 사건으로 이해했고 방언을 '선교지 언어의 초자연적 습득' 으로 이해했기 때문에, 그들이 세계 선교에 적극적으로 뛰어든 것은 지극히 자연스러운 현상이었다. 독특한 교리와 열정적 예배, 다양한 신비현상으로 선교지에서 극심한 오해와 박해에 직면했지만, 오순절운동은 대체로 빠르게 성장했다. 이 성령의 불이 가장 먼저 전달된 곳은 유럽이며, 핵심인물은 노르웨이 감리교 목사인 토마스 볼 바라트Thomas Ball Barratt, 1862-1940였다. 그는 1906년 10월 7일 뉴욕의 한 호텔방에서 오순절 체험을 한 후 7-8개의 언어로 말하기 시작했다. 그해 12월, 그는 오슬로로 돌아가서 유럽 최초의 근대 오순절 집회를 개최했고, 유럽 전역에서 몰려온 목회자들이 바라트를 통해 성령세례를 체험했다.

바라트의 집회에서 오순절을 체험한 사람들 중, 영국성공회 목사 알렉산더 바디Alexander Boddy, 1854-1930, 독일성결운동의 지도자 조나단 폴Jonathan Paul, 1853-1931, 그리고 스톡홀름 출신의 침례교 목사 루이 페트루스Lewi Pethrus, 1884-1974가 있었다. 바디는 바라트의 기도로 방언을 체험한 후 제1차 세계대전의 발발 전까지 영국 선더랜드에서 "윗선타이드 오순절 대회" Whitsundtide Pentecostal Conference를 이끌었다. 폴은 1907년 오슬로에서 동일한 경험을 하고 귀국하여 카셀Kassel이란 도시에서 오순절 집회를 개최했다. 그 결과, "물하임 연합회" Muhlheim Association, 1914라는 독일오순절교단이 탄생했다. 한편, 페트루스는 오슬로에서 돌아온 후 자신이 섬기던 한 침례교회에서 부흥회를 인도했으나, 그의 부흥회가 침례교 전통에서 벗어났다는 이유로 침례교 연합회에서 축출되고 말았다. 하지만 그는 교회 이름을 "필라델피아"로 바꾸고 자신의 운동을 지속한 결과, 유럽에서 가장 큰 독립교회로 성장했다.

시카고에서 오순절운동을 주도했던 윌리엄 더함의 노스애비뉴선교회 North Avenue Mission도 오순절운동을 유럽과 남미로 전파하는데 중요한 역할을 했다. 캐나다 출신 아규A. H. Argue, 1868-1959는 1906년 시카고의 더함을 통해 오순절 체험을 한 후 캐나다에 이 운동의 씨를 뿌렸다. 그를 통해 캐나다에서 가장 큰 오순절교단인 '캐나다오순절성회' The Pentecostal Assemblies of Canada가 1919년 설립되었다. 시카고로 이민 온 루이기 프란체스콘Luigi Francescon, 1866-1964과 지아코모 롬바르디Giacomo Lombardy는 미국, 브라질, 아르헨티나, 이탈리아에 오순절운동을 전달했다. 1907년 더함의 선교회에서 오순절 신자가 된 후, 프란체스콘은 1909년 아르헨티나를 방문하여 '아르헨티나오순절교회'를 설립했다. 다음 해에는 브라질을 여행하며 '그리스도의 교회' Congregationi Christiani라는 이탈리아인들의 오순절운동을 시작했다. 한편, 그의 친구 롬바르디는 이탈리아에서 최초의 오순절집회를 인도했는데, 이후 두 사람이 계속 모국을 방문하여 1928년 '이탈리아오순절교회'를 조직했다. 이 교회는 이탈리아아의 다른 개신교인들을 모두 합친 것보다 두 배나 많은 숫자로 성장했다.

두 명의 스웨덴 젊은이 다니엘 베르그Daniel Berg, 1884-1963와 아돌프 구나르 빈그렌Adolf Gunnar Vingren, 1879-1933도 브라질에 오순절운동을 전파했다. 경제적 목적으로 미국에 이민 온 두 사람은 1909년 시카고에서 오순절주의자가 되었다. 그들은 1910년 브라질에 도착하여 언어를 배우면서 한 침례교회에 출석했다. 예배 도중 방언, 통역, 예언, 신유 등이 나타났고, 그 결과 1911년 18명으로 브라질 최초의 오순절교회 '브라질 하나님의 성회'가 시작되었다. 칠레의 오순절운동은 시카고에서 온 의사이자 감리교 선교사인 윌리스 후버Willis C. Hoover Kurt, 1858-1936에 의해 시작되었다. 1889년 칠레에 온 후버는 칠레에서 가장 큰 감리교회에서 사역했는데, 1907년 방언, 성령 춤, 환상, 예언 등을 체험했다. 이후, 그의 감독 하에 있던 교회들이 크게 성장했지만, 그는 교리적인 이유로 1909년 감리교회에서 파문 당했다. 마침내 후버와 그의 추종자 37명이 '칠레오순절감리교회'를 조직했고, 후에 칠레에서 가장 큰 개신교회로 성장했다.

존 레이크John G. Lake, 1870-1935는 오순절 메시지를 남아프리카에 전달한 인물이다. 감리교 설교자였던 레이크는 존 알렉산더 도위John Alexander Dowie, 1847-1907의 "시온시 가톨릭사도교회" Zion Catholic Apostolic Church의 장로로 사역하고 있었는데, 1907년 시온시를 방문한 찰스 팔함을 통해 오순절 체험을 했다. 그는 1908년부터 1913년까지 5명의 복음전도자들과 함께 남아프리카 전역에서 오순절 메시지를 전했다. 선교사역 첫 해에 아내를 잃는 어려움을 겪었지만, 그의 사역을 통해서 '남아프리카사도적신앙선교회' Apostolic Faith Mission of South Africa라는 백인교회와 '시온그리스도교회' Zion Christian Church라는 흑인교회가 탄생했다. 한편, 나이지리아 라고스 대학의 수학강사로서 일군의 학생들에게 성경을 가르치던 윌리엄 쿠무이William Kumuyi, 1941- 는 그가 속한 사도적신앙교회에서 자격증 없이 설교한다는 이유로 1975년 쫓겨났다. 그러나 그의 성경공부모임은 폭발적으로 성장하여, 1982년 '보다 깊이 있는 생활 성경교회' Deeper Life Bible Church가 되었고, 현재는 나이지리아에 5천 개, 전 세계적으로 3천 개의 교회를 거느린 오순절 교단, '보다 깊이 있는 기독교 생활사역' Deeper Christian Life Ministry 으로 발전했다.[5]

러시아 출신 침례교 목사이자 1919년 뉴욕시에서 오순절을 체험한 이반 보로나예프 Ivan Voronaev, 1885-1937는 오순절운동을 슬라브 세계로 전파했다. 1913년, 미국으로 이민온 보로나예프는 침례교 목사로 사역했다. 하지만 1919년 방언을 체험한 후 침례교단을 떠나 뉴욕시에 최초의 "러시아오순절교회"를 개척했고, 1920년 러시아 선교의 부름을 받고 우크라이나로 떠났다. 보로나예프는 1929년부터 수차례 러시아 공산당국에 체포되어 투옥되었으며, 마침내 굴락으로 유배되어 그곳에서 순교했다. 그의 사역을 통해, 350여 개의 오순절 교회들이 슬라브 국가들에 세워졌다.

한국에서 오순절운동은 1928년 메리 럼지 Mary Rumsey 선교사가 도착하면서 시작되었다. 물론, 1907년 평양대부흥을 기점으로 강력한 부흥운동이 시작되었고, 1920년대에는 감리교의 이용도 1901-33 목사를 중심으로 방언현상이 동반된 신비적 부흥운동이 전국적으로 유행했다. 그러나 성령세례를 복음전파를 위한 권능의 부여로, 이 세례의 증거를 방언으로 이해하는 오순절운동은 럼지 선교사와 함께 시작된 것이다. 그녀는 1907년 아주사거리에서 방언을 체험한 후 선교사로 한국에 가고 싶었으나, 20년이 지난 후에야 그 사명을 실천할 수 있었다. 한국에 입국한 후, 럼지는 감리교 선교사 하디 R. A. Hardie, 1865-1949가 운영하던 병원에서 일하면서 오순절집회를 열었고, 구세군 출신의 허홍과 더불어 한국 최초의 오순절교회인 "서빙고오순절교회" 1932도 세웠다. 이렇게 시작한 한국의 오순절운동은 1952년 미국 하나님의 성회와 연결되었으며, 1958년 최자실·조용기 목사에 의해

'순복음교회'가 시작되면서 경이적으로 성장했다. 이후, 1953년 예언 하나님의 교회, 1972년 대한예수교복음교회가 연속적으로 창설되면서 한국에도 다양한 오순절교단이 존재하게 되었다.

III. 늦은 비운동과 은사주의운동

1946년, 윌리엄 브랜햄William Branham, 1909-65과 오랄 로버츠Oral Roberts, 1918-2009를 중심으로 강력한 신유운동이 미국을 강타했다. 브랜햄은 거대한 텐트 속에 모인 수 천 명을 대상으로 신유집회를 인도했다. 수많은 병자들이 치유되었고, 심지어 죽은 사람이 살아났다는 소문도 있었다. 특별히, 그는 수차례 천사들의 방문을 받은 후 환자들의 질병과 생각을 분별할 수 있게 되었다고 주장했다. 집회 도중 그의 머리 뒤에 나타난 광채가 사진에 찍히자, 그는 더욱 신비한 인물로 인정되었다.[6] 한편, 로버츠는 전국에서 가장 큰 천막을 소유하고 대규모 신유집회를 인도했다. 그의 집회는 라디오와 텔레비전을 통해 전국으로 중계되었다. 순복음실업인회 조직, 감리교 가입, 오랄로버츠대학교 설립, '신앙의 도시' City of Faith, 기도와 의학을 겸비한 병원 건축 등을 통해, 그의 사역은 오순절교단을 넘어 주류교단으로 확대되었고, 은사주의운동의 발전에 결정적인 공헌을 했다.

1948년 2월 '늦은 비' Latter Rain 운동으로 알려진 새로운 성령운동이 캐나다 노스배틀포드North Battleford의 '샤론 고아원과 학교'에서 호틴 형제Erin and Geroge Hawtin를 통해 시작되었다. 후에 이 운동은 '늦은 비의 새로운 질서' New Order of the Latter Rain가 되었으며, 『샤론의 별』the Sharon Star이란 잡지도 발행했다. 이 운동은 여러 면에서 오순절운동과 유사했다. 늦은 밤까지 지속되던 기도회에서 방언, 예언, 거룩한 웃음, 신유 등이 일반적으로 나타난 것이다. 종말에 대한 기대도 매우 컸다. 하지만 안수를 통해 성령의 은사를 부여imparting하는 것, 집단적 방언찬송, 개인적 예언, 그리고 사도와 예언자 직분의 회복 등은 독특한 부분이다. 이 운동은 곧 하나님의 성회를 비롯한 주류 오순절교단들의 지지를 상실했으나, 1960년대에 출현한 은사주의운동에 큰 영향을 끼쳤다.[7] 특히, 이 운동에 참여했던 빌 해몬Bill Hamon은 이 운동의 영향을 은사주의, 오순절운동, 신사도운동으로 확대하는데 중요한 통로 역할을 했다.

1960년대에 이 부흥의 불길이 성공회를 비롯한 주류 교단들과 로마가톨릭교회로 확산되면서, 소위 신오순절운동Neo-Pentecostalism 혹은 은사주의운동Charismatic Movement 시대가 도래했다. 이 운동의 막을 연 사람은 '휘튼 트리니티 성공회 교회' 목사였던 리차드 윙클러Richard Winkler와 로스앤젤레스의 '성 마가 성공회 교회' 목사인 데니스 베넷Denis Bennet, 1917-91이었다. 이들은 하나님의 성회 교인들을 통해 성령세례를 체험한 후, 자신들의 교단에 머물면서 성령운동의 확산에 기여했다. 또한 데모스 쉐이커리언Demos Shakarian, 1913-93이 1952년 설립한 국제순복음실업인연합회Full Gospel Business Men's Fellowship International와 오순절 에큐메니컬 운동을 주도했던 데이비드 듀 플레시스David J. Du Plessis, 1905-87 같은 이들이 성령의 불길을 오순절교단의 담장을 넘어 개신교 전체로 확산시켰다. 이런 현상은 1963년 예일대학에서, 1966년 펜실베이니아의 가톨릭대학인 듀케인대학Duquesne University에서, 그리고 1967년 노트르담대학에서 방언이 터지면서 더욱 탄력을 받았다. 이로써, 오순절운동은 개신교와 로마가톨릭교회를 모두 아우르는 범 기독교적 성령운동으로 발전했다.[8]

1970년대에 은사주의 운동 내부에서 소위 "통치신학" dominion theology이 출현했다. 이것은 본래 화란 신학자 아브라함 카이퍼Abraham Kuyper, 1837-1920의 영향을 깊이 받은 존 러시두니 루사스John Rushdoony Rousas, 1916-2001에 의해 시작되었고, 팻 로버트슨, 존 기메네스John Gimenez, 1931-2008, 얼 퍽 같은 은사주의자들에게 영향을 끼쳤다. 이들은 대체로 다원주의를 반대하면서, 그리스도인들이 삶의 모든 영역을 지배해야 한다고 주장했다. 세부적으로는 재건주의Reconstruction, 지배주의dominionism, '현재 임한 하나님의 나라 신학' Kingdom Now theology 등으로 다양하게 명명되었다. 특별히, 얼 펙의 경우, 에베소서 4장에 기록된 '오중직' 사도, 예언자, 전도자, 목사, 교사의 회복과 추가적 계시에 대한 개방성을 주장했으며, 흑인인권운동을 포함한 다양한 형태의 진보적 사회운동에도 참여했다. 이 과정에서, 그는 늦은 비 운동에 참여했던 빌 해몬의 영향을 깊이 받았다.[9]

IV. 제3의 물결과 신사도개혁운동

퀘이커 출신 존 윔버John Wimber, 1934-98는 목회 초기부터 은사주의와 관계를 맺어 왔다. 하지만 성령세례에 대한 입장차로 오순절 · 은사주의 운동과 자신을 철저히 구분했다. 그럼에도, 그는 현재 진행되는 하나님과 사탄의 싸움이 예수의 재림에 의해 하나님의 최종승리로 끝날 것이라는 '왕국신학' Kingdom Theology에 근거해서 '능력전도' power evangelism와 신유를 강조했다. 특히, 윔버는 풀러신학교에서 피터 와그너Charles Peter Wagner, 1930-2016와 함께 "표적, 기사 그리고 교회성장"이란 제목의 수업을 진행하면서, 와그너가 성령에 관심을 갖도록 결정적인 영향을 끼쳤다.[10] 이런 경험과 관찰을 통해, 와그너는 윔버를 중심으로 발생한 새로운 형태의 성령운동을 "제3의 물결" the Third Wave로 명명했다. 또한 캔자스시티 예언자들과 깊은 관계를 맺으면서 예언을 중심으로 한 '늦은 비 운동' 의 적극적인 지원자가 되었다.

1987년부터 남아프리카 출신 로드니 하워드-브라운Rodney Howard-Brown, 1961- 의 집회에서 '웃음부흥' 이 나타나기 시작했다. 또한 1992년 플로리다주 레이크랜드에 소재한 하나님의 성회 소속 '카펜터스 하우스' Carpenter' s

House에서 만여 명의 성도들이 운집한 가운데 '웃음 현상'이 나타났다. 이 현상은 다음 해 온타리오 주 토론토에 위치한 존 아노트^{John Arnott, 1940-} 목사의 빈야드공항교회에서 더욱 강력하게 터져나왔다. 브라운 집회에 참석했던 랜디 클락^{Randy Clark, 1952-} 목사가 이 교회에서 집회를 인도하자, '거룩한 웃음' 외에 울부짖음, 개짖는 소리, 병아리 소리 같은 "동물소리"가 빈번히 나타났다. 이 현상은 비슷한 시기 영국 런던 근처의 브롬튼에 위치한 성삼위성공회교회^{Holy Trinity Brompton}에서도 나타났다. 영국 신문들은 이 현상을 '토론토블레싱' ^{Toronto Blessing}이라고 최초로 명명했다. 와그너는 이 부흥을 "주님께서 다가오는 부흥을 위해 우리를 준비시키려고 하시는 일들 중하나"로 평가했으나, 빈야드운동 대표 존 윔버는 "우리는 비성경적인 이상한 행위들에 대해 결코 인정하거나 권장하거나 신학적 타당성 내지 성경적인 증거 본문을 제시할 수 없다"고 비판하며 빈야드공항교회와 관계를 단절했다.

1982년, 마이크 비클^{Mike Bickle, 1955-}이 미주리 주 캔자스시티에 캔자스시티 펠로우십^{Kansas City Fellowship, 현재는 Metro Christian Fellowship}이란 이름의 교회를 개척했다. 이 교회는 빠르게 성장했고, 1986년 '그레이스 미니스트리' ^{Grace Ministries}란 단체도 설립했다. 이 교회는 '늦은 비 신학'에 토대를 두었으며, 1987년부터 폴 케인^{Paul Cain, 1929-2019}이 주요 강사로 활약했는데, 케인은 윌리엄 브랜햄에게 영향을 받았으며 브랜햄의 "나타난 하나님의 아들들, 혹은 요엘의 군대" 같은 주장을 선전했다. 그 결과, 캔자스시티 펠로우십과 관련된 일군의 사람들^{Mike Bickle, Paul Cain John, Paul Jackson 등}이 '캔자스시티 예언자들'로 불리게 되었다. 그들은 1990년 존 윔버와 결합하여 빈야드교회연합에 가입했으나, 윔버와 토론토공항교회가 분열하자 빈야드와 결별했다. 그 후, 이들은 토론토블레싱운동과 긴밀한 관계를 유지하며 '늦은 비 신학'을 전파하고 있다. 그들의 집회에는 예언과 강력한 영적 현상이 빈

번하게 나타난다.[11]

한편, 피터 와그너와 존 켈리 John P. Kelly가 2000년 '국제사도연합' the International Caolition of Apostles을 설립하고, "제2의 사도시대가 2001년에 시작되었다"고 천명했다. 소위, '신사도개혁운동' New Apostolic Reformation Movement이 공식적으로 탄생한 것이다. 이 운동에 '신사도'란 개념이 도입된 일차적 이유는 교회의 핵심적 직분들인 '사도와 예언자'를 회복해야 한다는 확신 때문이다. 특별히, 이 운동은 사도직 회복을 강력히 부르짖는데, 에베소서 2:20과 4:11-12을 핵심적 성경본문들로 제시하며 사도와 예언자를 포함한 '5중직'을 강조한다. 신사도운동은 교회성장과 성령의 관계를 강조하기 때문에, 신유, 축귀, 영적전쟁, 예언, 성령에 의한 쓰러짐, 영적도해, 중보기도 같은 사역들이 활발히 행해진다. 또한 전천년설적 종말론을 신앙하면서 이스라엘에 지대한 관심을 가질 뿐 아니라, 지배신학 dominion theology의 영향하에 8개 영역예술, 예능, 사업, 가족, 정부, 미디어, 종교, 교육에서 하나님나라를 드러내야 한다고 주장한다.

IV. 오순절운동의 현재

현재, 오순절운동은 세계에서 가장 빠르고 역동적으로 성장·변모하는 기독교운동이다. 바렛과 존슨의 연구에 따르면, 1970년 오순절신자들은 67,000,000명이었으나, 2010년 614,000,000명으로 증가했고, 2025년에는 800,000,000에 이를 것으로 예상된다. 이런 통계에는 고전적 오순절신자들뿐 아니라, 은사주의자와 독립교회에 속한 사람들도 포함된 것이다.[12] 또한. 오순절운동은 성령세례의 일차적 증거를 방언으로 한정하는 고전적 오순절운동으로부터 성령의 초자연적 역사에 대한 관심은 공유하지만 이에 대한 신학적 해석과 강조점에선 주목할 만한 차이를 보이는 다양한 운동들로 분화·진화하고 있다. 동시에, 기독교의 중심축이 유럽에서 제3세계로 이동하면서 오순절운동의 중심무대도 같은 경로를 따라 이동했고, 지역의 문화적, 경제적, 정치적, 종교적 상황에 따라 각 지역의 오순절운동은 매우 다양하고 독특한 문제들과 씨름 중이다.

미국의 경우, 전통적 교회들은 빠르게 쇠퇴하는 반면, 오순절교회들은 지속적으로 성장하고 있다. 즉, 1960년대 이후, 성공회, 장로교, 감리교, 루터교 같은 주류교회들의 회원 수는 전성기에 비해 절반으로 축소된 반면, 대표적 오순절교단인 하나님의 성회와 하나님의 교회^{그리스도파}는 빠르게 성장하여 로마가톨릭교회, 감리교, 남침례교를 제외한 대부분의 주류교회들보다 교세가 크다. 이런 현상에 대해, 하비 콕스^{Harvey Cox, 1929-} 는 다음과 같은 분석을 제시한다.

> 내 생각에, 그 대답은 방언이 우리 시대 영적 위기의 가장 두드러진 특징 중 하나에 대한 응답이라는 것이다. 어느 작가는 이 위기를 "황홀경의 결핍"이고 명명했다. 방언에 대한 사람들의 이해방식이 아무리 달라도, 그것은 황홀경의 체험이다. 그 안에서 사람들이 보다 깊은 통찰과 황홀한 감정에 자신을 개방하지 못하도록 막았던 인지체계와 지각의 장애물이 일시적으로 정지된다.[13]

유럽의 경우, 급속한 세속화의 결과로 기독교 자체의 영향력이 급속히 약화되고 있다. 세속화논쟁이 학계에서 영향력을 상실하고 있음에도, 서유럽의 경우에는 여전히 세속화이론이 부분적으로 설득력을 유지할 정도로 유럽의 세속화는 심각한 상태다.[14] 따라서 미국과 제3세계의 경우와 달리, 유럽, 특히 서유럽에서 오순절운동의 성장과 영향력은 상대적으로 미약하다. 그럼에도, 유럽에서 오순절운동의 주목할 만한 움직임을 확인할 수 있다. 유럽의 경우, 오순절운동은 아프리카와 중남미 이민자들에 의해 수입되어 유럽 전역으로 확산되고 있다. 유럽에서 오순절운동이 가장 활발한 국가는 포르투갈인데, 브라질 이민자들의 영향 때문이다. 또한 영국, 우크라이나, 헝가리 등에 설립된 대형 오순절교회들은 주로 흑인교회들이며, 예외적으로 스웨덴에 미국의 영향 하에 설립된 오순절교회가 큰 영향을 끼치고 있다.[15] 학자들에 따르면, 세속화가 깊이 진행된 서유럽의 경우, 초자연적 종교체험을 강조하는 오순절운동이 미신과 전근대적 종교로 폄하되고 있으며, 국가교회체제의 전통이 상당부분 남아 있기 때문에, 상대적으로 오순절운동 같은 새로운 종교운동이 대중 속으로 확산되는데 어려움을 겪고 있다.[16]

라틴아메리카의 경우, 오순절운동이 로마가톨릭교회를 추월하여 주류 기독교로 부상하는 중이다. 특히, 세계에서 가장 큰 가톨릭국가인 브라질과 칠레에서, 현재 주일예배에 참석하는 가톨릭 신자들의 수와 오순절신자들의 수가 거의 같다. 이런 현상에 대해, 도널드 데이튼은 "이것은 종교개혁 시대보다 변화속도가 훨씬 빠르다!"[17]고 평가했다. 특히, 라틴아메리카의 오순절교회는 오랫동안 미국선교사들의 영향 하에 있었으므로, 남미오순절운동의 확산은 미 제국주의의 부산물로 간주되어 왔다. 하지만, 최근에는 이들의 토착화가 증진되면서, 미국의 간섭과 영향력을 거부하는 독립교회들이 발흥하고 있다.[18] 브라질에서 신유와 축사로 유명한 '하나님의 통치우주교회' Universal Church of the Reign of God가 대표적인 예로서, 이 교회의 영향력이 세계 전역으로 빠르게 확장되고 있다.[19] Iglesia de Dios in Argentina, Brazil para Christo, Iglesia Mission Pentecostal in Chile 같은 일부 독립교회들은 세계교회협의회와 라틴아메리카교회협의회 같은 에큐메니컬 운동에 활발히 참여하는 중이며, 라틴아메리카의 사회 및 정치운동에도 적극적으로 참여하고 있다.[20] 끝으로, 삼위일체를 부정하는 '단일성 오순절운동' Oneness Pentecostalism이 콜롬비아와 멕시코에서 가장 큰 비 가톨릭교단들로 성장하면서 오순절운동 내에서 새로운 논쟁을 야기했다.[21]

아프리카의 경우, 오순절운동의 성장 속도가 대단하다. 기본적으로, 아프리카에서 기독교가 엄청난 속도로 성장하고 있다. 1985년, 이슬람의 교세를 추월하여 이 대륙의 주류종교가 되었고,[22] 심지어 일부 학자들은 아프리카에 "새로운 기독교 국가체제가 출현 중이다"라며 환호하고 있다.[23] 케냐의 경우, 고전적 오순절주의자들의 수가 전체 인구의 33%이며, 은사주의자와 독립교회신자들을 포함할 경우 무려 56%에 달한다. 하지만 아프리카에서 독립교회들의 정체성 문제가 심각한 논쟁거리다. 독립교회들은 오순절선교사들에 의해 설립된 고전적 오순절교단들, 그리고 기성교단들 내부의 성령운동인 은사주의와 달리, 아프리카에서 자생적으로 발생했고, 환상, 신유, 축귀 같은 초자연적 현상을 강조한다. 현상적으로는 오순절운동과 유사하지만, 신학과 제도적 측면에서는 오순절교회와 충돌되는 부분이 적지 않다. 따라서 이런 운동을 오순절운동의 범주 안에 포함시킬 것인지에 대한 뜨거운 논쟁이 이어지고 있다.

아시아의 상황은 다소 복잡하다. 전통적으로, 기독교 국가였던 유럽과 달리, 아시아는 불교, 유교, 힌두교 같은 동양종교의 영향이 지금도 현저하다. 따라서 전통종교의 영향력이 강한 곳에선 대체로 오순절운동을 포함한 기독교의 교세가 매우 작다.[24] 일본이 대표적인 경우이다. 일본은 오랜 선교역사에도 불구하고 교세가 미약하고 오순절운동도 활성화되지 못했다. 반면, 한국과 필리핀에선 오순절운동이 주류 기독교로 성장했다. 태국과 싱가포르는 기독교 세력이 약하지만, 오순절운동이 꾸준히 확산되면서 대형교회들이 출현하고 있다. 특히, 태국의 방콕희망교회Hope of Bangkok Church는 전 세계로 영향력을 확장하고 있다. 또한, 중국교회에 대한 관심이 최근에 고조되고 있다. 공산주의 국가체제 하에서 공식적인 삼자교회뿐 아니라, 비공식적인 가정교회들이 폭발적으로 성장하고 있기 때문이다.[25] 특히, 가정교회들 내에서 오순절적 현상과 강조점이 두드러지기 때문에, 가정교회와 오순절운동의 관계가 중요한 논점으로 부상하고 있다. 이 교회의 향후 향방에 세계교회의 관심이 집중되고 있다.

마무리

오순절운동은 끊임없이 변화·성장하고 있다. 오순절운동의 지리적 영역이 전 세계로 확장되고 전통종교 및 세속문화와 접촉하면서, 복잡하고 다양한 변화가 일어나고 있다. 이런 변화와 성장은 당분간 지속될 것으로 보인다. 라틴아메리카, 아프리카, 아시아 등지에서 오순절운동은 빠르게 세력을 확장하고 있으며, 미국과 동유럽에서도 주목할 만한 성장세를 보이고 있다. 심지어, 세속화가 뿌리 깊게 진행된 서유럽에서도, 남미와 아프리카 이민자들에 의해 오순절운동의 영역이 꾸준히 확장되고 있다. 따라서 2010년 현재 6억 명 정도의 오순절 인구가 2025년에는 8억 명으로 증가할 것이라는 바렛과 존슨의 예측은 수치의 정확성과는 별도로 쉽게 무시할 수 없는 통계적 예측으로 보인다. 학문의 경계 및 종교적 배경의 차이에도 불구하고, 수많은 학자들이 오순절운동에 시선을 고정하고 이 운동의 진행방향을 예의주시하는 일차적 이유다.

오순절운동이 풀어야 할 숙제도 적지 않다. 양적 성장에 따른 부정적 영향을 쉽게 예측할 수 있으며, 성장에 동반하는 예상 밖의 도전과 책임도 적지 않다. 무엇보다, 오순절운동의 적극적인 선교활동으로 발생한 타 교회 및 타 종교와의 갈등 해결에 오순절주의자들은 노력해야 한다. 강렬한 성령체험과 성경에 대한 문자적 해석, 종말에 대한 열정적인 신앙이 결합하여, 다수의 지역에서 오순절운동은 전투적 선교활동을 전개해 왔다. 그 결과, 다른 교파의 신자들뿐 아니라, 타 종교인들과의 물리적 충돌이 빈번하게 발생했다. 물론, 최근에는 에큐메니컬운동과 종교 간의 대화에도 신중하지만 적극 참여하는 모습을 자주 접할 수 있다. 하지만 아직도 대다수의 오순절주의자들은 타자들에 대한 관용적 태도 자체를 의혹과 경계의 눈으로 바라보고 있으며, 심지어 적대감과 공격적 태도를 강화하고 있다. 관용적 태도를 타협과 왜곡의 증거로 이해하기 때문이다. 하지만 새뮤얼 헌팅턴Samuel Huntington의 전망처럼, 향후 세계가 "문명의 충돌" 위협에 직면해 있고 그 충돌의 배후에 종교가 존재한다면, 종교적 갈등이 문명의 파국에 도화선이 되지 않도록 지혜와 힘을 모으는 것이 절대적으로 필요하다.[26]

오순절운동은 자신이 폭발적으로 성장하는 국가와 지역의 현실문제들에도 책임 있게 반응해야 한다. 이미 기독교의 중심축이 북반구에서 남반구로 이동했고, 남반부는 극심한 빈곤과 정치적 혼란에 빠져 있다. 이런 상황에서 오순절운동은 다수의 우파와 소수의 좌파로 분열된 모습을 보인다. 예를 들어, 아프리카와 라틴 아메리카에서 오순절운동은 대체로 독재정권과 밀월관계를 유지하고 있으나, 저항세력에 가담한 경우도 적지 않다. 뿐만 아니라, 세계화, 지구온난화, 신자유주의, 국제분쟁, 에이즈와 빈곤 등 세계가 공통적으로 직면하고 있는 난제들도 외면할 수 없다. 따라서 오순절운동이 자신의 초월적 특성과 현실적 책임 사이에서 적절한 균형을 유지하는 것이 중요한 과제인 것이다. 자신의 성장에 몰두하여 사회적 책임을 간과하고, 현재적 특권에 안주하여 사회적 비판능력을 상실할 때, 역으로 과도하게 정치와 사회문제에 관여함으로써 자신의 또 다른 책임을 간과하고 영적 동력을 상실할 때, 오순절운동의 미래는 위태로울 수밖에 없다.

오순절운동이 풀어야 할 신학적 과제도 있다. 우선적인 과제는 오순절운동의 교회론과 윤리적 책임이다. 이것은 기존의 오순절신학이 성령세례를 중심으로 한 구원론, 성령론, 종말론 등에 집중되었던 반면, 오순절운동의 교회론과 윤리학에 대해선 상대적으로 관심이 적었기 때문이다. 결국, 지난 세월 동안 오순절운동이 구원론, 성령론, 종말론 분야에선 괄목할만한 학문적 성과를 내었으며 기존의 신학계에 적지 않은 충격과 도전이 되었다. 반면에, 기존 교회와 신학이 오랫동안 관심을 집중해 온 교회론과 기독교윤리학 분야는 여전히 오순절신학에게 미개척분야로 남아 있다. 따라서 카리스마적 리더십과 체험중심의 예배를 중심으로 한 오순절운동의 교회론이 교회사에서 차지하는 위치를 면밀히 검토하여, 현대교회에 적극적으로 적용할 장점과 극복해야 할 한계를 냉정히 분석해야 한다. 동시에, 웨슬리 신학의 전통을 계승하면서 성령과 성화의 관계를 토대로 21세기 기독교윤리학 발전에 기여하도록 노력해야 한다.

미주

1. 이 글은 출판사의 허락 하에 『세계화시대의 그리스도교』(서울: 홍성사, 2020)의 제3장을 약간 수정하여 다시 수록한다.
2. 웨슬리와 플렛처의 관계에 대해선, 하도균, "웨슬리와 성령운동가로서의 플레처에 관한 연구—최초의 웨슬리안 신학자로서의 기여와 시비에 관하여," 『한국기독교신학논총』제70권 (2010): 229-52를 참조.
3. 파머에 대해선, Charles White, *The Beauty of Holiness: Phoebe Palmer as Theologian, Revivalist, Feminist, and Humanitarian* (Eugene, OR: Wipf & Stock Publishers, 2008)을 참조.
4. 오순절운동의 초기역사에 대해서는 Vinson Synan, *The Holiness-Pentecostal Tradition in America: Charismatic Movements in the Twentieth Century* (Grand Rapids, MI.: William B. Eerdmans Publishing Company, 1971, 1997)을 참조. 이 책은 한국어로 번역되었다. 이영훈 · 박명수 역, 『세계오순절성결운동의 역사』(서울: 서울말씀사, 2000).
5. https://en.wikipedia.org/wiki/Deeper_Christian_Life_Ministry (2020. 7. 28 접속)
6. David Edwin Harrell, Jr., *All Things Are Possible* (Bloomington, IN.: Indiana University Press, 1975), 27-41; D. J. Wilson, "Branham, William Marrion," in *International Dictionary of Pentecostal Charismatic Movements*, 440-1.
7. 빈슨 사이난, 『세계오순절성결운동의 역사』, 212-13; R. M. Riss, "Latter Rain Movement," in *International Dictionary of Pentecostal Charismatic Movements*, 830-33.
8. Vinson Synan, *The Holiness-Pentecostal Tradition*, 220-98.
9. Bruce Barron, *Heaven on Earth?: The Social & Political Agendas of Dominion Theology* (Grand Rapids, MA.: Zondervan Publishing House, 1992), 71-9. 얼 퍽에 대한 상세한 소개는 배덕만, "오순절 운동의 새로운 한 모형: 얼 퍽의 '현재 임한 하나님 나라' 신학," 『한국교회사연구』제21권 (2007): 125-52에서 확인할 수 있다.
10. 물론, 와그너가 성령운동에 대한 고정관념을 바꾸게 된 것은 그가 볼리비아에 선교사로 사역할 때였다. 하지만 그는 윔버를 통해 자신의 만성적 두통을 치료받았고, 그와 함께 강의하면서 더욱 성령운동에 확신을 갖게 되었다.
11. G. W. Gohr, "Kansas City Prophets," *International Dictionary of Pentecostal Charismatic Movements*, 816-7.
12. Allan H. Anderson, *To the Ends of the Earth: Pentecostalism and the Transformation of World Christianity* (New York: Oxford University Press, 2013), 248.
13. Harvey Cox, *Fire from Heaven*, 86.
14. 유럽 교회의 세속화와 오순절운동의 관계에 대해선 Bernice Martin, "The Global Context of Transnational Pentecostalism in Europe," *PentecoStudies* (2010): 35-55를 참조.
15. 유럽의 상황에 대한 중요한 정보는 David Martin, *Pentecostalism: The World Their Parish* (Oxford: Blackwell, 2002), 28-70참조.
16. Bernice Martin, "The Global Context of Transnational Pentecostalism in Europe," 50.
17. Donald W. Dayton, "세계오순절신학/운동의 동향" (2013. 5. 28. 복음신학대학원대학교에서 열린 건신특강에서 발표한 글).
18. Juan Sepulveda, "Future Perspectives for Latin American Pentecostalism," 190. "그들의 기원이 무엇이든, 대부분의 라틴아메리카 오순절 교회들은 이제 자신들의 리더십, 사역과 재정 면에서 독립적이거나 자생적이다. 라틴아메리카 오순절운동의 급성장은 인민운동과 해방신학을 저지하려는 미국우파들의 음모의 결과라는 일반적인 비난은 사실 거의 근거가 없다."
19. 이 교회는 1977년에 에디르 마케도가 세웠으며, 성장의 절정기였던 1990년대에 300-600만 신

도를 자랑했다. 현재 이 교회는 브라질에서 가장 큰 방송국과 정당, 리우데자네이루 축구팀을 소유하며, 브라질 외에 40개국에 교회가 세워졌다. 필립 젠킨스, 『신의 미래』, 138 참조.

20. Michael J. McClymond, *"We're Not in Kansas Anymore,"* 277.

21. Donald W. Dayton, "세계오순절신학/운동의 동향."

22. Allan Anderson, *To the Ends on the Earth*, 253.

23. Donald W. Dayton, "세계오순절신학/운동의 동향." 예일대학교의 아민 사네(Lamin Sanneh)는 그런 현상을 "역사적 균형의 대륙적 이동"이라고 표현했다. 사네는 아프리카 기독교와 이슬람 간의 수를 다음과 같이 비교해서 제시했다. "아프리카에서 종교적 팽창은 식민지 및 선교적 헤게모니가 종식된 직후에 가장 왕성한 단계에 진입했다. 1900년에 아프리카에서 무슬림 인구는 34,500,000명이었으며, 그리스도인들은 대략 8,700,000명이었다. 약 4:1의 비율이었다. 1985년, 그리스도인은 아프리카에서 무슬림을 수적으로 능가했다. 대륙의 전체 인구 520,000,000명 중에서, 그리스도인의 수는 270,000,000명인 반면, 무슬림 수는 약 216,000,000명이었다. 2000년에는 아프리카 그리스도인들이 346,000,000명으로 성장했고, 아프리카의 315,000,000명 무슬림은 이집트와 아프리카의 북부와 서부에서 아랍어를 사용하는 지역에 주로 집중되어 있다. 2025년에는 아프리카에서 600,000,000명의 그리스도인들과 519,000,000명의 무슬림들이 존재할 것으로 전망된다." Lamin Sanneh, "The Return of Religion," in *The Cresset: A Review of Literature, the Arts, and Public Affairs*, a Publication of Valparaiso University (June 2009): 15-23.

24. David Martin, Pentecostalism: The World Their Parish, 153-66.

25. 알란 앤더슨(Allan Anderson)은 곧 중국이 브라질을 능가하는 오순절신자들을 갖게 될 것이라고 예측한다. "중국 관찰자들과 중국인 학자들 자신이 그곳에서 새로 출현하는 기독교 운동들이 많은 오순절적 특징들을 보유하고 있으며, 그래서 중국이 곧 가장 많은 오순절주의자들을 거느린 국가로서 브라질을 무색하게 만들 것이라고 주장한다. 하지만 우리가 "오순절주의자들"이라는 이름을 붙이기 힘든, 매우 다른 종류의 오순절주의자들일 것이다." *To the Ends of the Earth*, 256.

26. 새뮤얼 헌팅턴은 문명 충돌의 위협을 다음과 같이 경고하면서, 종교의 중요성에 대해 언급하고 있다. "전 세계적으로 보았을 때 문명은 많은 영역에서 야만주의에게 밀려나고 있는 것으로 보인다. 세계의 암흑 시대라고 하는 전대 미문의 현상이 인류를 집어삼킬지 모른다...평화와 문명의 미래는 세계의 주요 문명들을 이끄는 정치인, 종교인, 지식인들이 얼마나 서로를 이해하고 협력할 수 있느냐에 달려 있다...다가오는 세계에서 문명과 문명의 충돌은 세계 평화에 가장 큰 위협이 되며, 문명에 바탕을 둔 국제 질서만이 세계 대전을 막는 가장 확실한 방어 수단이다." 새뮤얼 헌팅턴, 『문명의 충돌』(서울: 김영사, 1997), 442.

Evangelicalism Reports

제4장[1]
B. T. 로버츠와 자유감리교회

복음주의의 형성과 발전과정에서 영국의 부흥운동, 특히 존 웨슬리John Wesley, 1703-1791의 '메소디스트 소사이어티' Methodist Society는 결정적인 영향을 끼쳤다. 비록, 그가 평생 영국국교회의 사제 신분을 유지했고 감리교회는 1784년 미국에서 공식적으로 조직되었지만, 그의 신학적 · 목회적 유산은 감리교회뿐 아니라, 성결운동과 오순절운동을 통해 영미 복음주의 안에 아직도 생생히 살아있다. 특히, 복음전도와 대중 집회, 평신도와 여성 사역, 성령과 성결에 대한 신학적 · 목회적 관심, 그리고 다양한 사회악에 대한 적극적 · 창조적 대응이란 측면에서 웨슬리의 영향은 복음주의의 경계를 넘어 근대 기독교 전체에서 지금도 뚜렷하다.

미국 복음주의 역사에서, 이런 웨슬리의 유산을 미국적 토양에서 충실하고 창조적으로 실천한 대표적인 예가 B. T. 로버츠와 그의 주도 하에 설립된 자유감리교회일 것이다. 감리교 목사로서 로버츠는 "가난한 자에게 복음을 전하라"라는 성경적 사명을 웨슬리 정신의 핵심으로 이해했기 때문에, 당대의 감리교회가 점점 더 기득권의 종교로 변질되는 현상에 저항하여 자유감리교회를 조직했다. 그의 신학과 목회는 웨슬리의 다양한 유산을 변모하는 미국사회와 미국감리교 내에서 충실하게 실천하려는 진지한 노력의 산물이다. 현재, 복음주의의 중요한 구성원 중 하나인 대부분의 성결운동과 오순절운동이 신학적 · 사회적 보수주의를 지향하는 것과 매우 상반된 모습이 아닐 수 없다. 따라서 복음주의의 다양성과 역동성을 이해하는 과정에서, 로버츠와 자유감리교회의 역사를 살펴보는 것은 유익하고 필요하다고 생각한다.

따라서 이 장은 19세기 감리교회 내의 분열로 출현한 성결운동의 대표적인 예이자, 이후 미국복음주의 발전에 작지만 의미 있는 요소로 존재해 온 자유감리교회의 탄생과정을 대표적인 설립자 B. T. 로버츠의 활동을 중심으로 검토한다. 이 새로운 운동의 탄생과정을 상세히 서술함으로써, 성결운동과 복음주의, 복음전도와 사회개혁, 성결과 성령의 상관관계를 보다 객관적 · 포괄적으로 이해할 수 있을 것이다. 동시에, 우리는 이 글을 통해 본질과 이상에 대한 영웅적 헌신을 근거로 시작한 교회개혁운동이 이후 변화된 내외적 환경과 새로운 압력 하에 본질과 정체성을 상실하는 안타까운 모습도 목격할 것이다. 이로써, 복음주의 운동의 희망과 한계를 함께 고민하는 기회가 되길 바란다.

I. 배경

미국 감리교회는 1784년 크리스마스 연회를 통해 성공회에서 분리된 새 교단으로 창립되었다. 청교도와 성공회에 비해 거의 200여년 늦게 미국에서 시작된 감리교회의 장래는 당시에 별로 밝지 않았다. 독립전쟁 동안, 델라웨어에 세워진 바렛예배당Barrett's chapel을 보며 한 관찰자가 했다는 말은 당시 감리교회의 상황을 단적으로 보여준다. "감리교인들을 위해 그렇게 큰 건물을 세우는 것은 부질없는 짓이다. 전쟁이 끝나면 옥수수 창고 하나만 있어도 그들 모두를 수용할 수 있기 때문이다." [2]

후발주자로서 장래가 불투명했던 초기 감리교회는 최소한 세 가지 특징을 갖고 있었다. 첫째, 감리교회는 가난한 자들의 교회였다. 감리교의 정신적 지주였던 존 웨슬리 자신이 가난한 자에 대한 관심이 지대했고, 물질적 부에 대한 깊은 경각심을 갖고 있었다.[3] 이런 웨슬리의 사상이 초창기 감리교회의 정신적 토대를 구성했다. 또한 미국 감리교 창설에 결정적인 역할을 했던 프란시스 에즈베리도 당시 감리교회가 가난한 자들을 위한 교회임을 정확히 이해하고 있었다. "우리가 가난한 자들을 위해 일한다면, 우리는 그들과 함께 고난도 받아야 한다."[4] 이런 정신은 당시 감리교 목회자들의 삶에서 구체적으로 표현·실천되었다. 당시 감리교 목회자들은 최저 생계비 이하의 임금을 받고 선교 불모지에서 희생적으로 사역했다. 감리교 역사가 찰스 유리겐Charles Yrigoyen, Jr.에 따르면, 감리교 목사들은 부족한 생활비 충당을 위해 감리교 출판사 도서들을 판매해야 했지만 그 소득은 미약했다. 따라서 초기 감리교 설교자들은 "순회설교로 인한 오랜 부재와 낮은 임금 때문에 결혼이 권장되지 않았다."[5]

둘째, 감리교회는 체험중심의 교회였다. 존 웨슬리는 수준 높은 교육과 정밀한 사고력을 지닌 지성인이었지만, 초기 미국감리교회는 신학이나 교리보다 종교적 체험과 엄격한 도덕적 삶을 강조했다. 따라서 초기 감리교 설교자들에게는 체계적인 신학교육보다 목회적 소명이 더 중요했다. 심지어 신학교육은 선교의 열정을 약화시키고 설교자들을 비정통적 사상으로 오염시키며, 교육 받은 자와 그렇지 못한 자, 성직자와 평신도의 틈을 벌인다는 생각이 팽배했다.[6] 이런 생각은 자연스럽게 감리교 예배에 영향을 끼쳤고, 캠프집회 중심의 열정적 종교체험이 감리교 예배의 전형으로 자리 잡았다. 윈스롭 허드슨의 연구에 따르면, "수년 내에 캠프집회는 감리교의 전유물이 되었다. 1811년에 이르러, 감리교인들은 자신들만의 캠프집회를 개최하고 있었는데, 최소한 400여개의 집회가 미국 전역에 흩어져 있었다."[7] 이런 체험적 종교는 감리교와 가난한 자들의 밀접한 관계를 보여주는 또 다른 증거였다.

셋째, 감리교회는 선교중심의 교회였다. 웨슬리 자체가 복음전도에 헌신했던 사람이며, 그의 모범은 이후 미국 감리교인들에게도 큰 영향을 끼쳤다. 또한 19세기 초반은 미국의 영토가 서부로 확장되고 제2차 대각성운동이 발생하며 잭슨식 민주주의가 유행하던 시기였다. 이런 시기에 감리교회는 강력한 감독제도와 연회제도를 통해 헌신되고 열정적인 전도자들을 새로 개척되는 황무지로 신속히 파송했다. 감리교회와 선교의 관계에 대해, 허드슨은 이렇게 정리했다. "감리교인들도 1819년에 이르러서야 처음으로 자신들의 선교회를 구성하였다. 그러나 그들은 자신들의 모든 연회가 사실상 일종의 선교회였고 모든 순회설교자들이 선교사였기 때문에, 이런 유형의 조직이 따로 필요치 않았다."[8] 결국, 탄탄한 조직과 선교적 열정이 결합하여, 감리교회는 새로 개척된 중서부지역에서 대단히 빠른 속도로 확장되었고, 1820년 침례교를 추월하면서 미국 최대 교단이 되었다.[9]

하지만 이런 급성장은 감리교회 내에 주목할 만한 변화를 초래했다. 가장 중요한 변화는 새로 개발된 대도시에 감리교회가 진출하면서, 감리교회의 도시적 특성이 강화된 것이다. 티모시 스미스Timothy L. Smith에 의하면, 당시에 경쟁관계에 있던 침례교회는 주로 농촌과 남부에서 압도적 우세를 보인 반면, 감리교회는 도시와 동부지역에서 급성장했다고 한다. 1865년 무렵에는 뉴욕, 펜실베이니아, 메릴랜드, 뉴저지를 포함한 7개 주에 감리교인들이 밀집해 있었고, 필라델피아, 피츠버그, 동볼티모어, 뉴욕 등지에서도 감리교회의 약진이 두드러졌다. 감리교회의 출판사와 선교회들도 대도시에 자리를 잡았으며, 타 지역에 거주하는 감독들도 맨하탄에 있는 40개 교회를 자주 방문했다고 한다.[10]

둘째, 감리교회의 성장은 교회건축의 붐을 이루었고, 늘어난 교회운영의 재원확보를 위해 회중석 매매 혹은 대여제도가 도입되었다. 이런 변화에 대해, 도널드 데이튼은 이렇게 묘사하고 있다.

본래 감리교『장정』에는 다음과 같이 규정되어 있었다. "우리의 모든 교회 건물들은 단정하게 지어져야 하며, 그 좌석은 누구나 자유롭게 앉을 수 있어야 한다. 그리고 가능하다면 적은 비용으로 건축해야 한다. 그렇지 않으면, 돈에 대한 필요성으로 인해 부자들만 우리 곁에 모이게 된다. 만약 그렇게 된다면, 우리는 그들을 의지하게 되고, 결국 그들에 의해 지배되기 때문에, 교리는 몰라도 감리교 장정과는 작별을 고하게 된다." 그런데 이 조항이 1852년에 삭제되었고, 회중석 대여제가 감리교 내부로 도입될 수 있는 길이 열렸다.[11]

셋째, 이처럼 교회의 양적 성장은 교회 예배와 신학에도 중요한 변화를 가져왔다. 교회 건축과 더불어, 예배도 예전중심으로 변하기 시작한 것이다. 성직자들이 가운을 입고 유급 성가대가 등장했으며 예배에서 사용하는 악기도 화려하고 다양해졌다. 예배의 감정적 측면은 약화되고, 정형화된 틀이 강조되었다. 감리교회 전유물이던 캠프집회도 종전의 열기를 상실하고 하계휴양지로 변했다.[12] 이런 경향은 목회자 교육에 대한 관심의 고조와 병행하여 발생했다. 목회자에게 신적 소명 이외의 것을 기대하지 않았던 감리교회는 급성장과 도시화 과정을 거치면서 목회자의 지적 수준과 품위에 관심을 갖기 시작했다.[13] 결국, 이런 감리교회의 부르주아 현상embourgeoisement은 감리교의 신학적 강조점에도 중요한 변화를 가져왔다. 이 시기에 미국감리교회는 감리교의 신학적 핵심인 성결혹은 기독자 완전을 더 이상 강조하지 않게 된 것이다. 본래, 감리교회『교리장정』Discipline에는 웨슬리의 '기독자의 완전'이 포함되어 있었으나, 1812년부터 별책으로 출판한다는 이유로『교리장정』에서 삭제했고, 1832년까지 별책으로 출판되지 않았다.[14]

이런 변화는 예기치 않았던 문제를 야기했다. 양적 성장에 의한 감리교회의 사회적 신분상승과 물적 토대의 변화는 매우 자연스러운 결과였다. 하지만 이런 변화는 전통과 새로운 환경 사이에서 감리교 정체성에 심각한 혼란을 야기했다. 전통을 고수하려는 세력과 새 환경에 적응하려는 세력 간에 갈등이 발생하면서, 교단은 심한 갈등과 분열의 소용돌이 속으로 빨려 들어간 것이다.[15] 이런 상황에 대한 저항의 대표적인 예가 B. T. 로버츠 목사를 중심으로 한 자유감리교회Free Methodist Church의 탄생이었다.

II. 도전

벤자민 타이터스 로버츠Benjamin Titus Roberts는 1823년 7월 25일에 뉴욕주 셔토콰 카운티Chautauqua County에서 타이터스 로버츠Titus Roberts와 샐리 엘리스 Sally Ellis 사이에서 장남으로 태어났다. 로버츠의 아버지는 다양한 사업으로 상당한 부를 쌓았고, 아버지와 어머니는 찰스 피니의 부흥회가 절정이던 1830년대 중반 피니의 집회를 통해 회심했다. 로버츠의 아버지는 남은 생애 동안 사업을 병행하며 감리교 지방설교자로 활약했고 노예제반대운동에도 깊이 관여했다.[16]

초등교육을 받은 후, 로버츠는 학교에서 아이들을 가르치며 변호사가 되기 위한 준비를 열심히 했다. 하지만 1844년 7월에 회심하고 인생의 진로를 변호사에서 목회자로 변경했다. 1845년 4월, 로버츠는 목회자가 되기 위해 로체스터 근처의 제네시웨슬리안신학교the Genesee Wesleyan Seminary에 입학했다. 이 학교는 정규신학교가 아니라 대학진학을 준비하는 예비학교였다. 로버츠는 그 학교에서 15주간 과정을 마치고 같은 해 가을 코네티컷에 있는 웨슬리안대학교Wesleyan University에 2학년으로 편입했다. 이때부터, 그는 목회자가 되기 위해 제네시연회를 통해 안수과정을 시작했고, 같은 해 6월 감리교 권사exhorter 자격을 취득했다.[17]

로버츠는 이 학교에서 수학하는 동안, 중요한 친구들과 스승들을 만났다. 먼저, 장차 시라큐스대학교 총장이 되는 다니엘 스틸Daniel Steele과 후에 로버츠와 자유감리교회 설립에 참여한 윌리엄 캔달William C. Kendall을 만났다.[18] 또한 웨슬리안대학교 총장인 스태픈 올린Stephen Olin과 유명한 감리교 평신도 부흥사 존 웨슬리 레드필드John Wesley Redfield에게도 큰 영향을 받았다. 올린을 통해 가난한 자에 대한 깊은 관심을 갖게 되었고, 레드필드를 통해 종교적 열정을 배운 것이다. 동시에, 로버츠는 노예제도 반대운동에 깊이 관여하면서 열렬한 노예제 반대론자가 되었다.[19]

로버츠는 대학을 졸업하던 1848년부터 목회를 시작했다. 최초의 목회지는 뉴욕 주 캐리빌Caryville이었으며, 이곳에서 목회하는 동안 엘렌 스토우Ellen Stowe와 결혼했다. 그는 파이크Pike를 거쳐, 1851년 러시포드Rushford로 파송되었고, 그곳에서 노예제도뿐만 아니라 부의 파괴적 영향에 대해 우려를 표명하기 시작했다. 1852년 9월의 연회에서, 로버츠는 버팔로의 역사적인 나이아가라스트리트감리교회Niagara Street M. E. Church 담임목사로 임명되었다.[20] 이 교회에서 그의 개혁적 성향이 이미 그곳에 만연한 회중석 대여제와 충돌을 빚기 시작했다.[21]

여기서 우리는 당시 감리교 상황을 살펴볼 필요가 있다. 위에서 잠시 언급했듯이, 남북전쟁 직전 10여 년 동안 미국 감리교회는 급성장했고, 종전과 다른 종교로 빠르게 변했다. 당시 상황에 대해, 종교사회학자인 로드니 스탁과 로저 핑크Rodney Stark & Roger Pinke는 다음과 같이 서술하고 있다.

대부분의 회중들은 더 이상 지역의 속회 지도자들과 권사들이 아니었다. 아마추어인 순회 목회자들은 편한 교구 목사들로 대체되었다. 이제는 전문적인 목회자들이 감리교회를 완전하게 실현된 감독제 유형에 따라 운영했다. 많은 감리교 목회자들은 자신들의 설교를 읽기 시작했으며, 더 젊은 많은 사역자들은 이제 감리교 신학대학원에서부터 강단으로 나아갔다. 자신들의 최초의 원칙들과 전혀 반대로 나아갔으며, 어떤 감리교 회중들은 그들의 신도석을 임대하기 시작했고, '성화'라는 단어는 감리교인들의 출판물 속에서 드물게 등장하게 되었다. 고햄은 그의『캠프모임 매뉴얼』의 거의 절반을 할애하여 캠프 모임을 옹호하고, 매 해 마다 더 적은 수의 감리교 캠프 모임들이 열리고 있다는 것에 깊은 유감을 표시하였다.[22]

이런 상황에서, 로버츠의 특별한 관심을 자극한 문제는 '회중석 대여제' 였다. 이것은 예배당의 특정 좌석에 대한 배타적 권리를 판매하거나 대여하는 제도로서, 미국에서 이미 오랜 역사를 갖고 있었다.[23] 감리교회는 처음부터 이 제도를 반대하여, 1820년『장정』에서 감리교의 모든 건물이 "자유석" free seats 이어야 한다고 명시했다. 하지만 이런 비성경적 관행이 1850년대부터 감리교 내에서 널리 실행되기 시작했으며, 1852년에는 "실천가능한 곳에서만" 이란 단서를 첨가한 후, 그 조항이『장정』에서 아예 삭제되었다. 큰 교회들은 이 제도를 통해서 엄청난 수입을 얻게 되었다. 1869년에『시카고 포스트』 Chicago Post에 실린 다음의 기사는 당시 상황을 단적으로 보여준다.

월요일 저녁과 화요일에 있었던 은혜교회 회중석 매매에서, 예배당 좌석 가격들이 지금까지 시카고의 기록을 경신했다. 최고 가격의 회중석은 2,150불이란 적절한 가격으로 메이슨 루미 씨의 차지가 되었다. 그는 처음부터 950불을 불렀다.⋯ 그날 마지막 경매는 400불이란 상당히

낮은 가격으로 낙태의사인 헤일 박사에게 낙찰되었다.[24]

이 기사를 분석한 하워드 스나이더Howard A. Snyder의 계산에 따르면, 이렇게 판매된 회중석의 평균가격은 1,200불이며, 당시 그 교회 회중석이 136 개였으므로, 경매를 통해 얻은 수입은 163,000불이었다. 이것은 당시로서 엄청난 액수였다. 『시카고포스트』 기사는 이렇게 이어졌다.

> 은혜교회에 대해 우리가 말한 것은 시카고와 미국 전역에서 비슷한 상
> 황이다. 매주 그런 교회에서 변호사, 의사, 정치가, 언론인, 부동산업자,
> 상인, 가끔은 낙태지지자들이 쿠션 있는 멋진 의자에 앉아 1시간 반을
> 보낸다.… 그 모든 곳에서, 노동자들은 아무리 믿음이 좋고 똑똑해도, 마
> 치 화염검을 든 천사가 입구를 지키고 있기라도 한 듯, 그 안에 들어갈
> 수가 없다.[25]

이런 현실에 직면하여 감리교회는 심각한 내적 갈등을 겪기 시작했다. 이런 현실을 감리교 본질의 훼손으로 간주하며 비판적 목소리를 높인 그룹과 환경변화에 따른 자연스런 적응으로 정당화하는 그룹으로 양분되어 갈등이 고조된 것이다. 이런 상황에서, 로버츠는 1853년부터 비판적인 글들을 여러 신문과 잡지에 기고하기 시작했다. 그의 최초 글들이 『노던크리스찬에드버킷』Northern Christian Advocate에 1853년 2월 16일, 3월 9일, 4월 6일에 실렸다. 첫 번째 글의 제목은 "제네시연회-번영과 쇠퇴"였고, 이 글에서 로버츠는 감리교의 수적 감소를 지적하며 교회의 세속화에서 그 원인을 찾았다.

『장정』은 죽은 문자다. 유행하는 악을 금지하고 타락한 마음에 부담을 주는 성경이 현실적으로 무효가 된 것이다. 양심은 시들었다. 많은 사람이 하나님의 명령을 어기며 아무런 죄책감도 없이 살고 있다. 교회와 세상의 경계를 지워버리는 세속의 물결이 밀려들고 있다.[26]

두 번째 글, "제네시연회-쇠퇴의 원인"에서, 그는 제네시연회의 수적 감소가 일차적으로 목회자들의 온전한 헌신이 부족한 탓이라고 질책했다. 교회가 영적인 무기로 세상을 공격하는 대신, 세상이 교회를 공격한다고 분석하면서 다음과 같은 결론을 내렸다.

우리 중 일부는 수년 동안 영혼을 얻은 것보다 재산을 축적하는데 더 성공했다. 이런 현실의 책임이 우리에게 있다. 더 깊은 영성을 소유한다면, 우리는 더 나아질 것이며 우리 말에 더 큰 권세가 주어질 것이고 하나님께서 우리를 통해 더 크게 역사하실 것이다.[27]

"종교적 타락의 원인"이란 제목의 세 번째 글에서, 그는 수적 감소의 주된 이유 중 하나가 "예배당에서 좌석을 판매하거나 대여하는 관행"이라고 지적했다. 그는 회중석 판매를 통해 단적으로 드러나는 물질과 부에 대한 집착이 감리교의 영적 타락과 수적 감소를 야기했으며, 이에 대한 근본적인 해법은 영적 권능과 영혼에 대한 열정이라고 결론을 내렸다. "주님의 권능이 우리 가운데 나타난다면... 노인과 청년, 부자와 빈자도 우리 교회로 몰려들 것이다. 멋진 건축과 공연 때문이 아니라 자신들의 영혼을 위해서 말이다."[28]

제니서Zahniser의 정확한 지적처럼, 그의 이런 글들은 연회의 동료 목사들과 갈등을 일으켰다. 어떤 이는 로버츠의 글을 인용하면서, 그가 잘못된 통계를 근거로 감리교의 쇠퇴를 주장한다고 반박했고, 어떤 이는 그가 자기 교회에서 경험한 목회적 실망을 감리교 전체로 확대·적용했다고 비판했다. 어떤 사람은 로버츠를 경험 부족의 애송이 목사로 폄하하며 그의 주장을 무시했으며, 어떤 목사는 그를 광신자로 몰아붙였다. 하지만 그의 글 중 일부가 「웨스턴크리스챤에드버킷」 *Western Christian Advocate* 에 다시 실리고, 감리교 설교자 존 월레스 John H. Wallace 가 로버츠의 입장을 공개적으로 변호하면서 논쟁은 수년간 지속되었다.

제네시연회에서 5번째로 규모가 큰 알리온 Albion 교회에서 목회하던 1856년, 로버츠는 또 다른 세편의 글을 「노던크리스챤에드버킷」에 기고했다.[29] 이 세편의 글 모두 "자유교회" Free Church 라는 제목이 붙었다. 이 글들은 그가 1857-8년에 교단의 징계를 받는 과정에서 중요한 역할을 했고, 징계의 결정적인 원인이 된 글, "신학파 감리교" New School Methodism 보다 자유교회에 대해 좀 더 폭넓은 주장을 전개했다. 이 글들에서 로버츠는 성경적, 신학적, 실천적 근거에 따라서 회중석 대여 및 판매를 반대했다. 여기서는 세 번째 글의 일부만 인용해본다.

이 모든 거래는 예배를 돕는다는 의도로 이루어졌다. 그것은 품위 있고 적절하게 진행되었다. 하지만 그 의도가 아무리 좋아도, 주님은 그것을 참지 않으실 것이다. 그는 작은 채찍을 만들어, 장사꾼들과 환전상들을 강제로 쫓아냈다. 만약 그분이 경매에서 최고 값을 부른 사람에게 성전의 일부를 팔아넘기는 모습을 본다면 어떻게 하실까? 아버지의 집에서 회중석 매매가 희생제물 매매보다 그분을 덜 화나게 할까?… 그의 예언자적 눈길이 수세기를 통과하여, 자신이 세운 종교의 최신 타락인 회중석 대여제에 닿는다면, 다음과 같은 말과 행동으로 그것을 가장 강력하게 정죄할 것이다. "내 아버지의 집을 강도의 굴혈로 만들지 말라."[30]

III. 갈등과 시련

1850년대 제네시연회는 신학적, 사회문화적, 교회정치적 측면에서 두 그룹으로 양분되었다. 한편에는 연회의 지도적 목회자들로 구성된 "버팔로 섭정" Buffalo Regency이 있었고, 다른 편에는 이 교단의 자유주의적 경향에 반대하는 "나사렛 연맹" Nazarite Union이 있었다. 당시 연회의 첨예한 갈등의 일차적 원인은 '비밀결사 가입문제'였다. 본래 감리교회는 회원 목회자들이 프리메이슨과 오드 펠로Odd Fellow[31] 같은 비밀결사체에 가입하는 것을 원칙적으로 금하고 있었다. 제네시연회의 경우도 1829년 다음과 같은 결의안을 통과시킨 적이 있다. "우리는 프리메이슨에 소속된 자, 프리메이슨과 일체의 관계를 단절하지 않는 자, 메이슨과 더 이상 어떤 관계도 갖지 않겠다고 약속하지 않는 자들에게는 결코 정회원 자격을 부여하지 않을 것이다."[32] 하지만 20년 후, 상황이 역전되었다. 1830년대에 미국에서 반-메이슨 운동이 지나간 후, 메이슨은 인기를 회복했고 많은 감리교 목사들이 이 단체에 가입했다. 이런 상황에서 나사렛 연맹은 버팔로 섭정을 비밀결사집단으로 비판했고, 섭정파에선 나사렛파를 열광주의자로 공격했다. 사실, 이것은 비밀결사만의 문제가 아니었다. 당시 연회를 장악하고 있던 버팔로 섭정은 급변하는 미국사회에 적응하는 문제에 관심을 집중했다. 그 결과, 감리교의 전통적 주장인 온전한 성화entire sanctification 대신, 보다 합리적인 윤리에 관심이 많았다. 반면, 나사렛연맹은 사회적·개인적 윤리문제에 대한 감리교의 전통적 강조점과 온전한 성화에 관심이 지대했다. 결국, 감리교의 사회적 신분이 변화하는 상황에서, 진보주의자와 전통주의자 간의 상이한 입장이 충돌한 것이다.

이런 상황에서 로버츠의 문제작, "신학파 감리교" New School Methodism가 1857년 『노던인디팬던트』Northern Independent에 실렸다. 이 글에서, 로버츠는 감리교회를 구학파 감리교회와 신학파 감리교회로 구분하고 칭의와 성화도 구별했다. 그리고 회중석 대여제를 반대했던 구학파 감리교회에서 일탈한 신학파 감리교회의 등장을 강력히 비판했다. 이런 부정적 현실의 대안으로, 로버츠는 쾌락과 세속적 야망 대신, 성경적 성결을 세상에 전파해야 한다고 제안했다.

종교에 대한 기본적 견해에서 차이가 있는 구학파와 신학파 감리교인들은 자신들의 입장을 증진시키는 방법도 달랐다. 신학파들은 주식교회 Stock Church, 33를 짓고, 거기에 선택된 회중들을 위한 좌석을 만들며, 세련된 청중들을 위해 어려운 음악을 연주하도록 오르간, 멜로디언, 바이올린, 직업가수들을 갖추었다. 구학파는 자유교회, 회중찬송, 영성, 단순성, 예배의 열정을 선호한다. 그들은 심오하고 철저한 부흥을 위해 분투한다. 그런 것들 때문에 감리교회가 이 나라의 지도적 교단이 된 것이다. 신신학운동 지도자들은 부흥에 별다른 기여를 하지 못했다...이들이 교회 이익을 위해 돈 모으는 일에 몰두할 때, 최고 경매가격을 부른 사람에게 회중석을 팔고, 파티, 장터, 굴만찬oyster supper, 보물뽑기주머니grab-bag, 축제, 복권에 의지할 수밖에 없다. 이런 목적을 위해 다른 사람들은 하나님에 대한 사랑에 호소한다. 간단히 말한다면, 구학파 감리교인들은... 성령의 도구와 교회의 정결에 의존한다. 신학파 감리교인들은 불신자들의 후원, 오만과 열망에 대한 사랑, 그리고 다양한 세속적 정책들에 의존하는 것처럼 보인다.34

결국, 제네시연회 직전에 출판된 이 글이 문제가 되었다. 뉴욕 주 리로 이LeRoy에서 열린 연회에서 로버츠의 호소와 항변에도 불구하고, 그를 포함한 나사렛연맹 사람들이 "비도덕적이고 비기독교적인 행위"를 범한 것으로 정죄되었다. 그런 재판을 받았음에도, 로버츠는 뉴욕 주 패킨Pekin으로 다시 파송되었다. 하지만 패킨에 있는 동안, 조지 이스티스George W. Estes란 지방 목회자가 자신의 "신학파 감리교회"와 1857년 연회에서 로버츠의 재판상황을 기록한 문헌을 다시 출판했다. 이것은 연회 지도자들에 대한 중대한 도전으로 해석되었고, 1858년 뉴욕 주 페리Perry에서 열린 연회에서 다시 재판을 받고 유죄판결을 받았다. 로버츠의 감리교 목사안수가 공식적으로 취소되고, 평신도 신분으로 강등되었다. 그는 1860년 봄 버팔로에서 열린 총회에서 이 징계의 부당함을 주장하며 선처를 호소했지만, 총회는 연회의 결정을 재차 승인했다.[35] 결국, 감리교회에서 축출된 로버츠, 로렌 스타일즈Loren Stiles, 조셉 맥크리리Joseph McCreery 등이 주축이 되어 자유감리교회가 조직되었다. "상황을 돌이킬 모든 희망이 사라진 후, 이 하나님의 사람들은 새로운 교회를 조직하는 것 외에 다른 선택의 여지가 없었다. 그 결과, 1860년 8월 23일, 뉴욕 주 패킨에 열린 한 회합에서 자유감리교회가 조직된 것이다."[36] 이 총회에서, 로버츠가 대표감독general superintendent으로 선출되었다.

IV. 분리와 조직

로버츠는 자유감리교회를 '신약성경의 기준에 합당하며 가난한 자들에게 복음을 전하는 교회'로 세우기 위해 최선을 다했다. 자유감리교회의 "자유"에는 여러 의미가 함축되어 있지만, 가장 중요한 의미는 회중석 대여제에 대한 반발로서 회중이 원하는 자리에 돈과 상관없이 자유롭게 앉을 수 있다는 것이었다. 결국, 가난한 자에게 복음을 전파해야 한다는 성경 및 웨슬리의 가르침에 충실하기 위해 새 교회가 탄생한 것이다. 로버츠는 교회가 조직된 1860년부터 그가 세상을 떠난 1893년까지 제도적, 신학적, 예배적 차원에서 교단의 설립목적을 구현하기 위해 헌신했다.

먼저, 자유감리교회는 자신의 사명을 가난한 자들에게 온전한 성화의 복음을 전하는 것으로 이해하고, 이를 실천하기 위해 다양한 실천사항들을 교단『장정』에 구체적으로 명시했다. 1917년『교리장정』에 따르면, "자유감리교인들은 하나님의 말씀 속에 드러난 하나님의 뜻에 순종함으로써 천국에 가기를 열망하는 기독교인들의 몸이다."[37] 그들은 교회와 세상의 연합에 단호히 반대하며, 진정한 기독교인은 자기를 부인하고 날마다 십자가를 지고 예수님을 따라야 한다고 천명했다. 교리적으로 감리교 전통을 따르며 신자들의 온전한 성화를 명령하고 주님의 재림 때까지 흠 없는 삶을 살도록 촉구했다.[38] 보다 구체적인 실천사항으로, 일체의 비밀결사단체의 가입을 금지하고 사치스런 복장과 보석착용을 금지했다. 예배에서는 단순성을 강조하여 성가대와 악기사용을 금지했다.[39] 이런 규정들은 교회에서 가난한 사람들이 소외감을 느끼지 않도록 하려는 배려였다. 결국, 검소한 옷차림, 그리고 악기와 성가대 없는 예배가 자유감리교회의 특징이 되었다.

둘째, 자유감리교회는 성령에 의한 즉각적인 성결을 강조했다. 이것은 당시 발흥하던 성결운동의 일반적 흐름과 일치하는 것으로서, 캠프집회와 정규예배를 통해 종교적 체험을 강조하는 전통으로 발전했다. 많은 의미를 함축하고 있는 자유감리교회의 "자유"는 예배적 측면에서 정교한 예전적 전통으로부터의 "자유"를 의미했다.[40] 예배 시에 과도한 소음은 절제하도록 요구했지만, 초대교회의 오순절 날처럼 강한 바람같이 임하는 성령의 현상들은 반대하지 않는다고 규정했다.[41] 1860년 버겐^Bergen 캠프집회에 대한 로버츠의 보고는 당시의 강렬한 분위기를 함축적으로 보여준다. "하나

님이 여기 계신다. 여기에 권능이 있다. 거룩한 불과 권능의 물결이 캠프장
소를 둘러싸고 있는 것 같다...남녀들이 목소리를 높여 기도한다...사람들
이 바닥에 쓰러져서, 여러 시간 의식을 잃었다."[42] 이런 광경은 자유감리교
회의 정규예배에서도 흔히 볼 수 있었다. 초기 자유감리교회의 예배에 대
한 론 화이트[Ron White]의 묘사다.

> 새로 회심하고 성화된 신자들의 열정은 환영을 받았다. 자유감리교회
> 예배에서 소리쳐 찬양하기, 복도 뛰어다니기, 손수건 흔들기 등은 하나
> 님의 영이 임재 하여 역사하신다는 증거였다. 예배의 목적은 죄인들과
> 실족한 사람들이 기도하며 강단 앞으로 나오는 모습을 목격하는 것이
> 었다. 예배의 모든 것은 그런 결과를 얻기 위해 기획되었다. 찬양예배
> 는 회중들이 설교를 들을 수 있도록 그 마음을 준비시킬 목적 하에 진행
> 되었다. 훌륭한 찬양 인도자는 항상 귀중한 자산이었다. 공적 집회는 설
> 교가 중심이었고, 설교자의 설교 전에 진행되는 모든 것은 준비 예배[pre-
> service]라고 불렸다[이 용어는 지금도 사용된다]. 결과는 앞으로 나온 회심자의 수
> 로 측정되었다...이런 집회 형식은 모든 목회자를 부흥사로 만들었다.[43]

셋째, 가난한 자에 대한 관심은 회중석 대여제에 대한 강력한 반대로
표현되었다. 이것은 자유감리교회의 『장정』에서 특히 강조되고 있다. 검
소한 복장이나 악기사용 문제보다, 훨씬 더 상세하며 논조도 더욱 단호하
다.

> 모든 교회는 그들이 선포하는 은혜만큼 자유로워야 한다. 그들의 사명
> 은 이중적이다. 즉, 기독교의 성경적 기준을 유지하는 것과 복음을 가난

한 자들에게 선포하는 것. 그러므로 예배당의 모든 좌석은 무료free이어야 한다. 어떤 좌석도 대여되거나 판매되어선 안 된다. 교회가 그렇게 배타적인 제도로 운영되는 한, 세상은 결코 그리스도에게 회심하지 않을 것이다. 예배당 좌석을 대여할 목적으로 예배당을 건축하는 것은 기독교 교회의 경제에 항상 모순되는 것이었다. 하지만 세상의 영이 서서히 접근하여, 마침내 미국의 여러 지역에서 단 하나의 자유교회도 남지 않게 되었다. 회중석 대여제가 거의 모든 교파에서 지배적인 관행이 되었다. 자유감리교인들은 이 제도가 원칙적으로 잘못이며 현실적으로도 악하다고 확신한다. 그것은 기독교의 타락이다. 자유교회는 대중에게 접근하기 위해 반드시 필요하다. 복음은 모든 사람을 위한 것이며, "기쁜 소식"은 모든 인류에게 선포되어야 한다. 하나님은 참된 빛을 모든 영혼에게 보내신다.[44]

결국, 자유감리교회가 회중석 대여제를 반대한 것은 가난한 자에게 복음을 전하라는 주님의 명령에 어긋나기 때문이었다. 로버츠는 이런 생각을 감리교회의 독특한 교리인 성결, 혹은 완전한 성화와 연결하여 신학적으로 발전시켰다. 자유감리교회의 조직과 함께 자신이 창간한 교단 기관지 「어니스트크리스찬」*Earnest Christian*의 편집자로 일하면서, 로버츠는 수많은 글을 썼고 그 글들을 통해 성결에 대한 자신의 생각을 발전시켰으며, 특히 회중석 대여제와 성결의 상관관계를 치밀하게 규명했다. 기본적으로, 회중석 대여제는 돈을 숭배하는 우상숭배로서 성결과 공존할 수 없는 죄악이었다. 이것은 어떤 경우에도 성경적 성결을 추구하는 교회에 의해 정당화될 수 없다.[45] "성결의 속성: 공정성"이란 제목의 글에서, 우리는 성결과 회중석 대여제의 양립불가능성에 대한 로버츠의 생각을 분명히 확인할 수 있다. 여기서 로버츠는 성경과 웨슬리를 인용하면서 자신의 입장을 강력히 변증한다.

결과적으로, 성결한 사람은 예배당에서 좌석을 사거나 대여하지 말아야 한다. 그런 짓을 하는 것은 가난한 자들을 하나님의 교회에서 쫓아내고, 교회 안으로 돈에 근거한 귀족제 도입을 승인하는 것이다. 그리스도는 말씀하신다. "가난한 자에게 복음이 전파된다"^{마11:5}. 이것은 복음의 변치 않는 기적이다. 잘못된 종교는 자신의 신봉자들을 부자와 권세자들 사이에서 찾는다. 복음은 가난한 자들을 위한 것이다. 복음은 그들의 필요와 역량에 적합하다. 부자들이 복음을 받아들인다면, 그들은 가난한 자들의 수준으로 자신을 낮추어야 한다. 그들은 자신들의 "금, 진주, 값비싼 옷"을 제쳐두고, 소박한 차림을 해야 한다. 모든 시대에 복음의 가장 위대한 승리는 가난한 자들 안에서 성취되었다...존 웨슬리는 자신의 위대한 사역을 가난한 자들 사이에서 시작했고, 그를 따른 사람들도 주로 이런 계급 출신들이다. 교회가 거룩하다면, 예배당이 부자만큼 자유롭게^{무료로} 가난한 자들에게도 개방되어야 한다. 그렇게 된다면, 모두를 위한 온전한 교제가 있을 것이다. 마치 한분 하나님이 계신 것처럼 말이다. 성결한 신자는 가난한 자들을 멸시하는 교회에 계속 머물 수 없다.… 진정한 성결은 이 모든 것을 고칠 것이다.[46]

이처럼, 로버츠는 자유감리교회를 가난한 자에게 복음을 전하는 진정한 감리교회로 형성하고자 했다. 그는 교단의 책임자로서 이런 정신을 교단 법과 조직 속에 구현하기 위해 분투했다. 그런 정신이 예배와 문화를 통해 구체적으로 실천되도록 최선을 다했다. 동시에, 자신의 능력을 다해서, 성결^{혹은 성화} 교리를 토대로 이런 정신과 실천의 신학적 근거를 구성하려고 온힘을 쏟았다. 물론, 오늘뿐만 아니라 당시의 관점에서도 극단적이거나 과도한 측면이 없지 않으나, 데이튼의 평가대로, "B. T. 로버츠의 자유감리교회 전통은 최소한 역사적으로 '가난한 자에 대한 우선적 관심preferential option' 의 가장 분명한 감리교적 표현 중 하나였다." [47]

V. 변화

로버트 월Robert Walter Wall은 로버츠로 대표되는 초기 자유감리교회를 분파sect로 규정한다. '자기를 부인하고 십자가를 진다' 는 정신은 개인적 차원의 분파적 특성이며, 가난한 자에게 복음을 전한다는 것은 사회적 차원의 분파적 요소라는 것이다.[48] 하지만 이런 자유감리교회의 분파적 특성은 로버츠가 사망한 1893년 이후 빠른 속도로 약화되기 시작했다. 리암 이윅-오바이언Liam Iwig-O' Byrne의 지적처럼, "1894년 총회는 자유감리교회에서 중요한 전환점이었다. 목회적 초점이 변하고, 결과적으로 급진주의자들이 배제되었다." [49] 그렇다면, 로버츠 사후에 자유감리교회는 어떻게 변했을까?

가장 주목할 만한 변화는 '비공식적 차원' 에서 발생했다. 성결 혹은 온전한 성화를 추구하던 교회의 관심사가 현실적 차원에서 칭의justification로 이동한 것이다. 칭의에 대한 강조는 자연스럽게 자유감리교회의 『교리장정』에 규정된 다양한 행동규범들이 하나님과의 온전한 관계에 장애가 된다고 생각하게 만들었다. 이런 규정을 성화의 본래 정신에서 이탈한 율법주의로 간주하며, 이에 대한 관심과 열정이 약화된 것이다. 이런 현실을 로버트 월은 다음과 같이 정리했다.

최소한 비공식 혹은 구두적 차원에서, 현재 자유감리교회 내부에서 진행되는 규칙들에 대한 논의는 이 교회의 공식적인 신학 패러다임을 성화 중심에서 칭의 중심으로 이동시키려 한다. 칭의의 관점에서 기독교행동 규범은 사람들과 하나님과의 올바른 관계를 방해하는 것으로 보일수 있다.[50]

성화에서 칭의로 신학적 중심축이 이동하면서, "가난한 자에 대한 우선적 관심"은 "모든 계급의 구원"으로 진화했다. 성경적 기독교에 대한 추구와 가난한 자에게 복음을 전하는 것은 초기 자유감리교회의 양대 사명이었다. 하지만 20세기에 들어서면서 주목할 만한 변화가 감지되기 시작했다. 1927년 출판된 『자유감리교회의 무엇과 왜』*The What and the Why of Free Methodism*란 제목의 한 팸플릿은 '가난한 자'에서 '모든 사람'으로 강조점을 이동시켰다. "자유감리교회의 사명은 … 모든 계급의 구원을 추구하는 것이다."[51] 의도적이었는지는 알 수 없으나, 가난한 자에 대한 특별한 강조점이 더 이상 보이지 않게 되고, 교회의 관심이 보다 보편적 특성을 띠게 된 것이다. 이것도 이 교회의 분파적 특성은 약화되고, 대신 교파적 특성이 강화되는 증거였다.

이런 신학적 변화는 교회생활의 다양한 영역에서 극적인 변화를 초래했다. 먼저, 예배가 부흥회적 형식에서 예배서를 중심으로 한 예전적 형태로 변했다. 위에서 지적했듯이, 전통적으로 자유감리교회의 예배는 성결운동의 전통을 따라 부흥회적 성향이 강했다. 하지만 20세기에 들어서, 이런 예배전통에 대한 비판이 증가했다. 예를 들어, 자유감리교회의 예배를 연구한 브라이언 월래스와 로버트 우즈Brian D. Walrath and Robert H. Woods는 『공동기도서』*the Book of the Common Prayer*와 성례전에 대한 웨슬리의 강조를 지적하면서, 기존의 자유감리교회가 웨슬리 전통에서 벗어나서, 지나치게 부흥운동적 특성으로 경도되었다고 비판했다. 그러면서, 예전 중심의 웨슬리적 모델이 자유감리교회 예배의 부흥을 가져올 것이라고 제안했다.

> 웨슬리의 모델은 예배에서 하나님의 현존을 온전히 체험하는데 도움이
> 된다. 그것은 자유감리교회를 포함하여 일차적으로 전도와 선교에 초
> 점을 맞춘, 오늘날 예배의 실용주의적 패러다임에 대한 강력한 도전이
> 다.52

　　교단의 전통적 예배양식이 실용주의적이라고 폄하되고, 예전중심의
고교회적 형태를 대안으로 제시하는 경향과 병행하여, 음악과 악기에 대한
전통적 입장도 극적인 반전을 경험했다. 위에서 지적했듯이, 자유감리교
회는 유급 음악가에 대한 반작용으로 단순한 형식의 회중찬송을 강조했고,
심지어 악기와 성가대마저 거부했었다. 하지만 1943년 총회는 각 교회가
악기를 사용할 수 있는지에 대해 각 연회가 투표로 결정하도록 허락했다.
"결과적으로, 피아노와 오르간이 대부분의 연회에서 일반적이 되었다. 현
재는, 많은 교회들이 보컬리스트, 드럼, 키보드, 기타, 그리고 다른 악기들
로 구성된 예배팀을 운영하고 있다." 53

　　끝으로, 물질에 대한 태도에서도 극적인 변화를 감지할 수 있다. 초기
자유감리교회에서는 가난한 자에게 복음을 전하는 것이 궁극적 사명이었
고, 이것이 회중석 대여제에 대한 강력한 반대로 이어졌다. 이런 정책은 교
회 내에서 물질과 재산 자체에 대한 부정적 태도를 강화했다. 하지만 교단
정체성의 결정적 요소인 이 부분마저 시간이 경과하면서 현실적인 입장으
로 선회하였다. 『교리장정』의 "소유의 청지기직"stewardship of possessions에 나
타난 변화가 단적인 증거다. 예를 들어, 1860년 『교리장정』은 이 부분에서,
"땅에 재물을 쌓는 것"을 금지하고 있다. 이것은 사유재산에 대한 부정적
입장으로 해석될 여지가 있는 부분이다. 하지만 1974년 『교리장정』은 이

부분에서 "성경은 사적 소유권에 대한 권리와 책임을 가르친다."라고 규정했다.[54] 이것도 자본주의에 대한 부정적 태도에서 긍정적 태도로 공식적 교단 입장의 극적인 변화를 보여주는 대목이다.

이런 변화들은 감리교회 세속화의 반작용으로 출현했던 자유감리교회가 자신이 비판했던 교회의 전철을 그대로 반복하고 있음을 보여준다. 즉, 19세기 중반의 자유감리교회는 분파적 성향이 강했지만, 20세기 중반 이후 교파적 혹은 교회적 성향을 강하게 드러내기 시작했다. 현재, 이런 현상은 자유감리교회 내에 갈등을 초래하고 있다. 자유감리교회가 분파적 특성을 버리고, 주류 복음주의 진영으로 진입한 것을 발전과 진화로 긍정하는 진영과 이것을 전통과 본질의 퇴색으로 비판하는 진영이 공존하기 때문이다. 이 또한 19세기 중반에 제네시연회에서 발생했던 현상과 동일하다.

마무리

자유감리교회의 탄생, 발전, 변화의 과정은 교회개혁의 빛과 그림자를 동시에 보여준다. 이미 살펴보았듯이, 초기 감리교회도와 초기 자유감리교회도 가난한 자들에 대한 우선적 관심에서 출발했다. 복음을 전하는 자와 받는 자 모두가 가난한 사람들이었다. 경제적 빈곤과 사회적 냉대 속에서도 이 교회들은 복음에 대한 열정, 분명한 소명감, 강렬한 성령체험, 열정적 예배를 통해 빠르게 성장했다. 하지만 웨슬리의 예언자적 통찰처럼, 결국 그 성장이 교회 정체성의 근본적 변화를 초래했고, 결국 갈등과 분열의 원인이 되고 말았다. 이것은 감리교회와 자유감리교회에서 동일하게 반복된 현실이다. 트롤취의 '분파와 교회' 모형으로 설명하든, 데이튼의 부르주아 현상embrougeoisement으로 설명하든, 주변의 분파적 교회가 세월의 흐름 속에 중앙의 주류교회로 성장 혹은 편입되면서 '과거와의 명백한 단절'을 야기하는 자기모순을 자유감리교회의 역사 속에서도 확인할 수 있었다.

로버츠는 자유감리교회의 설립과 발전 과정에서 집요하게 회중석 대여제를 공격했다. 교단명칭에 "자유"를 명시할 정도로, 이 문제는 그에게 궁극적인 관심이었다. '교회가 모든 사람의 구원을 추구하는가? 가난한 자에게 우선적 관심을 두어야 하는가? 아니면 양자의 균형과 조화를 추구해야 하는가?'의 문제는 교회사의 난해한 과제 중 하나다. 물론, 교과서적 정답은 양자의 균형과 조화일 것이다. 하지만 눈앞의 현실은 양자의 긴장과 갈등의 연속이었다. 과연 가난을 기독교인의 이상적 삶의 양태로 규정할 수 있는지, 아니면 기필코 극복해야 할 대상인지, 아니면 선택적 가난이 정답인지에 대해서도 논란은 분분하다. 그러나 교회의 부르주아 현상이 교회 내에서 가난한 자의 소외와 배제를 초래해 온 것은 부인할 수 없는 역사적 현실이었다. 동시에, 교회와 자본의 결합이 성경에 대한 기만적 해석과 적용을 초래해 온 역사도 부정할 수 없다. 하나님과 재물을 겸하여 섬길 수 없다는 예수의 준엄한 선언과 회중석 대여제도가 결국 교회를 부자들의 전유물로 변질시킬 것이란 로버츠의 경고를 이상주의나 극단주의로 부정할 것인지, 아니면 끊임없이 추구해야 할 거룩한 푯대로 수용할 것인지, 아니면 제3의 중도적 타협점을 교활하게 추구할 것인지, 우리에게 주어진 어렵고 위험한 과제다.

어떤 면에서, 교회사는 '분파와 교회 간의 갈등 기록'일지 모른다. 로버츠의 자유감리교회도 교회가 된 감리교회를 비판하며 분파로 출발했다. 그 분파적 특성은 신학적 측면에서 완전성화에 대한 강조로, 실천적으로는 회중석 대여제 반대로 표현되었다. 이것은 주류사회에 대한 저항이면서, 주류사회에 대한 강력한 자극으로 기능했다. 주류적 관점에서, 분파는 급진적 분리주의로서 교회질서를 깨뜨리고 사회적 갈등을 초래하는 것으로 위험하고 불온해 보이겠지만, 분파적 입장에선 타락하는 기성질서에 대한 도전이자 본질을 수호하려는 치열한 모험으로 정당화될 수 있다. 결국, 보다 거시적인 차원에서 검토한다면, 중앙과 정상으로 진출하려는 구심적 운동과 주변과 아래로 뛰쳐나가려는 원심적 운동의 긴장·갈등관계가 교회사의 부정할 수 없는 현실이었고, 이 과정이 교회의 존재와 생명을 유지해온 내적 역학관계 혹은 동력으로 해석될 수 있다. 물론, 분파가 교회로 진화하는 것은 교회에서 분파가 일탈하는 과정보다 훨씬 더 자연스럽다. 그럼에도, 분파가 교회로 진화 혹은 변모하는 과정에서, 이 자연스런 변화를 타락과 위기로 진단하며 본질을 수호하려는 노력이 교회사에서 지속되었다. 교회는 다수와 주류의 존재양식이며, 분파는 소수와 비주류의 존재양식이라고 할 때, 양자의 힘의 균형은 늘 주류 쪽으로 기울기 마련이다. 하지만, 자유감리교회 같은 강력한 분파의 출현이 긴장이 풀렸던 주류 감리교회에 채찍이 되어, 이 교회의 건강한 발전에 자극과 동력이 되었던 것을 부인할 수 없다. 후에 감리교회도 회중석 제도를 폐지했고, 1920년에는 로버츠의 징계가 부당했음을 공적으로 승인했던 모습에서 이런 영향을 단적으로 확인할 수 있다. 결론적으로, 대세에 편승한 교회의 자연스런 진화과정에 저항하는 분파의 돈키호테적 도전이 전체적으로는 기독교의 건강한 발전에 중요한 도움이 되었음을 자유감리교회의 역사를 통해 확인할 수 있다.

미주

1. 이 글은 "교회개혁의 빛과 그림자: B. T. 로버츠의 자유감리교회를 중심으로." 「역사신학논총」 vol. 23 (2012): 93-122를 수정한 것이다.
2. 윈스롭 허드슨/존 코리건, 「미국의 종교」, 배덕만 옮김 (서울: 성광문화사, 2008), 209.
3. "60, 70년 간 여러분에게 봉사한 후 침침한 눈, 떨리는 손, 비틀거리는 발로, 먼지 속으로 사라지기 전에 저는 여러분에게 한마디만 더 충고하겠습니다. 바울 사도의 말씀을 기억하십시오. 부자가 되기를 바라거나 부자가 되기 위해 노력하는 사람들은 그 순간 유혹, 즉 깊은 유혹의 늪에 떨어집니다. 어떤 막강한 힘도 그들을 그 유혹으로부터 건져낼 수는 없습니다. '그들은 유혹에 빠집니다.' 이 말은 적절하게 표현하자면 강한 덫, 즉 동물이 붙잡히자마자 산산조각 내버리는 그런 덫을 의미합니다. 즉 '인간을 파괴와 멸망으로 빠지게 하는 어리석고 고통스러운 욕망의 늪에 빠지게 됩니다.' 여러분들은 이 세상에서 번창하는 모든 이들의 위에 군림하는 결코 이 두려운 말들을 잊어서는 안 됩니다!" 한국웨슬리학회 편, 「웨슬리 설교전집 7」, 조종남, 김홍기, 임승안 외 공역 (서울: 대한기독교서회, 2006), 380.
4. *Ibid.*, 210.
5. John G. McEllhenney, *United Methodism in America: A Compact History* (Nashville, TN.: Abingdon Press, 1982), 71.
6. Ibid., 77.
7. 윈스롭 허드슨·존 코리건, 233. 허드슨은 당시 캠프집회의 광경을 다음과 같이 묘사하고 있다. "사람들은 한쪽에 모여 최근에 회심한 사람들의 간증을 들었고, 함께 찬송을 불렀다. '죄책, 절망, 희망, 그리고 확신'이라는 전통적으로 느린 속도의 구원과정이 며칠, 혹은 몇 시간으로 농축되면서, 감정적 스트레스가 극대화되었고, 그것은 정상적인 자제력을 해체시켰다. 통곡과 기쁨의 환호성이 터져 나왔을 뿐만 아니라, 극도로 흥분된 순간에 사람들은 쓰러지기, 달리기, 뜀뛰기, 몸 떨기 같은 격렬한 육체적 반응을 보였다. 이런 모든 것들은 성령의 권능에 의한 것으로 여겨졌다. 이런 육체적 현상에 대한 설명들은 우호적인 혹은 적대적인 목격자들 모두에 의해 크게 과장되었지만, 많은 사람들을 근심케 할 만한 그런 현상이 자주 일어났던 것만은 틀림없는 사실이다."
8. Ibid., 244.
9. 박명수는 감리교회의 파송제도가 개척지역에 목회자들을 신속하게 파송함으로써, 감리교 성장에 견인차 역할을 했다고 강조했다. 박명수, 「근대복음주의 주요흐름」 (서울: 대한기독교서회, 1998), 90. 티모시 스미스도 감리교회의 파송제도가 우수한 목회자를 도시지역으로 파송함으로써 감리교회 성장에 기여했다고 지적했다. Timothy L. Smith, *Revivalism and Social Reform* (Baltimore and London: The Johns Hopkins University Press, 1957), 23-4.
10. Timothy L. Smith, *Revivalism and Social Reform*, 22.
11. 도널드 데이튼, 「다시 보는 복음주의 유산」, 배덕만 옮김 (서울: 요단출판사, 2003), 176.
12. "캠프집회가 감리교인들의 전유물이 되고, 각 지역의 생활여건에 적응해가면서 초창기의 광적인 흥분은 거의 자취를 감추게 되었다. 집회 장소에 경찰이 배치되고 참석이 제한되었으며 군중들이 세심하게 통제되면서 집회는 더욱 질서와 품위, 그리고 안정을 찾아 갔다. 1830년대에 이르러, 캠프집회는 감리교인들 안에서조차 신자들이 모여 휴가와 영적 감화를 한꺼번에 경험하는 기회로 인식되었다." 윈스롭 허드슨/존 코리건, 233-34.
13. 데이튼에 의하면, 이런 분위기는 유럽을 여행한 후, 유럽의 문화, 전통적인 교회건물과 음악에 매료되었던 매튜 심슨(Matthews Simpson)의 영향 속에 더욱 강화되었다고 한다. 심슨은 성직자의 교육을 증진시키고, 감리교를 보다 전통적인 교회생활로 이끄는데 결정적인 역할을 했다. Christopher T. Collins Winn, *From the Margins: A Celebration of the Theological Work of*

Donald W. Dayton (Eugene, OR.: Pickwick Publications, 2007), 95.

14. 서울신학대학교 성결교회역사연구소, 『한국성결교회 100년사』 (서울: 기독교대한성결교회출 판부, 2007), 7-8.

15. 당시에 촉발된 갈등의 핵으로 떠오른 논쟁의 주제들을 데이튼은 다음과 같이 정리했다. "감리 교 생활에서 민주적 정치구조의 반영 정도, 교회정치에서 평신도의 역할, 목회에서 여성의 역할 에 대한 훨씬 더 급진적인 질문, 목회와 안수의 본질, 목회자 교육의 가치와 필요성, 감리교 예 배의 본질, 기도서와 예배서 사용, 감리교 예배에서 성례전의 지위, 회중찬양 대 악기 사용, 전 문적 음악가의 필요성 문제, 일반적인 교회구조, 교회재정 충당방법('회중석 대여제'가 교회 재정 충당방법으로 적절한지), '야외설교'의 적절성, 독립 전도자와 교회구조 간의 관계, 캠프 집회와 교회생활의 관계, 감리교적 자극과 웨슬리 이해의 핵심으로서 부흥운동." Christian T. Collins Winn, *From the Margins*, 91-2.

16. Howard A. Snyder, *Populist Saints: B. T. and Ellen Roberts and the First Free Methodists* (Grand Rapids, MI.: William B. Eerdmans Publishing Company, 2006), 18-28.

17. *Ibid.*, 37-40.

18. http://en.wikipedia.org/wiki/B._T._Roberts

19. 올린과 레드필드, 그리고 그들과 로버츠의 관계에 대해, Howard A. Snyder, *Populist Saints: B. T. and Ellen Roberts and the First Free Methodists*, 97-149을 참조하시오.

20. http://en.wikipedia.org/wiki/B._T._Roberts

21. 1852년에 『버팔로크리스챤애드버킷』(*Buffalo Christian Advocate*)에 로버츠는 다음과 같은 글 을 썼다. "교회에서 회중석을 대여하는 정당한 이유가 있는가? 그것은 가난한 사람들은 무시하 는 경향이 있다...그것은 부자들을 칭송한다...회중석을 대여하는 것은 우리가 교회에서 원하 는 사람들이 다름 아닌 상류사회에 속하고, 매년 회중석을 위해 10불, 20불, 50불, 혹은 100불 을 낼 수 있는 사람들이라고 말하는 것이다." Howard A. Snyder, *"To Preach the Gospel to the Poor,"* 17에서 재인용.

22. 로드니 스타크·로저 핑크 공저, 『미국종교시장에서의 승자와 패자: 1776-2005』, 김태식 옮 김 (서울: 서로사랑, 2009), 179.

23. Howard A. Snyder, "To Preach the Gospel to the Poor: Missional Self-Understanding in Early Free Methodism(1860-90)," *Wesleyan Theological Journal*, 31 no 1 (Spring 1996)," 11.

24. *Ibid.*, 11-2에서 재인용.

25. *Ibid.*, 12.

26. B. T. Roberts, "Genesee Conference: Its Prosperity, Its Decline," *Northern Christian Advocate* 13:7(Feb. 16, 1853). Howard A. Snyder, "B. T. Roberts' Early Critique of Methodism," *Wesleyan Theological Journal*, 39 no 2 (Fall 2004), 129에서 재인용.

27. B. T. Roberts, "Genesee Conference:Causes of Its Decline," *Northern Christian Advocate* 4:10 (Mar. 10, 1853). Howard A. Snyder, "B. T. Roberts' Early Critique of Methodism," 133에서 재인용.

28. B. T. Roberts, "Causes of Religious Declension," *Northern Christian Advocate* 13:14(Apr. 6, 1853). Howard A. Snyder, "B. T. Roberts' Early Critique of Methodism," 137에서 재인 용.

29. 이 글들은 4월 23일, 4월 30일, 그리고 5월 4일에 차례로 실렸다.

30. B. T. Roberts, "Free Churches," *Northern Christian Advocate* 16:20 (May 14, 1856). "'To Preach the Gospel to the Poor': Missional Self-Understanding in Early Free Methodism (1860-90),"144-45에서 재인용.

31. 18세기 영국에서 창립된 일종의 비밀공제조합.

32. Conable, *History of the Genesee Annual Conference*, 302. Howard A. Snyder, "To Preach

the Gospel to the Poor," 9에서 재인용.

33. 자유교회에 대한 대립 개념으로 로버츠가 사용하는 표현.
34. B. T. Roberts, "New School Methodism," in *Why Another Sect: Containing a Review of Articles by Bishop Simpson and Others on the Free Methodist Church* (Rochester, NY.: "The Earnest Christian" Publishing House, 1879), 92.
35. Burton R. Jones, *Reminiscences of Early Free Methodism* (Chicago, Ill.: Free Methodist Publishing House, 1903), 2-3.
36. *Doctrines and Discipline of the Free Methodist Church* (Chicago, Ill.: Free Methodist Publishing House, 1917), 3.
37. *Ibid.*
38. *Ibid.*
39. *Ibid.*, 33-6.
40. Brian D. Walrath and Robert H. Woods, "Free Methodist Worship in America: a Historical-Critical Analysis," *Wesleyan Theological Journal*, 40 no 1 (Spring 2005), 221.
41. *Doctrines and Discipline of the Free Methodist Church*, 5-6.
42. B. T. Roberts, ed., *The Earnest Christian* (Aug. 1860), 255. Ann Taves, *Fits, Trances, & Visions: Experiencing Religion and Explaining Experience from Wesley to James* (Princeton, NJ.: Princeton University Press, 1999), 234에서 재인용.
43. Ron White, "A Sacrament of Joy: The Discovery of the Lord's Table as a Weekly Celebration at the Stanwood Free Methodist Church in Standwood, Michigan." (D. Min. Thesis, *Northern Baptist Theological Seminary*, 2001), 46. Brian D. Walrath and Robert H. Woods, "Free Methodist Worship in *America: a Historical-Critical Analysis*," 222에서 재인용.
44. *Ibid.*, 7.
45. "맘몬 숭배는 잘못이다. 그것은 우상숭배다. 그것은 인간에 대한 모욕이며, 하나님에게 혐오스런 것이다. 그것은 전적으로 잘못이며, 그 자체로 잘못된 것이다. 그것을 교회 안으로 가져온다고, 그래서 복음을 후원하는데 사용된다고 해서, 결코 거룩해지거나 정당화될 수 없다." Benjamin Titus Roberts, *Holiness Teaching, ed, Benson Howard Roberts* (Earnest Christian Publishing House, 1893), 42.
46. *Ibid.*, 27.
47. Christian T. Collins Winn, *From the Margins: A Celebration of the Theological Work of Donald W. Dayton*, 98.
48. Robert Water Wall, "The Embourgeoisement of the Free Methodist Ethos," *Wesleyan Theological Journal* 25 no 1 (Spring 1990).
49. Liam Iwig-O'Byrne, "Dress, Diversions and Demonstrations: Embodied Spirituality in the Early Free Methodist Church," *Wesleyan Theological Journal* 40 no. 1 (Spring 2005), 229-30.
50. Robert Water Wall, "The Embourgeoisement of the Free Methodist Ethos," 119.
51. *Executive Committee of the Free Methodist Church, The WHAT and the WHY of Free Methodism* (Chicago: Free Methodist Publishing House, 1927), 31. Howard A. Snyder, "To Preach the Gospel to the Poor," 38에서 재인용.
52. Brian D. Walrath and Robert H. Woods, "Free Methodist Worship in America: a Historical-Critical Analysis," 228.
53. http://en.wikipedia.org/wiki/Free_Methodist_Church
54. Robert Walter Wall, 123.

제5장 [1]
에이미 샘플 맥퍼슨과 오순절 운동

오순절운동은 지난 세기 동안 전 세계 기독교 지형을 근본적으로 재구성했다. 기독론 중심의 기독교를 성령론 중심으로 서구 중심의 기독교를 비서구 중심으로 재편하면서, 로버트 앤더슨Robert M. Anderson, 1929~ 의 표현처럼, 오순절운동은 세계 전역에서 "아무 것도 갖지 못한 자들의 비전"the Vision of the Disinherited이 실현되는 종교가 되었다.[2] 백인이 지배하는 세상에서 흑인들의 활동공간을 제공했으며, 가부장적 사회에서 여성들의 리더십을 허용했다. 가난한 자들, 병든 자들, 소망을 잃어버린 자들이 이 땅에서 하나님 나라의 현존을 체험할 기회도 부여했다. 그 결과, 종교적 · 사회적 혐오의 대상으로 시작한 작은 분파운동이 100년만에 전 세계 기독교의 중심축과 지향점을 변경한 거대한 성령운동으로 성장했다.

이런 오순절운동의 독특성과 공헌 중 여성사역자의 등장과 활약을 언급하지 않을 수 없다. 특히, 오순절운동은 방언 중심의 성령세례를 강조하면서 임박한 종말을 기대하며 선교사역에 집중했고, 이 과정에서 신유사역이 중요하고 유용한 도구로 활용되었다. 아직 의학수준과 의료시설이 미흡했던 시절, 신유사역은 만인에게, 특히 일체의 의료 혜택에서 배제된 빈민들에게 특별한 은혜요 희망이었으며, 방언만큼 성령의 임재를 확인하는 신비로운 은사였다. 그런데 오순절운동이 여성들에게 사역의 문을 개방했을 때, 대부분의 여성사역자들은 신유사역에서 주목할 만한 활약과 열매를 보여주었다. 그들의 사회적 신분과 개인적 상황이 그런 경향을 촉진한 것으로 보인다.

이번 장에서 소개할 에이미 샘플 맥퍼슨은 이런 오순절 여성사역자들의 대표적인 예다. 그녀는 오순절운동 초기에 여성 설교자, 신유사역자, 복음전도자로 눈부신 활약을 보였으며, '국제복음교회' International Church of Four-square Gospel란 교단까지 설립했다. 또한 대공황 시대에 다양한 방식으로 사회봉사를 실천하여 단지 오순절운동뿐 아니라, 기독교 전체를 향해 중요한 모범이 되었다. 하지만 그녀는 말년에 세상을 떠들썩하게 한 스캔들의 주인공이 되었고, 수면제 과다복용으로 목숨을 잃었다. 그녀의 생애 자체가 한편의 오페라처럼 극적이다. 그래서 이 장은 파란만장한 맥퍼슨의 생애를 주의 깊게 살펴보고, 자신의 상처를 타인의 치유로 역전시킨 그녀의 사역을 "상처받은 치유자"란 관점에서 검토하고자 한다. 이런 사례 연구를 통해, 미국 오순절운동의 중요한 단면을 이해하는데 도움이 되길 바란다.

I. 상처받은 영혼

1. 사별

에이미본명은 Aimee Elizabeth Kennedy는 1890년 10월 9일 캐나다 온타리오 주 잉거졸Ingersoll에서 제임스 케네디James Kennedy와 밀드레드Mildred, Minnie 케네디 사이에서 태어났다. 제임스는 동네 감리교회에 출석했고, 아내 밀드레드는 열성적인 구세군 신자였다. 매우 우수한 학생이었던 에이미는 고등학교시절 다윈주의 수업 때문에 신앙적 위기를 맞았으나, 1907년 한 오순절부흥회에 참석했다 로버트 샘플Robert Semple의 열정적 설교를 통해 성령을 체험하고 위기를 넘겼다. 곧 두 사람은 사랑에 빠져서 1908년 8월 결혼했다. 결혼 직후, 이 신혼부부는 시카고로 이주하여, 윌리엄 더함William Durham이 이끌던 노스애비뉴선교회North Avenue Mission에 합류해서 전도자로 사역했다. 1910년, 두 사람은 이곳에서 안수 받고 중국선교사로 파송되었다. 하지만 중국에 도착한 지 몇 개월도 지나지 않아 로버트가 말라리아에 감염되어 세상을 떠났다. 복중에 첫째 딸 로베르타Roberta를 임신하고 있던 에이미는 사랑하는 남편을 잃고 이국땅에 홀로 남겨지는 기막힌 상황에 처했다. 이것은 에이미의 생애에서 처음이자 가장 큰 충격과 상처가 되었다. 후에 에이미는 자신의 신혼생활을 회상하면서, 로버트를 "그리스도의 사람"Christ figure이라고 묘사할 정도로 사랑하고 존경했다. "이 남자가 자신의 사역을 통해 내게 가져다준 그리스도의 복된 환희와 평화를 생각하면, 내 가슴이 부풀어 올랐습니다. 불신의 열병을 잠잠케 하고 믿음과 신뢰의 길을 알려주었지요." "기쁨. 복된 행복. 놀랍고 변함없는 사랑."[3] 그녀의 전기를 쓴 매튜 서튼Matthew Avery Sutton은 이렇게 썼다. "그녀는 이런 감정들을 다시는 느끼지 못했다."[4] 짧았던 로버트와의 사랑과 신혼생활, 사역은 이후 그녀의 삶에서 거의 신화적 의미와 가치를 지니게 되었는데, 그녀는 그때의 감정과 기억을 평생 극복하지 못했다. 결국, 그녀의 남은 생애가 사랑하는 가족들과의 끊임없는 마찰, 그리고 여러 남성들과의 지속적인 스캔들로 점철되었던 것은 로버트와의 가슴 아픈 사별과 결코 무관하지 않을 것이다.

2. 질병

중국에서 귀국 후, 에이미는 뉴욕에서 어머니, 새로 태어난 딸과 함께 살았다. 극도의 좌절감과 외로움, 무기력증과 우울증으로 고통스러운 나날을 보내던 에이미는 중산층 사업가였던 헤롤드 맥퍼슨Harold McPherson을 만나 재혼하고 두 번째 아이 롤프Rolf를 낳았다. 경제적 위기에서 벗어난 그녀는 평범한 주부로서의 삶을 시작했다. 하지만 그녀의 몸과 마음은 계속 고통 속에 머물렀다. 당시의 상황에 대해, 에이미는 이렇게 묘사했다.

시간이 지나면서, 나는 무기력증과 우울증에서 벗어나기 위해 노력했으며 집안일에 몰두했다. 불안감이 몰려오면, 나는 가구들의 먼지를 떨어내고 마룻바닥을 열심히 닦았다. 내 신경은 너무나 예민해져서, 찻주전자의 끓는 소리도 참을 수 없었다. 나는 주전자에게 조용히 해달라고 간청했다.… 의사들은 어떤 조치가 취해지지 않으면 내가 미칠지도 모른다고 말했다. 내 몸이 너무 아파서, 일 년 동안 2차례나 큰 수술을 받았다.[5]

에이미의 육체적 · 정신적 고통은 그녀의 영적 위기와 밀접한 관계가 있었다. 사실, 에이미는 자신이 로버트와 함께 헌신했을 때 들었던 하나님의 명백한 소명과 현재의 평범한 일상 사이에서 심각한 내적 갈등을 겪고 있었던 것이다. 결혼 직후, 그녀가 자신을 하나님께 드렸을 때, 자신의 귀로 직접 예레미야 1:4-9의 말씀을 들었고,[6] 중국으로 향하던 선상에서 하나님이 "그녀가 설교하도록 선택했으며, 기독교를 감싸고 있던 자유주의적 경향과 싸우도록 기름 부으셨다"는 환상도 보았다.[7] 뿐만 아니라, 그녀가 뉴욕으로 돌아와서 헤롤드와 결혼한 후에도, 그녀의 종교적 사명을 일깨우는 환상과 환청이 그녀를 떠나지 않았다. 하지만 이미 선교지에서 남편을 잃고 비참하게 귀국했으며, 새로 시작한 평범하고 안정된 결혼생활을 포기하고 싶지 않기 때문에, 에이미는 그런 성령의 도전에 쉽게 순응할 수 없었다. 결국, 이런 영적 갈등이 그녀의 건강에 치명적인 영향을 끼쳤다. 위에서 인용했듯이, 그녀는 계속 병원을 드나들었고, 여러 차례 수술을 받았다. 의사들은 그녀에게 가망 없다고 선언했다. 그녀는 자궁적출수술과 맹장수술을 받았다. "이것은 그녀가 싸우게 될 일생동안의 육체적 · 심신적 psychosomatic 문제들의 첫 번째 경우였다."[8] 하지만 이런 육체적 질병과 영적 갈등은 "네가 이제는 가려느냐?"라는 커다란 목소리에 마침내 그녀가 순종했을 때, 즉각적으로 해결되었다. 그 후, 그녀는 두 아이를 데리고 남편을 떠나서 순회설교사역을 시작했다. 하지만 본격적으로 사역을 시작한 후에도 그녀는 분주한 사역과 수많은 갈등으로 자주 육체적·정신적 건강을 상실했고, 평생 동안 다양한 질병으로 고통을 당하며 병원과 요양소를 빈번하게 드나들었다.

3. 가난

로버트가 중국에서 갑자기 사망했을 때, 에이미는 이국땅에서 극심한 가난에 직면했다. 이미 임신한 상태에서 남편을 잃었기 때문에, 누구나 그녀가 당시에 겪었을 고통을 쉽게 짐작할 수 있다.

> 에이미는 로버트 없는 세상에서 어떻게 살아갈지 눈앞이 깜깜했다. 홀로, 지구 반대편에 갇혀서, 그리고 하나님과 가족에게 버림받았다고 느끼면서, 그 젊은 과부는 딸을 낳았다. 그녀는 아이의 아버지 이름을 따서 로베르타 스타Roberta Star라고 이름을 지었다. 6주 후, 그 아기 엄마는 어린 딸과 함께 샌프란시스코로 돌아갈 수 있는 뱃삯을 겨우 마련했다. 한달 여에 걸친 '차이나 익스프레스호' 항해 동안, 그녀는 설교하고 주일학교에서 가르쳤으며 다른 여행객들과 함께 찬송을 인도했다. 그러는 동안, 그녀는 낯선 사람들의 친절에 의존해서 음식, 따뜻한 옷, 그리고 담요를 얻었다.9

귀국 후 헤롤드와의 결혼생활로 경제적 안정을 찾았지만, 에이미는 전도사역을 위해 남편을 떠나면서 또다시 심각한 경제적 어려움에 처했다. 두 아이들을 "복음차"Gospel Car에 태우고 북미 대륙을 누비고 다니면서, 그녀는 외로움과 육체적 고통뿐 아니라 심각한 경제적 어려움도 견뎌야 했다. 그레그 타운젠드 Gregg D. Townsend 는 이 시절에 에이미가 겪었던 경제적 어려움이 후에 그녀의 사역에 중요한 영향을 끼쳤다고 평가했다.

> 천사성전에서 조직화된 사회복지사업을 시작하도록 이끌었던 그녀의 영성과 신학에 끼친 다른 영향들에는 천사성전의 건축이 완성된 1923년 이전까지 순회전도자로서 맥퍼슨의 개인적 경험들도 포함된다. 그녀의 여행 기록은 그녀와 두 자녀들이 "복음 차" Gospel Car 를 타고 다니면서 겪었던 육체적 필요에 대해 여러 차례 반복적으로 언급한다. 굶주리고 외롭고 돈이 없었으며, 자동차 기름이 떨어졌던 경험들은 후에 그녀가 가난한 사람들의 처지와 자신을 동일시하는데 큰 도움이 되었다. 하나님은 그녀의 모든 필요 영적인 필요뿐 아니라 물리적 필요까지를 채워주신 분이었다.[10]

뿐만 아니라, 그녀는 어린 시절 구세군 신자였던 어머니를 통해, 그리고 중국에서 귀국한 후에는 직접 빈민들의 비참한 삶을 목격했다. 후에 순회전도자로 미국 전역을 다니면서, 에이미는 같은 경험을 반복했다. 자신의 개인적 빈곤뿐 아니라 자신의 눈으로 목격했던 가난한 이웃들의 다양한 고통이 그녀에게 깊은 상처가 되었고, 빈곤과 빈민들에 대해 관심과 애정을 갖게 만들었다. 타운젠드에 따르면, 사회복지에 대한 에이미의 관심은 구세군이었던 그의 어머니와 함께 시작되었고, 어린 시절부터 구세군의 실천적 기독교가 그녀에게 깊은 영향을 끼쳤다. 구세군의 전도사역이 도시의 슬럼가에 집중되었기 때문에, 그 시대의 다른 조직들보다 가난한 자들의 곤궁과 필요를 더 잘 알게 되었다. 이런 인식은 구체적인 실천과 만나면서, 다양한 조직과 사역을 낳았다. 결국, '실천적 섬김을 통한 전도'에 집중하는 구세군의 성경해석이 에이미의 신학과 영성의 중심을 형성했다.[11] 뿐만 아니라, 에이미는 순회전도자로 사역할 때 가난한 사람들을 직접 만났으며, 그들에게 특별한 관심을 두고 자신의 사역을 전개했다. 타운젠드의 설명을 계속 들어보자.

> 또한 맥퍼슨은 구세군과 성결사역자들의 경우처럼, 전도사역 도중에 빈민들과 마주쳤다. 그녀의 도시집회에 참석했던 사람들 중 많은 이들이 도시빈민들이었다. 초기 전도여행 중, 그녀는 남부의 목화와 담배 농장에서 살았던 가난한 사람들에게 설교하려고 특별히 노력했다. 그들이 큰 마을에서 열린 집회에 참석할 수 없었기 때문에, 그녀는 그들을 찾아가서 그들과 함께 밭에서 밤을 새며 야영을 했다. 그녀가 만났고 말씀을 전했던 빈민들 중에는 여러 인종들이 섞여 있었다. 아프리카계 미국인들, 아메리카 원주민들, 중국인들, 그리고 동유럽에서 이민 온 사람들.[12]

결국, 에이미는 자신과 타인의 가난을 직접 목격하면서 큰 충격과 상처를 받았고, 그것이 그녀의 성품과 사역에 중요한 영향을 끼쳤다.

4. 가족과의 갈등

에이미의 삶은 가장 사랑하는 사람들과의 끊임없는 갈등으로 점철되었다. 이런 인간관계의 마찰은 그녀의 삶에 큰 고통이자 상처였다. 물론, 그녀를 통해 가족들과 지인들도 깊고 질긴 상처를 받았지만, 그녀도 같은 상처로 괴로워했다. 먼저, 그녀는 세 번 결혼해서 한 번 사별하고 두 번 이혼했다. 그녀의 두 번째 결혼은 그녀를 사별의 상처와 경제적 곤경에서 구해주었지만, 전도사역을 위해 가정주부의 삶을 포기함으로써 파경을 맞이했다. 에이미의 두 번째 남편 헤롤드 맥퍼슨Harold McPherson이 그의 집회에서 성령세례를 체험한 후 함께 전도사역에 헌신하기도 했지만, 두 사람은 1921년 이혼했다. 에이미는 40세였던 1931년 29세의 바리톤 가수 데이비드 허튼David Hutton과 세 번째 결혼생활을 시작했지만, 이 결혼은 에이미의 사역과 사생활에 큰 재앙만 안겨주었다. 주변사람들의 우려와 비판 속에 시작했던 이 결혼은 결국 두 사람에게 큰 상처만 남기고 1년 만에 끝났다.

에이미는 가장 사랑하고 의지했던 가족들과도 오랫동안 관계의 어려움을 겪었으며, 마침내 서로에게 큰 상처만 남긴 채 등을 돌리고 말았다. 무엇보다, 에이미는 일생동안 어머니 "미니" Minnie를 절대적으로 의존하며 많은 도움을 받았다. 에이미가 삶의 극단적 위기에 처할 때마다, 어머니는 그녀를 재정적으로 후원했고 그녀의 사역을 위해 자식들을 돌봐주었다. 그리고 그녀가 천사성전을 건축하고 사역자로서 전성기를 누릴 때, 그녀의 비서이자 조언자이요 동역자로서 결정적인 역할을 담당했다. 하지만 어머니 '미니' 도 자기주장이 강한 여인이었기 때문에, 둘 사이에는 근원적인 사랑과 함께 갈등과 충돌이 끊이지 않았다. 세월이 흐르면서 갈등의 골은 더욱 깊어졌고, 마침내 두 사람은 갈라섰다. 어머니가 떠난 후, 에이미의 삶과 사역은 통제력을 상실하며 큰 어려움을 겪었다. 뿐만 아니라, 에이미는 1936년 첫째 딸 로베르타Roberta와도 결별했다. 로베르타는 그녀의 첫 남편 로버트 샘플과의 사이에서 얻은 자식이었고, 천사성전과 국제복음교회에서 뛰어난 재능과 지도력을 발휘하여 에이미가 후계자로 내정했던 인물이다. 하지만 대공황으로 교회재정이 위기에 처하면서 에이미가 자일스 나이트Giles Knight에게 교회사역에 대한 막대한 권한을 부여하자 두 사람간의 갈등이 심해졌다. 결국, 로베르타가 에이미의 변호사를 고소하면서 두 사람의 관계는 돌이킬 수 없는 지경에 이르렀다. "그 결과, 그녀는 자신의 딸뿐 아니라 후계자까지 잃고 말았다." [13]

5. 스캔들

에이미가 로스엔젤레스에 정착하여 천사성전을 건축하고 국제복음교회를 조직하면서, 그녀는 대중적 인기와 함께 세상의 이목도 집중시켰다. 그녀의 사적·공적생활은 수많은 파파라치들에 의해 감시되고, 『라이프』지 같은 대중잡지들을 통해 신속하게 세상에 알려졌다. 특히, 할리우드 스타일로 변한 그녀의 외모, 복잡한 이성 관계, KKK단과의 연루설, 그리고 호화로운 가정생활 등이 호사가들의 입에 쉬지 않고 오르내렸다. 결국, 그녀가 무수한 스캔들에 연루되고, 이에 대한 세상의 지나친 관심과 무성한 소문, 혹독한 비판이 계속되면서 그녀의 삶은 늘 불안하고 위태로웠다.

1926년 4월 24일에 발생한 에이미의 '납치사건'은 그녀의 삶에 가장 큰 오점을 남긴 스캔들이다. 그녀가 바다에서 수영하다 익사했다는 소식이 전했다. 그녀의 시신을 찾기 위해 수많은 잠수부들이 동원되었으나 끝내 찾지 못했다. 애도의 물결이 이어졌고, 많은 액수의 조의금도 모아졌다. 그리고 장례식까지 치렀다. 그런데 그녀가 실종된 지 두 달 만에 살아서 돌아왔다. 그녀는 자신이 멕시코 국경에서 괴한들에게 납치되었다가 겨우 탈출했다고 주장했다. 하지만 그녀가 납치당한 것이 아니라, 그녀의 연인이자 한때 그녀의 라디오방송국 직원이었던 케네스 오미스턴^{Kenneth Ormiston}과 밀월여행을 떠났었다는 소문이 파다했다. 결국, 에이미는 재판을 받게 되었고, 이 재판은 세계적인 관심을 불러 모으며 여름 내내 지속되었다. 언론은 이 사건을 대서특필했다. 꼬리에 꼬리를 물고 억측과 소문이 난무했다. 에이미는 자신이 납치당했다고 계속 주장했지만, 이에 상응하는 구체적인 증거를 제시하지 못했다. 결국, 재판은 아무 것도 입증하지 못한 채 미결사건으로 종결 되었다. 하지만 대부분의 사람들은 그녀의 주장을 믿지 않았으며 이 사건은 여러 소설과 영화의 소재로 채택되어 끊임없이 세간에 회자되었다. 이런 사건들은 에이미 개인뿐 아니라, 그녀의 교회와 오순절운동 전체

에도 지울 수 없는 상처를 남겼다.[14]

II. 상처 입은 치유자

1. 치유사역의 신학적 근거

에이미는 신유를 "병자와 아픈 사람들을 하나님 백성들의 기도에 대한 응답으로, 약이나 수술의 도움 없이 고치는 예수 그리스도의 신적 능력"으로 정의했다.[15] 물론, 그녀는 의학과 약의 가치를 부정하지 않았다. 그녀의 교인들 중에 의사들이 많았고, 그녀 자신도 지속적으로 병원과 약의 도움을 받았기 때문이다. 하지만 그녀는 신유를 법칙이 아니라, 신자들이 믿음으로 누리는 특권이라고 생각했다. 또한 예수가 우리를 지으신 하나님이시므로, 세상의 의사들보다 병자들을 더 완벽하게 고칠 수 있다고 믿었다.

> 우리가 자동차를 구입할 때, 판매원이 친절하게 말한다. "이제 손님의 차를 수리하거나 점검할 필요가 있으면, 언제든지 우리에게 가져오세요. 우리가 무상으로 수리해드립니다. 우리가 이 차를 만들었으므로 이 차를 완벽하게 이해하고 있으며, 우리의 서비스 제도에 따라 일정 기간 추가 비용 없이 차를 수리해 드립니다." 물론, 우리가 그 차를 다른 정비소로 가져가는 것을 막는 법은 없다. 그곳에서 많은 수리비용을 지불하고, 올드스모빌보다 포드에 대해 더 잘 알고 있는 정비공을 만날 수도 있다. 하지만 몇 주 후, 또 다른 문제가 발생했을 경우, 우리는 그 차를 만든 사람들에게 가져가서, 제대로 수리하여 다시 온전하게 만들 수 있다. 우리 주님과의 관계도 마찬가지다. 우리를 만드신 것은 우리 자신이 아니라 바로 주님이시다. 만약 당신이 그 위대한 의사보다 세상의 의사를 더

좋아한다면, 혹은 그 의사를 더 신뢰한다고 생각한다면, 그에게 가라. 하지만 당신을 지으시고 우리의 구조를 잘 아시며 고통이나 아픔 없이 우리를 치유하는 법을 알고계신 분에게 가는 것은 당신의 복된 특권이다.[16]

에이미는 신유의 신학적 근거를 윌리엄 더함의 "완성된 사역"finished work에 두고 있다.[17] 일차적으로, 에이미는 에덴동산에서 발생한 사탄의 저주 때문에 인류가 죄와 질병으로 고통 받게 되었다고 믿었다. "사탄이 뱀의 모양으로 정결한 에덴동산에 들어왔을 때, 두 명의 '어둠의 천사들'이 뒤를 따라 들어왔다. 그가 오면서 죄와 질병이라는 이중적 저주를 가져왔다." 하지만 이런 비극적 상황은 예수 그리스도의 십자가 희생으로 역전되었다. "그리스도께서 죽어가는 세상을 저주에서 구하기 위해 오셨을 때, 그의 복된 발자취를 따라 빛과 희망이라는 '복된 천사들'도 함께 왔다. 그가 오시면서 구원과 치유라는 이중적 치유를 가져온 것이다."[18] 이 맥락에서, 에이미는 이중적 치유가 예수 그리스도의 십자가 희생으로 완성되었다고 확신했다. 그녀는 자신의 믿음을 이렇게 선언했다.

구원에서 그리스도께서 갈보리의 완성된 사역으로 자신의 역할을 완수하시고, 우리가 믿음으로 그의 위대한 구속을 받아들이며 그것을 우리 것으로 삼기 위해 기다리셨듯이, 신유에서도 위대한 의사이신 의의 아들이 자신의 역할을 끝내셨다. 가혹한 채찍을 참으시고 우리의 아픔과 고통을 담당하셨으며, 하나님께 맞으시고 우리의 짐을 진 자로서 고난을 당하셨으며 우리의 죄뿐 아니라 죄의 끔찍한 결과질병과 고통까지 감당하신 것이다. 그래서 이사야와 함께 우리는 이렇게 외칠 수 있다. "그가 상함은 우리의 허물을 위함이요... 그가 채찍에 맞음으로 우리가 나음을 입었도다."[19]

에이미는 국제복음교회의 가장 중요한 성경구절인 히브리서 13장 8절 "예수 그리스도는 어제나 오늘이나 영원토록 동일하시니라"을 토대로, 신유의 현재적 가능성을 강력히 주장했다. "위대한 '현재의 주님' The Great I Am. 그렇습니다! 정확히 바로 그것입니다. 그것이 바로 이 세계에 필요한 것입니다. 살아서 사랑하며 우리 기도에 응답하시는 그리스도. 변하지 않고 어제와 오늘이 동일하며 영원토록 동일하실 그리스도."[20] 뿐만 아니라, 에이미는 자신의 사역에서 그런 말씀의 실현을 직접 목격했기 때문에 흥분하여 이렇게 외쳤다.

오, 우리 눈으로 지난 몇 달 동안 목격했던 놀라운 기적들! 시각장애인들이 시력을 회복했고, 청각장애인들이 듣게 되었다. 하체장애자들이 일어난 후 너무 기뻐서 뛰었다! 그리고 이런 기적들 때문에 죄인이 울면서 십자가 앞으로 나아갔다! 마음이 굳어져서 비웃던 냉소주의자들이 창백한 얼굴로 무릎을 꿇었다. 오만하던 여인들이 슬피 울며 주님께 마음을 드렸다. 오, 우리는 정말 안다. 그리스도는 옛날과 변함없이 오늘도 동일하시다고.[21]

이처럼, 신유의 현재적 가능성을 성경과 사역을 통해 확인했던 에이미는 당시에 팽배했던 은사중지론이 성경적 근거를 찾아볼 수 없는 그릇된 신앙이라고 강력히 비판했다. 구약성경에서 병자들은 장차 오실 그리스도를 바라보며 치유 받았고, 신약성경에서는 예수께서 직접 병자들을 고치셨으며, 제자들에게 치유의 복된 소식을 계속 전파하라는 유업을 남기셨기 때문이다. 에이미는 은사중지론자들을 직접 겨냥하여 신유의 현재적 가능성을 강력히 설파했다.

하나님의 많은 사랑스런 자녀들이 기적의 시대는 이미 지나갔고, 주 예수는 더 이상 병자들을 치료하지 않는다는 그릇된 생각을 갖고 있다. 이런 일들이 오직 '성경 시절'을 위한 것이었으며, 그리스도는 이제 이런 능력을 사용하지 않으시고 그들은 오직 유대인들에게 징조로 주신 것이라고 말한다, 우리는 우리 몸을 돌보기 위해 주 예수 그리스도만 제외하고, 의사, 약, 허브, 마사지, 모르핀, 돌팔이 의사 같은 모든 사람과 수단을 동원하여 최선을 다해야 한다고 그들은 정직하게 믿으며, 심지어 어떤 사람들은 그렇게 설교했다. 그리스도는 더 이상 치료할 생각이 없거나, 너무 멀리 계셔서 자기 백성의 육체적 치유 같은 사소한 문제로 곤란을 겪지 않으신다고 생각하면서 말이다. 하지만 그런 가르침을 입증할만한 구절은 성경에 없다.[22]

예수 그리스도의 "완성된 사역" 외에, 그녀는 신유를 위해선 신자들의 "적극적 믿음"이 절대적으로 필요하다고 반복해서 역설했다. 에이미는 자신이 '신유사역자'로 불리는 것에 대해 불편해하며, 근원적으로 신유는 '위대한 의사'이신 예수 그리스도의 은혜이자 신자의 특권이라고 주장했다.[23] 그러면서 예수의 은혜가 병자에게 임하는 과정에서 병자의 '적극적인 믿음'이 대단히 중요하다고 반복해서 강조했다.

그의 구원하시고 치유하시는 능력은 오직 우리가 믿기만 하면 동일하다. 어떤 사람들은 그리스도께서 과거에는 그렇게 하셨다고 말하는 것으로 만족하지만, 다른 이들은 일어나서 군중들을 뚫고나가 그의 옷자

락을 만진다. 이제 그들의 믿음으로 병이 낫는다. 얼마나 놀라운 특권인가! 결코 부정될 수 없는 실제적이고 실천적인 권능의 복음이다![24]

끝으로, 에이미의 치유신학에서 믿음은 구원과 성령세례를 연결하는 중요한 연결고리로 작용했다. 즉, 에이미는 단지 질병의 치료에 만족하지 않았다. 그녀는 치료의 전제조건이자 궁극적 목적이 구원이라고 믿었고, 이런 맥락에서 믿음이 치유에 선행한다고 주장했다. "치유가 먼저 오고 믿음이 따라오는 것이 아니다. 믿음이 먼저 오고 신유가 따라 온다. 그분께서 '너의 믿음이 너를 온전케 하였다' 고 말씀하셨기 때문이다."[25] 뿐만 아니라, 에이미는 예수 그리스도의 사역을 삼중적, 즉 '구원, 신유, 성령세례' 라고 이해하면서, 이 삼중적 사역의 구체적 열매가 맺히는 것을 진정한 부흥이라고 역설했다. "예수 그리스도의 삼중적 주제와 표현은 구원, 신유, 성령세례를 포함한다. 이런 세 줄을 따라서 가르치거나 결과를 보지 못하는 부흥회는 실패한 것이며, 근대부흥의 성경적 모델에 미치지 못하는 것이다."[26] 실제로, 에이미의 사역에서 치유 받은 사람들의 간증에는 이런 삼중적 모델이 빈번하게 나타났다.

2. 질병 치유자

에이미가 전도자로서 사역을 시작했던 1910년대는 신유를 자신들의 중심교리로 수용했던 성결운동과 오순절운동 뿐 아니라,[27] 그동안 이 주제에 대해 상대적으로 관심이 적었던 가톨릭과 성공회 내에서도 신유에 대한 대중적 관심이 고조되고 있었다.[28] 그리고 과학과 종교를 결합하여 대중적 치유운동을 전개하는 크리스천사이언스가 빠르게 확산되고 있었다. 리디아 핑크햄Lydia E. Pinkham의 식물성 합성약품으로 대표되는 강장제, 약, 의료기기 등이 출현하고, 동종요법, 척추지압요법, 수료법water cure 같은 대안

의학이 등장해서 기존의 의사와 의약품에 실망한 사람들의 사랑을 받았다. 의사들은 세균이론 같은 새로운 발견에 고무되었지만, 결핵을 포함한 치명적 질병들 앞에서 고전하며 이런 대중운동들과 경쟁해야 했다.29 특히, 오순절 진영에선 마리아 우드워스 이터Maria Woodworth Etter, 알렉산더 도위Alexander Dowie, 찰스 팔함Charles F. Parham 같은 신유사역자들이 전국적 명성을 얻으며 신유운동을 주도했다. 이런 종교적·사회적 배경 하에, 에이미가 신유사역자로서 자신의 사역을 시작했다.30

먼저, 질병 치유자로서 에이미의 생애와 사역은 그 자신의 신유체험과 함께 시작되었다. 에이미는 1909년 남편과 함께 오하이오 주 핀들레이Findlay에 갔다가 계단에서 넘어져 발목을 심하게 다쳤다. 의사들은 그녀의 상태가 매우 심각하다고 판단하여 속히 시카고로 돌아가 큰 병원 의사에게 치료 받으라고 권했다. 석고붕대로 다리를 고정하고 집으로 돌아온 그녀에게 갑자기 믿음으로 발을 고칠 수 있다는 확신이 생겼다. 결국, 그날 저녁, 동역하던 윌리엄 더함에게 자기 발을 위해 기도를 부탁했다. 더함은 주님의 이름을 부르며 방안을 서성이다 갑자기 에이미의 발목에 손을 대고 방언으로 기도했다. 그리고 영어로 말했다. "예수의 이름으로 치유될 지어다!" 이후에 벌어진 일을 에이미는 이렇게 기록했다.

나는 갑자기 전기의 충격이 내 발목을 강타하는 것 같은 느낌을 받았다. 그것은 내 온몸을 관통했고, 나는 하나님의 권능 아래 몸을 떨었다. 순간적으로, 내 발이 완전히 나았다. 어둠이 사라지고 찢어졌던 인대가 다시 붙었으며 뼈들이 온전해졌다. 예수님께 영광을! 나는 치유되었다.31

이것은 그녀가 체험했던 최초의 신유였고, "그녀에게 하나님의 치유하는 권능에 대한 흔들림 없는 믿음을 주었으며,"32 그때부터 병자들을 위해

기도하기 시작했다. 그 사역은 큰 성공을 거두었는데, 특히 그녀의 순회사역기간 동안 그러했다.[33]

뿐만 아니라, 위에서도 간략히 다루었듯이, 에이미는 1914년 중병에 걸렸다. 의사들은 그녀의 고통 앞에 속수무책이었고, 에이미의 시어머니와 친정어머니에게 장례식을 준비하라고 말했다. 극심한 고통 중에, 에이미는 하나님께 자신의 목숨을 거두어가시라고 기도했다. 에이미는 정말 죽을 것 같았고, 의사들이 그녀를 시체실 옆방으로 옮겼다. 그때, 그녀는 의식을 잃어가면서 자신을 부르는 주님의 음성을 들었다. 그녀가 마침내 "예, 주님, 제가 가겠습니다" 라고 응답했을 때, 기적이 일어났다. 당시 상황을 에이미는 이렇게 기록했다.

나는 얼마 동안 의식을 잃었다. 하지만 눈을 떴을 때, 고통이 사라졌다. 나는 아무런 고통 없이 숨 쉴 수 있었다. 얼마 전까지 작게라도 숨을 쉬려 할 때마다 따라왔던 고통이 사라진 것이다. 나는 고통 없이 몸을 뒤집을 수 있었고, 계속 그렇게 할 수 있었기 때문에 간호사들이 많이 놀랐다. 두 주 후, 모든 사람을 놀라게 하면서, 비록 몸은 아직 약했지만, 나는 일어나 앉을 수 있게 되었고, 그때부터 고통도 거의 느끼지 못했다.[34]

에이미는 결코 신유사역자가 될 의도가 없었다. 하지만 그녀의 집회에서 수많은 사람들이 치유를 받았고, 그런 소문이 확산되면서 더 많은 병자들이 그녀의 집회로 몰려들었다. 그렇게 에이미는 신유사역자가 된 것이다. 신유사역은 그녀가 순회전도자로서 자신의 사역을 시작했을 때부터 그녀 집회의 중요한 특징이었다. 예를 들어, 1921년 1월에 에이미는 캘리포니아 주 샌디에이고에서 집회를 열었다. 집회가 진행되면서 목발, 부목, 휠체어 등이 산더미같이 쌓이기 시작했다. 1월 말에는 몰려든 군중들의 수가 너무 많아서 체육관이나 예배당에서 수용할 수 없게 되어, 결국 그 도시 중앙에 있는 발보아공원Balboa Park에서 집회를 열 수밖에 없었다. 공원에서 집회가 열린 첫 날, "그렇게 유명한 전도자의 치유 능력을 직접 목격하려는" 5-6천 명의 사람들이 운집했고, 에이미는 개별적으로 백명 이상의 사람들을 위해 기도했다. 그들 중에는 앰뷸런스에 실려온 사람들도 있었다. 사람들의 끈질긴 요청으로, 그녀는 한 번 더 발보아공원에서 집회를 열었다. 8천 명 이상이 참석했다. "그녀는 설교했고, 청중들에게 구원을 받으라고 도전했으며, 육체적 치유를 갈망하는 사람들을 위해 5시간 동안 기도했다."[35] 샌디에이고 집회는 거의 한달 가량 계속되었다.

로스앤젤레스에 정착하여 천사성전을 건축한 전후에도 에이미는 계속 미국 전역에서 전도 및 신유집회를 인도했다. 그리고 자신의 천사성전에서도 정기적으로 신유집회를 열었다. 기록에 따르면, 에이미는 매주 수요일 오후 2시 30분과 토요일 저녁 7시 30분에 천사성전에서 신유집회를 열었다.[36] 미국의 치유사역자들을 연구했던 로버츠 리아돈Roberts Liardon도 천사성전에서 에이미의 신유사역에 대해 이렇게 적고 있다. "이제 매주 두 번의 병자들을 위한 집회가 열리기 시작하였다. 에이미 샘플 맥퍼슨은 이 교회에서 무려 24명의 장로들을 거느리고 있었지만, 그녀가 사망한 1944년까지 이 치유 집회만은 자신이 직접 인도하며 병자들을 치유하였다."[37] 천사성전에서 에이미의 창조적 본능을 자극하며 유명한 "예화설교" illustrated sermons를 무대에 올렸고, 후에 에이미의 신학교에서 강의하며 국제복음교회의 발전에 크게 기여했던 톰슨 이드Thomson Eade도 천사성전에서 회심과 신유를 경험했다. 그는 제1차 세계대전 동안 여러 가지 부상을 입고 살았는데, 천사성전의 집회에 참석해서 "믿음으로 치유 받으라"는 에이미의 권면에 순종하여 극적으로 치유되었다고 간증했다.[38] 이것은 이 성전에서 일어난 수많은 치유사건들 중 한 예에 불과하다.

에이미의 신유집회에서 치유를 경험한 사람들의 간증을 분석해 보면, 몇 가지 주목할 만한 특징을 발견할 수 있다. 먼저, 그녀는 병자들의 치료를 위해 기도했는데, "그때 각 사람의 이마에 올리브기름을 발랐다."[39] 천식으로 고통 받았던 한 병자는 이런 간증을 남겼다. "나는 16년 동안 그리스도인이었다. 그래서 1920년 7월 8일 제1감리교회에서 열린 신유집회에 참석하여, 당신이 내게 주님의 이름으로 기름을 발랐을 때 기도가 응답되었다."[40] 둘째, 그녀의 신유사역은 기도가 중심이었다. 치유 받은 사람들의 간증들 대부분은 에이미가 자신들을 위해 기도했을 때 병이 치유되었다고 주장한다. "지난 5년 동안, 나는 무릎에 결핵이 감염되어 극심한 고통을 당했다. 그래서 나는 거의 2년 동안 병원에 입원해 있었고, 외과의사는 제 무릎을 절단해야 한다고 제안했다. 하지만 **에이미 누나가 기도 한 후에** 가장 기적 같은 방식으로 즉각적으로 주님이 나를 고치셨다."[41] 셋째, 그녀의 집회에는 수많은 사람들이 참석했기 때문에, 모든 사람에게 개별적으로 사역할 수 없었다. 하지만 그녀는 일정 수의 사람들에게 다가가서 자신의 손을 환자의 환부에 직접 대고 기도해주었다. "거의 즉각적으로, 그녀가 자신의 손으로 내 배를 만졌을 때, 나는 암덩어리가 속에서 풀리는 것을 느낄 수 있었다."[42] 넷째, 그녀를 통해 병이 점진적으로 치유된 사람들도 있었고, 치료 후에 다시 재발한 경우도 많았지만, 그녀를 통해 치유 된 사람들은 그런 치유가 '**즉각적으로**' 일어났다고 간증했다. "나는 지난 25년 동안 오른쪽 귀가 들리지 않았고, 2년 전에는 독감과 신경통으로 왼쪽 귀의 청력마저 잃었다... 에이미가 나를 위해 기도했을 때, 나는 즉각적으로 치유되었다. 할렐루야!"[43] 다섯 째, 그녀의 치유는 성령세례로 이어졌다. 에이미의 기도를 통해 환자들이 치유 받은 직후, 성령세례를 받고 방언을 말했다는 간증이 반복해서 나타나기 때문이다. "내가 치유 받은 다음 날, 나는 성령을 받고 성령 충만의 특권도 누렸다."[44] 끝으로, 그녀의 신유사역을 통해 치유

받은 질병들의 종류는 매우 다양했다. 간증들을 분석한 결과, 류마티스, 암, 골절, 인플루엔자, 습진, 종양, 결핵, 위장병, 탈장, 심장병, 시각장애, 척추장애, 청각장애, 발작적 신경장애, 폐질환, 천식, 디프테리아, 다양한 종류의 합병증 등이 치료되었음을 확인할 수 있었다. 치료된 질병들의 종류가매우 다양하며, 합병증으로 고생하던 사람들이 순식간에 모두 치료되는 경우도 많았다. 상대적으로 정신질환이 치료되었다는 보고가 적은 반면, 당시에 불치병이었던 암과 결핵이 나았다는 간증도 적지 않았다.[45]

3. 문화 치유자

에이미가 본격적으로 사역을 시작했던 1920년대부터 그녀가 세상을떠난 1940년대 중반까지, 미국은 두 차례의 세계대전과 한차례의 대공황을 겪으면서 사회 자체가 근본적으로 재구성되었다. 세계대전에 참전하면서, 미국은 군수산업을 중심으로 급격한 산업화와 자본주의 체제를 완성했다. 이것은 불가피하게 다양한 형태의 문화적 변화를 초래했다. 급격한 산업화·자본주의화는 산업현장에서 노사간의 갈등을 심화시켰고, 이것은노동운동의 발전과 공산주의의 확산으로 이어졌다. 종교적 측면에서, 산업화는 교회의 신학과 목회에 근본적인 변화를 야기했다. 산업화는 도시화를촉진했고, 도시화는 빈곤과 범죄로 상징되는 도시문제를 동반했다. 도시교회들은 노동자들과 빈민들을 대상으로 사역하면서 자연스럽게 자본주의사회의 구조적 모순을 인식하기 시작했고, 다양한 구호프로그램을 개발했다. 이 과정에서 성서비평학과 다원주의진화론가 교회 속으로 확산되면서주류교회들이 빠르게 진보적인 성향을 갖게 되었다.[46]

그동안 미국을 청교도들이 건설한 기독교국가로 이해했고, 미국의 번영과 평화가 미국의 개신교적 뿌리 때문이라고 확신했던 에이미는 이런 변화에 경악했다. 그녀는 자신의 집회에 모든 사람들을 초대했지만, 노동운동가, 진화론자, 공산주의자에 대해선 강한 의혹을 품기 시작했다. "그들의 궁극적 목적이 기독교를 지상에서 지워버리는 것" 이라고 믿었기 때문이다. 결국, 자신의 싸움을 서양문명의 영혼을 위한 싸움으로 이해한 에이미는 정치참여를 극도로 꺼린 대다수의 오순절주의자들과 달리, 적극적으로 정치에 참여했으며,[47] 진화론과 공산주의에도 강력히 저항했다.

먼저, 에이미는 진화론을 미국의 가장 큰 위협으로 간주하고, 미국을 그 위협에서 구하기 위해 자신의 모든 자원과 역량을 총동원했다. 일차적으로, 에이미는 당시의 대표적인 근본주의자들과 긴밀한 관계를 형성하여 진화론에 대한 공동전선을 형성했다. 예를 들어, 국제근본주의자연합회 International Fundamentalists' Association 이사였던 감리교 목사 문할L. W. Munhall, 1925년 '원숭이 재판'의 보수측 대표였던 윌리엄 제닝스 브라이, 그리고 무디 기념교회의 목사였던 폴 래더Paul Rader는 에이미와 함께 진화론 투쟁에 나섰던 대표적 인물들이다.[48]

에이미는 근본주의자들과의 개인적 친분을 발전시켰을 뿐 아니라, 진화론과의 싸움에 직접 뛰어들었다. 특히, 에이미는 1930년대 중반에 '미국무신론발전연합회' the American Association for the Advancement of Atheism 창설자요 회장이었던 찰스 스미스Charles Lee Smith, 1887~1964와 진화론을 주제로 일련의 공개토론을 벌였다. 그는 이 토론을 시작하면서, "나는 이 나라의 지도적 근본주의자들을 만났습니다…그리고 나는 여러분께 에이미 샘플 맥퍼슨이야말로 오늘날 성경과 기독교의 가장 위대한 방어자라고 솔직히 인정하는 바입니다"라고 말했다.[49] 뿐만 아니라, 브라이언이 1925년 스코프스 재판 원숭이 재판에 참여했을 때, 천사성전의 1만 성도와 자신의 라디오를 청취하는 수백만의 교인들이 진화론에 대항하며 성경을 지키려는 그의 열정에 지지를 보낸다는 내용의 전보를 보냈다. 또한 에이미는 그를 위해 철야기도회, 대형집회, 로스앤젤레스를 관통하는 성경퍼레이드, 그리고 진화론을

정죄하는 공개재판을 열기도 했다.[50]

　또한 에이미는 설교를 통해 집요하게 진화론을 공격했다. 근본적으로, 그녀는 진화론과 무신론이 잔인하고 비인간적인 적자생존을 옹호하게 만든다고 생각했기에,[51] 결코 진화론을 용납할 수 없었다. 이런 판단에 근거해서, 에이미는 교회, 목회자, 신학교를 맹렬히 비판했다. 교회는 세상과 손을 잡았다고 비판했으며, 목회자들은 중생의 체험 없이 근대주의, 진화론, 고등비평과 제휴하고 춤과 영화에 빠졌다고 공격했고, 신학교는 성경의 기본진리를 무시하면서 근대주의, 진화론, 고등비평을 받아들였다고 맹공을 퍼부은 것이다. 그러면서 이런 타락한 현실의 해법으로, "세상을 내려놓고, 옛날의 근본신앙들로 돌아가라"고 제안했다.[52]

　한편, 에이미는 진화론과 함께 공산주의를 미국을 위협하는 가장 무서운 적으로 정죄했다. 근본적으로, 공산주의를 무신론으로 이해했기 때문에, 에이미는 공산주의의 확장은 곧 기독교 미국의 붕괴라고 확신했다. 1933년 프랭클린 루즈벨트가 대통령에 취임한 후 공황에서 미국을 건져내기 위해 뉴딜정책을 시행했다. 루즈벨트는 다양한 국가주도형 개발정책과 복지정책을 추진했으며, 노동운동에도 힘을 실어주었다. 이런 상황에서 노동조합이 빠르게 조직되었고 파업의 수도 급증했다. 1933년은 1932년보다 두 배가 넘는 1700여건의 파업이 발생했으며, 1934년에도 전년도와 비슷한 파업 수를 기록했다. 이런 상황에서, 에이미는 루즈벨트를 독독한 그리스도인으로 인정하며 그의 정책에 한결같은 지지를 보냈지만, 폭력적 노동운동에 대해선 단호하게 반대했다. 사실, 그녀는 노동자들의 어려운 처지에 깊이 공감하며 그들과 우호적인 관계를 유지해왔다. 하지만 노동운동이 신을 부정하는 공산주의와 연계되었다고 생각하면서 그들과 거리를 두기 시작한 것이다. 특히, 공황기에 발생한 노동운동이 폭력적 양상을 보이자, 이것을 노동운동 안에 공산주의가 침투한 증거로 간주했다. 그녀는 사람들에게 공산주의자를 만나고 싶다면 "파업과 폭동"을 살펴보라고 말할 정도로 노동운동을 공산주의와 동일시했다.[53]

에이미와 공산주의 간의 갈등은 당대의 저명한 소설가요 사회주의자였던 업튼 싱클레어Upton Sinclair, 1878~1968의 캘리포니아 주지사 선거과정에서 절정에 달했다. 싱클레어는 1920년대 시카고 도축장에서 발생한 참혹한 작업 환경과 노동자의 비참한 삶을 폭로한 소설 『정글』The Jungle로 미국 사회에 큰 반향을 불러왔던 대표적 지식인이자 사회운동가였다. 사실, 에이미와 싱클레어는 한때 금주운동을 위해 함께 힘을 모았었다. 하지만 싱클레어가 캘리포니아 주지사 선거에 출마하면서 두 사람의 관계는 적대적으로 돌변했다. 싱클레어는 협동공동체를 조직할 목적으로 미사용 토지와 생산성이 낮은 공장들을 주의 소유로 만들고, 소득세와 양도세에 누진세율을 적용하며, 장애인들을 위한 연금과 주가 운영하는 영화사와 주요사업에 대한 공유화를 추구했다.[54] 결국, 이런 그의 공약이 사회주의에 기반 한 것으로 인식되면서, 캘리포니아의 보수적 정치 · 종교지도자들의 반발을 불러왔다. 그들은 싱클레어를 공산주의자요 무신론자로 규정하고 맹공을 퍼부었는데, 에이미도 이런 반대운동에 가담한 것이다. 일군의 비슷한 생각을 가진 남캘리포니아 성직자들이 선거일 전 금요일에 슈리네극장Shrine Auditorium에서 반-싱클레어 집회를 개최하기로 결정하고, 집회의 마지막을 장식하기 위해 에이미를 초청했다. 이어서 주일에는 온갖 종류의 신앙을 가진 사람들이 그녀가 선포하는 반공주의적 설교를 듣기 위해 천사성전을 방문했다.[55]

에이미는 공산주의와의 싸움이 자신만의 의무라고 생각하지 않았고, 모든 기독교인들이 이 싸움에 동참하도록 강하고 지속적으로 독려했다. 이 점에서, 에이미는 당시의 보수적 기독교인들 및 오순절주의자들과 분명한 차이를 보였다. 근본주의 신학의 영향 하에, 특히 임박한 재림에 대한 강력한 기대감 속에서, 대다수의 보수적 기독교인들은 일체의 사회개혁이나 정치활동에 참여하길 꺼려했다. 특히, 그들은 "가이사의 것은 가이사에게, 하나님의 것은 하나님에게"라는 마태복음 22:21을 결정적인 성경적 근거로 자주 인용했다. 그 결과, 하나님의 성회 지도자였던 앨리스 루스Alice E. Luce, 1873~1955는 이렇게 주장했다. "우리가 정치에 참여하여 사방에서 목격하는 부패와 타락에 대항해 비판적 목소리를 높임으로써 문제를 개선하기 위해 노력해야 하는가? 이것은 성경적 방식처럼 보이지 않는다. 하나님의 계획은...어느 시대든지, 세상과 분리되는 것이다."[56] 하지만 에이미는 그런 주장들을 맹목적으로 수용하지 않았다. 오히려 그녀는 그런 성경구절들이 후퇴나 철수를 명령하는 것이 아니라, 보다 기독교적 국가를 이루기 위해 국가의 정치제도들 내에서 일하라는 지침으로 이해했다. 그러면서 공산주의 같은 적그리스도의 침투에 대항하여, 모든 그리스도인들의 적극적인 참여를 촉구했다. "청교도들의 소중한 후손이라고 주장하는 원기 왕성한 미국인들이 얼마나 오랫동안 가만히 앉아서 자신의 선조들의 신앙이 철저히 파괴되는 것을 참고만 있을 것인가?"[57] 소박하지만 진지하게, 그녀는 "미국이 하나님께 돌아간다면, 하나님도 자신의 영광 속에 미국으로 돌아오실 것이다"라고 믿으면서,[58] "기독교가 국가의 중심을 차지한다면, 다른 모든 것이 정상으로 돌아갈 것이다"라고 반복해서 설교했다.[59]

4. 사회 치유자

에이미의 치유사역은 사회적 영역으로 확장되었다. 그녀의 사회적 치유사역은 크게 세 그룹을 대상으로 이루어졌다. 이들은 여러 면에서 중첩되지만, 구체적인 면에서 구별된다. 첫 번째 대상은 빈민들이다. 에이미는 로스앤젤레스에 정착하여 천사성전을 완공한 후, 본격적으로 그 지역의 빈민들을 향해 대단히 다양하고 역동적인 사회사업을 시작했다. 그녀가 빈민들에게 관심을 갖고 열정적으로 사역하게 된 동기와 신학적 근거는 자신이 직접 경험하고 목격했던 가난과 구세군의 실천적 기독교였다.[60]

1920년과 1930년 사이에 2백만 명의 사람들이 캘리포니아로 이주했는데, 120만 명이 로스앤젤레스 카운티에 정착했고, 661,375명이 앤젤레스 시로 들어왔다. 1920년부터 1924년까지 매년 평균 100,000명이 도착한 것이다. 로스앤젤레스 인구는 1920년 576,673명에서 1930년에 1,470,516명으로 증가했다. "많은 사람들이 새롭고 보다 나은 삶을 찾아왔다. 로스앤젤레스의 급성장과 번영의 일부가 되기를 희망하면서. 하지만 불행히도, 대개의 경우, 그들의 문제들이 그들의 도착과 함께 훨씬 더 악화되었을 뿐이다."[61] 주와 군county의 복지혜택을 받기 위해선, 이민자들이 그 주에서 일년 이상 거주해야 했는데, 이런 법 때문에 절박한 상황에 놓인 사람들이 아무런 도움이나 보조를 받을 수 없었다. 에이미는 바로 이런 틈을 메우려고 노력했다.[62]

이 문제를 해결하기 위해 1927년 천사성전보급소Angelus Temple Commissary 가 문을 열었다. 이곳의 자원봉사자들은 천사성전의 여성회원들로 구성되었는데, 에이미는 그녀들을 "시의 자매들" City Sisters이라고 불렀다. 그들은 도움을 요청한 모든 사람들에게 실제적인 도움을 주려고 노력했다. 이 보급소는 후에 "믿음, 소망, 그리고 사랑의 집" Bureau of Faith, Hope, and Charity 으로 알려졌으며, 시작과 함께 큰 성공을 거두었다. 주와 군 당국이 실질적인 도움을 제대로 줄 수 없는 상황이었기에, 이 보급소의 역할은 매우 중요했고 실제적이었다. 인종, 종교, 법적 신분과 상관없이 헐벗고 굶주린 사람들에게 음식과 의복을 제공했을 뿐 아니라, 일자리를 찾는 자들에게 직장을 알선하여, 가정이 회복되고 건강한 삶을 누리도록 도왔다.[63] 또한 "시의 자매들"은 가난한 사람들에게 도움을 제공한 후에 복음을 전하고 함께 기도했다.

이 사업을 위한 물품과 재정은 초기에는 천사성전의 신자들이 직접 제공했다. 1928년, 교회 현관에 "구명보트"를 설치하고 신자들이 가난한 사람들을 위해 음식과 의복을 그곳에 기부하도록 했다. 하지만 1929년 대공황이 시작되자, 교인들의 기부만으로 사업을 감당할 수 없게 되었다. 이때부터 그 지역의 동네가게들과 제과점, 그리고 다른 상점들과 회사들이 필요한 물품들을 제공하기 시작했다. 뿐만 아니라, 천사성전도 자체의 예산에서 이 사업을 재정적으로 지원했는데, 그 결과 천사성전의 재정이 파산위기를 맞기도 했다. 이 보급소의 인기가 급증하면서, 이것은 24개의 부서들로 확대·개편되었으며, 에이미가 직접 이 모든 조직을 관리하고 통제했다. 이 부서들 중에는 가난한 이웃들의 겨울나기를 위해 담요를 함께 만드는 "퀼트하는 벌들" Quiling Bees, 실업자들에게 매일 점심을 제공하는 "천사성전무료식당," 응급환자수송을 위한 "사중복음 자동차클럽," 병자들과 수감자들을 돌보는 "고독 부" Lonely department, 아버지는 직업이 없고 심지어 아이를 돌봐줄 어머니도 없는 가정에게 상담과 물질적 도움을 제공하는 "가정 구호부"가 포함되었다.64

두 번째 대상은 소수인종들이었다. 인종차별은 당시 미국의 심각한 사회문제였다. 남북전쟁으로 미국사회의 흑백갈등이 더욱 악화되고, 서부개척과 함께 폭발적으로 증가한 이민자들은 이런 인종적 갈등을 더욱 복잡하고 어렵게 만들었다. 이런 상황에서 출현한 오순절운동은 인종차별의 극복을 자신의 핵심적 가치와 특징으로 규정했으며, 에이미도 같은 정신으로 사역했다. 에이미가 당대의 인종적 갈등이라는 사회적 질병을 치유하기 위해 선택했던 방법은 크게 두 가지였다. 첫째는 자신의 집회에서 인종의 장벽을 허문 것이다. 앞에서 언급했듯이, 에이미는 순회설교자 시절에 자신의 집회에 백인뿐 아니라, 흑인, 아메리카 원주민, 중국인, 동유럽이민자도 참석하도록 했다. 1918년에는 "인종적 감정이 격렬했던" 플로리다의 키웨스트Key West에서 전도 집회를 열었고, 동유럽 출신의 집시들과도 친밀한 관계를 유지했다. 에이미는 키웨스트 집회를 마친 후, 자신의 생각을 표현했다. "편견의 모든 장벽이 무너지고 있다. 백인과 유색인종이 함께 제단 앞으로 달려 나와 구원과 성령을 간구하고 있다."[65] "하나님이 보시기에, 그들과 우리 사이에는 아무런 차이도 없다. 모두가 예수의 보혈이라는 공통된 발판 위에서 만나야 한다. 모두는 동일한 성령에 의해 한 몸으로 세례를 받아야 한다."[66]

그녀의 반인종주의는 구호활동을 통해서도 구체적이고 용감하게 표현되었다. 특히, 대공황의 영향으로 로스앤젤레스의 경제상황이 극심한 위기에 봉착했다. 이런 상황에서, 로스앤젤레스 시민들은 멕시코 노동자들에게 책임을 전가하면서, 그들에 대한 정부의 지원에 반대하고 그들을 본국으로 돌려보내라며 목소리를 높였다. 이런 압력에 굴복하여, 로스앤젤레스 정부도 이민법을 강화하고 복지혜택을 대폭 축소했다. 그 결과, 당시에 대규모로 국경을 넘어온 멕시코 이민자들은 로스앤젤레스에서 가장 혹독한 차별과 비판의 대상으로 전락했다. 그들 대부분이 불법체류자였기에 정부에 도움을 청할 수 없었고, 오히려 발각되어 추방될까봐 극도의 두려움 속에 살았다. 이때, 그들은 필요할 때마다 에이미의 기관에 전화를 걸면 언제든지 도움을 받을 수 있다는 사실을 알게 되었다. 그들은 국적이나 법적 신분에 대한 질문을 받지 않았고, 배고프고 옷이 필요하다는 사실만으로도 도움을 얻을 수 있었다. 동시에, 에이미와 "시의 자매들"은 자격 없는 사람에게 혜택을 주지 말라는 주정부의 극심한 압력과 통제에도 불구하고, 자신들에게 도움을 청하는 멕시코 이민자들에게 지속적으로 도움을 주었다. 이런 광경을 직접 목격했던 영화배우 앤소니 퀸Anthony Quinn, 1915~2001은 당시 상황을 이렇게 전한다.

대공황 동안…당신에게 국적이 무엇이고, 종교가 무엇인지를 묻지 않았던 유일한 사람은 에이미 셈플 맥퍼슨이었다. 당신이 유일하게 해야 할 일은 전화를 걸어서, '나는 배고파요'라고 말하는 것이었다. 그러면 한 시간 내에 음식바구니가 당신에게 전달되었다…그녀는 말 그대로 멕시코 공동체 대부분을 살렸고, 나는 그것에 대해 영원히 고맙게 생각한다.[67]

세 번째 대상은 여성이었다. 에이미가 활동하던 시기는 미국에서 여성운동이 활발하게 전개되던 시기였다. 19세기 중반부터 시작된 여성참정권 운동이 점차 열매를 맺기 시작했고,[68] 진보교단들 내에서 여성안수에 대한 인식도 조금씩 고조되기 시작했다. 하지만 전체적으로 미국사회는 여성의 역할과 지위에 대해 여전히 보수적이었다. 이런 문화적 전환기에 활동했던 에이미도 여성에 대한 전통적 입장과 진보적 입장을 공유했다. 먼저, 에이미는 자신의 신학에서 전통적인 가부장적 시각을 답습했다. 여성신학적 관점에서 에이미를 분석했던 수잔 세타Susan M. Setta는 에이미의 보수적 여성관을 이렇게 정리했다. "그녀는 여성이 세상에 죄를 가져왔으며, 여성은 남성보다 열등하고, 남성보다는 여성이 죄를 영속시켰다고 믿었다. 게다가, 맥퍼슨은 남성의 죄와 결핍은 여성, 이브에게 기원했다고 믿었다."[69]

하지만 에이미의 이런 보수적 여성관은 그녀 자신의 삶과 사역을 통해 어느 정도 극복되었다. 무엇보다, 에이미 자신이 전통적인 여성의 역할과 신분을 포기하고, 여성의 새로운 가능성과 능력을 입증해보였다. 즉, 그녀는 헤롤드와의 결혼생활에 만족하면서 평범한 주부로 안락하게 살아갈 수 있었지만, 안정이 보장된 가정주부로서의 삶 대신 가난과 고독이 기다리는 복음전도자의 삶을 선택한 것이다. 여성이 개인적 야망의 성취를 위해 남편과 가정을 포기하는 것은 당시의 사회적 통념으로는 쉽게 용납할 수 없는 당돌한 결정이었다. 또한 에이미는 사역자로서 여성의 자격에 대한 전통적 입장을 완전히 부정하지 않았지만, 동시에 그런 통념에 저항하며 여성사역의 길을 개척했다. 마치 사도 바울이 자신의 사도직을 예수가 직접 주신 것이라고 반복해서 주장했던 것처럼, 그녀는 자신의 사역이 개인적 욕심이 아니라, 하나님의 강력한 부르심 때문이라고 계속 주장했다.[70] 한발 더 나아가, 에이미는 자신의 권위에 의문을 제기하는 사람들에게 다음과 같이 반박했다. "만약 주께서 한 여인을 택하여, 그렇지 않았으면 결코 자신에게 오지 못했을 사람들을 데려오게 한다면, 우리 중에 그 누가 하나님의 지혜에 의문을 품겠는가? 설교자가 남자든 여자든, 우리도 같은 방식으로 구원을 받았다."[71]

뿐만 아니라, 에이미는 여성들이 자신들의 능력을 마음껏 발휘할 수 있도록 다양한 기회들도 제공했다. 위에서 언급했듯이, 에이미는 로스앤젤레스의 빈민들과 불법체류자들을 돕기 위해 "천사성전보급소"를 운영했다. 그때, 보급소의 자원봉사자들 대부분이 천사성전의 여성신자들이었기 때문에, 에이미는 그들을 "시의 자매들"이라고 불렀다. 이 사역은 당시에 가정과 교회에만 한정되었던 여성들의 활동영역을 크게 확대함으로써 여성들의 사회활동에 큰 자극과 기회를 제공했다. 또한 에이미는 천사성전을 완공한 직후 '천사성전 전도 및 선교훈련원' Angelus Temple Evangelistic and Missionary Training Institute, 현 LIFE Pacific University을 개원했다. 여기서 남성과 여성이 목회를 위해 함께 훈련 받았고, 1923년에 등록한 학생들의 67%가 여성이었다.[72] 에이미는 자신의 여학생들에게, 그리고 이들을 향한 세상의 편견을 향해 끊임없이 여성사역자의 정당성을 강조했다. "성은 강단과 상관이 없으며, 바지가 설교자를 만들지 않는다." "설교자를 만드는 것은 성이 아니라 두뇌다."[73] "여성에 대한 결정적 편견이 존재하는 곳은 바로 교회 안이다. 나는 이 편견을 부수기 위해 전쟁을 벌일 것이다."[74] 또한, 그녀의 사역이 지속적으로 확대되고 훈련원 졸업생들의 수가 증가하면서, 에이미는 자신과 관련된 교회들을 1927년 국제복음교회International Church of Foursquare Gospel로 통합했다. 그녀는 오랫동안 교단설립에 대해 부정적인 입장을 고수했지만,[75] 동료들과 관련 교회들의 현실적 필요에 따라 마침내 교단을 조직한 것이다. 에이미의 영향 하에, 교단 임원들은 국제복음교회 내에서 일체의 성차별을 법으로 금지했다.[76] 그 후, 이 교단은 빠르게 성장했다. 1929년, 400명의 안수 받은 목회자 대다수가 여성이었다.[77]

끝으로, 에이미가 자신의 교회에서 여성사역자들에게 동등한 권한을 부여했던 것은 당시에 뜨거운 사회적 쟁점이었던 '남녀평등수정헌법안' Equal Rights Amendment 운동과 근본정신에서 일치했으며, 당대의 여권운동에도 중요한 영향을 끼쳤다.[78] 에이미의 활동을 주의 깊게 관찰했던 여성 저널리스트 엘마 휘테커Alma Whitaker는 에이미의 페미니즘에 고무되어, 그녀 교회의 공식적 입장과 남녀평등수정헌법안 간의 유사점에 주목하고, "현재 남녀평등수정헌법안을 열정적으로 후원하고 있는 전국여성당the National Woman's Party이 이제는 에이미를 완벽하게 축복할 것이다"라고 썼다. 뿐만 아니라, 다음 해 여름, 캘리포니아 주지사는 여성참정권 인정 16주년을 기념하기 위해 캘리포니아에 '수잔 앤소니 주간' Susan B. Anthony Week을 선포했는데,[79] 여성지도자들이 그 행사의 시작을 알리는 개막행사의 강사로 에이미를 초대했다. 이에 대해, 서튼은 "전국여성당과 자신을 일치시킬 준비가 되었는지는 모르겠지만, 맥퍼슨은 성평등에 대한 자신의 주장 때문에 여성운동과 동반자적 관계를 맺게 되었다."고 평가했다.[80]

마무리

이상에서, 에이미 샘플 맥퍼슨의 생애와 사역을 '상처 입은 치유자'란 관점에서 살펴보았다. 그 내용을 다음과 같이 정리·평가하며 글을 마무리하려 한다.

먼저, 에이미는 '상처 입은' 사역자였다. 그녀 자신의 삶이 사별, 질병, 가난, 인간관계, 스캔들 등으로 무수한 상처와 고통의 연속이었다. 이런 부정적 경험이 그녀에게 치명적 트라우마가 되어, 그녀는 치명적인 실수와 오류를 반복했고, 그녀의 성품과 사생활에 대한 대중의 비난과 공격도 끊이지 않았다. 하지만 역설적으로, 그녀를 당대의 뛰어난 치유자로 만든 것도 바로 그 상처와 고통이었다. 자신이 경험했던 이별, 질병, 가난 때문에, 그녀는 타인들의 육체적·정신적 고통에 깊이 공감하며 신유사역을 행했고, 교회재정이 파산할 정도로 빈민구제에 헌신할 수 있었다. 이런 점에서, 우리는 그녀의 개인적 상처와 고통의 또 다른 의미와 가치를 발견할 수 있다.

둘째, 에이미는 '치유하는' 사역자였다. 신유사역자로서 에이미의 명성은 이미 널리 알려져 있다. 그것은 오순절 목회자로서 그녀 사역의 자연스러운 결과였다. 하지만 그녀의 신유사역은 종전의 오순절주의자들, 보다 구체적으로, 오순절 신유사역자들과 중요한 차이를 보였다. 무엇보다, 그녀는 육체적 질병만 치료했던 것이 아니라, 대공황의 한파에 고통 받던 빈민들의 고통도 치유했고, 공산주의와 자유주의의 물결로 오염되던 미국교회와 사회도 치유하려 했다. 그녀는 질병뿐 아니라, 비참한 가난과 타락한 문화·정치도 치유의 대상이라고 판단했기 때문에, 치료자로서 자신의 사명을 그런 문제와 영역으로 확대했던 것이다. 하지만 묵시적 종말론에 심취되어 일체의 사회개혁에 무관심했던 당대의 보수적 기독교인들, 특히 오순절 신유사역자들은 이런 문제들에 관심을 보이지 않았고, 오히려 에이미의 그런 사역에 대해 비판적·냉소적 태도를 유지했다. 이런 면에서, 에이미의 치유사역에 대해 보다 확장된 이해와 포괄적인 평가가 필요하다.

셋째, '상처 입은 사역자'와 '치유하는 사역자'로서 에이미의 정체성과 사역은 오늘날의 힐링 열풍에 대해 중요한 분석틀과 현실적 대안을 제공해 준다. 현재, 힐링 사역자로 활약하는 사람들의 화려한 언어와 현란한 제안들이 일시적 위로는 제공할 수 있으나 궁극적 치유로 이어지기 힘든 이유 중 하나는 그들이 제공하는 대안과 해법이 자신들의 '개인적 상처'보다 '학습된 정보'에 근거하는 경우가 많기 때문이다. 또한 현재의 힐링 열풍을 주도하는 강사들의 관심이 대체로 상처 받은 개인에게 집중되고, 그들이 제시하는 대안도 개인의 심리적 치료와 의지적 결단에 한정되기 때문이다. 즉, 그 개인을 둘러싼 사회와 문화에 대한 거시적 분석과 총체적 대안을 논하지 않는 것이다. 반면에, 에이미는 자신이 뼈아픈 상처의 주인공이었고, 치료의 대상으로 몸, 사회, 문화를 함께 아울렀다. 뿐만 아니라, 육체적 질병에 대한 신적 치유를 추구하면서, 동시에 사회와 문화의 병리현상도 구체적이고 현실적인 방식으로 해결하려고 분투했다. 헨리 나우웬Heri Nouwen, 1932~96의 통찰처럼, 개인의 상처를 환대와 집중으로 극복했으며, 사역자에게 요청되는 신비와 혁명을 함께 추구한 것이다. 따라서 21세기에 오순절운동이 계속 신유를 자신의 핵심적 규범으로 삼고자 한다면, 에이미의 개인적 체험과 포괄적 사역에 주목하면서 진지하게 연구할 필요가 있다.

끝으로, 우리는 에이미의 삶과 사상, 그리고 사역 속에 내재한 한계와 위험도 정직하게 인식하고, 동일한 오류를 반복하지 않기 위해 노력해야 한다. 무엇보다, 에이미의 개인적 상처와 인격적 약점이 그녀의 공적 사역에 부정적 영향을 끼쳤다는 점에 주목해야 한다. 따라서 그녀를 무비판적으로 숭배하거나 그녀에 대한 정당한 비판을 억압해선 안 된다. 동시에, 그녀의 신학의 독창성과 탁월함을 인정하되, 그 안에 내재한 논리적 비약과 깊이의 부재를 극복하기 위해 노력해야 한다. 예를 들어, 그녀의 공산주의에 대한 이해와 자유주의신학에 대한 인식의 정확성, 그런 문제들에 대한 대응방식의 정당성, 그리고 그것이 오순절운동과 복음주의운동에 끼친 영향 등에 대해 보다 엄밀한 분석과 평가가 필요하다. 당시에 에이미가 강력히 비판했던 업튼 싱클레어의 사회주의는 에이미 자신의 사회인식과 여러 면에서 유사했으며, 동시에 그녀가 거의 맹목적 지지를 보냈던 프랭클린 루즈벨트의 경제정책은 사회주의에서 기본적 틀을 빌려온 것이다. 뿐만 아니라, 인종, 성, 과학, 정치에 대한 그녀의 입장과 행동은 당시로서 매우 선진적인 측면들을 갖고 있었으며, 그것이 미국사회와 교회, 특히 오순절운동의 발전에 끼친 영향도 매우 긍정적이다. 하지만 에이미는 유색인종들을 우대하면서 계속 KKK단과 관계를 유지했고, 여성들의 공적 사역을 지지하면서 동시에 전통적 여성상을 설교했다. 또한 진화론을 강력히 반대했지만, 라디오와 비행기를 포함한 과학적 발전을 자신의 사역에 적극 활용했다. 뿐만 아니라, 자신은 순수한 목적으로 정치활동에 참여했지만, 교활한 정치가들에게 이용당한 경우도 적지 않았다. 이렇게 에이미가 역사 속에 남긴 부정적 흔적들은 인간 에이미의 한계였다. 하지만 그런 한계 때문에 그녀가 남긴 소중한 공적을 부정하거나 폄하할 수 없으며, 그래서도 안 된다. 이제, 이런 부정적 흔적들을 슬기롭고 용감하게 수정·극복하는 일이 후학들에게 어려운 숙제로 남았다. 그 숙제의 결과에 따라 오순절운동의 미래가 결정될 것이다.

미주

1. 이 글은 "상처 입은 치유자: 에이미 샘플 맥퍼슨의 신유사역," 『성령과 힐링』 (대전: 건신대학원 대학교 출판부, 2014): 151-91에 수록된 논문을 수정한 것이다.
2. Robert M. Anderson, *Vision of the Disinherited: The Making of American Pentecostalism* (Peabody, MA.: Hendrickson Publishers, 1979).
3. Aimee Semple McPherson, *In the Service of God* (New York: Boni and Liveright, 1927), 93, 94. Matthew Avery Sutton, A*imee Semple McPherson and the Resurrection of Christian America* (Cambridge, Massachusetts: Harvard University Press, 2007), 11에서 재인용.
4. Matthew Avery Sutton, *Aimee Semple McPherson and the Resurrection of Christian America*, 11.
5. Aimee Semple McPherson, This Is That (1919, 1923), Russell H. Davis, "Calling as Divine Summons: Biblical and Depth Psychological Perspectives," *Union Seminary Quarterly Review*, 51 no 3-4 (1997): 135에서 재인용.
6. "여호와의 말씀이 내게 임하니라 이르시되 내가 너를 모태에 짓기 전에 너를 알았고 네가 배에서 나오기 전에 너를 성별하였고 너를 여러 나라의 선지자로 세웠노라 하시기로 내가 이르되 슬프도소이다. 주 여호와여 보소서 나는 아이라 말할 줄을 알지 못하나이다 하니 여호와께서 내게 이르시되 너는 아이라 말하지 말고 내가 너를 누구에게 보내든지 너는 가며 내가 네게 무엇을 명령하든지 너는 말할지니라. 너는 그들 때문에 두려워하지 말라 내가 너와 함께 하여 너를 구원하리라 나 여호와의 말이니라 하시고 여호와께서 그의 손을 내밀어 내 입에 대시며 여호와께서 내게 이르시되 보라 내가 내 말을 네 입에 두었노라."
7. Matthew Avery Sutton, *Aimee Semple McPherson and the Resurrection of Christian America*, 11.
8. *Ibid.*, 12.
9. *Ibid.*, 11-2.
10. Gregg D. Townsend, "The Material Dream of Aimee Semple McPherson: A Lesson in Pentecostal Spirituality," *Pneuma: The Journal of the Society for Pentecostal Studies*, vol. 14. No. 2 (Fall 1992): 174.
11. *Ibid.*, 172-73.
12. *Ibid.*, 174-75.
13. Edith L. Blumhofer, *Aimee Semple McPherson: Everybody's Sister* (Grand Rapids, MI.: William E. Eerdmans Publishing Company, 1993), 365.
14. 에이미의 납치사건에 대해선, Daniel Mark Epstein, *Sister Aimee: The Life of Aimee Semple McPherson* (San Diego: A Harvest Book, 1993), 282-314를 참조하시오.
15. Aimee Semple McPherson, *Divine Healing Sermons*, 85.
16. *Ibid.*, 90-1.
17. 완성된 사역(finished work)은 윌리엄 더함이 주장했던 이론으로서, 중생과 성화를 구분했던 웨슬리안의 전통적 입장에 반대하여, 예수가 십자가에서 죽으심으로 중생과 성화가 모두 완성되었다는 주장이다.
18. McPherson, *Divine Healing Sermons*, 23.
19. *Ibid.*, 53-4.
20. *Ibid.*, 15.
21. *Ibid.*, 42.
22. *Ibid.*, 85-6.

23. "나의 치유? 나는 아무 일도 하지 않습니다. 사람들의 눈이 나에게 집중된다면, 아무 일도 일어나지 않을 것입니다. 나는 기도하며 믿는 다른 사람들과 함께 기도하고 믿습니다. 그러면 그리스도의 권능이 치료하십니다." Edith L. Blumhoffer, *Aimee Semple McPherson*, 169.

24. Aimee Semple McPherson, *Divine Healing Sermon*, 42.

25. *Ibid.*, 59.

26. *Ibid.*, 113.

27. 성결운동과 오순절운동 내에서 신유사역의 출현과 발전에 대해선 Donald W. Dayton, *The Theological Roots of Pentecostalism* (Peabody, MA.: Hendrickson Publishers, 1987), 115-41을 참조.

28. 프랑스의 루르드(Lourdes), 캐나다 퀘벡의 쌩 딴 드 보프레(St. Anne de Beaupré) 성당, 아일랜드의 녹 성당(Knock Chapel)이 치료의 장소로서 수많은 순례자들을 모으고 있었다. 한편, 성공회 내에서 1905년 엠마누엘운동(the Emmanuel Movement)이 출현했는데, 이 운동의 주도자였던 성공회의 위체스터(E. Worchester)는 교회가 전통이 아니라 과학을 따라야 한다고 주장했다.

29. Jonathan R. Baer, "Redeemed Bodies: The Functions of Divine Healing in Incipient Pentecostalism," *Church History* 70:4 (December 2001): 738.

30. 오순절운동 초창기에 신유운동을 주도했던 이들에 대해선 Jonathan R. Baer, "Redeemed Bodies," 739-71을 참조.

31. Aimee Semple McPherson, *This is That*, 60.

32. Edith L. Blumhoffer, *Aimee Semple McPherson*, 83.

33. Matthew Avery Sutton, *Aimee Semple McPherson and the Resurrection of Christian America*, 16.

34. Aimee Semple McPherson, *This Is That*, 78-9.

35. Matthew Avery Sutton, *Aimee Semple McPherson and the Resurrection of Christian America*, 17.

36. Edith L. Blumhoffer, *Aimee Semple McPherson*, 247.

37. 로버츠 리아돈, 『치유사역의 거장들』, 박미가 역 (서울: 은혜출판사, 2004), 447.

38. Edith L. Blumhoffer, *Aimee Semple McPherson*, 259.

39. *Ibid.*, 215.

40. Aimee Semple McPherson, *Divine Healing Sermons*, 135.

41. *Ibid.*, 137. 강조는 내가 첨가한 것임.

42. *Ibid.*, 132.

43. *Ibid.*, 146. 강조는 내가 첨가한 것임.

44. *Ibid.*, 126.

45. 에이미의 집회에서 치료된 질병들에 대해선, Aimee Semple McPherson, *Divine Healing Sermons*, 124-46을 참조하시오.

46. 윈스롭 허드슨과 존 코리건, 『미국의 종교』, 배덕만 옮김 (서울: 성광문화사, 2008), 452-97.

47. Matthew Avery Sutton, *Aimee Semple McPherson and the Resurrection of Christian America*, 220.

48. 에이미와 근본주의자들 간의 개인적 관계에 대해선 Matthew Avery Sutton, "'Between the Refrigerator and the Wildfire': Aimee Semple McPherson, Pentecostalism, and the Fundamentalist-Modernist Controversy," *Church History* 72:1 (March 2003): 177-82 참조.

49. Matthew Avery Sutton, "'Between the Refrigerator and the Wildfire'," 184.

50. Matthew Avery Sutton, "'Between the Refrigerator and the Wildfire'," 181.

51. Matthew Avery Sutton, *Aimee Semple McPherson and the Resurrection of Christian America*, 216.

52. Matthew Avery Sutton, "'Between the Refrigerator and the Wildfire'," 183.

53. Matthew Avery Sutton, *Aimee Semple McPherson and the Resurrection of Christian America*, 218.

54. *Ibid.*, 224.

55. Matthew Avery Sutton, "'Between the Refrigerator and the Wildfire'," 184-85. 서튼은 에 이미가 싱클레어를 반대한 것에서 보수적 기독교인들이 정치투쟁에서 흔히 직면하는 위험의 한 예를 발견할 수 있다고 지적했다. 즉, 주변의 정치가들이나 정치목사들에 의해 이용당하는 것 말이다. 평소에 에이미가 빈곤문제에 헌신했고, 정부주도형 개혁에 지지를 보냈으며, 싱클레어 와 함께 금주운동을 벌였던 것을 고려할 때, 두 사람은 적이 되기보다 동지가 될 수 있는 가능성 이 더 많았다. 하지만 싱클레어의 적대자들이 그가 기독교에 대해 적대적이라고 과장해서 선전 했을 때, 에이미는 쉽게 그런 선전의 희생양이 되고 말았다는 것이다. Matthew Avery Sutton, *Aimee Semple McPherson and the Resurrection of Christian America*, 229.

56. Alice Luce, "Seed Thoughts," Pentecostal Evangel (4 May 1935). Matthew Avery Sutton, *Aimee Semple McPherson and the Resurrection of Christian America,* 215에서 재인용.

57. Aimee Semple McPherson, America, Awake! 22, 23. Matthew Avery Sutton, *Aimee Semple McPherson and the Resurrection of Christian America,* 223에서 재인용.

58. Aimee Semple McPherson, "Even So Lord, Come Quickly," *Bridal Call Foursquare* 15 (April 1932), 4. Matthew Avery Sutton, *Aimee Semple McPherson and the Resurrection of Christian America*, 215에서 재인용.

59. Aimee Semple McPherson, America, Awake! 22, 32, Matthew Avery Sutton, *Aimee Semple McPherson and the Resurrection of Christian America*, 223에서 재인용.

60. "맥퍼슨의 신학과 영성은 '실천적 종교'를 통한 복음전도를 강조하는 구세군의 믿음에 직접적 으로 영향을 받았으며, 이것이 가난한 자들에 대한 개인적 경험들과 결합되어, 행동에 집중하 는 영성을 갖게 했고, 모든 사람들을 대상으로 복음을 전하되, 특히, 가난하고 버림받은 사람 들에게 일차적 관심을 갖게 되었다." Gregg D. Townsend, "The Material Dream of Aimee Semple McPherson: A Lesson in Pentecostal Spirituality," 176.

61. *Ibid.*, 176.

62. *Ibid.*, 176.

63. 이 보급소가 문을 연지 5개월 만에 1,398 가정의 9,786명이 음식을 제공받았으며, 5,361명이 옷을 얻었다. 첫해가 끝날 때까지 17,148명이 음식을, 3463 가정이 옷을 제공받았다. *Ibid.*, 177.

64. 이 부서들의 활동과 특징들에 대해선 *Ibid.*, 178-83을 참조하시오. 하지만 이런 에이미의 선 의를 악용하는 사건들이 계속 발생했으며, 심지어 금주법 시행기간 동안 이 식당에서 근무하 는 사람들 일부가 기부된 물품들을 빼돌려 밀주를 제조하는데 사용한 사건도 발생하여 에이미 와 교회가 어려움에 처한 경우도 있었다. 이에 대해선, Matthew Avery Sutton, *Aimee Semple McPherson and the Resurrection of Christian America*, 194 참조.

65. Aimee Semple McPherson, "Colored Camp Meeting, Key West," *The Bridal Call* (March, 1918), 7. Townsend, 175에서 재인용.

66. Aimee Semple McPherson, "Colored Camp Meeting," *The Bridal Call* (February, 1918), 16. Gregg D. Townsend, "The Material Dream of Aimee Semple McPherson: A Lesson in Pentecostal Spirituality," 175에서 재인용.

67. Matthew Avery Sutton, *Aimee Semple McPherson and the Resurrection of Christian America*, 196.

68. 미국은 1920년 8월에 수정헌법 제19조를 공표하여, 여성이 남성과 동등한 선거권을 갖도록 했 다.

69. Susan M. Setta, "Patriarchy and Feminism in Conflict: The Life and Thought of Aimee

Semple McPherson," *Anima*, 9 no 2 Spr Equinox (1983): 130.

70. "전투가 끝났다. 싸움이 끝나고, 봉헌이 이루어졌다. 그 거룩한 시간에 벌어진 일을 그 누가 의심할지라도, 나는 안수를 받았다. 인간이 아니라, 바로 하나님에 의해서 말이다." Aimee Semple McPherson, *This Is That*, 52.

71. Aimee Semple McPherson, *Story*, 82. Susan M. Setta, "Patriarchy and Feminism in Conflict," 132에서 재인용.

72. Susan M. Setta, "Patriarchy and Feminism in Conflict," 133.

73. "Pulpit Sex Given Blow," *LAT*, 8 January 1936.

74. "Footnotes on Headlines," *New York Times*, 12 January 1936.

75. 그녀는 교단에 대해 부정적 입장을 고수했던 윌리엄 더함의 영향 때문에, 오랫동안 그런 입장을 견지했던 것이다. Matthew Avery Sutton, "'Between the Refrigerator and the Wildfire'," 166, 179 참조.

76. "국제복음교회 조직 내에서 그들의 의무, 활동, 교회적 영적 지위와 인정과 관련해서 남녀 간의 어떤 차별도 없어야 한다. 모든 임원은 이 조직에서 훌륭한 명성을 지닌 남자와 여자에게 개방되어야 한다." *International Church of Foursquare Gospel, Report of the Annual Convention, 1936* (Los Angeles: Foursquare Publishing, 1936), 6. Matthew Avery Sutton, *Aimee Semple McPherson and the Resurrection of Christian America*, 208에서 재인용.

77. Matthew Avery Sutton, *Aimee Semple McPherson and the Resurrection of Christian America*, 210.

78. 남녀평등수정헌법안(ERA)은 여성을 차별하는 주법과 연방법을 폐지시킬 목적으로 제안된 수정안으로서, 여성투표권이 허용된 직후인 1923년 최초로 연방의회에 제안되었지만, 1976년에야 비로소 상원에서 채택되었다. 그러나 한차례의 연장을 거치면서 1982년까지 38개주의 비준을 받아야 했으나 결국 실패했다. 그때 비준에 성공했다면 연방수정헌법 제27조가 될 수 있었다. 제안된 수정안 문구는 다음과 같다. "연방정부 또는 어떠한 주정부도 성별을 이유로 법률이 인정하는 권리의 평등한 향유를 부인하거나 제한할 수 없다." "연방의회는 적절한 입법을 통해 본 조항의 규정을 강제할 권한을 갖는다." "남녀평등수정헌법안"(Equal Rights Amendment) (http://100.daum.net/encyclopedia/view.do?docid=b03n3149a).

79. 수전 앤서니(Susan Brownell Anthony, 1820–1906)는 퀘이커 출신의 여성사회개혁자로서 금주운동과 노예제도폐지 등의 사회개혁운동에 참여했고, 남북전쟁 후에는 여성참정권운동에 힘을 쏟았다. 1979년 발행한 1달러 동전에 그녀의 초상이 새겨졌다. (http://en.wikipedia.org/wiki/Susan_Anthony).

80. Matthew Avery Sutton, *Aimee Semple McPherson and the Resurrection of Christian America*, 209.

제6장
빌리 그레이엄과 신복음주의 [1]

2018년 2월 21일, 복음전도자 빌리 그레이엄^{William Franklin Graham, "Billy"}이 세상을 떠났다. 그가 1918년생이니 거의 한 세기를 산 것이다. 그의 생애가 미국의 경제적·군사적 번영과 함께 미국 문화, 특히 미국 기독교가 전 세계로 확산되던 시기와 일치하니, 그의 개인사^史가 미국 현대사, 혹은 미국 교회사의 한 단면이자 표본이 될 수 있지 않을까? 물론, 전직 미국대통령뿐 아니라, 세계 각국의 정치, 경제, 종교 지도자들과 그의 개인적 친분을 고려할 때, 그레이엄의 정체성을 단지 종교 영역에 한정하여 이해할 수는 없다. 그는 대중의 일반적 이해보다 더 큰 인물이다.[2]

그럼에도, 그레이엄의 본질은 복음전도자다. 그는 자신을 전도자로 이해했고, 마지막까지 이 사명에 충실하길 소망하며 분투했다.[3] 동시에, 역사가들은 이구동성으로 그레이엄이 미국복음주의 발전에 가장 크게 기여했다고 평가하고,[4] 미국 복음주의의 역사도 그레이엄의 사역과 시기적·내용적으로 상당부분 중첩된다. 따라서 사람들이 그레이엄을 복음주의자로 규정하고, 복음주의 역사가 그의 사역과 일치한다는 점을 고려할 때, 양자의 상관관계를 검토하는 것은 그레이엄 개인과 미국 복음주의 모두를 보다 포괄적이고 정밀하게 이해하는 방법이 될 것이다. 특히, 그레이엄이 세상을 떠난 해, 그리고 그가 한국 복음주의의 형성과 발전에 적지 않은 영향을 끼쳤음에도 그에 대한 학계의 관심이 상대적으로 빈곤한 시점에서,[5] 그레이엄과 미국복음주의 간의 상관관계를 조명하는 것은 그 자체로 의미 있는 학술작업이 될 것이다.

이런 문제의식 하에, 본 장은 미국 복음주의의 역사를 검토하고 그레이엄의 생애를 복음주의적 활동을 중심으로 정리할 것이다. 이어서 양자의 상관관계를 분석하여, 그 관계의 내용과 특징을 제시할 것이다. 이를 통해, 복음주의자로서 그레이엄의 실체와 미국 복음주의 역사의 핵심이 좀 더 명료하게 드러나길 기대한다.

I. 생애와 사역

『미국인들의 종교사』*A Religious History of American People*란 기념비적 저작을 남긴 시드니 앨스트롬Sydney E.Ahlstrom, 1919~84은 그레이엄의 출현 배경을 다음과 같이 서술했다.

> 대중적 복음주의는 1세기 동안 서서히 뒤로 물러났다. 하지만 이 나라의 모든 지역에서, 특히, 근대 지적 흐름에 가장 적게 영향 받은 사람들 사이에서 여전히 번성했다. 농촌 지역에서, 특히 서부와 남부에서, 작은 마을, 보다 오래된 여러 도시들에서, 보다 부흥운동적 교파와 분파들이 옛 종교를 순전하게 보존했다. 실험주의, 경건주의적 도덕, 복음찬송과 단순한 설교 등을 강조하면서 말이다. 무디Dwight L. Moody가 이런 사람들 안에서 친근함을 느꼈을 것이다. 물론, 역으로 이 사람들은 무디나 빌리 선데이Billy Sunday가 제공했던 전국적 지도력을 갈망했다. 이런 것을 배경으로 우리는 빌리 그레이엄의 출현을 고려해야 한다. 그는 미남이고 기이하게 고독한 영웅으로서, 부흥운동의 옛 영광의 회복을 바라는 20세기 중반에게 해답을 제공했다.[6]

이런 배경을 염두에 두고, 그레이엄이 행한 경이적인 사역에 주목하면서 복음주의자로서 그의 생애를 살펴보자.

"미국의 개신교 교황 복음전도자 빌리 그레이엄"[7]은 제1차 세계대전이 끝나기 4일 전인 1918년 11월 7일 노스캐롤라이나 주 샬럿Charlotte에서 보수적 장로교인이자 낙농업자인 부모 밑에서 태어났다. 따라서 그는 보수적인 신앙교육을 받으며 성장했고, 대공황의 암흑기에도 유복하게 생활할 수 있었다. 1934년, "지옥 불을 연상시키는" 독립설교자 모데카이 햄Mordecai Fowler Ham, 1877~1961의 집회에서 "자신의 죄성을 고백하고 자비를 구하며 자신을 하나님의 뜻에 완전히 헌신했다."[8]

그레이엄은 본래 노스캐롤라이나주립대학교에 진학하고 싶었지만, 주립대학교의 교육이 아들의 신앙에 해가 될까 두려웠던 어머니의 영향으로, 1936년 밥존스대학Bob Jones College에 입학했다. 하지만 그는 그곳의 편협한 근본주의적 분위기에 적응하지 못했다. 결국, 한 학기 후에 플로리다성서대학Florida Bible Institute으로 전학하여 1940년 봄에 졸업했다. "그곳의 환경은 보수적이었으나, 밥존스대학에 없던 자유가 있었다." 다양한 국가출신의 복음주의자들과 만나면서 교회에 대해 보다 넓은 시야를 갖게 되었을 뿐 아니라, 보다 깊은 회심을 경험하고 다시 세례를 받았으며 침례교 목사로 안수도 받았다.

졸업 후, 그레이엄은 폴 피셔Paul Fischer의 주선과 후원으로 1940년 휘튼대학Wheaton College에 입학하여 3년 후 인류학 전공으로 학사학위를 취득했다. 휘튼에 있는 동안 여러 일들이 있었다. 먼저, 그는 1941년 여름 '연합복음교회' the United Gospel Tabernacle의 담임목사가 되었고, 1943년에는 중국선교사의 딸이자 평양외국인학교를 졸업한 루스 벨Ruth Bell, 1920~2007과 결혼했다. 이어서 일리노이 주 웨스턴스프링Western Spring에 위치한 제일침례교회 the First Baptist Church에서 새로 목회를 시작했으며, 라디오방송사역도 병행했다. 하지만 보다 자유로운 사역을 위해, 1945년 교회를 사임하고 토리 존스Torrey M. Johnson, 1909~95의 제안으로 십대선교회Youth for Christ의 전임전도자로 사역을 시작했다. 그레이엄은 이 사역을 통해 유럽과 미국 전역에서 설교했으며, "그의 세대에 가장 재능 있는 영어권 설교자 중 한 사람으로 부상했다." 9

1949년, 그의 인생에 결정적 전환점이 찾아왔다. 9월 25일부터 11월 20일까지 8주 동안 LA에서 열린 천막부흥회 동안, 연인원 35만 명이 참석하여 3천 명이 결신했다. "그레이엄을 띄워봐!" puff Graham라고 편집자들에게 주문한 미국신문업계의 거물 윌리엄 허스트Wiliam Randolph Hearst, 1863~1951의 후원으로 미디어의 주목을 받게 된 "31세의 전도자는 즉각 거물이 되었다." 10 LA집회를 마친 후, 그레이엄은 미국 복음주의의 핵심적 지도자인 헤롤드 오켕가의 초청으로 1949년 12월 31일부터 1월 16일, 그리고 3월 1일부터 4월 23일까지 보스턴에서 진행된 집회에서 설교했다. 첫 2주 동안 열린 집회에 150,000명이 참석하여 약 3천 명이 "결신카드"에 서명했다. 그레이엄은 다음 5주 동안 뉴잉글랜드 6개 주를 모두 방문하면서 20개 이상의 도시에서 집회를 개최했다. 보스턴 코먼Boston Common에서 열린 마지막 집회 때는 6천 명이 "예수 그리스도를 자신의 개인적 구주로 영접"하는 카드에 서명했다. "20세기 중반의 뉴잉글랜드 대부흥이라고 불리는 일이 발생한 것이다." 11

1950년이 시작되면서 그레이엄의 사역은 더욱 확장되었고,12 동시에 체계적인 조직도 갖추었다. 즉, 1950년 5월 사우스캐롤라이나 주 콜럼버스에서 열린 집회에서 '빌리 그레이엄 전도 집회' Crusade란 이름이 최초로 사용되었고, 이것은 이후에 그의 집회를 상징하는 대표적인 명칭이 되었다. 또한 1950년 11월 5일 애틀랜타에서 '결단의 시간' Hour of Decision이란 라디오방송도 시작했다. 이렇게 그의 사역이 확장되면서, 그레이엄은 "자신의 사역을 단단한 사업적 기반 위에 둘 필요를 느끼고"[13] '빌리그레이엄전도협회' the Billy Graham Evangelisitic Association, Inc.를 설립했다. 이 단체는 그레이엄의 집회를 계획・조직하고, 잡지『결단』Decision을 포함한 종교서적의 출판과 배포, 영화사 '월드와이드픽처스' World Wide Pictures 운영, 메일 상담과 전도컨퍼런스 개최 등에 집중했다.[14] 동시에, 그레이엄의 전도 집회는 미국을 넘어 전 세계로 확장되기 시작했다. 1952년, 미군 군목들의 요청으로 전쟁 중인 한국을 방문하여 부산과 대구에서 집회를 열었고, 1954년 초에는 런던을 방문해서 3개월 동안 200만 명이 넘는 사람들에게 복음을 전했다. 1955년에는 유럽 12개 도시에서 400만 명 이상이 그의 설교를 들었으며, "그의 초청에 10만 명 이상의 구도자들이 앞으로 나오는 것을 지켜보았다."[15]

1950년 후반에 그레이엄의 사역은 또 한 차례의 중요한 전환점을 맞이했다. 복음전도자로서 국내와 해외에서 명성을 높여가던 1957년, 그레이엄은 뉴욕 메디슨스퀘어가든에서 5월 15일부터 9월 1일까지 대규모 전도집회를 개최했다. 이 집회는 진보적 목회자들이 포함된 목회자 연합회의 주도 하에 개최되었는데, 총 240만 명이 참석하여 61,000명의 결신자가 나왔다. 하지만 그레이엄이 이 집회의 초청에 응하자 근본주의자들은 그를 '배신자'로 규정하고 엄청난 비난을 퍼부었다. 결국, "1957년 이후 '근본주의'는 주류 교회들과 완전히 결별한 사람들을 의미하게 되었다."[16] 동시에, 그레이엄은 "순종 근본주의자"로 출발했지만, "다른 전통과 주변 문화에 대해 보다 개방적인 태도를 갖는" "협력적 복음주의" cooperative evangelicalism의 대표적 인물로 부상했다.[17]

한편, 1959년은 그레이엄 자신의 사역뿐 아니라, 미국 복음주의 역사에서 또 하나의 중요한 해로 기억된다. 역사가들에 의해, "복음주의 운동의 응집력을 제공했다"고 평가되는 잡지『크리스채너티 투데이』가 창간된 것이다.[18] 그레이엄이 사업가 하워드 퓨J. Howard Pew, 1882~1971의 재정적 지원

하에 신학자 칼 헨리를 초대 편집자로 영입하면서 가능해진 일이다. 이 잡지는 1980년대 중반에 발행부수가 180,000부를 돌파하면서 당시 북미에서 가장 저명한 진보적 성향의 종교잡지 「크리스챤 센추리」*Christian Century*를 추월했다. 「크리스채너티 투데이」에 대해 마크 엘링젠Mark Ellingen은 다음과 같이 설명한다.

> 이 잡지의 목적은 교회와 사회의 현대적 쟁점에 복음주의의 접근을 가능케 하는 것이었다. 본래 구독자는 성직자와 신학생이었고, 후에는 보다 많은 평신도들이 구독했다. 이 잡지의 편집 정책은 신학과 정치에 대해 보수적이었다. 특히, 성서무오설을 신봉했다. 정치 영역에서 이 잡지는 기독교적 사회책임에 대한 복음주의적 헌신을 반영했으나, 당대의 뜨거운 사회적 쟁점을 다루기 위해 특별한 행동을 주창한 적은 거의 없다. 그것은 지금도 복음주의의 한 기둥이자 일차적 이미지 메이커다.[19]

1960년대 미국은 흑인인권운동과 베트남전쟁을 경험하면서 극심한 내적 갈등과 혼란의 시기를 맞이했다. 반면, 그렌트 웨커Grant Waker의 묘사대로, 그레이엄은 이 시기를 통과하면서 "지도자에서 유명인, 그리고 다시 아이콘icon으로 이동했고, 그런 아이콘적 지위를 새 천년까지 유지했다."[20] 그의 활동 및 영향력의 범주가 미국을 넘어 세계로, 종교를 넘어 정치영역으로 크게 확장된 것이다.

먼저, 그레이엄은 아이젠하워 대통령시절부터 백악관의 주인들과 친밀한 관계를 맺어왔고, 닉슨 행정부 시절에는 대통령의 영적 자문관으로서 큰 힘을 발휘했다. 닉슨과의 친밀한 관계는 그레이엄에게 영예와 치욕을 동시에 선사한 '생의 모순' 이었다.[21]

또한 그레이엄은 복음주의운동의 국제적 네트워크를 형성하기 위해 동분서주했다. 특히, 1966년 베를린에서 개최된 '세계복음전도대회' World Congress on Evangelism와 1974년 로잔에서 열린 '세계복음화국제대회' International Congress on World Evangelization at Lausanne는 그레이엄의 그런 노력의 대표적인 산물이었다. 로잔대회의 경우, 150여 나라에서 2만 명 이상이 참석했는데, "성경의 신뢰성과 권위, 그리고 세계복음화의 긴박성에 대한 복음주의적 강조점을 분명히 하면서, 빈민과 불의의 희생자들에 대한 사회적·정치적 관심의 필요성도 함께 강조했다."[22]

동시에, 그는 미국과 세계 도처에서 대규모 전도 집회를 이어갔다. 1962년 부활절, 당시 흑인인권운동의 중심지였던 앨라배마 주 버밍햄에서 3만 명이 참석한 인종통합집회가 대표적인 예다. FBI가 경비대를 파견할 정도로 위험하고 긴장된 집회에 흑인과 백인이 각각 절반씩 참여했는데, 이 집회는 "버밍햄 역사에서 가장 완벽하게 인종이 통합된 대중 집회였고, 새날의 시작이었다."는 평가를 받았다.[23]

냉전이 절정을 향해 치닫고 있던 1970년대에 그레이엄은 또 다른 차원에서 영적 전쟁을 치르기 시작했다. 사실, 그레이엄은 사역 초기에 냉전을 배경으로 자신의 전도설교를 반공주의와 애국주의로 적절히 포장함으로써 대중들에게 큰 호소력을 발휘했었다. 즉, "무엇보다 상원의원 조셉 매카시의 마녀사냥과 비미활동조사위원회로 대표되는 의심과 공포로 가득 한 정치 환경에서,"[24] 그레이엄은 "오늘날 공산주의에 대항할 수 있는 가장 강력하고 효과적인 무기는 다시 태어난 기독교인입니다"라고 설교했던 것이다.[25] 하지만 1970년대의 위태로운 세계정세에서 그레이엄은 수많은 오해와 비판에도 불구하고 '철의 장막'을 종횡무진하며 집회를 열고 정치지도자들을 만났다. 한국에서 유신시대가 막을 연 1973년, 그레이엄은 서울에서 사상 최대인원이 모인 전도 집회를 조직했다. 동시에, 다양한 공산권 국가들에서 집회를 이어갔다.

빌리는 냉전시대에 공산주의 국가들에게 복음을 전하는 커다란 성과를 남겼다. 1977년 9월 헝가리를 방문하였고, 1978년 10월에는 폴란드에서 집회를 인도하였다. 빌리는 드디어 1982년 5월 소련의 모스코바에서 복음을 설교할 수 있었다. 9년이 지난 1991년 7월 그는 모스크바에 복음전도학교를 열었고, 소련 전역에서 4천 9백여 명의 교역자들이 참석하였다. 그는 고르바쵸프와 회담하였고, 그것은 TV를 통해 전국으로 방영되었다.[26]

1980년대부터 그레이엄의 모습은 언론에 노출되는 빈도가 줄어들었다. 하지만 그의 활동이 위축된 것은 아니다. 위에서 인용한 것처럼, 그는 미국과 세계 전역에서 계속 설교했고 소련과 동유럽을 방문했으며 핵전쟁을 막기 위해 나름의 노력을 계속했다. 특히, 1992년과 1994년에는 북한을 방문하여 선교집회를 갖고 김일성대학에서 강의도 했다.[27] 70세가 넘은 나이에도 사역을 계속했던 그는 2005년 뉴욕 플러싱Flushing에서 마지막 집회를 인도한 후 현역에서 공식적으로 은퇴했다. 그때까지, 그레이엄은 개인적으로 185개 이상의 나라와 영토에서 2억 1500만 명의 사람들에게 직접 설교했고, 전자매체와 잡지, 책을 통해 수억 명의 사람들에게 복음을 전했다. 사랑하는 아내 루스를 2007년 먼저 하늘로 떠나보낸 후, 그레이엄은 수년간 전립선암과 파킨슨병으로 투병하다가 2018년 2월 21일 이 땅에서 99년의 삶을 마감했다.

II. 미국 복음주의와 빌리 그레이엄

복음주의는 종교개혁의 유산을 충실히 보존함과 동시에, 시대와 문화에 창조적으로 적응하며 지금까지 역사를 이어왔다. 18세기 영국과 미국에서 발생한 부흥운동을 통해 복음주의는 중요한 운동으로 발전했고, 20세기에는 그 범위가 전 세계로 확장되었다. 그럼에도 여전히 복음주의의 중심지는 미국이다.[28] 그리고 20세기 미국복음주의는 그레이엄과 운명적 관계를 유지해왔다. 한때 미국 복음주의자는 "빌리 그레이엄을 좋아하는 사람들"로 불렸을 정도로 말이다. 그렇다면 위에서 개괄적으로 정리한 미국 복음주의와 그레이엄에 대한 설명을 토대로, 양자의 관계를 검토해보자.

1. 그레이엄은 미국 복음주의의 유산을 충실히 계승했다.

가스 로젤Garth M. Rosell이 정리한 것처럼, 미국 복음주의는 십자가, 성경, 회심, 복음전도, 개혁을 신앙생활의 핵심으로 삼았다. 즉, 복음주의자들에게, 십자가에서 예수의 대속적 죽음은 복음의 핵심이다. 성경은 하나님 말씀이며, 구원과 삶의 궁극적 권위이다. 또한 복음주의자는 신조에 대한 지적 고백이나 형식적인 성례전 참여를 넘어, 복음 앞에서 성령의 권능에 의한 극적인 변화를 열정적으로 강조했다. 동시에 이것은 말과 삶을 통한 복음전도, 그리고 개인과 사회의 변화로 이어진다고 확신했다.

이런 복음주의의 핵심은 그레이엄의 신앙과 사역에서 동일하게 반복되었다. 십자가는 복음전도자로서 그레이엄의 중심 메시지였다. 그가 그토록 오랜 세월 세계전역에서 다양한 방식과 매체를 통해 수많은 사람들에게 설교했지만, 언제나 메시지의 핵심은 동일했다. 그것은 인류를 위해 십자가에서 죽은 예수, 그런 희생을 통해 드러난 하나님의 사랑이었다.[29] 그래서 그의 대표적 설교본문은 요한복음 3:16이었다.

성경과 회심도 그의 메시지를 구성한 결정적 요소였다. 사역 초기에 성서비평과 보수적 성경관 사이에서 갈등했던 그레이엄은 결국 복음주의적 전통을 택했다. 이후, 그의 설교가 단순하며 학문적 깊이가 부족하다는 비판을 받을 정도로, 그는 성경적 메시지를 단순하고 충실하게 선포했다. 그의 설교가 끊임없이, "성경이 말씀하시길…"로 물결치는 것은 이런 특징의 단적인 증거다.[30] 또한, 그레이엄에게 회심은 전도자로서 그의 사역의 일차적 목적이었다. 그의 전도 집회는 예수 그리스도를 구주로 영접하고 하나님의 자녀로 거듭나라는 초청에서 절정을 이루었고, 이런 회심은 개인과 사회, 국가와 세계가 직면한 문제의 궁극적 해법이었다.[31]

끝으로, 전도와 개혁도 그레이엄의 사역을 설명하는 키워드들이다. 그는 자신의 정체성을 기본적으로 예언자가 아니라 복음전도자로 인식했고, 평생 이 사명에 충실하고자 최선을 다했다.[32] 동시에, 그는 말씀과 성령의 도움으로 개인과 세상의 변화를 추구했으며, 이를 위해 나름대로 최선을 다했다. 물론, 이 부분에서 그에 대한 평가는 다양하지만, 그가 이 주제에 대해 관심을 갖고 적극적으로 발언하고 참여했다는 사실은 부인할 수 없다.[33]

2. 그레이엄은 20세기적 복음주의 탄생에 결정적인 역할을 담당했다.

19세기까지 복음주의는 개신교 전체를 지칭하며, 다양한 교파. 인물, 특징을 포괄하는 용어였다. 하지만 20세기 초반 복음주의가 근대주의와 근본주의로 분열했고, 1940년대에는 근본주의 내에서 신복음주의가 출현했다. 이 과정을 통해서 신복음주의가 주류 개신교 및 로마 가톨릭과 구별되는 "제3의 세력" the third force 으로 정체성을 형성하며 미국 기독교의 지형을 "삼등분" 했다. 이 모든 과정에서 그레이엄의 역할은 거의 절대적이었다.

먼저, 전투적 분리주의를 고수하는 근본주의자들과 달리, 신복음주의자들은 적절한 방법과 범위 내에서 분리주의를 극복하고자 했다. 이 문제에 있어서, 그레이엄은 가장 용감하게 기존의 장벽을 허물었다. 진보적 목회자들이 함께 준비한 1957년 뉴욕메디슨스퀘어가든 전도 집회는 근본주의자들과 결별하는 결정적인 계기가 되었다. 뿐만 아니라, 그는 교황 요한 바오로 2세, 소련의 고르바초프, 북한의 김일성을 만났고, 여러 공산주의 국가들도 방문했다. 그는 자신의 근본 신앙을 훼손하지 않는 한, 복음을 전할 기회가 있다면 신앙과 이념의 선을 기꺼이 넘으려했다.

둘째, 그레이엄은 근본주의의 반지성주의와 자유주의의 세속주의를 동시에 극복하기 위해 신복음주의 지성운동을 적극적으로 주도하고 지원했다. 뛰어난 복음주의 신학자 칼 헨리를 초대 편집장으로 영입한 후「크리스채너티 투데이」지를 창설했으며, 자신의 모교인 휘튼대학을 복음주의 학문연구의 중심지로 만드는데 도움을 주었고, 풀러신학교와 고든콘웰신학교에 이사로 참여하여 이 학교들이 복음주의 신학연구와 교육을 주도하는 기관으로 성장하는데 기여한 것이다.[34]

셋째, 그레이엄은 현대의 첨단 도구와 매체, 새로운 문화에 유연하게 반응하고 적극적으로 활용함으로써, 복음주의란 '구식종교'를 20세기 미국 문화에 가장 탁월하게 적응한 '신식종교'로 정착시켰다. 그는 순회전도자로서 천막집회를 통해 복음을 전하기 시작했지만, 당시에 빠르게 확산되던 라디오와 텔레비전, 인공위성과 인터넷을 자신의 전도매체로 빠르게 수용하고 유용하게 활용했다. 다양한 잡지와 도서를 출판했으며, 심지어 영화도 제작하여 보급했다. 뿐만 아니라, 히피문화에 영향 받은 예수운동Jesus Movement이 출현했을 때, 이 운동을 적극 지지하고 자신의 사역에도 반영함으로써 복음주의 청년문화의 발전에도 크게 기여했다.[35]

끝으로, 그레이엄은 주변에 머물던 복음주의를 미국 문화의 중심부로 이동시키면서, 이 운동의 지도자로서 독보적인 지위를 확고히 했다. 물론, 미국 복음주의의 발전이 그레이엄 한 사람의 작품은 아니다. 하지만 그는 미국과 전 세계를 무대로 대규모 전도 집회를 성공적으로 인도하여 수많은 사람들이 회심하고 신앙을 회복하도록 도왔다. 또한 다양한 매체를 통해 전파된 그의 생각이 특히 냉전시대에 많은 미국인들에게 큰 호소력을 지녔으며, 다른 목회자들과 차별되는 그의 청렴한 성품과 삶이 그에 대한 대중적 존경과 영향력을 더욱 고조시켰다. 게다가, 미국 대통령들과 그의 개인적 친분은 그레이엄을 미국에서 가장 존경받고 영향력 있는 목사로 변모시켰다. 그 결과, 그는 "미국의 목사님," "복음주의 교황"이란 칭호를 얻었으며, 동시에 그가 이끌던 미국 복음주의도 미국의 대표적인 기독교로 신분 상승을 이루었다. 이런 면에서, 그레이엄은 역대 어느 복음주의자보다 복음주의의 위상을 높이는데 기여한 것으로 평가된다.[36]

3, 빌리 그레이엄은 미국 복음주의의 세계적 확장에 기여했다.

그레이엄을 연구한 이들이 공통적으로 경험하는 충격은 그의 사역의 지리적 범위와 그것의 양적 결과다. 즉, 그는 2005년 은퇴할 때까지 거의 모든 대륙에서 수많은 사람들에게 설교했다. 그는 일생동안 185개 이상의 나라와 영토에서 약 2억 1500만 명에게 복음을 전한 것으로 알려졌다. 이런 면에서, 동시대 최고의 종교지도자였던 교황 요한 바오로 2세를 제외하곤, 세계교회사에서 그레이엄에 필적할 만한 인물은 없다. 19세기 최고의 전도자였던 무디Dwight L. Moody마저 그의 비교대상이 될 수 없다. 그런 광범위한 전도여행과 수많은 집회를 통해, 소위 '미국식 복음주의'가 전 세계로 수출된 것이다.[37]

또한 그레이엄은 다양한 복음주의 국제대회를 주최하거나 후원함으로써, 세계복음주의 운동의 내적 결집과 외적 확장에 크게 기여했다. 대표적인 예가 1966년 베를린 세계복음전도대회와 1974년 세계복음화국제대회였다. 베를린대회에는 1,200여명이, 로잔대회에는 2,700여 명이 각각 참석했다. 특히, 이 대회에는 소위 제3세계 출신의 지도자들이 참여하여 중요한 역할을 담당함으로써, 세계복음주의 지형도가 보다 다채롭고 역동적으로 발전하는 계기가 되었다.

무엇보다, 그레이엄은 한국 복음주의 성장에도 주목할 만한 영향을 끼쳤다. 그는 한국전쟁이 한창이던 1952년 한국을 방문하여 부산과 서울에서 설교했고, 1956년 다시 방한하여 서울운동장에서 8만 명이 참석한 집회를 인도했다. 이어서 1973년 5-6월 동안, 서울 여의도를 포함하여 국내 여러 도시에서 집회를 가졌으며, 1980년에 마지막으로 방한하여 설교했다. 특별히 1973년 여의도집회의 마지막 예배에는 1백만 명 이상이 참석했는데, 이 집회는 그레이엄의 사역에서 가장 큰 규모의 집회로 기록되었고,[38] 한국의 교세성장과 복음주의 신앙의 확산에 중요한 영향을 끼친 것으로 평가된다.[39]

4. 빌리 그레이엄의 영향 하에 발전한 미국 복음주의는 후대에 한계와 과제도 남겨주었다.

먼저, 그레이엄에게 쏟아진 비판의 상당부분은 사회의 민감한 쟁점에 대한 그의 편향된 혹은 단순한 입장과 관련된다. 분리주의로 일관했던 20세기 중반의 근본주의자들과 달리, 그레이엄은 공산주의와 인종차별을 포함한 다양한 사회적 이슈에 대해 적극적으로 자신의 생각을 공개적으로 표현했고, 다수의 미국인들에게 무시할 수 없는 영향을 끼쳤다. 동시에, 20세기 후반에 등장한 기독교우파의 일방적 주장과는 일정한 거리를 유지하며, 보다 유연하고 신중한 태도를 견지했다. 그러면서 그런 자신의 태도와 입장을 "복음전도자"evangelist이자 "복음주의자"evangelical로서 자신의 정체성에 기초하여 정당화했다. 하지만 그가 냉전시기에 기독교와 애국주의, 회심과 반공주의를 배타적으로 동일시하고, 민감하고 위험한 이슈에 대해 구체적이고 책임 있는 행동 대신, 소극적 발언에 머물거나 교묘한 변명으로 회피한 것은 아쉬움으로 남는다.[40] 따라서 그의 유산을 이어가야하는 이 시대의 복음주의자들은 복음의 사회적 해석과 적용에 있어서 보다 현실적·체계적인 대안을 모색하면서 적극적·책임적인 실천을 추구해야 할 것이다.

둘째, '미국의 목사님'으로서 그레이엄의 삶에 기록된 최대 오점은 역대 대통령들과 과도하게 친밀한 관계를 유지한 것이다. 그레이엄에 대해 우호적인 학자들은 대통령들과 그의 친분이 그의 개인적 명성과 함께 복음주의의 위상도 끌어올렸다고 지적한다. 하지만 그런 핑크빛 스토리 배후에는 그가 미국의 목사가 아닌, 특정 정당과 인물의 '개인사제' a private priest로 행동했던 흑 역사black history도 존재한다. 특히, 그가 역대 최악의 대통령들로 언급되는 리처드 닉슨Richard Nixson과 조지 W. 부시George W. Bush와 가장 가까운 사이였다는 사실은 그의 설교의 진정성을 훼손하고, 그의 명성에 심각한 오점으로 남을 수밖에 없다.[41] 물론, 이 시대의 목회자는 일정수준 제사장과 예언자의 역할을 수행하도록 요청된다. 하지만 항상 불안과 긴장, 타락과 범죄의 위협 앞에 노출되어 있는 정치판에서 아무리 그레이엄 같은 걸출한 인물이라도 실수 없이 균형과 공평을 유지하는 것은 결코 쉬운 일이 아니다. 그래서 그가 권력의 핵심부와 적절한 거리유지에 실패했던 경험은 그의 후예들에게 매우 중요한 교훈과 과제를 안겨준다. 교회는 항상 특정한 국가권력과의 과도한 유착을 경계해야한다. 복음과 성령의 능력이 아니라, 국가의 지원과 특혜로 교세를 확장하거나 사회적 신분상승을 욕망해서도 안 된다. 달콤해 보이지만 독 묻은 사과일 수 있기 때문이다. 정말, "창조적 긴장관계"를 유지하는 법을 익혀야한다.

셋째, 흔히 "그레이엄 박사님" Dr. Graham으로 불려온 그에게 던져진 가장 쓰라린 비난은 그의 설교와 신학에서 빈번하게 반지성주의가 노출된다는 것이다. 근본주의와 신복음주의를 비교·연구한 학자들은 이구동성으로 신복음주의자들이 근본주의의 반지성주의를 극복하려했고, 그런 노력의 중심부에 그레이엄이 있었다고 결론을 내린다. 하지만 비판자들은 그의 설교에서 주석적 깊이를 느낄 수 없고, 그가 일반학문분야의 성과를 부당하게 폄하하며, 심지어 세상의 복잡하고 난해한 현실적 문제들이 '예수 믿으면 다 해결된다' 는 식으로 선포한다며 공격했다. 사실, 이런 비판은 조금은 지나친 면이 있으나, 완전히 근거 없는 이야기도 아니다. 그레이엄 자신이 이런 결점을 스스로 인정하고 안타까워했기 때문이다. 따라서 이 문제는 그의 유산을 계승하려는 21세기 복음주의자들이 진지하게 고민해야 한 또 하나의 어려운 과제다. 이미 복음주의 역사가 마크 놀 Mark A. Noll, 1946~이 도발적으로 이 문제를 제시하지 않았던가?[42] 놀은 복음주의의 비지성적 현상을 단지 "스캔들"로 진단했으나, 특별한 반전이 없다면 "만성질환" 내지 "존재방식"으로 고착될지 모른다. 더 이상 무지가 믿음과 은혜의 가면 아래 정당화될 수 없는 시절이다.

마무리

이상에서, 나는 미국 복음주의 역사를 간략히 정리하고, 복음전도자 빌리 그레이엄의 생애를 그가 미국복음주의 형성과 발전에 끼친 영향을 중심으로 살펴보았다. 이어서 양자의 상관관계를 비교·분석하고 그레이엄이 남긴 과제까지 제시했다.

그레이엄의 생애는 근본주의에서 신복음주의가 분리되던 시기와 거의 일치하며, 그의 사상과 사역은 그런 분열을 자극하고 촉진했다. 그가 빛났던 무대에서 복음주의도 함께 갈채를 받았으나, 그가 넘어진 길목에서 복음주의도 함께 수모를 당한 것이다. 따라서 그레이엄 없는 미국 복음주의를 상상할 수 없으며, 미국 복음주의 역사에 대한 온전한 이해 없이 그레이엄의 생애와 사역을 제대로 평가할 수 없다. 그런 맥락에서, 미국 복음주의 의 장점과 단점 모두 그레이엄 개인의 삶과 무관하지 않을 것이다. 분명히, 그레이엄과 복음주의의 관계는 가히 '운명적'이었다고 결론을 내릴 수 있다.

여전히, 미국 복음주의 목회자와 신학자, 교회와 문화의 강력한 영향력 하에 놓여 있는 한국교회의 현실을 고려할 때, 이런 미국 복음주의의 역사 와 현실을 정확히 이해하는 것은 매우 중요하고 필요한 일이다. 그레이엄 의 육신은 이미 이 땅에서 사라졌지만, 그의 유산은 여전히 살아 있으며, 미 국교회와 한국교회의 긴밀한 관계도 1세기가 지난 지금까지 건재하기 때 문이다. 부디, 그레이엄이 땅에 뿌리고 간 복음주의의 소중한 유산이 아름 답고 풍성한 숲으로 건강히 자라고, 그의 인간적·시대적 한계로 인해 범 했던 오류들은 역사의 거름으로 철저히 썩길 바란다. 그래서 그가 미국을 넘어 전 세계로 옮겨 심은 복음의 씨앗들이 이 땅에 하나님 나라의 생명나 무들로 무럭무럭 자라길 진심으로 소망한다.

미주

1. 이 글은 "빌리 그레이엄과 미국복음주의," 『역사신학논총』 제33집 (2018): 187-219에 수록된 것을 수정한 것이다.
2. 그레이엄은 1955년부터 2006년 사이에 갤럽이 조사한 "가장 존경 받는 10인"에 50차례 선정되었고, 미국정부가 시민에게 수여하는 최고 훈장을 두 차례나 수상했다. 그가 저술한 27권의 책은 수백만 부가 팔렸으며, 최소한 50개 이상의 나라에서 번역되었다. 그리고 역사가 그랜트 웨커(Grant Wacker)의 정리에 따르면, 그레이엄은 선출된 공직자를 제외하고, 미국에서 이름 이외에 별도로 주소를 적을 필요가 없는 유일한 사람이다. 역사가 마틴 마티(Martin E. Marty)는 그를 교황과 더불어 세상에서 '가장 널리 알려진 두 사람 중 한 명'이라고 평가했고, 예일대 교수 헤럴드 블룸(Harold Blooom)은 빌리 그레이엄을 비하하면 공직에 출마하기 어렵다고 말했다. Grant Wacker, "Billy Graham's America," *Church History* 78:3 (September 2009), 492.
3. "그는 하나님께서 자신을 전도자로, 오직 전도자로 부르셨다고 주장했다. 사적으로나 공적으로, 그는 자신이 그런 사명에 실패했을까봐 걱정했다." Grant Wacker, "Billy Graham's America," 496.
4. 예를 들어, 퀸 2세(Edward L. Queen II)는 그레이엄이 미국 복음주의에 끼친 영향을 이렇게 평가했다. "1950년대와 1960년대 동안, 그레이엄은 그 어떤 사람보다 복음주의자들을 미국 공적문화의 주류로 인도했다." Edward L. Queen II, Stephen, "Graham, Billy (Wiiliam Franklin)," *The Encyclopedia of American Religious History*, vol. 1. eds., Edward L. Queen II, Stephen, R. Prothero, Gardiner H. Shattuck, Jr., (New York, NY.: Proseworks, 1996), 264. 또한 그랜트 웨커도 이렇게 그의 가치를 평가했다. "어느 한 사람이 근대 복음주의의 반란을 가능케 한 것은 아니다. 하지만 그레이엄은 어느 누구보다 그것의 폭발력과 생명력을 전달하는데 공로를 인정받거나 비난을 받아야 한다." Grant Wacker, "Billy Graham's America," 504.
5. 그레이엄에 대해 국내에서 발표된 학문적 연구는 다음과 같다. 김용국, "한국복음주의 운동의 정체성과 과제: 빌리 그레이엄 운동을 참조하여," 『역사신학논총』 제15집 (2008): 182-98; 이재근, "5가지 키워드로 읽는 빌리 그레이엄의 삶과 사역," 『뉴스앤조이』(2018. 3. 8) 그리고 박용규, 『세계부흥운동사』(서울: 한국기독교사연구소, 2018), 937-55.
6. Sydney E. Ahlstrom, *A Religious History of the American People*, 956-57.
7. Larry Eskridge, "'One Way': Billy Graham, the Jesus Generation, and the Idea of an Evangelical Youth Culture." *Church History*, vol. 67(1) (1998), 83.
8. L. W. Dorsett, "GRAHAM, William Franklin, Billy," 260. 그레이엄 자신이 이날의 경험을 자서전에서 이렇게 정리했다. "이제, 나 자신을 그리스도께 헌신할 순간이 도래했다. 지적으로, 내가 그리스도에 대해 알고 있는 것이 진실임을 인정할 정도로 나는 그를 받아들였다. 그것은 지적 동의였다. 감정적으로, 나는 그가 나를 사랑하신 것에 대한 대가로 나도 그를 사랑하고 싶다고 느꼈다. 하지만 마지막 쟁점은 내가 내 삶에서 그의 통치에 나 자신을 넘겨드릴 수 있느냐 하는 것이었다. 나는 내가 작성한 카드에 "재헌신"이라고 표시했다. 아무튼, 내가 나의 세례와 견신례를 신앙고백으로 간주하도록 교육받았다. 차이는 이번에 나는 그것을 고의로, 의도적으로 한 것이다. 나의 이전 종교교육과 교회활동에도 불구하고, 나는 그것이 내가 예수 그리스도께 진정으로 헌신한 순간이었다고 믿는다." Billy Graham, *Just As I am* (New York: HarperCollins Worldwide, 1997), 30.
9. L. W. Dorsett, "GRAHAM, William Franklin, Billy," 261.
10. George M. Marsden, *Religion and American Culture*, 226.

11. Garth M. Rosell, *The Surprising Work of God*, 137.

12. 김용국, "한국복음주의운동의 정체성과 과제," 『역사신학논총』 제15집 (2008), 190.

13. Mark Elligsen, *The Evangelical Movement*, 193.

14. 에드워드 퀸 2세(Edward L. Queen II)는 이 단체에 대해 다음과 같이 평가했다. "그레이엄 자신이 이 단체에서 매년 보수를 받았고, 그것의 운영에는 거의 가담하지 않았다. 비록 이 단체가 돈을 책정하는 방식에 대한 비판이 있었지만, 이 조직은 재정적 책임과 공적 신뢰성의 모델이었다." Edward L. Queen II, Stephen, "Graham, Billy (Wiiliam Franklin)," 265.

15. Timothy Larsen, ed. *Biographical Dictionary of Evangelicals*, 262.

16. George M. Marsden, *Religion and American Culture*, 227.

17. 그렌트 웨커는 그레이엄의 이런 변화를 "진심이었고, 동시에 현명했다"고 평가했다. Grant Wacker, "Billy Graham's America," *Church History* 78:3 (September 2009), 505.

18. Mark Elligsen, *The Evangelical Movement*, 194.

19. Mark Elligsen, *The Evangelical Movement*, 194.

20. Grant Wacker, "Billy Graham's America," 490.

21. 그레이엄과 닉슨 간의 관계에 대한 비판적 분석은 Stephen Whitefield, "The Reverend Billy Graham: the Preacher in American Politics"를 참조.

22. George M. Marsden, "Evangelical and Fundamental Christianity," in *The Encyclopedia of Religion*, ed., Mircea Eliade (New York: Macmillan Publishing Company, 1987), 195.

23. John Pollock, *Crusades: 20 Years with Billy Graham* (Minneapolis: World Wide Publications, 1969), 281.

24. John Corrigan and Winthrop S. Hudson, *Religion in America*, 388.

25. John Corrigan and Winthrop S. Hudson, *Religion in America*, 387.

26. 김용국, "한국복음주의 운동의 정체성과 과제," 192.

27. 노충헌, "세계적 복음전도자 빌리 그레이엄 목사 소천," 『기독신문』 (2018. 2. 22) (http://www.kidok.com/news/articleView.html?idxno=107930, 2018. 10. 26 접속).

28. George M. Marsden, "Evangelical and Fundamental Christianity," 195.

29. "여러분은 죄를 갖고 천국에 갈 수 없습니다. 당신이 죄를 제거하고 하나님 앞에 흠 없이 서는 유일한 길은 십자가에서 예수 그리스도의 죽음을 통해서입니다. 그것은 하나님이 하신 일입니다." (빌리 그레이엄이 1954년 9월 9일 테네시 주 내슈빌에서 행한 설교 중). Lewis A. Drummond, *The Evangelist: the Worldwide Impact of Billy Graham* (Nashville, TN.: Word Publishing, 2001), 71.

30. "그레이엄은 성경이 반드시 이해되고 동화되고 실천되어야 한다고 주장했다. 그는 단순한 신앙으로 성경을 취하여, 오직 믿음으로 우리가 하나님의 진리를 파악할 수 있다고 주장한다. '성경이 말씀하시길…'은 그의 분명한 메시지다. 정말, 빌리 그레이엄에게, 성경은 그의 모든 설교에서 핵심적 토대로 기능한다. 그 전도자의 사역에서 어떤 도구도 하나님의 말씀보다 더 중심적인 역할을 수행하지 못했다. 존 스토트가 그에 대해 말했듯이, '그는 성경의 사람'이다." Lewis A. Drummond, *The Evangelist*, 108.

31. "당신이 [마음을 예수 그리스도께 열면], 당신은 영원토록 하나님의 가족에 입양되어, 하나님의 자녀가 된다. 그는 또한 당신 안에서 살기 위해 오시고, 당신을 내부로부터 변화시키기 시작하실 것이다. 진실로 그의 혹은 그녀의 생명을 그리스도께 드리는 사람은 결코 이전과 동일하지 않을 것이다…우리는 이런 일을 전 세계에서 수없이 보았다. 그리고 그것은 당신의 삶에서도 일어날 수 있다. 오늘 당신의 삶을 그리스도께 개방하라." Mark A. Noll, *American Evangelical Christianity: An Introduction* (Malden, MA.: Blackwell Publishers, 2001), 53.

32. 그는 *Christianity Today*, vol. 19 (January 1973)에서 "나는 하나님께서 구약의 선지자가 아닌, 신약의 복음전도자로 나를 부르셨다고 확신한다! 일부의 사람들이 복음전도자가 일차적으로 사회개혁이나 정치적 활동가가 되어야 한다고 해석하기도 하지만, 나는 결코 그렇게 생각하지 않

는다…인간의 근원적 문제는 그 자신의 마음속에 있다. 그런 까닭에 복음전도가 그토록 중요한 것이다"라고 자신의 정체성과 그 중요성을 천명했다. 도널드 데이튼, 『다시 보는 복음주의 유산』, 배덕만 옮김 (서울: 요단, 2003), 35에서 재인용.

33. 웨커는 그레이엄 안에서 개인적 회심의 중요성에 대한 확신은 세월이 지나도 결코 변하지 않았지만, 사회적 개혁에 대한 그의 입장은 계속 성숙하고 변했다고 분석했다. Grant Wacker, "Billy Graham's America," 508-9를 참조하시오.

34. "그레이엄은 보수적 학자들, 신학교들, 그리고 출판사들이 성경적 계시의 진실성을 방어하고, 자유주의적 개신교 사상을 지적으로 세련된 방식으로 반대하도록 격려했다." George M. Marsden, *Religion and American Culture*, 227.

35. 그와 예수운동의 관계에 대한 훌륭한 연구는 Larry Eskridge, "One Way': Billy Graham, the Jesus Generation, and the Idea of an Evangelical Youth Culture"이다.

36. "그레이엄은 복음주의자들을 존중스럽게 만들었고, 그들이 격리된 생활에서 벗어나게 했으며, 그들이 (대통령을 포함한 정치가들과 자신의 과녜를 통해서) 정치체계에 온전히 참여할 수 있도록 요구하고 도움을 주었다." Curtis J. Evans, "Billy Graham as American Religious and Cultural Symbol," *Harvard Theological Review* 108:3 (2015), 473.

37. 미국식 복음주의의 세계적 확장에 대해선, Steve Brouwer, Paul Gifford and Susan D. Rose, *Exporting the American Gospel* (New York and London: Routledge, 1996)을 참조.

38. "그것은 우리가 지금까지 말씀을 전했던 가장 큰 현장의 청중이었다." Billy Graham, *Just as I am*, 275.

39. "빌리 그레이엄 목사의 전도집회는 실제 교회의 부흥이란 새로운 도전을 한국교회에 안겨줬다. 그와의 인연을 통해 지근거리에서 복음주의 신앙을 답습한 한국의 목회자들은 주도적으로 나서서 교회의 대형화를 꾀하며 복음전파에 앞장서기 시작했다." 최상경 · 조준만, "빌리 그레이엄과 한국교회 인연…' 교회 성장' 이뤄," 『데일리굿뉴스』 (2018. 2. 23) (http://goodnews1.com/news/news_view.asp?seq=79465. 2018. 10. 28일 접속).

40. 많은 비평가들은 그레이엄이 마르틴 루터 킹 목사와 함께 행진하고 감옥에 가지 않은 것, 닉슨의 워터게이트가 폭로된 이후, 그에 대해 어떤 비판이나 반성의 말을 공개적으로 하지 않은 것, 유대인들에 대해 부정적 발언을 했던 것 등을 혹독하게 비판했다. 이런 비판에 대해선, Stephen Whitefield, "The Reverend Billy Graham: the Preacher in American Politics,"를 참조하시오. 하지만 노년에 그레이엄은 이런 자신의 행보에 대해 깊이 후회하며 반성했다. "말년에 그레이엄은 마틴 루터 킹 목사의 인권운동에 동참하지 못한 것을 공개적으로 고백하면서 이렇게 말했다. '내가 마틴 루터 킹 목사가 인도하는 알라바마 인권 회복운동 데모 대열에 합류한 많은 목회자들과 함께 셀마에 가지 못한 것은 나의 실수였다고 생각합니다. 나는 더 많은 일을 했어야 했습니다.'" 박용규, 『세계부흥운동사』(서울: 한국기독교사연구소, 2018), 955.

41. 그와 역대 대통령들, 특히 닉슨과의 관계에 대한 비판적 연구는 Stephen Whitefield, "The Reverend Billy Graham: The Preacher in American Politics"이다.

42. 마크 놀, 『복음주의 지성의 스캔들』(서울: IVP, 2010).

제7장 [1]
팻 로버트슨과 기독교 우파

1979년 미국 대통령선거에서 공화당후보 로널드 레이건 Ronald Reagan, 1911-2004이 대통령에 당선되었다. 이후, 그의 당선에 결정적으로 기여한 두 그룹이 세간의 주목을 받았다. 하나는 1960년대에 민주당을 지지했던 진보적 청년들이었으나, 미국의 베트남전쟁 패배 이후 강력한 보수 세력으로 전향한 '신보수주의자들' 네오콘, Neocon, 그리고 다른 하나는 오랫동안 분리주의에 근거하여 일체의 사회적·정치적 운동에 거리를 두었으나 1970년대부터 공화당을 지지하며 적극적으로 미국 정치판에 뛰어든 '기독교 우파' Christian Right, 혹은 '종교적 우파' Religious Right였다. 특히, 기독교 우파는 이후 미국 복음주의뿐 아니라. 미국 사회에서도 막강한 정치세력으로 힘을 행사하면서 뜨거운 논쟁과 비판의 대상이 되었다. '도덕적 다수' Moral Majority의 제리 폴웰과Jerry Falwell, 1933-2007과 '기독교연합 'Christian Coalition의 팻 로버트슨Pat Robertson이 대표적인 인물이다.

특별히, 팻 로버트슨은 지난 30여 년간 미국에서 정치적·종교적 논쟁의 중심에 서 있었다. 로버트슨은 은사주의자임에도 불구하고 자신의 종교적 지도력, 정치적 경력, 사업적 성공 덕택에 변두리가 아닌 중심부에 위치해 왔다. 무엇보다, 로버트슨은 자신의 독특한 종말론에 기초하여 특이한 정치적 이념들을 개발해 왔다. 동시에, 그의 활발한 정치활동이 그의 독특한 종말론에 중요한 영향을 끼치면서 매우 특이한 형태의 전천년설을 신앙하게 되었다. 지금도 오순절-은사주의 운동 내에서 맹위를 떨치고 있는 세대주의적 전천년설과는 달리, 로버트슨은 성령의 권능과 하나님 나라의 영원성에 의존하면서, 인간, 미래, 그리고 삶의 긍정적이고 낙관적인 측면들을 강조하는 경향이 있다. 따라서 로버트슨의 종말론과 정치적 경력 내의 이런 독특한 요소들을 고려해 볼 때, 그는 보다 체계적이고 철저한 학문적 탐구의 대상이 될 가치가 충분하다.

따라서 이 장은 로버트슨의 종말론적 독특성과 그것의 사회적 함의를 파악하기 위해, 먼저 그의 생애, 종말론, 그리고 사회개혁에 대한 생각을 각각 다룰 것이다. 즉, 먼저 로버트슨의 삶을 연대기적으로 기술하면서, 그의 종교적 · 정치적 정체성을 형성해 온 역사적 과정을 추적할 것이다. 또한, 그의 시대의 정치적 · 종교적 변화들에 따라 계속 변모하고 재구성된 그의 복잡한 종말사상을 검토할 것이다. 끝으로, 논쟁의 대상이 된 다양한 사회적 논점들에 대한 그의 견해를 분석할 것이다. 이를 통해, 미국의 기독교 우파가 추구하는 하나님 나라의 실체를 파악하게 되길 기대한다.

I. 생애

일반적으로, 마리온 고든 "팻" 로버트슨Marion Gordon "Pat" Robertson은 종교방송가, 자선사업가, 교육가, 종교지도자, 사업가, 작가로 알려져 있다. 동시에, 복음주의자, 근본주의자, 은사주의자, 오순절주의자, 혹은 남침례교인으로 묘사하기도 한다. 그에게 붙여진 이렇게 다양하고 복잡한 명칭들은 로버트슨의 정체를 규명하는 일이 용이하지 않음을 단적으로 지적해 준다. 따라서 이 장에서는 은사주의-정치 지도자로서 로버트슨이 탄생하는데 영향을 끼친 중요한 사건들을 선택적으로 살펴보면서, 그의 생애를 정리하고자 한다.

1. 1930-1960

팻 로버트슨은 1930년 3월 22일 버지니아 주 렉싱톤Lexington, Virginia에서 윌리스 로버트슨A. Willis Robertson과 글래디스 처칠 로버트슨Gladys Churchill Robertson의 둘째 아들로 태어났다. 법률가였던 그의 아버지는 미국 하원과 상원에서 보수적 민주당원으로 명성을 얻었다. 그의 어머니는 아버지의 먼 친척이었는데, 대단히 신앙이 깊은 여인이었다. 로버트슨은 아버지로부터 "노동윤리, 근검, 그리고 성실"을, 그리고 어머니에게서는 신앙을 인격적 유산으로 물려받았다.[2]

1942년, 로버트슨은 매릴랜드 주 볼티모어에 위치한 유명한 군사학교 맥도넙 사립학교McDonough Prep School에 입학했고, 2년 후 맥컬리 사립학교McCallie Prep School로 전학했다. 그는 졸업 후 워싱턴-리 대학Washiongton & Lee University에서 역사학을 전공하여 우등cum laude으로 졸업했다. 1948년 해병대에 지원하여 2년 동안 여름마다 장교교육을 받기 위해 버지니아 주 콴티코Quantico에서 훈련을 받았다. 대학 졸업 후에는 영국의 런던대학에서 1년간 공부했으며, 1950년부터 2년간 한국전쟁에 참전했다. 제대 후 다시 미국으로 돌아온 로버트슨은 예일대학교 법과대학원에 진학했는데, 그곳에서 당시 예일대학교 의과대학원에서 간호학 석사과정 중이던 "데데" 엘머Dede Elmer를 만나 1954년 결혼했다.

1955년은 로버트슨이 여러 차례의 실패를 경험한 힘든 한 해였다. 먼저, 로버트슨은 그 해 뉴욕변호사시험에서 떨어졌고 두 명의 예일대학교 동창생들과 시작한 사업마저 힘없이 휘청거렸다. 이런 연속적인 실패로 인해, 로버트슨은 심각한 정서적 위기를 겪게 되었고, 생애 처음으로 목회에 대해 생각하기 시작했다. 그러나 이때 그가 목회에 대해 생각한 일차적 동기는 "교양, 품위, 그리고 아마도 가장 중요한 정기적이고 충분한 월급"이었다.[3] 하지만 목회에 대한 이런 피상적인 이해는 1956년 해병대 출신의 순회 전도자 코넬리우스 밴더그렌^{Cornelius Vanderggren}과의 대화를 통해 극적으로 변화되었다. 그와의 대화를 통해, 로버트슨은 예수 그리스도를 개인적 구주로 이해하고 그리스도인이 된 것이다. 회심 후, 다음과 같은 기록을 남겼다.

> 그때까지 하나님에 대한 나의 모든 경험은 영적이 아니라 종교적이었다. 그 경험들은 그에 대한 나의 탐구로 구성되어 있었다. 그러나 이제 나는 나를 향한 그분의 사랑을 이해하기 시작했다. 지난해에 나는 매일 이렇게 기도했다. "오, 주님, 이 세상에서는 저에게 당신의 진리에 대한 지식과, 다가오는 세상에서는 영생을 허락해주시옵소서." 그런데 어느 순간 하나님께서 두 기도 모두에 응답하고 계셨다. 그것은 마치 그동안 나와 하나님을 갈라놓았던 커튼을 내가 통과하여 걸어가는 것 같았다. 갑자기 나는 그분을 하나님이 아닌 아버지로 알게 되었다. 그리고 이제 나는 그분께서 예수 그리스도를 통해 내게 오셨음으로 그분을 알게 되었다.[4]

1956년 가을, 로버트슨은 뉴욕 시에 위치한 성경신학교^{the Biblical Seminary,}5에 입학했는데, 이곳에서 그의 일생에 큰 영향을 미치는 중요한 두 사람을 만났다. 그중 한 명은 한국인 학생 주선애였다. 그녀는 장로교 목사의 아내였으나 한국전쟁 중 남편을 잃고 신학 공부를 위해 유학 온 사람이었다. 그녀는 이미 한국에서 다양하고 강력한 성령체험을 했으며, 그 신학교에서 영적인 사람으로 학생들의 주목을 받고 있었다. 그녀는 로버트슨에게 성령세례를 받도록 강하게 권면하였다. 두 번째 사람은 19세기 미국의 유명한 부흥사였던 찰스 피니였다. 피니가 저술한 책을 도서관에서 빌려와 읽으면서, 그는 피니가 자기처럼 법을 전공했고 주선애가 말한 성령세례를 체험했다는 사실도 발견했다. 또한 피니가 부흥운동과 사회개혁을 균형 있게 조화시켰다는 사실을 알고, 그를 자신이 따라야할 모범으로 설정하였다. 또한 팻은 성령세례를 추구하고 연구하면서 성령세례에 대해 보다 성숙하고 건전한 이해를 갖게 되었다. 그는 "성령의 은사들은 확실히 중요하다. 그러나 그 어느 것도 오랫동안 지속되지 않는다. 그리스도인은 성령의 은사가 아니라 열매를 영원히 간직하게 될 것이다"고 말했던 것이다. 1957년, 로버트슨은 아들 팀^{Tim}이 고열로 고통당하자 그를 위해 기도했다. 그의 기도를 통해 아들의 열이 떨어졌고, 로버트슨은 방언으로 기도하기 시작했다.[6] 1959년, 그가 성경신학교를 졸업할 때, 그는 이미 세 아이의 아빠가 되어 있었다.

2. 1960-1970

신학교를 졸업한 후 로버트슨 부부는 선교사로 파송받기 위해 화란개혁교회에 지원했으나 거절당하고 말았다. 그 후 뉴욕 시의 친구 집에 기거하면서 앞날을 준비하고 있었는데, 친구인 조지 러더데일$^{George Lauderdale}$의 권유로 기독교 텔레비전 방송국을 운영할 생각을 최초로 갖게 되었다. 수중에 돈도 없고 집에는 텔레비전 한대도 없었지만, 로버트슨은 우여곡절 끝에 버지니아 주 놀폭$^{Norfolk, Virginia}$에 다 쓰러져가는 UHF 방송국을 인수하여 1960년 1월 11일 CBN$^{the Christian Broadcasting Network}$을 설립했다. 그는 단돈 3불로 이 사업을 시작했다. 같은 해, 그는 남침례교회에서 목사안수를 받았고 프리메이슨 침례교회에서 교육목사로 사역을 시작했다.

초창기에 CBN은 불안정한 재정구조로 인해 어려움이 많았다. 그러나 1963년부터 전화모금행사를 시작하여 기본 재정을 충당하게 되었고, 1966년부터 이 방송국의 대표적 프로그램인 "700클럽"을 시작하여 팻 로버트슨의 종교적 · 정치적 견해들이 널리 전파될 수 있게 되었다. 장차 이

700클럽은 "미국 산업사에서 가장 오랫동안 방송된 텔레비전 프로그램들 중 하나"로 기록된다. 뿐만 아니라, CBN의 재정사정이 나아지면서 로버트슨은 다른 영역으로 자신의 사역을 확장하기 시작했다. 그는 1976년 버지니아 주 버지니아비치Virginia Beach, Virginia에 'CBN대학교' CBN University를 설립했고, 1977년 인공위성 기지를 세웠으며, 1978년에는 "축복작전" the Operating Blessing,7이란 비영리 구호단체도 설립했다.

특히, 이 기간 동안 로버트슨은 이스라엘에 큰 관심을 갖게 되었고, 은 사주의자로서 자신의 정체성도 확고히 하였다. 1967년 6월 5일, 로버트슨은 CBN 신사옥 시공식을 가졌는데, 우연히도 이날에 중동에서 6일 전쟁이 발발했다. 로버트슨은 이 두 사건의 일치에 종말론적 의미를 부여하면서 "CBN의 사역은 종말의 사역"이라고 생각했다. 또한 자신이 회원으로 등록하려던 인근의 한 침례교회가 그가 방언한다는 이유로 입회를 거부하자, 로버트슨은 이렇게 자신의 입장을 천명하였다.

저는 성령을 축소할 수 없습니다. 저는 성경의 중요한 어떤 부분을 당신이 믿지 않고 이해하지도 못하기 때문에, 그것을 가르치지 않겠다고는 약속할 수 없습니다. 저는 주께서 제게 방언에 대해 가르치라고, 혹은 당신의 모임들에서 방언을 하라고 말씀하시는지는 잘 모르겠습니다. 그러나 저는 제가 이런 사실들을 부인하는 것은 잘못된 일이며, 저의 삶에서 성령의 불을 끄겠다고 약속하는 것도 잘못임을 알고 있습니다. 그것은 당신이 지금 손에 들고 있는 성경의 가르침에 정면으로 배치되는 것입니다.8

그 외에도, 이 기간 동안 로버트슨은 기독교계의 저명한 지도자들과 긴밀한 인간관계를 맺기 시작하면서 활동영역과 영향권이 크게 확장되었다.

예를 들어, 순복음실업인회the Full Gospel Men's Fellowship의 창설자인 데모스 쉐이케리언, 유명한 성경전도사 케네스 헤긴Kenneth Hagin, 1917~2003, 은사주의운동의 세계적 지도자 데니스 베네트Dennis Bennet, 1917~91와 끈끈한 인간관계를 맺게 되었고, 그 우정은 일생동안 지속되었다.

3. 1980-현재

80년대에 들어오면서 로버트슨의 사역에 중요한 변화가 나타나기 시작했다. 그것은 종교에서 정치로의 변화였다. 그 변화는 "700클럽"에서 시작되었다. 1980년 700클럽은 뉴스방송을 포함시켰고, 이를 위해 워싱턴 D.C.에 뉴스국을 설치했다. 1981년에는 한발 더 나가, 700클럽의 형식을 종교적 토크쇼에서 뉴스중심의 잡지식 구성magazine format으로 바꾸었다. 이런 방송국의 변화와 함께, 로버트슨은 1980년 4월 29일에 있었던 제1회 "예수를 위한 워싱턴" Washington for Jesus 대회에서 연설하기도 하고, 이에 대해 직접 보도도 하면서 이 행사에 적극적으로 참여했다. 60만 명이 미국을 위해 기도하러 모인 이 집회에서, 로버트슨은 "1980년 4월 29일은 영적 혁명의 시작이다"고 선언했다.[9] 그의 전기를 썼던 역사가 데이빗 헤럴 2세 David Harrell, Jr., 1930~는 "1980년 4월 29일의 예수를 위한 워싱턴 대회는 팻 로버트슨의 정치적 양심을 첨예화시켰다"고 기록했다.[10]

정치에 발을 디딘 로버트슨은 이후 일련의 단체들을 조직했다. 먼저, 1981년 "가난하고 낮은 계층의 사람들을 위한 조직"으로 "자유협의회" Freedom Council를 조직했고,[11] 1987년 10월 1일 공식적으로 대통령 경선에 뛰어 들었다가, 1988년 3월 8일 예비선거에서 실패한 후 사퇴했다.[12] 선거 후 로버트슨은 "기독교연합" the Christian Coalition을 설립했다. 이것은 "가족 중심의 논제들을 대표하고, 비판적 문제들에 대해 미국을 교육할 목적으로" 설립한 기독교 정치단체였다. 이 외에도, 그는 1990년 가족, 생명, 자유를 수호할 목적으로 "미국 법률 및 정의 센터" the American Center for Law and Justice 를 설립했으며, 자신의 정치적 ·신학적 입장을 담은 수 십 종의 책들을 출판했다.[13]

II. 종말사상

로버트슨의 목회와 사상은 자신의 종말사상과 미묘한 긴장관계를 유지하며 형성되어 왔다. 특별히 그의 종말론이 시대의 변화에 따라 탄력적인 반응을 보여 왔기 때문에, 그리고 그 결과 상호대립적인 요소들이 공존하게 되었기 때문에, 로버트슨에게 관심을 갖고 있는 학자들도 그의 종말론을 정확히 규정하는데 어려움을 느껴왔다. 이제 그의 독특한 종말사상에 대해 간략히 정리해 보자.

1. 환란통과설

기본적으로, 로버트슨은 천년왕국의 건설 이전에 그리스도의 재림이 있을 것이라고 믿는 전천년설주의자이다. 사실, 대부분의 전천년설주의자들은 대환란전 참 신자들의 휴거를 주장하는 소위 '환란전휴거설'을 받아들인다. 그러나 로버트슨은 모든 신자들이 대환란을 통과할 것이라고 믿으며 '환란통과설'을 주장한다.

먼저, 로버트슨은 "휴거"란 말이 성경에 나오지 않는다고 주장하며 휴거이론을 비판한다.[14] "나는 성경에서 신자들이 대환란전에 '휴거'될 것이라고 가르치는 부분을 발견하지 못했다."[15] 대신, 로버트슨은 신자들이 대환란과 천년왕국 사이에 공중에서 예수 그리스도를 만날 것이라고 믿는다. 다시 말해, 그는 그리스도인들이 대환란을 겪게 될 것이라고 확신한다. 그의 첫 소설 『시대의 종말』 *The End of the Age*에서, 로버트슨은 환란통과설에 대한 자신의 신념을 이렇게 표현한다.

> 그러나 찰리는 계속 말했다. "칼, 물론 자네는 오늘, 내일, 다음주, 그리
> 고 2년 후에 죽을지 모르는 사람들 중에 그리스도인들도 포함될 것인지
> 알고 싶겠지. 친구여, 나의 대답은 '그렇다' 라네. 그리스도인들이 오늘
> 밤 LA에서 죽을 걸세. 순결한 사람들도 사악한 사람들과 함께 고통을 당
> 할걸세. 그러나 그들간의 공통점은 거기가 끝이지. 예수 그리스도께 속
> 한 사람들의 영혼들은 즉시 하늘로 올라가 우리 주님과 함께 영원히 거
> 할 걸세.[16]

로버트슨은 결코 환란이 교회사에서 새로운 것이 아니라고 생각한다.
왜냐하면 그리스도인들은 교회가 출현한 이래 다양한 이유와 권세들에 의
해 핍박을 받아 왔기 때문이다. "그리스도인들은 로마인들, 공산주의자들,
파시스트들, 이슬람 신봉자들, 그리고 심지어 마녀재판 기간 동안 다른 그
리스도인들에 의해 살육을 당했다. 우리의 형제자매들은 독재자들에 의해
수천명씩 대량으로 학살당한 역사적 경험을 갖고 있다."[17] 그러나 그런 고
난의 잔혹성에도 불구하고, 로버트슨은 환란에서 긍정적인 교훈을 도출하
려고 노력한다. 그의 견해에 따르면, "어느 면에선, 그것을 꼭 나쁘다고 할
수만 없다."[18] "증오에 의해 초래된 비극 속에서, 그리스도의 교회는 강력
한 영적 세력으로 일어설 것이다. 그것은 하나님의 뜻이었다. 주님의 말씀
대로, 지옥의 문들이 그것을 이기지 못할 것이다."[19]

2. 시대의 징조

로버트슨이 반복적으로 열거하는 종말의 징조들 중에는 전천년설적
요소들이 담겨져 있다. 그의 저서 『인생에서 가장 중요한 200가지 질문들

에 대한 해답들』 *Answers to 200 of Life's Most Probing Questions*에서, 로버트슨은 이 시대에 발생하고 있는 네 가지 주목할 만한 종말의 징조들을 지적한다. 즉, 1948년의 이스라엘 재건, 1967년 이후 유대인들에 의한 예루살렘 통치, 핵무기로 전인류를 멸절시킬 수 있는 가능성 및 능력, 그리고 경이적인 지식의 폭발.[20] 이런 징표들에 근거해서, 로버트슨은 자신이 인류 역사의 마지막 단계에 살고 있다고 확신한다. 로버트슨은 그런 확신들을 자신의 저서들 속에서 이렇게 표현했다. "나는 우리가 '이방인 세대'의 마지막 단계에 살고 있다고 느낀다."[21] "하나님의 시간표는 정확하다. 하나님의 자녀들은 이제 거의 완성이 되었다. 아마도 이 세대에 그 작업을 마칠 것이다. 하나님은 이따금 속도가 느리신 것 같이 느껴지곤 한다. 그러나 그분은 결코 시간에 늦은 적이 없으시다."[22]

하지만 그의 확신은 자신이 살아 있는 동안 주님이 재림할지도 모른다는 기대감으로 좀 더 긴박하고 특별한 음조를 띤다. 1984년, 로버트슨은 자신의 생전에 주의 재림이 있을 것이라는 자신의 개인적 믿음을 공적으로 표출한 바 있다. 이스라엘에서 일어나던 일들을 면밀히 검토한 후, 그는 이렇게 말했다. "이것이 바로 주님이 다시 오실 때, 내가 아직 살아 있을 것이라고 확신하는 이유이다."[23] 또한 그는 1990년 이방인의 시대가 2007년에 끝날 것이라고 선언하기도 했다.

이 예언은 6일전쟁이 끝나던 1967년 문자적으로 성취되었다… 그 사건이 발생했을 때, 위대한 이방 권세들의 몰락을 알리는 시계바늘이 움직이기 시작했다… 성경의 세대는 40년이다. 1967년 6월에 "이방 시대의 끝 세대"가 시작되었다면, 40년 후는 2007년이 된다.[24]

3. 대부흥

신자들도 환란을 통과해야 하며, 종말이 임박한 시대에 살고 있다는 로버트슨의 암울한 역사의식은 대부흥에 대한 그의 강한 기대감으로 낙관적 성격도 동시에 확보하고 있다. 먼저, 로버트슨은 현재 진행되고 있는 세계적 부흥운동에 관심을 보인다. 그의 견해에, 부흥의 불길이 세계로 확산되고 있다. 이런 일이 "이전에는 결코 일어난 적이 없었던 것이다."

> 미국과 전세계에서 우리는 믿음의 위대한 부흥 및 성서적 권위와 진리로 복귀하는 운동들을 동시에 목격하고 있다. 선조들의 전통적 신앙을 견지하고 있는 개인들 및 교단들은-그들이 침례교인이든 은사주의자들이든 보수적 복음주의자들이든, 혹은 가정회복을 지향하는 천주교인들이든-믿을 수 없는 열기와 성장의 부활을 지켜보고 있다.25

둘째로, 로버트슨은 대부흥이 그리스도의 재림 이전에 일어날 것이라고 기대한다. 물론, 반기독교적 정서가 더욱 심화될 것으로 기대되지만, 세상이 더욱더 복음화 될 것은 확실하다.

> 시대의 종말이 다가오면서 복음전파가 더욱 가속화되고, 예수에게 자신들의 삶을 헌신하는 사람들의 수도 증가할 것이다. 동시에. 그리스도를 영접하지 않으려는 사람들은 더욱더 사악해질 것이다. 교회와 세상이 공존하는 것은 점점 더 어려워질 것이다. 그러나 우리는 이 기간동안 교회가 엄청나게 성장하는 것도 목격하게 될 것이다.… 그런 후에, 예수께서 다시 오셔서 당신의 정의로운 천년왕국을 건설하실 것이다.26

셋째, 로버트슨은 첨단 과학기술의 발전이 전대미문의 영적 수확을 거둘 세계적 복음전도에 사용될 것이라는 대단히 낙관적 기대를 갖고 있다. 그의 설명에 따르면, 이런 세계적 복음전도를 통해 복음에 대해 듣게 될 사람들의 총계는 거의 계산이 불가능할 정도로 많아질 것이다.

> 라디오, TV, 영화, 비디오, 고속복사, 그리고 우리가 지난 30년간 축적해온 다양한 모든 기술들을 통해 우리가 사용할 수 있는 경이적인 도구들을 사용하여, 그리스도를 위해 한 나라 전체를 공략하고, 전대미문의 거대한 영적 수확을 얻는 것이 이제는 말 그대로 가능해졌다.[27]

> 다가올 시대에, 우리는 목회의 폭발을 목격할 것이다. 이것은 향후 몇 년 내에 복음을 듣게 될 사람들의 수가 예수의 시대부터 현재까지 복음을 들었던 모든 사람들의 수보다 훨씬 많게 될 것을 의미한다.… 그래서 최종적 수확-이것은 아마도 우리가 거둘 마지막 수확일 수도 있는데-은 교회사에서 가장 영광스러운 수확이 될 것이다.[28]

넷째, 대부흥으로 인해, 세계는 자신의 한계를 극복하게 될 것이다. 그 한계가 무엇이든, 이 세계는 부흥을 통해 더 나아질 것이 틀림없다. 그의 시각에, 세계적 부흥에 기초하여 밝은 미래를 예견하는 일은 논리적으로 자연스러운 것이다.

> 나는 확신한다. 주께서 사람들을 자신에게 계속 불러 오시면서, 우리는 이 가시적 세상에서 하나님의 나라가 더욱 강력히 역사하는 것을 보게 될 것임을. 내가 지금 기대하고 있는 예수 그리스도에 대한 믿음의 위대한 부흥을 세상이 경험한다면, 이런 하나님 나라의 진리들이 더욱 강력

하게 역사하는 것을 보게 되는 것이 당연할 것이다. 이 부흥으로 인해, 이 세상은 우리가 현재 겪고 있는 많은 한계들을 극복할 것이라고 나는 확신한다.[29]

끝으로, 현재와 미래의 부흥들은 초교단적·초국가적 차원에서 전개될 것이다. 로버트슨은 대부흥이 침례교인들, 복음주의자들, 심지어 천주교인들 사이에서도 일어날 것이라고 크게 기대한다. 그러나 그의 판단에 따르면, 은사주의 교회들이 그 부흥에서 가장 중요한 역할을 하고 있으며, 앞으로도 계속 그럴 것이다. "은사주의 교인들이 지치고 낡은 교회들을 변화시키고 다시 활력을 불어 넣도록 돕고 있으며, 몇몇 경우에는 더 이상 그런 일을 할 수 없는 목회들을 대체하고 있다."[30] 성령께서 교단, 국경, 인종, 그 외의 장벽들을 넘어 대부흥을 주도하실 것이다. 로버트슨의 흔들림 없는 확신이다.

4. 하나님 나라

로버트슨의 신학은 하나님 나라에 대한 그의 믿음에 철저히 근거하고 있다. 『하나님 나라의 비밀』*the Secret of Kingdom*에서, 로버트슨은 자신이 예수의 가르침에서 하나님 나라의 중심성을 발견했던 일종의 신학적 계몽에 대해 진술한 바 있다. "나는 하나님 나라가 예수의 핵심적 가르침이었다는 사실을 진지하게 다루지 못했었다. 그분은 하나님 나라의 도래를 선포함으로 자신의 지상사역을 시작하셨고, 세상을 향해 하나님 나라에 대해 말씀하시면서 사역을 마감하셨다."[31] 이처럼 중요한 사실을 발견한 다음, 로버트슨은 이같은 종말론적 주제를 자신의 신학적 탐구와 목회에서 발전시켜 왔다. 최소한, 우리는 로버트슨의 하나님 나라 사상 속에서 핵심적 요소들로 영원한 현존, 성장, 최종적 실현, 그리고 천년왕국을 지적할 수 있다.

무엇보다, 로버트슨이 추구하는 하나님 나라의 가장 두드러진 특징은 그것이 "지금 여기에" 존재한다는 믿음이다. 로버트슨은 하나님 나라를 미래에 성취될 새로운 세계질서로 이해하지 않고, 우리가 지금 그 나라의 한 복판에 살고 있거나 살 수 있다고 주장한다. "그[예수]는 하나님 나라가 멀리 떨어진 시간과 장소에서 이루어질 것이 아니라, 예수님 당시와 현재 모두에 존재하는 것으로 말씀하셨다. 하나님 나라는 우리들 가운데 있다."[32] "그것은 천국이라고 불리는 저 먼 시간과 장소가 아니라, 바로 지금 여기에 존재하고 있다."[33] "우리는 그 나라에 도달하는 것에 대해서, 그리고 그 나라의 원리들이 바로 지금 우리들을 다스리도록 하는 것에 대해 말하는 중이다."[34] "우리는 지금 그 나라안에서 생활함으로써, 인간이 에덴동산에서 잃었던 것 안으로 다시 들어가는 중임을 입증해야 한다."[35] "우리가 지금까지 보았듯이, 하나님 나라는 지금 여기에 존재하고 있다."[36] "하나님 나라는 영원하다."[37]

둘째, 로버트슨이 자신의 1984년도 저서 『하나님 나라의 비밀』에서 하나님 나라의 "현재 그리고 이곳에서"를 강조했지만, 그가 1992년 출판한 『새로운 세계질서』 *The New World Order* 에서는 하나님 나라의 점진적 확장을 특별히 강조했다. 이 책에서, 로버트슨은 하나님 나라는 지금 충분하게 경험되고 실현되는 것이 아니라, 미래에 그렇게 될 것이라고 주장한다.

그러나 하나님의 새로운 세계질서는 우리가 믿는 것보다 훨씬 가까이 다가오고 있다. 예수 그리스도께서는 "하나님 나라가 가까이 왔다"고 말씀하셨다. 현재 하나님 나라는 눈에 보이지 않지만, 수백, 수천, 수백만, 그리고 수천만의 사람들이 예수 그리스도께 나아와, 그리스도를 통해 자신들의 죄를 용서받고, 전능하신 하나님의 주권적 역사에 의해 하나님 나라 속으로 다시 태어나면서 매일매일 성장하고 있다. 이 사람들은 하나님의 자녀들이라고 불리운다. 그들은 우리들 가운데 어디에나 존재한다. 어떤 이들은 가장 고귀한 일을 담당하고, 다른 이들은 가장 낮은 일을 행한다. 어떤 이들은 배운 것이 전혀 없고, 어떤 이들은 대단한 학식을 갖추고 있다. 어떤 이들은 가진 재물이 거의 없고, 다른 이들은 엄청난 부를 누리고 있다. 어떤 이들에겐 정치적 힘도 없는 반면, 다른 이들은 정부의 고위직에 올라 있다. 어떤 이들은 운동에 전혀 소질이 없지만, 다른 이들은 세계챔피언이기도 하다. 조용하고 꾸준하게, 그들은 점점 다가오는 하나님의 새로운 질서 속에서 자신들의 자리를 준비하고 있다.[38]

셋째, 로버트슨은 하나님 나라가 그리스도께서 재림하실 때, 지상에서 가시화될 것이라고 주장한다. 이런 종말론적 사건을 설명하기 위해서, 로버트슨은 종말에 발생할 일들에 관한 한편의 시나리오를 작성한다. 그것에 따르면, 하나님 나라는 대환란을 통과할 것이며, 예수 그리스도의 재림에 의해 마침내 실현될 것이다.

그래서 하나의 시나리오가 어느 때든지 실현될 수 있을 것 같다. 즉, 거대한 전쟁이 하나 중동에서 터진다. 북쪽에 위치한 국가들의 군대가 이스라엘을 먼저 공격한다. 그 군대는 궤멸된다. 대재앙이 발생하여, 유럽과 다른 곳의 원유공급이 중단된다. 유럽은 경제적 파국을 맞게 되면서 카리스마와 재력을 겸비한 독재자가 갑작이 출현하여, 자신의 새로운 경제질서를 확립하기 위해 신속히 움직일 수 있는 여건을 마련해 준다. 그동안 하나님 나라는 앞으로 전진하고, 그것의 미래는 결코 의심할 수 없다. 하나님 나라의 원리에 따라 살고자 하는 사람들은 그렇게 할 것이며, 그리스도께서 지상에 다시 오실 그 날을 위해 지속적으로 준비할 것이다.… 바로 그 때, 그

동안 볼 수 없었던 하나님 나라가 우리 눈에 보일 것이다. 감추었던 그 나라를 더 이상 감출 수는 없을 것이다.[39]

끝으로, 로버트슨은 천년왕국의 몇 가지 중요한 특징을 기술한다. 동시에, 그것들은 로버트슨이 자신의 정치지향적 목회를 통해 추구해온 그의 정치, 경제, 그리고 사회적 이상을 역으로 반영해준다. 즉, 천년왕국에서는 오직 예수 그리스도에 의해 통치되는 단 하나의 세계정부가 존재하며, 그 시민들은 평화주의, 작은 정부, 개인적 자유, 그리고 사유재산을 충분히 누릴 것이다.

그때에는 예수 그리스도가 주도하는 단일한 세계정부가 있게 될 것이다. 이땅에 살아가는 모든 사람들을 위해 의, 정의, 그리고 공정함에 기초한 하나의 법률체계가 마련될 것이다. 난해한 소송은 완전한 지혜를 소유하신 주님께서 친히 해결하실 것이다. 지상의 모든 사람들이 주님의 완전한 지혜와 정의에 따라 살기로 동의할 것이므로, 이 땅에는 더 이상의 전쟁이 없을 것이다. 모든 군사학교들은 폐쇄될 것이며, 전세계의 엄청난 군비는 평화시의 여러 목적을 위해 유용하게 쓰일 것이다. 사유재산권은 존중되고, 그 누구도 자신의 동료나 정부에 의해 자신의 소유물을 마음껏 누리지 못하도록 위협받지 않을 것이다. 그 누구에 의해서도 자신의 권리가 억압당하는 일은 없을 것이다. 개별 정부의 힘과 비용은 극적으로 감소할 것이고, 새로운 법체제 하에서 사람들은 에덴동산 이후 한번도 누려본 적이 없는 최대의 개인적 자유를 누리는 세계 시민이 될 것이다.[40]

IV. 사회사상

CBN에 근거를 둔 로버트슨의 사역은 종교의 영역을 넘어 사회개혁의 장으로 확대되었다. 정치가, 작가, 인도주의자, 사업가, 교육가, 그리고 방송가라는 그의 경력에서 우리는 그런 특징을 발견할 수 있다. 따라서 이 장에서는 사회개혁에 대한 로버트슨의 생각을 탐색함으로써 은사주의자로서 그의 사역의 독특한 영역을 규명하고자 한다.

1. 통치신학(Dominion Theology)

1) 책임 있는 그리스도인

로버트슨의 견해에는, 복음주의자들이 개인적 구원과 교리적 순수성을 선호하여 정치과정에 참여하길 삼가해 왔다. 그러나 그런 전통은 실수이거나 오류였다. 따라서 로버트슨은 기회가 있을 때마다, 다음과 같이 그런 오류들을 지적하고 비판한다. "너무나 오랫동안 미국의 그리스도인들은 아무 것도 하지 않았다."[41] "과거에 복음주의자들은 일체의 정치과정을 거부하거나 무시해 왔다. 그리고 그들이 투표할 때마다 흔히 무책임하게 했었다."[42] "그들은 거의 배타적으로 개인의 구원에 몰두하고, 대중적 정책, 국제문제, 가난한 사람들과 억압받는 사람들에 대해서는 무관심했다."[43]

물론, 로버트슨은 사회개혁을 위한 기도의 필요성과 그 힘을 충분히 인정했고 존중했다. 그러나 세상을 변화시키는데 결코 기도만으로 충분하지 않다는 인식도 분명히 갖고 있었다. 그의 시각에, 기도는 반드시 구체적 행동과 병행되어야만 했던 것이다. 그래서 이렇게 말한다. "우리가 하나님 나라의 백성들이며, 기도가 긍정적 변화를 가져오는 최고의 수단임을 인정하지만, 그리스도인들은 국가의 정치활동에 참가할 책임이 있다."[44]

이처럼 로버트슨은 그리스도인들이 정치적 책임을 인식하고, 정치활동에 적극적으로 참여함으로 그 책임을 구체적으로 수행해야 한다고 믿었다. 그래서 자신의 독자들에게 그들의 생각을 행동으로 옮기라고 촉구한다.

주변에서 기다리기만 한다면 결코 그런 일은 일어나지 않을 것이다. 우리는 투표하고, 우리의 이웃들과, 특별히 우리의 기독교 친구들과 협력할 준비를 해야 한다. 우리는 반드시 참여해야 한다. 우리는 우리 입법자들에게 편지를 쓰고, 우리 하원의원과 상원의원에게 전화를 걸고, 그들을 방문하여 이야기하고, 우리의 문제들을 설명하고, 우리가 지지하는 문제들에 헌신하는 후보들을 지원함으로써 그런 일을 할 수 있다.[45]

2) 시민 불복종

로버트슨은 애국자로 널리 알려져 있다. 그러나 조국에 대한 그의 자부심과 애정은 정부의 역할과 한계에 대한 그의 비판적 생각과 늘 평형을 이루고 있다. 즉, 로버트슨에 의하면, 우리의 예배와 충성의 일차적 대상은 정부가 아니라 하나님이고, 따라서 "정부는 하나님께서 그것에게 능력과 권능을 부여하는 동안만 존재할 수 있다."[46] 그럼으로 시민정부들이 하나님께서 그들에게 정한 한계를 거부하는 순간, 그들은 더 이상 아무런 권력도 행사할 수 없으며, 이런 상황에서는 시민들이 더 이상 그 정부에게 복종할 필요가 없게 된다.

보다 구체적으로, 로버트슨은 정부가 하나님을 예배할 수 있는 기독교인들의 권리를 제한하거나 그리스도인들로 하여금 하나님께서 금하신 일을 하도록 강요하면, 우리는 그것에 불복종할 뿐만 아니라 저항해야만 한다고 주장한다. 뿐만 아니라, 이런 논리를 근거로, 로버트슨은 공산주의 국가에 살고 있는 사람들에게 자신들의 정부에게 불복종하라고 촉구했다. 왜냐하면 그 정부들이 그리스도인들을 종교적 이유로 박해하기 때문이다. 로버트슨에 따르면, "그들은 계속해서 하나님에 대한 자신들의 신앙을 고백하고 증거 해야 한다. 아무리 값비싼 대가를 치르더라도 말이다. 그들 중 많은 사람들이 감옥에 가고 고문을 당하고 구타를 당하고 재산을 강탈당하고 있다. 그러나 그들은 감옥에서 나오면 다시 돌아가 증거하고 설교한다."[47] 결국, 로버트슨의 시각에서는, 복종뿐만 아니라 불복종도 조국에 대한 사랑과 충성을 표현하는 중요한 방법이다. 특별히, 정부가 하나님께 등을 돌릴 때, 불복종은 그리스도인들이 택할 수 있는 보다 좋은 선택이다.

3) 재건주의(Reconstructionism)

흔히, 로버트슨은 소위 통치신학 혹은 재건주의의 지도적 인물로 알려져 있다. 그러나 로버트슨 자신은 이런 관련성을 단호히 부정한다. 특별히 『비밀왕국』*the Secret Kingdom*에서 그는 통치신학의 "성경에 대한 극단적 해석"을 강력히 비판하였다. 비록 부분적으로는 이 신학 속에 있는 성서적 요소들을 긍정하기도 하지만, 그는 인간이 자신들의 노력으로 천년왕국을 건설할 수 있다는 이 신학의 기본적 전제에 동의할 수 없었다.

그러나 이 같은 단호한 부정에도 불구하고, 로버트슨의 메시지는 세상을 지배하라는 명령으로 가득 차 있다. 로버트슨에게 지배는 인간에게 주어진 하나의 선택사항이 아니라, "인간을 위한 하나님의 선포된 목적"이다. 즉, "인간은 하나님의 대표자로서 땅과 피조물을 지배하도록 창조되었다."[48] 더욱이, 하나님의 창조질서가 무너지고 있는 상황에서, 하나님은 진실로 교회를 통해 그것을 회복하길 원하신다.

하나님은 이런 상황에 대해 불쾌하게 생각하신다. 그분은 인간의 지배가 재건되길 원하신다. 그분은 예수께서 다시 오실 때 그것을 회복하실 것이다. 그동안, 그의 백성들은 그분의 말씀을 이해하고, 그분의 영으로 충만하고, 그분의 왕국에 들어가고, 그의 이름으로 이 땅을 다스려야할 명령을 부여 받았다.[49]

특별히, 로버트슨은 이런 통치의 명령을 우리의 삶 전 영역에 엄청난 영향을 끼치는 정치영역에 적용하고 싶어 한다. 개인적으로, 로버트슨은 그리스도인들이 아무런 종교도 갖지 않은 사람들보다 훨씬 정부를 잘 운영할 수 있다는 확신을 갖고 있다. 그런 믿음에 근거해서, 로버트슨은 그리스도인들이 세계의 평화를 위해 세상의 정상에서 지도력을 발휘해야만 한다고 주장한다.

하나님의 백성들이 세상의 정상에서 다스릴 수 있는 정당한 자리를 얻기 전까지, 결코 세상의 평화는 없을 것이다. 술주정뱅이, 마약판매상, 공산주의자, 무신론자, 뉴에이지 사탄숭배자, 세속적 인문주의자, 간음자, 그리고 동성연애자들이 정상에 있는 한 어떻게 평화가 도래할 수 있다는 말인가?[50]

2. 사회 개혁
1) 반공주의
로버트슨은 공산주의를 하나의 종교로 이해하면서 자신의 공격을 시작한다. 비록 공산주의가 초자연적 존재에 대한 어떤 예배도 인정하지 않지만, 공산주의가 역사의 기계적 결정론에 대해 절대적 믿음을 갖고 있는 한 하나의 종교로 정의될 수 있다. 로버트슨의 설명이다.[51] 이런 이해에 기초하여, 로버트슨은 공산주의를 "기독교의 적"으로 선언한다. 공산주의의 유물론 철학 때문에, 기독교가 공산주의와 양립할 수 있는 가능성은 전혀 없다. 그는 이렇게 선언한다. "당신은 하나님과 맘몬을 동시에 섬길 수 없다. 당신은 그리스도와 바알을 함께 섬길 수 없다. 그리고 그리스도인이 그리스도와 칼 마르크스를 함께 섬길 수 있는 길은 전혀 없다."[52]

그런 종교적 이유뿐만 아니라, 로버트슨은 구소련을 포함한 공산주의 국가들의 붕괴를 초래한 보다 현실적인 이유로 공산주의에 반대한다. 그 이유는 공산주의가 개인을 위한 하나님의 개별적 개획 대신 중앙정부에 의해 운영되기 때문이다. 그것은 현재 우리의 삶보다 훨씬 더 좋은 계획이 있다고 순진한 사람들을 속이는 기만적 형태의 유토피아니즘이다. 그러나 그 체제의 결과는 "좌절, 비효율성, 낮은 생산성, 억압, 폭력, 독재, 그리고 붕괴"뿐이다. 따라서 로버트슨은 이렇게 외친다. "그것이 바로 우리가 온힘을 다해서 공산주의에 저항해야할 이유이다."[53]

그런 다음, 로버트슨은 미국에서도 공산주의의 존재와 힘을 발견한다. 그는 정부, 학교, 그리고 교회에서 공산주의자들이 활동하고 있다고 주장한다. 특히, 정부에서 공산주의자들이 정부의 확대, 부의 재분배, 누진수입세graduated income tax를 위해 음모를 꾸미고 있다는 것이다. 그의 눈에는, 이런 모든 조치들이 개인의 자유와 재산을 파괴할 공산주의 철학에 기초한 것이다. 보다 구체적으로, 그는 정부의 수입을 늘리려는 누진세는 "비자연적"이고 "독재적"이라고 비판하고,[54] 부의 재분배에 대해서는 "하나님의 질서에서 부의 재분배 같은 것은 없다"고 한마디로 정리하며,[55] 미국적 사고를 개조하기 위해서는 학교에 침투한 마르크스주의자들과 공산주의자들의 뿌리를 뽑아야 한다고 주장한다.[56]

결론적으로, 로버트슨은 자본주의를 공산주의가 필연적으로 직면할 수밖에 없었던 문제들을 피하거나 극복할 수 있는 유일한 그리고 최고의 해결책으로 제시한다. 그는 자신의 신념을 이렇게 선언적으로 표현한다. "나는 자유를 믿는다. 나는 만민을 위한 기회의 평등을 믿는다. 나는 자유 기업자본주의를 믿는다. 나는 시장의 지혜를 믿는다."[57]

2) 복지제도 반대

공산주의에 대한 로벗슨의 적대감정은 복지제도에 대한 그의 부정적 시각으로 이어졌다. 그는 이 제도가 뉴딜정책의 절정기에 미국에 도입되었고, 미국정부에 침투한 사회주의적 환경의 한 실례라고 주장한다.[58] 그러면서 이런 자신의 주장을 정당화하기 위해 스웨덴, 노르웨이, 혹은 동유럽 같은 복지국가들에 대해서 다음과 같이 언급한다. "당신은 이런 사회주의 제도의 비극적 유산들을 직접 확인할 수 있을 것이다. 그들의 모든 소비적 사회복지 프로그램은 말 그대로 이 나라들을 황폐화시켰고 그들의 중산층을 불구로 만들었다."[59] 그런 다음, 그의 비판은 미국으로 향한다. 그의 판단에 사회복지제도는 사회적 상황들을 개선하는 대신, 하층계급들에게 사회가 그들의 문제점들을 해결해 줄 것이라고 설득함으로써 가족의 붕괴부터 민족적 양극화까지 훨씬 더 위험한 문제들과 사회적 재앙들을 불러 일으켰다.

복지제도와 공산주의 간의 관련성 외에도, 로버트슨은 복지제도가 소위 "질투의 정치"politics of envy에 기초하여 성립되었다고 강력한 비난을 퍼붓는다. 그에 따르면, "가난한 사람들은 부자들에게 질투심을 갖고 있으며, 정부권력을 이용해서 부자들의 재산을 빼앗을 것이다."[60] 동일한 이유로, 로버트슨은 유엔U.N.을 중심으로 세계질서를 재편하려는 노력도 반대한다.

미국 시민들이여, 당신들이 전적으로 반대하는 아프리카의 한 사업의 비용을 대기 위해 당신의 수입에 세금이 부과된다고 상상해 보십시오. 당신이 잘살기 때문에 가난한 나라에서 온 유엔 대표자들이 당신의 재산에 대해 뭔가를 요구할 것입니다. 그 세금 징수는 일차적으로 미국정부 위에 떨어질 것이고, 그것은 고액의 세금 형태로 당신에게 전가될 것입니다. 언젠가는 유엔이 당신에게 직접 세금을 징수할지도 모릅니다.[61]

결론적으로, 로버트슨의 견해에, 공산주의가 유토피아주의였던 것처럼, 복지제도는 "잘못되고," "터무니없는 것"이다. 그것은 심지어 그에 의해 "묵시의 환영"으로 불기기도 한다.

3) 사회개혁을 위한 전략적 연합

로버트슨은 사회개혁을 위해 다른 보수주의자들과 전략적 연합전선을 형성해야 한다고 제안한다. 먼저, 그는 미국의 무너진 가정을 회복시키려고 노력하는 종교적 보수주의자들 사이에서 일종의 공통된 역사적 경험을 발견한다. 즉, "미국의 도덕적 환경을 회복하려는 신앙인들그들이 복음주의자이든 천주교인들이든 아니면 정통파 유대인들이든의 모든 노력은 자유주의적 언론에 의해 조롱을 받고 모욕을 당하고 반대를 받아 왔다."[62]

또한 로버트슨은 종교적 보수주의자들 간의 정치적 동맹의 필요성을 역설한다. 비록, 그들 간에 교리적 차이가 존재하긴 하지만, 그들 모두가 성취하고자 하는 보다 높은 공통의 목적을 위해 함께 연합할 필요가 있다는 것이다.

다른 말로 하면, 개신교인들, 천주교인들, 몰몬교인들, 안식교인들, 그리고 정통파 유대인들은 몇몇 중요한 신학적 문제들에 있어서 생각이 다를 수 있다. 그러나 그들이 직접 목격하고 있는 중요한 정치적 문제들에 관해서, 그들이 보다 커다란 생각의 일치, 힘, 효율성으로 자신들의 공통된 목적을 성취하기 위해서는 그들이 연합해야 한다는데 모두들 동의하고 있다.[63]

　그는 실제로 이런 연합을 직접 목격하고 있었다. 특별히, 그는 "기독교 연합"이 이런 목적을 위해 행한 역할에 대해 매우 높이 평가한다. 개신교적 정체성에도 불구하고, 이 단체는 보수주의자들 안에서 하나의 거대한 정치동맹을 이루어 냈던 것이다. 미국 전역에 산재한 이 단체의 지도자들 가운데는 복음주의자, 낙태반대 천주교인, 신실한 유대인들이 포함되어 있다.[64]

　끝으로, "이 나라의 오래된 전통의 완전한 회복, 자유주의의 완전한 몰락, 그리고 이 나라에 대한 하나님의 축복"이라는 세 가지 목적을 제안하면서,[65] 로버트슨은 자신의 독자들과 추종자들에게 용감하고 구체적인 정치활동을 통하여 이 부서진 사회를 치유하라고 권면한다. 그는 그들이 학교 이사회, 법원, 그리고 언론의 개혁 가능성과 책임에 대해 이해하도록 도움을 주면서,[66] 동시에 보수적 가슴들을 향하여 그들이 조국의 운명을 바꿀 수 있는 강력한 세력이 되어 달라고 웅변적으로 호소한다.

우리가 하나님의 도움과, 우리 뒤에 있는 역사의 무게와 신념과 더불어 일어선다면, 우리 앞에 놓여 있는 그 소용돌이치는 물결은 강력하고 막을 수 없는 정의와 덕성, 그리고 모든 남자, 여자, 아이들에 대한 애정의

물줄기로 솟아오를 것이다. 바로 그것을 우리의 운명으로 삼자.67

3. 사회윤리

1) 낙태반대

낙태문제에 대한 로버트슨의 접근방식은 이념적이라기 보다는 현실적이다. 즉, 낙태에 대한 그의 강한 반대는 성경에 근거한 것이 아니라 생물학에 근거한 것이며, 영적 목적을 위한 것이 아니라 실용적 필요를 위한 것이다. 로버트슨이 낙태를 반대하는 이유를 다음과 같이 직접 설명한 부분들에서 쉽게 발견할 수 있다.

> 생물학적 관점에서 볼 때, 인간의 생명이 수태conception되는 순간 외의 다른 어느 때에 시작된다고 믿을 만한 근거는 전혀 없다. 수태되는 순간부터 성인이 될 때까지 지속되는 하나의 발전과정이 존재한다. 생명의 흐름은 결코 멈추지 않는다. 그것은 하나의 지속적 과정이다. 낙태주의자들은 사람이 태어나는 순간에 온전한 인간이 된다고 주장하지만, 5-6개월 된 태아는 제왕절개에 의해 출산되어 자궁 밖에서도 생명을 유지할 수 있다.69

그런 생물학적 이유 외에도, 로버트슨은 노년의 삶을 어렵고 비극적으로 만드는 주된 이유들 가운데 하나로 낙태를 지목한다. 문제 많은 복지제도와 더불어, 낙태가 이 문제를 악화시키는데 기여하고 있다는 것이다.

> 우리는 자식을 낳지 않는 것과 낙태를 권장함으로써, 보다 수입이 많은 사람들이 노인들을 돌볼 수 있는 기회자체를 제거해 버린다. 그래서 사

회보장제도, 노인의료보장제도, 저소득층 및 신체장애자 의료보조제도, 그리고 그 외의 수많은 비인격적 정부보조 프로그램들을 통해 우리는 어린이와 그들의 연로한 부모님들 간의 생명줄을 효과적으로 단절해 버렸다. 노년이 명예의 시기가 아니라 빈곤의 시기인 경우가 허다하다.[70]

이런 이유들에 근거해서, 로버트슨은 낙태를 죄로 선언하고 서슴없이 거친 수사들을 퍼붓는다. "낙태는 완전히 잘못된 것이다. 그것은 인간의 생명을 빼앗는 것이다. 낙태는 거의 살인에 해당된다는 것이 나의 느낌이다."[71] "낙태는 생각조차 할 수 없는 일이며, 이교도의 야만성이 극치에 이른 짓이다."[72] "역사에서 최대의 인간 살육으로 입증될만한 것, 즉 낙태운동이 그것의 가장 끔찍스런 표현들 중 하나다."[73] 결론적으로, 로버트슨은 자신의 독자들에게 "이 사회는 혼전성관계, 간통, 그리고 낙태가 죄악이며 잘못임을 배워야한다"고 선포한다.[74]

2) 가정보호: 성의 역할
로버트슨이 지속적으로 설교하는 가장 긴급한 메시지들 중 하나는 "하나님께서 당신을 만드셨던 그 길로 돌아가는 것, 그리고 사회의 기초단위인 당신의 가정들을 지키는 것"이다.[75] 이 문제에 대한 그의 해결책은 이 사회에서 여성의 적절한 역할과 지위를 회복하고 유지하는 것과 깊이 연관되어 있다. "남성은 보호자요 공급자이며, 여성은 생명을 부여하고 양육하는 자다"[76]라는 성역할에 대한 자신의 기본적 사고에 근거하여, 미국사회에서 깨어진 가정을 회복하려는 그의 기획에서 남성보다는 여성의 역할에 초점을 맞추는 경향이 있다. 그 결과, 가정보호에 대한 그의 생각은 여성의 역할들에 대한 그의 논의로 축소되는 것 같다.

무엇보다, 로버트슨은 여성의 일차적 역할을 "아내, 어머니, 그리고 어린이들의 양육자"가 되는 것이라고 정의한다.[77] 이런 역할은 하나님께서 여성에게 의도하신 것이라고 주장한다. "여성은 세상에서 가장 중요한 직업을 갖고 있다." "지상에 이것보다 더 고귀한 소명은 없다."[78] "다음 세대를 양육하고 훈련하는 것은 인간이 가질 수 있는 가장 중요한 경력이다."[79] 그의 논리에 따르면, "이것은 몇푼의 돈을 더 벌고 차를 새로 사고, 혹은 여자들이 남자와 동등하다는 것을 입증하는 것보다 훨씬 더 중요한 일이다."[80]

여성의 역할에 대한 이런 전제 하에, 로버트슨은 두 가지의 실용적 대안을 제시한다. 첫째는 "집에 머물면서 자신들의 자녀들을 돌보는 여성들에게 세금 혜택을 주는 것"이며, 둘째는 "미혼모들에게는 어떤 종류의 사회보장 혜택도 주지 않은 것"이다.[81] 그는 이런 정책들이 현재 이 사회가 직면하고 있는 많은 문제들을 해결해 줄 것이라고 믿는다.

> 아내들이 일을 그만두고 자녀들과 함께 집에 머문다면, 그들이 자녀들에게 사랑, 애정, 그리고 지도를 풍성히 배풀면서, 그들 자신과 국가에게 어떤 유익을 줄지 생각해보라... 이것은 우리의 아이들이 보다 잘 적응하도록 만들고 노동시장의 어려움을 약화시키고 실업률을 감소시킬 것이며 노동자들의 임금도 향상시킬 것이다.[82]

끝으로, 로버트슨은 이같은 성역할의 원칙을 가정뿐만 아니라 교회에도 적용시킨다. 로버트슨은 "하나님께서는 남성의 머리이시며, 남성은 여성의 머리이다"라고 믿으며, "하나님께서 이런 신적 질서를 교회에도 설립하셨다"고 주장한다. 물론, 여성이 자신의 능력에 따라 전문적 직업 가질 수 있다고 인정하지만, "가정과 교회의 통치에 있어서, 남성이 리더가 되어야 한다"는 것이 그의 기본 신념이다.[83] 더욱이, 여성 지도자에 대한 어떤 역사적 기록도 발견할 수 없었던 초대교회의 경우를 들면서, 로버트슨은 이렇게 결론을 내린다. "오늘날, 여성들이 선교 현장에서 설교하고 가르치고 봉사하고 혹은 교회에서 다른 일들도 대부분 할 수 있다. 하지만 하나님이 정하신 법칙은 남성이 교회와 가정에서 머리가 되는 것이다."[84]

3) 동성애 반대

우리가 로버트슨의 입에서 가장 심한 비난의 말들을 들을 수 있는 것은 바로 동성애 문제에 관한 부분이다. 그는 한편으로, "동성애자들 가운데서 2퍼센트, 그리고 레즈비언들 가운데 1퍼센트라는 대단히 작은 수의 사람들은 유전적 원인을 지니고 있다"라고 인정하면서도, "거의 모든 동성애자들과 레즈비언들은 유전학적 원인이 아닌, 다른 사람들의 영향에 의해 그렇게 된 것이다"라고 생각하며 동성애에 대해 강력히 반대한다.[85]

동성애에 대한 그의 통렬한 비난은 일차적으로 성경에 대한 그의 해석에 근거를 두고 있다. 로버트슨의 시각에, 이 문제에 대한 성경의 입장은 극단적으로 분명하다. "동성애적 행위는 죄악이다."[86] "동성애는 잘못이다."[87] "교회나 다른 곳에서 동성애적 행위들을 용납하는 것은 성경에 위배되며 크게 잘못된 것이다."[88] 로버트슨은 이 문제에 대한 성경의 입장을 대단히 구체적으로 설명한다. "구약에서, 이 죄는 사형으로 처벌되었다. 더욱이, 사도 바울은 사회가 동성애자들을 용납하는 것이 문명의 쇠퇴를 가리키는 분명한 지표이며, 하나님께서 사람들을 죄악 속에 포기하기 전의 마지막 단계라고 주장했다."[89] 한마디로, 로버트슨은 "인간을 괴롭히는 자나 동성애자는 결코 천국에 들어갈 수 없다"라고 못박는다.[90]

이처럼, 로버트슨이 동성애는 죄악이며, 또한 "습득된 행동유형"이라고 믿기 때문에, "동성애자"가 "온전하고 정상적인 삶"으로 복귀할 수 있다고 주장한다.[91] 이런 목적을 위해, 그리스도인들은 동성애자들이 "그런 삶의 스타일"을 극복할 수 있도록 "사랑, 이해, 용서"로 도와야 한다.

> 동성애자들은 [동성애로부터] 자유롭게 될 수 있으며, 대단히 만족스러운 이성애적 관계들을 시작할 수 있다. 그들은 결코 사랑, 이해, 용서 없이는 구원될 수 없다. 대단히 민감한 영적 상담자들이 필요하다. 왜냐하면 많은 동성애 배우자들이 기막히게 자기 자신들을 감추고 자신들의 행위를 숨기는, 대단히 설득력 있는 거짓말쟁이들이 되기 때문이다.[92]

그렇지만 동성애자들에 대한 로버트슨의 관용은 단지 거기까지이다. 그는 자신의 독자들에게 만약 그들이 자신들의 동성애 배우자들을 변화시키지 못한다면, "그들과 이혼하는 편이 훨씬 더 낫다"고 충고한다. 그들은 자신들의 자녀들이 "그런 유형의 영향에 굴복하지 못하도록" 해야 하기 때문이다. 그의 말은 계속된다. "무슨 일이 벌어지든, 그 남편이나 아내는 '어떻게 내가 실패할 수 있었는가!'라고 절망하면서 죄책감을 가질 필요는 없다. 예수 그리스도께서 당신이 새인생을 시작할 수 있도록 도우실 것이다."[93] 뿐만 아니라, 동성애자들의 목사안수문제에 관해서도 로버트슨은 자신의 입장을 분명히 한다. 하나님께서 그런 일을 혐오스럽다고 말씀하셨기 때문에, 그것은 생각조차 할 수 없는 일이다. "우리는 동성애자들에게 목사안수를 주기 위해 교회협의회를 필요치 않는다. 성경은 분명히 말한다. '너는 결코 여자와 눕는 것처럼 남자와 누워서는 안된다. 그것은 혐오스런 일이다.' 도대체 어느 교회가 하나님께서 혐오스런 일이라고 부른 것에 안수하는 것이 하나님의 명령이라고 주장할 수 있단 말인가."[94]

4) 반평화주의

로버트슨은 전쟁이 비도덕적이라고 주장하는 평화주의자들의 입장에 반대한다. 비록, 그들의 견해를 존중하지만, 로버트슨은 "성경이 평화주의를 가르친다"고 믿을 수 없다. 오히려, 그의 견해에는 "성경이 우리에게 짓밟히고 억압당하는 사람들에서 억압의 올무를 벗겨내야 한다고 가르친다. 그 억압의 올무는 단지 기도만으로는 벗겨지지 않는다. 행동이 필요한 것이다."[95]

로버트슨의 반평화주의는 국제적 권력투쟁에 대한 그의 실용적 인식에 의해 지지되고 있다. 다시 말해서, 평화주의자들의 주장은 우리의 현실에 대한 그릇된 이해에서 기인한 것이다. "우리는 악이 줄어들지 않고 오히려 증가하며, 어떤 사람들이 이기심과 광증에 의해 조종되는 것 같고, 사람들이 다른 사람들을 억압하려는 시대에 살고 있다."[96] 보다 구체적으로, 아직 냉전의 한복판에서 살던 로버트슨은 1984년 출판된 『인생에서 가장 중요한 200가지 질문들에 대한 해답들』에서 군비축소 주장에 대해 강력히 반대하였다.

> 그러나 현재 소련, 쿠바, 북베트남, 그리고 자신의 이웃나라들을 호시탐탐 노리고 있는 다른 호전적 세력들과 그리스도인들이 나란히 앉아, "음, 우리는 전쟁을 믿지 않아. 우리는 무장을 해제하고 그 사람들이 세상을 떠맡도록 할 꺼야"라고 말할 수는 없다. 그렇게 하는 것은 어리석고 비성경적이다."[97]

이런 이유로, 로버트슨은 정당한 전쟁just war에 대한 강력한 옹호자가 되었다. "국가가 자신의 백성들을 침략에서 보호하거나, 사악한 자들의 억압에서 해방시키기 위해 전쟁에 임하는 것은 정당하다."[98] 게다가, 정당한 전쟁이란 것이 성경적으로 그리고 실용적인 면에서 정당화될 수 있다면, 전쟁에서는 승리라는 오직 하나의 목적만이 있을 뿐이다. 그것을 대체할 만한 것은 없다. "제한적이고 승리가 없는 전쟁이란 있을 수 없다."[99] 이런 관점에서, 로버트슨은 한국전쟁과 베트남전쟁에서 미국 정부의 실패들을 맹렬히 비판한다. 베트남전쟁에 대한 로버트슨의 평가는 다음과 같다.

> 만약 미국이 하이퐁 항구를 파괴하고 하노이에 융단폭격을 가하고 북베트남의 수로들을 차단했다면, 그런 후에 북베트남에 대한 수륙양용 작전을 전개했더라면, 그 나라는 붕괴되고 베트콩들이 원조받을 시간도 없었을 것이다. 맥아더는 '전쟁에서 승리를 대신할 것은 아무 것도 없다' 라고 경고했었다. 승리대신, 베트남에서 우리는 전쟁놀이를 했을 뿐이다. 우리의 젊은이들이 피를 뿌리며 죽어갔다. 우리는 보물들을 잃어버렸다. 가장 비참한 것은, 우리의 국가적 결심이 죽어 버린 것이다.[100]

뿐만 아니라, 로버트슨은 같은 논리에 근거해서 2001년 '911 사건' 이후 발생한 미국의 아프가니스탄 침공을 정당화한다. 이 전쟁은 제2차 세계대전 동안 히틀러 및 일본과 벌인 전쟁들과 본질적으로 동일한 것이다. 그때의 공격들이 의로운 전쟁으로 정당화된 것처럼, 테러리스트들에 대한 이번의 공격도 정당화될 수 있다. "결론적으로, 미국이 이런 공격들을 전쟁의 행위로 선언하는 것은 적절하다. 그리고 미국의 계산된 반응도 성경적 근거를 지니고 있다. 그렇게 하는 것은 정당하고 올바른 이유 때문이다."[101]

5) 환경문제
생태학적 논쟁들에 관해서, 로버트슨은 두 극단들, 즉 환경파괴자들과 환경숭배자들 사이의 중도적 입장을 견지하려고 애쓰는 것 같다. 그의 기본적 전술은 양 입장들을 공격하고, 그 문제에 대해 자신이 성경적이라고 믿는 해답들을 제시하는 것이다.

먼저, 로버트슨은 개인적 이익이나 기호를 위해 자연을 파괴하는 자들에게 자신의 분노를 폭발한다. 그렇게 주의 없고 생각 없는 행동은 하나님에 대한 무서운 범죄인 것이다.

> 그러나 유행, 혹은 탐욕을 위해 야생동물을 마구잡이로 살육하는 것, 혹은 단지 개인의 이익을 위해 자연을 파괴하는 것은 잘못이다. 예전의 사냥꾼들과 장사꾼들이 들소들을 어떻게 살육했는지 생각해 보라... 우리가 더 이상 인류의 복지를 위해서만 먹이들을 포획하고 책임 있는 경영 습관에 따라 곡물을 수확하지 않는 지경에 이르게 되면, 그때서야 우리는 우리의 무자비한 살육과 탐욕에 대해 심한 죄책감을 느낄 것이다. 모든 종의 멸절을 위협하는 착취는 죄악이며 잘못이다.[102]

로버트슨의 다음 목표점은 힌두교인들처럼 자연을 신으로 섬기는 사람들이다. 비록 자연의 착취자들이 하나님의 법을 깨뜨리는 죄인들이지만, 로버트슨의 시각에, 자연을 신으로 만드는 일부 극단적 환경주의자들도 문제가 있다. "어떤 사람들은 광야, 나무, 달팽이 가마우지snail darters, 그리고 모든 생물을 숭배한다. 그들은 이런 것들을 사람과 같은 수준에 놓거나, 더 심한 경우엔 하나님과 동급으로 취급한다."[103] 그래서 로버트슨은 그들을 향해 이렇게 소리친다. "그것은 결코 성경적이지 않으며 잘못된 종교다."[104] 그러면서 독자들에게 경고한다. "우리 모두는 지나치고 변덕스럽고 광적인 것에 대항해야 합니다."[105]

로버트슨은 일부 환경주의자들의 사고 속에 있는 심각한 내적 모순을 지적한다. 즉, 그는 자연의 보존을 위해 자신들의 생명마저 바쳤던 바로 그 사람들이 동시에 낙태를 찬성한다는 사실을 발견했다. 그의 눈에, 그것은 "그들의 사고 속에 존재하는 명백한 비일관성"이다. 로버트슨은 그들의 그런 모습을 이해할 수도 용납할 수도 없다. "그들은 야생 짐승들을 숭배하고 하나님의 형상으로 만들어진 인간 생명은 파괴한다! 그것은 모순이며 혼란스럽고, 동시에 합리적인 사람은 도저히 이해할 수 없는 짓이다."106

결론적으로, 로벗슨은 이런 생태학적 문제들에 대한 자신의 견해를 기독교적 견해라고 설명한다. 이런 기독교적 견해야말로 "오염과 사막화에 대한 유일하게 만족스런 해답"이라고 로버트슨은 믿는다.107 그의 해결책은 소위 "생태학적 청지기직"이다. 그것은 자연을 생태학적 위협으로부터 보호할 뿐만 아니라, 자연을 숭배함으로써 우상숭배자가 되는 길도 피할 수 있는 방법이다. 로버트슨은 그의 독자들에게 인간이 다른 피조물들보다 우월하며, 우리가 동물과 나무 같은 자연을 책임 있게 돌보는 한, 합법적으로 먹고 사용할 수 있다는 사실을 상기시킨다.

성경은 인간이 하나님의 형상으로 만들어진 우월한 존재이며, 동물과 식물은 그렇지 않다는 것을 명백히 하였다. 우리는 피조물이 아닌 조물주를 경배해야 한다. 우리는 우리의 의복과 신발을 위해 동물들을, 그들의 고기와 달걀, 우유, 그리고 다양한 다른 산물들을 합법적으로 사용할 수 있다. 동물들은 인류를 섬기기 위해 만들어졌지, 그 반대는 아니다. 비슷하게, 만약 우리가 숲을 보호하고 그것을 풍요롭게 만든다면, 우리의 건물, 배, 가구를 만들기 위해 나무를 사용하는 것은 결코 잘못이 아니다. 하나님께서 공급하신 자연을 현명하게 사용하는 것이 바로 성경적 청지기직이다. 환경을 괴롭히는 것은 어리석고 미친 짓이다.108

마무리

로버트슨의 종말론은 자신의 정치이념들과 대단히 밀접한 관계를 유지해 왔다. 양자 간의 관계는 그의 독특한 종교적·정치적 정체성을 형성하는데 결정적인 역할을 담당해 왔다. 그의 묵시적이면서 동시에 예언자적인 종말론은 그의 정치학에 긴박감과 역동성을 부여했다. 또한 정치에 대한 깊은 관심과 적극적 참여를 통해, 그의 종말론은 점차 후천년설을 향해 이동해 왔다. 그러므로 로버트슨의 종말사상은 다른 오순절주의자들과 은사주의자들의 것과는 여러 면에서 큰 차이가 있다. 이제, 로버트슨의 종말론과 그것의 사회적 함의 속에 나타난 몇 가지 중요한 특징들을 요약함으로써 본 장을 마치고자 한다.

무엇보다, 로버트슨의 종말론은 전천년설적 요소와 후천년설적 요소 모두를 포함하고 있다. 분명히, 그의 종말론의 기본적 틀은 전천년설이다. 의심의 여지없이, 그는 예수가 천년왕국 이전에 재림할 것을 믿는다. 동시에, 모든 신자들도 다른 비 그리스도인들과 마찬가지로 대 환란을 통과하게 될 것이라고 주장한다. 그러나 그는 미래의 낙관적 측면들과 가능성들을 함께 강조한다. 그는 은사주의자로서 성령의 권능에 대한 확고한 믿음을 갖고 있으며, 동시에 미래에 일어날 대 부흥에 대해서도 거의 절대적인 기대를 갖고 있다. 그러면서 그는 신자들에게 이 타락한 세상을 개혁하기 위해 적극적으로 정치에 참여하라고 독려한다. 사실, 로버트슨의 종말론에서 가장 중요한 주제는 "이미 이 땅에 설립된 하나님 나라" 사상이다. 아직은 분명히 드러나지 않았지만, 그 나라는 우리들 안에 실제로 존재하고 있다. 그는 하나님 나라의 권능과 영역이 예수의 재림 때까지 계속 확장될 것이라고 주장한다. 그러므로 로버트슨을 단순하게 전천년설주의자로 정의하는 것은 더 이상 설득력이 없다. 그의 종말론은 후천년설에 훨씬 더 가까워 보이기 때문이다.

　또한, 전천년설과 후천년설이 결합된 그의 종말론과 함께, 로버트슨의 사회·정치사상에도 모호하고 때로는 상충된 견해들이 공존하고 있음을 발견할 수 있다. 그의 사상 속에 보수적 요소와 진보적 요소가 뒤섞여 있기 때문이다. 자신들의 종교적 순수성을 보존하기 위해 타종교와 어떤 형태의 연계도 거부했던 근본주의자들과는 달리, 로버트슨은 보수주의자들이 종교적 차이점에도 불구하고 동일한 정치적 목적들을 위해 서로 연대할 것을 강력히 촉구한다. 동시에, 그리스도인들이나 교회들의 정치활동을 반대하는 많은 오순절-은사주의자들과 달리, 그는 독자들과 청중들을 향해 그들이 사회에 대한 책임을 져야 하며, 시민 정부가 하나님의 뜻에 불복종할 때는 그 정부를 향해 불복종운동을 전개해야 한다고 강하게 주장한다. 하지만 사회적 논점들에 대한 그의 일반적 생각은 대단히 보수적이다. 무엇보다 그는 자본주의를 강력히 지지한다. 그런 이유로, 그는 모든 종류의 사회주의 혹은 공산주의적 사상, 조직, 국가를 맹렬히 비난한다. 뿐만 아니라, 여성운동, 사회복지제도, 동성애, 낙태, 평화운동, 그리고 진보적 환경운동도 강하게 반대한다. 그런 운동들은 성서적으로 근거가 없다고 믿기 때문이다. 결국, 그의 종말론은 진보적인 후천년설을 향해 이동하는 중이지만, 그의 사회·정치적 신념은 우파적 방향으로 고속 질주하는 중이다.

미주

1. 이 글은 "오순절-은사주의 운동의 새로운 한 모형: 팻 로벗슨(Pat Robertson)을 중심으로," 「종교와 문화」제11호 (2005):119-50에 실린 논문을 수정한 것이다.
2. Neil Eskelin, Pat Robertson: *A Biography* (Lafayette, LA: Huntington House, Inc., 1987), 53.
3. David Harrell, Jr., *Pat Robertson: Personal, Political and Religious Portrait* (San Francisco: Harper & Row Publishers, 1987), 28.
4. Jamie Buckingham, *The Autobiography of Pat Robertson: Shout It From The Housetops!* (Spring Plainfield, NJ: Bridge Publishing, 1972), 16-7.
5. 이 학교는 1965년 New York Theological Seminary로 이름을 바꾸었다.
6. 팻 로버트슨은 그날 터진 방언에 대해 다음과 같이 기록했다. "내가 나의 말이 이상해진 것을 안 것은 바로 이 순간이다. 나는 다른 언어로 말하고 있었다. 내 속 깊은 곳에서 목소리가 들렸고, 성령께서 단어들을 제공하셨다. 나는 그 소리를 들었으나, 그것은 내가 만든 것이 아니었다. 그 소리는 마치 아프리카 방언 같았고, 그 말들이 5분 이상동안 계속해서 흘러 나왔다." Buckingham, *The Autobiography of Pat Robertson*, 74-5.
7. 지금은 Operating Blessing International Relief and Development Corporation으로 이름이 바뀌었다.
8. Buckingham, *The Autobiography of Pat Robertson*, 184.
9. Pat Robertson, *America's Dates With Destiny*, 274.
10. David Harrell, Jr., *Pat Robertson*, 177.
11. 학자들은 이 자유협의회가 로버트슨의 대통령선거를 위해 토대를 놓은 것으로 평가한다.
12. 로버트슨의 "기독교연합"(the Christian Coalition)에 대해 연구했던 저스틴 왓슨(Justin Watson)은 로버트슨의 대선출마에 대해 이렇게 평가했다. "로버트슨의 출마는 그가 정치적 아마추어에서 정치적 고수로 전환하는 고통스런 과정을 구체적으로 예시한 것이다." Justin Watson, *The Christian Coalition*, 35.
13. 로버트슨의 대표적 저서들은 다음과 같다. *Answers to 200 of Life's Most Probing Questions* (1984), *Beyond Reason* (1984), *The Secret Kingdom* (1984), *America's Date with Destiny* (1986), *The Plan* (1989), *The New Millennium* (1990), *The New World Order* (1992), *The Turning Tide* (1993), *The End of the Age* (1995), *Six Steps to Spiritual Revival* (2002), *Bring It On* (2003), *The Ten Offenses* (2004).
14. Pat Robertson, *Answer to 200 of Life's Most Probing Questions* (Nashville: Thomas Nelson Publishers, 1984), 158. (이하에선 ALMPQ로 표기하겠음).
15. *Ibid.*, 155.
16. Pat Robertson, *The End of the Age* (Nashville: Word Publishing, 1995), 72.
17. *Ibid.*, 71.
18. *Ibid.*
19. Robertson, *Six Steps to Spiritual Revival* (Sisters, OR.: Multnomah Publishers, Inc., 2002), 84.
20. Pat Robertson, *ALMPQ*, 153.
21. Pat Robertson, *Bring It On: Tough Questions. Candid Answers* (Nashville: Word Publishing, 2003), 268.
22. Robertson, "The New World Order," in *The Collected Works of Pat Robertson: The New Millennium, The New World Order, The Secret Kingdom* (New York: International Press,

1994), 490-91.

23. Pat Robertson, *ALMPQ*, 154.

24. Robertson, "New Millennium," 272-73.

25. Pat Robertson, *The Turning Tide: The Fall of Liberalism and the Rise of Common Sense* (Dallas: Word Publishing Group, 1993), 275. 로버트슨을 포함하여 정치적으로 보수적인 그리스도인 들은 가족에 특별한 관심을 쏟는다. 깨어진 가족이 청소년 범죄, 마약, 성적 및 아동학대, 그리 고 실업과 같은 온갖 사회문제의 일차적 원인이라고 믿기 때문에, 그들은 깨진 가정을 회복시 키거나 가정을 가능한 유혹과 위협에서 보호함으로 그런 문제들을 해결하려고 애를 쓴다. 미국 의 보수적 복음주의자들이 가정에 대해 갖고 있는 진지한 관심과 그것의 정치적 함의들에 대해 서는, Robert Boston, *Close Encounters with the Religious Right: Journeys into the Twilight of Religion and Politics* (Amherst, New York: Prometheus Books, 2000)을 참조.

26. Robertson, *ALMPQ*, 30.

27. Robertson, "The New Millennium," 89.

28. *Ibid.*, 90.

29. Robertson, "The Secret Kingdom," 578.

30. Robertson, "The New Millennium," 136.

31. Robertson, "The Secret Kingdom," 524.

32. *Ibid.*

33. *Ibid.*, 544.

34. *Ibid.*, 552.

35. *Ibid.*, 571.

36. *Ibid.*, 583.

37. Robertson, *ALMPQ*, 257.

38. Robertson, "The New World Order," 490.

39. Robertson, "The Secret Kingdom," 715.

40. Robertson, "The New Millennium," 276.

41. Pat Robertson, "The New Millennium," 271.

42. Pat Robetson, *America's Dates with Destiny*, 299.

43. Robertson, "The Secret Kingdom," 649-50.

44. Pat Roberson, *Bring It On*, 122.

45. Robertson, "The New Millennium," 271.

46. Pat Robertson, *ALMPQ*, 186.

47. *Ibid.*, 187.

48. *Ibid.*, 278.

49. *Ibid.*, 279.

50. Robertson, "The New World Order," 474.

51. Robertson, "The New Millennium," 79.

52. Robertson, *ALMPQ*, 194.

53. Pat Robertson, *The Plan* (Nashville: Thomas Nelson Publishers, 1989), 31.

54. Robertson, *The Turning Tide*, 82.

55. Robertson, "The New World Order," 486.

56. *Ibid.*, 60.

57. *Ibid.*, 394.

58. Robertson, *The Turning Tide.*, 180.

59. *Ibid.*

60. Robertson, "The New World Order," 488.

61. *Ibid.*, 459.

62. Robertson, *The Turning Tide*, 131.

63. *Ibid.*, 283.

64. *Ibid.*, 210.

65. *Ibid.*, 302.

66. *Ibid.*

67. *Ibid.*, 303.

68. 보수적 복음주의자들이 1970년대 중반에 정치의 장에서 그 모습을 나타내기 시작했다. 그들은 공립학교에서 기도하는 권리, 낙태반대, 가정보호, 자본주의옹호, 반공주의, 작은 연방정부, 그리고 미국의 군사력증강 등을 요구하였다. 1976년 지미 카터(Jimmy Carter)와 1980년 로널드 레이건(Ronald Reagan)이 대통령에 당선된 것, 제리 폴웰(Jerry Falwell) 목사의 도덕적 다수(the Moral Majority)와 팻 로버트슨 목사의 기독교연합(the Christian Coalition)은 그것을 대표하는 상징들이었다. 팻 로버트슨이 1986년에 대선출마를 공식적으로 선언한 이후, 그는 종교적 우파에서 가장 영향력 있는 인물 중 한 사람으로 활약해 왔다. 로버트슨을 포함하여 종교적 우파의 지도적 목소리들에 대해선 배덕만, 『미국 기독교 우파의 정치운동』 (서울: 넷북스, 2007) 참조.

69. Robertson, *ALMPQ*, 175.

70. Robertson, "The New World Order," 484.

71. Robertson, *ALMPQ*, 175.

72. *Ibid.*, 176.

73. Robertson, *The Turning Tide*, 113.

74. Robertson, "The New Millennium," 183.

75. Robertson, *The Turning Tide*, 189.

76. *Ibid.*, 184.

77. *Ibid.*, 175.

78. *Ibid.*

79. Robertson, "The New Millennium," 176.

80. Robertson, *The Turning Tide*, 175.

81. Robertson, "The New Millennium," 183.

82. Robertson, *The Turning Tide*, 176.

83. Robertson, *ALMPQ*, 239.

84. Robertson, *Bring It On*, 154.

85. *Ibid.*, 168.

86. *Ibid.*, 130.

87. *Ibid.*, 169.

88. *Ibid.*, 130.

89. *Ibid.*

90. *Ibid.*, 131.

91. *Ibid.*, 131.

92. Robertson, *ALMPQ*, 175.

93. *Ibid.*, 180.

94. Robertson, *The Plan*, 114.

95. *Ibid.*, 191.

96. *Ibid.*

97. *Ibid.*, 191.

98. Robertson, *Bring It On*, 274.

99. Robertson, "The New Millennium," 38.

100. Robertson, "The New World Order," 356.

101. Robertson, *Bring It On*, 274.

102. Robertson, "The New Millennium," 211.

103. Robertson, *Bring It On*, 126.

104. *Ibid.*

105. Robertson, "The New Millennium," 212.

106. *Ibid.*

107. *Ibid.*

108. Robertson, *Bring It On*, 128.

제8장 [1]
짐 월리스와 복음주의 좌파

　미국에서 부시의 재집권을 계기로 정치권에서는 '네오콘' 신보수주의이, 종교계에서는 '기독교 우파'가 화려하게 등장하여 세계적 관심의 대상이 되었다. 특별히, 미국 기독교 우파의 등장은 그들이 한국 교회에 미치는 강력한 영향으로 인해, 한국교계와 정계에서 동일한 관심의 핵이 되었다. 하지만 기독교 우파로 통칭되는 보수적 복음주의의 형태가 미국 복음주의 전체의 초상은 아니다. 복잡한 인종의 스펙트럼만큼이나 다양한 종교적 그룹이 공존하는 미국에서, 복음주의 또한 다양한 하부 그룹이 치열하게 생존경쟁을 벌이고 있다. 그 중 우리가 기억해야 할 흐름 중 하나가 소위 '복음주의 좌파'로 분류되는 그룹이며, 이 그룹을 대표하는 인물이 짐 월리스다.

　그는 인격적 신앙과 정치적 책임을 통합함으로써, 종교적 우파의 왜곡된 신앙과 세속적 좌파의 편향된 정치를 극복하기 위해 부단히 노력해 왔다. 특히, 바락 오바마와 힐러리 클린턴이 민주당 대선경쟁을 펼치는 과정에서 짐 월리스의 영향력이 크게 부각되고, 그의 책 『하나님의 정치』 *God's Politics*가 미국 서점가에서 큰 반향을 불러일으키면서, 한국 출판계에서도 그를 주목하기 시작했다. 이후 그의 책들이 연속으로 번역 출판되면서, 이미 그는 한국의 복음주의 지성인들에게 적지 않은 독자수를 보유하고 있다. 따라서 본 장은 짐 월리스의 생애, 그의 신학적·신앙적 정체성, 그리고 그의 중심 사상들을 살펴봄으로써 그의 가치를 고찰함과 동시에 복음주의 좌파의 실체를 파악하고자 한다. 동시에, 한국 복음주의자들이 그에게 관심을 가져야 할 이유도 마지막에 제시할 것이다.

I. 짐 월리스는 누구인가?

1. 짐 월리스의 생애와 사역[2]

짐 월리스는 미국 복음주의 진영에서 빈곤과 전쟁 같은 심각한 사회 · 정치적 문제들에 대해 날카롭고 비판적인 목소리를 내는 대표적인 기독교 지성이다. 1948년, 미시간 주의 한 플리머스 형제단 가정에서 태어난 그는 경건하고 보수적인 기독 청년으로 성장했다. 그러던 그가 미시간주립대학교에 들어가서 당대의 가장 첨예한 사회적 쟁점인 흑인들의 암담한 현실과 이에 대한 복음주의 기독교의 냉대와 무관심을 체험하면서 "급진적 기독교"인으로 변모하였다. 특별히 1968년, 마틴 루터 킹 2세와 로버트 케네디의 암살이란 비보를 접하면서 정의에 대한 냉철한 의식을 소유하게 되었다. 그리고 마태복음 25장을 읽으면서 가난한 자와 함께 하시는 하나님을 발견하고 극적으로 신앙적 회심을 경험했다.

성서에 대한 갈증으로 목말라하던 그는 1970년 시카고에 소재한 트리니티복음주의신학대학원에 입학하여 신학을 공부하기 시작했다. 그는 신학교에서 자신과 비전을 공유하는 친구들과 함께 "기독교 인민연합" People's Christian Coalition 이란 공동체를 설립했고, 1971년에는 「포스트-아메리칸」 Post-American 지도 발행하기 시작했다. 얼마 후 이 공동체가 해체되자 잡지 발행도 중단되고 말았다. 그러나 1975년 월리스는 워싱턴 D.C.에서 '소저너스 공동체' Sojourners Fellowship를 재건하고 잡지도 「소저너스」란 이름으로 다시 발행하는데 중추적인 역할을 담당했다. 뿐만 아니라, 빈곤문제의 해결을 위해 "갱신으로의 부르심" Call to Renewal 이란 에큐메니컬 단체를 설립하여 이 분야의 여론 형성과 대중교육, 그리고 구체적인 운동을 주도해 왔다. 이처럼 월리스는 공동체와 잡지, 단체를 토대로 복음주의적 영성, 공동체적 친교, 그리고 기독교적 사회책임을 결합한 복음주의적 신앙·신학 운동을 적극적으로 전개해 오고 있다.

지금까지 월리스는『회심』*The Call to Conversion* 외에,『대각성 운동』*The Great Awakening*, 2008,『하나님의 정치』*God's Politics*, 2005,『신앙의 능력』*Faith Works*, 2000, 『누가 하나님을 위해 말하는가?』*Who Speaks for God?*, 1997,『정치의 영혼』*The Soul of Politics*, 1995,『우리에게 부흥을 주소서』*Revive Us Again*, 1983 등의 책들을 저술했다. 뿐만 아니라, 그는 빈번히 라디오와 텔레비전에 출연하고 여러 주요 일간지에 칼럼을 기고하며 하버드 대학교에서 강의하면서, 다양한 방법으로 미국의 교회와 정계에 주목할 만한 영향을 끼치고 있다. 성공회 목사인 조이 월리스*Joy Carroll Wallis*와 결혼하여 두 아들 루크*Luke*와 잭*Jack*을 두었으며, 워싱턴 D.C.에 소재한 소저너스 공동체에서 다른 회원들과 함께 공동생활을 하고 있다.

2. 복음주의 좌파로서 짐 월리스

월리스의 신학적·신앙적 정체성에 대한 학계의 분류는 다양하다. "진보적 복음주의자" progressive evangelical, "자유주의적 복음주의자" liberal evangelical, 혹은 "복음주의 좌파" evangelical left 등이 대표적인 명칭이다.[3] 그렇다면 월리스는 자신을 어떻게 이해하고 있는가? 그는 자신의 저서들 곳곳에서 자신을 "시대를 잘못 타고난 19세기 복음주의자"라고 지칭한다. 개인적 신앙과 사회적 개혁의 통합을 지향했던 19세기의 제2차 대각성을 염두에 두고 한 말이다.[4] 뿐만 아니라, 자신을 "보수적 급진주의자"로 규정하기도 한다. "보수적"이란 말에서 기독교 신앙의 정통적 가치를 보존하려는 의지가 담겨 있고, 동시에 "급진주의"란 단어 속에 타협을 불허하고 본질을 저돌적으로 추구하고 관철시키려는 그의 단호한 기백이 서려 있다. 이처럼

"보수적 복음주의" 혹은 "근본주의적 복음주의"에 상반되는 표현으로서, 자신을 보수적 급진주의 혹은 19세기형 복음주의로 정의하는 월리스의 의지는 다음과 같은 그의 주장들 속에서 보다 구체적인 표현과 증거를 발견할 수 있다.

일차적으로, 월리스는 복음주의자로서 '회심'과 '부흥'에 대한 관심이 지대하다. 그가 1981년 출판했던 책의 제목이 『회심』이었고, 2008년에 나온 신간의 제목은 『대각성운동』이었다. 대부분의 복음주의자들처럼, 월리스도 복음주의의 핵심적 특징을 '회심'으로 이해하고 있으며, 오늘날 교회에게 가장 중요한 것은 회심의 의미를 올바로 이해하고 하나님을 향해 단호하게 돌아서는 것이라고 주장한다.[5] 뿐만 아니라, 월리스는 사회정의를 위한 사회운동도 개인의 변화가 선행되어야 하며, 이런 변화는 부흥운동을 통해서 가능하다고 선언한다.

어쩌면 우리는 일종의 새로운 신앙 "부흥"에 도달하고 있는지 모른다. 그 부흥은 당파정치를 초월하여 사회정의를 위한 구체적 승리의 길로 인도하는 진정한 해결의 문을 열 것이다. 나는 우리에게 필요한 것이 다름 아닌 강력한 신앙운동이라고 주장하는 바이다. 이 운동은 개인적 회심과 사회적 정의를 효과적으로 결합시킬 것이다. 사회운동을 위해서 개인적 변화가 꼭 필요하며, 사회운동은 정치의 변화를 위해서 꼭 필요하다.[6]

하지만 복음주의자로서 월리스의 생각과 행동은 전통적 유형의 보수적 복음주의와는 많이 다르다. 그래서 그는 보수적 복음주의자로부터 "진보적" 혹은 "자유주의적"이란 수식어가 붙은 비판을 자주 듣는다. 그렇다고 그를 일방적으로 자유주의자나 진보주의자로 규정하는 것은 적절치 않다. 그 이유는 월리스의 일차적 관심사가 개인윤리에 집착해서 사회윤리의 가치를 간과하는 종교적 우파의 한계와 사회윤리와 도덕적 가치의 상관관계를 적절히 이해하지 못하는 세속적 좌파의 오류를 창조적으로 극복하는 것이기 때문이다. 그래서 그는 1994년 출판한 책, 『정치의 영혼』 *The Soul of Politics* 의 부제를 "종교적 우파와 세속적 좌파를 넘어서"라고 달기도 했다. 그는 이 책 서문에서 이 양 극단에 대한 자신의 비판을 이렇게 서술한다.

> 자유주의는 사회변혁을 추구하는 진지한 운동의 토대가 되는 도덕적 가치들을 명확하게 규정하거나 드러내지 못한다. 그래서 개인적 책임과 사회적 변화 간의 중요한 고리가 좌파에게는 빠져 있다. 반면, 보수주의는 지금도 구조적 부정의와 사회적 억압의 실체를 부정하고 있다. 그래서 빈곤, 인종차별, 그리고 성차별의 사악한 영향들을 무시하면서, 개인의 자기향상과 가족가치로의 회귀를 부르짖는 것은 그 희생자들을 두 번 죽이는 것이다.[7]

기본적으로, 월리스는 종교적 우파들이 강력하게 주장하는 동성애와 낙태 문제를 둘러싼 가족의 가치문제에 대해 근본적으로 동의한다. 하지만 이런 문제들만큼 아니, 이런 문제들보다 더 중요한 성서적 명령이 빈곤, 인종, 성, 전쟁, 그리고 환경 문제라고 주장함으로써, 복음주의의 전통에 서면서도 동시에 기존의 종교적 우파와는 분명하게 선을 긋는다.[8] 개인의 영성을 존중하면서, 동시에 사회정의에 대한 비전을 잃지 않는다. 그래서 그가 꿈꾸는 이상적 그리스도인은 "빌리 그레이엄"과 마틴 루터 킹 2세"를 합성한 모습이다.[9] 이런 면에서 그를 복음주의 좌파, 혹은 진보적 복음주의자로 명명하는 것은 적절하다.[10]

3. "하나님의 정치"를 꿈꾸는 짐 월리스

월리스는 보수적 신앙과 보수적 정치의 통합을 지향하는 종교적 우파의 신정정치를 강력히 반대한다. 동시에 건강한 정치를 위해 종교가 기여할 수 있는 영역 자체를 거부하는 세속적 좌파의 배타적 태도도 단호하게 거부한다. 이런 양 극단에 대한 월리스의 대안이 소위 "하나님의 정치"라는 것이다. 하나님 정치의 구현을 위해, 월리스는 다음과 같은 화두를 던진다.

첫째, "하나님은 공화당도 아니고 민주당도 아니다." 이것은 특정한 정치적 이념과 신학을 동일시한 공화당과 민주당의 "잘못된 신학"bad theology을 비판하는 것이다. 특별히, 종교적 우파의 경우, 자신들의 입장을 공화당의 이념과 무비판적으로 동일시함으로써, 미국 정치를 올바른 방향으로 인도하는 대신 정치적 양극화를 심화시키는 부정적 기능을 해 왔다. 따라서 월리스는 "종교의 최대 공헌은 이념적으로 예측가능하거나 당파적 충성을 다하는 것이 아니라, 좌파와 우파 모두를 비판할 수 있는 도덕적 독립성을 유지하는 것이다."라고 주장했다.[11]

둘째, "인격적 신앙과 정치적 희망을 결합하라." 월리스는 일차적으로 근본주의의 사유화된 신앙, 즉 신앙의 사회적 의미를 올바로 이해하지 못한 채 신앙을 사적 영역의 문제로 한정하는 보수적 복음주의를 비판한다. 동시에, 도덕적 가치와 정치 간의 운명적 관계를 이해하지 못하여 정치를 상업주의와 물질주의로 오염시킨 세속적 정치가들을 공격한다. 이처럼 왜곡된 미국 정치판의 비관적 현실 앞에서 월리스는 신앙과 정치를 창조적으로 결합하는, 즉 신앙과 정치에 대한 진보적이고 예언자적인 비전을 제창한다. 이권다툼과 정치투쟁에 집착하여 방향감을 상실한 미국 정치에 개인적 신앙에 근거한 도덕적 가치를 예언자적으로 제시함으로써 정치적 혼돈 속에 질서와 비전을 제공하는 역할을 교회와 신자들이 담당해야 한다는 것

이 월리스의 생각이다.[12]

셋째, "하나님이 우리 편이 아니라, 우리가 하나님 편이 되어야 한다." 이 말은 남북전쟁 당시에 아브라함 링컨이 한 말이다. 그러나 월리스는 이 링컨의 말을 끊임없이 반복하면서, 자신들의 특정한 정치이념을 신성시하려는 종교적 우파와 부시 정권을 맹렬히 비판한다. 월리스는 현재 미국의 정치를 지배하는 세력들이 "자신들의 눈 속에 있는 들보는 보지 못하면서, 남의 눈에 있는 티끌에는 과도하게 집착한다"고 비판한다. 이런 아전인수 격의 태도가 모든 관계를 "아군과 적군" 혹은 "나와 그것"의 흑백논리적 혹은 비인격적 세계관으로 왜곡하고, 여기에 "하나님은 우리 편"이라는 독선적 신앙으로 무장할 때, 그것은 파괴적 신정정치를 초래할 수 있다고 경고한다. 이런 면에서 진정한 하나님의 정치는 링컨의 충고대로, 하나님이 우리 편이라고 우기는 것이 아니라, 우리가 하나님의 편이 되도록 선택하는 것이다.[13]

끝으로, "바람의 방향을 바꾸어라." 월리스는 여론의 향방을 쫓아다니는 정치가들의 습성을 정확히 파악하고 있다. 정치가들은 여론을 형성하고 움직이는 것이 아니라, 유권자들의 표심을 사기 위해 끊임없이 자기변신을 감행하는 카멜레온 족속이다. 그 동안의 많은 신자들이 직접 세상을 바꾸기 위해 정치판에 뛰어 들었다. 그러나 결과는 자기 신앙의 왜곡과 정치의 혼탁만을 초래했을 뿐이다. 이런 상황을 목도하면서, 월리스는 신자들이 직접 정치판을 주도하겠다고 현장에 뛰어드는 대신, 유권자들의 여론을 형성하고 움직임으로써 전문적 정치가들이 여론의 향방에 따라 민감하게 반응하도록 유도해야 한다고 주장한다. 월리스는 마틴 루터 킹을 구체적인 예로 거론한다. 그는 직접 정치에 뛰어들지 않았지만, 흑인문제에 대한 국민들의 마음을 움직이고 국가적 합의를 이끌어 냄으로써 백악관의 주인들이 마침내 국민의 뜻에 복종하도록 유도했다는 것이다. 결국 월리스는 신앙인들이 정치적 중립과 도덕적 우월성으로 미국 정계의 흐름에 강력한 영향력을 행사해야 한다고 주장하는 것이다.[14]

II. 짐 월리스의 중심 사상

1. 빈곤문제

빈곤문제는 월리스가 개인적으로 가장 큰 관심을 갖고 있는 분야이다. 그가 진보적 학생운동권에서 복음주의자로 회심하게 된 것은 마태복음 25장에 나오는 종말의 심판기사를 읽은 후였다. 가난한 자에 대한 배려가 곧 예수님에 대한 배려라는 사실을 깨달았기 때문이다. 그가 워싱턴 D.C.의 빈민촌에서 〈소저너스〉 공동체를 시작한 것도 가난한 자들을 섬기려는 목적 때문이다. 이런 그의 개인적 관심은 빈곤에 대한 성서적 강조와 빈곤으로 인한 비참한 현실을 그가 정확히 인식하고 있기 때문이다. 먼저, 월리스는 성경에서 빈곤문제를 얼마나 중요하게 다루고 있으며, 신앙인들에게 얼마나 중요한 책임인지를 다음과 같이 서술한다.

> 우리는 성경에서 가난한 자들과 부정의에 대한 하나님의 반응에 관한 수 천 개의 절들을 발견했다. 우리는 그것이 구약성경에서 두 번째로 중요한 주제였음을 발견했다. 첫번째로 중요한 것은 우상숭배에 대한 것이고, 또한 양자는 긴밀하게 서로 연결되어 있다. 신약성경에서는 6절당 한 절이 가난한 자들이나 돈복음서는 그것을 맘몬으로 부른다에 관한 것이다. 공관복음에서는 10절당 한 절이, 그리고 누가복음에서는 7절당 한 절이 그런 주제에 관한 것이다.[15]

빈곤문제에 대한 그의 관심은 빈곤에 의해 초래된 비참한 현실에 주목하면서 더욱 심화되고 현실감을 띠게 되었다. 현재 세계도처에서 벌어지고 있는 처참한 빈곤의 현실에 대한 월리스의 글은 이 문제에 대한 그의 관심을 극대화시킨다.

> 다음의 통계는 우리에게 충격을 주기에 충분하다. 미국의 아동들 6명당 한 명이 빈곤하고^{미국에서 1천 3백만 명!}, 빈곤 한계선 아래에 살고 있는 사람들의 수가 3천 6백만 명^{이 수자는 캘리포니아를 포함하여, 미국의 어느 주에 사는 사람들의 수보다 많은 것이다}이며, 4백만의 가정들이 식사를 거를 정도로 굶주리고 있^{으며 이 숫자보다 세배나 많은 사람들이 자신들의 가족에서 제대로 음식을 공급하지 못하고 있다.}, 4천 5백만 명의 미국인들이 의료보험 없이 살고 있으며, 그 중에는 8백 4십만 명의 어린이들이 포함되어 있다. 또한 1천 4백만 가정들이 주택문제로 고통을 겪고 있으며 노숙자들의 수가 급증하고 있다. 특별히 도시에 살고 있는 가족들이 그런 고통을 겪고 있다.[16]

빈곤문제에 대한 이런 성서적·현실적 인식에 근거해서, 월리스는 미국의 정치를 맹렬하게 비판한다. 빈곤이 범람하고 있을 때, 정치가들은 빈곤문제에 대한 근본적 해결책을 찾는 대신, 자신들의 선거활동을 위해 빈곤문제를 이용한다고 비판하는 것이다. 월리스는 "보수주의자들과 진보주의자들의 권력 투쟁의 재단 위에서 미국인들이 이념적 희생제물이 되었다"고 통탄하였다.[17] 그러면서 보수주의자들을 향해, 그들이 빈곤의 원인을 가정의 붕괴로 파악하는 것은 빈곤의 여러 이유들 중 하나를 전체와 동일시키는 근시안적 태도라고 비판하고, 이 문제를 보다 구조적이고 장기적인, 그리고 신학적인 관점에서 파악해야 한다고 지적한다.

이런 관점에서 월리스는 빈곤퇴치의 가장 궁극적인 방법은 가난한 사람들이 직업을 갖도록 하는 것이며, 이를 위해 기업과 은행, 정부, 그리고 신앙단체들이 체계적으로 협조해야 한다고 주장한다. 즉, 정부의 사회복지 제도가 단순히 가난한 자들을 금전적으로 돕는 일뿐만 아니라, 궁극적으로 미국에서 빈곤의 정도를 축소시키는데 목적을 두어야 한다고 주장하고, 신앙단체들도 단지 빈자들을 위한 개별적 봉사뿐만 아니라 공공정책의 개선을 위한 여론형성에 관여해야 한다고 주장한다. 무엇보다, 현재 부자들 중심으로 만들어져 있는 세금혜택규정을 개선해서 부익부빈익빈 구조를 고착시키는 왜곡된 세금정책을 제도적으로 개선해서 약자들을 우선적으로 배려하는 정책으로 전환되어야 한다고 주장한다. 그리고 빈자들에 대한 사회적·국가적 책임을 약화시키는 주된 원인 중 하나가 지나친 군사비, 전쟁비용이라고 지적하면서, 이런 도덕적으로 정당성이 약한 재정구조를 개선해서 사회복지를 위한 예산을 증액해야 한다고 주장한다. 끝으로, 빈곤문제를 단지 경제나 정치문제로 한정하는 것은 바람직하지 않다고 지적하고, 이 문제를 신학적 문제로 파악하여 보다 심오하고 근원적인 차원에서 접근해야 한다고 주장한다.[18] 경제논리와 정치투쟁의 희생물인 가난한 사람들을 구제하고 그들에게 새로운 기회를 제공하는 일이 경제와 정치 보다 높은 가치와 의미의 영역에서 접근하지 않을 때, 결코 해법을 찾을 수 없다는 것이 복음주의자 월리스의 기본적인 확신이다.

2. 인종문제

플리머스 형제단이란 보수적 복음주의 출신인 월리스가 사회개혁운동가로 전향하게 된 결정적 계기는 그가 사춘기를 지나는 동안 미국의 인종차별 문화를 직접 목격하게 된 것이다. 자기보다 명석한 흑인 친구가 글을 쓸 줄 모른다는 사실에 월리스는 큰 충격을 받았다. 뿐만 아니라, 백인인 자신의 부모는 자식들에게 길가에서 어려움에 처할 때마다 경찰에게 도움을 청하라고 가르쳤으나, 그가 만난 흑인 친구의 어머니는 흑인 아들에게 길을 가다 경찰을 만나거든 몸을 숨기라고 교육했다. 이런 모순된 현실을 몸으로 발견하면서, 월리스는 흑인들의 친구가 되었고 그들을 위한 투사가 되었다. 그가 가난한 흑인들이 밀집해 있는 워싱턴 D.C. 14번가에서 〈소저너스〉 공동체를 시작한 이유도 거기에 있었다. 동시에, 그가 빈곤문제에 눈을 뜨게 된 계기도 미국 흑인들의 비참한 삶을 통해서였다. 따라서 월리스의 빈곤문제에 대한 깊은 관심은 미국의 구조적인 인종차별 문화와 깊이 연관되어 있다.

기본적으로, 월리스는 노예제도가 폐지된 지 150여 년의 세월이 흘렀고, 1960년대 민권운동을 통해서 인종차별을 극복하는 다양한 법들이 제정되었지만, 여전히 인종차별이 미국 사회에 뿌리 깊은 문제로 남아 있다고 믿는다. 그래서 그는 인종문제를 "미국의 원죄" America' s Original Sin 라고 규정하고, "미국이 타 인종에 대한 종족말살과 또 다른 인종의 노예화에 근거해서 건설된 백인사회" 라고 정의한다.[19] 미국사회의 이 같은 태생적 한계는 이후 미국사회의 가장 심각한 내적 아킬레스건으로 작용해 왔다. 그럼에도, 이 문제 해결의 열쇠를 쥐고 있는 백인들은 문제해결을 위한 최소한의 노력도 거절해 왔다. 그나마 그 동안 성취된 발전은 흑인들의 영웅적 투쟁의 산물이었다. 이에 대해 월리스는 이렇게 적고 있다.

미국의 원죄는 우리나라 삶의 거의 모든 영역에 막대한 영향을 끼쳐 왔다. 미국에서 노예제도와 그 이후에 발생한 흑인에 대한 차별은 대단히 심각한 불의였기 때문에, 사람들은 국가적 회개와 보상이 필요하다고 생각할 것이다. 하지만 그 어떤 것도 이루어지지 않았다. 심지어 이 엄청난 죄에 대해 "사과하는 것"도 대단히 심각한 논쟁을 불러 왔을 뿐이다.[20]

결국, 이런 개선되지 않은 인종차별의 현실은 대다수 흑인들의 삶을 처참한 비극 속으로 추락시켰다. 윌리스는 자신의 저서 곳곳에서 순진한 흑인 청년들이 미국사회의 구조적 모순과 인종차별 전통의 희생양이 되는 미국적 사이클에 대해 상세히 보고한다. 흑인들이 거주하는 빈민지역에서 그들 대부분이 생계를 위해 마약거래에 발을 디디게 되고, 결국 그 과정에서 목숨을 잃는 안타까운 사연들을 윌리스는 비통한 심정으로 기록하고 있다. 뿐만 아니라, 주택재개발업자들과 시당국의 결탁 속에, 가난한 흑인들이 주거지를 박탈당하고 도시 속의 유목민 혹은 노숙자로 전락하는 현실을 목격하면서 윌리스는 절규한다.[21]

이처럼 인종문제에 대한 윌리스의 비판적 문제인식은 이런 심각한 문제해결에 대한 책임을 회피해 온 공화당과 민주당에 대한 강력한 비판으로 이어진다. 인종차별로 인해 미국 사회가 분리되고 미국인들의 영혼이 분열되었음에도, 양 당은 문제해결을 위해 노력하는 대신 이 분열을 당연시하거나 혹은 자신들의 정치적 목적을 위해 적극적으로 이용해 왔다고 윌리스는 비판한다.

> 오늘날 공화당원들은 인종분열의 전략을 통해 선거에서 승리한다. 하지만 존슨과 케네디의 당인 민주당은 오랫동안 흑인 유권자들의 표를 당연시 해왔다. 그래서 오늘날 미국의 흑인들에게는 정치적 선택권이 거의 없다. 한 정당은 백인 노동계급을 끌어들이기 위한 미끼로 흑인들을 이용하고, 다른 당은 그들의 불만을 시정하기 위한 어떤 구체적인 제안을 내놓지 않으면서, 그들의 지원만을 요구한다.[22]

이처럼, 복잡하고 난해한 미국의 인종문제는 최근에 미국의 유색인종들이 다양해지고, 또 그들 간에 이권다툼이 벌어지면서 더욱 복잡해지고 심각해지는 양상을 보이고 있다. 최근에 미국에서 다수의 소수인종은 흑인이 아니라 히스패닉 계열이며, 아시아인의 수도 급증하고 있다. 이런 상황에서 흑인과 히스패닉 간의 갈등이 고조되고 있다. 오랫동안 흑인이 독점적으로 누려왔던 정부의 다양한 혜택들이 최근에 히스패닉들에게 돌아가게 되면서, 이들을 향한 흑인들의 불만이 급증·확산되고 있는 것이다. 이런 상황에서, 뒤늦게 이들의 경쟁에 가담한 아시아인들은 이들에 의해 더 혹독한 차별과 박해의 대상이 되고 있다. LA 폭동 당시 한국인들이 흑인들에 의해 공격 당한 것이 대표적 사례로 꼽힌다. 여기에 중산층으로 신분이 상승한 소수의 흑인들과 여전히 가난한 다수의 흑인들 사이에도 갈등이 증폭되고 있는 현실이다.

이런 상황에서 월리스는 이런 복잡하고 난해한 인종차별 혹은 인종갈등의 문제를 해결하기 위해, 이 문제를 신학적 차원에서 이해하려고 하면서 이 문제에 대한 교회의 책임을 강조한다. 기본적으로, 미국의 인종차별 문화를 "미국의 원죄"로 규정한 것 자체가 이 문제를 신학적 관점에서 접근하려는 그의 근본적 의도를 보여주는 대목이다. "기독교적 관점에서, 인종차별은 복음과 그리스도의 화해사역의 핵심을 부정한다. 그것은 서로 분리된 사람들을 하나로 묶는 교회의 목적을 부정한다."[23] 동시에, 월리스는 이 문제의 해결을 위해 교회의 역할이 결정적이라고 주장한다. "우리의 유일한 희망은 교회의 각성에서 기원한다. 왜냐하면 현재 이 문제는 철저하게 영적이기 때문이다."[24] 하지만 교회가 이 일이 관여해야 하는 보다 현실적인 이유도 있다. 그 이유에 대한 월리스의 설명이다.

"영적 가치"의 문제에 관해서, 아마도 소수인종과 백인공동체 모두에 속한 종교 공동체들이 궁극적으로 인종의 정의와 화해를 성취하는데 주된 역할을 담당하게 될 것이다. 이 회중들이 아직도 대부분의 공동체 내에, 특히 가난한 공동체 내에 가장 보편적으로 존재하는 제도들이며, 한 사회가 가장 절박하게 기억해야 할 필요가 있는 가치들을 자연스럽게 보존하고 있기 때문이다.[25]

그러면서 월리스는 인종문제의 궁극적 해결은 백인과 흑인 당사자들이 정직하게 이 문제의 심각성을 인식하고 서로 간의 화해를 위해 양자가 용기 있게 결단하고 책임 있게 행동하는 것에 달려 있다고 주장한다. 문제 해결의 열쇠는 백인들의 손에 쥐어져 있지만, 흑인들 또한 그들만의 고유한 책임과 역할을 인식해야 한다. 양자가 만나서 정직하게 현실을 대면하고, 솔직하게 마음을 털어놓는 것, 그것이 진정한 화해를 위한 중요한 첫 걸음이라고 월리스는 제안한다.[26]

3. 전쟁과 평화의 문제

1960년대 베트남전쟁 반대운동에 적극적으로 가담했던 월리스는 꾸준히 평화운동에 관여해 왔다. 그런데 2001년 세계무역센터가 테러리스트의 공격으로 허물어지고, 이어서 아프가니스탄과 이라크를 향한 미국의 보복전쟁이 시작되자, 전쟁과 평화 문제에 더 적극적인 관심을 보이기 시작했다. 기본적으로, 월리스는 전쟁과 평화의 문제를 정치적으로 이해하기보다 신학적으로 이해한다. 따라서 이 문제의 해결을 위한 구체적 대안을 제시하기보다 성서적·신학적 차원에서 접근하고 신앙공동체가 이 문제에 진지한 관심을 갖고 적극적으로 참여해야 한다고 주장한다.[27]

먼저, 월리스는 전쟁과 평화에 대한 기존의 기독교적 입장을 "평화주의, 정당전쟁, 십자군"으로 구분하고, 기독교 정신에 입각한 입장을 평화주의와 정당전쟁으로 제한한다. 그러면서 평화주의와 정당전쟁론 사이의 선택 대신, 양자를 넘어서는 제4의 길로, "정당한 평화정착"just peacemaking을 제시한다. 그는 이 제4의 길이 예수의 가르침에 충실하며, 동시에 평화주의와 정당전쟁론의 장점과 한계를 극복하는 것이라고 주장한다.

> 대부분의 그리스도인들은 교회들이 평화를 추구하고 세상의 폭력을 제한하고 억제해야 한다는 사실에 동의하거나 동의해야 한다. 평화주의 전통이든 혹은 정당전쟁 전통이든, 전쟁에 대해 기독교가 반대한다는 분명한 전제가 있다. 성경은 하나님의 통치를 고대한다. 그곳에서는 평화와 정의가 우세하며, 그리스도인들은 "마치" 하나님의 나라가 이미 이 세상 속으로 침투해 들어온 것처럼 살도록 부름 받는다. 우리는 하나님의 평화를 꿈꾸고 미래의 약속 안에서 현재를 살아간다. 그리고 하나님 나라는 결코 강제적으로 이 땅에 끌려오지 않는다. 오히려 십자가를 통해 도래한다. 전사인 왕이 아니라 고통 받는 종을 통해 도래하는 것이다.[28]

전쟁과 평화에 대한 이런 원론적 이해를 배경으로, 월리스는 테러문제를 보다 구체적으로 다룬다. 그는 기본적으로 테러를 악으로 간주한다. 월리스는 테러문제 해결의 첫걸음은 테러문제에 대한 냉철하고 현실적인 인식이라고 주장한다. 그래서 빈라덴을 정의와 평화의 투사로 간주하려는 일각의 움직임에 대해 냉혹하게 비판한다. 하지만 테러문제의 해결을 위한 과도한 폭력적 대응에 대해서도 문제를 제기한다. 테러리스트를 무력으로 응징하려는 것은 문제를 본질적·거시적 차원에서 다루기보다, 일종의 대증요법에 불과하다는 것이 월리스의 진단이다. 즉, 테러를 생존 및 저항의 수단으로 선택하게 만드는 보다 근원적인 원인들을 해결해야 한다는 것이다.

증상만 공격하지 말고, 테러리즘의 근본적 원인들을 공격하라. 빈곤이 테러리즘의 원인은 아니다. 하지만 빈곤과 절망은 테러리즘을 양산하는 주된 미끼들이다. 우리는 테러리즘이라는 모기가 서식하고 있는 부정의의 습지를 제거해야 한다. 정말로 정의가 평화에 이르는 최고의 길이다. 공동의 안전이 없는 안전은 없다.[29]

이런 방식으로 테러를 이해하면서, 윌리스는 이라크전쟁에 대해 미국 정부, 특히 부시 대통령을 맹렬히 비판한다. 윌리스가 부시 정부를 비판하는 이유는 먼저, 미국 정부가 이라크전쟁에 대해 계속해서 정직하지 못했기 때문이다. 부시 정부는 대량살상무기를 이유로 이라크를 침략했지만, 정작 대량살상무기가 발견되지 않았음에도 불구하고 계속 말을 바꾸며 전쟁을 고집하고 있다. 둘째, 공개석상에서 자신을 경건한 그리스도인으로 소개하는 부시 대통령이 미국을 선으로, 그리고 이라크를 악으로 규정하는 그릇된 신학에 근거해서 성경과 상관 없는 제국주의적 전쟁을 감행했기 때문이다. 이런 미국 정부를 향해, 윌리스는 "예수님이 언제 전쟁을 찬성했는가?"라고 심각한 질문을 던진다. 셋째, 미국 정부가 UN과 여러 동맹국들의 반대에도 불구하고, 일방적으로 전쟁을 수행하기 때문이다. 아무런 정치적·도덕적 정당성도 확보하지 않은 상태에서, 부시 정부는 일방적이고 독선적으로 전쟁을 치르며, 종교 지도자들, 특히 기독교 지도자들의 충심어린 충고나 조언에 전혀 귀를 기울이지 않고 있다. 넷째, 부당한 전쟁을 통해, 특정 기업들에게 세금감면 등의 특혜를 베풀고, 소외계층을 위한 정부 지원은 삭감시키며, 또한 군사비와 전쟁수행비를 과도하게 지출함으로써 다른 분야의 예산이 축소되거나 고갈되어 왜곡된 경제 및 사회 구조를 더욱 심화시키는 오류를 범하기 때문이다.[30]

마무리

이상에서 신앙의 사유화를 주도하는 보수적 복음주의에 대한 강력한 견제세력으로, 동시에 정교분리의 편견 속에서 종교를 공적 영역에서 배제해 온 세속적 좌파에 대한 중요한 교정세력으로 부상한 월리스의 삶과 생각, 그리고 활동에 대해서 살펴보았다. 이제 21세기에 한국에서 왜 복음주의자들은 월리스에게 주목해야 하는지, 월리스의 한국적 적용가능성에 대해서 살펴봄으로써 글을 마무리하고자 한다.

먼저, 한국의 복음주의자들은 월리스의 독특한 생각과 활동을 통해서 복음주의의 사회참여가 기존의 종교적 우파의 전유물이 아님을 기억할 필요가 있다. 오랫동안 한국에서 복음주의는 근본주의 혹은 보수주의와 동의어로 혼용되어왔다. 그 결과, 복음주의는 교리적 측면에서뿐만 아니라, 사회 및 정치 문제에 대해서도 일방적으로 보수적 입장을 견지해 왔다. 특별히 일제 강점기와 한국전쟁의 시련을 거치면서 한국기독교는, 특별히 복음주의 계열의 교회들은 한국사회의 가장 강력한 보수 세력으로 자신들의 입지를 견고히 해왔다. 정치적으로 자유민주주의 수호와 철저한 반공세력으로, 경제적으로는 자유시장경제에 대한 철저한 옹호세력으로, 그리고 외교 및 군사적 측면에서는 강력한 친미 세력으로 자신의 정체성을 확고히 해왔다. 특별히, 미국에서 부시정권의 등장과 이를 지지하는 종교적 우파의 발흥과 보조를 맞추어, 한국의 보수기독교, 즉 복음주의 교회들은 한국의 극우정치이념을 수호하고, 한국의 진보세력에 대한 가장 강력한 견제세력으로 부상했다. 이런 보수 기독교의 행보는 지난 2007년 대선에서 "장로대통령만들기 프로젝트"로 절정에 이르렀다. 이런 보수 기독교의 정치적 행보는 미국의 종교적 우파의 선례에서 역사적 · 신학적 정당성을 발견했다.

하지만 이런 맥락에서 월리스는 한국의 복음주의자들에게 "복음주의 사회적 책임"에 대한 새로운 가능성을 제시해 줄 수 있다. 즉, 한국의 복음주의자들이 자신들의 신학적·신앙적 보수주의가 반드시 정치적 보수주의로 환원될 필요가 없다는 사실을 인지하도록 돕는 것이다. 윌리스는 자신을 "시대를 잘못 태어난 19세기 복음주의자"라고 정의했다. 19세기에 제2차 대각성을 주도했던 찰스 피니는 복음전도자요 부흥사였지만 당대의 가장 민감한 사회문제였던 노예제도 폐지를 위해 적극적으로 활동했다. 20세기 초반의 대표적 근본주의자였던 윌리엄 제닝스 브라이언은 미국의 진보적 정치를 주도했던 민주당의 상원의원이었다. 또한 18세기 영국의 노예제도폐지를 성취했던 저명한 정치가 윌리엄 윌버포스는 존 웨슬리의 영향을 깊이 받은 복음주의자였다. 이런 역사적 흐름의 연장선에 윌리스가 존재하는 것이다. 복음주의적 신앙고백은 그 어떤 유형의 기독교보다 적극적으로 사회개혁에 참여할 수 있으며, 사회적 정의와 변혁의 주체세력으로 활동할 수 있다. 이런 면에서, 한국의 보수적 복음주의자들은 복음주의적 신앙과 진보적 정치활동을 창조적으로 결합한 짐 윌리스에게 주목할 필요가 있다.

둘째, 한국의 복음주의자들은 정치적 중립성과 도덕적 우월성을 추구하는 윌리스의 사례에 주목하면서, 특정 이념이나 정당을 지지하면서 자신들이 직접 정치판에 뛰어드는 오류를 극복해야 한다. 최근에 한국의 보수적 기독교는 우파 정권과 자신들의 운명을 동일시하며 특정 이념의 맹목적 지지 세력으로 활약하고 있다. 그 결과, 한국교회가 다양한 이유와 명분 하에 분열된 국론을 통합하고 이 과정에서 민족의 깊은 상처들을 어루만지고 치유함으로써 국가발전에 기여하기보다, 특정 이념 혹은 특정 정치세력의 조직원으로 기능함으로써 국가적 분열을 주도하고 심화시키면서 역사발전의 거침돌이 되고 있다. 이처럼, 한국보수기독교의 '우파적 정치세력화' 현상은 국민들의 지지와 성원을 얻기 보다 오히려 한국기독교의 위상을 실추시키고 선교 현장에서 심각한 장애물로 부작용을 일으키고 있다. 지난 대선에서 "기독사랑실천당"의 참패는 이런 현실을 대변해 주는 대목이다.

이런 상황에서, 월리스는 또 한번 우리에게 중요한 경종을 울려준다. 그는 "하나님이 공화당도 아니고 민주당도 아니다"라고 선언했다. 그는 특정 정당의 후원세력으로 현실정치에 직접 뛰어들었던 종교적 우파의 지도자들, 특히 제리 폴웰과 팻 로버트슨, 그리고 현실정치와는 거리를 두면서도 미국 정치의 흐름을 바꾸었던 마틴 루터 킹 2세를 끊임 없이 비교한다. 그러면서 교회가 특정 이념이나 정당의 하수인 역할을 하기보다, 그런 것들로부터 자신의 독립성을 유지하면서 양당 혹은 다양한 세속적 정치이념에 대한 예언자적 비판세력으로 기능해야 한다고 반복해서 역설한다. 특정 이념의 눈으로 성경을 읽고 자신들의 세속적 정치이념을 뒤틀린 신학적 해석으로 정당화하는 신학적 왜곡을 극복하기 위해서, 한국의 복음주의자들은 성경에 대한 정직한 독서, 그리고 이런 객관적 성서읽기에 근거하여 세속적 정치이념을 예언자적 시각으로 비판하고, 세속적·이기적 정권다툼에 함몰되어 있는 정치인들에게 보다 높은 도덕과 정치적 이상을 제시하는 사명을 감당해야 한다. 종교인들이 직접 정권을 담당하려는 타락한 형태의 신정정치를 꿈꾸는 대신, 월리스처럼 정치적 중립성과 도덕적 우월성을 근거로 정치인들에게 선한 영향력을 행사함으로써 정치가 보다 성숙하고 온전한 방향으로 진행되도록 도와야 할 것이다. 이것이 한국의 복음주의자들이 짐 월리스를 읽어야 하는 두 번째 이유이다.

끝으로, 한국 복음주의자들은 특정한 윤리적 사항들에 집착하는 대신, 일관되고 폭넓은 기독교의 윤리적 책임을 주장하는 월리스를 통해 개인윤리와 사회윤리를 통합한 보다 거시적이고 통전적인 윤리관을 확립해야 한다. 그 동안 한국의 보수적 기독교는 반공, 자유민주주의, 친자본주의, 친미

등의 이념에 지나치게 경도되어 있었다. 그러면서 통일과 평화에 대해서는 소극적인 태도로 일관하거나 부정적인 입장을 견지해 왔다. 비록 최근에 보수 기독교가 통일문제에 깊은 관심을 갖고 활동하고 있으나, 이 문제에 있어서도 특정한 종교적 교리나 정치이념에 근거해서 접근함으로써 건강하고 합리적인 문제해결보다 갈등과 분열을 조장하는 결과를 초래하고 있다. 또한 문화적·사회적 차원에서는 제사 및 전통문화에 대한 부정적 태도를 고수해 왔고, 남녀평등, 양심적 병역거부, 그리고 동성애자를 포함한 사회적 약자들의 인권문제에 있어서도 시대에 뒤떨어진 사고를 고수해 왔다. 이런 문제들에 대한 심도 있는 고민과 대안을 제시하기보다 전통적 사고와 주장을 맹목적으로 반복하고 있을 뿐이다. 뿐만 아니라, 개인윤리 면에서 음주와 흡연을 반대하고 세속적 오락과 약물사용을 금지하고 있으나, 이런 문제들 배후에 존재하는 천민자본주의와 상업주의의 위협에 대해서는 적절하게 대응하지 못하고 있으며, 오히려 그런 문화적 흐름에 편승하여 자기세력 확장에 몰두하고 있다. 동시에, 이런 타락한 문화를 구조적·제도적으로 영구화하면서 이를 통해 이득을 극대화하고 있는 정치 및 경제 세력들에 대한 예언자적 비판의 기능을 전혀 감당하지 못하고 있다.

이런 상황에서 낙태와 동성애 문제에 집착하는 종교적 우파를 향해, 빈곤, 성차별, 인종차별, 전쟁과 테러리즘, 그리고 환경문제 같은 거시적 문제도 교회가 담당해야 할 성서적·신학적 문제들이라고 주장하는 월리스의 주장에 한국 복음주의자들은 진지하게 귀를 기울여야 한다. 월리스의 관점에, 기존의 종교적 우파는 종교의 영역과 정치의 영역을 명확히 구분하고 개인윤리와 사회윤리 사이에 경계를 설정함으로써 신학의 범위를 축소하고 교회의 역할을 제한하는 오류를 범해 왔다. 이에 대한 대안으로 월리스는 "하나님의 정치"를 제안하면서 "우파와 좌파의 한계를 넘어서야 한다"고 주장한다. 개인윤리에 집착함으로써 교회의 사회적 책임을 외면 혹은 왜곡해 온 종교적 우파의 오류를 극복하고, 동시에 사회윤리에 과도히 편향됨으로써 개인윤리의 가치와 필요성을 과소평가했던 세속적 좌파의 한계를 넘어서기 위해서, 월리스는 양자를 창조적으로 극복해야 한다고 주장했다. 뿐만 아니라, 이런 대안적 활동의 가능성을 자신의 저술활동과 강연, 그리고 구체적 행동을 통해서 입증해 왔다. 그를 복음주의 좌파로 분류하는 이유도 바로 여기에 있다. 따라서 교회의 사회적 책임을 간과하거나 편향되고 왜곡된 형태로 실행하고 있는 한국의 복음주의자들은 월리스의 담대하고 일관된 사상과 행동에서 많은 교훈을 얻을 수 있을 것이다.

미주

1. 이 글은 "짐 월리스(Jim Wallis): 복음주의 사회참여의 새로운 모델," 「역사신학논총」 제17집 (2009): 89–114을 수정한 것이다.
2. 짐 월리스의 생애와 사역에 대해서는 Jim Wallis, *Revive Us Again: A Sojourner's Story* (Nashville: Abingdon Press, 1983); Randall Balmer, "Jim Wallis," in *Twentieth-Century Shapers of American Popular Religion*. Ed. Charles H. Lippy (New York: Greenwood Press, 1989): 431–36; 양희송, "미국 정치가 주목하는 복음주의자, 〈소저너스〉의 짐 월리스," 「복음과 상황」(2007. 1. 12) 등을 참고하시오.
3. John C. Green, "Seeking a Place: Evangelical Protestants and Public Engagement in the Twentieth Century," in *Toward An Evangelical Public Policy*. Ed. Ronald J. Sider and Diane Knippers (Grand Rapids, MI.: Baker Books, 2005), 30. 또한 http://en.wikipedia.org/wiki/Evangelical_left를 참조하시오.
4. 짐 월리스가 자신의 모델로 설정하고 있는 19세기 복음주의에 대한 탁월한 연구서로는 도널드 데이튼, 『다시 보는 복음주의 유산』. 배덕만 역 (서울: 요단출판사, 2003)이 있다.
5. 월리스는 회심의 현대적 의미와 필요성에 대해서 이렇게 주장한다. "오늘날 교회는 회심을 강조하지만, 그 회심의 목적을 망각한 사람들과 기독교의 사회적 행동을 강조하지만 회심의 필요성을 망각한 사람들 사이에 분열되어 있다. 오늘날 회심자들은 역사에 대한 눈을 떠야 하며, 오늘날의 활동가들은 그들의 영혼이 회심하도록 해야 한다." Jim Wallis, *The Call to Conversion: Why Faith Is Always Personal but Never Private* (San Francisco: HarperSanFrancisco, 1981), 9.
6. Jim Wallis, *The Great Awakening: Reviving Faith & Politics in a Post-Religious Right America* (New York: HarperOne, 2008), 13.
7. Jim Wallis, *The Soul of Politics: Beyond "Religious Right" and "Secular Left."* (San Diego: A Harvest Book, 1994), xiv.
8. 미국 종교적 우파에 대해선 배덕만, 『미국 기독교 우파의 정치활동』 (서울: 넷북스, 2007)을 참조. 반면, 종교적 우파에 대한 설득력 있는 비판서로는 Randall Balmer, *Thy Kingdom Come* (New York: Basic Books, 2006)이 있다.
9. Jim Wallis, *The Great Awakening*, 308.
10. 2006년에 스위스 다보스에서 개최된 세계경제포럼에 참석한 후, 월리스는 이런 글을 남겼다. "나는 '세계 불평등, 희망은 없는가?' 부문의 연설에서 성경의 예언자들은 불평등이(오늘날처럼) 사회적 문제가 되었을 때에 주저 없이 바로 일어났음을 설파했다. 그리고 '미국 정치에서의 하나님의 손길' 이라는 또 다른 부문에 참석하여 연설했는데, 나의 연설을 들은 많은 유럽인들이 기독교 우파만이 미국의 유일한 기독교운동이 아니라는 사실에 안도했다." 짐 월리스, "다보스에서도 일하시는 하나님" 「복음과 상황」 제203호 (2007. 8. 20)을 참조.
11. Jim Wallis, *God's Politics*, xxiii.
12. *Ibid.*, 35. 심지어 월리스는 "하나님을 사적인 영역으로 제한하는 것은 20세기 미국 복음주의의 가장 심각한 이단이다."라고 선언했다.
13. Jim Wallis, "새로 발표한 복음주의 성명서," 「복음과 상황」 제214호 (2008. 7. 18일).
14. Jim Wallis, *God's Politics*. 5. 박지호, "정치와 종교가 제대로 입 맞추려면," 「복음과 상황」 제205호 (2007. 10. 15)을 참조.
15. Jim Wallis, *The Great Awakening*, 212.
16. *Ibid.*, 223.
17. *Ibid.*, 224.

18. 빈곤에 대한 월리스의 생각에 대해서는 *God's Politics*, 209-40, *The Call to Conversion*, 35-78: *The Soul of Politics*, 59-85를 참조하시오.

19. Jim Wallis, *God's Politics*, 308.

20. *Ibid*.

21. 미국 흑인들의 비참한 현실에 대한 사실적 묘사는 Jim Wallis, *The Soul of Politics*, 87-113에 상세히 논의되고 있다.

22. Jim Wallis, *God's Politics*, 314.

23. Jim Wallis, *The Soul of Politics*, 109.

24. *Ibid*.

25. Jim Wallis, *God's Politics*, 318.

26. *Ibid*., 320.

27. Jim Wallis, *The Call to Conversion*, 86.

28. *Ibid*.

29. Jim Wallis, *God's Politics*, 106.

30. 전쟁과 평화에 대한 월리스의 입장은, Jim Wallis, *God's Politics*, 87-208: *The Call to Conversion*, 79-110을 참조.

제9장 [1]
브라이언 맥클라렌과 이머징교회

20세기 후반부터 새로운 유형의 기독교에 대한 소식이 미국에서 들려온다. 복음주의 전통에서 출현했으나 기존 교회에 대한 비판적 진단을 토대로 새로운 시대에 적합한 새로운 유형의 기독교 문화를 창출하려는 대안적 기독교 운동이다. 미국에서 비롯되어 영국과 뉴질랜드 등으로 빠르게 확산되고 있으며, 마침내 한국에도 상륙하여 여러 사람의 관심을 끌고 있다. 최근에는 관련서적들이 빠르게 번역되면서 이 운동에 대한 학계의 논의도 활발해지고 있다. 이 소식의 주인공이 바로 이머징교회Emecging Church다.

동시에, 이 운동에 대한 무한한 관심과 냉혹한 비판이 함께 들려온다. 그만큼 이 운동의 영향력이 빠르게 확산되고 있다는 증거다. 하지만 이 운동의 성장속도에 비해, 아직 국내에서 이 운동에 대한 이해와 학문적 담론은 초보적 수준에 머물러 있다. 물론, 한국교회와 미국교회의 긴밀한 관계를 고려할 때, 곧 이 운동에 대한 한국교회의 벤치마킹은 급속도로 증가할 것임에 틀림없지만 말이다.[2]

본 장은 이 운동의 대표적 지도자인 브라이언 맥클라렌Brian McClaren[3]을 중심으로 이 운동에 대한 개괄적 이해를 추구하고 핵심적 이슈들을 간략히 검토한다. 이를 위해, 먼저 이머징운동이란 무엇이며 맥클라렌은 과연 누구인지, 그리고 그가 어떤 주장을 하고 있는지 항목별로 살펴볼 것이다. 이어서 그에 대한 학계의 논쟁을 검토하고 이 운동의 미래에 대한 예측과 이 운동에 대한 나의 개인적 소견을 덧붙일 것이다.

I. 이머징교회 운동이란 무엇인가?[4]

이머징교회는 최근까지 미국 복음주의 교회의 주류를 형성해온 소위 '구도자 중심' 교회들에 대한 심각한 반성에서 출현했다. 윌로우크릭교회와 새들백교회로 대표되는 구도자 중심의 복음주의 교회들은 베이비부머세대[5]를 중심으로 형성된 교회들이었다. 이 교회들은 한때 교회를 떠났던 세대들에게 접근하기 위해 그들에게 익숙한 음악을 교회음악으로 수용하고 기존의 권위주의적 예배당 구조와 예배순서를 보다 구도자 중심으로 개선함으로써 1980년대부터 최근까지 미국교회의 성장을 주도해 왔다. 하지만 최근에 이런 교회들에서 젊은이들이 이탈하면서 교회가 쇠퇴하는 징후가 나타나기 시작했다. 이런 맥락에서, 새로운 의식을 지닌 기독교인들이 출현하기 시작한 것이다. 이들은 2000년대를 기점으로 소위 "X세대, 혹은 이머징세대"가 출현하기 시작했고, 이 세대는 기독교적 배경에서 출생한 베이비부머세대와 달리, 다종교사회에서 비기독교인으로 성장했다고 주장했다. 하지만 기존의 교회들은 이런 변화를 감지하지 못한 채 기존의 방식을 고집함으로써 교회성장이 멈추었다. 결국, 이머징교회 운동을 주도하는 이들은 기존의 구도자 중심 교회들을 '모던적' 기독교라고 정의하고, 이런 교회에 대한 대안으로 이머징교회를 개척하고 있다.[6]

이머징교회에 대한 개괄적 소개서인 *Emerging Church*에서 저자들인 애디 깁스와 라이언 볼저Eddie Gibbs and Ryan Bolger는 이머징교회를 "포스트모던 문화 속에서 예수의 방식을 실천하는 공동체"로 정의하고, 다음과 같이 9가지 실천들을 포괄한다고 지적했다. 즉, 이머징교회는 (1) 예수의 삶과 동일시하고 (2) 세속의 영역을 변혁하며 (3) 대단히 공동체적인 삶을 산다.

이 세 가지 활동들 때문에, (4) 이방인을 환영하며 (5) 관대한 마음으로 섬기며 (6) 생산자로서 참여하고 (7) 피조물로서 창조하며 (8) 하나의 몸으로서 앞장서고 (9) 영적 활동에 참가한다."[7] 한편, 우호적 입장에서 이머징교회 운동을 관찰하고 있는 스캇 맥나이트Scot McNight는 이머징교회의 특징을 예언자적혹은 자극적, 포스트모던적, 실천지향적, 탈-복음주의적탈-조직신학적, 정치적반-종교적 우파적이라고 지적했다.[8] 결국, 이머징교회는 현재가 포스트모던사회라는 시대적 인식에 기초하여 보다 실천적 · 관용적 · 포용적 기독교를 추구하는 것이다.

현재, 이머징교회는 미국을 포함하여 영국과 뉴질랜드 등지에서 급속히 확산되고 있으며, X세대 젊은이들뿐 아니라, 근대적 기독교에 문제의식을 느낀 기성세대들까지 참여하고 있다. 이들은 기존의 보수적 복음주의 교회들과는 달리, 고전적 영성을 수용하고 다양한 예술적 장르들을 예배에 적용하며 민감한 사회적 문제들에 적극적으로 반응하고 인터넷을 중요한 전도 및 의사소통 수단으로 활용하고 있다. 이들은 기존의 교파주의에 대해 부정적 견해를 갖고 있으며, 대다수의 교회가 초교파적 공동체 교회를 조직하여 상호간에 네트워크를 형성하여 협력하고 있다. 혁신적 예배와 신학을 포함한 이들의 실험적 목회는 수 많은 불신자들에게 복된 소식을 전해주는 긍정적 기능을 수행함과 동시에, 전통적 입장을 고수하는 교회와 신자들로부터는 우정 어린 근심부터 냉혹한 비판에 이르기까지 다양한 형태의 공격을 받고 있다.[9]

II. 브라이언 맥클라렌은 누구인가?[10]

이머징교회 운동을 주도하는 브라이언 맥클라렌Brian McLaren은 1956년 미국 메릴랜드 주에서 대표적 근본주의 그룹인 플리머스 형제단 가정에서 출생했다. 그는 청소년기 동안 프란시스 쉐이퍼Francis Schaeffer, 1912~84, C. S. 루이스C.S. Lewis, 1898~1963, J. I. 패커J. I. Packer, 1926~2020 등의 영향을 강하게 받으며 보수적 복음주의자로서 자신의 신앙적 정체성을 굳건히 형성했다. 하지만 대학에서 영문학을 전공한 그는 특히 천주교 소설가 워커 퍼시Walker Percy를 집중적으로 공부하며 큰 자극을 받았다. 동시에, 실존주의 철학자 죄렌 키르케고르Søren Aabye Kierkegaard, 1813~55의 영향 속에 근본주의적 성향의 보수주의자에서 보다 진지하고 사색적인 성향의 기독교 청년으로 변모했다. 그런 과정에서, 그는 은사주의교회에도 출석하는 등 진지하고 실험적인 신앙적 순례과정을 거쳤다.

대학을 졸업한 1978년부터 8년 동안 맥클라렌은 대학에서 영어를 가르쳤고, 1982년 Cedar Ridge Community Church를 설립하여 담임목사로 섬겼다. 1986년에는 목회에 전념하기 위해 대학 강단을 떠났으며, 전업 작가로 사역하기 위해 2006년 담임 목사직을 사임할 때까지 이 교회를 이머징 운동의 요람으로 성장시켰다. 이 기간 동안, 그는 20세기를 대표하는 선교사요 신학자인 레슬리 뉴비긴Lesslie Newbigin, 1909~98, 데이비드 보쉬David Bosch, 1929~92, 라민 사네Lamin Sanneh의 영향을 크게 받으면서 포스트모더니즘 시대의 기독교 선교에 깊은 관심을 갖게 되었다. 또한, 성서학적 관점에서 교회의 사회적 책임을 강조하는 예언자적 성서학자들인 N. T. 라이트N. T. Wright, 1948~와 월터 브루그만Walter Brueggemann, 1933~, 그리고 복음주의 진영의 대표적 사회운동가인 짐 월리스Jim Wallis 등의 영향 하에 기독교적 사회책임에 대한 관심과 참여의 폭을 더욱 확장시켰다. 특별히 신학교를 다닌 경력이 없는 그는 2004년 캐나다 밴쿠버에 소재한 케리 신학교Carey Theological Seminary로부터 명예신학박사 학위를 받았다.

현재, 그는 21세기 기독교의 새로운 대안운동으로 급부상하는 이머징 교회 운동을 주도하면서 왕성한 집필과 강연활동을 전개하고 있다. 특히,

대표적인 복음주의적 사회개혁 단체인 소저너스 Sojourners 의 이사이며, 보다 철저하게 제자도를 추구하는 그리스도인들의 모임인 '레드레터 크리스천' Red Letters 의 창립발기인으로 참여하고 있다. 그는 *The Secret Message of Jesus*를 포함한 10여권의 책을 저술했으며,[11] 그의 책들은 11개국 이상의 언어로 번역·출판되었다. 2005년, 『타임』에 의해 '가장 영향력 있는 복음주의자 25인' 으로 선정되기도 한 맥클라렌은 현재 이머징운동의 대표적 운동가로서 21세기 기독교를 위한 새로운 패러다임을 형성하기 위해 분투하고 있으며, 계속해서 뜨거운 논쟁을 촉발하고 있다.

III. 맥클라렌은 무슨 주장을 하는가?

1. 시대가 변했다

맥클라렌이 동시대 교회를 향해 외치는 가장 절박한 메시지는 서구사회가 2000년을 기점으로 모던사회에서 포스트모던 사회로 전환되었다는 것이다. 그의 관찰에 의하면, 이처럼 시대가 근본적으로 변했음에도 동시대의 교회들이 여전히 구시대적 사고에 고착되어 구시대적 목회에 집착하고 있다. 시대변화를 정확히 포착하지 못함으로써 시대가 요구하는 목회를 적절히 제공하지 못하여, 교회가 지속적으로 쇠퇴하는 불행한 결과가 나타난 것이다. 따라서 그는 당대의 교회를 향해 근대적 사고를 탈피하고 다양한 삶의 방식이 공존하는 시대에 창조적으로 적응할 것을 간절히 호소한다.

우리는 과거의 유물에서 '벗어난' post-al 새로운 시대, 즉 탈근대주의, 탈식민주의, 탈계몽주의, 탈기독교세계, 탈-홀로코스트, 탈-9/11의 시대

를 살고 있다. 새로운 시대의 새로운 도전에 맞서기 위해 제4의 대안은 창조적이고 새로워야 한다.[12]

이런 문제의식 하에, 그는 근대 혹은 근대성의 특징을 다음과 같이 나열한다. 즉, 정복과 통제의 시대, 기계의 시대, 분석의 시대, 세속과학의 시대, 절대적 객관성을 갈망하는 시대, 비판적 시대, 근대적 민족국가와 조직의 시대, 개인주의의 시대, 그리고 개신교와 제도적 종교의 시대. 다시 말하면, 근대는 이성과 과학이 인간의 모든 삶을 통제하고 지배하던 시대요, 논리적이고 명백한 것이 높이 평가되는 시대라고 할 수 있다.[13] 이에 반해, 맥클라렌은 포스트모던 시대의 특징을 5가지로 정리한다. 포스트모던 시대는 첫째, 확실성을 의심한다. 둘째, 맥락에 민감하다. 셋째, 해학적인 성향을 띤다. 넷째, 주관적인 경험을 높이 평가한다. 다섯째, 타인과의 관계를 소중하게 생각한다. 따라서 논리와 명료함을 추구하는 모던 시대와는 달리 포스트모던 시대는 주관, 관계, 다양성을 소중하게 생각한다.[14]

그렇다면 포스트모던은 기독교인에게 위기인가 아니면 기회인가? 만약 위기라면, 그 위기를 기회로 역전하기 위해, 기독교인들은 어떻게 살아야 하는가? 일차적으로, 맥클라렌은 포스트모던을 위기보다 기회로 삼아야 한다고 주장한다. 포스트모던 속에 담겨 있는 소중한 가치들을 정확히 인지하고 활용할 경우, 포스트모던은 축복의 기회가 될 수 있기 때문이다. 예를 들면, 맥클라렌은 적당한 겸손, 건강한 회의주의, 영성에 대한 갈증, 신앙에 대한 열린 마음, 기분 좋은 관용, 제한된 상대주의 등을 포스트모던 사회의 소중한 가치로 제시하며, 이것들을 발굴하고 발전시켜야 한다고 역설한다.[15]

한편, 포스트모던 사회에서 교회가 생존하기 위해, 혹은 자신의 영역을 지속적으로 확장하기 위해 추구해야 할 전략이 있다. 맥클라렌에 따르면, 첫째, 신앙이 보다 실존적이고 경험적이어야 한다. 지나치게 관념적이고 추상적인 기독교는 더 이상 설 자리가 없다. 둘째, 기독교는 명제적 진리보다 삶에 근거한 이야기에 주목해야 한다. 끊임없이 변하는 시대에 생동감 있는 신학적 대안을 제시하는 것은 고착된 명제가 아닌, 생명을 담보한 이야기일 수 밖에 없기 때문이다. 셋째, 교회는 제도나 조직의 틀을 벗고 삶을 공유하는 공동체, 구도자들의 공동체, 성령중심의 공동체가 되어야 한다. 넷째, 교회를 구성하는 성도들의 다양한 욕구와 기대를 충족시키기 위해, 설교/성직자 중심의 예배에서 미술, 음악, 드라마, 문학 등 다양한 예술 양식이 활용되는 역동적 예배를 추구해야 한다. 이것들은 포스트모던 사회에서 교회의 탁월한 선교전략이 될 수 있다.[16]

끝으로, 포스트모던 사회에서 우리가 피해야 할 위험도 분명히 존재한다. 맥클라렌에 대한 비판적 의혹 중 하나는 이머징교회가 절대적 진리의 존재를 부정한다는 것이다. 이에 대해, 맥클라렌은 이머징교회가 절대적 진리를 부정하는 것이 아니라 명제적 신학의 절대성을 부정하는 것이며, 성경에 기초한 "진정한 기독교"를 추구한다고 반박한다. 그의 판단에 따르면, 기성교회의 가장 심각한 문제는 성경에 대한 정확한 해석에 기초한 진정한 기독교를 추구하는 대신, 신자 개인의 경험과 관점에 근거해서 기독교 신앙을 사유화하거나 특정한 문화적 가치와 이념으로 신앙을 포장하여 비성서적 종교를 양산하는 것이다.[17] 이것은 주관성과 다양성을 존중하는 포스트모던 사회의 소중한 가치를 이기적 욕구에 의해 변질시키는 위험한 유혹이다. 맥클라렌은 이런 위험을 심각하게 인지하고 있다.

2. 복음을 전하라

포스트모던 시대에 적합한 새로운 유형의 교회를 추구하는 맥클라렌은 교회의 선교방법도 이런 상황에 적합한 방식으로 전환되어야 한다고 주장한다. 기본적으로, 맥클라렌은 포스트모던 시대에 교회가 더욱 선교지향적 전략을 택해야 한다고 주장한다. 종교다원주의가 일반적 현실이 되고 기존의 교회들이 진정성 측면에서 약점을 노출하는 시점에서, 교회는 "땅 끝까지 복음을 전하라"는 예수의 명령을 더욱 철저히 수행해야 한다는 것이다. 이런 문제의식 하에, 맥클라렌은 선교에 대한 여러 권의 책을 저술했으며, 그의 다른 글들 속에도 선교의 중요성을 강조하고 선교에 대한 새로운 각성을 강력히 촉구하고 있다. 포스트모던 시대에 교회가 당면한 선교적 책임에 대해 맥클라렌은 다음과 같이 웅변적 언어로 선언한다.

> 모든 교회는 선교조직이다. 그리고 모든 기독교인은 선교사이다. 모든 선교기관은 교회사역을 촉진하는 조직이다. 모든 이웃은 선교 대상 지역이다. 불과 타오름을 떼어놓고 생각할 수 없듯이 기독교신앙과 선교사업을 떼어서 생각할 수 없게 되기를 희망한다. 그렇게 된다면 선교운동의 역사상 최대의 위업을 달성하는 것이 될 것이다.[18]

선교에 대한 맥클라렌의 진지한 관심은 포스트모던 사회에서 적합한 선교방법에 대한 관심으로 확장된다. 그의 판단에 포스트모던시대에 적절한 선교방법은 기본적으로 전도자와 전도대상자 간의 진실한 관계를 토대로 전개되는 것이다. 전통적 선교에선 복음전파 자체가 목적이었기에, 복음전파를 위한 어떤 수단도 정당화될 수 있었다. 그 결과, 근대사회에서 선교활동은 세일즈맨의 "상품선전"과 다를 바가 없었다. 또한 선교지에서 선교사와 선교대상자 간의 관계는 결코 평등하지 않았다. 평등한 인격적 관계에서 복음의 은총을 교류하는 것이 아니라, 가진 자가 없는 자에게 은혜를 베푸는 형식의 불평등한 선교였다. 이런 맥락에서, 맥클라렌은 포스트모던 시대의 "좋은 전도방법"은 평등한 인격적 관계에 기초하여 대화를 매체로 진행되는 것이라고 주장한다.

> 좋은 전도방법이란 선한 행실과 유익한 대화를 통하여 더 나은 삶을 추구하는 것이다. 사람들을 차별하지 않고 설득하려고 애쓰지도 않으면서 그들과의 우정을 유지시킨다. 그래서 이 같은 크리스천들은 전도를 예수 그리스도의 정신과 그분께서 보여주신 모범을 따라 사람들과 대화하는 것으로 생각한다.[19]

> 제가 그리스도인들에게 포스트모던 시대의 복음전도에 관해서 말하고 싶은 게 한 가지 있다면, 그가 대답했다. 바로 대화라는 단어일 겁니다. 저는 회심에 몰두하는 것을 중단하라고 말하겠습니다. 왜냐하면 회심에 대한 우리의 접근은 기계주의적이고, 소비주의적이며, 개인주의적이고, 통제적인 것처럼 보이기 때문입니다. 대신, 대화를 더 중요시할 것을 권장하겠습니다. 왜냐하면 대화에는 참된 관계가 수반되며, 만일 관계를 세우고 진정한 대화에 참여하는 일에 목표를 둔다면, 저는 회심이 일어나리라고 봅니다. 하지만 우리가 사람을 회심시키는 시도만 계속한다면, 오히려 그들을 멀어지게 만들 것입니다. 그들은 우리의 상품 선전과 공식화된 접근에 싫증이 나 있습니다.[20]

맥클라렌의 관점에 따르면, 인격적 관계와 대화를 통해 이루어지는 선교는 또한 관용적 태도와 짝을 이루어야 한다. 종교다원주의가 보편적 문화현상으로 뿌리를 내린 미국뿐만 아니라, 타종교들이 강력한 전통을 형성하고 있는 해외 선교지역에서 더 이상 과거의 전투적 혹은 제국주의적 형태의 선교는 부적절하며 바람직하지도 않다. 따라서 복음을 통해 하나님 나라를 확장하려는 현대적 선교는 타종교 혹은 이질적 종교문화에 대해 관용적 태도를 유지하면서 포용과 인내 속에 진행되어야 한다. "우리는 인류 역사상 가장 풍요로운 시대에, 가장 풍요로운 문화 속에 살고 있습니다. 만일 우리가 관대한 삶의 기쁨을 배우는 일을 훈련하지 못한다면, 복음의 걸림돌이 될 것입니다."[21] 심지어, 그는 기존의 문화적 전통을 유지하면서 동시에 기독교인으로서 사는 것이 얼마든지 가능하다고 주장한다. "제 생각에는 바로 그래서 그리스도인이면서도 문화적으로는 불교도나 무슬림이나 나바호 인디언이 되는 게 가능하다는 겁니다."[22]

끝으로, 맥클라렌은 교회전통을 고수하고, 기존의 신학 및 선교방식을 배타적으로 고집했던 종전의 선교방식에 대해 진지하게 반성하고, 새 시대에 적합한 선교방법을 모색하기 위해 보다 창조적으로 사고하고 보다 용감하게 도전할 것을 주문한다. 물론, 교회의 전통을 함부로 폄하하거나 폐기처분 할 수 없다. 그러나 그 전통이 새로운 맥락에서 더 이상 본질을 효과적으로 담보할 수 없을 경우, 과감하게 새로운 대안을 찾는 것이 보다 바람직하기 때문이다.

> 전통적인 교회가 만일 전통을 보존하기 원한다면 한 가지 해야 할 일이 있어. 전통을 상대화하는 일이야. 그들은 전통이 옳고, 필수적이며, 또는 성경적인 명령이라고 강요할 수 없어. 단지 자신들에게 의미를 부여하는 교회의 문화적 요소로서 그러한 전통을 제공해야 할 거야. 만일 그러한 전통적인 양식이 효과가 없다면, 효과가 있는 새로운 의식을 찾아서 과거의 것을 자유롭게 버릴 수 있어야 해.[23]

동시에, 전통적 방식에 과도하게 집착하거나 기존의 획일적 방식을 무리하게 고집하는 대신, 낯선 선교적 상황에서 분출되는 다양한 종교적 욕구를 보다 효과적으로 만족시키기 위해, 다양한 문화전통들 속에서 창조적 대안들을 탐색해야 한다고 주장한다. 정말, 교회의 일차적 사명이 이 땅에 하나님의 뜻을 실천하는 것, 즉 복음을 통해 세상을 구원하는 것이라면, 교회는 예수의 성육신 모델을 토대로 자신이 활용할 수 있는 모든 선한 방법들을 동원하여 복음을 전파해야 할 것이다. 맥클라렌은 이런 생각을 다음과 같이 표현한다.

> 말씀이 육신이 되었음을 우리가 믿는다면, 우리 언어의 초점은 좋은 소식을 구현하는 공동체를 창조하는데 맞춰져야 한다는 것이지. 춤, 요리 유월절을 기억하니?, 공예아마도 퀼트가 다시 돌아올 것 같아. 아니면 웹사이트가 현대판 퀼트가 되던가!, 공동체 형태, 선교사역, 음악, 회화와 조각, 건축, 조경, 우정, 가난한 자들, 소외된 자들과의 결속을 통해서 좋은 소식을 구현해야 한다는 말이야.24

3. 고전적 영성을 회복하라

근대적 기독교에 대한 대안으로 탈근대적 기독교의 가능성을 모색하는 맥클라렌은 고전적 영성에서 하나의 실마리를 발견한다. 근대의 기계적 틀을 탈피하기 위해 몸부림치는 상황에서, 고대적 신앙을 새로운 해법으로 제시하는 것이다. 이런 인식은 기존의 영성에 대한 비판적 성찰에서 출발한다. 그는 근대 기독교의 영성이 "군국주의와 같은 과학적 세속주의, 무모한 종교 근본주의, 감상적인 무형의 영성"으로 삼분되어 왔다고 진단한다.25 하지만 이런 유형의 영성들은 근대교회에 깊이와 풍요를 제공하는 대신 갈등과 분열의 독소로 작용해 왔다. 따라서 이런 근대적 영성의 한계를 극복하고 새로운 환경에 적합한 창조적 영성을 발굴해야 할 책임이 이머징교회에게 주어졌다. 이런 상황에서 맥클라렌은 이런 새로운 과제의 해법을 고전적 영성에서 발견할 수 있다고 믿는 것이다.

새로운 시대의 새로운 도전에 맞서기 위해, 제4의 대안은 창조적이고 새로워야 한다. 그러나 동시에, 거기에는 오래된 종교적 전통에서 이끌어낸 힘과 새로운 시대의 도전에 맞서기 위한 과거의 지혜가 깃들어 있어야 한다. 미래에 도전하기 위해 우리가 해야 할 일은 과거의 자원을 재발견하여 시대에 맞게 다시 활용하는 것이다.[26]

포스트모던 시대는 포스트 개신교 시대이기 때문에, 우리의 영성과 영적 형성의 모습은 고대와 중세 교회를 더욱 닮아가고 근대교회의 모습과는 거리를 두어야 하리라고 봅니다. 전통, 성자, 예전, 성일 같은 것들의 복원을 환영해야 한다고 생각합니다.[27]

물론, 그가 주목하는 고전적 영성은 단지 중세적 기독교의 현대적 재생이 아니다. 근대의 특징을 "과학적 신념과 체계와 종교적 신념 체계의 냉전"[28]으로 규정하는 맥클라렌은 이분법적 사고에 기초한 극단적 대립을 거부하고 상생과 공존의 삶을 위해, 포용적이고 통합적인 영성을 고전적 영성에서 발견할 수 있다고 확신한다. "수세기에 걸친 적대적인 관계를 겪은 후에 과학적 공동체와 종교적 공동체가 이제는 양자 간의 교착상태와 분열, 즉 신앙과 이성, 종교와 과학, 물질과 영혼이라는 이분법적 사고를 넘어설 필요가 있다는 것을 깨달은 듯하다."[29]

그렇다면 맥클라렌이 제시하는 고전적 영성의 핵심은 무엇인가? 기본적으로, 맥클라렌은 영성을 "삶의 방식"으로 이해한다. "영성이라는 말에는 실천가능하고 지속가능하며 의미 있는 삶의 방식이라는 뜻이 담겨 있다."[30] 전문적 수도자들이 분리된 공간에서 배타적으로 행하는 특이한 종교적 수행이 아니란 뜻이다. 이것은 모든 기독교인이 실천할 수 있으며 일상에서 지속될 수 있고, 삶 자체에 근원적 의미를 부여할 수 있다. 이렇게 영성의 의미를 이해하면서, 맥클라렌은 고전적 영성의 대표적 수행방법인 청빈, 기도, 금욕을 소개한다. 이런 수행방법을 훈련함으로써, 우리의 육신을 지배하고 있는 악한 권세들에게 저항할 수 있다고 믿기 때문이다.

> 하나님 나라 백성은 세가지 영적 훈련을 통해 보이지 않는 폭군에게 저항한다. 첫째, 가난한 자들에게 관대함으로써 물질과 탐욕의 권좌를 전복한다. 둘째, 기도를 통해 권력 지향적인 교만한 본성에 대항하고 보복과 복수가 아닌 화해와 용서를 실천한다. 마지막, 금식을 통해 육체적인 만족을 원하는 내적 충동을 극복함으로써 성욕을 비롯한 육체적인 욕망의 지배로부터 벗어난다. 이들 영적 훈련은 모두 은밀하게 수행되어야 한다. 그래야만 형식과 외모만을 중시하는 위선에 치우치는 잘못을 피할 수 있다.[31]

삶과 영성의 관계에 대한 맥클라렌의 이해는 사회와 사회적 악에 대한 그의 인식이 깊어지면서 더욱 확장·심화된다. 영성을 삶의 방식으로 정의하는 맥클라렌에게 영성은 단지 개인의 육체적 욕망을 억제하는 차원에 그 활동영역이 제한되지 않는다. 우리의 삶은 육체적 차원을 넘어 정신적·영적 차원으로 확장되고, 개인적 영역을 넘어 사회와 문화 전반으로 확대된다. 이런 맥락에서 맥클라렌이 제시하는 영성수련의 방법도 더욱 확장되고 정교해진다. 앞에서 언급한 청빈, 기도, 금식의 방법 외에, 그는 순례, 거룩한 식사, 헌금, 안식, 교회력 등을 첨가하여 모두 7가지 방법을 소개한다. 이런 전통적 수행법들을 통해, 개인적 차원의 무절제한 욕망을 억제할 뿐 아니라, 정치, 경제, 문화 등의 구조적 문제들에 대한 종교적 대안을 추구한다. 결국, 맥클라렌은 고전적 영성에서 현대사회가 직면한 무수한 문제들에 대한 근본적 해법을 탐구하는 것이다. 그야말로 총체적 영성이라고 할 수 있다. 그가 제시하는 영성수련의 구체적 방법들과 이 방법들로 해결하고자 하는 현실적 문제들은 다음과 같다.

> 순례, 금식, 거룩한 식사, 공동기도, 헌금, 안식, 교회력과 같은 고대영성 훈련들은 수세기에 걸쳐 아브라함 종교를 믿는 사람들에게 영향을 미쳤다. 이러한 훈련은 인간성을 형성하는 데 중요한 역할을 했다. 고대영성 훈련이 대항하고 있는 것들을 생각해 보면, 그 훈련의 영향력을 더 분명하게 알 수 있다. 예를 들어, 순례는 우리로 하여 토착주의, 국가주의, 민족주의, 인종주의를 약화시킨다. 금식은 자제력을 요구하여 과식, 성욕, 탐욕에 빠지는 것을 막는다. 순례와 금식은 우리가 너무 당연한 것으로 받아들이는 귀중하면서도 평범한 것들, 즉 샌드위치, 핫초콜릿, 침대, 현관문이나 정원을 감사하게 여기도록 도와준다. 거룩한 식사는 하나님, 이웃, 원수와 화해하는 자리로 우리를 초청하여 이기심과 원한의 원심력에 대항한다. 공동기도는 일상의 여러 사건 속에서 하나님을 이해하도록 일깨워주며, 소위 세속적인 것이 거룩과 화합하여 지겹고 고된 삶에 저항하도록 한다. 헌금은 부유한 자와 가난한 자 사이의 간격을 메우고, 점점 깊어져 가는 골을 치유한다. 안식은 착취하려는 외부의 횡포와 일 중독에 빠지려는 내면의 횡포에서 노동자들을 자유롭게 한다. 교회력은 과거의 회상과 미래의 희망으로 우리의 기억상실증과 냉담함에 대항한다.[32]

4. 사회정의를 추구하라

이머징교회의 독특한 특징 중 하나는 사회문제에 대한 깊은 관심과 적극적 참여를 주장한다는 점이다. 이 점에서 맥클라렌도 예외는 아니다. 오히려 그는 이런 흐름을 주도하는 대표적 인물임에 틀림없다. 맥클라렌은 기본적으로 기존의 복음주의 교회가 개인윤리 및 묵시적 종말론에 과도히 경도됨으로써, 사회문제에 대한 정당한 관심과 책임을 온전히 수행하지 못했다고 비판한다. 이런 편향적 흐름은 교회의 사회적 평판에 부정적으로 작용하여, 교회의 건강한 사역을 방해하고 말았다는 것이 맥클라렌의 판단이다.

> 심지어 최근 수십 년간의 현안을 놓고 고민해 온 그리스도인들조차 개인적이거나 성적인 문제들에는 관심을 가지면서도, 너무 큰 고통을 불러오는 더 큰 사회적, 제도적 불의는 간과하고 있다. 그리스도인들은 이처럼 협소한 '도덕문제'를 놓고 불화와 갈등을 일으키는데 능하지만, 지속적이고 건설적인 변화를 일으키는 데에는 별 재능이 없었다. 이로써 경직되고 늘 타인을 정죄하고 편향적이고 수구적이며 부정적이고 위선적인 모습이 전형적인 기독교 신자들의 이미지로 굳어지고 말았다.[33]

> 종교인들이 예수님에 관해 나누는 말은 대부분 '사람이 죽으면 어떻게 천국에 가는가?,' '천국에 가기 전까지는 어떻게 해야 하나님과 그분의 말씀을 통해 행복하고 성공한 인생을 살 수 있는가' 하는 문제와 관련되어 있다. 사람들이 자기 인생과 사후 세계에만 관심을 집중하는 한, 예수님은 지구촌의 절박한 문제들과는 별 관련이 없어 보인다. 나는 이런 관습적인 전제가 잘못되었다는 사실을 밝히려고 한다.[34]

이런 비판은 보다 구체적으로 자유주의와 보수주의 모두를 향해 폭발한다. 이들에 대한 맥클라렌의 비판은 두 진영이 자신들의 이념에 장악되어 직면한 문제들에 대한 정직하고 책임 있는 대안을 제시하는 대신, 자신들의 입장을 배타적으로 선전하는데 함몰되고 말았다는 것이다. 예를 들어, 현대 세계가 직면한 가장 심각한 문제 중 하나인 빈곤문제에 대해, 두 진영은 문제의 근본을 파악하고 현실적이며 실천 가능한 대안을 발굴하는 대신, 개인이나 국가에 책임을 떠넘기고 무책임한 흑색선전이나 가혹한 비판만 반복했다는 것이다.

그 동안 자유주의자들과 보수주의자들은 자본주의와 공산주의, 부패와 불공정 무역, 국가부채, 서구인의 이기심, 인종주의, 가정 붕괴, 가난한 자들의 무책임과 부도덕, 정부의 기업규제, 잘못된 구제 정책 등을 탓하며 빈곤 문제가 서로의 탓이라며 핏대를 세웠다. 가난의 원인과 해법에 대한 우리의 진단은 이데올로기에 따라 양극단으로 나뉘었다. 더 큰 문제는 이런 양극화로 말미암아 우리 스스로 무력해졌다는 사실이다. 그 결과 가난한 사람들은 계속해서 고통을 받고, 우리는 여전히 극단적이고 무력한 논쟁에만 빠져 있다.[35]

이런 문제의식 하에, 맥클라렌은 교회가 사회문제에 관심을 갖고 문제 해결을 위해 분투하는 것은 교회의 당연한 사명이요 신자들을 향한 하나님의 뜻이라고 주장한다. 부패한 인간에 의해 자행되는 다양한 종류의 악에 대항하는 것, 그리고 세상을 지배하는 타락한 사상과 권세에 저항하는 것은 이 땅에서 하늘의 진리를 실천하는 유일한 방법이다. 뿐만 아니라, 하나님의 창조세계를 파괴하는 모든 세력에 용감하게 맞서 하나님의 거룩한 질서를 수호하는 것은 이 땅에서 제자도를 실천하는 가장 강력한 길이다. 맥클라렌은 이 문제들에 대한 자신의 입장을 다음과 같이 호소력 있게 진술한다.

인간은 온갖 형태의 전체주의를 만들어낸다. 예를 들면, 정욕의 왕국성적 노리개나 성적 포식자로 전락하는 경우, 교만과 권력의 왕국다른 사람들을 짓밟거나 이용함 으로써 자신의 입지를 강화하는 경우, 인종차별, 계급주의, 연령차별, 민족주의의 왕국피부색이나 사회적, 육체적 출생기원을 원수나 악, 또는 열등한 자를 규정하는 잣대로 사용하는 경우, 소비주의와 탐욕의 왕국직업의 노예로 전락하거나 하나님이 창조하신 자연을 한갓 인간을 위한 소비재로 생각하거나 시간을 돈으로 여기는 등 삶을 상품화하는 경우 같은 것들이 다. 이러한 것은 결코 용납될 수 없다. 하나님은 혁명에 참여할 사람들을 부르고 계신다.[36]

하나님이 편애하지 않으신다는 것이 진리라면, 하나님이 인종을 차별하 지 않으시는 것이 진리라면, 토지 강탈과 노예 노동이 심지어 그리스도인이라 자처하는 사람들에 의해 행해졌을지라도 잘못이라는 것이 진리라면, 모든 인류는 하 나님의 형상으로 지음 받았고 똑같이 존엄하게 대우받아야 하는 것이 진 리라면, 우리는 과거의 불의를 직시하고 모든 곳의 모든 사람들을 위한 정의를 구해야 한다. 이것이 바로 미래의 세계가 더 나은 세계가 될 수 있 는 유일한 길이며, 진리를 따라 살 수 있는 유일한 길이기도 하다.[37]

예수를 따른다는 것은 우리들 대부분이 배워왔던 것과는 매우 다른 사안 이다. 그것은 폭력, 지배, 학살, 배제와 위협을 통한 평화를 약속하는 모 든 권력을 간파하며 예수님의 평화적 저항 운동에 동참하는 것이다. 예 수를 따름은 정의와 관용, 그리고 상호 배려를 통한 평화를 구하며 기꺼 이 핍박을 감수하되 다른 이들을 핍박하기를 거부하는 공동체를 형성하 는 것을 의미한다. 예수를 따른다는 것은 피에 굶주린 전투의 신들을 거 부하고, 그리스도 안에서의 사유와 화해의 표로 하나님 자신의 피를 뿌 리신, 은혜와 평화의 살아 계신 하나님을 믿는 것이다. 회개하고 믿고 따르는 삶은 예수님의 거룩하고 평화로운 반란 운동에 동참하기 위하여 카이사르의 폭력 운동에서 빠져 나오는 것과 다를 바가 없다.[38]

끝으로, 맥클라렌은 당면한 사회구조적 문제, 세계적 차원의 현실적 난제들을 해결하는 방법은 세속의 이념이나 인본주의적 이론이 아닌, 오직 예수 그리스도의 말씀에서 찾을 수 있다고 단언한다. 그의 판단에 세속적 이론들은 문제에 대한 근본적 해법이 아니라, 피상적 대증요법에 불과하다. 하지만 예수 그리스도의 말씀은 문제의 핵심을 정확히 지적하며, 동시에 문제의 근본적 해법을 제시한다. 따라서 예수의 말씀에 근거한 해법을 추구함으로써, 우리는 문제를 근원적으로 해결하고 미래에 대한 낙관적 소망을 품을 수 있게 된다. 맥클라렌은 지금이야 말로 이 희망의 메시지를 세상을 향해 선포해야 할 때라고 흥분 속에 주장한다.

이제는 예비적인 폭력축소 이론을 가장 훌륭한 대안으로 받아들이기 보다는 예수님의 비밀 메시지를 중심으로 더 나은 길, 즉 열정과 희망을 가지고 능동적으로 평화를 만들어나가는 방법, 구체적으로 말해 '지속적이고 집중적인 노력을 기울여 전쟁을 방지하는 수단을 제도화하는 방법'을 모색할 때가 되지 않았나 싶다. 예수님과 그분의 메시지를 믿는 사람들이 모두 나서서 전쟁무기를 통한 평화 유지보다는 갈등의 근본원인, 예를 들면 학대, 인종차별, 부패, 자유의 박탈, 언론묵살, 빈곤 및 부정적인 상황을 부추기는 공포, 증오, 탐욕, 무지, 정욕 등을 제거함으로써 적극적으로 평화를 만들어나가는 데 예산을 사용한다면 향후 10년이나 20년, 또는 100년 후에 온 세상에 놀라운 변화가 일어날 수 있다는 점을 주지시켜야 할 때가 왔다.[39]

5. 새로운 신학을 구성하라

포스트모더니즘에 대한 문제의식에서 출발한 맥클라렌의 이머징교회는 기독교 신학의 주요 항목에 대한 새로운 해석을 시도한다. 기독교 교리에 대한 포스트모던적 재해석은 그에 대한 지지자들의 찬사와 함께 적대자들의 공격의 목표가 되는 매우 논쟁적인 부분이다. 그는 근대적 기독교 신학의 여러 영역에 대해 거칠게 문제를 제기하며 자신의 관점에서 새로운 해석을 제시한다.

일차적으로, 그는 포스트모던 시대에 진리에 대한 인식방법에 근본적인 변화가 발생했고, 이것은 신학의 내용과 범주에도 총체적인 변화를 야기했다고 주장한다. 이것은 신학의 핵심적 구성요소들에 대한 이해와 관점 면에서 근본적 변화가 발생한 것이며, 이것은 신학의 자료 및 방법론에도 혁신적 변화를 초래한다. 그러므로 이렇게 변화된 상황에서 신학에 대한 근대적 인식을 고집하는 것은 시대착오적이며 매우 위험한 태도이다.

> 포스트모더니즘은 구세계와 저 건너편을 가르는 지적인 경계선이다. 그것이 왜 그처럼 중요할까? 진실에 대한 사람들의 견해가 변할 때, 어떤 객관적인 방식으로 진실을 인식하는 인간의 능력에 대한 확신이 급격하게 변할 때, 모든 것이 변하기 때문이다. 여기에 신학도 포함되는데, 이때 변하는 것은 신학의 내용뿐 아니라 신학의 범주도 해당된다. 여기서 더 확대되어, 신학을 접하고 그것을 배우는 사람의 마음까지도 변한다. 우리에게 있는 자료는 같지만, 소프트웨어와 하드웨어는 달라진다. 그리고 그것이 모든 것을 바꾼다.[40]

그렇다면, 그가 주된 관심을 기울이며 주목할 만한 혁신적 해석을 시도하는 신학적 주제들은 무엇인가? 그에게 가장 심각한 신학적 주제는 종말론이다. 그의 관점에서, 종말론은 구원론의 연장이며 구원론의 핵심적 구성요소다. 즉, 종말론과 구원론은 결코 분리하여 논할 수 없을 만큼 서로 긴밀하게 관련되어 있다. 따라서 올바른 종말론은 올바른 구원론으로 이어지며, 역으로 종말론에 대한 그릇된 인식은 구원론의 왜곡과 변질로 귀결된다. 그런데 맥클라렌은 근대 기독교의 종말론이 위험할 정도로 방향이 뒤틀려 있다고 주장한다. 이것은 요한계시록에 대한 잘못된 해석에서 출발한다.

> 지금의 종말론 가운데 상당수가 요한의 묵시록에 대한 희한한 해석들에 오염되었다. 단지 무지하거나 틀리는 정도가 아니라 위험하고 부도덕하다. 내가 그렇게 판단하는 것은 바로 종말론에 대한 폭력적 해석의 위험 때문이다. 이 해석은 유대 묵시문학의 전형적 용례들과 억압 받는 이들의 문학 전반에 대한 이해 부족에서 나온다. 그래서 그들은 명백한 은유적 언어를 문자 그대로 해석하는 우를 범한다. 이는 누구라도 코웃음을 치지 않을 수 없는 해석이다.[41]

인용문에서 언급된 것처럼, 맥클라렌이 기존의 종말론을 비판하는 것은 두 가지 이유 때문이다. 먼저, 전통적 종말론은 신자들이 현실에 무관심하도록 유도하기 때문이다. 하지만 성경이 말하는 종말론은 현실부정이나 현실도피가 아니다. 오히려 적극적으로 현실문제를 극복하기 위해 분투한다.

> 우주 만물과 종말에 관한 호기심을 충족시키기 위해 너무 오랫동안 사변을 일삼을 필요가 없다. 우리는 현실에 관심을 기울여야 한다. 마지막

추수를 바라보면서 지금, 이 세상에서 먼저 하나님 나라를 구하고 주님의 사역에 헌신하고 주 안에서 수고를 아끼지 않아야 한다…마지막 추수를 바라보면서 동시에 지금, 이곳에서 충실한 삶을 사는 것이 예수님의 비밀 메시지가 강조하는 요점인 듯하다.[42]

둘째, 전통적 종말론은 현실정치에서 폭력적 이데올로기로 변질·남용될 소지가 크기 때문이다. 맥클라렌은 교회가 전통적 방식의 예수 재림을 강조할 경우, 예수의 평화주의 메시지가 폭력주의를 정당화하는 이론적 토대로 악용될 소지가 있으며, 이것은 기독교 신학의 지독한 왜곡이라고 경고한다. 심지어 그는 성경에 예수의 재림에 대한 구절 자체가 없다고 주장한다. 따라서 이 주제를 강조하거나 이를 토대로 기독교 신학을 구성하는 것은 매우 위험하다는 것이다.

예수님이 처음에 평화의 주로 오셨지만 그것이 '진정하고' 결정적인 강림이 아니라고 믿는다면, 다시 말해 단지 진정한 실체를 위한 환기 정도였다고 본다면, 우리는 폭력이나 살해나 지배, 혹은 영원한 고문을 특징으로 하는 두번째 오심을 상상할 수 있게 된다. 이러한 상상은 탈회심을 반영하는 것이다. 즉, 빌라도 앞에 서서 싸우기를 거부했던 비무장의 진리가 아니라 빌라도의 권력에 의존하는 자리로 돌아가는 것이다. 폭력적인 두 번째 오심에 관해 종말론적으로 이해하면 결국 우리는 하나님도 세상을 폭력과 강압으로부터 고치지 못할 것이라고 믿게 된다. 따라서 이러한 신학을 소유한 사람들이 그에 상응하는 행동을 해도 전혀 놀랍지 않은 것이다.[43]

결국, 맥클라렌이 추구하는 포스트모던적 종말론은 신자들이 지옥이나 심판에 대한 강박관념 대신, 이 땅에서 하나님의 뜻을 실현하기 위해 분투하도록 자극하는 것이다. 그에게는 죽어서 영혼이 천국에 가는 것이 복음의 핵심이 아니라, "세상을 구원하고 하나님의 사랑을 표현하는 그분의 계획과 사명에 참여하느냐 하는 것"이다. 그래서 맥클라렌은 주장한다. 지옥에 대한 공포의 상상을 포기하고, 대신 이 땅에서 천국의 삶을 추구하라고.

> 누가 지옥에 가고, 누가 지옥에 가지 않느냐는 당신이 상관할 바가 아니다. 당신에게 중요한 것은 지옥에 경각심을 품고 그 반대 방향으로 달리는 것이다. 걸어서는 안 된다! 온 마음과 목숨과 힘과 뜻을 다해 하나님을 사랑하고, 이웃을 네 자신처럼 사랑하며, 예수 그리스도 안에서 확신을 갖고 예수님처럼 사는 것이 당신이 상관할 일이다. 지옥에 대한 상상을 통해서 당신은 인생이 진지한 과제이며, 우리가 어떻게 살고 믿느냐에 대한 분명한 결과가 있음을, 그리고 정의와 불의의 문제는 사람들이 걱정하는 대부분의 문제보다 궁극적으로 더 중요하다는 점을 상기해야 한다. 지옥에 관한 공상을 멈추고 천국을 위한 삶을 시작하라![44]

끝으로, 새로운 신학을 추구하는 맥클라렌은 신학교육에 대한 자신의 흥미로운 생각도 소개한다. 이상적 신학교를 '수도원, 선교단체, 세미나실'의 총합으로 이해하는 맥클라렌은 복잡하고 다양한 포스트모던 사회에서 신학이 제대로 기능하기 위해 다음과 같은 이상적 커리큘럼을 제시한다. 이런 방식으로 그가 기대하는 것은 보다 영적으로 성숙하고, 현실적·실천적 대안을 구비한 목회자 양성이다.

나라면 학생들로 하여금 역사신학을 공부하게 할 거야. 가능하면 이야기로 접하게 하고, 얼마나 다양한 신학적 체계들이 다양한 우주관과 실재를 이해하는 모델들을 양산했는지에 초점을 맞추겠어. 나라면 그들에게 한 시대의 신학과 그 시대의 예술, 건축, 예전, 영성훈련, 경제학, 과학, 공동체의 형태, 가정생활 등을 통합적으로 볼 수 있게 하겠어. 또 인간의 믿음이 실제로 어떠한 삶의 방식을 만들었는지 보게 할 거야. 그러한 삶의 방식이 바로 내가 말하는 영성이야… 좀더 꿈 같은 구상에 푹 빠져 볼게. 도서관과 교실특히 인터넷은 선택 사항일 뿐이야. 경험과 여정, 멘토는 반드시 필요해. 나는 또한 신학생들에게 그들이 훈련받는 일부 기간에 취업활동을 필수로 요구할거야. 한 6개월쯤 맥도날드에서 일하게 하는 것이 60학점의 죄론, 구원론 등을 배우는 것보다 젊은이들을 더 영적으로 성숙하게 세울 수 있을 거야.[45]

IV. 맥클라렌을 둘러싼 논쟁

맥클라렌의 생각과 사역에 대한 다양한 비판의 목소리들이 들려오고 있다. 그에 대한 비판은 대략 4가지로 정리할 수 있다. 첫째, 비판자들은 모더니즘과 포스트모더니즘에 대한 맥클라렌의 분석이 피상적이라고 공격한다.[46] 모더니즘과 포스트모더니즘의 완벽한 단절을 강조하는 맥클라렌에 대해, 비판자들은 과연 포스트모더니즘과 모더니즘 간의 완벽한 단절이 가능한지에 대해 의문을 제기한다. 포스트모더니즘과 모더니즘 간의 단절 대신, 포스트모더니즘은 모더니즘의 연장이라고 생각하는 사람들은 양자의 단절과 불연속성을 강조하는 맥클라렌의 주장이 역사에 대한 비현실적 분석이라고 비판하는 것이다. 둘째, 보수적 복음주의 전통을 고수하는 사람들은 맥클라렌이 비정통적 교리를 유포한다고 비판한다. 심지어 어떤 이들은 맥클라렌이 기독교 복음을 포기했다고 혹독한 평가를 내린다.[47] 그가 재림, 지옥, 부활에 대해 전통적 입장을 강력히 지지하지 않는 것에 대한 강력한 불만의 표시라고 볼 수 있다. 셋째, 사회정의에 대한 지나친 강조가 죄인들의 회심에 대한 관심을 약화시킴으로써, 결국 복음주의 기독교를 황폐화시킬 수 있다는 비판이 제기되고 있다.[48] 이런 주장을 하는 사람들은 20세기 초반에 출현했던 진보적 기독교들이 사회개혁에 관심을 집중한 결과 복음전파에 소홀했고, 결국 20세기 후반에 급격히 쇠퇴했던 경험을 지적하면서 맥클라렌 식의 사회운동에 우려를 표명하는 것이다. 끝으로, 일부 비평가들은 맥클라렌이 현대사회가 직면한 문제들을 탁월하게 지적했으나, 그가 제시한 해법들은 비현실적이라고 논평했다.[49]

반면, 맥클라렌을 지지하는 사람들 대부분은 비록 그의 주장 가운데 논쟁의 대상이 될 만한 부분들이 있음을 어느 정도 인정하지만, 그럼에도 그의 생각들 속에는 우리가 진지하게 귀 기울여야 할 내용들이 훨씬 더 많다고 주장한다. 급변하는 문화 속에서 새로운 대상들을 향해 혁신적인 선교 방법을 제창하고 혼탁한 기독교 문화 속에서 진정한 기독교를 추구하는 그의 진지한 신앙적 모험은 결코 간과할 수 없는 가치를 지닌다는 것이다.[50] 동시에, 맥클라렌과 이머징운동 자체에 대한 다양한 공격에 대해 그를 변호하는 목소리들도 적지 않다. 먼저, 이머징 교회의 다양성을 고려하지 않고 맥클라렌에 대한 비판을 이머징운동 전체에 대한 비판으로 확대하는 것에 대해 반박하는 목소리들이 있다. 물론, 맥클라렌이 이머징운동의 대표적 인물임에 틀림없지만, 그의 생각에 동의하지 않는 사람들도 있고 사역의 방향 및 전략 면에서 맥클라렌과 상이한 그룹들도 많기 때문에, 맥클라렌의 입장을 이머징 전체의 입장과 동일시하는 것은 학문적 정교함이 떨어진다는 것이다. 한편, 이머징운동에 대한 기본적 정보면에서, 비판자들 안에 오류가 많다는 지적도 있다. 심지어 이머징과 관계없는 사람을 대표적

모델로 선정하여 공격하는 경우도 있다고 한다.[51]

　이런 논쟁의 한복판에서 맥클라렌은 자신의 입장을 어떻게 변호하고 있는가? 비판자들을 향한 맥클라렌의 일차적 대응은 "그들은 나의 책을 읽지도 않았다"는 것이다.[52] 즉, 그에 대한 비판의 상당부분이 사실 무근이거나 그의 글에 대한 지독한 오해에 기인한다는 것이다. 둘째, 맥클라렌의 판단에 의하면, 상당수의 비평가들은 "오직 흠을 찾을 목적으로 내 책을 읽는다."[53] 공정하고 객관적인 독서가 아니라 부정적 의도에서 그의 글에 접근하기 때문에, 결국 그의 사상에 대한 공정한 평가가 불가능할 수밖에 없다는 불평이다. 셋째, 맥클라렌은 "그들이 내가 말 하고자 하는 바를 이해하려고 전혀 노력하지 않는다"고 지적한다.[54] 그에 대한 심각한 편견 때문에, 그의 진심에 쉽게 마음의 문을 열지 않는다는 것이다. 자신들이 찾으려는 것에만 관심을 집중함으로써, 정작 그가 말하려는 바에는 귀를 닫는다는 것이다. 넷째, "어떤 이들은 우리가 한 모든 말을 인식론에 대한 기이하고 불균형적 토론으로 환원시킨다."[55] 다시 말하면, 맥클라렌은 매우 광범위한 주제에 대해 발언했으나, 비평가들은 자신들이 맥클라렌의 약점으로 파악한 인식론 영역으로 그의 사상 전체를 유도하여 무효화시키려 한다는 것이다. 또한 이머징운동의 일차적 관심이 올바른 교리의 정립이 아니라 올바른 삶의 실천임에도, 비평가들은 이 운동의 신학을 계속해서 문제삼는다고 불만을 토로한다. 끝으로, 맥클라렌은 반복해서 항변한다. "우리는 결코 진리의 존재를 부인하거나, 성경을 거부하지 않는다."[56] 비록 자신이 기존의 교리들에 혁신적인 재해석을 시도하고, 포용적·관용적 선교전략을 주장하며 다양한 영역에서 대안을 추구하지만, 그것이 성경과 진리에 대한 부정 혹은 불신은 아니라는 것이다. 오히려 참다운 진리를 추구하고 진정한 예수를 따르기 위한 과정의 산물일 뿐이라고 맥클라렌은 강조한다.

마무리

이상에서 21세기 기독교의 새로운 모델로 급부상 중인 이머징교회에 대해 이 운동의 대표적 인물인 브라이언 맥클라렌을 중심으로 살펴보았다. 누구는 이 운동이 지금도 출현하고 있는 중emerging이라고 주장하는 반면, 어떤 이들은 이미 이 운동이 출현을 완료했다emerged고 판정한다. 비평가들 중에는 이 운동의 신학적 급진성에 대해 혹독히 비판하는 이들이 있는가 하면, 혹자들은 이 운동의 핵심은 신학이 아니라, 실천에 있다는 점을 강조하면서 여전히 기대의 눈길을 보내고 있다. 그렇다면 장차 이 운동의 운명은 어떻게 될 것인가? 이제, 이 운동의 미래에 대한 몇 가지 질문을 던짐으로써 글을 마무리하고자 한다.

먼저, 이머징교회는 일시적 유행인가, 아니면 진정한 대안인가? 이 운동에 대한 비판적 시각은 이 운동이 특이한 기독교인들에 의해 실험적으로 시도되는 일시적 유행에 그칠 것으로 예측하는 경향이 강하다. 반면, 이 운동을 주도하는 그룹은 이 운동이야 말로 X세대가 주도하는 포스트모던 사회에서 진정한 기독교의 모델로서 자신의 입지를 확고히 할 것이라고 확신한다. 사실, 이머징운동의 짧은 역사에 비해, 이 운동의 확산속도 및 이 운동이 제시하는 대안은 결코 무시할 수 없는 수준에 이른 것으로 보인다. 물론, 이 운동의 지적 토대로서 신학화 작업이 좀더 심도 있게 진행되고, 주변의 다양한 우려에 대한 명확한 대답을 마련하는 작업이 앞에 놓여 있지만, 이 운동을 주도하는 그룹의 지적 수준과 영적 능력을 고려할 때, 미래는 밝아 보인다. 이 운동 내의 다양한 입장과 흐름이 서로 영향을 주고받으면서 보다 긍정적이고 성숙한 모습으로 진화할 것을 기대해 본다.

둘째, 이머징교회는 값싼 혼합주의인가, 아니면 창조적 종합인가? 이머징교회에 가담한 사람들의 동기와 기대는 매우 다양하다. 이것은 이 운동이 처한 시대적 상황과 이 운동에 대한 주변의 기대가 다양하고 복잡하다는 증거이기도 하다. 이런 상황에서 이머징교회에 참여한 목회자와 신학자들은 기독교 내의 다양한 전통에서 해답의 실마리를 찾기 위해 분투하고 있다. 논리와 이성을 중시하던 근대교회의 긍정적 유산을 창조적으로 계승함과 동시에, 새로운 문화적 환경에서 교회 성원들의 다양하고 역동적인 목소리들을 탄력적으로 수용하려는 노력에서, 이 운동의 목회적·신학적 실험은 매우 다이내믹하고 심지어 파격적이기도 하다. 이런 상황에서, 이 운동에 대한 걱정과 기대가 공존하는 것은 지극히 당연해 보인다. 물론, 완벽한 순수는 이 땅에 존재하지 않는다. 더욱이 기독교 전통은 주변의 다양한 하부문화들을 용감하고 창조적으로 수용·융합하면서 발전해 왔다. 이런 과정에서 혼합과 재구성은 불가피하다. 하지만 무비판적 혹은 무책임한 뒤섞임은 본질의 왜곡을 초래할 위험 또한 다분하다. 결국, 내부의 다양한 요구와 기대에 적극적으로 반응하면서, 동원·활용 가능한 전통들을 창조적으로 수용·적용하는 힘겨운 과제가 이머징교회 앞에 놓여 있는 것이다. 이 문제의 해결여부에 이머징교회의 운명이 달렸다고 해도 지나친 말은 아닐 것이다.

셋째, 이머징교회는 무모한 파괴자인가, 아니면 탁월한 건설자인가? 이머징교회는 서구사회의 역사적 발전단계가 근대사회에서 탈근대사회로 전환되었다는 문제의식에서 출발했다. 그 결과, 이 운동은 기존 서구사회문명에 대한 냉혹한 비판에서 자기존재의 정당성을 확보하려 한다. 이머징교회가 기존 교회들을 향해 던지는 비판의 메시지는 매우 호전적이고 거칠다. 물론, 객관적이고 분석적인 자료들을 제시하며 나름의 합리적·창조적 대안을 제시하려 분투하고 있지만, 역시 그들의 비판은 날이 서 있고 대상의 가슴에 비수처럼 날아든다. 이런 차원에서, 이 운동이 기독교 전통을 파괴하고 복음의 핵심을 포기했다는 비판이 적대진영에서 터져 나오는 것은 이해할 만하다. 물론, 기존 질서에 대한 건설적 비판 없이 역사의 진보는 기대하기 어렵다. 동시에, 존재의미와 기능을 상실한 기존질서를 맹목적 · 배타적으로 옹호하고 방어하는 것이 진정한 의리도 아닐 것이다. 따라서 건강한 미래를 위해 시효가 말소된 과거의 유산을 과감히 폐기하는 것도 오히려 적절하고 필요한 조치일 것이다. 다만, 그 비판이 미성숙한 투사의 어설픈 칼부림이나 목적과 대상을 상실한 취객의 맹목적 객기가 되지 않도록 각별히 주의해야 할 것이다. 무모한 파괴자가 아닌, 탁월한 건설자로 역사에 기록되도록 말이다.

넷째, 이머징교회는 서구 기독교의 한 변형에 불과한가, 아니면 세계적 기독교문화로 발전할 소중한 제안인가? 한국적 관점에서 이 운동의 추이를 관찰할 때, 몇 가지 근본적인 질문이 떠오른다. 그 중에서 "과연 이 운동이 한국적 상황에도 적합한가?" 하는 것이다. 맥클라렌의 글을 읽고 그가 꿈꾸는 교회를 검토해 볼 때, 이 운동은 대중적 기독교로 진화할 가능성이 매우 적어 보인다. 이들이 추구하는 예술적 예전과 진보적인 사회사상, 그리고 혁신적인 신학작업 등은 일반 대중들의 기본적 관심사가 아니기 때문이다. 또한 미국의 경우와 달리, 한국교회는 탈근대는 고사하고, 근대의 단계에도 온전히 진입했다고 판단하기 어렵다. 이런 정황을 고려할 때, 이머징교회는 미국을 중심으로 한 서구사회에 적합한 서구적 기독교운동으로 보여진다. 즉, 이 운동이 타 문화권, 특히 제3세계 문화권에서도 성공적으로 발전할지에 대해선 의문의 여지가 많다는 것이다. 그러므로 이머징교회가 미국의 담장을 넘어 세계 전역으로 그 가지를 확장할 수 있을지에 대해 쉽게 긍정적인 결론을 내릴 수 없다. 현재로서는 미국적 · 서구적 현상으로, 미국 · 서양의 영토 내에 한정될 가능성이 매우 높아 보인다. 다만, 미국의 영향이 여전히 세계 도처에서 막강하기 때문에, 또 미국문화에 대한 맹목적 동경이 제3세계 내에 팽배하기 때문에, 미국의 종교적 생산물로서 이

머징교회가 세계에 변형된 형태로 빠르게 확산될 가능성도 전혀 배제할 수
는 없지만 말이다.

미주

1. 이 글은 "복음주의 운동의 새로운 흐름, 이머징 처치(Emerging Church): 브라이언 맥클라렌 (Brian McLaren)을 중심으로." 「종교와 문화」 제18호 (2010): 17-42를 수정한 것이다.
2. 최근 한국에서도 이머징운동에 대한 학자들의 논문이 발표되기 시작했다. 대표적 예로, 2010년 4월 30일, 종교교회의 "제5회 목회사회학연구소공개세미나"에서 세편의 논문들이 발표되었다. 발표자와 논문 제목은 다음과 같다. 조성돈, "현대인의 종교성과 Emerging Culture," 김선일, "이머징문화와 이머징교회," 박종환, "이머징 위십의 실제."
3. 브라이언 맥클라렌에 대한 주변의 평가는 다음과 같다. "Brian McLaren은 아마도 이머징운동의 가장 정교한 대변인일 것이다"(D. A. Carson). "이머징처치운동의 탁월하며 논쟁의 대상이 되는 목소리"(daum 백과사전), "브라이언 맥클라렌, 이머징 지도자들 중 가장 논쟁의 대상이 되는 인물"(Scot McNight). "이 운동의 핵심적인 목회자 및 지적 지도자들이 여럿 있지만, 그 누구도 브라이언 맥클라렌 만큼 왕성하게 집필활동을 하며 중요한 인물은 없다"(Sean Michael Lucas). 또한 그는 2005년 *Time*에 의해 "미국에서 가장 영향력 있는 복음주의자 25인" 중 한 사람으로 선정되었다.
4. 이머징운동과 관련해서 용어상의 혼란이 존재한다. 즉 Emergent Church와 Emerging Church 란 용어가 공존하면서, 사용자나 독자들에게 혼란을 초래하기 때문이다. 현재 두 용어는 거의 동의어로 사용되고 있으나, 엄밀한 의미에서 Emergent는 토니 존스(Tony Jones)가 이끌고 있는 그룹 Emergent Village와 관련된다. 이 단체에는 Doug Pagitt, Chris Seay, Tim Keel, Karen War, Ivy Beckwith, Brian McLaren, Mark Oestreicher 등이 주요 회원으로 활동하고 있다. 반면, Emerging은 Emergent 보다 크고 광범위하며 비공식적이다. 또한 그 범위는 세계적이며, 보다 교회중심적인 개념이다.
5. 미국에서 제2차 세계대전 이후 1960년대에 걸쳐 태어난 세대.
6. 댄 킴볼, 「시대를 리드하는 교회」, 윤인숙 역 (서울: 이레서원, 2008).
7. Eddie Gibbs and Ryan Bolger, *Emerging Churches: Creating Christian Community in Postmodern Cultures* (Baker, 2005). Scot McKnight, "Five Streams of the Emerging Church," *Christianity Today* (February 2007), 35-6에서 재인용.
8. Scot McNight, "Five Streams of the Emerging Church," 36-9.
9. 뉴질랜드에서 전개되는 이머징교회 운동에 대해서는 스티브 테일러, 「교회의 경계를 넘어 다시 교회로」, 성석환 역 (서울: 예영커뮤니케이션, 2008)을 참조.
10. 맥클라렌에 대해선, 그의 홈페이지 http://brianmclaren.net/archives/about-brian를 참조.
11. 그의 저서 목록을 다음과 같다. *The Secret Message of Jesus* (Thomas Nelson, 2006) 「예수님의 숨겨진 메시지」(생명의말씀사, 2009), *Everything Must Change* (Thomas Nelson, 2007) 「예수에게서 답을 찾다」(포이에마, 2010), *Finding Our Way Again* (Thomas Nelson, 2008) 「다시 길을 찾다」(IVP, 2009), *A New Kind of Christian* (Jossey-Bass, 2001) 「새로운 그리스도인이 온다」(IVP, 2008), *The Story We Find Ourselves In* (Jossey-Bass, 2003), *The Last Word and the Word After That* (Jossey-Bass, 2005), *The Church on the Other Side: Doing Ministry in the Postmodern Matrix* (Zondervan, 1998, rev. ed. 2000) 「저 건너편의 교회」(낮은울타리, 2002), *Finding Faith* (Zondervan, 1999)-re-published as two books, *Finding Faith: A Search for What Makes Sense and Finding Faith: A Search for What is Real* (Zondervan, 2007) 「믿음 찾기」(미션월드, 2004), *More Ready Than You Realize: Evangelism as Dance in the Postmodern Matrix* (Zondervan, 2002) 「나는 준비된 전도자」(미션월드, 2004), *A Generous Orthodoxy* (Zondervan, 2004). 공저 목록은 다음과 같다. *A is for Abductive* (with Leonard Sweet, Zondervan, 2002), *Adventure in Missing the Point* (with Anthony Campolo,

Zondervan, 2003), *Church in the Emerging Church* (Zondervan, 2003).

12. 브라이언 맥클라렌, 『다시 길을 찾다』 (서울: IVP, 2009), 22.

13. 브라이언 맥클라렌, 『새로운 그리스도인이 온다』, 김선일 역 (서울: IVP, 2008), 58-62.

14. 브라이언 맥클라렌, 『저 건너편의 교회』, 이순영 옮김 (서울: 낮은울타리, 2002), 219-24.

15. 브라이언 맥클라렌, 『저 건너편의 교회』, 234-37.

16. 브라이언 맥클라렌, 『저 건너편의 교회』, 233-50.

17. 맥클라렌에 따르면, 자신들의 신앙을 진실한 것으로 확신했던 19세기와 20세기 미국 복음주의 자들이 동시에 노예제도와 인종주의를 정당화했던 것은 기독교신앙이 사유화되고, 특정 문화적 가치 및 이념과 동일시된 부정적 경험들이다. "되돌아 생각해보면, 진실한 기독교인들이라는 개념에 우리 역사에서 받아들여졌던(그렇게 오래전은 아니지만) 노예 소유나 인종주의를 어떻 게 포함할 수 있었는지 의구심이 들기도 한다." 브라이언 맥클라렌, 『저 건너편의 교회』, 48.

18. 브라이언 맥클라렌, 『저 건너편의 교회』, 192.

19. 브라이언 맥클라렌, 『나는 준비된 전도자』, 윤혜란 역 (서울: 미션월드, 2007), 19.

20. 브라이언 맥클라렌, 『새로운 그리스도인이 온다』, 217-18.

21. 브라이언 맥클라렌, 『새로운 그리스도인이 온다』, 223-24.

22. 브라이언 맥클라렌, 『새로운 그리스도인이 온다』, 159.

23. 브라이언 맥클라렌, 『새로운 그리스도인이 온다』, 287.

24. 브라이언 맥클라렌, 『새로운 그리스도인이 온다』, 316.

25. 브라이언 맥클라렌, 『다시 길을 찾다』, 박지은 옮김 (서울: IVP, 2009), 22.

26. 브라이언 맥클라렌, 『다시 길을 찾다』, 22.

27. 브라이언 맥클라렌, 『새로운 그리스도인이 온다』, 232.

28. 브라이언 맥클라렌, 『다시 길을 찾다』, 21.

29. 브라이언 맥클라렌, 『다시 길을 찾다』, 21.

30. 브라이언 맥클라렌, 『다시 길 을 찾다』, 21.

31. 브라이언 맥클라렌, 『예수님의 숨겨진 메시지』, 조계광 옮김 (서울: 생명의 말씀사, 2009), 203-4.

32. 브라이언 맥클라렌, 『다시 길을 찾다』, 48-9.

33. 브라이언 맥클라렌, 『예수에게서 답을 찾다』, 53.

34. 브라이언 맥클라렌, 『예수에게서 답을 찾다』, 23.

35. 브라이언 맥클라렌, 『예수에게서 답을 찾다』, 28.

36. 브라이언 맥클라렌, 『예수님의 숨겨진 메시지』, 조계광 옮김 (서울: 생명의 말씀사, 2009), 215.

37. 브라이언 맥클라렌, 『예수에게서 답을 찾다』, 70.

38. 브라이언 맥클라렌, 『예수에게서 답을 찾다』, 229.

39. 브라이언 맥클라렌, 『예수님의 숨겨진 메시지』, 239.

40. 브라이언 맥클라렌, 『저 건너편의 교회』, 88.

41. 브라이언 맥클라렌, 『예수에게서 답을 찾다』, 210.

42. 브라이언 맥클라렌, 『예수님의 숨겨진 메시지』, 284.

43. 브라이언 맥클라렌, 『예수에게서 답을 찾다』, 209.

44. 브라이언 맥클라렌, 『새로운 그리스도인이 온다』, 249-50.

45. 브라이언 맥클라렌, 『새로운 그리스도인이 온다』, 313-14.

46. R. Scott Smith, "Some Suggestions for Brian McLaren (and His Critics)," in *Criswell Theological Review* n.s. 3/2 (Spring 2006), 85. 스미스는 근대주의에 대한 맥클라렌의 기술이 정교하지 못하다고 지적했다.

47. D. A. Carson, *Becoming Conversant with the Emerging Church* (Grand Rapids: Zondervan, 2005), 186. 카슨은 맥클라렌이 복음을 저버렸다고 단정했다.

48. Scot McNight, "Five Streams of the Emerging Church," 39. 맥나이트는 이머징교회의 정치 속에서 사회복음의 건설자였던 월터 라우쉔부쉬를 본다고 했다. 그의 견해에, 라우쉔부쉬는 주류교회가 죄인들을 개인적 회심으로 이끄는데 치명적 악영향을 끼쳤고, 적절한 균형을 유지하려고 애쓰던 복음주의 교회에도 악영향을 끼쳤다. 결국, 이머지 교회의 정치적 행보는 사회복음의 전철을 밟을 가능성이 높다는 것이다.

49. Scot McNight, "McLaren Emerging," in *Christianity Today* (September 2008), 62. 맥나이트는 최근에 출판된 맥클라렌의 책들에 대한 서평에서, 맥클라렌이 심오한 해결책을 제시하는 대신 질문을 던지고 대화를 유도하는 것에 더 집중했다고 평가했다. 그리고 많은 사람들은 맥클라렌이 자신이 제기한 질문들을 좀 더 명료하게 다루어는 모습을 보기 원한다고 지적했다.

50. 스캇 스미스는 맥클라렌이 그리스도인들을 진정한 삶과 공동체의 삶으로 초대하는 소리에 진지하게 귀 기울여야 한다고 주장했다. R. Scott Smith, "Some Suggestions for Brian McLaren," 71-2.

51. 스캇 맥나이트는 맥클라렌에 대한 대표적 비평가인 카슨(D. A. Carson)에 대한 비판에서, 그가 맥클라렌의 입장을 이머징 전체와 동일시하는 점과 영국 이머징 운동에서 결코 중요한 자리에 있지 않은 Steve Chalke를 집중적으로 비판한 것은 결정적인 오류라고 주장했다. 심지어 그는 "하지만 나는 꼭 말해야겠다. 만약 당신이 이머징 운동이 무엇인지 알고 싶다면, 결코 카슨의 책을 먼저 읽지 말라." Scot McNight, "What is the Emerging Church?," 2-7.

52. R. Alan Streett, "An Interview with Brian McLaren," in *Criswell Theological Review* 3/2 (Spring 2006), 8.

53. R. Alan Streett, "An Interview with Brian McLaren," 8.

54. R. Alan Streett, "An Interview with Brian McLaren," 8.

55. R. Alan Streett, "An Interview with Brian McLaren," 8.

56. R. Alan Streett, "An Interview with Brian McLaren," 8-10.

3부 ■한국의 복음주의

Evangelicalism Reports

제10장 [1]
근본주의

　　한국교회는 대체로 근본주의적 성향을 갖고 있다. 기독교사회문제연구소의 조사에 의하면, '성경은 글자 하나하나가 하나님의 말씀이다'고 믿는 목회자가 84.9%, 평신도는 92.3%에 달한다. 한국종교문화연구소의 장석만 연구원은 "한국교회의 70-80%는 근본주의 교회라고 봐야한다"고 평가했다.[2] 동시에, 지난 130여 년간 한국 개신교회가 한국의 근대화 과정에서 행한 수많은 공적에도 불구하고, 한국교회의 근본주의적 속성과 잔재 때문에 한국교회의 경이로운 양적 성장에도 불구하고 한국 사회와 문화에 건강하고 책임 있게 반응하지 못했다는 지적이 지속적으로 제기되었다.

　　그렇다면 근본주의란 무엇인가? 왜 근본주의가 문제인가? 어떻게 미국에서 기원한 근본주의가 한국교회에 이렇게 맹위를 떨치게 되었는가? 언제 어떻게 근본주의가 한국교회에 유입되고 정착했으며, 그것의 특징은 무엇인가? 그리고 근본주의의 부정적 영향을 극복하는 방법은 무엇일까? 이런 문제의식을 배경으로, 본 장은 한국 개신교 근본주의의 신학적·역사적 기원이 되는 미국 근본주의가 한국에 전달되어 정착해온 과정을 추적하고, 이어서 현재 드러나고 있는 한국 개신교의 근본주의적 특징을 지적하고자 한다. 끝으로, 이런 관찰과 분석을 근거로 장차 한국 보수적 개신교회가 극복해야 할 과제를 제시함으로써 본 장을 마무리하고자 한다.

I. 미국 개신교 근본주의

1. 미국 개신교 근본주의의 기원에 대한 다양한 설명들

미국 개신교 근본주의의 기원을 설명하는 시각들은 다양하다. 목창균의 지적처럼, 최소한 근본주의의 기원을 설명하는 세 가지의 학문적 입장들이 공존해 왔다.[3] 첫째는 사회학적 설명이다. 이 입장을 대표하는 학자는 리차드 니버H. Richard Niebuhr, 1894~1962다. 그는 근본주의를 시대에 뒤떨어진 농촌문화의 산물로 규정했다. 미국사회가 남부 중심의 농촌사회에서 북부 중심의 산업사회로 존재론적 변환을 경험하고 농업중심의 농촌문화에서 산업중심의 도시문화로 급격히 전환하는 가운데 발생한 일종의 근대화의 부작용이라는 것이다. 그는 근본주의의 출현이 "미국 농촌문화 대 도시 문화의 충돌과 긴밀하게 연결되어 있다"고 지적하면서, "근대과학과 산업문명의 영향력을 가장 적게 받은 지역"에서 가장 맹위를 떨쳤다고 결론을 내렸다.[4]

두 번째 입장은 어니스트 샌딘Ernest R. Sandeen, 1931~82이 주도한 신학적 해석이다. 샌딘은 근본주의 기원에 대한 사회학적 해석에 단호히 반대했다. 그의 관찰에 따르면, 사회학적 해석과 달리 근본주의 논쟁은 농촌이 아니라 주로 도시에서 발생했고, 단순한 문화적 충돌의 부산물이 아니라 복잡한 신학적 논쟁과 탐구의 산물이었다. 그는 종래의 전통적 신학의 기반을 위협하던 자유주의 신학의 출현에 대항하기 위해 출현한 세대주의적 전천년설과 프린스턴신학에 주목하면서, 근본주의운동의 기원을 천년왕국론의 관점에서 추적했다. "근본주의는 최소한 천년왕국론 역사의 한 측면으로 이해되어야 한다."[5]

세 번째 해석은 조지 말스덴George Marsden, 1939~이 주장한 소위 문화적 해석이다. 말스덴은 샌딘의 신학적 해석의 틀이 너무 협소하다고 비판하면서, 근본주의의 탄생을 이해하기 위해선 프린스턴신학과 세대주의적 종말론 외에 이 보수적 기독교 운동의 탄생을 가능케 했던 당시의 문화적, 종교적, 지적 상황을 폭넓게 고려해야 한다고 주장했다. 그에 따르면, 19세기 말에 근본주의가 출현하는데 샌딘이 언급한 종말론과 프린스턴 신학 외에도 경건주의, 부흥운동, 성결운동, 스코틀랜드 상식철학이 중요한 문화적 요인으로 작용했다는 것이다.[6]

한편, 이런 개별적 방법론에 근거한 획일적 해석에 반대해서, 종전의 연구결과 모두를 고려하며 근본주의를 보다 통전적으로 이해하려는 시도도 있다. 이 흐름의 대표자는 조엘 카펜터Joel A. Carpenter, 1952~다. 그의 판단에, 미국 근본주의의 기원과 정체는 단순한 근대화의 사회적 부작용이나, 천년왕국론의 결과물, 혹은 19세기 말 미국의 문화적 현상으로 규정하기에 너무 복잡하고 난해하다. 그래서 카펜터는 근본주의의 다양한 측면들, 즉 "분파적, 분리주의적 충동, 자신의 회원들에게 각인시키는 "분리된 삶"의 이상, 천년왕국적 세계관, 효과적 기구를 조직하고 일반 대중들과 의사소통하는 재능, 복음주의적 기독교의 책임과 문화적 영향력을 회복하려는 열망" 모두를 검토해야 한다고 주장한다.[7]

이런 해석의 다양성은 근본주의의 기원과 정체성을 이해하는데 어려움을 안겨준다. 그러나 해석자들의 상반된 입장에도 불구하고, 이들 모두를 관통하는 최소한의 공통된 흐름은 지적할 수 있을 것 같다. 카펜터의 주장처럼, 근본주의는 근대라는 충격적 변화의 소용돌이 속에서 자신들의 옛 종교적 문화를 보존하려 했던 보수적 기독교인들의 저항운동이었기 때문이다. "근본주의를 하나의 사회적 실재로 이해하는 중요한 방법은 급격한 사회적 변화에 직면해서 이런 기존의 복음주의의 문화적 이상들을 보존하려던 그 운동의 지속적 노력들을 검토하는 것이다."[8]

2. 미국 개신교 근본주의 형성 과정

미국 개신교 근본주의는 19세기 중반 미국에서 발생한 급격한 사회적, 문화적, 신학적 격변을 배경으로 형성되기 시작했다. 사실 지난 100년간 미국은 전대미문의 발전을 경험했다. 국가의 영토가 북미 전체로 확장되었고 이민의 증가로 인구가 급증했으며 경제와 산업면에서 경이적인 성장을 이룩했다. 그 결과, 미국인들은 "미국의 꿈"American Dream과 "명백한 운명" Manifest Destiny 등의 신화를 꿈꾸며 미국 땅에 하나님 나라가 도래할 것이라는 희망에 부풀어 있었다. 하지만 19세기 중반에 진입하면서 미국인들의 낙관적 세계관에 암울한 그림자가 드리우기 시작했다. 그들에게 찾아온 것은 "언덕 위의 도성" City upon a Hill이 아니라, 전쟁, 계급갈등, 범죄, 기독교적 가치의 붕괴 등 수많은 사회적 · 문화적 · 종교적 난제들이었다. 남북전쟁은 미국에서 북부의 주도권을 확보하게 했으나, 남부의 경제가 해체되고 북부 중심의 산업화 · 도시화가 급속히 추진되면서 노사간의 계급갈등이 심화되었고, 도시 내의 범죄율이 급증했으며 전통적 가치들이 붕괴되면서 사회적 아노미 현상이 뚜렷해졌다. 한편, 유럽 이민자들의 급증은 오랫동안 보수적 백인 그리스도인들이 추진해온 "기독교적 미국" Christian America 프로젝트에 심각한 제동을 걸었다. 새로운 이민자들 대부분은 음주와 흡연을 즐기고 미국의 보수적 기독교 윤리에 둔감한 이들이었던 것이다.

이런 사회적 · 문화적 변화가 초래한 위기의식은 미국 교회에 도입된 새로운 신학적 · 과학적 조류들에 의해 더욱 가속도가 붙었다. 미국 개신교 내에 위기의식을 심화시킨 가장 중요한 요인은 성서비평학을 중심으로 한 자유주의 신학이 미국 신학교와 교회강단 속으로 급속히 확산되기 시작한 것이다. 당시 세계 신학계를 주도하고 있던 독일에서 유학한 신진 학자들이 귀국하여 미국의 저명한 신학교와 교회에서 자리를 확보하면서 독일의 최신 신학사조들을 소개하기 시작했다. 그들은 특히 성경에 대한 전통적 해석과 태도에 문제를 제기하며 성서비평학의 확산을 위해 노력했다. 이런 분위기는 1859년 찰스 다윈의 『종의 기원』 *The Origin of Species* 가 출간되면서 더욱 고조되었다. 성서비평학과 생물학적 진화론 모두 성경의 절대적 권위를 뒤흔드는 위협으로 간주된 것이다.

이런 사회적, 문화적, 신학적 변화는 미국의 그리스도인들 내에 미래에 대한 비관적 관념을 확산시키고 자신들의 전통적 신앙을 보수해야 한다는 전투적 강박관념을 강화시켰다. 이런 상황에서 프린스턴 신학교는 스코틀랜드의 상식철학에 근거해서 "성서무오설" biblical inerrancy 을 교리적으로 완성하여 진보진영의 성서비평학에 학문적으로 대항하려 했다. 동시에, 영국에서 건너온 존 달비 John N. Darby 는 미국과 캐나다를 수차례 여행하면서 성경공부를 통해 자신의 세대주의적 전천년설을 미 대륙에 전파했다. 문자적 성서해석, 비관적 역사관, 기성교회에 대한 비판을 핵심으로 하는 달비의 종말론은 무디 D. L. Moody 라는 걸출한 스타를 설득시킴으로써 미국에서 제도적으로 확산될 수 있는 통로를 확보했다. 무디는 자신이 주도하던 부흥운동, 폭넓은 인맥, 그리고 풍부한 재정을 동원하여, 미국 복음주의 내에서 성서무오설, 부흥운동, 묵시적 종말론이 연합전선을 형성하며 제도화될 수 있도록 지원했다.

근본주의의 제도적 발전을 가능하게 한 최초의 장치는 1875년 시작된 '성서예언대회' 였다. 이 대회는 1883년부터 1897년까지 캐나다 온타리오의 나이아가라에서 개최되었기 때문에, 흔히 '나이아가라 성서예언대회' 라고 알려졌다. 이 대회에는 당대의 저명한 보수적 기독교 학자 및 목회자들이 참석해서 "성경의 축자적 영감, 성령의 인격성, [그리스도의] 대속적 죽음, 제사장으로서 그리스도, 신자의 두 본성, 그리고 하늘로부터 우리 주님의 인격적이고 임박한 재림" 등을 강조했다.9 성서예언대회 이후, 1910년부터 1915년까지 발행된 학술잡지 『근본적인 것들』 *Fundamentals* 이 근본주의의 제도화에 주도적 역할을 담당했다.[10] 여기에는 모건G. Campbell Morgan, 1863~1945, 워필드Benjamin B. Warfield, 1851~1921, 토레이R. A. Torrey, 1856~1928, 피어슨Arthur T. Pierson, 1837~1911, 어드만Charles R. Erdman, 1866~1960 같은 보수적 복음주의 지도자들이 대거 참여하여, 성서예언대회에서 주장했던 교리들과 거의 동일한 주제들에 대해 자신들의 입장을 서술했다. 이 책자는 로스앤젤레스의 평신도 사업가인 레이먼 스튜어트Lyman Stewart, 1840~1923와 그의 형제 밀턴Milton의 지원 하에 300만부 이상이 영어권의 그리스도인들에게 무료로 보급되었다. 이 외에도 근본주의는 '무디성서학원' '달라스신학교' 같은 50개 이상의 신학교육기관과 수많은 대중매체를 통해 자신들의 입장을 대중적으로 확산시킬 수 있었다.[11]

이렇게 확산된 근본주의는 마침내 미국 주요교단들 내에서 공식적 목소리를 발언하기 시작했고, 각 교단은 근본주의 대 근대주의 간의 첨예한 갈등에 휩싸이게 되었다. 결국, 교단분열의 고통스런 터널을 통과하며 마침내 근본주의 신학을 토대로 한 교단들이 탄생했다. 미국 북장로교회는 1910년 총회에서 근본주의자들의 영향력 하에, "성경의 영감과 무오성, 그리스도의 동정녀 탄생, 그리스도의 대속적 죽음과 육체적 부활, 기적"으로 요약되는 5개조 교리를 신앙의 본질로 선언했다. 그러나 1924년 총회 직후, 이 교단의 진보적 그룹이 이 5개조 교리에 반대하는 '어번선언' the Auburn Affirmation에 서명함으로써 장로교의 분열이 시작되었다. 이 갈등은 1929년에 프린스턴 내에서 근본주의를 주도하던 존 그레섬 메이첸J. Gresham Machen, 1881~1937과 그를 따르던 교수들이 프린스턴을 떠나 웨스트민스터신학교와 정통장로교회를 설립함으로써 일단락되었다.[12] 근본주의 논쟁에 의한 교단분열은 장로교뿐 아니라 침례교회에서도 발생했다. '침례교성서연합' the Baptist Bible Union, '근본주의침례교단' the General Association of Regular Baptist Churches, '미국침례교협회' the American Baptist Association, '그레이스형제단' the

Grace Brethren 등은 이런 갈등의 산물이다.[13]

끝으로, 근본주의 형성과정에서 기억해야 할 것은 1925년 벌어진 "스코프스 재판" 혹은, 원숭이재판이다. 이 재판은 당시 공립학교에서 창조론만을 가르치도록 규정되어 있던 테네시 주에서 존 스코프스John Scopes, 1901~70라는 생물교사가 진화론을 가르친 것 때문에 발생한 소송사건이다. 특별히, 이 재판에서 검찰 측 증인으로 저명한 민주당 상원의원 윌리엄 제닝스 브라이언이, 그리고 스코프스의 변호인으로 클러렌스 데로우Clarence Darrow, 1857~1938가 대결을 펼쳤다. 재판 도중, 지능적인 데로우의 유도신문에 넘어간 브라이언은 성경과 과학에 대한 자신의 무지를 드러냄으로써 그가 대표한 근본주의가 무지에 근거한 오만과 편견의 산물이라는 인식을 세상에 심어주고 말았다. 결국, 이 재판을 통해 근본주의는 전근대적 사고를 대표하는 치욕적 명칭으로 전락했고, 이후 오랫동안 근본주의자들이 미국 개신교의 중앙무대에서 종적을 감추었다. 이런 모욕적 경험을 통해, 세상에 대한 근본주의자들의 부정적 인식은 더욱 심화되었으며, 타락한 세상을 구원하는 대신 세상의 영향으로부터 자신들을 보호해야 한다는 분리주의적 강박관념이 그들의 정체성을 규정하게 만들었다.

3. 근본주의의 부활과 분화

1925년 이후, 세상의 관심에서 사라졌던 근본주의자들은 자신들의 교회로 돌아가서 목회와 전도에 전념했다. 그들이 다시 세상에 모습을 드러낸 것은 1940년대 초반이었다. 근본주의 2세대로 불릴 수 있는 이들은 지난 10여 년간 근본주의자라는 종교적 주변인으로 살면서 그들의 부모 세대의 분리주의적·반지성적 성향에 대해 반성적 태도를 갖게 되었다. 풀러 신학교를 설립한 헤롤드 오켕가,「크리스체너티 투데이」지 편집장을 지낸 칼 헨리, 그리고 혜성같이 나타난 부흥사 빌리 그레이엄은 바로 이 새로운 근본주의 세대를 대표한다. 하지만 그들의 전향적 태도는 보다 전투적인 근본주의자들과 갈등을 야기했고, 결국 "신복음주의자들" neo evangelicals 로 분류되어 근본주의와 결별하게 되었다. 칼 매킨타이어Carl McIntire, 1906~2002 와 밥 존스 1세Bob Johns, Sr. 1883~1963가 주도한 근본주의 그룹은 종전의 보수적 신앙에 반공주의와 백인우월주의를 결합하여 더욱 전투적인 색채를 띠고 근본주의 운동을 이끌었다.[14]

　　신복음주의와 결별하며 활동범위가 더욱 축소되었던 근본주의는 1970년대부터 다시 미국 기독교의 무대 중앙으로 복귀하기 시작했다. 베트남전쟁과 흑인민권운동으로 들끓었던 격동의 60년대에도 침묵과 무관심으로 일관하던 근본주의자들이 1973년 낙태를 허용했던 대법원의 판결Wade v.s. Roe 이후 소위 '기독교우파' Christian Right, 혹은 '종교적 우파' Religious Right란 이름 하에 강력한 정치세력으로 부상하기 시작한 것이다. 이 예기치 못한 흐름을 주도했던 인물은 '도덕적 다수' Moral Majority란 정치로비단체를 만들어 1980년 미대선에서 로널드 레이건 후보를 백악관의 주인으로 만드는데 결정적 기여를 한 제리 폴웰, 그리고 1988년 대선에 직접 출마했던 기독교방송국CBNChristian Broadcasting Network과 정치단체 '기독교연합' Christian Coalition 의 설립자인 팻 로버트슨 등이다. 조지 부시 2세의 대통령 당선과 함께 근본주의는 강력한 정치세력으로 자신의 위치를 더욱 확고히 하게 되었고, 현재 미국 교회와 정치의 일차적 관심의 대상이 되고 있다.[15]

　　이처럼 지난 30여 년 간 미국 개신교의 근본주의는 대단히 다양한 모습으로 분화되었고, 그 내용도 이전 세대와 많은 점에서 차이점을 노출하기 시작했다. 따라서 예전처럼 획일적인 시각과 잣대로 근본주의를 이해하는 것이 어렵게 되었다. 이런 상황을 조지 말스덴은 이렇게 기술했다.

근본주의는 역설로 가득 차 있다. 그것은 난폭한 논쟁주의와 영향력 있고 효과적으로 전도하기 위해 꼭 필요한 수용적 태도 사이에서 찢겨져 있다. 흔히 그것은 타계적이고 사적이다. 그러나 그것은 또한 강력한 애국주의와 국가의 도덕적-정치적 복지에 대한 관심을 보유하고 있다. 근본주의는 개인주의적이지만 강력한 공동체들을 만들어 낸다. 근본주의는 어떤 의미에선 반지성적이지만, 올바른 사고와 참된 교육을 강조한다. 근본주의는 주관the subjective에 대한 부흥사들의 호소를 강조하지만, 빈번히 인식론적 차원에서는 합리적이고 귀납적이다. 근본주의는 한 고대의 문헌에서 기원한 기독교이지만, 또한 기술문명의 시대에 형성된 기독교이기도 하다. 근본주의는 반反근대주의적이지만, 어떤 면에서는 대단히 근대적이다. 아마도 가장 역설적인 것은 근본주의가 명백하게 모순된 답을 너무 쉽게 제공하지만 그것은 너무 복잡한 전통들이 혼합되어 있어서, 근본주의 옹호자뿐만 아니라 반대자들이 생각하는 것보다 훨씬 더 심각한 모호성과 역설로 가득 차 있다는 것이다.16

II. 한국 개신교 근본주의 형성과정

1. 미국 개신교 근본주의 전래

한국 개신교는 미국 선교사들의 절대적 도움과 영향 하에 형성되었다. 한국 개신교내에 근본주의적 성향이 조성된 것도 이들 미국 선교사들의 강력한 영향 하에 이루어진 것이다. 미국 선교사들을 통해 한국 개신교 내에 근본주의가 이식된 과정을 몇 가지 경로를 통해 확인할 수 있다.

먼저, 한국에 상륙한 초기의 선교사들 중 상당수가 미국 근본주의 태동에 결정적 역할을 했던 무디의 영향을 받은 사람들이다. 그들이 한국교회의 신앙적 신학적 토대를 놓았다는 점을 상기할 때, 그들을 통해 한국교회사 초기부터 이 땅의 교회에 근본주의의 씨앗이 심어진 것이 틀림없다. 이런 상황을 이덕주 교수는 다음과 같이 정리했다.

> 첫 '복음 선교사'로 내한 한 아펜젤러 H. G. Appenzeller와 언더우드 H. G. Underwood를 비롯하여 초기 선교사들은 19세기 말 미국 교회의 '종교대각성운동'과 이와 연관된 '학생자원운동'에 영향을 받은 경우가 많았다. 특히 무디 D. L. Moody의 '전천년주의 재림운동'과 그가 이끄는 해외선교운동에 영향을 받은 선교사가 많았다. 이들은 '성경중심적' 보수주의 신앙과 신학을 한국인들에게 주입하였고, 그 결과 성경은 한국 교회 안에서 절대적 권위를 차지하게 되었다.[17]

둘째, 초기의 선교사들 중 상당수가 미국의 근본주의적 신학교에서 공부하면서 근본주의적 성향을 갖게 되었다. 이만열 교수가 분석한 자료에 따르면, 초창기 장로교와 감리교의 신학반 후에 평양신학교와 협성신학교로 각각 발전함에서 가르친 교수들이 총55명이었고, 그 중 한국인 교수 16명을 제외한 39명의 외국인 교수 가운데 33명이 미국인이었다. 장로교 선교사들 중 출신 학교가 밝혀진 16명 가운데 7명이 프린스턴 신학교 출신이었다. 그런데 당시 프린스턴신학교는 벤자민 워필드와 좀 그레셤 메이첸의 영향 하에 근본주의 신학의 요람으로 전성기를 누리던 때다.[18] 이런 상황에서 한국교회에 미국의 근본주의적 신학이 전수되고 깊이 뿌리를 내리게 되었음에 틀림없다. 이 정황에 대한 이만열 교수의 기록이다.

> 이 같은 의미에서 한국 교회의 보수주의적 신학 및 신앙형성은 이들 미국의 보수주의 신학교 출신 선교사와 이들에 영향 받은 한국인 신학자

들에 의해 이루어졌다고 말할 수 있다. 이 같은 현상으로 한국 신학의 경우 지나칠 정도로 미국 의존적인 경향을 띠게 되었고, 반면에 한국교회 자생력에 의한 신학형성이 부진할 수밖에 없었던 원인을 여기서 찾아볼 수 있다.[19]

끝으로, 선교사들이 가져온 근본주의적 신앙 및 신학은 한국의 신학교육을 통해 초기 한국의 목회자들과 신자들에게 깊이 각인되었다. 1920년대 장로교와 감리교의 신학반 교과과정을 연구한 이만열에 의하면, 두 학교 모두 1년 2학기제 3년 과정이었으며 성경, 조직신학, 실용^{실천}신학, 교회사 등 네 부분으로 교과목이 편성되어 있었다. 이런 4개의 분과 중에서 두 학교 모두 성경과목이 압도적으로 많았다. 3년 동안 성경 66권을 한 번씩 읽고 공부하도록 교과과정을 만들었으나, 성서원어나 현대적 의미의 성서신학은 전혀 강의하지 않은 것으로 보인다. 이것은 한국 목회자들에 대해 고등교육을 거부했던 네비우스 정책과 함께, 초기 한국교회의 신학교육이 기초적 수준, 혹은 근본주의적 차원에 한정되도록 하는 제도적 장치가 되었다. 다시 한 번, 이에 대한 이만열의 평가를 들어보자.

> 선교사들은 이처럼 신학교 및 신학교육을 장악함으로써 한국교회의 창조적인 신학형성을 저해하였고, 그 결과 한국 기독교의 신학과 신앙은 그 형성초기부터 선교사 의존적, 특히 선교사 대부분의 출신국인 미국 의존적인 성향을 갖게 되었다. 한국교회는 해방 이후 최근까지도 자체의 성장에 비례하는 주체적인 신학을 갖지 못했다. 그리하여 기존의 보수신학에 근거하여 창조적인 신학운동에의 모색을 패쇄하였거나, 해방 후 일부 진보주의자들에 의해서 해외의 선진적인 신학을 수입 전달하는

것 등이 고작 한국 신학계의 풍토였다. 그 이유의 하나는 한국 신학수립을 위한 학문적 바탕이 조성되지 않았기 때문이었고, 그 책임의 중요한 부분은 선교사의 신학교육정책에 돌아가야 한다.[20]

결국, 한국 개신교의 근본주의는 한국에 개신교를 선교한 미국 선교사들, 특별히 미국 개신교 근본주의의 영향을 강하게 받았던 인물들에 의해 개인적으로 혹은 신학교육을 통해 조직적으로 이식된 것으로 보인다. 당시 선교사들이 한국교회를 향해 갖고 있었던 거의 절대적인 권위와 영향력 때문에 한국인들은 거의 저항 없이 이런 흐름을 수용했고, 그것이 시간의 흐름 속에 제도적으로 초창기 한국교회의 신앙적 정체성의 핵심을 구성한 것으로 사료된다.

2. 한국 개신교의 근본주의화 과정

근본주의적 성향의 선교사들에 의해 한국에 전달된 미국 개신교 근본주의는 한국에서 1930년대를 지나면서 한국교회의 신앙의 요체로 내재화되기 시작했다. 이 근본주의의 내재화 과정은 두 가지의 경로를 통해 이루어졌다.

먼저, 1930대 동안 한국교회는 미국 기독교의 신앙교리를 거의 무비판적으로 번역하여 한국교회에 적용하였다. 이런 과정을 통해 한국에 근본주의가 내재화되었음은 이론의 여지가 없어 보인다. 1930년대 한국의 대표적 교단들의 교리와 신조를 비교 연구했던 이덕주에 따르면, 장로교의 경우 성경의 권위에 대해, "新舊約聖經은 하나님의 말삼이니, 신앙과 본분에 대하여 正確無誤한 유일의 법칙이니라"고 진술했고, 성결교의 경우는 "성경은 구원함에 필요한 모든 조건을 기록한 책이라 그럼으로 무엇이든지 성서에 기록되지 않고 혹은 성서에 증명되지 아니한 것은 마땅히 믿을 교리가 아니며 또한 구원함에 합당치 아니한 줄로 인정할 지니라."고 천명했다.[21] 이 두 교단 모두 성경의 완전영감과 무오류를 주장했던 근본주의와 동일한 입장에 서 있음을 확인할 수 있다. 이처럼 한국 교회의 초창기부터 미국 근본주의 신앙이 한국교회의 교리와 신앙고백으로 수용됨으로써, 이후 한국교회 내에는 근본주의적 요소가 강하게 작동하게 된 것이다.

이런 법적 장치 외에 한국 개신교는 신학의 진보적 경향을 교단적 차원에서 강력히 억제함으로써 스스로 근본주의의 길을 견고하게 다져갔다. 대표적인 사건이 1934년 발생한 '여권문제사건'과 '창세기 모세저작 부인사건,' 그리고 '아빙돈성경주석사건'이었다. 이들 중 '여권문제사건'만 간략히 살펴보자. 진보적 성향의 일본 관서학원 신학부를 졸업한 김춘배 목사는 장로교 함남노회 22개 교회 여성들이 여성장로직을 허락해 달라는 청원서를 총회에 제출하자, 이를 지원하기 위해1934년 8월『기독신보』에 "장로교 총회에 올리는 말씀"이란 제목의 글을 기고했다. 그의 글 중에서 "여자는 조용하여라 여자는 가르치지 말라는 2천 년 전의 일-- 지방교회의 교훈과 풍습을 만고불변의 진리로 알고 그러는 것도 아닐터인데요"라는 구절이 문제가 되었다. 이에 대해 장로교 총회는 연구위원을 임명하여 일년간 조사한 후 보고케 했다. 그 연구위원들은 보고를 마친 후, "이러케 성경을 경멸히 여기는 인물들은 성경을 하나님 말삼이요 신앙과 본분의 정확무오한 유일의 법칙으로 밋는 우리 장로교회에 교역자로 용납할 수 없나이다."라는 건의문을 제출했다. 결국, 김춘배 목사는 총회 전에 연구위원 앞으로 자신의 입장을 해명하고 문제가 된 부분에 대해 취소함으로써 제명은 피할 수 있었다.[22] 그러나 이런 과정을 통해 장로교 내에서 근본주의는 더욱 확고한 권위를 확보하게 되었고, 이후 한국교회의 지배적 입장으로 널리 영향을 끼치며 뿌리를 내리게 되었다.

끝으로 주목할 부분은 한국 개신교회의 신앙적 정체성의 한 흐름을 결정지은 부흥운동을 통해 한국 개신교회의 근본주의적 성향이 대중화되었다는 사실이다. 그 대표적 예가 평양대부흥운동을 주도하며 한국 개신교의 대표적 지도자로 부상한 길선주 목사의 경우다. 그는 장로교 최초의 안수받은 목사 중 한 명이며, 장로교의 대표적 교회 중 하나인 평양 장대현교회의 담임 목사였다. 또한 그가 세상을 떠난 1935년까지 일생을 부흥사로 전국을 누빈 사람이다. 그는 성경연구에 몰두하여 요한계시록을 일만 번 읽고 요한일서를 500번 읽었다고 한다. 그는 성경을 통해 성경을 해석하는 방법을 사용했고, 믿음을 지키기 위해선 말세를 알아야 한다고 생각하여 종말론 연구와 설교에 집중했다. 그 결과, 그의 부흥회는 계시록 강의로 유명했으며,『말세학』이란 종말론 연구서를 출판하기도 했다. 그는 이 책에서 말세의 징조들을 열거하면서 이스라엘의 고난이 끝나는 때가 1974년이고, 2002년에 천년왕국이 지상에서 시작될 것이라고 예언하기도 했다. 이처럼 성경에 대한 문자적 해석과 묵시적 종말론에 대한 절대적 신앙은 길선주 목사의 신학을 형성하는 토대가 되었으며, 그의 전국적 부흥회와 교단적 영향력을 통해 한국의 대중들에게 널리 유포되었다. 이런 측면에 주목한 유동식은 그의 저서『한국신학의 광맥』에서 길선주의 사상적 유형을 "보수적 근본주의 사상"으로 규정하면서 "그의 보수주의적 성서무오설과 말세론은 한국 근본주의 신학의 기초를 만들었다."고 결론을 내렸다.[23]

3. 한국전쟁과 근본주의

미국 선교사들에 의해 전수된 근본주의는 해방 후 한국전쟁을 거치면서 남한 기독교의 신앙적 정체성으로 더욱 확고히 뿌리를 내리게 되었다. 한국전쟁 이전까지 한국의 근본주의는 주로 성서무오설과 세대주의적 전천년설을 중심으로 신학적 태두리 안에서 전개되었으나, 한국전쟁을 거치면서 '반공주의'란 냉전 이데올로기를 축으로 재구성되면서 보다 전투적이고 정치적인 색채를 띠게 되었다.

사실, 한국 기독교는 1920년대부터 공산주의와 갈등관계를 확대해 왔다. 1925년에 조선공산당이 조직된 후 공산주의자들은 기독교를 조직적으로 공격하고 방해했다. 공산주의자들의 반기독교적 활동은 국내뿐 아니라 한국인 이주자들이 집단적으로 이주하여 살던 만주지역에서도 빈번하게 발생했다. 공산주의와 기독교 간의 이 같은 갈등관계는 해방 후 북한이 소련에 의해 점령되고 김일성 정권이 들어서면서 더욱 심화되었다. 북한에서 공산주의에 동조하는 일부 목회자들에 의해 공산정권에 대한 적극적 협조가 있었음에도 불구하고, 공산주의 유물론적 사고와 반종교적 철학, 그리고 북한의 지주들에 대한 무상몰수 무상분배 원칙의 토지개혁은 북한의 대다수 기독교인과 극단적인 대립과 갈등을 초래했다. 결국, 해방 전 한국 개신교 인구의 70-80%를 차지하던 서북^{평안도와 황해도} 출신 개신교인들이 대거 남하하는 사태를 가져왔다. 이것은 월남한 북한 출신 개신교인들에게 공산주의에 대한 부정적 이미지를 갖게 했으며, 이런 뒤틀린 이미지는 한국전쟁을 치르는 과정에서 돌이킬 수 없는 현실이 되고 말았다. 결국, 한국 개신교인들의 보수적 신앙은 반공주의라는 정치 이데올로기와 결합하여 대단히 전투적이고 거의 맹목적인 신앙적·신학적 색채를 보유하게 되었다.

한국 개신교와 반공주의 간의 역사적 관계를 연구한 김흥수에 따르면, 이런 개신교 근본주의자들의 반공주의는 "사탄론," "종말론적 성격," 그리고 "선민의식"과 결합하면서 "반공주의의 종교화" 과정을 거쳐 일종의 시민종교로 변해갔다고 한다. 개신교인들은 공산주의자들을 "악마의 대행자," "설복될 수 없는 마귀"라고 규정하면서 "마귀와의 타협을 강요"하지 말 것을 요구했고, "마귀의 승리를 초래할 휴전"에 강력히 저항했다.[24] 또한 개신교인들은 악마적 공산주의 세력과 대결하라는 특별한 시대적 사명을 하나님께서 한국에 부여하셨다고 믿으면서 자신들의 반공주의 신앙에 "선민의식" 을 결합시켰다.[25] 뿐만 아니라, 개신교 부흥사들과 개신교에서 파생한 신흥종교 지도자들은 한국을 "말세의 제사장국" 으로 선포하고 반공주의, 민족주의, 선민사상을 독창적으로 결합시켰다.[26] 결국, 이런 과정을 통해 개신교 내에 반공주의가 깊이 뿌리 내리게 되었다. 동시에, 교회의 벽을 넘어 '전全 사회적 수준' 에서 개신교가 한국사회의 탁월한 반공세력으로 부각되었다.[27]

물론, 이 시기에 한국 개신교는 WCC를 축으로 한 교단분열, 민중신학을 중심으로 한 진보신학의 출현, 종교다원주의 논쟁, 오순절운동 및 부흥운동 확산 등을 통해 근본주의적 특성을 강화시켜 갔다. 그러나 그 어떤 것도 한국전쟁을 통해 강화된 반공주의적 특성만큼 한국 개신교의 근본주의화에 영향을 끼친 것은 없을 것이다. 즉, 이 반공주의적 근본주의가 한국교회들이 신학 및 정치적 문제들을 바라보는 관점에 절대적 영향을 미침으로써 한국 개신교 내에 근본주의적 성향을 심화시키는데 기여한 것이다.

III. 한국 개신교의 근본주의적 특징

1. 신학적 근본주의

신학적 측면에서 한국 개신교 안에는 근본주의적 목소리가 여전히 강세를 보이고 있다. 이것은 대부분의 한국 개신교회가 성서영감론 및 성서무오설을 근거로 자유주의의 성서비평학에 대해 비판적 태도를 유지하고 세대주의적 전천년설에 기초한 묵시적 종말론을 신봉하는 현실에서 분명히 드러났다. 뿐만 아니라, 종교간의 대화에 대해 부정적 입장을 견고히 유지하면서 타 종교들과 갈등관계를 유지하고 있으며, 창조과학을 중심으로 진화론에 대해 거의 맹목적 반대 입장을 고수하는 점에서 뚜렷이 드러난다. 여기서는 성서무오설과 묵시적 종말론에 대해서 살펴보겠다.[28]

먼저, 현재에도 대다수의 한국 교회들은 성서무오설을 절대적으로 신봉하면서 성서비평학에 대해 비판적 태도를 견지하고 있다. 한국의 대표적 교단 중 하나인 대한예수교장로회총회^{합동}은 교단총회 홈페이지의 "신앙의 뿌리" 코너에서 자신들의 신학적 입장을 다음과 같이 천명하고 있다.

> 우리의 신학적 입장은 "수정되지 않은 칼빈주의"라는 표현이 적합할 것이다. 구 프린스턴 신학자들이 자신들의 신학적 정체성을 이야기할 때마다 자신들은 구 칼빈주의를 계승한다고 고백하였던 것처럼, 본 교단은 수정되지 않은 정통 칼빈주의를 교단의 신학적 입장임을 천명하고 있다. 이것은 성경의 절대적 권위를 존중하면서 웨스트민스터 신앙고백에 포함되어 있는 역사적 개혁주의 신앙고백을 계승하는 것을 의미한다.[29]

여기서 강조하는 "구칼빈주의"과 "구프린스턴신학"은 성서무오설을 교리적으로 완성하여 미국 개신교 근본주의의 신학적 토대를 제공한 19세기 중반의 프린스턴 신학을 말한다. 다시 말하면, 예장 합동은 적어도 성서의 영감과 권위 면에서 근본주의 전통에 서 있음을 공개적으로 선언한 것이다. 대부분의 장로교회와[30] 성결교회,[31] 그리고 오순절 교단들이 이런 입장을 공유하고 있기 때문에, 소수의 진보적 교단들을 제외한 대부분의 한국교회는 근본주의적 성서관을 고수하는 것으로 보인다.

둘째, 근본주의 신학을 구성하는 중심축의 하나는 세대주의적 전천년설이라는 묵시적 종말론이다. 전통적으로 근본주의자들은 이런 종말사상에 근거해서 인류의 미래에 대해 극단적으로 비관적인 견해를 고수했고, 그 연장선상에서 일체의 사회개혁이나 참여에 대해 부정적인 입장을 고수했다. 이점에서 한국 개신교회도 유사한 전통과 역사를 보존해 왔다. 대부분의 한국 개신교회는 세대주의적 전천년설을 자신들의 종말론으로 신앙하고 있다. 특히, 성결교회와 오순절교회처럼 성령운동을 주도하는 그룹들이 묵시적 종말론을 강조한다. 한국 개신교회가 묵시적 종말론의 영향 하에 있다는 구체적 증거로 1992년 10월 28일 예수의 재림을 예언했던 "다미선교회 사건"을 들 수 있다. 비록 그 단체가 시한부종말론을 주장했고, 그들의 예언이 헤프닝으로 끝나고 말았지만, 그런 사이비적 종말운동이 사회적 파장을 일으킬 정도로 세력을 확장할 수 있었던 것은 한국 개신교인들 내에 암묵적 승인 혹은 동조가 존재했기 때문이다. 이점은 한국전쟁 이후 수많은 천년왕국운동이 발생했고, 그 대부분이 개신교 계열에서 기원했다는 사실을 통해 다시 한 번 확인될 수 있다.[32] 결국, 한국교회 초기부터 선교사들을 통해 전수된 근본주의적 종말사상은 근현대사의 질곡을 통과하며 한국의 특수한 민족주의와 조우하면서 다양한 형태로 변형·분출되었다. 이런 역사적 사실 자체가 한국 개신교 내에서 근본주의적 종말론이 얼마나 강력하게 뿌리내려 왔는가를 반증해 준다. 이 사실을 노길명은 이렇게 설명했다.

> 한국사회에서 천년왕국운동은 그리스도계 신종교운동으로 전개되었다. 이 운동은 기본적으로 한국 근현대사의 체험과 미국 개신교의 신앙유형, 그리고 선교사들의 선교 정책이 결합되어 나타난 현상이었다. 즉, 민족의 수난과 고통으로 점철된 근현대사 속에서 민중은 낡은 질서의 종말과 새로운 질서의 도래를 강조하는 미국의 개신교 신앙 흐름에 친화성을 지니게 되었으며, 여기에 덧붙여 교회사를 민족사와 분리시키는 서구 선교사들의 선교 정책에 대한 반발이 기성 교회와는 다른 새로운 종파 운동으로 나타나게 되었던 것이다.[33]

2. 윤리적 근본주의

한국 개신교의 근본주의적 성향은 윤리적 차원에서도 뚜렷하게 나타나고 있다. 청교도의 엄격한 윤리적 이상을 이어받은 미국의 근본주의는 음주와 흡연에 대한 배타적 거부감, 성과 결혼에 대한 보수적 규범, 동성애에 대한 혐오감, 여성에 대한 차별의식 등을 강조해 왔다. 이런 보수적 윤리의식은 한국 개신교 내에서도 동일하게 막강한 영향력을 행사하고 있다. 사회의 근대화와 세속화가 급속히 진행되면서 이런 윤리적 기준이 강제력을 상실하고 강단의 설교만으로 그 힘의 범위가 축소되는 듯하지만, 여전히 한국 개신교의 제반 영역에서 이런 보수적 윤리는 보수적 기독교의 신앙적 정체성의 핵심적 규범으로 자신의 위치를 견고하게 지키고 있다. 여기서는 금주 금연 문제만을 다루고자 한다.

음주와 흡연에 대해서 한국교회는 거의 일방적으로 반대하는 입장을 취하고 있다. 비록 몇 개의 진보적 교단들이 암묵적으로 음주흡연을 묵인하는 경우가 있지만, 한국 개신교인들 대부분은 금연과 금주를 자신들의 신앙적 정체성 및 신앙적 순수성의 척도로 생각하는 경향이 강하다. 동시에, 개신교의 전도과정에서 가장 걸림돌이 되는 것도 개신교의 엄격한 금연금주 문화이며, 개신교 스스로 자신이 한국 사회에 끼친 가장 큰 윤리적 공헌 중 하나도 금연금주문화의 확산이라고 생각한다. 이에 대해 평양대부흥운동을 연구했던 박용규는 한국 개신교 초창기의 모습을 이렇게 정리했다.

부흥운동이 저변 확대되면서 축첩과 조혼 노비제도가 교정되고, 노름, 음주, 흡연에 빠져 있는 이들이 교회라는 신앙의 공동체 속에서 새롭게 거듭나고, 결혼 관계도 정상적으로 회복되었다. "누구든지 그리스도 안에 있으면 새로운 피조물"이라는 바울 사도의 고백이 부흥운동의 현장에서 목도되었던 것이다. 황해도 해주읍교회에서는 부흥운동 기간에 아편에 중독되어 거의 죽게 된 이들이 "쥬의 말삼을 듯고 밋은 후에 그 죄를 원통이 녀겨" 아편을 끊고 고치는 역사까지 있었다.[34]

이런 금주금연에 대한 보수적 전통은 최근에도 큰 변화 없이 계속 강조되고 있다. 물론, 근래에 들어 점점 더 많은 개신교인들이 현실적으로 완벽하게 금연과 금주를 실천하고, 배타적으로 성서에 근거하여 이런 주장을 강요하는 것이 용이하지 않다는 사실을 인지하고 있다. 하지만 보다 거시적이고 합리적인 차원에서 금연과 금주의 당위성을 요구하는 목소리가 금연과 금주의 전통을 더욱 강하게 요구하고 있다. 장로회 신학대학교의 임성빈 교수가 쓴 다음 글은 이런 흐름을 대표한다고 생각한다.

사실 오늘날 술 담배 문제가 아니더라도 우리 교회가 관심을 가져야 할 사회적 분야 및 문제들이 산적해 있는 형편이다. 그렇기 때문에 어떤 이들은 지금이 술 담배를 놓고 이야기할 때냐고 조소를 보내기도 한다. 그러나 21세기를 책임질 우리 청소년들의 육적 영적 건강을 직간접적으로 위협하는 요소들이라는 점에서, 또 가임여성의 음주, 흡연율 급증이 태아의 건강을 크게 위협한다는 측면에서, 한국사회의 정신문화와 직장생활의 구조 및 기업문화 전반에 미치는 파괴적 영향력의 측면에서, 한국교회는 술담배의 문제를 새롭게 정리해야만 한다. 술담배를 둘러싸고 벌어지기 쉬운 교리적 문제는 여기에서 우리의 일차적 관심이 아니다. 우리가 지금, 여기에서 술담배 문제를 논하는 우선적 이유는 그것이 한국땅에서 기독교인으로 사는 것과 사회적 책임을 다해야 한다는 상황

에 비추어 매우 중요한 문제들 중의 하나라는데 있다.[35]

금주와 금연에 대한 한국 개신교의 오랜 전통은 헌법상에 신자들의 생활에 대한 의무사항으로 규정하여, 신자들에게 장려하고 있다.[36] 이 문제를 바라보는 현실적 시각이 변하고, 그러므로 이 문제의 정당성을 설득하는 학문적 근거들도 보다 현실적이고 구체적이 되는 경향을 띠지만, 주초에 대한 보수기독교의 근본주의적 태도는 원칙적으로 계속되는 것 같다.

3. 정치적 근본주의

전통적으로 묵시적 종말론에 근거하여 정치에 무관심했던 미국의 근본주의는 1970년대를 기점으로 미국 정치의 뜨거운 감자로 부상하기 시작했다. 그들은 유대인들을 축으로 한 네오콘과 더불어 미국의 정치적 보수주의를 주도하는 강력한 정치세력으로 맹위를 떨치고 있다. 이런 미국 근본주의처럼, 한국의 개신교 근본주의도 이미 강력한 정치세력으로 광장을 장악했다. 한국 개신교회가 보수적 정치세력으로 한국 정치계에 영향력을 행사하게 된 것은 몇 가지 단계로 나누어 살펴볼 수 있다.

첫째는 한국전쟁을 전후로 한국의 기독교가 반공주의의 첨병으로 떠오른 것이다. 이미 언급했듯이, 해방 전 한국 기독교의 70-80%를 차지했던 북한의 그리스도인들은 해방과 함께 북한을 점령한 공산당과 첨예한 갈등관계를 형성했고, 한국전쟁을 전후로 대거 월남했다. 그들 중 일부는 단지 기독교를 반대하는 공산주의의 무신론적 유물론에 대한 저항으로, 일부는 북한의 토지개혁을 통해 재산을 몰수당하는 경제적 손실 때문에, 어떤 이들은 이런 이유들이 중첩되면서 남하하였고, 이후 공산주의에 대한 극도의 반감을 갖게 되었다. 이들은 남하하여 남한에서 반공주의의 중추세력으로 기능하게 되었다. 그들의 반공사상은 반공을 내세운 군부 세력과 밀월관계를 형성하게 하는 내적 요인으로 작용했을 뿐 아니라, 파시스트 정권의 파행적 통치를 묵인하거나 혹은 간접적으로 옹호하는 기능을 했다. 1970년 대에 들어서 일부 진보적인 기독교인들이 독재정권에 저항하는 모습을 보였으나, 반공에 대한 기본적 입장에는 보수와 진보 사이에 큰 차이가 없었다. 하지만 1988년에 한국기독교교회협의회KNCC가 "민족의 통일과 평화에 대한 한국기독교회 선언"을 발표함으로써 북한에 대해 전향적인 태도를 보이자, 한국의 개신교 그룹은 양분되기 시작했다. 그러나 이런 분열 속에서도 개신교가 한국사회의 반공의 기수로서 담당하는 역할과 위치에는 변함이 없었다.[37] 금란교회 김홍도 목사가 2003년 3월 『월간조선』과의 인터뷰에서 한 다음의 발언은 현재 한국 개신교회와 반공주의 간의 '명백한 운명'을 적나라하게 보여준다.

> 노태우 대통령 후반기부터 10년이 넘도록 우리나라에서 반공교육이 이뤄지지 않고 있습니다. 지난 5년 동안 미★ 전향 간첩까지 북한으로 보냈습니다. 북한은 기를 쓰고 적화공작을 하는데 대한민국은 반공교육을 안하고 있습니다. 친공적인 좌경교사들이 학생들에게 미국에 대한 적개심을 불어 넣고, 북한을 좋아하도록 세뇌공작을 계속하고 있습니다. 김정일 정권은 사탄의 정권입니다. 무신론 사상으로 하나님 대적하고 교회를 파괴했습니다. 사탄의 정권이 빨리 무너져야 합니다.[38]

둘째, 직접적인 정치참여를 자제해 왔던 보수적 개신교회가 한국 개신교 내의 진보그룹에 대항하기 위해 조직을 구성하면서 한국의 정치현장에 본격적으로 뛰어들기 시작했다. 그 신호탄은 1989년 12월 28일 한국기독교총연합회한기총가 창립된 것이다. 한기총은 창립 취지문에서 "바라기는 모든 개신교 교단과 개신교 연합단체 및 교계 지도자들이 한국기독교총연합회에 참여하여 연합과 일치를 이루어 교회 본연의 사명을 다하는 데 일체가 될 것을 다짐한다"고 밝혔으나, 이후 그들은 국내외 정치의 민감한 사안에 대해 자신들의 입장을 발표하며, 또 대선과 사학법개정 등에 대해서는 적극적으로 반대 입장을 표명하고 시위를 주도함으로써 보수 기독교의 주도적 정치세력으로 기능했다.[39] 한기총 외에도 2004년에는 '한국기독당'이라는 정당이 조직되어 총선에 참여했다. 하지만 기독당은 "결국 지역구에서 모두 참패하고 정당 투표에서도 1.1퍼센트인 228,798표를 얻는데 그쳐 단 한 명의 당선자도 내지 못했다."[40] 그럼에도 이 기독당은 2007년 대선을 앞두고 '기독민주당'으로 재건되었고, 청교도영성훈련원의 전광훈 목사가 조직한 '사랑실천당'과 합당하여 '기독사랑실천당'으로 재조직된 후 2008년 4월 총선에 참여했다. 뿐만 아니라, 2004년 총선 이후 참여정부와 열린 우리당의 이념노선에 반대하는 보수적 인사들 중 40대의 젊은 인사들을 중심으로 "뉴라이트" 운동이 시작되었는데, 기독교가 중요한 축을 형성했다. 특별히 김진홍 목사 주도 하에 '뉴라이트전국연합'이, 서경석 목사를 축으로 '기독교사회책임'이 출범함으로써 기독교적 뉴라이트 그룹이 구체적으로 형성된 것이다. 이들은 예전에 반독재투쟁 경험을 공유하고 있으나, 기본적으로 자유민주주의와 자본주의 이념을 신봉함으로써 근본주의적 정치이념을 확고히 견지하고 있다.[41]

끝으로, 한국 개신교회가 2007년 대선에서 이명박 후보를 전폭적으로 지지하면서 한국 정치의 중심부에 화려하게 진출했다. 이명박 후보가 개신교회 장로라는 신분에 주목하면서, 대부분의 한국 개신교회와 신자들은 '장로대통령 만들기 프로젝트'에 전력투구했다. 이명박 후보는 선거기간 내내 전국의 주요 교회들을 방문하여 자신의 신앙을 간증함으로써, 교회와 교인들을 자신의 주요 표밭으로 확보하는데 성공했다. 그 결과, "간증정치"라는 신조어가 탄생했다. 한기총과 뉴라이트, 그리고 전국의 기독교인들은 그에게 절대적 지지를 공개적·비공개적으로 표현했고, 교회 강단마다 이명박 후보에 대한 지지를 호소하는 설교가 조직적으로 행해졌다. 당시의 노무현 정권을 친북, 친공, 반미, 좌파세력으로 규정하면서 이명박 후보의 당선을 웅변적으로 호소했던 금란교회 김홍도 목사의 설교는 당시 이런 상황을 대변해 준다.

> 하나님의 백성이 내밀 수 있는 최후의 카드는 금식 기도입니다. 전자 개표기 조작이나 부정선거를 통해서나 친북, 친공, 반미, 좌파 세력이 정권을 잡아 적화 통일을 획책하지 못하게 해야 되겠습니다. 친북 좌파 세력은 이명박 씨를 대선에 못 나오게 하고 다음에는 박근혜 씨를 잡으려 들 것입니다. 기왕이면 예수님 잘 믿는 장로가 되기를 기도해야겠고, 아니면 박근혜 씨라도 되도록 기도해야겠습니다. 이 위기를 맞이하여 '구국 금식기도'를 선포하는 하입니다. 3일이 어려우면 하루라도, 아니면 하루 한두 때씩이라도 금식하여 붉은 용좌파의 세력이 이 땅을 짓밟지 못하게 해야겠습니다.… 적화통일 되어 공산치하에서 신앙생활 못할 바에는 죽는 것이 더 나을 것입니다. 할렐루야![42]

4. 경제적 근본주의

미국의 근본주의자들은 자본주의적 시장경제를 옹호하는 공화당과 밀접한 동맹관계를 유지하고 있다. 그들은 자신들의 보수적 신앙 및 윤리 외에 애국주의와 자본주의적 시장경제를 지지함으로써 공화당의 든든한 정신적·정치적 후원세력으로 막강한 힘을 발휘하고 있다. 미국 근본주의의 이런 성향은 한국 개신교 내에도 유사한 모습으로 재현되고 있다. 특별히 국민일보 김지방 기자의 분석대로, 해방 이후 반공주의로 무장한 한국 개신교인들은 반공주의를 단순한 정치 이념의 차원을 넘어 자신들의 신앙의 일부로 자연스럽게 수용하면서 친 자본주의적 성향을 갖게 되었다. 한국의 보수적 기독교인들에게 자본주의는 반공주의처럼, "단순한 경제 시스템이 아니라 신앙적인 차원의 선택으로 인식됐다."[43]

그러나 한국 교회와 자본주의의 관계는 한국전쟁을 거치면서 왜곡된 형태로 발전하게 되었다. 김흥수의 분석에 따르면, 한국전쟁을 통해 정신적·물질적으로 황폐해진 한국사회에 미국의 원조물자가 유입되고 용문산의 나운몽 장로를 필두로 한 부흥운동이 전국적으로 확산되면서, 한국교회에 물질주의적 기복주의 신앙이 확산되었다고 한다. 청빈을 신앙의 덕으로 실천하며 빈곤의 아픔을 영성의 토대로 수용했던 목회자들이 해외원조물자의 에이전트 역할을 하면서 순수한 신앙이 변질되기 시작했다. 금단의 열매를 맛본 결과였다. 동시에, 영적 각성과 삶의 윤리적 변화를 추구하던 전통적 부흥운동이 물질적 보상을 축복의 현실적 내용으로 전파하기 시작하면서 한국교회 신앙의 본질을 왜곡하기 시작했다.[44] 결국, 이렇게 형성된 물질주의적 기복신앙은 1970-80년대를 거치면서 새마을운동과 경제개발계획으로 대표되는 한국의 급속한 경제성장과 여의도순복음교회를 통해 상징되는 오순절운동의 급속한 확산, 그리고 미국의 교회성장학이 한데 어울려 한국교회의 급성장과 대형화를 초래했다. 그리고 이런 급속한 경제성장과 기복주의, 교회의 대형화가 한국교회와 자본주의 간의 관계를 더욱 단단히 결속시키면서, 내용과 질 면에서 막스 베버가 말한 소위 "천민 자본주의"적 속성을 노출시키고 말았다.[45]

한국교회의 천민 자본주의적 특성에 대해서 경상대의 백종국 교수는 사제주의, 물량주의, 반지성주의를 그 주요 특징으로 지적했다. 그에 따르면, 목사들이 세속적 복을 빌어주는 무당으로 간주되는 현상, 대형교회 담임 목사직의 세습 현상, 기독교 총회의 금권선거 등이 사제주의의 구체적 증거다. 이어서 물량주의의 경우, 성장에 대한 과욕으로 신유, 방언, 교회

건축을 수단화하고, 교회재정사용내역에서 경상비와 건축비에 과다 투자하여 선교비와 구제비는 거의 전무한 수준으로 위축되고 있으며, 교회에서 재직들을 임명하는 과정에서 무리한 헌금을 요구하는 사례 등이 증거로 제시되었다. 끝으로, 반지성주의의 사례로, 백종국은 한국교회가 지나치게 근본주의 신학과 성령운동에 영향을 받아서 교회의 세속화와 신비주의화에 대한 맹목적 추종을 정당화했다고 지적한다.[46]

이런 한국 개신교회의 천민 자본주의적 특성은 황호찬 교수가 한국경제와 한국교회의 유사점을 비교한 다음의 도표에서 요약적으로 드러난다.

	한국경제	한국교회
발전주체	재벌중심	대형교회중심
재무구조	차입경영 고정자산의 과대투자	차입경영 건물증축, 건물유지비증대
발전모형	외형중심 문어발식 경영	외형중심 교인의 수평적 이동
핵심문제	기술낙후, software 낙후 고비용/저효율	내실부족, software 낙후 인건비 과다지출
상호협조	기업간 과다경쟁	교단간 과다경쟁 개교회중심
효율성	중복투자로 비효율성	중복사업으로 비효율성
자립도	중소기업의 미자립	중소교회의 미자립

황호찬, "IMF와 한국교회의 대응방안," 「복음과 상황」, 1998년 2월

현재 한국교회는 세계에서 가장 큰 교회들을 보유하고, 미국 다음으로 많은 수의 선교사들을 해외에 파송하며, 매년 엄청난 비용을 들여 많은 청년들을 "단기선교"에 보내고 있다. 뿐만 아니라, 이전 정권의 대북지원과 분배 중심의 경제정책을 친북 좌파 정권이란 명목 하에 맹렬히 비난했으며, 사학법 개정을 둘러싸고 정부와 생사의 싸움을 벌이기도 했다. 이 모든 현상들은 한국 개신교회가 얼마나 자본주의적 환경에 탁월하게 적응했으

며, 그 문화의 중심부에 도달했는지를 가늠케 한다. 그러나 불행히도 교회 내외에서 들려오고 드러나는 모습은 막스 베버가 자본주의와 개신교의 관계를 분석하며 가장 경계했던 천민자본주의의 징후_{상업적 행위를 통한 이윤추구, 정치적 · 종교적 제도화를 통한 독점구조 강화, 독점적 사회계층 추구}를 그대로 노출하고 있다. 미국의 대표적 근본주의자 팻 로버트슨이 자국의 이익에 집착하여 제3세계 원조를 강력히 비판하고 미국의 사회복지제도를 공산주의의 잔재로 부정하며 미국 위주의 제국주의적 경제구조를 영구화하려던 독선적 모습이 한국교회 여기저기서 발견되는 것 같아 마음이 어둡다.[47]

마무리

한국의 개신교 근본주의는 미국 선교사들을 통해 한국에 이식되었고, 자유주의 신학에 대한 본능적 경계심, 부흥운동의 제도적 발전, 공산주의와의 부정적 역사경험, 군부독재와 한국형 자본주의와의 밀월관계 등을 통해 토착화의 과정을 거쳐 오늘에 이르렀다. 그 결과, 교단의 신학적 배경과 유산의 차이에도 불구하고, 한국 개신교회 전반에 근본주의적 요소가 강하게 자리 잡고 영향력을 행사하고 있다. 즉, 한국 개신교의 근본주의는 신학적 유산은 미국에서 전달 받았으나, 내용과 표현 등은 한국사회와 교회의 독특한 역사적 경험을 통해 변형 · 발전시켜 온 것이다. 위에서 언급했듯이, 신학적 측면에서는 성서무오설, 세대주의적 전천년설, 그리고 타종교와 진화론에 대한 배타적 태도 등의 특징을 보이면서 한국 개신교 전반에서 그 유산을 보존하고 있다. 윤리적 차원에서는 금주 및 금연, 동성애 반대, 성과 결혼에 대한 엄격한 기준, 여성에 대한 차별의식 등을 통해, 근본주의의 전통적 · 보수적 윤리의식이 고수되고 있다. 한편, 근본주의는 정치와 경제 영역에서도 자신들의 존재를 강력히 입증하고 있다. 정치적으로 반공주의를 축으로 한 친정부적 혹은 반정부적 태도를 명확히 취해 왔으며, 최근에 한기총과 뉴라이트 그룹을 중심으로 다양한 사회적 이슈에 대해 보수적 견해를 천명해 왔다. 또한 지난 2007년 대선에서는 이명박 후보를 공개적으로 지지함으로써, 한국 정치의 막강한 배후세력으로 등장했다. 경제적으로는 해방 이후 줄기차게 친 자본주의적 태도를 견지해 왔으며, 한국전쟁과 이후 개발시대를 거치면서 왜곡된 형태의 자본주의 문화에 적극 적응해 왔다. 그 결과, 기복주의, 물질주의, 성장주의, 독점주의 등 천민 자본주의적 행태를 노출하게 되었다.

이제 한국 개신교의 근본주의적 속성에 대한 몇 가지 비판적 제언으로 글을 마무리하고자 한다. 먼저, 신학적 차원에서 한국 개신교회는 성경에 대한 자신의 존경과 신뢰의 전통은 계속 유지하되, 변화된 교회와 신학의 환경을 정직하게 직시하고, 보다 신중하고 책임 있는 신학활동에 적극 참여해야 한다. 현재 우리 앞에는 포스트 모더니즘에 의한 독점적 권위 해체, 강력한 성령운동을 통한 새로운 종교문화의 출현, 전통적 가족 개념과 윤리의 붕괴, 냉전의 해체와 글로벌주의, 문화적 · 종교적 다원화 현상, 자연과학의 발전과 환경문제 등 단지 성경에 대한 평면적 독서, 문자적 해석, 교조적 적용으로 풀 수 없는 난제들이 산재해 있다. 이런 맥락에서, 성서, 역사, 타종교, 과학, 문화에 대한 전통적 입장을 배타적으로 강요하거나 반복하는 것은 현실적으로 적절하지 않으며, 윤리적으로도 무책임하다. 따라서 근본주의 진영은 변화된 상황에 대한 정직한 인식과 판단을 근거로 다양하고 급박한 신학적 난제들을 보다 개방적이고 책임 있는 태도로 연구하고 대화하고 대안을 제시해야 한다.

둘째, 윤리적 차원에서 한국 개신교는 근본주의의 한계를 겸허하게 반성하고, 진정한 윤리 세력으로 거듭나야 한다. 음주 흡연 문제, 성과 결혼 문제, 동성애와 여성의 권리 면에서 이들의 입장이 종전과 비교해서 상당한 정도로 진보해 온 것이 사실이다. 하지만 원칙과 적용 면에서 전통적 입장을 여전히 고수하고 있는 것도 엄연한 현실이다. 원론적으로, 나는 이런 보수적 윤리가 한국 사회와 교회에 끼친 긍정적 영향을 대단히 높이 평가한다. 전통적 가치관이 무너지면서 문화적 아노미 상황에 빠지고 있는 현재의 한국사회 내에서 윤리적 기준을 엄격히 제시하는 목소리가 반드시 존재해야 한다. 이런 차원에서, 그 동안 한국 개신교의 근본주의 진영은 자신의 역할을 탁월하게 수행해 왔다고 생각한다. 그러나 원칙을 제시하는 것과 책임적 모범이 되는 것은 다른 문제이다. 현재, 한국교회가 다양한 차원에서 위기의식을 느끼고 또 비판의 대상이 되는 중요한 이유 중 하나는 그들이 제시한 윤리적 규범과 교회에서 터져 나오는 각종 스캔들 간의 부조화 현상 이다. 교회에서 금주와 금연을 강조하지만, 현실적으로 상당히 많은 그리스도인들이 암암리에 흡연과 음주를 즐기고 있음은 공공연한 사실이다. 동시에, 교회 목회자들을 중심으로 터져 나오는 각종 성적 스캔들, 신자와 불신자 사이에 이혼율의 차이가 없다는 부끄러운 현실, 사회적 소수자들에 대한 사회의 변화된 인식과 이에 대한 축적된 학문적 결과물을 충분히 고려하지 않은 채, 종전의 원론적 입장을 무책임하게 반복하는 교권 등은 정작 그들이 제시하고 보존하려 노력하는 윤리적 가르침을 스스로 붕괴시키는 치명적 요소들이다. 이런 면에서, "남의 눈에 있는 티끌"을 지적하기 전에 "자기 눈에 있는 들보"를 먼저 꺼내는 도덕적 반성과 결단이 선행되어야 한다.

셋째, 정치적 차원에서 한국의 보수적 개신교는 특정 이념의 맹목적 지지 세력이란 배타적 자리에서 내려옴과 동시에 불같이 타오른 정치적 욕망의 덫에서 빠져 나옴으로써, 교회에 맡겨진 본래의 자리, 즉 한국사회를 향한 비판적 예언자의 자리로 속히 복귀해야 한다. 그 동안, 한국교회가 반공주의를 토대로 친 자본주의적, 친미적, 친 기업적 정치세력으로 기능해 온 것은 역사적으로 충분히 납득할 수 있다. 그들이 겪었던 공산주의에 대한 부정적 역사경험 때문에, 성서를 객관적으로 읽을 수 없었고 사회와 교회를 향해 포괄적·총체적 해법을 제시할 수 없었다. 결국, 그들은 지난 50여 년간 일반적 보수 세력과 결합하여 진보정권에 대한 가장 강력한 저항세력으로, 동시에 보수진영에 대한 가장 충성된 지원세력으로 막강한 힘을 과시해 왔다. 그러나 이런 현상은 한국의 역사발전에 심각한 걸림돌이며, 반드시 극복해야 할 민족적·신앙적 트라우마다. 어떤 의미에서도 한반도의 평화와 통일은 분리되어 생각될 수 없다. 따라서 북한정권에 대한 뿌리 깊은 적대감과 반공주의는 성서적 차원과 예수 그리스도의 시각에서 진지하게 재조명 혹은 재평가되어야 한다. 동시에, 온갖 이유와 근거 속에 분열된 이 민족을 위해 교회가 특정 이념의 파수꾼이나 특정 세력의 친위대로 몰려다니는 대신, 신뢰할 수 있는 제사장과 통찰력 있는 예언자의 사명을 충실히 감당하기 위해 현실 정치와 적절한 공간을 확보해야 한다. 이를 통해, 교회가 '분열과 갈등의 촉매' 라는 오명을 떨쳐버리고, '통합과 상생의 매체' 로 기능하기 위해, 교회 본연의 자리, 즉 '그리스도와 십자가, 그리고 복음' 의 자리로 돌아가야 한다.

끝으로, 경제적 차원에서 한국 개신교회는 한국사회와 교회에 만연한 타락한 자본주의를 극복하기 위해서, 예수 그리스도와 초대교회의 정신을 회복해야 한다. 성경은 부자가 천국에 들어가는 것이 낙타가 바늘구멍을 통과하는 것보다 어렵다고 경고한다. 하나님과 재물을 겸하여 섬길 수 없으며 돈이 일만 악의 뿌리라는 성서의 엄중한 가르침을 모르는 신자도 없다. 오병이어의 기적이 한 꼬마가 이웃들을 위해 포기한 작은 도시락에서 기원했으며, 거지 나사로를 돌보지 않은 부자가 지옥에 갔다는 이야기는 복음서가 우리에게 들려주는 하늘의 진리이다. 성령강림을 통해 형성된 초대교회에서 신자들은 함께 떡을 떼고 물건을 통용했다. 이것이 바로 우리가 꿈꾸는 초대교회의 실체가 아니던가! 그러나 그 동안 한국의 보수 기독교회는 성장신화 속에 부익부빈익빈 현상을 강화해 온 한국형 자본주의 체제에 무비판적 지지와 맹목적 정당화를 충실하게 제공해 왔다. 소외 받는 노동자 보다는 자본가의 입장을 배타적으로 옹호하고, 연약한 중소기업보다는 공룡 같은 대기업에 러브 콜을 보냈다. 분배보다 성장에 손을 들어주었으며, 나눔과 섬김보다 자가 확장에 몰두해 왔다. 그 결과, 한국사회에 천민자본주의가 고개를 들고, 교회는 그 체제의 탁월한 수혜자로 풍요로운 혜택을 누려 왔다. 하지만 한국 교회가 천민자본주의 나무에서 따먹은 열매는 생명수가 아니라 금지된 선악과다. 교회의 전통, 신학, 목회 전반이 기복, 배금, 성장, 대형, 일등이란 마법에 걸려, 그리스도도 십자가도 복음도 빛을 잃고 있다. 한국 교회가 이 문제를 지금 당장 스스로 해결하지 않는다면, 교회 내에서 장사꾼들과 환전상들을 단호하게 쫓아내지 않는다면, 재림한 주께서 그들을 향해 분노를 폭발하시고 거칠게 그들을 쫓아내실 것이다. 이어서 그들이 지은 거대한 성전을 허물고 당신의 몸으로 그 성전을 "만민이 기도하는 집"으로 재건하실 것이다. 교회에서 맘몬을 축출하고 성령의 전으로 환골탈태하는 것, 현재 한국 보수적 개신교회가 직면한 가장 어려운 시험문제다.

미주

1. 이 글은 "한국 개신교회와 근본주의," 「한국종교연구」 제10집 (2008): 53-88을 수정한 것이다.
2. 윤동욱, "복음주의, 알고 보면 기득권주의?" 「한겨레21」 (2004. 12. 2), 41.
3. 목창균, 「현대복음주의」 (서울: 황금부엉이, 2005), 130-32.
4. H. Richard Niebuhr, "Fundamentalism," *Encyclopedia of Social Sciences*, vol. VI (New York: 1937), 526-27.
5. Ernest Sandeen, *The Roots of Fundamentalism: British and American Millenarianism 1800-1930* (Chicago and London: The University of Chicago Press, 1970), xix.
6. George M. Marsden, *Fundamentalism and American Culture: The Shaping of Twentieth Century Evangelicalism, 1870-1925* (New York: Oxford University Press, 1980), 3-8.
7. Joel A. Carpenter, *Revive Us Again: The Reawakening of American Fundamentalism* (New York: Oxford University Press, 1997), 12.
8. *Ibid.*, 10.
9. Watchword 19 (1897), 144. Sandeen, *The Roots of Fundamentalism*, 133에서 재인용.
10. 이 잡지의 영향 하에, 1920년 the Watchman-Examiner의 편집자 커티스 리 로우스(Curtis Lee Laws)가 "근본적인 것들을 위해 난투극을 벌이는 사람들"이란 의미로 "근본주의자들"(fundamentalists)이란 단어를 사용하면서 '근본주의'(fundamentalism)란 용어가 탄생했다. Curtis Lee Laws, "Convention Side Lights," *The Watchman-Examiner* 8, no. 27 (1 July 1920), 834.
11. 목창균, 132-33.
12. 장로교 분열과 그레섬 메이첸에 대해서는 N. B. 스톤하우스, 「메이첸의 생애와 사상」, 홍치모 역 (서울: 그리심, 2003); George M. Marsden, *Understanding Fundamentalism and Evangelicalism* (Grand Rapids, MI.: Wm. B. Eerdmans, 1991), 182-201을 참조.
13. 목창균, 134-35.
14. 제2차 대전 이후 미국 개신교 근본주의의 복잡한 역사에 대해서는 Joel Carpenter, *Revive Us Again*을 참조.
15. 미국 기독교 우파에 대해서는 배덕만, 「미국 기독교 우파의 정치활동」(서울: 넷북스, 2007)을 참조하시오.
16. George M. Marsden, *Understanding Fundamentalism and Evangelicalism*, 120-21.
17. 이덕주, "한국교회와 근본주의: 한국교회사적 입장," 「한국기독교사상」, 한국교회사학연구원 편(서울: 연세대학교출판부, 1998), 24.
18. 이만열, 「한국기독교와 민족의식」 (서울: 지식산업사, 1991), 482-85.
19. *Ibid.*, 486.
20. *Ibid.*, 491.
21. 이덕주, "한국교회와 근본주의," 27.
22. 한국기독교연구소, 「한국기독교의 역사」 vol. II (서울: 기독교문사, 1991), 155-56.
23. 유동식, 「한국신학의 광맥」 (서울: 다산글방, 2000), 71.
24. 김흥수, 「한국전쟁과 기복신앙 확산연구」 (서울: 한국기독교역사연구소, 1999), 63-4, 73.
25. 강인철, 「한국의 개신교와 반공주의」 (서울: 중심, 2007), 72.
26. *Ibid.*, 73.
27. *Ibid.*, 74-5.
28. 성서영감설과 묵시적 종말론 외에, 종교다원주의에 대한 강한 거부감과 창조론에 근거한 진화론 반대도 한국 개신교의 신학적 근본주의의 중요한 특징이다. 한국 개신교 근본주의의 종교적

배타성에 대해서는 이원규, 『한국교회 어디로 가고 있나』 (서울: 대한기독교서회, 2000)의 제6장 "한국교회의 종교적 배타성"을, 진화론에 대한 비판적 태도에 대해서는 『복음과 상황』 제210호 (2008년4월)에 실린 창조론과 진화론 간의 논쟁에 대한 4편의 글들을 참고하시오.

29. http://www.gapck.org/sub_01/sub06_01.asp (2008년4월6일 검색)

30. 또 하나의 대표적 장로교 교단인 통합 측은 헌법 "제2부 신조"에서 "신구약성경은 하나님의 말씀이니 신앙과 행위에 대하여 정확 무오한 유일의 법칙이다"라고 분명히 적시하고 있다.

31. 기독교대한성결교회의 헌법에는 성경에 대해, "우리 교회의 경전은 성경전서, 곧 구약과 신약이니 이 경전은 하나님의 계시를 받은 자들이 영감에 의하여 기록한 것인즉 이를 하나님의 말씀으로 믿나니 성경은 모든 사람을 구원하기에 넉넉하므로 무릇 성경에 근거하지 않은 신학설(神學說)이나 여하한 신비설이나 체험담은 신빙할 수 없으며 이런 것을 신앙의 조건으로 하거나 구원의 필요로 함을 배격한다."라고 천명하고 있다. 기독교대한성결교회, 『헌법』 (서울: 기독교대한성결교회 출판부, 2007), 10.

32. 이원규가 2000년 제시한 자료에 의하면, 문화관광부가 조사한 당시 국내의 시한부종말론 추종자는 모두 15만 명에 이르며, 종말론을 신봉하는 신흥종교 집단은 200여 개나 되는 것으로 알려졌다. 또한 최근의 대표적 시한부 종말론 집단은 이장림의 다미선교회, 권미나의 성화선교회, 하방익의 디베라선교교회, 전양금의 다니엘선교교회, 이재구의 시온교회, 오덕임의 대방주교회, 유복종의 혜성교회, 이재록의 만민중앙교회, 공명길의 성령쇄신봉사회, 이현석의 한국기독교승리제단, 이천성의 한국중앙교회, 공용복의 종말복음연구회 등이다. 이원규, 『한국교회 어디로 가고 있나』, 339-40.

33. 노길명, 『한국의 종교운동』 (서울: 고려대학교출판부, 2005), 197-98.

34. 박용규, 『평양대부흥운동』 (서울: 생명의 말씀사, 2005), 477.

35. 임성빈, "기독교 윤리적 관점에서 본 술 담배," http://news.beautifulkor.com/post_41.html (2008년 4월 6일 검색)

36. 기독교대한성결교회의 경우, 술과 담배 문제에 대해 헌법 "제27조 건덕생활"에서 다음과 같이 명시하고 있다. "바. 관습상으로나 사교 상으로나 신앙생활에 유해하며 타인에게 부덕 되는 환각제 및 주초 등의 행위는 하지 않아야 한다." 기독교대한성결교회, 『헌법』, 21.

37. 한국 개신교회와 반공주의의 운명적 관계에 대한 역사적 서술 및 분석을 위해서는 강인철, 『한국의 개신교와 반공주의』, 57-93을 참조.

38. Ibid., 17에서 재인용.

39. 김지방, 『정치교회』 (서울: 교양인, 2007), 158-86.

40. Ibid., 207-22.

41. Ibid., 190-91.

42. 김지방, 110-11.

43. Ibid., 32-3.

44. 김흥수, 『한국전쟁과 기복신앙 확산연구』를 참조.

45. 이원규, 『한국교회 어디로 가고 있나』, 256-75.

46. 백종국, "한국의 천민자본주의와 기독교," 『한국교회와 정치윤리』, 이상원 편저 (서울: SFC 출판부, 2002), 218-26.

47. 팻 로버트슨의 근본주의 신학이 그의 윤리와 정치사상에 미친 영향에 대해서는 배덕만, "오순절-은사주의 운동의 새로운 한 모형: 팻 로버슨(Pat Robertson)을 중심으로," 『역사신학논총』 제9집 (2005): 88-110을 참조.

제11장[1]
진보적 복음주의

한국교회에도 진보진영이 존재하지만, 수와 영향 면에서 복음주의가 압도적 우위를 점하고 있다. 동시에, 한국교회 위기론이 팽배한 현재, 문제의 중심에도 역시 복음주의가 존재한다. 영성의 부재, 신학의 혼란, 도덕의 붕괴는 추락하는 한국교회의 대표적인 증상이다. 영화 '쿼바디스'를 통해 그 증상의 구체적 실례들이 세상에 폭로되었고, 한국복음주의를 대표하는 한기총은 파행을 거듭하며 해체의 위기에 직면해 있다. 반전의 기미가 보이지 않으니 미래는 더욱 암담하다.

이런 상황에서, 수적으로 미약하지만 영향 면에선 간과할 수 없는 한 흐름이 복음주의 내부에 존재한다. 이것은 자신의 정체성을 복음주의로 규정하며 진보진영과 명확히 선을 긋는다. 하지만 교회적·사회적 쟁점에 대해선 진보적 입장을 천명함으로써 보수적인 복음주의 주류와도 일정한 거리를 유지한다. 나는 이 새로운 복음주의를 "진보적 복음주의"Progressive Evangelicalism라고 칭한다. 한국교회 진보진영의 위세가 크게 위축된 상황에서, 이 그룹의 진보적·실천적 행보는 한국복음주의에 대한 전통적 이해와 진보주의 지형도에 중요한 변화를 야기하고 있다. 앞으로 이들의 행보가 기대되는 이유다.

그럼에도 이 그룹에 대한 학문적 연구는 매우 빈약하다.[2] 그 역사가 짧고 주류교회와 긴장관계를 유지하기 때문에, 아직까지 주류 학자들의 관심을 제대로 받지 못하는 것 같다. 하지만 한국교회 안에서 보수진영은 방향을 잃고 진보진영은 힘을 잃은 상황에서, 이 진보적 복음주의의 출현과 행보에 주목하지 않을 수 없다. 주류 복음주의와 비교할 때, 아직까지 역사와 규모 면에서 왜소하다. 하지만 이 그룹의 지나 온 여정과 가야할 길을 고려할 때, 그 역사와 특징을 연구하는 것은 학문적으로 가치가 충분하다. 따라서 이 장에선 진보적 복음주의의 탄생과 발전과정을 간단히 정리하고, 이 그룹의 신학적 토대와 특징을 비판적으로 검토하고자 한다. 이를 통해, 그것의 역사적 공헌과 한계를 규명하고 발전적 미래를 위한 과제도 제시할 수 있길 기대한다.

I. 역사

1. 기원

1979년 10월 26일 박정희 대통령의 서거로 유신이 종식되었다. 하지만 그렇게 시작된 "서울의 봄"은 1980년 5월 17일 전두환이 이끈 신군부의 비상계엄 전국 확대로 허무하게 막을 내렸다. 5.18 민주화운동을 무력으로 진압한 전두환은 같은 해 9월 1일 통일주체국민회의를 통해 체육관선거에서 대통령에 당선되었다. 그리고 1981년 3월 3일 제5공화국이 탄생했다. 그렇게 불법적으로 탄생한 제5공화국은 1987년 6월 항쟁으로 몰락할 때까지 학생과 시민의 거센 저항을 받았다.

이런 상황에서, 한국 복음주의 내에 새로운 흐름이 출현했다.[3] 이 흐름의 중심세력은 대체로 지난 100년간 한국교회를 지배해 온 보수적 복음주의 출신들이었다. 이들은 그동안 보수적 복음주의자들이 '콘텍스트' context 와 '텍스트' text 사이에서 텍스트를 중시하고, '개인전도와 사회참여'에서 개인전도에 방점을 찍던 관행에 도전하여, 양자 간의 균형과 조화를 요구하기 시작했다. 그들은 1970-80년대를 통과하면서 진보진영의 치열한 저항과 보수진영의 철저한 방관 사이에서 신앙적 혼란과 양심적 방황을 경험했던 이들이다.

사실, 한국교회의 진보진영은 이미 70년대 초반부터 에큐메니컬운동의 하나님선교, 가톨릭의 해방신학, 그리고 민중신학을 토대로 민주화를 요구하며 유신체제에 용감히 저항했다. 하지만 한국교회의 보수진영은 같은 시기에 정교분리를 주장하며 일체의 반정부활동에 반대했고, 'Explo 74' 같은 대형전도집회를 연속적으로 개최했다. 하지만 그런 표면적 정교분리와 달리, 이 시기에 보수진영은 다양한 형태의 조찬기도회와 수많은 반공단체, 그리고 시국기도회를 통해 친정부적 활동을 적극적으로 전개했다.[4] 이런 구도에서, 소수의 양심적 복음주의자들이 진보진영의 용감한 행보에 도전을 받고 진심어린 지지를 보냈다. 하지만 그들의 이념적 토대인 민중신학과 해방신학에 대해선 여전히 부담을 느끼고 있었다.[5]

이런 상황에서, 1980년대 중반에 기독교학문연구회[기학연, 1984], 한국헨리조지협회[1984], 기독교문화연구회[기문연, 1986]가 각각 조직되었다. 기학연은 1981년 IVP간사 중심의 기독교세계관 모임에서 기원했고, 1984년 8월에 열린 '제1회 집담회' 에서 대학원생들 중심으로 기독교학문연구회를 결성했다. 1985년 12월에는 계간지 『새로운 지성』 제1권 제1호도 발간했다. 이 모임은 "기독교적 관점에서 제반 학문을 연구하고 교육하는" 대표적인 학술단체로 꾸준히 성장했다.[6] 그럼에도, 치열한 학문적 활동에 비해, 그런 사상을 현장에서 구체적으로 실천하거나 시대적 쟁점에 대해 예언자적 목소리를 내는 일에는 상대적으로 소극적이었다.[7] 한편, 헨리조지협회는 예수원의 대천덕 신부와 고왕인 박사를 주축으로 대학가의 지식인들이 조직했다. "토지에서 발생하는 토지불로소득을 환수하는 대신 노력소득에 부과되는 조세를 감면하는 지대조세제[land value taxation]를 실시하면 공평과 효율을 동시에 달성할 수 있음을 입증한 미국의 경제학자 헨리 조지[Henry George

의 경제사상을 전파"했다.[8] 끝으로, 기문연은 1986년 서울대학교 오월제에서 학생의 분신과 예수대행진운동에 대한 반성의 열매로 탄생했다. 기문연은 1986년 10월 기관지『대학기독신문』을 발행하기 시작했고 봉천5동에서 공동체를 실험했으며, 도시빈민운동과 각종 집회에 적극적으로 참여했다. 이들의 활동은 기독교문화노동운동연합^{기문노련}으로 이어졌는데, 1990년에 '기문노련사건'이란 공안사건으로 비화되어 11명이 경찰에 연행되고 4개월 이상 옥살이를 했다.[9]

한편, 1986년 진보적 복음주의자들의 주도 하에 복음주의청년연합^{복청}이 조직되었다. 그리고 이것을 모체로 '공정선거감시와 민주정부수립을 위한 복음주의청년학생협의회'^{복협, 1987}가 결성되었다. "서울지역교회와 캠퍼스 선교단체 청년 2000여 명이 참가한 복협의 선거감시운동은 보수교회 출신의 기독학생들이 사회문제에 자발적 집단적으로 대응한 첫 운동으로 평가받는다."[10] 하지만 이들은 대선에서 "민주정부 수립 실패라는 패배감과 운동성격의 한시성을 극복하지 못하고 해체"되었다.[11] 동시에, 기독교세계관운동에 참여했던 온건한 인물들을 중심으로, 1987년 '기독교윤리실천운동'^{기윤실}과 1989년 '경제정의실천시민연합'^{경실련}이 연속적으로 설립되었다. 이로써, "사회참여적 복음주의자들은 본격적인 시민운동의 시대를 열게"되었다.[12] 이들은 기독교 진보진영의 역사적 공헌을 부분적으로 인정하지만, 그 운동의 이론적 토대인 마르크스주의, 민중신학, 폭력혁명론 등에는 강하게 반대하면서 체제내의 합법적 개혁을 추구했다.[13]

2. 발전: 1990년대부터 현재까지

1990년대에 한국사회는 다양한 영역에서 중요한 변화들이 발생했다. 먼저, 1993년 군부통치가 종식되고 문민정부가 탄생했다. 이로써, 절차적 민주주의가 부분적으로 실현되기 시작했다. 둘째, 1997년 외환위기로 국가부도사태가 발생했다. 이를 통해, 한국경제는 미국중심, 재벌중심의 신자유주의체제로 재구성되었다. 동시에, 한국교회도 근본적 변화를 경험했다. 무엇보다, 1990년대를 거치면서 한국교회의 양적 성장이 둔화되고 부자세습으로 대표되는 세속화가 가속화되었다. 1988년, 진보진영의 한국기독교교회협의회가 '민족의 통일과 평화에 대한 한국기독교회 선언'을 발표하자, 이에 대한 반작용으로 보수교회 대표들이 모여 1989년 '한국기독교총연합회'를 조직했다. 특히, 2000년대의 시작과 함께 기독교 뉴라이트 운동이 본격화되면서 보수진영의 사회참여는 더욱 체계적이고 정교해졌다. 그 결과, 1990년부터 한국교회는 보수와 진보로 양분되어 신학적 · 이념적 갈등을 본격적으로 겪기 시작했다.[14] 이런 상황에서, 80년대 말에 출현한 진보적 복음주의자들도 갈등과 분화를 경험하며 활동영역이 확장되고 사역내용도 다양해졌다.

먼저, 기존의 단체들이 다양한 모습으로 분화, 변모, 확장되었다. 1980년대 기독교세계관운동의 지적 요람이었던 기학연은 2000년 '기독교학문연구소'로 개명했고, 1984년 설립된 '기독교대학설립동역회'[15]와 2009년에 통합하여 '기독교세계관학술동역회'로 다시 태어났다. 이 단체의 학술지『신앙과 학문』은 한국연구재단 등재학술지가 될 정도로 학문적 성격과 수준을 꾸준히 향상시켰다.[16] 한국헨리조지협회는 1996년 '성경적토지정의를위한모임'으로 명칭을 바꾸었으며, 2010년 '희년토지정의실천운동'희년운동[17]과 통합하여 '희년함께'가 되었다. 뿐만 아니라, 2005년에 "기독교인이 아닌 일반인과 시민사회를 대상으로 하는" '토지정의시민연대', 그리고 2007년에는 연구단체 '토지자유연구소' 등으로 외연을 확대하여 다양한 활동을 전개하고 있다.[18] 또한, 이 시기에 기윤실도 여러 단체로 분화되었다. 먼저, 기윤실의 법률자문을 맡았던 기독법률가들이 1995년 '기윤실법률가모임'을 조직했고, 이 모임이 1999년 "개혁적인 복음주의에 기초한 법률가 모임"인 '기독법률가회'로 발전했다. 또한 2002년에는 '교회개혁실천연대'가, 2004년에는 '좋은교사운동'이 각각 독자적인 길을 개척했다.

1980년대에 큰 영향을 끼쳤던 로잔운동가들뿐 아니라, 이 시기에 미국의 복음주의 좌파 활동가들의 저서들도 국내의 다양한 출판사들을 통해 본격적으로 소개되었다. 먼저, 존 스토트와 함께 그의 후계자로 알려진 크리스토퍼 라이트Christopher J. H. Wright의 글들이 집중적으로 소개되었다.[19] 또한 이미 국내에 독자층을 형성하고 있던 로널드 사이더Ronald J. Sider와 리처드 마우Richard J. Mouw 외에, 짐 윌리스Jim Wallis, 토니 캠폴로Tony Campolo, 브라이언 맥클라렌Bryan McClaren, 존 하워드 요더John H. Yoder, 쉐인 클레어본Shane Claiborne, 미로슬라브 볼프Miroslav Volf, 도널드 데이튼Donald W. Dayton 등이 새로 소개되어 널리 읽혔다.[20] 이들은 복음주의에 근거한 진보적 성향의 정치참여뿐 아니라, 이머징교회, 신수도원주의, 영성신학, 재세례파 등의 다양한 주제들을 실험하고 있다. 이런 저자와 주제들은 오랫동안 이런 흐름을 주도했던 IVP 외에, 홍성사, 대장간, 새물결플러스, 성서유니온, 아바서원, 포이에마, 복있는사람, 살림, 청림, 요단 등을 통해 신속하게 유통·확산되었다. 비록 이들이 대형출판사들은 아니지만 사명감을 갖고 이 분야에 집중투자하고 있다. 뿐만 아니라, 이 출판사들은 국내 활동가들의 저서들도 적극적으로 출판 및 후원하고 있다. 이 영역의 제1세대인 손봉호, 이만열, 이승장 외에,[21] 제2세대의 지도자들인 강영안, 박득훈, 이문식, 김회권, 백종국,[22] 그리고 제3세대로 분류되는 권연경, 김근주, 김형원, 김동춘, 구교형, 양희송 등이 주목할 만한 저자들이다.[23]

중요한 언론매체들도 출현했다. 1991년에 설립된「복음과 상황」, 2000년에 창간된「뉴스앤조이」가 대표적이다.「복음과 상황」은 '복청' 활동가들이 편집위원들로, '기문연'이나「대학기독신문」에서 활동했던 청년들이 실무자들로, 홍정길, 이만열, 손봉호, 김진홍 같은 교계 지도자들이 공동발행인으로 합류하여 창간되었다. 하지만 내부갈등으로 "2년 만에 이승재 편집장과 이종철 기자가 하차"하면서 위기를 맞았지만,[24] 불사신처럼 살아남아 2020년 8월 현재 357호를 발행했다.[25] 한편,「뉴스앤조이」는 "30대 젊은 기자 4명이 한국교회의 어제를 반성하고 오늘을 고백하며 내일을 고민하는 참 증인이 되겠다는 소망을 품고 창간한 인터넷 신문"이다. 2005년에「복음과 상황」과「뉴스앤조이」가 통합했다가 2008년 12월 다시 분리되었다. 2007년에는「미주뉴스앤조이」가 창간되었으며, 2009년「뉴스앤조이」가 신문사의 구조를 비영리단체 NGO로 전환했다.[26]「뉴스앤조이」에 대해 정정훈은 이렇게 평가한다.

> 사실「뉴스앤조이」는 복음주의운동의 중심적 흐름 밖에 있던 인물군에 의해 만들어진 매체다. 김종희를 비롯한 일군의 교계신문 기자들이 교회 개혁의 기치를 걸고 보수 교계의 각종 비리들을 폭로하고 고발하는 인터넷 신문을 창간하면서 복음주의 진영에서 상당한 영향력을 획득하게 된다.[27]

새로운 형태의 학술운동인 아카데미들도 탄생했다. 기독교청년아카데미[2004], 현대기독연구원[2004], 청어람아카데미[2005], 기독연구원느헤미야[2010] 등이 대표적인 예다. 이런 아카데미들은 성직자 양성을 목적으로 한 신학교나 신앙교양을 목적으로 한 개교회의 특강과 분명한 차별성을 유지하면서, 평신도들을 대상으로 다양하고 수준 높은 신학강좌들을 체계적으로 개설하며 자신들의 입지를 굳혀왔다. 기독청년아카데미는 1991년 시작된 아름다운마을공동체[대표 최철호 목사]의 부설기관으로서, 성서, 철학, 역사 등의 인문학을 주로 강의한다.[28] 현대기독연구원[구, 현대기독교아카데미, 대표 김동춘 교수은 "사회적 책임의 그리스도인을 양성하고 제자도의 영성을 함양하며 현대 상황에서 기독교사상을 연구/교육하는 단체"로서,[29] "주로 신학적 주제를 다루는 학술적 강연이나 세미나를 개최"한다.[30] 청어람아카데미[대표] 오수경는 "기독교 아카데미면서도 신학중심의 프로그램을 탈피"하여, 정치, 문예, 인문학, 대중신학, 사회혁신 등에 관한 다양한 강좌들을 지속적으로 개설하고, 청년사역 컨퍼런스, 지식수련회, 기독소장연구자컨퍼런스 등을 진행하고 있다.[31] 한편, 기독연구원느헤미야[원장 김형원 목사]는 "하나님 나라의 구현과 한국 기독교의 재구성"이라는 기치아래, 성서한국대회 강사와 운동가들이 신학운동의 필요성을 공유하고 만든 신학 연구 및 교육 기관이다.[32] 기독교학 입문과정, 심화과정, 연구과정, 전문과정을 개설하고, 팟캐스트, 신학캠프, 특강 등을 통해 대안적 신학교육을 제공하고 민감한 신학적 쟁점들에 대해 자신들의 입장을 공적으로 표명하고 있다.[33]

현실정치에 보다 직접적으로 참여할 목적으로 시민단체들이 조직된 것도 주목해야 한다. 그 시작은 1991년 발족된 '공명선거실천 기독교대책위원회'[공선기위, 명예대표 한경직]다.[34] 이 단체는 이후 "2000년대 초반까지 선거철마다 주요 교단의 총무들이 집행부를 꾸리는 등 한국교회 내 불법선거 감시활동과 공명선거 캠페인을 주도했는데," 실질적으로 기윤실의 손봉호와 이만열이 핵심적 지도력을 발휘했다.[35] 또한 기윤실은 2000년 "공의로운 정치를 수행할 기독정치인을 육성하자는 취지로" '공의정치포럼'을 창립하여 정치 아카데미 및 세미나를 운영했고, 2003년에는 그 조직을 개편하여 '공의정치실천연대'로 다시 출발했다. 2010년에는 6.2지방선거를 앞두고 "정당과 계파의 한계를 초월해 공의와 인애의 가치를 지방정치에 구현할 인물을 선정해 지원할" 목적으로 '희망정치시민연합'이 창립되었다.[36]

통일문제를 전문적·실천적으로 다루는 단체들도 모습을 드러냈다.

1993년에 출범한 '남북나눔운동' 과 이것을 모태로 2007년 설립된 '한반도평화연구원' 이 대표적이다. 남북나눔운동은 "민족의 화해와 평화통일에 기여하기 위해 설립된 대한민국 최초의 대북지원 민간단체" 로서,[37] "한국 개신교 역사상 복음주의와 에큐메니컬이 연합하여 일궈낸 가장 모범적 사례로 인정받는" 다.[38] 남북나눔운동은 그동안 꾸준하게 대북수해복구를 위한 식량과 복구자재 등을 지원했고, 황해북도 봉산군을 중심으로 한 '농촌시범마을조성사업' 주택, 유치원, 탁아소, 보건위생개선, 식수조림 등을 진행해왔다.[39] 한반도평화연구원은 1993년 남북나눔운동 '연구위원회' 를 모체로 하여, "한반도의 평화와 통일을 위한 연구, 정책제안, 교육" 을 목적으로 조직된 기독교싱크탱크로서,[40] 이만열, 윤영관 등의 주도 하에 지속적인 세미나를 진행하다 2006년 연구원으로 발전했다. 2013년까지 총40회의 '한반도평화포럼' 을 개최하고, 『한반도 분단과 평화 부재의 삶』을 포함한 10권의 총서를 발간했으며, 북핵과 북한이주민정착문제 등에 대한 정책적 대안을 제시해왔다.[41]

뿐만 아니라, 2000년대에 새로운 연합운동들이 출현했다. 먼저, 뉴라이트운동이 빠르게 확산되면서, 이에 대항하여 성서한국운동이 시작되었다. 성서한국의 사무총장을 지낸 구교형 목사에 따르면, "[성서한국은] 소위 복음주의 사회선교 진영이 개별 영역, 개별 단체, 개별 운동가들로 찢겨져 시대적 과제와 공통 목표가 무엇인지도 모른 채 각개전투에만 몰두해 있던 우리 운동에 연합 전선을 만들어 한국사회와 교회를 새롭게 하자는 공유의식으로 2005년에 출범했다." [42] 2005년부터 열린 전국대회에 매년 1천여 명이 참석했고, 2008년부터 전국대회를 격년마다 개최하며 지역대회를 조직하기 시작했다.[43] 둘째, 보수적 교회연합단체 '한국기독교총연합회' 의 해산을 요구하는 여론이 급속히 확산되는 가운데, 2014년 '한국복음주의교회연합' 복교연이 창립되었다. 복교연과 성서한국의 핵심인물들은 상당부분 중첩된다.[44] 복교연 창립선언문에 따르면, 이 연합체의 신학적 정체성은 다음과 같다.

> 복음의 총체성을 믿는 성도와 교회들이 하나님나라의 총체적 복음에 기초한 건강한 교회를 세워가려는 열정과, 그리스도의 성육신적 섬김과 희생을 본받아 한국 교회가 잃어버린 사회적 신뢰를 회복하고자 하는 열정으로 협력하고 연대해야 함을 깊이 깨달아 '한국복음주의교회연합' 을 창립한다.[45]

복교연은 성서한국, 느헤미야, 교회2.0목회자운동, 건강한작은교회연합 등과 협력하면서, 정기포럼, 세미나, 수련회 등을 통해 '하나님나라 복음과 교회' 란 주제를 모색하고 "건강한 목회와 성경적인 교회, 사회적 책임을 다하는 한국기독교를 꿈꾸며 복음주의 정신에 따른 교회운동"을 추구한다.[46]

II. 분석

1. 신학

진보적 복음주의자들에게 이론적 돌파구를 제공했던 것은 로잔언약과 기독교세계관운동을 통해 제시된 '하나님나라' 사상이었다.[47] 이런 서구 복음주의 흐름은 당시 한국의 새로운 복음주의 세력에게 기독교적 사회참여의 이론적 당위성 혹은 정당성을 제공해주고 구체적인 실천방향까지 제시해주었다. 이후, 이들에 대한 소개, 연구, 적용이 진보적 복음주의의 내용과 형식의 중추를 형성했다.

먼저, 하나님나라에 대한 새로운 이해가 중요했다. 전통적으로, 복음주의자들은 묵시적 종말론을 신봉하면서 하나님나라를 영적·내세적으로 이해했다. 이런 종말론은 분리주의, 염세적 역사관, 사회개혁에 대한 부정적 입장을 강화시키면서, 근본주의 탄생에 결정적인 영향을 끼쳤다.[48] 하지만 1970년대부터 개혁주의 성경학자들에 의해 하나님나라에 대한 새로운 이해가 제기되기 시작했다. 조지 래드George E. Ladd, 헤르만 리덜보스Herman Ridderbos, 게하르더스 보스Geerhardus Vos, 안토니 회크마Anthony Hoekema 등이 이런 새로운 흐름을 주도했다. 그들은 "하나님의 나라가 근본적으로 하나님의 주재권이 실현되는 영역"이라고 정의하고, 하나님의 모든 창조세계와 모든 시간 속에서 하나님나라가 실현된다고 주장했다. 이런 새로운 해석은 결국 하나님나라의 역사성을 강조했으며, 복음전파에 대한 새로운 이해로 이어졌다. 개인적 삶 외에, 정치, 경제, 사회, 문화 등 모든 영역에서 하나님나라가 실현되도록 모든 그리스도인들이 온전히 헌신해야 하는 것이다.[49] 이런 신선한 신학이 1970년대 말부터 본격적으로 한국복음주의자들에게 소개되기 시작했다. 게하르더스 보스의 『하나님의 나라』가 1979년 한국개혁주의신행협회를 통해, 그리고 헤르만 리덜보스의 『하나님의 나라』가 1985년 생명의 말씀사를 통해 각각 소개된 것이 대표적인 예다. 한국에선 김홍전, 최낙재, 윤종하 등의 신학자들이 이런 신사상의 확산에 크게 공헌했다.[50]

둘째, 1974년에 발표된 로잔언약이다.[51] 1974년 7월 16일부터 10일간 스위스 로잔에서 '세계복음화국제대회'가 개최되었다. 이 대회에는 150여 국가에서 온 약 2,700여명의 복음주의 지도자들이 모였고, 한국에서도 65명이 참석했다. 이 대회에서 '로잔언약'으로 알려진 복음주의 신앙고백이 총15개 항으로 정리되어 발표되었다. 이 언약의 제5항이 "그리스도인의 사회적 책임"이며, 여기에서 복음전도와 사회참여의 관계를 다음과 같이 천명했다.

사람은 하나님의 형상대로 창조되었기 때문에 인종, 종교, 피부색, 문화, 계급, 성 또는 연령의 구별 없이 모든 사람은 천부적 존엄성을 지니고 있으며, 따라서 누구나 존경받고 섬김을 받아야 하며 착취당해서는 안 된다. 이 사실을 우리는 등한시해왔고, 때로 복음 전도와 사회 참여를 서로 상반된 것으로 여겼던 것을 뉘우친다. 물론 사람과의 화해가 곧 하나님과의 화해는 아니며 또 사회 참여가 곧 복음 전도일 수 없으며 정치적 해방이 곧 구원은 아닐지라도, 우리는 복음전도와 사회 정치적 참여가 우리 그리스도인의 의무의 두 부분임을 확언한다.[52]

이 대회에 참석했던 한국대표 중 서울신대 조종남 교수가 그 내용을 1974년 발표했으나, 학계나 교계에서 별다른 반응을 일으키지 못했다.[53] 당시는 1972년 10월 17일 발표된 유신과 1974년 4월 3일에 의결된 긴급조치 4호 속에서 박정희 정권의 철권통치가 절정에 달했던 시기였다. 일부 진보적 기독교인들이 유신체제에 강력히 저항했지만, 친정부적 성향이 강했던 복음주의 교회 내에서 교회의 사회참여를 천명한 로잔언약을 적극적으로 언급하는 것이 현실적으로 어려웠다. 하지만 1985년에 대학생선교단체 ESF의 이승장 목사가 잡지 『소리』를 통해 로잔언약을 다시 소개했다.[54] 당시에는 전국대학에서 민주화운동의 열기가 고조되고 있었으며, 복음주의자들 안에서도 사회참여에 대한 고민이 깊어가던 시절이었다. 이런 때에 국내에 소개된 로잔언약은 개인전도와 사회참여를 이분법적으로 이해하며 고민하던 뜻있는 복음주의자들에게 신선한 충격과 강력한 자극이 되었다.[55] 이후 로잔정신을 담은 책들이 한국에 홍수처럼 밀려들어왔다. 1985년에 번역된 존 스토트의 『현대사회문제와 기독교적 답변』기독교문서선교회을 필두로, 하비 칸의 『복음전도와 사회참여』엠마오, 톰 사인의 『하나님 나라를 이루는 제자도』두란노, 르네 빠디야의 『통전적 선교』나눔사 등이 꼬리를 물고

복음주의자들의 손에 들려졌다.[56]

셋째, 미국과 화란을 통해 수입된 기독교세계관운동이었다.[57] 화란개혁파의 대표적 지도자인 아브라함 카이퍼Abraham Kuyper, 1837~1920의 영향 속에 탄생한 이 운동은 화란을 넘어 미국까지 확장되었다. 미국에서는 라브리L' abri를 창설했던 프란시스 쉐퍼Francis Schaeffer, 1912~84가 이 운동을 주도하며 큰 반향을 일으켰다. 한편, 그의 사상은 사회의 전 영역을 기독교가 장악해야 한다는 소위 '지배신학' dominionism 혹은 reconstructionsim 의 형성에도 큰 영향을 끼쳤으며, 이 지배신학은 기독교우파의 탄생에 깊이 연루되었다.[58] 하지만 진보적 복음주의 발전에 영향을 미친 것은 카이퍼와 쉐퍼의 책들이었다. 1970년에 쉐퍼의 『이성에서의 도피』가 국내에 처음 소개되었고, 1971년에는 카이퍼의 『칼빈주의』가 번역 · 출판되었다. 1980년대에는 이들의 저서들이 복음주의자들 사이에서 널리 탐독되었으며, 헤르만 도이베르트Herman Dooyeweerd, 1894~1977와 봅 하웃즈바르트Bob Goudzwaard, 1934~ 같은 화란 개혁주의 학자들, 그리고 제임스 사이어James Sire, 1933~2018, 알버트 월터스Albert M. Wolters, 1942~ , 리차드 미들톤J. Richard Middleton, 브라이언 왈쉬Brian J. Walsh, 로버트 웨버Robert E. Weber, 1933~2007, 아더 홈즈Arthur Holmes 같은 영미권 학자들의 저서들이 연속적으로 국내에 소개되었다.[59] 한국에선 개인적으로 손봉호 교수가, 출판사로서는 IVP가 가장 결정적 역할을 담당했으며, 성인경이 이끌었던 '한국라브리'와 김헌수 등이 주도한 '기독교학문연구회 등도 주목할 만한 업적을 남겼다.

넷째, 해방신학과 민중신학 같은 진보신학과 1980년대 대학가를 강타했던 마르크스주의의 영향도 간과할 수 없다. 바야흐로 1960년대에 세계는 해방과 혁명의 시대를 맞이하고 있었다. 과거 제국주의의 희생양이었던 수많은 약소민족들이 정치적 독립을 쟁취했고, 전통사회에서 억눌렸던 다양한 영역의 사회적 약자들특히, 소수인종과 여성이 자신들의 정치적 권리를 주장하기 시작했다. 이 새롭고 거대한 흐름은 남미 가톨릭 사제들에 의해 시작되었다. 라틴아메리카를 괴롭히던 극심한 빈곤에 대해 가톨릭교회가 극도로 무관심한 상황에서 1968년 콜롬비아 메데인^{Medellin}에서 남미주교회의가 소집되었다. 여기에서 페루의 신학자 구스타보 구티에레즈^{Gustavo Gutierrez, 1927~}가 중요한 역할을 감당했다. 『해방신학』^{A Theology of Liberation}을 포함한 여러 책에서, 구티에레즈는 "이론을 적절한 행동으로 이끌어야 한다는 의미에서 '실천' ^{praxis}를 강조했는데,"[60] 그의 『해방신학』은 1977년 성염 신부에 의해 국내에 최초로 번역·소개되었다. 한편, 1970년대에 한국에선 민중신학이 탄생했다. 유신체제 하의 정치적 억압과 경제적 모순 속에서 특히, 전태일의 분신^{1970년, 11월, 13일}을 계기로 상아탑에 갇혀 있던 일부 신학자들^{안병무, 서남동, 김용복, 서광선 등}이 현실을 직시하기 시작했고, 억압받는 민중의 존재와 가치를 신학적으로 재해석하기 시작했다.[61] 이런 해방신학과 민중신학, 마르크스주의는 오랫동안 진보진영의 독점물이었으며, 복음주의는 이런 지적 흐름으로부터 자신들을 철저히 격리시켜왔다. 하지만 1980년대 중반, 소수의 젊은 복음주의 청년들이 이런 흐름들을 선별적으로 수용하기 시작했다. 그 청년들에 의해 기문연이 조직된 것이다. 한국의 진보적 복음주의자들을 연구한 김민아는 이 문제를 다음과 같이 정리했다.

> … 로잔언약이나 기독교세계관운동 등을 낳은 신복음주의의 영향을 받아 사회운동에 뛰어들었으나, 점차 원론적인 복음주의 신학만 가지고는 실질적인 사회변혁을 이루어낼 수 없다는 한계를 절감한 이들도 있었다. 이들 급진적인 사회참여적 복음주의자들은 복음주의 신앙에 입각하여 절대 수용할 수 없었던 마르크스주의와 민중신학 등 좀 더 급진적인 사회변혁 이론들을 긍정적으로 보았는데, 그 대표적인 그룹이 바

로 기문연과 〈대학기독신문〉 활동가들이었다.62

끝으로, 로날드 사이더로 대표되는 미국 복음주의 좌파의 영향도 주목해야 한다.63 이들은 19세기 제2차 대각성운동을 주도했던 찰스 피니의 전통을 20세기에 계승한 사람들로서, 1960년대의 격변기를 통과하며 칼 헨리와 빌리 그레이엄의 주류 복음주의에서 이탈한 그룹이다. 1940년대에 출현한 신복음주의는 분리주의를 고수했던 근본주의와 일정부분 신학적 교집합을 유지하면서 조심스럽게 사회참여를 추구했던 진보적 근본주의자였다. 하지만 50년대 중반부터 70년대까지 미국사회가 흑인민권운동, 베트남전쟁, 여권운동, 히피운동, 이민증가 등의 사회적 혼란에 직면하자, 대부분의 신복음주의자들은 매우 소극적인 태도를 유지하며 위축되었다. 이들의 소극적 태도에 실망한 일군의 베이비부머세대 복음주의자들이 보다 적극적으로 사회개혁에 참여하기 시작했다. 토니 캠폴로는 이렇게 고백했다. "시민권운동과 반전운동을 통해 행동의 맥락에서 나의 반성은 정치와의 관계에서 나의 믿음에 대해 달리 생각하도록 만들었다."64 "비록 가난한 자와 사회적 약자에 대한 관심이 그들의 정치적 이슈를 지배하고 있지만, 그들의 관심은 환경문제, 전쟁, 에이즈, 이민문제까지 확장된다."65 캠폴로 외에, 로날드 사이더, 짐 윌리스, 도날드 데이튼 등이 대표적 인물이며, 젊은 복음주의자, 혹은 복음주의 좌파로 분류된다. 1980년대에 로날드 사이더의 『복음전도 구원 사회정의』와 『기아와 빈곤으로부터의 해방』이 각각 1987년과 1990년에 국내에 소개되었으며, 짐 윌리스를 포함한 다른 이들의 책들은 2000년대에 본격적으로 소개되기 시작했다.66

2. 특징
신학적인 측면에서, 진보적 복음주의는 성경에 대한 근본주의적 시각을 상당부분 극복했다. 전통적으로 한국복음주의는 축자영감설과 성서무오설을 신봉했다.[67] 하지만 진보적 복음주의자들은 근본주의적 성서관에서 한발 더 진보한 입장을 견지했다. 성경의 가치와 입장을 존중하면서도, 성서학의 새로운 발전들을 일방적으로 폐기처분하지 않았던 것이다.[68] 특히, 그들이 꿈꾸는 새로운 사회, 문화, 교회를 형성하기 위해선 기존의 체제와 문화를 배타적으로 옹호했던 전통적 성경해석에 저항해야 했으므로, 이런 흐름은 매우 자연스러웠다. 또한 새로운 신학적 주제로서 하나님나라에 대한 인식의 지평도 확장되었다. 사실, 하나님나라는 오랫동안 *Missio Dei*를 주창했던 에큐메니칼 진영의 독점적 주제였으며, 근본주의적 진영은 묵시적 종말론에 배타적으로 경도되어 왔다. 하지만 에큐메니칼적 해석과는 일정부분 거리를 유지하면서도, 그것의 영향 하에 복음과 교회의 사명에 대해 보다 확장된 인식을 갖게 된 것이다.[69] 결국, 진보적 복음주의는 근본주의 및 자유주의 그룹과 구분되는 종말론, 교회론, 선교론을 구성하게 되었다.

사회-정치의식적 측면에서, 진보적 복음주의자들은 보다 좌파적 성향을 갖게 되었다. 6월 항쟁 이후, 한국사회는 민주주의, 통일운동, 자본주의 등의 문제로 심각한 사회적 갈등을 겪었다. 이런 상황에서 진보적 복음주의자들은 영미 복음주의 및 기독교 세계관 운동의 영향 하에 보다 진보적인 사회-정치의식을 갖게 되었다. 특히, 전통적인 복음주의자들이 친미, 반공, 친자본, 친정부적 성향이 강했던 것에 비해,[70] 새로운 복음주의자들은 보다 좌파적인 성향을 지니게 되었다.[71] 물론, 이 주제에 대해 복음주의 내의 세대차가 분명히 존재한다. 정정훈의 분류를 차용한다면,[72] 1세대 복음주의자들은 보다 민족주의적 성향이 강하며, 계급문제보다 통일문제에 더 많은 관심을 보인다. 반면, 2-3세대의 경우, 민족주의적 색체는 상대적으로 약화되고, 계급문제에 더 방점을 둔다. 또한 1세대는 신학적 보수주의 및 교단적 정체성이 강한 반면, 2-3세대의 경우, 신학적 진보성이 강해졌고 교단적 정체성은 더욱 약해졌다. 이런 세대 간의 변화는 미국 복음주의 좌파 영향이 1세대 보다 2-3세대에 더 강했으니, 기독교세계관 운동의 영향이 이 그룹 내에 보다 깊숙이 확산된 결과로 보인다.[73] 아무튼, 서구 복음주의의 영향으로 진보적 복음주의자들은 복음전도에 대한 전통적 강조와 함께 다양한 사회적 이슈들에 대해서도 폭넓은 관심을 갖게 되었으며, 이에 대한 입장도 주류 복음주의보다 훨씬 더 진보적인 색체를 보이게 되었다.

운동방식 측면에서, 진보적 복음주의는 대단히 지적·엘리트주의적이다. 이것은 이전의 보수적 복음주의와 비교할 때, 그 차이가 보다 명확하게 드러난다. 전통적 복음주의의 사회정치적 표현방식은 소극적 침묵, 친정부적 성명발표, 국가와 민족을 위한 기도회 등 '목회자 중심의 대중동원형식' 이 주를 이루었다.[74] 하지만 새로운 흐름의 복음주의운동은 기본적으로 지성적 목회자, 교수, 전문인, 대학생을 중심으로 전개됨으로써 대단히 지적·엘리트주의적인 특성을 보였다. 기독교학문연구소와 기독학술교육동역회를 중심으로 한 연구단체,『복음과 상황』과 IVP로 대표되는 문서사역, 기독교윤리실천운동과 교회개혁실천연대로 상징되는 시민단체, 청어람과 기독연구원 느헤미야를 포함한 학술교육단체 등에서 이런 특징을 확인할 수 있다. 이 운동이 크게 의존했던 스토트와 사이더, 쉐퍼 등은 모두 일급 지식인이었고, 그들의 영향은 책을 통해 직간접적으로 전달되었기 때문에 이런 특성은 불가피했다. 또한 기존의 주류 복음주의 운동이 주로 교회와 목회자들을 중심으로 전개되었다면, 이제는 목회자, 교수, 캠퍼스 사역자, 학생, 그리고 다양한 전문직 종사자들로 구성원이 다양해 졌다. 활동 영역도 교회의 담장을 넘어, 각종 시민단체, 선교단체, 학술단체 등으로 크게 확대되었다. 이것은 무엇보다 사회의 모든 영역으로 하나님 나라가 확장되어야 한다는 기독교세계관의 영향과, 이 운동의 모판이 서울강남의 대형교회와 수도권 명문대학 출신들이었기 때문에 가능했던 결과로 보인다.

3. 비판

현재 진보적 복음주의는 중요한 전환점을 맞고 있다. 2012년에『복음과 상황』이 "87년형 복음주의여, 안녕" 이란 제목 하에 연중기획으로 이 문제를 다뤘던 것도 같은 문제의식 때문이다. 이제, 진보적 복음주의가 직면한 문제들을 비판적으로 정리해보자.

무엇보다, 진보적 복음주의 진영에서 시대적 · 환경적 변화에 충분히 민감하게 반응하지 못하고 있다. 이제 진보적 복음주의의 역사는 거의 30년에 이른다. 이 복음주의의 결정적 동인은 1987년 6월 항쟁이며, 이에 대한 주요 해법이 존 스토트, 로날드 사이더, 프란시스 쉐퍼였다. 그런데 지난 30여 년간 한국사회는 1997년 IMF를, 2007년 샘물교회와 이랜드 사태를 겪었다. 1997년을 통해 한국사회는 '냉전시대' 에서 '신자유주의시대' 로 전이했고, 2007년을 통해 한국교회는 '기독교' 에서 '개독교' 로 변모했다. 다시 말해, 민주화와 통일운동을 배경으로 출현한 진보적 복음주의는 한국사회와 교회가 두 차례의 근원적 자기변화를 경험하는 동안, 여전히 과거의 이슈와 이념에 고착되어 있다는 느낌을 지울 수 없다. 1987년에 대안으로 읽었던 스토트를 2020년에도 여전히 교과서, 심지어 경전처럼 읽는다는 사실 자체가 진보적 복음주의의 역사적 정체^{停滯}를 단적으로 보여주는 증거다.

둘째, 진보적 복음주의자들이 기독교세계관, 영국 복음주의, 미국 복음주의좌파 등에 주목하는 동안, 이들 국가와 한국 간의 근본적인 차이를 깊이 성찰하지 못하고 있다. 기독교세계관은 화란개혁교회라는 국가교회의 산물이다. 기본적으로, 화란은 사회전체가 통일된 교회^{화란개혁교회}의 영향 하에 건국되었으며, 국민 전체가 기독교에 대한 일정수준의 공통된 인식과 전제를 공유하고 있다. 영국과 미국도 기독교가 주류 종교요, 기독교의 영향 하에 주류문화가 형성된 곳이다. 뿐만 아니라, 민주주의와 자본주의 역사가 길고 이념적 갈등이 극심하지 않은 나라들이다. 하지만 한국은 이들 나라들과 근본적으로 다르다. 한국은 기독교 국가가 아니다. 심지어 한국의 기독교는 주류종교가 아니며, 한국사회와 문화 속에선 기독교의 영향력도 상대적으로 미약하다. 따라서 기독교에 대한 국민들의 이해와 전제는 매우 부실하며, 기독교에 대한 국민들의 정서와 평가도 긍정적이지 않다. 심지어 한국은 일제 식민지와 군부독재 시절을 거쳤고, 한국사회에 대한 미국의 절대적 영향과 남북분단은 여전히 진행 중인 현실이다. 특히, 이념적 갈등은 세계 어느 나라보다 강하며 위험하다. 이런 상황은 영국, 미국, 화란에서 전거를 찾기 힘들고, 스토트, 사이더, 쉐퍼, 카이퍼 등의 글에서 이에 대한 구체적 고민과 현실적 해법을 쉽게 발견할 수 없다. 이런 요소들을 충분히 고려하지 않은 상태에서 서구 복음주의자들의 이론과 지침을 한국사회에 쉽게 적용하려 했기 때문에 기대만큼의 성과를 얻지 못하는 것이다.

셋째, 진보적 복음주의자들은 지나치게 거대담론에 집착함으로써 한국교회의 기본적 현실을 간과하고 있다. 이 새로운 복음주의자들은 서울을 중심으로 활동하며, 고등교육을 받은 엘리트 집단이었다. 심지어 1세대 지도자들은 서울 강남의 초대형교회 목사들과 명문대학의 저명한 교수들, 그리고 다양한 전문직 종사자들이었다. 이들의 일차적 관심사는 사회개혁과 교회개혁이었고, 신학적 화두는 하나님나라였다. 그들은 서구 복음주의의 대표적 지성들의 세련되고 참신한 통찰력에 매료되어 그들의 사상을 소화·유통하는데 몰두했다. 하지만 지난 30여 년간, 한국사회는 경제적 파산을 겪었고 한국교회는 존재론적 위기에 직면했다. 수많은 사람들이 노숙자가 되었으며, 88만원 세대가 등장했고 빈부격차는 극에 달했다. 교회의 성장은 멈추었고, 대형교회의 등장과 함께 수평이동이 가속화되었다. 교회 간의 빈부격차도 극에 달했다. 80% 이상의 교회가 미 자립 상태이며, 대리운전 등 아르바이트 하는 목회자들의 수도 급증하고 있다. 다시 말하면, 한국사회와 교회는 생존자체가 위협 받는 극단적 상황에 몰렸으나, 진보적 복음주의자들의 관심은 이런 현실과 동떨어진 것처럼 보인다. 이들의 관심과 국민·교회의 주된 관심 사이의 간격이 너무 크다. 이런 맥락에서, 그들이 모델과 참조 틀로 삼았던 서구 복음주의의 주된 관심은 이런 한국교회의 현실과 상당한 거리가 있다. 이것이 바로 진보적 복음주의가 전국적·대중적 운동으로 확산되지 못한 근본적 이유 중 하나일 것이다.

끝으로, 진보적 복음주의자들은 초창기에 함께 했던 대형교회들과 결별하고 세대교체에 실패함으로써 물적·인적 토대가 매우 부실해졌다. 이 운동이 초창기에 가시적 성과를 거둘 수 있었던 결정적인 이유는 사랑의교회, 온누리교회, 남서울교회, 두레교회, 할렐루야교회 같은 대형교회들의 재정적·인적 지원과 이만열과 손봉호로 대표되는 학문적·인격적 지도자 그룹, 강경림, 이문식, 박철수, 강영안, 박문재, 김회권 같은 중간지도자 그룹, 그리고 유욱, 박정수, 이승재, 김근주, 구교형, 윤환철 같은 청년활동가 그룹이 유기적으로 공존했기 때문이다. 하지만 그 이후 대부분의 대형교회들이 보수화되거나 지도자가 교체되면서 이 운동에서 이탈했다. 그 결과, 진보적 복음주의 진영은 가장 중요한 재정적·인적 지지기반을 상실했다. 비록, 그 빈자리를 산울교회, 일산은혜교회, 나들목교회, 영동교회 등이 채우고 있지만, 아직까지 한계는 분명하다. 동시에, 지난 30년간 이 진영의 인적 지형도도 거의 변하지 않았다. 1세대 지도자, 중간지도자, 청년활동가가 여전히 그 자리를 지키고 있는 반면, 젊은 세대의 유입은 더디고 미약하다. 그래서 이들이 조직하고 추진한 여러 단체들이 같은 인물들로 채워지고, 세월이 지나도 좀처럼 새로운 얼굴을 찾기 어렵다.[75] 동일한 목표를 향해 변함없이 열정을 유지하는 것은 경이롭지만, 건실한 물적·인적 토대를 확보하지 못하고 적절하게 세대교체를 이루지 못하는 것은 이 진영의 미래에 대한 불길한 징조다.

마무리

이제, 진보적 복음주의의 발전적 미래를 위해, 지금까지의 논의를 토대로 몇 가지 과제를 제안하며 글을 마무리하고자 한다.

먼저, 진보적 복음주의자들은 자신들만의 고유한 신학을 모색해야 한다. 군부독재의 절정기에 민주, 통일, 개혁이란 거대담론의 토론과 투쟁의 장에 뛰어들었을 때, 진보적 복음주의자들에게는 참고할 만한 신학적 지침서가 없었다. 불가피하게, 영국과 미국의 복음주의자들의 글을 통해 자신들이 개척해야 할 길의 윤곽을 더듬을 수밖에 없었다. 그렇게 30여년의 세월이 지났고 현장도 많이 변했다. 영미 복음주의자들에게 배울 만큼 배웠고, 이들 내부의 지적 역량과 노하우도 상당한 수준으로 축적되었다. 동시에, 서구와 이 땅의 역사적·현실적 차이도 충분히 분별할 수 있게 되었다. 이제는 이들만의 경험과 관점이 녹아든 글이 나와야 한다. 존 스토트와 론 사이더, 존 요더와 짐 월리스 같은 학자와 저서들이 한국의 진보적 복음주의자들 안에서 등장할 때가 된 것이다. 이제 영미 복음주의자들에 대한 "절대의존의 감정"을 버리고, 한국형 복음주의를 주체적으로 구성하고 입증하기 위해, 자신들의 글을 써야 한다.

둘째, 진보적 복음주의자들이 눈높이를 낮추고 자신들만의 울타리 밖으로 나와서 시대의 현실적·기초적 문제에 좀 더 관심을 가져야 한다. 자신들만의 독백이나 대중들을 계몽·지도하겠다는 생각을 내려놓고, 대중의 요구와 속도에 적응하려는 노력이 필요하다. 그들의 주장이 틀렸다는 뜻이 아니라, 대중과의 소통에 문제가 있다는 말이다. 이것은 모든 진보운동의 근원적 한계이자 모순이다. 하지만 복음주의는 지성운동이자 대중운동이란 사실을 기억하고, 지평의 확장을 위해 진지한 고민을 시작해야 한다. 한국의 진보적 복음주의의 지성적·엘리트적 특징은 이 운동의 가장 고유한 장점이자, 동시에 가장 치명적인 아킬레스건이다. 이제는 지성운동과 함께, 대중운동으로의 지평확장도 모색할 때다.

셋째, 대중운동으로의 전환은 이 운동이 좀 더 교회에 관심을 집중해야 한다는 뜻이기도 하다. 그 동안 진보적 복음주의는 천민자본주의와 극단적 반공주의에 사로잡힌 한국사회를 향해 예언자적 발언을 멈추지 않았다. 또한 지성인들이 중심이 되어 서울의 대형교회들을 대상으로 개혁운동도 전개해왔다. 그 결과, 한국교회의 대다수를 구성하는 중소형교회들과 지방교회들에게까지 충분한 관심과 애정을 쏟지 못했다. 이 운동이 한국교회 대부분의 관심과 참여를 유도하지 못한 채, 소수의 서울 강남 및 지방 대도시 엘리트 집단의 "분파적운동"으로 머문 것은 바로 이런 이유 때문이다. 따라서 진보적 복음주의는 자신의 관심과 활동의 영역을 과감하게 확대해야 한다. 서울에서 지방으로, 대형교회에서 중소형교회로, 거대담론에서 현실문제로 관심과 운동의 방향을 확대해야 한다.

넷째, 진보적 복음주의는 그동안 주목할 만한 조직들을 구성하고 노하우를 축적해 왔다. 이제, 이들의 질과 규모를 한 단계 더 끌어올리고 이들 간의 긴밀한 네트워크를 형성함으로써 자신들의 역량을 극대화해야 한다. 목회가 힘들어도 일산은혜교회, 서울영동교회, 나들목교회 같은 교회들이 건재하고, 출판시장이 어려워도 IVP, 새물결출판사, 대장간 같은 출판사들이 자신들의 소신을 지키고 있다. 캠퍼스의 선교환경이 암담해도 IVF, SFC, ESF, 새벽이슬 같은 선교단체들이 용감하게 현장을 사수하고 있다.

뿐만 아니라,「복음과 상황」과「뉴스앤조이」같은 언론매체들, 성서한국과 한국복음주의연합 같은 연합단체들, 기윤실과 교회개혁실천연대 같은 비영리단체들, 그리고 기독연구원느헤미야, 기독청년아카데미, 청어람 같은 학술기관이 어려운 환경에도 자신들의 역할을 성실히 감당하고 있다. 비록, 규모와 영향 면에서 여전히 비주류지만, 이들은 결코 무시할 수 없는 자리에서 발군의 실력을 발휘하고 있다. 문제는 이 단체들이 얼마나 효과적으로 자신들의 역량을 극대화하고, 상호간의 연계와 협력을 강화하느냐 하는 것이다. 어느 때보다 지혜와 관용이 필요한 시기다.

현실은 어렵다. 하지만 현실이 쉽고 낙관적이었던 때는 이전에도 없었다. 그렇기 때문에, 그 어느 때보다 진보적 복음주의자들의 담대하고 정직한 행보가 주목 받고 미래가 기대되는 것이다. "좁은 길로 가라," "자기를 부인하고 십자가를 지고 나를 따르라"는 예수의 명령에 단순하게 순종하는 사람들만 "세속도시" 한복판에 "신의 도성"을 세워갈 수 있다. 이것은 성경과 교회사가 전하는 진리이며, 진보적 복음주의자들이 타협 없이 가야 할 십자가의 길이다.

미주

1. 이 글은 "한국의 진보적 복음주의에 대한 역사적 고찰," 「한국교회사학회지」 제41집 (2015): 205–42를 수정한 것이다.
2. 류대영, "1980년대 이후 보수교회 사회참여의 신학적 기반." 「한국기독교와 역사」 제18호 (2003. 2): 37–72. 김민아, "사회참여적 복음주의 운동이 한국 시민운동의 형성에 끼친 영향: 1987년 민주화 전후시기를 중심으로" (서울대학교 대학원 석사학위논문, 2013) 정도가 지금까지 발표된 주목할 만한 연구업적이며, 「복음과 상황」이 2012년에 이 주제를 1년 동안 다양한 각도에서 집중 조명했다.
3. "1987년 9월 복음주의 학생운동의 한 세력이었던 당시의 IVF 간사회는 '오늘을 사는 기독대학생의 신앙고백과 결의'를 선언한다. 이 선언은 일부 선교단체와 신학생들의 사회참여 분위기를 고조시킨다. 결국 IVF 총무 고직한과 기문연의 유옥, 「대학기독신문」의 이종철 등의 주도로 1987년 11월 20일 공정선거감시와 민주정부수립을 위한 '복음주의청년학생협의회'가 발족된다. 이들은 1987년 12월의 대통령 선거 부정투표를 막기 위해 공정선거감시단활동을 전개하는데, 공정선거캠페인에는 복음주의 학생들 2천여 명이 참여했다." 조병호, 「한국기독청년 학생운동100년사 산책」 (서울: 땅에 쓰는 글씨, 2005), 179.
4. 이 주제에 대한 광범위하고 상세한 정보는 강인철, 「한국의 개신교와 반공주의」 (서울: 중심, 2007)을 참조.
5. 류대영, 「한국근현대사와 기독교」 (서울: 푸른역사, 2009), 304.
6. http://www.worldview.or.kr/about/history(2015.1.12 접속).
7. "기독교세계관운동은 정치·경제적 현실 상황에 대한 참여로는 연결되지 않았다. 기독교 세계관운동은 전반적으로 사회·정치적 실천보다는 '사변으로 흐른 경향'이 많았다." 한국기독교역사학회, 「한국기독교의 역사 III」 (서울: 한국기독교역사연구소, 2009), 222.
8. http://landliberty.org/xe/intro1(2015.1.12 접속). 정지영은 이 운동의 역사적 가치에 대해 다음과 같이 평가했다. "그들은 은사주의자들이 자칫 빠질 수 있는 탈역사적인 시각을 극복하고 현실 문제에 적극적인 답을 제시하면서 기독교적 정치, 복음주의 공동체, 제3의 물결운동 같은 새로운 시각을 한국교회에 불어넣었다." 정지영, "'87년형 복음주의운동의 신학을 찾아서," 「복음과 상황」 제260호 (2012년 6월), 37.
9. 김은석, "우리의 우정과 연대의 시효는 아직 다하지 않았다: 김회권 목사가 말하는 87년형 복음주의 태동기." 「복음과 상황」 제256호 (2012년 2월), 71.
10. 김은석, "'87년형 복음주의'의 정치참여—선거를 중심으로," 「복음과 상황」 제258호 (2012년 3월 28일).
11. *Ibid.*
12. 김민아, "사회참여적 복음주의 운동이 한국 시민운동의 형성에 끼친 영향," 82.
13. *Ibid.*,
14. 배덕만, "정교분리의 복잡한 역사: 한국의 보수적 개신교를 중심으로, 1945–2012" (서울대학교 역사연구소 주최 제5차 국제학술대회 발표 논문, 2012), 14–16.
15. "1981년 카이스트교회와 대학원생 양승훈, 조성표, 원동연 등은 세속화된 현대사회에 기독교를 효과적으로 변증하기 위해서는 기독교적 학문을 강의하는 기독교대학의 설립이 필수라고 생각하고 연구모임인 기독교대학설립동역회(기대설)를 조직했다." 정지영, "'87년형 복음주의운동의 신학을 찾아서," 36.
16. http://www.worldview.or.kr/about/history (2015년 1월 20일 접속).
17. 희년운동은 한국 교회와 기독교계에 희년사상을 전파하고 교회가 희년실천주일을 지키도록 돕기 위해 성토모가 모태가 되어 희년의 현대적 실천에 동의하는 교회와 기독단체들이 연합하여

2007년 5월 14일에 만들어진 기독교 연합단체다.

18. 장진호, "80년대 이후 한국 복음주의의 경제관과 실천," 「복음과 상황」 제261호 (2012년 7월), 76-7.

19. 크리스토퍼 라이트, 「현대를 위한 구약윤리」 (서울: IVP, 2006); 「하나님의 선교」 (서울: IVP, 2010), 「성경의 숲을 거닐다」 (서울: 그루터기하우스, 2011), 「하나님 백성의 선교」 (서울: IVP, 2012); 「크리스토퍼 라이트, 성경의 핵심 난제들에 답하다」 (서울: 새물결플러스, 2013) 등.

20. 짐 월리스의 「회심」, 정모세 옮김 (서울: IVP, 2008), 「하나님의 정치」, 정성묵 옮김 (서울: 청림, 2008), 「기독교인이 세상을 바꾸는 7가지 방법」, 배덕만 옮김 (서울: 살림, 2009), 「가치란 무엇인가」(2011), 「부러진 십자가」, 강봉재 옮김 (서울: 아바서원, 2012), 「하나님의 편에 서라」, 박세혁 옮김 (서울: IVP, 2014)가 연속적으로 출판되었으며, 토니 캠폴로의 「친밀하신 하나님 행동하시는 하나님」, 윤종석 옮김 (서울: 복있는사람, 2009), 「레드레터 크리스천」, 배덕만 옮김 (대전: 대장간, 2013), 「예수혁명」, 안종희 옮김 (서울: IVP, 2014) 등이, 브라이언 맥클라렌의 「새로운 그리스도인이 온다」, 김선일 옮김 (서울: IVP, 2008), 「다시 길을 찾다」, 박지은 옮김 (서울: IVP, 2009), 「예수에게서 답을 찾다」, 김선일 옮김 (서울: 포이에마, 2010), 「기독교를 생각한다」, 정성묵 옮김 (서울: 청림, 2011), 「정의 프로젝트」, 김복기 옮김 (대전: 대장간, 2014) 등이 소개되었다. 존 하워드 요더의 대표작인 「예수의 정치학」이 2007년 IVP를 통해 국내에 소개되었고, 「근원적 혁명」을 포함한 요더의 저서들이 대장간출판사에서 '요더 총서' 시리즈로 지금까지 13권이 출판되었다. 쉐인 클레어본의 「믿음은 행동이 증명한다」, 배웅준 옮김, (서울: 규장, 2007), 「대통령 예수」, 정성묵 옮김 (서울: 살림, 2010), 「행동하는 기도」, 이지혜 옮김 (서울: IVP, 2010), 「세상을 바꾸는 리더십, 제자도」, 박종금 · 신광은 공역(서울: 정연, 2010)이, 미로슬라브 볼프의 「배제와 포용」, 박세혁 옮김 (서울: IVP, 2010), 「하나님의 말씀에 사로잡혀」, 홍병룡 옮김 (서울: 국제제자훈련원, 2010), 「삼위일체와 교회」, 황은영 옮김 (서울: 새물결플러스, 2010), 「광장에서 선 기독교」, 김명윤 옮김 (서울: IVP, 2014)가, 그리고 도널드 데이튼의 「다시 보는 복음주의 유산」, 배덕만 옮김 (서울: 요단, 2003)이 각각 국내에 소개되었다.

21. 이만열의 한국교회사 연구로, 「한국기독교와 역사의식」(1993), 「한국기독교문화운동사」, 「한국기독교와 민족의식」, 「한국 기독교와 민족통일운동」(2001) 등이 있고, 손봉호의 저서로는 「나는 누구인가」(1986), 「고통 받는 인간」(1995), 「기독교와 복음」(2001), 「생각을 담아 세상을 보라」(2008) 등이 있다. 이승장은 「새로 쓴 성서한국을 꿈꾼다」(2001), 「다윗, 왕이 된 하나님의 종」(2001), 「하나님의 청년은 시대를 탓하지 않는다」(2004), 「왜 나는 예수를 믿는가」(2013) 등을 썼다.

22. 강영안은 「신을 모르는 시대의 하나님」(2007), 「강영안 교수의 십계명 강의」(2009), 「어떻게 참된 그리스도인이 될 것인가?」(2012)를, 박득훈은 「돈에서 해방된 교회」(2014), 이문식은 「통일을 넘어 평화로」(2007), 「이문식의 문화읽기」(2011)을, 김회권은 「김회권 목사의 청년설교 1, 2, 3」(2009, 2013), 「다니엘서」(2013)을, 백종국은 「바빌론에 사로잡힌 교회」(2003) 등을 출판했다.

23. 권연경, 「네가 읽는 것은 깨닫느뇨?」(2008); 김근주, 「특강 예레미야」(2013); 김형원, 「정치하는 그리스도인」(2012); 김동춘, 「전환기의 한국교회」(2012); 구교형, 「뜻으로 본 통일 한국」(2014); 양희송, 「다시, 프로테스탄트」(2012).

24. 김은석, "우리의 우정과 연대의 시효는 아직 다하지 않았다." 73-4.

25. "「복음과 상황」은 현재까지도 명맥을 이어오고 있는 월간지로, 80년대 이후 등장한 사회참여적 복음주의 운동의 기관지 역할을 하며 운동 담론과 실천 모습, 인문학적 성서해석, 다른 국가의 복음주의 운동, 복음주의 운동에 대한 제언 등 다양한 주제를 총망라하여 소개함으로써 복음주의 운동의 지도자 역할을 담당하고 있다." 김민아, "사회참여적 복음주의 운동이 한국 시민운동의 형성에 끼친 영향." 54.

26. http://www.newsnjoy.or.kr/com/com-1.html (2015년 1월 20일 접속).

27. 정정훈, "한국 복음주의, 혁신 없이 미래도 없다," 「복음과 상황」 제255호 (2012년 1월), 39.

28. http://lordyear.cyworld.com/ (2015. 1. 22 접속).

29. http://daeantheology.cyworld.com/ (2015. 1. 22 접속).

30. 양희송, "복음주의 지성운동의 현실과 과제," 「복음과 상황」 제240호 (2010. 9. 27) (http://www.goscon.co.kr/news/articleView.html?idxno=27538) (2015년 1월 22일 접속).

31. http://ichungeoram.com/intro/history (2015년 1월 22일 접속).

32. 이종연, "복음주의 시민단체 이렇게 일한다," 「복음과 상황」 제257호 (2012. 3), 63.

33. http://www.nics.or.kr/history (2015년 1월 22일 접속).

34. 이 단체는 개신교 21개 교단 목회자와 15개 단체가 연합해 사랑의 교회에서 1991년 1월 21일에 발족했다. 김은석, "'87년형 복음주의의 정치참여-선거를 중심으로." 「복음과 상황」 제258호 (2012. 3. 28) (http://www.goscon.co.kr/news/articleView.html?idxno=28168) (2015. 1. 22 접속).

35. *Ibid.*

36. *Ibid.*

37. http://sharing.net/ (2014. 12. 6 접속).

38. 구교형, "'87년형 복음주의', 그 미래를 네가 만들어라" 「복음과 상황」 제256호 (2012. 2), 81.

39. http://sharing.net/ (2015. 1. 22 접속).

40. http://www.koreapeace.or.kr/ (2015년 1월 22일 접속).

41. *Ibid.*

42. 구교형, "'87년형 복음주의', 그 미래를 네가 만들어라," 81.

43. 성서한국은 2002년 6월에 '제1회 성서한국수련회'를 개최했고, 2003년 9월에 '제1회 성서한국포럼'을, 2005년에 '성서한국전국대회'를 연속적으로 개최했다. 2008년에는 최초로 '성서한국 지역별대회'를 개최하여, 한동대캠퍼스대회, 부산대회, 인천/부천대회가 열렸다. 이후 지역대회는 전주, 대전, 광주 등으로 확장되었다.

44. 복교연의 임원은 다음과 같다. 공동대표: 강경민 목사(상임대표), 김형국 목사, 박득훈 목사, 이문식 목사, 정현구 목사. 이사장: 강경민 목사 외 이사 18명. 총무: 구교형 목사, 감사: 최은상 목사, 지도위원: 김세윤 교수, 박철수 목사, 이만열 교수, 이승장 목사.

45. "한국복음주의교회연합 창립," 「기독신문」 (2014. 5. 12). (http://www.kidok.com/news/articleView.html?idxno=85738) (2015년 1월 22일 접속).

46. cafe.daum.net/evanch2014

47. "1980년대 한국의 정치경제적 상황 속에서 사회참여의 신학적 정당성을 찾고 있던 복음주의자들의 눈을 열어준 신학적 개념 가운데 가장 포괄적이고 파장이 큰 것은 '하나님나라'에 대한 새로운 이해였다." 류대영, 「한국 근현대사와 기독교」 (서울: 푸른역사, 2009), 303.

48. 배덕만, 「한국개신교근본주의」 (대전: 대장간, 2010), 20-5.

49. 류대영, 「한국근현대사와 기독교」, 304-24.

50. 정지영, "'87년형 복음주의운동의 신학을 찾아서," 39.

51 김동춘은 로잔언약과 한국복음주의 교회의 상관관계에 대해 이렇게 표현했다. "1974년에 발의된 로잔언약은 89년대 민주화운동으로 사상적, 신학적 격변기를 살아가던 한국 복음주의 교회와 기독청년세대에게 복음적 신앙의 정체성을 근거로 하면서도 사회-정치적 참여에 대한 실낱같은 구원투수의 역할을 하였다." 김동춘, 「전환기의 한국교회」 (대전: 대장간, 2012), 65-6.

52. 제임스 패커 · 토마스 오덴, 「복음주의 신앙선언」, 정모세 옮김 (서울: IVP, 2014), 262-63.

53. 조종남 교수는 1974년 서울신학대학교의 학술지 「신학과 선교」에 "세계복음화국제대회와 로잔언약"이란 제목의 논문을 게재했고, 1976년에 존 스토트의 *The Lausanne Covenant*를 번역하여 「선교에 대한 복음주의 입장: 로잔언약해설」이란 제목으로 서울신학대학교출판부에서 출판했다. 그리고 1978년 "로잔언약 (The Lausanne Covenant)"이란 제목의 글을 「현대사조」에 게재했다. 따라서 이승장 목사가 「소리」지를 통해 한국에 로잔을 최초로 소개했다는 일반적 인식

은 수정되어야 한다.

54. 박총, "만년 청년 이승장 목사," 「복음과 상황」 제251호 (2011년 9월), 234.
55. 이만열 교수도 로잔언약을 통해 받은 충격에 대해서 다음과 같이 술회했다. "로잔언약을 봤을 때 느낀 충격이랄까, 기쁨은 굉장했다. 그래서 로잔언약에 근거를 두자고 합의했다. 우리는 이 세상의 활동의 정확한 의미를 반영하는, 그래서 결국 복음으로서 상황을 이해하고 그 다음 상황 속에서 복음이 해야 할 일이 무엇이냐에 대해 궁금증을 가진 것이었다." 조병호, 「한국기독청년학생운동100년사 산책」, 174.
56. 정지영, "87년형 복음주의운동의 신학을 찾아서," 34.
57. 기독교세계관에 대해선 송인규, 「새로 쓴 기독교, 세계, 관」 (서울: IVP, 2008)과 신국원, 「니고데모의 안경」 (서울: IVP, 2005)을 참조. 보다 간단한 설명은 김동춘, 「전환기의 한국교회」, 117-65를 참조.
58. 쉐퍼와 지배신학의 관계에 대해선 Bruce Barron, *Heaven on Earth?: The Social & Political Agendas of Dominion Theology* (Grand Rapids, MA.: Zondervan Publishing House, 1992), 71-9을 참조. 또한 지배신학과 신사도주의개혁운동의 관계에 대해선 배덕만, "신사도개혁운동, 너는 누구니?" 「성결교회와 신학」 제29호 (2013년 봄): 90-114 참조.
59. 밥 하웃즈바르트, 「자본주의와 진보사상」 (서울: IVP, 1989), 제임스 사이어, 「기독교 세계관과 현대사상」 (서울: IVP, 1986), 알버트 월터즈, 「창조, 타락, 구속」 (서울: IVP, 1992), 브라이언 왈쉬와 리처드 미들턴, 「그리스도인의 비전」 (서울: IVP, 1987), 로버트 웨버, 「기독교 문화관」 (서울: 엠마오, 1984), 아더 홈즈, 「기독교 세계관」 (서울: 엠마오, 1985).
60. 디아메이드 맥클로흐, 「3천년 기독교 역사 III」, 윤영훈 옮김 (서울: 기독교문서선교회, 2013), 399.
61. "군사정권에 용감하게 대항하여 "시대의 예언자"로 불린 함석헌의 씨알사상, 한국사학계의 진보 진영에서 대두한 민중사관, 김지하의 담시 "장일담"으로 대변되는 민중문학, 그리고 대학가의 탈춤으로 대변되는 민중예술 등이 민중신학의 사상적 자양분 역할을 하였다. 이러한 사회적 사상적 배경 하에 안병무와 서남동을 비롯하여 현영학 김용복 서광선 등 진보적 신학자들이 민중신학을 태동시켰다." 한국기독교역사학회, 「한국기독교의 역사 III」, 205.
62. 김민아, "사회참여적 복음주의운동이 한국시민운동의 형성에 끼친 영향," 52-3.
63. 로널드 사이더에 대한 분석은 김동춘, 「전환기의 한국교회」, 83-103 참조.
64. 토니 캠폴로, 「레드레터 크리스천」, 244.
65. 제임스 데이비슨 헌터, 「기독교는 어떻게 세상을 변화시키는가」, 배덕만 옮김 (서울: 새물결플러스, 2014), 213.
66. 도널드 데이튼, 「다시 보는 복음주의 유산」, 배덕만 옮김 (서울: 요단, 2003), 토니 캠폴로, 「레드레터 크리스천」, 배덕만 옮김 (대전: 대장간, 2013), 짐 월리스, 「회심」, 정모세 옮김 (서울: IVP, 2008).
67. 배덕만, 「한국 개신교 근본주의」 (대전: 대장간, 2010), 48-57.
68. "성서비평학을 터부시하는 한국복음주의 구약학의 태도는 지난 백 년 동안 거의 변한 것이 없다. 성서비평학도 당연히 이론적 약점이 있고 바람직하지 못한 결과를 야기하기도 한다. 그러나 복음주의 성서학은 마크 놀(Mark Noll)이 말한 신앙하는 비평(believing criticism)의 가능성을 긍정적으로 모색해야 한다. 실제로 소장파 복음주의 성서학자들 중 비평적 방법론을 적절히 수용하고 사용하는 분들을 볼 수 있다. 이것은 역사적 특수성을 포함한 성경의 특징을 대중이 잘 이해할 수 있도록 돕는 데 필요한 작업이기도 하다." 전성민, "한국복음주의는 성경을 다시 읽어야 한다." 「복음과 상황」 제260호 (2012년 6월), 64,
69. 이런 새로운 현상은 크리스토퍼 라이트의 「하나님의 선교」 (서울: IVP, 2010)과 「하나님의 백성의 선교」 (서울: IVP, 2012)이 이론적 토대를 제공했고, 지성근 목사가 이끄는 IVF 부설, '일상생활사역연구소'는 "구체적인 삶의 현장 속에서 주되심을 인정하며 예배하는 선교적인 삶(missional life)을 살 수 있도록 다양한 훈련을 연구 발굴 제공"는 것을 사역의 핵심으로 삼으

면서 구체적으로 실천하고 있다.

70. 류대영, 『한국 근현대사와 기독교』, 363-79 참조.

71. "박득훈, 이문식, 김회권 목사 등은 일정한 입장 차이가 있지만, 성경의 정신이 그 근본에서 자본주의와는 다른 경제 질서와 사회체제를 지지한다는 데 동의하고 있었다. 다만 자본주의에서 탈자본주의 사회로 가기 위한 중간 경로도 고민해야 하고, 그런 맥락에서 현재 한국 사회에서 복지국가에 대한 요구가 커지고, 사회민주주의를 대안으로 고려하는 분위기가 형성되는 것은 매우 반가운 일이라고 이들은 평가하고 있다. 그리고 이러한 사회민주주의적 지향이 87년형 복음주의를 넘어서는 새로운 복음주의운동의 중요한 사회경제적, 그리고 정치적 지향이 되어야 하지 않는가라는 고민을 하고 있었다." 정정훈, "복음주의자의 진보 정당 지지, Why Not?," 『복음과 상황』 제256호 (2012년 2월), 38.

72. 정정훈, "한국복음주의, 혁신없이 미래는 없다," 『복음과 상황』 제255호 (2012년 1월), 34-8 참조. 이 글에서 정정훈은 87년형 복음주의를 1, 2, 3세대로 구분하고, 1세대는 "87년형 복음주의운동의 기초 패러다임을 마련한 이들로서" 손봉호, 이만열, 김진홍, 홍정길 등이 대표적인 인물이며, 2세대는 "87년형 복음주의운동의 초창기부터 90년대 후반에서 2000년대 초반에 이르는 시간 동안 복음주의 운동단체들의 실무 책임자급 역할을 하였던 이들"로서, 김회권, 김호열, 고직한, 한철호, 박철수, 강경민, 이문식 등이 핵심인물이었다. 끝으로 3세대는 "80년대 변혁적 학생운동의 영향권 아래에서 대학생활을 하며 사회참여와 교회 갱신을 고민했고, 자신의 삶을 하나님나라운동을 위해 헌신해야 한다는 생각을 한 세대"였고, 황병구, 양희송, 윤환철, 양세진, 구교형, 이강일, 최은상 등이 주요 인물로 꼽힌다.

73. 배덕만, "우리식 복음주의를 꿈꾸며," 『복음과 상황』 제256호 (2012년 2월), 64.

74. 배덕만, "정교분리의 복잡한 역사: 한국의 보수적 개신교를 중심으로, 1945-2012" (2012년 11월 8-9일 동안 "종교, 권력, 그리고 사회갈등"이란 주제로 열린 제5차 서울대학교역사연구소 국제학술대회에서 발표된 미출판논문) 참조.

75. "이 당시 후배 세대가 조직적으로 길러지지 못했기 때문에, 지금도 우리 운동판에서 마땅히 왕성한 허리 역할을 해야 할 30대, 90년대 학번을 찾아보기 힘들다." 구교형, "87년형 복음주의, 그 미래를 네가 만들라," 81.

제12장 [1]
정교분리: 1945-2013

일반적으로, 보수적 개신교인들은 헌법에 명시된 정교분리의 원칙을 존중하여 정치참여를 자제해 온 것으로 평가되어 왔다. 특히, 군부통치시절, 그들은 이런 명분하에 진보진영의 반정부운동을 비판했고, 자신들의 교회 내에서 학생들의 정치활동을 억제했다.[2] 하지만 역사적 사실은 일반적 통념보다 훨씬 더 복잡하다. 그들이 주장했던 정교분리의 원칙은 시대와 상황에 따라 매우 상반된 의미를 가졌으며, 그 원칙에 근거한 행동도 시대와 상황에 따라 지속적으로 변했기 때문이다. 따라서 정교분리를 통한 개신교 보수진영과 국가의 관계를 획일적으로 규정하는 것은 가능하지도, 심지어 바람직하지도 않다. 현재, 한국의 개신교 보수진영이 직면한 다양한 갈등과 혼란의 배후에는 이 문제에 대한 해석과 실천의 불일치가 어느 정도 기여하고 있음에 틀림없다.

그동안 이 주제에 대해 다양한 영역의 학자들이 학문적 관심을 보여 왔고, 그들에 의해 성취된 학문적 성과도 대단하다. 법학자들은 정교분리의 헌법적 의미와 적용의 역사를 지속적으로 탐색해 왔고,[3] 사회학자들은 한국사회의 변동과 정교분리의 상관관계를 다각도로 연구했다.[4] 교회사가들은 정교분리의 역사적 전개과정과 함께 신학적 배경에 주목했으며,[5] 종교학자들은 정교분리를 보다 포괄적인 차원에서 고찰했다.[6] 기독교 내에서도 진보진영은 이 문제에 비판적으로 접근한 반면,[7] 보수진영은 변증적 입장에서 연구했다.[8] 한편, 이 주제를 국가의 역할에 주목하여 연구한 학자들이 있는가 하면,[9] 교회의 활동을 집중적으로 다룬 연구들도 있다.[10] 하지만 해방이후 현재까지 정교분리에 대한 보수교회의 태도변화를 연구목적으로 진행된 연구는 거의 없다.

이제, 해방 이후 개신교 보수진영이 자신과 국가의 관계를 설정하는데 정교분리를 어떤 식으로 이해하고 활용했는지, 역으로 그들과 국가의 복잡한 관계가 정교분리에 대한 그들의 이해에 어떤 영향을 끼쳤는지 역사적으로 살펴보고자 한다. 이를 위해, 먼저 정교분리에 대한 개념적 이해를 위해, 미국과 한국에서 전개된 정교분리의 법적 발전과정을 간략히 살펴볼 것이다. 이어서 해방이후 현재까지를 세 시기로 구분하여 각 시기마다 정교분리가 어떤 의미와 방식으로 이해되고 적용되었는지를 살펴볼 것이다. 끝으로, 이런 내용들을 간략히 요약·정리하고 개신교 보수진영의 내일을 위해 몇 가지 제안을 덧붙이고자 한다. 이를 통해, 한국교회 내에서 다양하게 사용된 '정교분리'란 개념의 복잡한 역사를 보다 명료하게 정리하고 이와 관련된 학문적·현실적 문제들을 인지하며, 보다 나은 미래를 위해 보수적 개신교의 정직한 반성과 실천이 이어지길 기대한다.

I. 헌법과 정교분리

1. 미국과 정교분리

기독교와 깊은 관계를 맺어 온 서양은 근대사회에 진입한 이후 각자의 고유한 경험을 토대로 국가와 종교의 관계를 법적·현실적으로 재구성했다. 영국과 스페인 같이 국교제도를 유지하며 종교적 관용책을 통해 종교의 자유를 보장하는 국가들이 있고, 독일과 이탈리아처럼 국교를 인정하지 않으면서 종교를 공법인으로 대우하는 국가들도 존재한다. 동시에, 미국과 프랑스 같은 국가들은 교회와 국가의 완전한 분리를 헌법으로 규정하고 있다. 하지만 미국과 프랑스의 경우, 정교분리의 내용에 중요한 차이가 있다. 미국의 경우, 종교로부터 국가를 분리시키는데 일차적 목적이 있다. 반면, 프랑스의 경우엔 국가로부터 종교를 분리시키려는 의도가 강하기 때문이다.[11] 대다수의 사회주의 국가들도 프랑스와 비슷한 이유에서 정교분리를 법으로 규정하고 있다.[12]

이런 다양한 형태의 국가와 종교의 관계 중 한국에 가장 큰 영향을 끼친 모델은 미국의 경우다. 미국은 1776년 독립을 선언하고 1789년 연방헌법을 제정했다. 이때, 제6조 제3항에 "합중국의 어떠한 관직 또는 신탁에 의한 공직에 있어서도 그 자격과 관련하여 종교상의 심사를 할 수 없다"고 규정했다.[13] 2년이 지난 1791년에 총 10조로 구성된 권리장전을 마련하여 연방헌법을 수정했다. 이 수정헌법 제1조에서 "미국 의회는 종교를 국교로 정하거나 자유로운 신앙행위를 금지하거나 언론 또는 출판의 자유를 제한하거나 인민이 평화롭게 집회할 수 있는 권리와 불만사항의 시정을 위해 정부에게 진정하는 권리를 제한하는 것에 관하여 법률을 제정해서는 안 된다"[14]라고 규정함으로써, 정교분리를 헌법으로 확정한 세계 최초의 국가가 되었다.

하지만 이 조항에 대한 해석은 용이하지 않았다. 이 조항에 대한 법적 해석을 둘러싸고 수많은 논쟁이 벌어졌고 이전의 판결을 뒤집는 새로운 판결들이 계속 이어졌으며, 무엇보다 오랫동안 이 연방헌법이 주정부들에 의해 수용되지 않았기 때문이다. 이 조항이 주정부에 최초로 적용된 것은 1947년 Everson v. Board of Education 사례에서 수정헌법 제14조를 통해 이루어졌다.[15] 이후로 정교분리에 대한 법적·신학적 논쟁은 더욱 치열하고 복잡하게 진행되었다.[16] 지규철은 수정헌법 제1조의 의미와 다양한 해석들을 다음과 같이 정리하고 있다.

미국헌법 수정 제1조에는 정교분리의 원칙, 즉 국교금지조항이 규정되어 있다. 이것은 정부나 법원이 교회재산과 종교내부의 종파분쟁에 간섭하여서는 안되고, 종교의 자유를 보장하여야 한다는 것을 말한다. 동시에 국가의 종교적 중립성을 확보하고 교회와 국가의 모든 형태의 결합을 금지하는 것이다. 국가가 재정적 원조를 하거나 종교활동에 호의적으로 관여하는 것은 허용되지 않으며, 미연방판례에 의하면 ①법령이 비종교적 목적을 가지고 ②법령의 제1차적 효과가 종교를 금지 또는 촉진해서는 안 되며, ③국가와 종교의 과도한 대립을 초래해서는 안 된다고 한다.

국가와 종교의 '분리'라는 개념에 대하여는 ⁱ비유에 지나지 않는 비헌법적 개념이라는 견해, ⁱⁱ완전한 분리는 절대적인 의미로는 불가능하다는 견해, ⁱⁱⁱ분리는 관계의 존재를 나타내는 말로 관계가 없다는 것을 나타내는 것이 아니다라는 등 여러 견해가 있다. 정부의 종교적 '중립'이란 개념도 종파種教 사이의 중립이냐, 종교·비종교 사이의 중립이냐가 문제되고, 모든 종교種教에 대한 공평한 지원의 금지뿐만 아니라, 특정 종교의 우대나 냉대를 모두 금지한다는 주장이 있다.[17]

이처럼, 정교분리에 대한 다양한 입장들을 강휘원은 분리의 정도에 따라, ①엄격 분리설 ②수용설 ③중립설로 분류했다. 엄격 분리설은 "정부와 종교는 최대한으로 분리되어야 한다고 주장한다. 즉, 정부는 가능한 한 세속적이고, 종교는 완전히 사적인 사회 영역에 머물러야 한다"는 것이다. 수용설은 "사회에서의 종교의 중요성을 인정하고 정부도 이를 수용할 것을 주장"한다. 끝으로 중립설은 "정부가 종교에 대해 중립적이어야 하므로, 정부는 세속 기관에 비해 종교 기관을, 또는 특정 종교를 다른 종교에 비해 더 편애해서는 안 된다"고 주장하는데, 이 이론은 "역사적 근거에 의한 것이 아니라, 엄격 분리설이 미국 역사의 종교적 전통과 관행을 무시할 수 있는 문제를 내포하고 있고, 수용설이 종교적 소수파나 비종교인을 무시하는 프로그램을 지지할 수 있는 문제가 있으므로 이를 극복하기 위해 제안되었다."[18] 결국, 연방 수정헌법 제1조에 대한 다양한 해석이 존재한다. 정교분리가 절대적인 것이 아니라 상대적이며 시대와 상황에 따라 법적 판결도 달라졌다. 그 결과, 미국에서도 이 문제로 인한 갈등과 논쟁이 끊이지 않고 있다.

2. 한국과 정교분리

오랫동안 불교와 유교가 국교로 기능했던 한국사회에서 정교분리는 생각할 수 없는 사상이었다. 이런 상황에서 정교분리사상은 기독교의 전래를 통해 이 땅에 소개되었다.[19] 이에 대한 최초의 기록은 병인박해[1866]와 병인양요로 갈등관계에 있던 조선과 프랑스 사이에 체결된 '조불수호통상조약' [1886]년이다. 이 조약에 "한불양국이 상대국에서 '교회'敎誨할 수 있다고 규정함으로써, 한국에 처음으로 선교의 자유가 보장" 된 것이다.[20] 1888년에 이르면 한국인에 의해 종교의 자유를 보장해야 한다는 주장이 제기되기 시작했다. 박영효는 국왕에게 올린 상소문에서 "종교란 국민이 자유로이 신봉하도록 맡겨 두어야 하는 것이며, 정부가 간섭하는 것은 불가합니다. 자고로부터 종교의 쟁론이 있으면 인심이 동요하고 나라를 망하고 목숨을 다치는 일이 수를 헤아릴 수 없으니 명심할 일입니다"라고 정교분리를 권유했던 것이다.[21]

20세기의 시작과 함께, 조선에서는 미국을 중심으로 한 개신교 선교가 본격적으로 진행되었고 일제의 침략과 수탈도 제도화되기 시작했다. 동시에, 선교사와 일제에 의해 정교분리사상이 한국사회에 전달·확산되기 시작했다. 1901년 9월, 선교사들의 주도 하에 '조선예수교장로교공의회' 에서 결의한 '교회와 정부 사이에 교제할 몇 가지 조건'은 향후 정교분리에 대한 한국교회의 의식과 행동에 결정적 영향을 끼치게 되었다.[22] 한편, 을사늑약1905체결 후 초대통감으로 부임한 이토 히로부미는 선교사들과 만난 자리에서 한국의 정치적 교화는 자기가 맡을 테니 한국의 정신적 교화는 선교사들에게 위임한다고 발언했다. 이것은 종교의 자유를 보장하려는 목적보다 교회의 정치참여를 배제하려는 정치적 의도가 숨겨진 발언이었다.[23]

하지만 근대적 의미의 정교분리가 헌법에 명시되기 시작한 것은 1919년 4월 11일로, 상해에서 발표된 대한민국 임시정부의 '임시헌장' 제4조였다. "대한민국의 인민은 신교, 언론, 저작, 출판, 결사, 집회, 신서, 주소, 이전 신체 급 소유의 자유를 향유함"이란 조항 속에 종교의 자유신교의 자유가 다른 자유들과 함께 포함된 것이다. 이런 헌법적 표현은 1948년 7월 17일에 선포된 제헌헌법 제12조에서 보다 온전한 형태를 갖추게 되었다. "모든 인민은 신앙과 양심의 자유를 갖는다. 국교는 존재하지 않으며 종교는 정치로부터 분리된다."[24] 이로써, 대한민국도 미국 수정헌법 제1조와 매우 유사한 형태의 헌법조항을 갖추게 되었다. 이 제헌헌법의 이론적 초석을 놓은 유진오 박사는 이 조항의 의미에 대해 다음과 같이 해설했다.

신앙의 자유는 종교적 행위의 자유와 종교적 결사의 자유를 포함하고 있으며, 단 특정의 종교에 대한 신앙 또는 불신앙을 외부에 표명하는 자유와 신앙여하 또는 불신앙에 의하여 법률상의 불이익을 받지 않는 권리를 포함하고 있다. 신앙 또는 불신앙을 공무에 취임하는 요건으로 하며 또 취학 의무를 인정한 학교에서 종교적 교육을 실시하는 것 같은 것은 본조에 위반하는 것이다. 이곳에 주의를 요하는 것은 본조의 신앙의 자유는 양심의 자유와 함께 법률로써 하더라도 제한할 수 없는 절대적 자유로 되어 있는데-이것은 다른 자유가 제14조의 학문의 자유를 제외하고는 대개 법률로 제한할 수 있는 것으로 되어 있는 것과 상이한 점이다-그것은 결코 미신의 자유를 인정한 것이 아니며, 또 종교를 빙자하여 행하는 범죄행위를 방임한다는 것은 아니다.… 종교와 정치의 분리 문제는 현재에 있어서는 그다지 중요성이 없는 것 같으나 역사상으로 볼 때에는 구미각지에서 종교와 정치의 관계가 너무 밀착하여 여러 가지 폐해를 야기하고 때로는 유혈의 참극을 일으킨 적도 없지 않았으며 우리나라에 있어서도 고려 시대에 불교가, 이조 시대에 유교가 국교와 같은 대우를 받았으므로 금후 그와 같은 폐해를 방지하기 위하여 주의적으로 본조에서 국교는 장래 두지 아니하며 종교는 정치로부터 분리하는 것을 명시한 것이다.[25]

이처럼, 제헌헌법에서 정교분리를 성문화하면서 종교자유를 미신과 범죄인 경우를 제외하고 법으로도 제한할 수 없는 절대적 자유로 규정했다. 국가와 종교가 부적절한 관계를 맺지 못하도록 양자의 절대적 분리를 천명한 것이다. 하지만 4 · 19혁명 직후에 있었던 제3차 헌법개정 1960년 6월. 15일에서 중요한 변화가 발생했다. 즉, 종교자유와 국교금지를 핵심으로 하는 정교분리 조항은 그대로 유지되었으나, 제28조에 중요한 단서조항을 삽입함으로써 정교분리가 상대적으로 해석될 여지를 남긴 것이다. 제28조는 다음과 같다.

국민의 모든 자유와 권리는 헌법에 열거되지 아니한 이유로서 경시되지 아니한다. 국민의 모든 자유와 권리는 질서유지와 공공복리를 위하여 필요한 경우에 한하여 법률로서 제한할 수 있다. 단 그 제한은 자유와 권리의 본질적인 내용을 훼손하여서는 아니되며, 언론·출판에 대한 허가를 규정할 수 없다.26

2012년 현재, 대한민국 헌법 제20조는 "①모든 국민은 종교의 자유를 가진다. ②국교는 인정하지 아니하며, 종교와 정치는 분리한다"라고 규정되어 있고, 헌법 제37조 제2항은 "국민의 모든 자유와 권리는 국가안정보장·질서유지 또는 공공복리를 위하여 필요한 경우에 한하여 법률로써 제한할 수 있으며, 제한하는 경우에도 자유와 권리의 본질적 내용을 침해할 수 없다"라는 단서조항을 삽입함으로써 정교분리가 상대적 개념임을 명시하고 있다.27

현재, 이런 헌법조항에 대한 개신교인들의 이해는 다양하다. 정교분리를 교회의 정치참여금지로 이해하는 사람들,28 국가의 종교 간섭을 배제하는 것으로 주장하는 사람들,29 혹은 양자 간의 월권행위금지로 해석하는 사람들30이 공존하고 있기 때문이다. 이처럼, 정교분리에 대한 이해의 편차는 해방 이후 현재까지 한국사회에서 정교분리가 정교유착 혹은 정교갈등의 명분으로 사용되어 왔던 혼란스런 역사의 부정적 흔적이다.

II. 보수적 개신교와 정교분리

1. 1945-1960

(1) 분단·군정과 개신교
해방은 한국사회의 총체적 변혁을 초래했다. 분단과 군정을 통해, 한국은 냉전체제에 편입되었다. 북에선 소련의 점령과 김일성 정권의 형성과정에서 교회와 국가 간의 이념적·경제적 갈등관계가 형성되었다. 결국, 해방공간에서 상당수의 기독교인들이 월남함으로써 북한교회는 급격히 붕괴되고, 남한에선 기독교인들의 수가 급증했다. 동시에, 냉전체제 속에 실시된 미군정의 강력한 반공정책과 기독교우호정책을 통해 교회와 정부 간의 밀월관계가 형성되었고, 반공이 핵심적 정치이념으로 부상했다. 당시에 한국교회는 교파 간에 심지어 동일교파 내에도 신학적 갈등과 차이가 존재했지만, 반공과 친미라는 측면에선 일관되게 공통된 입장을 견지했다. 이런 상황에서 교회지도자들은 신자들의 적극적 정치참여를 독려했고, 수많은 개신교인들이 다양한 방식으로 군정에 참여했다. 개신교는 군정으로부터 특혜적 지원을 받았으면서 사회적 위상과 영향력이 빠르게 상승했다. 당시에, 개신교인의 수는 전체 인구 중 3%에 불과했지만, 개신교의 현실적 영향력은 막강했다.[31]

먼저, 남한 개신교를 장악한 북한출신 목회자들은 해방공간에서 개신교인들의 적극적인 정치참여를 촉구했다. 북한교회는 해방 직후 신속하게 기독교정당을 창당함으로써 적극적으로 정치참여를 시도한 경험이 있었다.[32] 비록, 그런 시도들이 공산정권과의 갈등 속에서 실패했지만, 미군정의 친기독교적 환경 속에서 자신들의 정치적 의지를 구현할 기회를 포착한 것이다. 이런 입장은 당시 북한출신 신자들로 구성된 베다니교회[현 영락교회]의 한경직 목사를 통해 확인할 수 있다. 1946년에 행한 "기독교와 정치"라는 제목의 설교에서, 한경직 목사는 기독교인들의 적극적인 정치참여를 역설했다.

오늘의 기독교인은 잠잠합니다. 최선의 정치 이념이 우리에게 있음에도 불구하고 왜 이다지도 퇴영적입니까? 좀 더 주도성을 가집시다. 십자가를 지고서 노동운동도 좋고, 정치운동도 좋습니다. 전후에 있어서 각

국에는 기독교 민주당이 일어나 주도성을 가지고 활발히 움직이는 것을 보세요. 일어나 일하세요.[33]

남한 개신교인들은 군정의 핵심적 지위들을 장악함으로써 군정기간 동안 막대한 영향력을 행사했다. 군정과 개신교의 밀월관계는 미군정의 다양한 역할수행참모, 고문, 통역, 군목 등을 위해 내한한 선교사들에 의해 시작되었다.[34] 예를 들어, 하지 장군의 보좌관 및 통역관으로 입국한 조지 윌리엄스 George Z. Williams, 1907~94는 공주지역에서 활동했던 프랭크 윌리엄스Frank E. C. Williams, 1883~1932의 아들로서 미군정의 인사문제에 깊이 개입했다. 그들은 반공사상과 영어실력을 갖춘 보수적 개신교인들을 적극적으로 추천하여 그들이 군정의 요직에 진출할 수 있도록 도왔다. 구체적으로, 1945년 9월 미군정의 자문기구로 구성된 조선교육위원회의 위원 12명 중 7명이 개신교인이었고,[35] 1945년 12월 미군정에 참여했던 한국인 국장 9명 중 확인된 개신교인들의 수만 6명이다.[36] 이것은 당시 개신교 인구가 3%였다는 상황을 고려할 때 개신교의 정치적 참여와 영향력이 얼마나 거대했는지를 단적으로 보여준다.

개신교와 군정 간의 정치적 친화성은 개신교에 대한 군정의 종교적 특혜로 귀결되었다. 이 부분에서 가장 주목할 것은 적산처리 과정에서 개신교가 누린 막대한 혜택이다.[37] 신사와 천리교 건물들이 개신교 예배당으로 불하되었는데, 천주교와 불교에 비해 개신교가 압도적으로 큰 혜택을 누렸다. 당시, 서울지역 적산처리 최고 책임자가 평양 장로회신학교 교수와 한국기독교연합회 총무를 역임한 남궁혁 목사였다는 사실에서 우리는 그런 혜택의 배경과 의미를 확인할 수 있다.[38] 뿐만 아니라, 불교와 유교가 군정 당국과 이념적 갈등으로 법적 차별과 경제적 손실을 경험하는 동안, 개신교는 다양한 선교영역에서 군정의 특별한 지원을 받았다. 허명섭의 다음 글은 당시 상황을 단적으로 보여준다.

> 이상의 것을 통해 미군정은 좌익성향의 종교단체에 대해서는 법적 장치
> 를 통해 규제하려고 했음을 알 수 있다. 따라서 유교나 불교에 대한 통제
> 가 종교적인 차원이 아니라 이념적인 차원에서 행해졌다고 할 것이다.
> 이는 공산주의의 팽창억제와 자유민주주의 체제의 수립이라는 정책수
> 행의 과정에서 비롯된 결과로 여겨진다. 이런한 맥락에서 미군정은 기
> 독교에 대해 대체로 우호적이었다. 그 결과, 한국교회는 미군정 하에서
> 방송선교, 형목제도 실시, 주일총선거일 변경, 주일의 공휴일 지정 등과
> 같은 혜택을 누릴 수 있었다.[39]

(2) 건국 · 한국전쟁과 개신교

해방과 군정을 통해 형성된 반공과 친미 이데올로기는 교회와 군정의
밀월관계를 형성 · 강화시켰다. 이런 상황에서 개신교는 양적 · 정치적으
로 성장했고, 한국사회의 중심부로 진출했다. 개신교는 국가를 지탱하는
중요한 이념적 · 제도적 후원세력으로 자리매김했으며, 정부는 개신교의
든든한 정치적 배경이 되었다. 이런 교회와 국가의 우호적 관계는 건국과
한국전쟁을 통과하면서 더욱 견고해졌다. 감리교 장로였던 이승만과 개신
교는 이념적 · 종교적 동질성을 유지했다. 특히, 한국전쟁이란 절체절명의
위기를 함께 통과하면서 그 동질성은 운명적 차원으로 격상되었다. 하지만
전쟁 후, 천도교의 영향으로 이승만 정권의 종교정책과 교회 간의 불협화
음이 부분적으로 발생하기 시작했고, 자유당 정권의 실정 속에 양자 간의
견고했던 유착관계가 흔들리기 시작했다.

무엇보다, 이승만은 대한민국에 기독교적 정체성을 주입하기 위해 노
력했고, 이것은 이승만 정부와 개신교 간의 유착관계를 강화시켰다. 독실

한 기독교 신자인 이승만은 한국을 기독교국가로 만들고 싶었다.[40] 제헌국회에서 임시의장 이승만은 식순과 상관없이 이윤영 목사에게 기도를 부탁했다. "이 사건은 한국교회와 제1공화국 간의 우호적인 유대관계를 예고하는 하나의 청신호였다."[41] 이후, 이승만은 개신교의 요구에 따라, 1948년에 국기배례를 주목례로 바꾸었고 1949년에는 성탄절을 공휴일로 정했다. 그리고 1951년에 군종제도를, 1954년에는 경목제도를 도입함으로써, 개신교의 전도활동 및 교세확장에 큰 도움을 주었다.[42] 무엇보다, 전쟁 복구기간 동안, 미국원조물자배분을 개신교가 거의 독점함으로써 교회의 사회적 위상과 영향력이 크게 고조되었다. 이처럼, 이승만은 다양한 방식으로 개신교의 성장에 도움을 주었고, 이에 대해 개신교는 이승만을 향해 무한한 애정과 적극적 지원을 아끼지 않았다. 그것은 이승만의 선거운동에서 개신교 진영이 맹목적 지지를 선언하고 적극적으로 선거운동에 참여한 것으로 구체화되었다. 1952년 제2대 대통령 선거 때에는 한국교회 내에 이승만·함태영 후보를 위한 '한국기독교선거대책위'가 조직되어 활동했고, 1954년 민의원선거와 1960년 정부통령선거[3·15부정선거]에서도 친정부적 선거운동을 노골적으로 전개했다.[43] 결국, 4.19혁명으로 이승만 정권이 붕괴될 때까지, 양자 간의 유착관계는 지속되었다.[44]

제1공화국 치하에서 교회와 국가의 관계는 한국전쟁을 함께 겪으며 절정에 이르렀다. 반공과 친미라는 국가이데올로기, 기독교라는 종교적 교집합을 공유했던 이승만 정권과 개신교는 북한과의 전쟁을 치르면서 서로가 운명공동체임을 절감했다. 이승만이 북진통일을 외치며 전쟁을 진두지휘할 때, 개신교 진영은 다양한 조직과 프로그램으로 전쟁에 참여하며 정권에 힘을 더했다. 전쟁기간 동안, 개신교는 '대한기독교구국회'[1950]와 '기독교연합 전시비상대책위원회'[1951] 등을 조직하여, 선무, 구호, 방송 등의 활동과 함께 지원병 모집에도 관여했고, 미국대통령, 유엔사무총장, 맥아더 사령관에게 편지를 보냈다. 특히, 이 시기에 개신교는 공산주의를 악마로 규정함으로써 "반공주의의 종교화" 현상이 극단적으로 진행되었다.[45]

하지만 이승만과 개신교의 유착관계가 영구적이거나 일관된 것은 아니었다. 특히, 1958년 선거를 기점으로, 특히 3·15 부정선거를 거치면서 개신교 내부에서 자유당 정부에 대한 강한 비판과 정교분리의 요구가 터져 나왔다. 비록, 다수의 개신교인들은 여전히 이승만과 자유당 정부를 맹목적으로 지지하며 유착관계를 포기하지 않았지만, 이 정부에 대한 입장에 있어서 교회 안에 분열이 발생한 것은 사실이며 양자 간의 유착관계도 예전과 같지 않았음이 분명하다.[46] 또한 주일행사문제와 교회헌금문제에 대한 정부와 교회 간의 입장차이로 양자 간에 긴장이 고조되기도 했다. 제1공화국 초기부터 주일선거문제로 한차례 갈등을 겪었고, 1950년대 중반부터 주일에 실시되는 각종 시험문제로 교회가 국가와 대립각을 세우기도 했다. 뿐만 아니라, 1954년 8월 국회에서 통과된 '기부금모집금지법 개정안'이 통과되면서 양자 간에 다시 한 번 갈등이 고조되었다. 이 법안은 내무부장관이 필요하다고 판단될 때, 종교단체의 금품 거출을 금지, 정지, 혹은 감액시킬 수 있으며, 불응하는 경우에 사법처리할 수 있도록 규정했다. 이 개정안은 "세계에서 유래가 없는" 기독교 박해의 상징으로 인식되었다.[47]

(3) 평가

정교분리를 헌법에 명백히 규정하고 있었지만, 이 시기에 국가와 개신교 사이에서 이 법은 유명무실했다. 약간의 예외적 목소리들도 존재했지만, 개신교 일반은 다양한 방식으로 정치활동에 직접 참여하거나 국가정책에 적극 협력했다. 오히려 개신교는 정교분리를 무책임한 태도로 비판하고 정치참여를 시대적 사명으로 이해할 정도였다. 정부도 타종교에 비해 개신교에 특혜성 지원을 계속함으로써 정교분리를 무색케 할 만큼 종교차별을 정책적으로 추진했으며, 개신교는 이런 정부정책이 정교분리에 위배된다고 생각하지 않았다. 결국, 이 시기에 정교분리는 현실적으로 존재하지 않았으며, 정교분리에 대한 개신교의 인식도 매우 수준이 낮거나 자의적이었다. 한편, 이 시기에는 개신교 안에 신학적 차이로 교단이 분열될 정도로 갈등이 있었지만, 친미반공이란 정치적 입장에선 대체로 통일된 모습을 유지했다. 즉, 신학적 진보주의가 정치적 진보주의로 발전하지 못한 상태에서, 보수와 진보가 정치적으로 일치된 목소리를 내고 있었던 것이다. 따라서 정교문제와 관련해서 양자 간에 뚜렷한 차이는 없었다.

2. 1960-1987

(1) 4 · 19혁명과 개신교

군정과 제1공화국을 거치면서 한국교회와 정부의 유착관계는 견고해졌다. 헌법에 명시된 정교분리 조항에도 불구하고, 개신교를 향한 국가의 특혜적 지원은 지속되었으며, 정부를 향한 개신교의 지지와 동원도 절정에 달했다. 냉전의 최전선에서 공산주의라는 공동의 적과 싸우면서 정부와 교회의 동지적 연합은 지극히 자연스럽고 어쩌면 불가피했을 것이다. 하지만 이런 유착관계가 극에 달했을 때, 교회는 타락한 정권의 몰락과 함께 공동의 파국을 맞이할 수밖에 없었다. 4 · 19 혁명으로 부패한 자유당 정권이 몰락하면서 이 정권에 맹목적으로 면죄부를 부여하던 한국교회의 타락한 실체도 만천하게 드러난 것이다. 4 · 19를 통해 폭로된 한국교회의 기만적 실체를 조성수는 다음과 같이 요약적으로 진술했다.

> 4 · 19 혁명으로 무너진 자유당 정권이 '기독교적 정권'으로 인식될 수
> 있다는 역사의식은 한국 기독교에 매우 심각한 고민과 무거운 과제를

안겨준다고 하겠다. 자유 평등 정의 평화가 기독교적 덕목의 가장 중요한 측면이라면, 이러한 덕목을 뒷받침해야 할 기독교적 정권이 자유 정의 등의 그러한 덕목의 실천은커녕 오히려 그 말살에 동조 내지는 앞장선 것 같은 행위를 한 것은 민족사를 오도한 일대 오점이 아닐 수 없다. 이 땅에 처음으로 도입된 민주주의 제도를 육성해야 할 기독교적 정권이 주권재민의 이념의 실천은 고사하고 부정부패 등으로 민족사에 낙인찍혀야 하다니, 이것은 역사의 아이러니가 아닐 수 없다. 한국의 기독교가 민주투사인 양 뽐내기 전에 민족사에 끼친 죄악을 정직하게 회개해야 할 것이다.[48]

4 · 19를 목격하면서도 다수의 교인들은 변화된 상황을 제대로 인식하지 못했다. 혹은, 시대적 요청에 피동적으로 반응할 뿐이었다. 장하구 목사의 증언처럼, "민족은 폭정에 반발하여 혁명을 성취하고 모든 언론은 드높은 혁명의 정신을 고창한다. 그러나 교회는 아직도 영문을 모르겠다는 겸이다. 혁명의 전야까지 무슨 뜻으로든지 간에 활발하던 대표인 교회신분은 이제 침묵을 지키고 있을 뿐이다."[49] 하지만 정부에 맹목적 지지를 반복하던 한국교회가 서서히 미몽에서 깨어나기 시작했다. 자신들의 종교적 기득권을 옹호하는 한 정부의 부정과 부패에 대해 묵인하거나 심지어 적극적으로 변호하던 교회가 마침내 자신의 역사적 과오를 깨닫고 자신과 정부를 향해 반성과 회개를 촉구하기 시작한 것이다. 물론, 제3공화국의 성립과정에서 다시 한 번 과거의 행태로 퇴행하는 모습을 보이지만, 4 · 19가 한국교회의 사회적 인식과 반응에 결정적인 전환점이 된 것은 틀림없다. 우리는 혁명 1년 후에 발표된 김재준의 글에서, 교회의 변화된 인식을 확인할 수 있다.

4·19 혁명은 암운을 뚫고 터진 눈부신 전광이었다. 그 윤리적 높은 행위가 일반의 양심의 자화상을 소출嘯出시켰다. 교회도 이 섬광에서 갑자기 스스로의 모습을 보았다. 그리하여 구 정권의 악행에 교회가 전적으로 책임져야 한다고 몸부림치는 교인들까지 생겨났다...교회는 국가적 집권자에게 자신을 일치시키지 못한다. 그리고 그 집권자를 교회자신의 편익을 위하여 이용하려 해서는 안 된다...국가를 절대화하려는 독재 경향이 익어감에도 불구하고 교회가 이에 교회로서의 경고를 제대로 발언하지 못했다는 것, 교회가 덧없이 집권자의 일치 의식에 자위소를 설치했다는 것, 교회가 대 건설사업에 활발하지 못했다는 것 등이 원칙적으로 반성될 수 있을 것이다.[50]

이처럼, 4·19를 계기로, 한국교회 내에서 정부에 대한 객관적 평가와 자기반성이 시작되었다는 것은 역사적으로 매우 중요하다. 정교유착의 견고한 고리를 끊으려는 시도가 교회 내부에서 최초로 발생했기 때문이다. 하지만 이런 반성과 결단이 부패한 정권과 왜곡된 정교유착에 대한 진지한 자기반성의 결과가 아니라, 교회 밖에서 주도된 4·19의 충격에 의한 피동적 반응이라는 것은 당시 교회의 근본적인 한계를 노출한 대목이다. 무엇보다, 이런 각성과 반성이 교회 대다수의 반응이 아니라 소수의 모습이었다는 사실은 뼈아픈 기억이다. 결국, 개신교가 박정희 정권의 출현을 열렬히 환영했던 것은 이런 한계 때문이었을 것이다.

(2) 박정희 정권과 개신교
5·16 군사 쿠데타를 통해 정권을 탈취한 박정희는 종교계와 불필요한 갈등을 피하기 위해 노력했다. 기독교에 편향적 태도를 고수했던 이전의 정권들과 달리, 군사정권은 모든 종교에게 중립적 자세를 유지했다. 그

결과, 개신교와 정권 간의 유착관계는 상당히 약화되고, 오히려 그동안 차별의 대상이었던 전통종교들이 급부상했다. 형식적 차원에서나마 정교분리가 정착되기 시작한 것이다.[51] 하지만 정치적 정통성이 취약했던 군부는 정권유지를 위해 민주주의적 가치를 훼손했고, 이에 대한 사회적 저항이 강하게 발생했다. 이런 급박한 상황에서, 정권에 대한 교회의 반응과 관련하여 개신교는 진보와 보수로 양분되었다. 군사정권 내내 개신교 진보진영은 민주화운동의 선봉에 섰고, 그 대가로 혹독한 박해를 받았다. 반면, 보수진영은 군사정권을 때로는 적극적으로, 때로는 암묵적으로 지지했으며, 그 대가로 선교활동의 자유를 보장받으며 급성장했다.

　보다 구체적으로, 1969년을 기점으로 한국 개신교는 박정희 정권에 대한 상반된 입장을 보이며 양분되었고, 이후 극심한 대립과 갈등을 겪었다. 군사정권 초창기인 1965년 6월 22일 일본과 한일협정이 체결되자, 한국은 보수와 진보의 구분 없이 이 협정을 굴욕외교라고 비판하며 격렬히 저항했었다. 동년 7월 1일, 김재준, 한경직, 강신명, 강원룡, 함석헌 등을 포함한 기독교계 인사 215명이 서명한 성명서가 발표되었고, 7월 5일과 6일에 영락교회에서 개최된 '국가를 위한 기도회'에 수천 명의 개신교인들이 참석했다. 하지만 1969년에 박정희 정권이 정권연장을 위해 헌법개정을 추진하자, 한국개신교는 진보와 보수로 확연히 분리되기 시작했다. 김재준, 박형규, 함석헌 등이 '3선개헌반대 범국민투쟁위원회'에 참여하자, 동년 9월 4일 김윤찬, 박형룡, 조용기, 김준곤, 김장환 등 보수진영 목회자 242명이 '개헌문제와 양심자유선언'을 발표하여 진보진영의 정치참여를 반대하고, "날마다 그 나라의 수반인 대통령과 영도자를 위해 기도하여야 하는 것이 기독교적인 태도"라고 주장했다. 또한 다음 날인 5일, 급조된 '대한기독교연합회'DCC 명의로 '개헌에 대한 우리의 소신'을 발표하여, "우리 기독교인은 개헌문제에 대한 박 대통령의 용단을 환영한다."고 삼선개헌을 공개적으로 지지했다.[52] 결국, "이 사건을 계기로 한국교회는 진보와 보수로 나뉘어 민주화에 대한 분명한 입장의 차이를 보이게 되었다."[53] 이후, 진보와 보수는 군사정권과의 관계에 있어서 정반대의 길을 걸었다.

삼선개헌을 둘러싼 갈등 속에 진보진영과 결별한 이후, 보수진영은 박정희 정권과 적극적으로 밀월관계를 추구했다. 보수진영은 정교분리를 외치며 진보진영의 반정부운동을 비판했지만,[54] 정작 자신들은 다양한 방식으로 군사정권을 적극 지지했던 것이다. 군사정권이 철권통치로 인권을 유린하고 민주주의를 훼손하며 장기집권을 획책할 때, 보수진영은 지속적으로 공개적 지지를 선언했다. 이런 태도는 삼선개헌을 넘어 유신헌법까지 흔들림이 없었다.[55] 뿐만 아니라, 김준곤 목사의 주도 하에 1966년부터 시작된 '국가조찬기도회'는 정권과 교회가 호혜적 관계를 형성하는 효과적 도구로 기능했다. 최형묵의 평가처럼, "정권의 입장에서야 정권의 정당성을 확보하고 장도의 축복을 받을 수 있는 기회를 마다할 리 없었다. 교회의 입장에서도 체제를 뒷받침해주고 협력함으로써 얻을 수 있는 실마리를 생각했다."[56] 국가조찬기도회의 효용성이 확인된 후, 이것은 '국무총리를 위한 조찬기도회'를 포함한 다양한 종류의 조찬기도회로 진화했고, "원색적인 정권 및 정책에 대한 찬양이 행사장에 울려 퍼지곤 했다."[57] 그 외에도, 보수진영에서는 교단적·개인적 차원의 수많은 반공단체를 조직하여 위기에 처한 군사정부를 지원했다. 예를 들어, 1975년에 창립된 '한국기독교지도자협의회'는 동년 7월 26일 "세계교회에 보내는 한국교회 선언문"을 발표했다. 이 선언문에서, 이 단체는 "아직까지 한국의 교회는 정부로 인해서 그 신앙이나 교회에 간섭이나 침해를 받은 일이 없고 선교활동도 큰 제약 없이 자유로이 계속 하고 있다.… 대한민국의 주권 없이는 이 땅에 교회도 없음을 인정하고 현 시국 하에서는 신앙수호와 국가안보를 우리의 제일차적인 과업으로 간주한다."고 선언했다.[58] 당시에, 진보진영이 군사정권의 가혹한 탄압 하에 있었지만 말이다.

　　보수진영의 친정부적 활동에 대한 국가차원의 혜택도 있었다. 극심한 정치적 혼란기에 정부는 개신교의 초대형 전도 집회를 허용 및 후원했고 전군신자화운동을 전폭적으로 지원하여, 보수진영의 급성장에 결정적인 도움을 준 것이다. 구체적으로, '빌리 그레이엄 한국전도대회[1973],' '엑스플로 74[1974],' '77복음화대성회[1977]' 가 여의도의 5 · 16광장에서 연속적으로 개최되었다. 이 행사들을 위한 군사정권의 적극적 후원상황을 강인철은 다음과 같이 설명한다.

　　박 대통령은 '빌리 그레이엄 한국전도대회' 를 위해 범정부적 차원의 파격적인 지원을 제공했다. 한 보도에 의하면, "대회장 시설 및 진행을 위한 관계당국의 지원과 배려도 컸다. 군 공병대는 많은 장비와 병력을 투입했고, 매일 수십만 명이 넘는 청중의 안정을 위해 1천 8백 명의 경찰관이 동원됐다...서울시가 대회기간 중 여의도 일대의 야간통행금지를 해제한 것도 해방 뒤 처음의 특례"였다. 이 밖에도 관제행사 외에는 개방하지 않던 여의도 5 · 16광장을 특정 종교단체에 내준 것이나, 헬리콥터와 경비정까지 동원한 경비, 서울시가 수백 대의 버스로 하여금 여의도를 경유하도록 노선을 조정해준 것, 육군사관학교 군악대가 행사에 참석하여 찬송가를 연주한 것, 관영언론사들을 통한 대대적인 행사 보도 역시 그 어떤 시민적 조직들도 기대할 수 없는 특혜적 배려였다.[59]

　　이런 대형집회를 통해 기독교인들의 숫자가 70년대 초 200만에서 1978년 400만으로 크게 증가했다.[60] 또한 1969년에 1군사령관에 부임한 한신 대장의 주도 하에 전군신자화운동이 전개되었다.[61] 전군신자화운동의 출범 배후에는 군인들의 반공사상을 고취시키려는 의도가 있었고, 이것은 군선교를 꿈꾸던 개신교의 욕구와 일치했다. 이 운동의 여파가 대단하여 "전경신자화운동"과 "전국교도소신자화운동"으로 확장되었으며, '전군신자화운동을 위한 조찬기도회'가 열리고 '전군신자화운동을 위한 후원회'가 결성되었다. 이런 환경에서 "1971년부터 1974년 사이에 1천 명 이상의 대규모 합동세례식만도 무려 26회나 거행되었"는데, "1971년부터 1974년까지의 4년 동안 개신교의 입교자는 120,258명, 천주교 입교자는 19,284명, 불교 입교자는 6,276명으로 나타났다. 이 기간 중 세 종교 전체 입교자 145,818명 중 개신교가 82.5%로 대부분을 차지했"다.[62]

물론, 박정희 정권과 개신교 보수진영 간에 불협화음이 전혀 없었던 것은 아니다. 위에서 언급했듯이, 거국적 차원에서 발생한 한일협정체결반대투쟁에 교회도 합류했다. 이것은 정치사회적 문제로 교회가 정부에 반대 입장을 공적으로 표명했던 거의 유일한 경우다. 반면, 개신교에 대한 정부의 큰 혜택에도 불과하고 정부가 '사립학교법'을 개정하여 사립학교의 종교교육 및 종교행사를 금지하려 하자, 양자 간에 갈등이 10년 동안 지속되었다. 예를 들어, 1970년 3월 25일 문교부장관이 발표한 '초·중·고등학교 종교교육 및 행사에 관한 지시' 때문에, 기독교계 학교의 예배나 성경교육이 전면적으로 불가능해졌다. 이에 대해, 개신교는 KNCC 차원에서, 그리고 장로교 총회 및 노회 차원에서 진정서를 정부에 제출했으나 별다른 성과를 거두지 못했다.[63]

(3) 평가

박정희 정권 치하에서, 개신교 보수진영은 정교분리를 이중적으로 해석·적용했다. 즉, 정부에 대해 강력히 저항하던 개신교 진보진영을 향해, '교회의 정치참여 금지'란 의미에서 정교분리를 내세워 비판했지만, 자신이 정부의 정책을 공개적으로 지지하고 적극적으로 협조했던 것에 대해선 동일한 의미의 정교분리원칙을 적용하지 않았다. 한편, 보수진영이 다양한 형태의 선교활동에 국가적 지원을 받았던 것에 대해서는 '국가가 특정 종교에 혜택을 베풀 수 없다' 는 의미의 정교분리를 적용하지 않았지만, 몇몇 사항에 대해 자신들의 종교적 기득권이 위협받는 상황에서는 종교자유를 내세워 국가정책에 반대했다. 물론, 그 강도가 세지는 않았지만 말이다. 결국, 정치적으로 이념적 교집합을 유지되고, 종교적으로도 국가적 혜택을 누리면서, 이 시기의 보수진영은 정교분리의 이중적 의미를 객관적이고 공정하게 적용하지 않은 채, 자신의 편의에 따라 자의적으로 해석 · 적용했다.

3. 1987−현재

(1) 6월 항쟁과 개신교

1987년 6월 항쟁은 이 땅의 민주화운동에 대전환점이 되었을 뿐 아니라, 한국 개신교에도 결정적인 영향을 끼쳤다. 진보진영의 경우, 장기간의 민주화운동 후 통일과 민주화의 운명적 관계를 깨닫고 반공에 대한 새로운 인식과 통일운동의 필요성을 절감하기 시작했다. 그들은 1987년 6월 항쟁에 적극 참여했으며, 1988년에 발표된 NCCK의 '민족의 통일과 평화에 대한 한국기독교의 선언' 을 통해 자신들의 변화된 입장을 세상에 천명했다. 보수진영에서 발생한 변화도 결정적이었다. 87년의 경험은 보수진영 내에서 소위 "87년형 복음주의" 라는 진보적 복음주의자들의 출현을 야기했고,[64] 88년 KNCC 선언에 대한 반작용으로 보수적 복음주의자들이 결집하여 '한국기독교총연맹^{한기총}' 이 탄생했다. 즉, 87년 이후 보수진영이 내부적으로 진보와 보수로 양분된 것이다.

1987년 6월 항쟁 전후로 보수진영 내에서 새로운 움직임들이 감지되기 시작되었다. 최초의 움직임은 학생들 안에서 감지되었다. 1984년에 일군의 복음주의 청년들이 '기독교학문연구회'를 조직하고 기독교세계관 운동을 전개했으며, 이 모임을 기반으로 1986년 '기독교문화연구회'가 탄생했다. 1987년에는 복음주의 선교단체인 IVF 간사회가 '오늘을 사는 기독 대학생의 신앙고백과 결의'를 선언했으며, 이것이 "선교단체와 신학생들의 사회참여 분위기를 고조시켰다."[65] 이런 흐름 속에서, 1987년 11월 20일 공정선거감시와 민주정부수립을 위한 '복음주의청년학생협의회'가 발족되었고, 1988년 3월 1일에 '복음주의청년연합'이 창립되었다.[66] 학생들이 주도했던 이런 운동들과 병행하여 1987년 12월 복음주의 대학교수들을 중심으로 기독교윤리실천운동이 발족됐다. 이후, '경제정의실천시민연합' 1987년 7월 8일과 '교회개혁실천연대' 2002년, 11월 24일가 연속적으로 창립됨으로써 진보적 복음주의자들이 본격적으로 사회개혁에 합류했다. 이런 운동의 대표적 지도자였던 손봉호는 기윤실의 설립배경을 다음과 같이 설명했다. 이 글을 통해, 이 시기 진보적 복음주의자들의 변화된 생각과 한계를 단적으로 감지할 수 있다.

> 보수적 신앙인들은 혁명적, 나아가서 폭력적 방법으로 민주화와 평등을 성취한다는 데 대해서는 매우 비판적이었다...성경을 공부하고 기도하면서 기독 교수들은 이 문제에 대해서 같이 고민하며 토론했으며 몇몇은 좀 더 적극적으로 민주화 운동에 가담하기도 했다...그러나 한 가지 분명한 것은 민주주의와 사회평등 등 사회이상을 달성하는데 있어서 그리스도인이 반드시 갖추어야 할 것은 개개인의 도덕적인 삶과 윤리적 모범이라고 생각했다...구조개혁의 중요성을 무시하지 않으면서도 그리스도인은 마땅히 자신들의 삶을 도덕적으로 만드는 것이 필요하다고 생각하여 시작된 것이 기독교윤리실천운동이다.[67]

이 시기에 보수진영의 정치참여와 관련해 가장 중요한 사건은 KNCC의 1988년 선언문에 대한 반작용으로 한국기독교총연합회가 1989년에 탄생한 것이다. KNCC 선언문에 포함된 반공에 대한 역사적 반성과 주한미군철수 요구는 즉각적으로 북한출신의 보수적 개신교인들을 경악시켰다. 결국, 한경직 목사를 비롯한 일군의 반공적 목사들의 주도 하에 1989년 12월 28일 36개 교단과 6개 기관이 모여 한기총을 조직했다. 얼마 지나지 않아, 이 단체는 가입교단의 수와 재정 면에서 KNCC를 압도하며 한국교회를 대표하는 연합기구로 부상했다.[68] 비록, 교회연합, 복음화, 사회봉사를 자신의 주요사업으로 설정했지만 한기총은 강력한 반공주의에 기초하여 현실정치에 적극적으로 참여하기 시작했다. 허명섭의 평가처럼, "이후 한기총은 기독교 보수·복음주의 세력의 결집체가 되었고, 반공과 우미優美를 견인하는 한국교회의 중심이 되었다."[69]

(2) 김대중·노무현 정부와 개신교

한국개신교의 보수진영은 김대중이 제15대 대통령에 취임했던 1998년부터 노무현이 제16대 대통령에서 퇴임한 2008년까지를 "잃어버린 10년"으로 정의한다. 국민의 정부는 소위 햇볕정책과 남북정상회담을 통해 북한과의 우호적 관계를 형성했고, 이것은 자연스럽게 친북과 반미의 양상으로 발전했다. 이런 상황은 노무현 정부에 들어 더욱 심화되었다. 이것은 한국사회의 보수주의자들에게 존재론적 위협으로 인식되었으며, 그들은 곧 정치적으로 결집하기 시작했다. 이렇게 변화된 상황에서 한국개신교의 보수진영도 반정부활동에 적극 가담했다. 한기총이 그 선봉에 섰다. 동시에, 다양한 형태의 우파적 기독교시민단체들이 결성되어 그 대오에 합류했고, 이런 흐름은 기독교 정당의 창당에서 절정에 달했다. 분단 이후 50년간 정교분리를 외치면서도 정부와 유착관계를 유지해 온 개신교 보수진영이 역사상 처음으로 정부에게 전면적으로 저항하기 시작한 것이다.

한기총은 친북·반미적 성향의 김대중 정부가 등장하면서 대한민국 정통성이 흔들린다고 판단하고 반정부 투쟁의 선봉에 섰다. 한기총의 이런 움직임은 2002년 노무현의 대통령 당선과 함께 더욱 강력해졌다. 특히, 한기총은 2004년 추진된 '개정사립학교법' 때문에 정부와 극단적 대치상황에 이르렀다. "좌편향적인 정부를 몰아내고 보수적인 정권이 들어서야 한다고 생각"하면서 "보수주의자들은 강력한 반정부 운동을 전개했다."[70] 이 시기에 한기총이 주도한 반정부 집회들은 다음과 같다.

> 3·1절 나라와 민족을 위한 구국금식기도회와 반핵, 반김 자유 통일 3·1절 국민 대회2003년 3월 1일, 여의도 한강 시민 공원 및 서울 시청 광장, 구국기도회 및 친북 좌익 척결 부패 추방을 위한 3·1절 국민 대회2004년 3월 1일, 서울 시청 광장, 국가보안법 폐지 반대 및 사립학교법 개정 반대 그리고 대한민국을 위한 비상 구국 기도회2004년 10월 4일, 서울 시청 광장, 북핵 반대와 북한 인권을 위한 국민 화합 대회2005년 6월 25일, 대학로, 대한민국을 위한 비상 구국 기도회2006년 9월 2일, 서울 시청 광장 등.[71]

2004년을 기점으로 개신교 보수진영에서 소위 "뉴라이트"가 출현하기 시작했다. 이들도 노무현 정부의 국가보안법폐지, 사학법 개정 등에서 시장경제와 자유민주주의로 상징되는 대한민국의 정체성이 절체절명의 위기에 처했다고 판단하고 국가정책에 강력히 저항한 것이다. 최초로 조직된 '기독교사회책임'은 "대선을 통한 체제 밖 좌파세력과 그와 연결된 세력의 척결, 선진화 운동, 북한인권운동 등을 핵심적 과제로 제시했다."[72] 뒤를 이어, '뉴라이트전국연합' 2005, '한국기독교개혁운동' 2005, '기독교 뉴라이트' 2006, '뉴라이트기독교연합' 2007 등이 연속적으로 조직되어, 합리적 보수우파를 표방하며 친북좌파세력으로부터 대한민국의 정체성을 수호하기 위해 분투했다. 이들은 기존의 보수주의를 타락한 수구세력으로 비판하며 올드라이트Old Right라고 명명하고, 자신들을 뉴라이트New Right라고 명명하며 구별했다. 하지만 반공·친미를 축으로 한 우파적 정체성에는 차이가 없었다. 반면, 정부와 밀월관계를 유지했던 올드라이트와 달리, 이들은 좌파정부와 치열한 갈등관계를 형성함으로써 국가와 종교의 관계 면에서 이전과 분명한 차이를 보였다.[73]

이 시기에 보수적 개신교가 정치에 참여했던 또 하나의 중요한 방법은 기독교 정당을 창당하여 현실정치에 직접 참여하려 한 것이다. 앞에서 언급했듯이, 한국 개신교인들은 해방과 함께 북한에서 몇몇 목회자들의 주도하에 기독교 정당을 시도했다 실패한 적이 있다. 하지만 기독교와 가장 친밀한 관계를 유지했던 제1공화국 시절에도 기독교 정당을 조직하려는 노력은 없었다. 반면, 좌파적 성향의 노무현 정부가 들어서고 개신교가 가장 경계하는 이단 통일교가 정당을 창당하려하자, 이에 자극받은 일군의 보수적 개신교인들이 기독교 정당을 창당했다. 2004년에 '한국기독당'이 조직되어 총선에 참여했으나 "지역구에서 모두 참패하고 정당투표에서도 1.1퍼센트인 228,798표를 얻는데 그쳐 단 한명의 당선자도 내지 못했다."[74]

(3) 이명박 정부와 개신교

소위 '잃어버린 10년' 동안 절치부심했던 보수적 개신교인들은 2007년 대선에서 한나라당 이명박 후보에 몰표를 던졌다. 예를 들어, 뉴라이트전국연합은 2007년 11월 소속회원 17만 명의 이름으로 '한나라당 이명박후보지지 성명서'를 내고, 대통령 선거에서 이명박 후보를 적극 지지하겠다고 천명했다.[75] 결국, 그들의 소망과 노력의 결과, 이명박 후보가 제17대 대한민국 대통령으로 당선되었다. 장로 대통령 당선에 일등공신이 된 보수적 개신교인들은 이후에도 이명박 정부의 강력한 지지 세력으로 기능했다. 그러나 시간이 흐르면서 종교편향 문제를 둘러싸고 양자 간에 긴장관계가 형성되기도 했다.

먼저, 한기총으로 대변되는 보수적 개신교 그룹은 이명박 정부의 집권 기간 내내 정부와 밀월관계를 유지했다. 일차적으로, 이명박 정부의 내각은 소위 '고소영' 고려대, 소망교회, 영남 출신 내각으로 불릴 정도로 친개신교적 성향을 노골화했다. 이명박 자신이 서울시장 시절 한 기도모임에서 "서울을 하나님께 봉헌한다"는 발언을 하고, 대통령 재임 중에 참석한 국가조찬기도회에서 무릎 꿇고 기도함으로써 종교편향논쟁의 촉매가 될 정도로 개신교와 밀월관계를 유지했다.[76] 이런 이명박 정부에 대한 보수진영의 지지는 가히 절대적이었다. 미국산쇠고기수입문제로 촉발된 촛불시위, 한미FTA 협상체결, 용산참사, 천안함사건, 4대강개발사업 등, 이명박 정부가 심각한 저항과 위기에 직면했을 때마다 보수진영은 변함없이 지지를 선언했다. 4대강개발사업에 대해 전국적으로 반대운동이 일어나고 대부분의 종단들이 반대성명서를 발표했을 때, 유일하게 한기총만 지지성명을 발표했던 것이 대표적인 예다.2010년 5월 25일.[77]

하지만 시간이 흐르면서 이런 유착관계에 균열이 생기기 시작했다. 그 갈등의 핵은 정부의 종교차별에 대한 보수진영의 반발이었다.[78] 사실, 이명박 정부의 종교편향에 대한 저항은 불교계에서 먼저 시작되었다. 이명박 정부의 출범 후, 불교계는 정부, 지방자치단체, 공무원 등에 의해 불교에 대한 종교차별이 발생했다며, 2008년 8월 27일 서울시청 광장에서 '범불교도대회'를 개최했던 것이다.[79] 하지만 곧 개신교 보수진영에서도 '템플스테이 국고지원 문제'를 둘러싸고 정부와 마찰을 빚었다. 이런 갈등은 '전통문화보존'이라는 명목 하에 불교계에 지급되는 국고지원이 타종교들에 비해 압도적으로 많다는 사실이 밝혀지면서 더욱 악화되었다.[80] 2011년에는 이슬람 채권법인 수쿠크법의 도입문제로 개신교 보수진영 내에서 강력한 비판이 터져 나왔다.[81] 개신교 진영은 이 채권이 이슬람 원리주의자들과 연계되어 있기 때문에 테러를 부추기고 국내의 이슬람확산에 영향을 끼칠 것이라고 주장하며 이 법의 도입을 반대한 것이다. 특히, 조용기 목사는 "만일 이슬람 펀드에 정부가 동의를 하면 나는 영원히 대통령과 싸우겠다. 대통령을 당선시키려고 기독교인들에게 많은 노력을 한 것만큼 하야시키기 위해 싸우겠다." 라고 발언하여, 이 논쟁에 기름을 부었다.[82] 이후에는 소위 "종자연" 문제로 보수진영이 다시 한 번 종교차별문제를 제기하며 불교계와 정부를 향해 저항의 목소리를 높였다. 종교편향 사례를 조사하는 프로젝트를 특정종교(불교)에게 위임한 정부의 결정이 정교분리를 위반한 종교차별의 사례이며, 종자연이 발표한 편향의 사례가 기독교에만 집중된 것도 기독교에 대한 부당한 공격이라고 반박한 것이다.[83] 이처럼, 이명박 정부의 초반과 후기에 교회와 국가의 관계가 중요한 변화를 보였다.[84]

한편, 이 시기에 진보적 복음주의 진영은 두 가지 방향에서 저항운동을 지속했다. 먼저, 이명박 정부에 대해서는 위에서 언급한 정부의 정책과 사회적 혼란에 대해 강력한 비판을 퍼부었다. 이 진영을 대표하는 언론『복음과 상황』과『뉴스앤조이』는 정부의 광우병파동, 4대강 살리기 사업, 한미 FTA 등에 반대하는 기사들을 실었다.[85] 이 점에서 진보적 복음주의는 주류 보수진영에서 이탈하여 NCCK로 대표되는 진보주의와 점점 더 가까워지는 것처럼 보인다. 또한 이 진영은 이명박 정부와 유착관계를 유지하고 부패한 대형교회를 옹호하는 한기총을 해체하기 위한 운동에 뛰어들었으며, 보수인사들로 구성된 기독당에 반대하는 입장도 분명하게 밝혔다. 이 진영의 대표적 지도자인 손봉호 교수가 한기총해체운동을 주도하고 있으며,[86] 이후에는 개혁적 성향의 김동호 목사가 대형교회의 부자세습을 공개적으로 비판했다.[87] 또한 이들은 지난 총선에서 '친북좌파척결과 교회세금인하'를 공약으로 내걸며 전광훈 목사의 주도 하에 창당된 기독자유민주당기독당을 맹렬히 비판했다.[88] 특히, 새로운 목회를 지향하는 젊은 목회자들의 모임인 '교회 2.0 목회자운동'은 성명을 발표하고 기독당 창당을 중단하라고 촉구했다.[89] 이런 움직임을 고려할 때, 진보적 복음주의 진영은 한기총을 중심으로 한 개신교 보수주의 주류와 결별하고 자신만의 독자노선을 구축하는 과정에 있는 것으로 보인다.

(4) 평가

이 시기에 가장 주목할 점은 보수적 개신교 진영에서 '정교분리'에 대한 종전의 입장을 공개적으로 변경한 것이다. 정권의 성격이 변함에 따라 국가와 교회의 관계에 주목할 만한 변화가 발생했다. 무엇보다, 해방 후 50여 년 간 정치적 이념을 공유하면서 유지해온 정교유착이 김대중-노무현 정부의 출범과 함께 처음으로 깨어졌다. 이 시기에는 정부의 친북반미정책과 사학법개정 때문에 정부와 교회 간에 극단적 갈등관계가 형성되었다. 더 이상 국가로부터 정치적 동질성을 발견할 수 없게 되자, 정교분리를 '교회의 정치참여 금지'로 해석하며 진보진영의 반정부활동을 비판하던 종전의 입장을 바꿔 자신들이 공개적이고 적극적으로 반정부활동을 전개한 것이다. 반면, 정부의 정책과 교회의 기득권이 충돌하는 상황이 발생하자, 이번에는 정교분리를 내세워 정부정책을 강력히 비판했다. 이것은 지난 50년 간 정부로부터 각종 종교적 특혜를 받을 때, 이 문제를 정교분리와 상관없는 것으로 간주하던 태도와 상반된 반응이다.

한편, 이명박 정부에서 정치적·이념적 동질성을 회복하자, 개신교 보수진영은 다시 정부와 밀월관계를 시작했다. 정부요직을 보수적 개신교인들이 거의 독식했으며 정부의 위기상황에서 보수교회는 정권의 변함없는 지지 세력으로 기능했다. 하지만 이명박 정부가 타 종교, 특히 불교와 이슬람에 우호적 정책을 도입하자, 개신교 보수진영 내에서 종교편향, 종교차별, 정교분리 등을 내세워 정부의 정책을 비판하기 시작했다. 따라서 이 시기에 정부와 개신교 보수진영 사이에는 정치적 유착관계와 종교적 갈등관계가 부조화를 이루며 나타났고, 정교분리의 양태도 가변적이었다. 특히, 보수진영이 다시 내적으로 진보와 보수로 분열되면서 보수진영과 정교분리의 문제는 보다 복잡한 향상을 보이게 되었다. 즉, 진보적 복음주의 진영 혹은 복음주의 좌파은 신학적 측면에서 보수주의를 유지하지만, 정치사회적 측면에선 보수진영에서 이탈하여 진보진영에 근접하는 모습을 보이고 있기 때문이다.

마무리

이상에서 분단 이후 한국사회에서 보수적 개신교와 정부 사이의 복잡한 관계를 '정교분리'란 개념을 통해 살펴보았다. 이제, 앞의 내용을 간단히 정리하고, 한국교회의 건강한 미래를 위해 몇 가지 고려할 사항들을 제안하고자 한다.

먼저, 개신교 보수진영은 기본적으로 정교분리를 '교회의 정치참여금지'로 이해했고, 국가권위에 복종하는 것을 원칙으로 삼았다. 하지만 이런 이해와 원칙은 국가와 교회가 정치적 입장을 공유하고 국가가 교회를 후원하는 상황에서, 그리고 보수진영이 진보진영의 정치참여를 비판하거나 자기 내부에서 감지된 반정부적 움직임을 억제하려는 경우에만 선별적으로 사용했다. 하지만 그런 경우에도, 보수진영은 다양한 방식으로 국가정책에 협조함으로써 현실적으로 정치에 참여했다. 결국, 정부에 대한 비판적 참여에 대해선 정교분리를 내세워 공격했지만, 자신의 친정부적 참여에 대해선 정교분리를 적용하지 않았던 것이다. 하지만 상황이 바뀌어서, 보수진영이 국가의 정치적·종교적 정책을 용납할 수 없을 때는 예외 없이 국가에 저항했다. 이런 경우에, 정교분리에 대한 종전의 이해를 파기하고 정교분리를 "국가의 종교문제 개입금지"로 해석하면서 자신들의 반정부적 정치참여를 정당화했다. 즉, 개신교 보수진영은 국가와의 관계에 따라 정교분리의 의미를 실용적으로 재해석하고 적용한 것이다. 따라서 개신교 보수진영이 일관되게 정교분리를 내세워 정치참여에 소극적이었다는 일군의 주장은 수정되어야 한다. 개신교 보수진영은 해방 이후 줄곧 적극적으로 정치에 참여했으며, 상황의 변화에 따라 정교분리를 재해석하거나 자신의 입장을 변경해 왔을 뿐이다.

둘째, 개신교 보수진영은 "국가의 종교문제 개입금지"로서 정교분리를 매우 자의적으로 해석·적용해 왔다. 군정 이후 지금까지, 보수진영은 자신이 정부로부터 받은 특혜성 지원을 정교분리위반으로 간주한 적이 없었다. 오히려, 그런 지원을 확보하기 위해 국가와의 밀월관계를 유지하기 위해 분투했다. 하지만 정부의 종교정책이 자신의 기득권과 충돌하거나 훼손될 때는 예외 없이 국가가 종교차별이나 종교자유를 침해함으로써 정교분리를 위반했다고 거세게 비판했다. 노무현 정부가 사학법개정을 추진하여 개신교사학들의 운영에 간섭하거나 정부가 불교 템플스테이를 국고에서 지원하거나 이슬람 스쿠크법 도입을 추진할 때, 그런 모습이 극명하게 드러났던 것이다. 결국, '국가의 종교문제 개입금지'로서의 정교분리도, 개신교 보수진영은 보편적 차원의 공정한 시각보다는 자신의 경제적·종교적 이익에 득이 되는가 아니면 손해가 되는가에 따라 다르게 해석하고 적용했다.

셋째, 개신교 보수진영과 국가의 관계에 결정적 영향을 끼쳤던 요소들은 '반공과 친미'라는 정치이념과 '종교의 자유'라는 종교적 이해관계였다. 군정과 제1공화국, 군부정권과 이명박 정부 시절, 개신교 보수진영은 정부와 밀월관계를 유지했다. 반면, 김대중·노무현 정권과는 극단적인 대립관계를 형성했다. 이명박 정부의 경우, 집권초기의 유착관계와 달리 집권후기에는 적잖은 갈등을 겪었다. 그 모든 경우에, 밀월과 대립에서 발견되는 공통된 의제는 반공과 친미, 그리고 종교의 자유였다. 정부가 반공과 친미를 정권의 핵심정책으로 추진할 때, 보수진영은 적극적으로 정부를 지지했다. 동시에 국가가 교회의 선교활동을 다각도로 지원할 때, 교회는 정부정책에 열정적으로 후원했다. 하지만 정부가 친북과 반미로 전향하거나 교회의 이권에 간섭했을 때, 보수진영은 가장 강력한 반정부세력으로 돌변했다. 이들에게 공산주의는 자유주의신학보다 위험하고 미국은 천년왕국의 다른 이름이며 시장경제와 자유민주주의는 성경과 예수의 궁극적 가르침으로 보일 정도다.

넷째, 지난 60년간 개신교 보수진영과 국가 간의 관계형성에 영향을 끼친 것은 냉전체제였다. 분단으로 북에서 내려온 보수적 개신교인들이 한국사회에 정착하면서, 마침 남한사회를 점령한 미국과 그 영향 속에 탄생한 정권들의 영향 하에서, 한국교회, 특히 개신교 보수진영은 반공과 친미를 자신의 가장 중요한 정체성으로 내재화했다. 공산주의에 의해 교회와 재산을 빼앗겼다는 피해의식과 남한에서 북한출신으로 살아야 했던 위기의식은 반공·친미정권과 유착하도록 이끌었던 강력한 심리적 기제였고, 세계 유일의 분단국가라는 현실과 우방으로서 미국의 지속적 후원은 미국의 제국적 폭력과 독재정권의 폭정에 맹목적으로 면죄부를 부여했던 정치적 환경이었다. 그 속에서 개신교 보수진영은 경이적인 성장을 경험하며 막대한 경제적, 종교적, 정치적 힘을 지닌 거대종교가 되었다. 하지만, 최근에 과도한 세속화·정치화의 부정적 징후가 뚜렷하게 노출되면서 종교적·사회적 위상이 빠르게 추락하는 위기상황에 직면했다. 결국, 분단체제는 개신교 보수진영의 성장을 가능케 한 '하늘이 내린 기회'였으나, 최근에는 성장의 발목을 잡고 존재마저 위협하는 '사망의 몸'으로 기능하고 있는 것 같다.

다섯째, 개신교 보수진영이 보수와 진보 그룹으로 양분되고 있다. 87년을 기점으로 본격적으로 출현하기 시작한 소위 진보적 복음주의자들이 한기총을 중심으로 한 보수주의 주류의 행보에서 이탈했고, 최근에는 사안마다 한기총과 충돌을 반복하더니 아예 한기총해체운동을 주도하기 시작한 것이다. 이 그룹은 신학적 보수주의를 견지하면서 정치·사회적 측면에서 점점 더 진보적 색체를 강화하고 있다. 아직 주류그룹에 비해 양적 측면에서 열세에 놓여있지만 그들의 영향은 계속 빠르게 성장하고 있다. 결국, 이들을 통해, 개신교 보수진영의 내용이 다양해지고 정교분리에 대한 입장과 반응도 한층 더 복잡해지고 있다. 앞으로, 이들의 행보가 주목되는 이유다.

끝으로, 한기총해체운동은 특정이념 및 정권과 과도히 유착되었던 개신교 보수진영이 당면한 한계와 위기의 극단적 표현으로 보인다. 사실, 반공과 친미는 해방 후 한국교회 전체가 선택할 수 있었던 유일한 답이었다. 냉전체제가 강화되면서, 북한출신 중심의 보수교회는 다른 답을 상상할 수 없었다. 그래서 그들은 반공과 친미의 선봉에 섰고 민주화와 통일운동에 저항했다. 분배 대신 성장을, 평등 대신 자유를 옹호할 수밖에 없었다. 그래서 몸집은 커졌지만 정신은 병약해졌고, 배는 부르지만 영혼은 굶주림에 시달리게 되었다. 결국, 냉전체제가 지속되는 한 개신교 보수진영의 미래는 매우 불투명하다. 즉, 분단체제의 극복과 교회개혁의 실현은 공동운명이란 뜻이다. 분단체제 속에서 보수교회는 예수의 정신을 실현할 수 없다. 생존을 위해 냉전이데올로기에 집착할 수밖에 없기 때문이다. 냉전체제와 교회타락의 운명적 관계를 깨달을 때, 그리고 "창조적 긴장관계"[90]라는 정교분리의 진정한 의미를 인식할 때, 비로소 개신교 보수진영은 이념 대신 복음을, 미국 대신 하나님나라를, 자본 대신 성령을 의지하게 될 것이다. 바로 거기서부터 교회개혁, 민족통일, 민주화, 그리고 세계평화를 향한 대장정의 막이 오를 것이다.

미주

1. 이 글은 "정교분리의 복잡한 역사: 한국의 보수적 개신교를 중심으로, 1945-2013," 『한국교회 사학회지』 제43집 (2016): 175-224를 수정한 것이다.
2. 김흥수는 당시 상황을 다음과 같이 정리했다. "한편이 사회정의를 위해 싸우면서 교회의 정치비 판을 선교의 과제로 간주했다면, 일부 교회 지도자들은 인권보다는 안정과 질서, 정의보다는 경 제발전이 대중에게 더 중요하다고 보았고, 따라서 정치와 종교의 분리를 내세우면서도 독재정 부와의 협력이나 정부 지지를 정상적인 일로 여겼다." 김흥수, "친일 · 전쟁 · 군사정권: 한국교 회의 반성," 『기독교사상』 통권 제560호 (2005년 8월호), 48.
3. 최종고, "한국교회의 정교분리," 『기독교사상』 통권 제278호 (1981년 8월호): 39-50과 "한국에 있어서 종교자유의 법적 보장과정," 『교회사연구』 제3집 (1981): 73-111.
4. 강인철, 『한국의 개신교와 반공주의』 (서울: 중심, 2007); 노치준, "한국개신교와 국가권력 간의 관계," 『기독교사상』 통권 제640호 (2012년 4월호): 28-37.
5. 김명배, "복음주의 진영의 사회참여에 나타난 교회와 국가의 관계," 『선교와 신학』 제20집 (2007): 127-54; 김수찬, "미군정과 제1공화국 하에서 한국교회와 정교분리 원칙," 『역사신학 논총』 제9집 (2005): 111-31; 이은선, "한국교회사의 관점에서 본 한국교회와 정치참여," 『한 국개혁신학회논문집』 제13권 (2003년 4월): 76-97; 류대영, "1980년대 이후 보수교회 사회참 여의 이론과 사례," 『한국근현대사와 기독교』 (서울: 푸른역사, 2009): 301-44.
6. 강돈구, "현대 한국의 종교, 정치 그리고 국가," 『종교연구』 제51집 (2008년 여름): 1-28; 안 국진 · 유요한, "한국 내 종교갈등 및 종교차별 상황 극복을 위한 제언," 『종교와 문화』 제19호 (2010): 181-206.
7. 김진호, "한구교회의 '신앙적 식민성' 이라는 문법-정치적 개입주의와 정교분리 신앙 사이에 서," 『기독교사상』 통권 제587호 (2007년 11월): 67-77; 조성수, "한국에서의 교회와 국가와의 관계에 관한 연구" (연세대학교 박사학위논문, 2008).
8. 박명수, "다종교사회에서의 개신교와 국가권력," 『종교연구』 제54집 (2009년 봄): 1-37; 허명 섭, 『해방 이후 한국 교회의 재형성』 (부천: 서울신학대학교출판부, 2009).
9. 강돈구, "현대 한국의 종교, 정치 그리고 국가," 『종교연구』 제51집 (2008년 여름): 1-28.
10. 조용훈, "정교분리원칙에서 본 최근 한국 개신교의 정치참여 문제," 『한국기독교신학논총』 제 65집 (2009): 305-26.
11. 정교분리에 대한 프랑스와 미국 사이의 미묘하지만 중요한 차이점에 대해서는 T. Jeremy Gunn, "Under God but Not the Scarf: The Founding Myths of Religious Freedom in the United States and Laïcité in France," *Journal of Church and Stat*e 46 no 1 (Winter 2004): 7-24 참조.
12. 조용훈, "정교분리원칙에서 본 최근 한국 개신교의 정치참여 문제," 313; 박수호, "종교정책을 통해 본 국가-종교간 관계: 한국 불교를 중심으로," 『한국학논집』 제39집 (2009), 465; 강휘원, "미국 종교의 자유 성립과 '보이지 않는 국교'," 『현상과 인식』 (2006년 가을), 45.
13. 강휘원, "미국 종교의 자유 성립과 '보이지 않는 국교'," 41.
14. "Congress shall make no law respecting an establishment of religion, or prohibiting the free exercise thereof; or abridging the freedom of speech, or of the press; or the right of the people peaceably to assemble, and to petition the Government for a redress of grievances." ⟨http://en.wikipedia.org/wiki/United_States_Bill_of_Rights#Amendments⟩.
15. 연방수정헌법 제14조는 1868년에 비준되었으며, 이 조항에 의하면 "모든 주는 어떤 사람에 대 해서도 '적법절차에 의하지 않고서는 생명 · 자유 · 재산' 을 부정하거나 '그 관할 내에 있는 어 떠한 사람에 대하여도 법의 평등한 보호를 거부' 할 수 없다. 연방대법원이 내린 해석은 이 두 조

항의 의미를 보다 증대시켰다. 수정헌법 제14조의 적법절차조항은 수정헌법 제1조가 연방정부에 의한 침해로부터 보호하고 있는 종교 및 언론·출판의 자유를 포괄하는 것이라는 판결이 내려졌다. 그와 유사하게 공평한 법관 및 변호인의 조력에 대한 피고인의 권리와 같은 공정한 재판에 대한 일정한 보장들도 사법절차를 거쳐 수정헌법 제14조의 범위 내로 흡수되어 들어왔다." "미국연방헌법"(http://100.daum.net/encyclopedia/view.do?docid=b08m1308a).

16. 지규철, "정교분리의 해석과 적용기준: 미국의 국교금지조항을 중심으로," 『한일법학연구』 제9권 (1990): 69-121.

17. Ibid., 69-70.

18. 강휘원, "미국 종교의 자유 성립과 '보이지 않는 국교'," 43-4.

19. 최종고, "한국교회와 정교분리"와 "한국에 있어서 종교자유의 법적 보장과정" 참조.

20. 최종고, "한국교회와 정교분리," 43. '교회(教誨)'는 "나쁜 짓을 한 사람을 잘 가르치고 타일러 지난날의 잘못을 뉘우치게 함"이란 뜻이다.

21. Ibid., 44.

22. 그 조건들은 총 5가지였고, 두 번째 조건에서 "대한국과 우리나라들과 서로 약조가 있는데, 그 약조대로 정사를 받으되 교회일과 나라일은 같은 일이 아니라 또 우리가 교우를 가르치기를 교회가 나라 일 보는 회가 아니오, 또한 나라 일은 간섭할 것도 아니오"라고 정교분리를 명시했다. 여기서 정교분리는 교회의 정치참여 배제란 의미로 사용되었다. 『그리스도신문』 제5권 40호 (1901. 10. 3). Ibid., 46에서 재인용.

23. 백낙준, 『한국개신교회사』 (서울: 연세대학교출판부, 1973, 2010), 434.

24. 『조선일보』 (1948년 6월 19일).

25. 유진오, 『憲法解義』 (서울: 명세당, 1949), 40. 최종고, "한국교회와 정교분리," 48-9에서 재인용.

26. 최종고, "한국에 있어서 종교자유의 법적 보장과정," 105.

27. 이에 대해, 안국진과 유요한은 종교학적 관점에서 다음과 같이 해석했다. "따라서 절대적인 기본권이라 할 수 있는 개인의 내면적 신앙의 자유는 보장하되, 종교적 행위가 외부로 표출되는 종교적 실행의 자유는 종교적 자유의 본질적인 내용을 침해하지 않는 수준에서 종교적 자유를 제한함으로써 얻어지는 공공의 이익과의 객관적인 비교를 통해 고려되어야 한다." 안국진·유요한, "한국 내 종교갈등 및 종교차별 상황 극복을 위한 제언," 193.

28. 우파 기독교의 정치참여를 주도하고 있는 전광훈 목사는 2011년 8월 30일 양수리수양관에서 열린 '기독교지도자포럼'에서 다음과 같은 발언을 했다. "정교분리의 원칙? 그것이 누구 입에서 나온 소리인지 알고 있는가. 과거 일본이 한국교회가 독립운동을 못 하게 하려고 써먹은 논리다. 정교분리는 옳지 않다. 교회는 적극적으로 정치참여를 해야 한다." 백정훈, "전광훈 목사, 대형교회 목사들 겁박- '좌파 눈치 보며 몸 사리는 목회자들, 가만두지 않겠다'," 『뉴스앤조이』 (2011. 08. 31) (http://www.newsnjoy.or.kr/news/articleView.html?idxno=35672).

29. 개혁적 성향의 젊은 목회자들 모임인 '교회2.0목회자운동'은 2011년 9월 8일에 발표한 한 성명서에서 "정교분리는 정치가 종교의 자유를 간섭할 수 없고 특정 종교를 국교화하는 것이 부당하다는 의미입니다"라고 선언했다. 백정훈, "김삼환 목사, 기독당 창당 불참-교회 2.0 목회자운동은 반대 성명," 『뉴스앤조이』 (2011. 09. 08) (http://www.newsnjoy.or.kr/news/articleView.html?idxno=35749).

30. 새벽이슬 대표 이은창 간사는 2005년 10월 4일 높은뜻숭의교회에서 진행된 '개혁과부흥아카데미'에서 정교분리의 의미를 다음과 같이 설명했다. "실제로 정교분리라고 하는 것은 중세시기 교황이 정치에 관여하고, 국왕이 교회에 관여함으로써 발생하는 수많은 문제들을 막기 위해 마련되었다. 즉, 정교분리는 교회의 정치에 대한 무관심에 대한 근거가 아닌 교회의 무분별한 정치개입을 막기 위한 것이다." 임왕성, "기독교적 정치운동은 확실한 선교운동이다-이은창 간사, '개혁과부흥아카데미' 강의에서 제시," 『뉴스앤조이』 (2005. 10. 04) (http://www.newsnjoy.or.kr/news/articleView.html?idxno=13328).

31. 허명섭, 『해방 이후, 한국교회의 재형성, 1945-1960』 (부천: 서울신학대학교출판부, 2009), 103.
32. *Ibid.*, 80-89.
33. 한경직, "기독교와 정치," 『한경직 목사 설교전집』 1권 (서울: 대한예수교장로회 총회교육국, 1971), 27.
34. 1947년 8월 30일 현재, 한국에 입국한 선교사들의 수는 총 109명이었다. 허명섭, 『해방 이후, 한국교회의 재형성, 1945-1960』, 149.
35. *Ibid.*, 157.
36. *Ibid.*, 154.
37. 최형묵은 이 적산이 특혜적 방식으로 불하됨으로써, 특정인의 사유재산으로 전락했다고 비판했다. 이 적산의 '특정인의 사유재산화'와 개신교의 특혜가 상당부분 중첩된다는 면에서, 이 적산문제는 한국사와 한국교회사 모두에서 뜨거운 감자가 될 수밖에 없다. 최형묵, "민중신학에 근거한 기독교 사회윤리의 관점에서 본 한국 근대화," 『신학논단』 제74집 (2013): 283.
38. *Ibid.*, 133.
39. *Ibid*, 123. 서울신대 박명수 교수는 미군정이 개신교에 우호적이었던 것은 종교적 이유보다는 정치적이었다고 주장했다. "해방 이후 한국 개신교가 미 군정에 의해서 비교적 호의적인 대우를 받게 된 것은 해방 이후 미 군정과 대한민국이 나아가려고 하는 방향과 개신교의 방향이 일치했기 때문이다. 군정은 이 땅에 자유민주주의를 실시하려 했고, 가장 적극적으로 대응했던 것이 개신교다. 개신교는 무엇보다 공산주의를 반대했고, 자유민주주의를 이해했다." 박명수, "'개신국 국가' 미 군정, 과연 불교를 홀대했나," 『크리스천투데이』(2009. 11. 03)(http://www.christiantoday.co.kr/view.htm?id=205084). 반면, 중앙승가대 불교사회과학연구소 박수호 연구위원은 "명목상 정교분리와 종교의 자유가 보장되어 있음에도 불구하고 실제로는 정치권력이 종교를 통제하는 파행적인 종교정책이 지속되는 결과를 초래하였다"고 군정의 종교정책을 비판했다. 박수호, "종교정책을 통해 본 국가-종교간 관계: 한국 불교를 중심으로," 469.
40. "이승만은 청년시절부터 기독교 국가의 비전을 가지고 있던 인물이었다." 김흥수, "교회와 국가, 한국기독교의 경험," 『기독교사상』 통권 제640호 (2012년 4월호), 22; 유영익, "이승만과 한국의 기독교," 『성결교회와 신학』 제13호 (2005년 봄):10-35 참조.
41. 허명섭, 『해방 이후, 한국교회의 재형성, 1945-1960』, 243.
42. 노치준, "한국개신교와 국가권력 간의 관계," 『기독교사상』 통권 제640호 (2012년 4월호), 34.
43. 김권정, "한국교회와 정치참여," 『복음과 상황』 200호 (2007. 5).
44. 서정민은 제1공화국 시절, 교회와 국가의 유착이 극에 달해, 거의 개신교가 "준국교" 수준의 평가를 받았다고 지적했다. "실제로 제1공화국 시절, 5% 미만의 전 국민 크리스천 비율에서 40%에 육박하는 지도급 인사를 배출한 공동체가 된 것은 하나의 증거였다. 이는 기여의 정도를 넘어 특권의 단계로 비판받기도 했고, 남한의 경우, 기독교가 '준국교'라는 뒷말이 나올 정도였다." 서정민, "드높던 정교분리의 깃발은 어디로," 『복음과 상황』 (2006. 10).
45. 강인철에 따르면, 한국교회의 반공주의는 (1)공산주의 세력을 사탄 내지 적그리스도와 등치하는 '사탄론' (2)전쟁은 하나님이 한민족을 선택하여 자유민주주의 수호라는 특별한 사명을 부여하신 계기였다는 '반공주의적 선민의식' (3)한반도 중심의 세계구원을 내세운 '종말론적 구원론' (4)공산주의자들에 의해 희생된 이들을 순교자로 성화하고 숭배하는 '순교담론'으로 나타났다고 한다. 김동언, "강인철 교수, '반공주의 청산해야 할 과제," 『뉴스앤조이』(2005. 11.6) (http://www.newsnjoy.or.kr/news/articleView.html?idxno=13885). 이 주장에 대한 상세한 연구, 강인철, 『한국개신교와 반공주의』 (서울: 중심, 2007) 참조.
46. 1958년 민의원 선거를 기점으로 개신교가 이승만 정권과 거리를 두기 시작했다는 해석은 보수적 진영과 진보적 진영의 역사학자들 사이에서 공통으로 발견된다. 반면, 보수진영의 허명섭은 "그 결과 1960년 3 · 15 선거에는 한국교회가 거의 관여하지 않았다. 오히려 선거 후에는 3 · 15 선거를 부정선거로 규탄하고, 이후 일련의 사태에 대한 정부의 강경 대응에 대해서도 비판의 소

리를 높이게 된다"라고 당시 상황을 정리한 반면, 진보진영에 속하는 노치준은 "그러나 이승만 정권 말기에 이르면 다수의 기독교인들이 이승만 대통령에 대해서 실망하여 거리를 두게 되었지만 정권에 대한 비판과 도전에까지 이르지는 않았다"라고 평가했고, 김권정은 "한국민주주의의 가장 치명적 사건으로 통하는 3·15 부정선거에서도 기독교의 역할은 상상을 초월하는 것이었고, 이승만 대통령 후보와 이기붕 부통령 후보가 모두 기독교인으로 '전국교회 150만 신도께 드리는 말씀'으로 기독교인들의 지지를 공개적으로 호소하였던 것이다."라고 비판했다. 허명섭, 『해방 이후, 한국교회의 재형성』, 253. 노치준, "한국개신교와 국가권력 간의 관계," 34. 김권정, "한국교회와 정치참여."

47. 허명섭, 『해방 이후, 한국교회의 재형성』, 253-61.

48. 조성수, "한국에서의 교회와 국가와의 관계에 관한 연구: 교회사적 측면에서 본 연구" (연세대학교 대학원 박사학위논문, 2008), 284.

49. 장하구, "혁명과 교회의 반성," 『기독교사상』 (1962년 5월호), 43. 조성수, "한국에서의 교회와 국가와의 관계에 관한 연구: 교회사적 측면에서 본 연구," 280에서 재인용.

50. 김재준, "4·19 이후의 한국교회," 『기독교사상』 (1961년 4월호), 조성수, "한국에서의 교회와 국가와의 관계에 관한 연구: 교회사적 측면에서 본 연구," 280에서 재인용.

51. 박수호, "종교정책을 통해 본 국가-종교간 관계," 470.

52. 조성수, "한국에서의 교회와 국가와의 관계에 관한 연구: 교회사적 측면에서 본 연구," 297-98.

53. 이은선, "한국교회와 정치," 『장로교회와 신학』, 228.

54. 10월 유신 이후, 김종필이 교회협과 일부 선교사들의 정치활동을 비판했다. 이에 교회협이 성명서를 발표하여 김종필의 발언을 비판하자, 대한기독교연합회는 반박성명을 발표했다. 그들은 "종교와 정치는 분리되어야 한다...민주주의정권에 대해서나 독재정권에 대해서나 똑같이 로마서 13장에 명시된 모든 권세는 하나님이 정한 것이므로 이에 순종하는 것이 우리 교회의 입장이다"고 주장했다. 『동아일보』(1974. 11. 28). 강인철, 『한국개신교와 반공주의』, 243에서 재인용.

55. 김준곤 목사는 1973년 제6회 조찬기도회에서 행한 설교에서 10월 유신을 다음과 같이 정당화하며 공개적으로 지지를 천명했다. "민족의 운명을 걸고 세계의 주시 속에서 벌어지고 있는 10월 유신은 하나님의 축복을 받아 기어이 성공시켜야 하겠다...당초 정신혁명의 성격도 포함하고 있는 이 운동은...마르크스주의와 허무주의를 초극하는 새로운 정신적 차원으로 승화시켜야 될 줄 안다. 외람되지만 각하의 치하에서 일어나고 있는 전군 신자화운동이 종교계에서는 이미 세계적 자랑이 되고 있는데, 그것이 만일 전민족신자화운동으로까지 확대될 수 있다면 10월 유신은 실로 세계 정신사적 새 물결을 만들고 신명기 28장에 약속된 성서적 축복을 받을 것이다." 『교회연합신보』(1973년 5월 6일). 최형묵, "교회와 권력의 유착 고리, 국가조찬기도회," 『복음과 상황』(2009. 4. 7)에서 재인용.

56. 최형묵, "교회와 권력의 유착 고리, 국가조찬기도회."

57. 강인철, 『한국의 개신교와 반공주의』, 394.

58. *Ibid.*, 244-45.

59. *Ibid.*, 206.

60. 이은선, "한국교회와 정치," 231.

61. 하지만 김준곤 목사의 최근 주장에 따르면, 1969년에 박 대통령이 "군대 내 좌의 침투에 대한 우려를 갖고 군인들의 사상 무장과 정신 무장에 대해 자문을 구해" 왔고, 이에 대해 김 목사가 "신앙전력화가 군대 내 반공운동과 정신의 무장에 크게 도움이 될 거라며 전군신자화운동을 제안" 했다고 한다. 김준곤, "민족복음화운동 연표," 『나와 김준곤 목사 그리고 C.C.C.』 (서울: 한국대학생선교회, 2005), 581-82. 강인철, 『한국의 개신교와 반공주의』, 213에서 재인용.

62. 강인철, 『한국의 개신교와 반공주의』, 358-60.

63. 조성수, "한국에서의 교회와 국가와의 관계에 관한 연구," 314-17.

64. 배덕만, "우리식 복음주의를 꿈꾸며," 『복음과 상황』 256호 (2012. 1. 27). 〈http://www. goscon.co.kr/news/articleView.html?idxno=28113〉.

65. 김명배, "복음주의 진영의 사회참여에 나타난 교회와 국가의 관계," 142.

66. *Ibid*, 142-43.

67. 손봉호, "기독교윤리실천운동," 『기독교사상』 (1990. 11), 86-7. 이런 운동들은 당시의 급박한 정치적 상황의 영향 하에 시작되었지만, 당시에 본격적으로 소개되기 시작한 신학들에도 크게 자극을 받았다. 즉, 1974년 로잔언약을 기초했던 영국의 존 스토트, '그리스도 주권론'을 제창했던 화란의 아브라함 카이퍼, 그리고 복음주의적 문화비평을 주도했던 미국의 프란시스 쉐퍼 등이 한국의 복음주의 지성인들 안에 큰 반향을 불러왔다. 이 부분에 대한 보다 상세한 정보는 류대영, "1980년대 이후 보수교회 사회참여의 이론과 사례," 류대영, 『한국근현대사와 기독교』 (서울: 푸른역사, 2009): 301-45와 김명배, "복음주의 진영의 사회참여에 나타난 교회와 국가의 관계"를 참조.

68. 한기총에 대한 전반적인 설명과 분석에 대해선, 박명수, "한국기독교총연합회와 한국교회 복음주의 운동," 231-69 참조.

69. 허명섭, "최근 한국복음주의 기독교의 정치 및 사회참여," 박종현 엮음, 『변화하는 한국교회와 복음주의 운동』 (서울: 두란노아카데미, 2011), 282.

70. *Ibid*., 283.

71. *Ibid*., 284.

72. *Ibid*., 290. 기독교사회책임을 설립한 서경석 목사는 맥아더 동상철거를 주장하는 사람들을 목격하면서 다음과 같이 자신의 입장을 밝혔다. "도대체 맥아더 동상을 철거하겠다는 사람들은 어떤 사람들입니까? 인천상륙작전이 잘못되었고 이러한 미군의 진입으로 한반도가 분단되었다고 생각하는 사람들입니다. 김정일 치하에서 사는 것이 옳았다고 생각하는 사람들입니다. 그런데 동상을 철거하겠다는 사람들이 수천 명이 되는 것을 보고 충격을 느꼈습니다. 이들이 바로 전교조, 민노총, 민노당, 한총련, 범민련, 통일연대, 민중연대, 전농 그런 사람들입니다. 이 사람들의 숫자가 수십만에 달합니다. 이들이 대한민국을 흔들고 자유 민주주의 체제를 위협하는 것을 보면서 저는 지난날 나의 온 젊음을 다 바쳐 쟁취한 자유 민주주의를 지키기 위해 이들 친북 좌파 세력과 싸우지 않으면 안 된다고 생각했습니다." 서경석, "내가 왜 변절자인가?"〈www.kcsr. kr/news〉.

73. 기독교계열 뉴라이트의 이념적 배경과 특징에 대해서는, 류대영, "한국기독교 뉴라이트의 이념과 세계관," 류대영, 『한국근현대사와 기독교』, 380-414 참조.

74. 김지방, 『정치교회』, 207-22.

75. 허명섭, "최근 한국복음주의 기독교의 정치 및 사회참여," 302.

76. "李시장 '하나님께 서울 봉헌' 발언 물의," Chosun.com (2004. 7. 2) 〈http://news.chosun. com/svc/content_view/content_view.html?contid=200407027021〉.
"李대통령 무릎기도 파장에 靑 진땀," Chosun.com (2011. 3. 4) 〈http://news.chosun.com/ site/data/html_dir/2011/03/04/2011030402134.html〉.

77. "한기총, 4대강 살리기 사업에 대한 입장 발표," 『국민일보』(2010. 5. 25) 〈http://news. kukinews.com/article/view.asp?page=1&gCode=kmi&arcid=0003744352&cp=du〉.

78. 기독교와 관련된 종교차별논쟁에 대해서는 안국진 · 유요한, "한국 내 종교갈등 및 종교차별 상황 극복을 위한 제언"을 참조.

79. 불교계의 한 자료에 의하면, "이명박 정부 출범 이후 6개월간 모두 36건의 종교편향 사례가 발생했는데, 이는 김대중-노무현 정부 10년 동안 발생한 총 21건의 규모를 단숨에 뛰어넘는 것이었다. 정웅기, "범불교도대회의 배경과 성격," 『불교와 국가권력, 갈등과 상생』(종교평화를 위한 학술세미나 자료집, 2009), 197. 박수호, "종교정책을 통해 본 국가-종교간 관계: 한국불교를 중심으로," 473에서 재인용.

80. "국정감사 자료에 따르면, 문화관광부가 최근 5년간 종교계에 지원한 예산은 984억원으로, 종

교별 지출 내역은 불교에 147억 2,200만원, 개신교와 천주교를 합쳐 30억 5,100만원, 범종교계에 15억원 3,500만원, 유교에 41억 6,000만원, 민족종교에 5억 200만원이다." 강돈구, "현대 한국의 종교, 정치, 그리고 국가," 11.

81. "수쿠크법이 뭐길래… 정치·종교계 연일 논쟁,"『크리스천투데이』(2011. 2. 24) (http://www.christiantoday.co.kr/view.htm?id=244775)

82 황세원, "조용기 목사 24일 이슬람채권(수쿠크)법 관련 발언 全文,"『국민일보』(2011. 2. 25). (http://news.kukinews.com/article/view.asp?page=1&gCode=kmi&arcid=0004680226&code=23111111). 그의 발언에 대해 선진당 이회창 대표가 공식적으로 반박하면서, 이 문제가 정치적으로 큰 파장을 일으켰다.

83 류재광, "한기총 '유령단체 종자연이 기독교 탄압 주도',"『크리스천투데이』(2012. 6. 19) (http://www.christiantoday.co.kr/view.htm?id=256426)

84. 종교문제를 둘러싼 이명박 정부와 기독교의 관계에 대해서는 박명수, "정치와 종교: 한국과 미국 ; 이명박 정부시대의 정치와 종교: 불교와 기독교를 중심으로"『성결교회와 신학』제27권 (2012): 42-77 참조.

85. "이명박 정권은 사탄적 정권이 되려 하는가-광우병 위험 미국산 쇠고기 수입에 대한 신학적 비판," NEWSNJOY(2008. 5. 14); "4대강 반대 4대 종단 단식 촛불 기도회," NEWSNJOY(2010. 9. 21); "1% 위한 한미 FTA 닥치고 폐기-' 한미 FTA 폐기 안성시민한마당' 현장을 가다," NEWSNJOY (2012. 4. 2).

86. "서울대학교 손봉호 명예교수가 한국 교회를 가리켜 '개신교 역사상 한국 교회만큼 타락한 교회는 없었다'고 정면 비판해 파문이 일고 있다. 국내 66개 교단과 19개 단체가 가입한 기독교연합체인 한국기독교총연합회(이하 한기총)에 대해서는 '해체되어야 한다'고 직격탄을 날렸다. 1990년대 초부터 기독교윤리실천운동을 이끌었던 손 교수는 시사주간지『시사저널』과 인터뷰에서 '교회가 돈을 우상으로 섬기고 있다. 성경의 가르침과 너무 어긋난다'며 날선 비판을 쏟아냈다. 최근 잇따른 금권 선거 폭로로 위기에 봉착한 한기총 문제의 해결 방안을 묻는 질문에는 '개혁이 불가능하다'고 진단하며, '해체 운동에 나서겠다'고 공언했다."『뉴스한국』(2011. 2. 25). (http://www.newshankuk.com/news/content.asp?news_idx=20110225152145n9398).

87. "김동호 목사(높은뜻연합선교회)가 '목회 세습' 과의 전쟁을 선포했다. 김 목사는 9월 17일 자신의 페이스북에 '교회가 세습하니 세상 사람들이 기독교를 북한 수준으로 생각한다'며 '세습이 일어나지 않는 분위기와 문화가 자리 잡을 때까지 소명감을 가지고 목회 세습 반대 운동을 할 것' 이라는 의견을 올렸다." 이용필, "김동호 목사, 목회 세습과 전쟁 선포- '세습은 형평성·공정성 무너트리는 범죄'…반대 운동 펼칠 것," NEWSNJOY (2012. 9. 17).

88. 구권효, "기독당 공약에 교계 인사들 '상대할 가치도 없다' -종북 좌파 척결, 교회 대출이자 2% 인하…손봉호·이만열·박득훈, '상식 이하 공약'," NEWSNJOY (2012. 4. 10) (http://www.newsnjoy.or.kr/news/articleView.html?idxno=37461).

89. 이들은 성명에서 "다종교 사회에서 종교가 정당을 만들어 정치 세력화하면 화해와 일치의 매개가 되어야 할 종교가 오히려 갈등의 촉매제가 될 수 있다." "기독교 정당을 추진하는 분들이 각종 비리와 문제를 일으켜 먼저 하나님과 사람 앞에 죄악을 회개해야 할 분들이다." "추진하고 있는 기독교 정당이 표방하는 정치적 이념이 반성경적이며, 반민주적이다." "기독교 정당은 선교의 문을 막는다"란 이유들을 들어, 기독당의 창당을 반대했다. 성명서 전문은 http://newspower.co.kr/sub_read.html?uid=17840&section=sc4에서 확인할 수 있다.

90. "한국적 상황에서 교회와 국가의 관계는 창조적 긴장관계이어야 한다. 정부가 국민들로부터 위임받은 권력을 오용하여 가난한 자와 없고 소외된 자들을 억압할 때 그리고 헌법의 뜻과는 다르게 국민을 통치할 때, 그때 교회는 정부가 정의를 실행하도록 선지자적인 비판 사명을 감당해야 할 것이다." 김수찬, "미군정과 제1공화국 하에서 한국교회와 정교분리 원칙," 127. 로버트 벨라는 정치와 종교의 관계를 긴밀한 통합, 정교분리, 지나친 분리, 창조적 긴장으로 구분하고,

'창조적 긴장'을 가장 바람직한 관계로 이해했다. 로버트 벨라, 『사회변동의 상징구조』, 박영신 역 (서울: 삼영사, 1981) 참조.

제13장 [1]
신사도개혁운동

신사도운동을 둘러싼 논쟁이 뜨겁다. 이 운동의 추종세력과 비판세력이 충돌하면서 한국교회의 혼란과 부담이 가중되고 있다. 이 운동의 추종세력은 정체된 한국교회에게 이 운동이 부흥의 동력으로 기능할 것이라고 기대하는 반면, 적대진영은 성령운동에 대한 전통적 비판을 반복하며 맹공을 퍼붓는다. 이런 상황에서, 대다수의 신학자들은 침묵하고 목회자들은 전략적 차원에서 접근하며, 성도들은 갈망과 걱정 사이에서 방황 중이다.

현상은 분명하고 세력도 무시할 수 없지만 이에 대한 학계의 연구가 대단히 부족하므로, 신사도운동에 대한 역사적 연구와 신학적 평가가 어느때보다 필요한 때다. 이 주제에 대한 몇 편의 논문들이 발표되었다. 하지만 개혁주의적 관점에서 신사도운동을 비판적으로 다룬 것이 대부분이다. 신사도운동의 자극적 주장과 활동에 대한 학계의 비판은 대체로 정확하고 설득력이 있다. 그러나 이 운동이 발휘하는 대중적 호소력에 대한 충분한 이해와 반성 없이, 그리고 구체적·실천적 대안의 제시 없이, 단지 이단과 열광주의로 정죄하는 것은 침체된 한국교회에 별로 도움이 되지 않는다.

따라서 이 장은 신사도운동의 역사적 배경에 집중하여 이 운동의 출현 및 발전과정을 객관적으로 추적한다. 이어서 한국에서 신사도운동의 현황을 개괄적으로 소개하고, 이 운동의 주장과 조직, 그리고 그 안의 다양한 흐름들에 대한 정보를 제공하여, 신사도운동에 대한 객관적 평가의 자리를 확보할 것이다. 끝으로, 이 운동의 특징과 한국교회의 과제를 제시함으로써 신사도운동에 대한 논쟁을 전화위복의 기회로 삼고자 한다.

I. 신사도운동의 현황

1. 신사도운동의 의미

'신사도운동' 이란 명칭은 교회성장학의 권위자 피터 와그너 C. Peter Wagner가 최근에 급성장하는 일군의 교회들을 '신사도개혁' New Apostolic Reformation이라고 명명한 것에서 기원했다. 그는 처음에 이 운동을 '탈교파주의' postdenominationalism라고 명명했지만, 1996년부터 신사도개혁이란 용어를 선호하여 이 명칭을 새로운 운동의 공식적 표현으로 삼았다.[2] 와그너는 존 켈리 John P. Kelly와 함께 2000년 '국제사도연합' the International Caolition of Apostles을 설립했고,[3] "제2의 사도시대가 2001년에 시작되었다"고 천명함으로써 소위 '신사도운동' 이 공식적으로 탄생했다.

나는 2001년이 제2의 사도시대가 시작된 해라고 확신한다. 이것은 1세기 이후 통치기구 government가 정상적이지 못했다는 뜻이다. 그것은 사도와 예언자들이 없었다는 뜻이 아니다. 에베소서2:20에 따르면, 예수는 모퉁이돌이시고, 교회의 정체... 교회의 토대는 사도와 예언자들이기 때문이다. 사도들과 예언자들이 없었다는 뜻이 아니라, 그리스도의 몸이 그들을 인정하지 않았고, 그들이 교회의 토대에서 사도와 예언자로 기능하기 위해 예전처럼 그 직무를 수행하도록 허용하지 않았다는 뜻이다. 하지만 이제 우리는 그 직무를 소유하고 있다. 우리는 마침내 2001년에 일군의 중요한 사람들을 얻었다.[4]

결국, 이 운동에 '신사도' 란 개념이 도입된 일차적인 이유는 교회의 핵심 직분들인 '사도와 예언자'를 회복해야 한다는 확신 때문이다. 특별히, 이 운동은 사도직 회복을 강력히 부르짖는데, 와그너는 사도를 다음과 같이 정의한다. "지정된 영역에서 성령의 말씀을 들음으로써, 교회의 통치기구government를 설립하고 회중의 성장과 성숙을 위해 질서를 확립하도록 하나님에 의해 은사, 교육, 사명, 권세를 받고 파송된 기독교 지도자."[5] 이런 주장의 근거로, 이 운동은 에베소서2:20과 4:11-12을 핵심적 성경본문들로 제시하며,[6] 사도와 예언자를 포함한 '5중직'을 강조한다.

사도와 예언자의 회복을 포함하여, 피터 와그너는 신사도개혁의 특징을 다음과 같이 정리한다. "우리는 관료적 권위에서 인격적 권위로, 법적 구조에서 관계적 구조로, 통제에서 협력으로, 합리적 지도력에서 은사주의적 지도력으로의 전이를 목격하고 있다."[7] 와그너에 따르면, 신사도운동에서는 교단의 목사안수 대신 지역교회가 자율적으로 지도자를 선택하며, 목회자 훈련을 위해 일반 신학교에 가는 대신 교회 자체 내의 다양한 프로그램을 통해 지속적으로 훈련을 받는다. 예배는 전통적 형식 대신 CCM 중심의 열린 예배를 지향하고, 통성기도를 포함한 열정적 기도시간이 예배의 많은 부분을 차지한다. 십일조 강조와 적극적 헌금을 통해 교회 재정은 넉넉한 편이며, 지역사회의 소외된 이웃들에 대한 적극적 봉사와 섬김에 힘쓴다. 뿐만 아니라, 교회성장과 성령의 관계를 강조하기 때문에, 신유, 축귀, 영적전쟁, 예언, 성령에 의한 쓰러짐, 영적도해, 중보기도 같은 사역들이 활발히 행해진다.[8] 교리적인 측면에서, 성경무오설을 신봉하고 성경에 대한 문자적 해석을 강조하므로, 이 운동은 보수적 복음주의 노선에 서 있다. 반면, 은사중지론을 거부하고 성령의 은사들을 강조하므로, 오순절운동과의 관계도 확인할 수 있다. 또한 전천년설적 종말론을 신앙하면서 이스라엘에 지대한 관심을 가질 뿐만 아니라, 소위 지배신학dominion theology의 영향 하에 8개 영역예술, 예능, 사업, 가족, 정부, 미디어, 종교, 교육에서 하나님 나라를 드러내야 한다고 강력히 주장한다.

2. 신사도운동의 역사

(1) 부흥운동

미국교회에서 강력한 영적 현상이 나타난 대표적 예는 1801년 켄터키에서 있었던 '캐인릿지 캠프집회' 였다. 1800년 6월에 장로교와 감리교 목사들이 연합으로 인도했던 집회가 1년 이상 지속되다, 1801년 성령의 강력한 임재가 나타났다. 감리교 목사 존 맥기^{John McGee}가 열정적으로 설교할 때, "홍해 장로교회의 마루바닥은 쓰러진 사람들로 뒤덮였고, 하나님의 자비를 구하는 그들의 처절한 울부짖음은 하늘을 찔렀다." [9] 빈슨 사이난에 의하면, 캐인릿지 집회에 참석했던 사람들이 '거룩한 광란' ^{godly hysteria}을 보여주었는데, "쓰러짐, 경련, 개처럼 짖어댐, 황홀경에 빠짐, '거룩한 웃음,' 그리고 '다윗이 하나님의 법궤 앞에서 그랬던 것과 같은 열정적인 춤' 같은 현상들이 나타났다. [10]

캠프집회의 종교적 흥분은 1890년대에 벤자민 하딘 어윈^{Benjamin Hardin Irwin, 1854~?}의 성결운동에서 동일하게 반복되었다. 침례교 목사였으나 성결 교리를 접한 후 웨슬리안 감리교회에 가입한 어윈은 성화 이후 제3의 체험으로서 '불세례' 를 강조했다. 결국, 그의 집회에서 불세례를 받았다는 사람들의 간증이 쏟아져 나왔고, 실제로 그의 집회에서 다양한 형태의 감정적 현상들이 빈번하게 출현했다. "불 받은 이들은 흔히들 소리치고, 비명을 지르며, 방언을 말하고, 황홀경에 빠졌으며, 거룩한 춤을 추고, 웃음을 터뜨렸고, 심지어는 심한 경련까지 일으켰다." [11] 성화와 성령세례를 동일시했던 성결운동 충성파들은 어윈의 가르침을 "제3의 축복이단" 으로 정죄했으나, 그의 운동은 중서부와 남부에서 빠르게 확산되어, 후에 오순절운동의 출현에 결정적인 영향을 끼쳤다. [12]

(2)오순절운동

오순절운동의 아버지, 찰스 폭스 팔함은 초기 오순절운동에 대한 글에 "늦은 비: 사도적 혹은 오순절운동의 기원에 관한 이야기"라는 제목을 붙였다. 이 제목을 토대로, 오순절신학자 도널드 데이튼은 초기 오순절운동의 세 가지 주요 명칭들, 즉, 오순절운동, 사도적 신앙, 늦은 비 운동을 분석했다.[13] 이런 오순절운동의 다양한 명칭들은 오순절운동의 특성을 보여줄 뿐 아니라, 신사도운동과의 관계도 감지하게 한다. 이런 관점에서, 오순절운동의 발생과정에서 중요한 역할을 담당했던 세 인물을 살펴볼 필요가 있다.

먼저, 1830년대에 영국에서 원시적 오순절운동을 주도했던 에드워드 어빙Edward Irving, 1792~1834에게 주목할 필요가 있다. 어빙은 스코틀랜드 장로교회 목사였으며, 그가 목회했던 교회에서 1831년 방언과 예언이 나타났다. 그는 이 영적 현상을 신적·계시적 사건으로 인정했으며, 심지어 "성령세례의 확고한 증거"라고 주장했다. 이런 현상과 주장은 그의 교회와 교단 내에서 심각한 갈등을 초래하여 결국 교단의 징계를 받았다. 그 직후, 어빙은 '가톨릭사도교회' the Catholic Apostolic Church를 설립했다. 그의 교회가 설립된 후, 어빙은 한 명의 '천사'로 인정되었으며 12명의 사도들이 임명되었다.[14]

둘째, 존 알렉산더 도위John Alexander Dowie, 1847-1907는 신유사역자로 세계적 명성을 얻었으며, '기독교가톨릭교회' The Christian Catholic Church를 설립했다. 이 교회는 후에 이름을 '기독교가톨릭사도교회' The Christian Catholic Apostolic Church로 변경했다. 1900년, 시카고 북부에 '시온시' Zion City라는 신유공동체를 건설하면서 명성이 절정에 오르자, 도위는 1901년 자신을 "회복자 엘리야" Elijah the Restorer라고 선포했다. 심지어 1904년에는 "시온에 있는 기독교가톨릭사도교회에서, 주 예수 그리스도의 첫 번째 사도"라는 칭호를 붙였다.[15] 동시에, 사도와 예언자가 된 것이다. 그의 사후에 미국에서 그의 교회는 급격히 쇠퇴했지만, 남아프리카에서 크게 번성했다.

셋째, 감리교 설교자로서 성결운동에 깊이 관여했던 찰스 폭스 팔함 Charles Fox Parham은 벤자민 어윈과 프랭크 샌포드 Frank Sanford, 1862~1948 등의 영향을 깊이 받으면서 "사도적 신앙" apostolic faith을 전파하기 시작했다. 그는 성결과 성령세례를 구별했고, 방언이 성령세례의 증거라고 믿었다. 뿐만 아니라, 그는 일체의 의학적 치료를 거부하는 신유론과 세대주의적 전천년설을 수용했다.[16] 그의 '사도적 신앙운동'은 윌리엄 조셉 시무어를 통해 아주사거리부흥운동으로 이어졌다. 시무어는 자신의 모임을 '사도적신앙선교회' Apostolic Faith Mission라고, 그리고 자신이 발행한 신문을 '사도적 신앙' Apostolic Faith이라고 각각 명명했다. 특별히, 그는 방언을 외국어로 이해하고, 선교사들이 방언을 받으면 선교지에서 외국어를 배우지 않고도 본토인들에게 복음을 전할 수 있다고 주장했다.[17] 아주사거리부흥운동을 연구한 세실 로벡 Cecil M. Robeck, 1945~에 따르면, "아주사거리선교회에서 사람들은 방언을 하고, 예언하고, 설교하고, 신유를 행하고, 입신하고, 환상을 보았으며, 뜀뛰기, 구르기, 웃기, 소리치기, 짖기, 그리고 성령의 권능 아래서 쓰러지기 같은 다른 현상들에 연루되었다."[18]

(3) 늦은 비운동과 은사주의운동

1946년에 윌리엄 브랜햄과 오랄 로버츠를 중심으로 강력한 신유운동이 미국을 강타했다. 브랜햄은 거대한 텐트 속에서 수천 명을 대상으로 신유집회를 인도했고 수많은 병자들이 치유되었다. 심지어, 죽은 사람이 살아났다는 소문도 있었다. 특별히, 그는 여러 차례 천사들의 방문을 받은 후, 환자들의 질병과 생각을 분별할 수 있는 능력을 받았다고 주장했다. 집회 도중, 그의 머리 뒤에 광채가 나타난 장면이 사진에 찍히자, 그는 더욱 신비한 인물로 인정되었다.[19] 같은 시기에 혜성 같이 등장한 인물이 오랄 로버츠였다. 그는 전국에서 가장 큰 천막을 소유하고 대규모 신유집회를 인도했으며, 그 집회는 라디오와 텔레비전을 통해 전국으로 중계되었다. 순복음실업인회 조직, 감리교 가입, 오랄로버츠대학교 설립, '신앙의 도시' City of Faith, 기도와 의학을 겸비한 병원 건축 등을 통해 그의 사역이 오순절교단을 넘어 주류교단으로 확대됨으로써 은사주의운동의 출현에 결정적으로 기여했다.

1948년 2월에 '늦은 비' Latter Rain 운동으로 알려진 새로운 성령운동이 캐나다 노스배틀포드 North Battleford에 위치한 '샤론 고아원과 학교'에서 호틴 형제 Erin and Geroge Hawtin에 의해 시작되었다. 이 운동은 후에 '늦은 비의 새로운 질서' New Order of the Latter Rain가 되었으며, 『샤론의 별』 the Sharon Star이란 잡지도 발행했다. 이 운동은 여러 면에서 오순절운동과 유사했다. 방언, 예언, 거룩한 웃음, 신유 등이 늦은 밤까지 지속되던 그곳의 기도회에서 일반적으로 나타났으며, 종말에 대한 기대도 매우 강했다. 하지만 안수를 통해 성령의 은사를 부여 imparting하는 것, 집단적 방언찬송, 개인적 예언, 그리고 사도와 예언자 직분의 회복 등은 독특한 부분이다. 이 운동은 곧 하나님의 성회를 비롯한 주류 오순절교단들의 지지를 잃었으나, 1960년대에 출현한 은사주의운동에 큰 영향을 끼쳤다.[20] 특히, 이 운동에 참여했던 빌 해몬 Bill Hamon은 이 운동의 영향을 은사주의, 오순절운동, 신사도운동으로 확대하는데 중요한 역할을 했다.

1970년대에 은사주의 운동 내에서 "통치신학" dominion theology이 출현했다. 이것은 화란 신학자 아브라함 카이퍼의 영향을 깊이 받은 루사스 러시두니에 의해 시작되었고, 후에 팻 로버트슨, 존 기메네스, 얼 펙 같은 은사주의자들에게 영향을 끼쳤다. 이들은 대체로 다원주의를 반대했으며, 그리스도인들이 삶의 모든 영역을 지배해야 한다고 주장했다. 세부적으로는 재건주의, 지배주의, '현재 임한 하나님의 나라 신학' 등으로 불렸다. 특별히, 얼 퍽의 경우, 에베소서 4장에 기록된 '오중직'의 회복과 추가적 계시에 대한 개방성을 주장했으며, 흑인인권운동을 포함한 다양한 형태의 진보적 사회운동에는 적극 참여했다. 이 과정에서, 퍽은 늦은 비 운동에 참여했던 빌 해몬의 영향을 깊이 받았다.[21]

(4) 제3의 물결

퀘이커 출신인 존 윔버는 목회 초기부터 은사주의와 관계를 맺어 왔으나, 성령세례에 대한 입장의 차이로 오순절 · 은사주의 운동과 자신을 철저히 구분했다. 하지만 현재 진행되는 하나님과 사탄의 싸움이 예수의 재림에 의해 하나님의 최종승리로 끝날 것이라는 '왕국신학' Kingdom Theology에 근거해서 '능력전도' power evangelism와 신유를 강조했다. 특히, 윔버는 풀러신학교에서 와그너와 함께 "표적, 기사 그리고 교회성장"이란 제목의 과목을 가르치면서, 와그너가 성령에 관심을 갖도록 결정적인 영향을 끼쳤다.[22] 피터 와그너는 이런 경험과 관찰을 통해, 윔버를 중심으로 발생한 새로운 형태의 성령운동을 "제3의 물결" the Third Wave이라고 명명했다. 동시에, 캔자스시티예언자들과 깊은 관계를 맺으면서 예언을 중심으로 한 늦은 비 운동의 적극적인 지지자가 되었다.

1987년부터 남아프리카 출신 로드니 하워드 브라운의 집회에서 '웃음부흥'이 나타나기 시작했다. 1992년에 플로리다 주 레이크랜드에 소재한 하나님의 성회 소속 '카펜터스 하우스' Carpenter's House에서 만여 명의 성도들이 운집한 가운데 웃음 현상이 나타났다. 이 현상은 다음 해 온타리오 주 토론토에 위치한 빈야드공항교회에서 더욱 강력하게 터져나왔다. 존 아놋 목사가 담임하던 이 교회에서 하워드 집회에 참석한 적이 있던 랜디 클락 목사가 집회를 인도했을 때, '거룩한 웃음' 외에, 울부짖음, 개짖는 소리,

병아리 소리 같은 "동물소리"가 빈번히 나타났다. 또한 이 현상은 비슷한 시기에 영국 런던 근처의 브롬튼에 위치한 성삼위성공회교회에서도 나타났다. 그러자 영국 신문들이 이 현상을 '토론토블레싱' Toronto Blessing이라고 최초로 명명했다. 피터 와그너는 이 부흥을 "주님께서 다가오는 부흥을 위해 우리를 준비시키려고 하시는 일들 중 하나"로 평가했으나, 빈야드운동 대표 존 윔버는 "우리는 비성경적인 이상한 행위들에 대해 결코 인정하거나 권장하거나 신학적 타당성 내지 성경적인 증거 본문을 제시할 수 없다"고 비판하며 빈야드공항교회와 관계를 단절했다. 하지만 이후에도 존 아놋은 체 안Che Ahn, 1956~ 같은 신사도운동가들에게 큰 영향을 끼쳤다.[23]

1982년에 마이크 비클이 미주리 주 캔자스시티에 캔자스시티 펠로우십Kansas City Fellowship, 현재는 Metro Christian Fellowship이란 이름의 교회를 개척했다. 이 교회는 빠르게 성장했고, 1986년 '그레이스 미니스트리' Grace Ministries란 단체를 설립했다. 이 교회는 '늦은 비 신학'에 토대를 두었으며, 1987년부터 폴 케인이 주요 강사로 활약했다. 그는 윌리엄 브랜햄에게 깊은 영향을 받았으며, 브랜햄의 "나타난 하나님의 아들들, 혹은 요엘의 군대" 같은 주장을 선전했다. 이처럼, 캔자스시티 펠로우십과 관련된 일군의 사람들Mike Bickle, Paul Cain John, Paul Jackson 등이 '캔자스시티 예언자들'로 불리게 되었다. 그들은 1990년 존 윔버와 결합하여 빈야드교회연합에 가입했으나, 윔버와 토론토공항교회가 분열하면서 빈야드와 결별했다. 그 후, 이들은 토론토블레싱운동과 긴밀한 관계를 유지하며, 계속해서 '늦은 비 신학'을 전파하고 있다. 그들의 집회는 예언과 강력한 영적 현상들이 빈번하게 나타난다.[24]

3. 신사도운동의 대표자들

신사도운동은 미국에서 출현했지만, 이미 아시아, 아프리카, 남미, 그리고 유럽으로 확산되었다. 또한 신사도운동의 확산을 위해 기존 교회와 전면전을 치르는 그룹부터 신사도운동과 간접적·부분적으로 관계를 유지하는 그룹까지 그 안의 흐름도 다양하다. 이제, 신사도운동의 핵심적 주장과 내적 네트워크를 확인하기 위해, 4명의 대표적 인물들, 즉 국제사도연맹을 창설한 피터 와그너, IHOP의 설립자 마이클 비클, CI의 대표 빌 해몬, 그리고 HIM을 이끌고 있는 체 안을 중심으로 신사도운동의 현황을 살펴보자.

(1) 피터 와그너(C. Peter Wagner, 1930-2016)

피터 와그너는 1956년부터 1971년까지 볼리비아에서 선교사로 일했고, 1971년부터 2001년까지 풀러신학교에서 교회성장학 교수로 섬겼다. 그는 1982년 존 윔버와 "기사, 이적, 그리고 교회성장" 과목을 개설하여, 병자를 위한 기도, 영적 도해, 동일시 회개, 사도와 예언자 직분, 축귀 등을 옹호함으로써 소위 '영적 전쟁' spiritual warfare의 개척자가 되었다. 1990년대 동안, 국제사도연맹 the International Coalition of Apostles, ICA과 EVAT Eagles Vision Apostolic Team 등을 설립하면서 신사도운동을 주도했다. 그는 오늘날 예언자와 사도직이 회복되어야 한다고 주장하면서 신사도개혁운동의 신학적·역사적 정당성을 옹호하고, 이런 운동을 반대하는 기존 교회들을 "종교의 영"이라고 비판한다. 동시에, '일곱 산 명령' Seven Mountain Mandate 으로 표현되는 "지배명령" Dominion Mandate을 통해 사회변혁을 추구한다.[25]

(2) 마이클 비클(Mike Bickle, 1955-)

마이크 비클은 1982년 캔자스시펠로우십 Kansas City Fellowship을 개척했다. 1990년, 존 윔버가 이끌던 빈야드교회연합회에 가입하여 1996년 탈퇴할 때까지 회원 교회로 있었다. 하지만 그는 신자수가 3천명을 넘은 교회를 사임하고, 1999년 '국제기도의 집' International House of Prayer in Kansas City을 설립했다. 이 단체는 1999년 9월 19일 이후, '하루 24시간, 한주 7일, 한 해 365일' 기도모임을 갖고 있다. IHOP은 아모스9:11-12에 근거해서 '다윗의 장막'을 회복하기 위한 기도운동을 전개하고, 요엘2:28-32에 근거하여 말세에 강력한 성령운동을 추구하며, 에베소서4:11-13을 근거로 교회의 5중직을 강조한다. 뿐만 아니라, 사회와 문화의 주요영역에 진출하여 하나님의 주권을 드러낸다는 '지배신학' dominion theology과 요엘2:12-17을 토대로 기도와 금식에 힘쓰는 '요엘의 군대' 를 주장한다.[26]

(3) 빌 해이몬(Bill Hamon, 1934-)

빌 해몬은 1954년부터 늦은 비 운동과 접촉하기 시작하면서 교회사를 늦은 비 운동의 관점에서 해석하기 시작했다. 그는 마지막 세대의 신자들이 죽음을 정복하고 불멸의 몸을 얻게 될 것이며, 주님의 군대가 출현하여 하나님의 뜻을 실행하고 천년왕국을 시작할 것이라고 주장한다. 그는 1967년에 Christian International School of Theology를 설립하여, 예언자 중심의 신학교육을 시작했다. 1980년대부터 "현재 임한 하나님 나라신학"을 추구했던 얼 픽과 긴밀한 관계를 맺었고, 1990년대부터 신사도운동이 본격적으로 출현하자 이 운동에 적극 관여하기 시작했다. 그는 신사도운동가들에 의해 '현존하는 세계 3대 예언자들 중 한 명' 으로 칭송되고 있다.[27]

(4) 채 안(Che Ahn, 1956-)

채 안안재호는 교포 2세로서 미국 파사데나에 소재한 추수반석교회Harvest Rock Church 담임목사다. 1994년, 그는 존 아놋이 인도하는 빈야드 집회에 참석했다가 웃음 임파테이션을 경험했다. 다음 해, 존 아놋을 자신이 목회하는 추수반석교회에 초청했고, 그 집회를 계기로 교회가 부흥하기 시작했다. 채 안은 피터 와그너가 조직한 "사도의회"의 초기 사도 12명 중 한 사람이며, 2008년에 있었던 타드 벤틀리[Todd Bently, 1976~]의 사도 임직식에서 피터 와그너와 함께 중요한 역할을 담당했다. 그는 약 500명의 신사도운동교회 지도자들의 연합체인 '국제추수선교회' Harvest International Ministries, HIM를 루 잉글 Lou Engle과 함께 이끌고 있으며, 와그너리더십연구소 한국캠퍼스 WLI Korea 총장이다.[28]

II. 한국의 신사도운동

1. 배경

신사도운동을 존 윔버, 피터 와그너, 마이크 비클 등의 사역이 결합된 것으로 이해할 때, 한국에서 신사도운동과 한국교회의 접촉은 존 윔버의 빈야드운동과 함께 시작된 것으로 보인다.[29] 존 윔버가 한국에 최초로 소개된 것은 1987년 온누리교회에서 시작된 '경배와 찬양'을 통해서다.[30] 경배와 찬양을 통해 널리 알려진 '오, 나의 자비로운 주여'도 존 윔버가 작곡한 곡이다. 하지만 빈야드운동이 한국교회에 본격적으로 알려지기 시작한 것은 풀러신학교 출신의 이재범 목사가 1988년 존 윔버의『능력전도』를 번역·출판하면서부터다.

1990년대에 들어서면서 성장이 정체되기 시작한 한국교회는 빈야드운동에 폭발적인 반응을 보였다. 1990년대에 LA에서 진행된 윔버의 세미나에 한국인 목회자 800여명, 평신도 200여명이 참석한 것으로 보고되었고, 1993년 캐나다 토론토에 위치한 빈야드공항교회에서 소위 '토론토블레싱' Toronto Blessing이 발생했다는 소식을 접한 후, 엄청난 수의 목회자와 평신도들이 그 현장을 방문했다. "전체 빈야드 세미나를 수료한 한국인 목사와 평신도의 수는 대략 2000명일 것으로 추산된다."[31] 그 결과, 한국에도 빈야드적 사역을 추구하는 연구원과 세미나들이 우후죽순처럼 생겨났다. 1995년에 발표된 안환균의 보고에 따르면, 조무남 목사의 능력치유사역세미나, 김남수 목사의 예수제자훈련원, 유기상 목사의 세계영성원, 박형렬 목사의 치유목회연구원, 조원길 목사의 목양세계선교회, 한국영신회, 예수원, 한사랑선교회, 루디아자매회 등이 빈야드와 관련된 대표적 기관들이었다.[32]

2. 도입과 발전

2000년대에 피터 와그너를 통해 신사도운동이 본격적으로 한국에 도입되기 시작했다. 피터 와그너는 교회성장학의 세계적 거장이었기 때문에, 풀러신학교에 유학한 한국학생들을 통해, 그리고 여의도순복음교회 조용기 목사와 광림교회 김선도 목사와의 개인적 친분을 통해, 이미 한국에 오랫동안 영향을 끼치고 있었다. 하지만 2000년 이후로 그가 신사도운동을 본격적으로 시작하면서, 그가 저술한 신사도관련 서적들이 한국에 번역되고,[33] 한국을 수차례 방문하여 집회를 인도하면서[34] 신사도운동이 한국교회에 직접 소개되고 확산되었다. 와그너뿐 아니라, 그와 함께 신사도운동을 주도하는 대표적 인물들특히, 체안과 신디 제이콥스도 한국에 큰 영향을 끼쳤다. 그들의 영향 하에, 한국에 신사도운동을 체계적으로 전파하는 조직들이 구성되었다. 대표적 조직들은 피터 와그너가 설립하여 세계 7개국으로 확산된 WLI[Wagner Leadership Institute]의 한국지부 '나 WLI Korea' 2004년 설립, 대표 홍정식 목사,[35] 체안이 설립한 HIM[Harvest International Ministries]의 한국지부 '한국 HIM선교회' 1998년 설립, 대표 홍정식 목사, 하베스트샬롬교회 1982년 개척, 담임 홍정식 목사, 영동제일교회 1995년 개척, 담임 김혜자 목사, 큰믿음교회 1995년 개척, 변승우 목사 등이 있다.[36] 이 조직들은 신사도운동의 세계적 지도자들을 국내에 초청하여 집중강의 및 대중집회를 개최하고[37] 그들의 책을 번역 · 출판하면서[38] 국내에 신사도운동을 체계적으로 확산시키고 있다. 동시에, 빌 해몬이 설립한 CI^Christian International의 한국지부 '$CI Korea$' 2008년 설립, 대표 박노라 목사, 이것과 자매 결연을 맺은 아가페신학연구원 1999년 설립, 학장 김태진 목사도 활발히 활동하는 신사도운동 기관들이다.

2000년대에 주목해야 할 또 하나의 흐름은 IHOP-KC^International House of Prayer in Kansas City의 한국 상륙이다. IHOP은 2007년 7월 13일, 선한목자교회 담임 유기성 목사에서 열린 '아이합 기도 컨퍼런스'를 통해 국내에 첫 선을 보였다. 뿐만 아니라, IHOP-KC는 2009년 공식적으로 한국인 사역부를 설치하고, "15명의 한인선교사들이 캔자스 시티를 찾는 한국인들에게 IHOP의 핵심 메시지를 전달하며 한인들을 훈련하고 개 교회로 재 파송"하고 있다.[39] 이런 영향 하에 다양한 형태의 IHOP 모임들이 한국에 구성되어 활발히 활동하고 있다. 대표적 모임으로, 한국아이합^International House of Prayer Korea, 원띵하우스^Onethinghouse, 2007, 손종태 목사와 원띵네트워크, 그리고 이들이 발간하는 신사도잡지 『뉴와인』이 있다.[40]

3. 반응

무엇보다, 신사도운동이 빠르게 세력을 확장하고 있다. 비록, 신사도운동에 대한 비판과 의혹도 증가하고 있지만, 그런 주변의 반응이 신사도운동의 무서운 성장에 별다른 영향을 끼치지 못하는 것으로 보인다. 오히려, 그런 반대 때문에 신사도운동의 내적 결속력이 강화되는 것 같다. WLI Korea, 한국 HIM선교회, CI Korea, 한국아이합, 영동제일교회, 큰믿음교회, 하베스트샬롬교회 같은 신사도운동의 대표적 기관들의 성장 속도는 대단하다. 예를 들어, 1995년 개척된 큰믿음교회의 경우, 2013년 현재 국내에 34개 교회와 해외에 7개 교회를 거느리고 있으며,[41] CI와 자매결연을 맺고 1998년 개원한 아가페신학연구원도 이미 국내와 해외에 15개의 분교를 개척했다.[42] 이렇게 신학교육기관과 교회들을 통해 국내의 신사도운동이 급성장하고 있으며, 수많은 집회와 출판물을 통해 자신의 영향력을 대중적으로 확대하고 있다. 이들은 자신들을 공격하는 사람들에게 자신들의 입장을 적극적으로 변호하면서 강력한 반격을 가한다.[43]

합동과 고신을 중심으로 한 보수적 장로교회가 신사도운동에 대한 경계와 비판을 주도하고 있다. 이 교단들은 신사도운동과 관련된 세미나를 이미 수차례 개최했고, 교단의 이단문제 전문가들과 신학교수들을 동원하여 이 문제에 대한 공격을 체계적 · 적극적으로 시도했다. 그리고 교단차원에서 신사도운동에 대한 비판과 정죄를 공식적으로 발표했다.[44] 합동 소속의 정이철 목사는 국내 최초의 신사도운동 비판연구서를 출판했으며,[45] 고신 소속의 최병규 목사, 합신대학원대학교의 이승구 교수, 개혁신대원의 김재성 교수 등이 신사도운동에 대한 비판적 논문과 글을 발표했다.[46] 또한 개혁주의 노선을 견지하는 부흥과개혁사와 새물결플러스가 신사도운동에 대한 비판서들을 출판했으며,[47] 언론사로는 '뉴스앤조이' 가 신사도운동 관련기사들을 집중적으로 다루면서 이 주제에 대한 여론형성을 주도했다.[48]

신사도운동과 관련된 것으로 지목된 인물과 단체들 중에서, 신사도운동과의 관련성을 적극적으로 부정하는 그룹들이 있다. 이들은 사역의 형태와 인맥 면에서 신사도운동과 관련된 것으로 비판자들의 주목을 받았으나, 정작 자신들은 신사도운동과 관계가 없다고 적극적으로 주장 · 해명하고 있다. 예를 들면, 에스더기도운동의 이용희 교수는 자신들을 신사도운동으로 지목한 정이철 목사의 주장을 조목조목 반박했고, 뉴스앤조이와 마르투스를 상대로 법정 소송을 제기했다. 인터콥과 최바울 선교사의 경우, 교계의 비판을 적극적으로 수용하면서 자신들의 입장을 수정하려 했고, 자신들의 공식홈페이지에 신사도운동을 비판하는 글을 게재하기도 했다. 심지어,

한국아이합의 경우, 하루 24시간 365일 중보기도란 핵심사역 외에 인턴십 핵심과목들에서 IHOP-KC와 동일한 사역을 추구하고 있음에도, 홈페이지에서 자신과 신사도운동 간의 관계를 공개적으로 부인하고 있다.[49]

대부분의 교단들은 이 문제에 대해 특별한 반응을 보이지 않고 있다. 변승우 목사 문제가 불거졌을 때, 통합, 백석, 예성, 기성 교단에서 비판적 목소리를 냈지만, 이 운동과 가장 유사한 전통을 지닌 오순절교단들은 침묵을 지키고 있다. 이들은 신사도운동의 출현에 직간접적 영향을 끼쳤지만, 최근에 신사도운동에 대한 부정적 여론이 형성되자 딜레마에 빠진 것처럼 보인다. 신사도운동을 비판할 경우 자신들의 정체성 자체를 부분적으로 부정할 수밖에 없으며, 옹호할 경우엔 신사도운동과 동일시됨으로써 사회적 명성에 치명타를 입을 가능성이 농후하기 때문이다. 뿐만 아니라, 이런 교단에 속한 교회들에서 알파와 G12 같은 프로그램을 통해 신사도운동이 확산되고 있지만, 목회자와 신학자 사이에 이 문제에 대한 해석과 입장의 차이가 매우 크다. 이런 복잡한 상관관계 때문에, 이 교단들은 선뜻 입장을 정리하지 못하고 침묵의 시간이 길어지는 것 같다.

III. 신사도운동을 둘러싼 논쟁

1. 논쟁의 발달

물론, 신사도운동이란 용어는 피터 와그너의 영향 하에 2000년 이후부터 본격적으로 통용되기 시작했고, 사역 및 신학적 강조점에서 빈야드, 신사도, IHOP 사이에 분명한 차이점이 존재한다. 하지만 서로 많은 부분을 공유하고 있음은 부인할 수 없다. 이 운동을 둘러싼 한국교회의 비판적 대응도 각 흐름이 한국에 소개된 시기에 따라 순차적으로 발전했다. 즉, 1990년대에는 존 윔버의 빈야드에 대한 논쟁이 주를 이루었고, 2007년을 기점으로 피터 와그너를 중심으로 한 신사도운동에 대한 비판적 논쟁이 폭발하기 시작했다. 최근에는 이 논쟁에 IHOP도 중요한 논쟁의 대상으로 추가되고 있다.

먼저, 1990년대에 뜨거운 감자였던 빈야드운동은 1995년을 기점으로 장로교를 중심으로 한 보수교단의 강력한 비판에 직면했다. 1995년, 장로교 통합은 제81회 총회에서 빈야드운동에 대해 "도입금지"를 결정했다. 고신은 1996년 46회 총회에서 빈야드운동에 "참여금지"를, 합동은 1997년 제82회 총회에서 이 운동의 "참여자와 동조자를 징계"하기로 각각 결정했으며, 기성은 1998년 제53회 총회에서 이 운동에 "사이비성"이 있다고 결론을 내렸다.[50] 심지어, 한국에 존 윔버의 저작들을 가장 먼저 소개했던 이재범 목사마저 1995년『목회와 신학』에 기고한 글에서, "빈야드운동은 이제 성령의 능력과 인격의 균형을 이루는 사역을 해야 한다. 하나님은 성령의 인격을 우선순위에 두고 있음을 알아야 한다. 성령의 인격 없는 능력만을 강조하면 빈야드운동도 일시적인 운동으로 끝나고 말 것이다"라고 비판했다.[51] 이런 비난의 봇물 속에, 한국에서 빈야드의 열기는 급속도로 냉각되고 말았다.

둘째, 빈야드 열풍이 사라진 후 잠잠하던 한국교회에 성령운동이 뜨거운 감자로 재부상한 것은 2007년 벌어진 소위 '방언논쟁'이었다. 2007년은 평양대부흥 100주년이 되던 해로, 전국적으로 부흥의 열기가 고조되던 때였다. 이때, 김우현 PD가『하늘의 언어』를 규장출판사에서 출판했다.[52] 성령세례와 방언의 필연적 관계성을 강조한 이 책이 베스트셀러가 되면서, 한국교회 내에 방언열풍이 불어왔다. 하지만 다음 해인 2008년, 옥성호가 부흥과개혁사를 통해 김우현의 책을 정면으로 반박하는『방언, 정말 하늘의 언어인가?』를 출판했다.[53] 그는 개혁주의에서 신봉하는 '은사중지론'에 근거해서 김우현의 주장을 조목조목 비판했다. 이후, 규장과 부흥과개혁사는 양쪽의 입장을 대변하는 출판사들로 대립각을 세우고 있다.[54] 이처럼 평신도들 간에 벌어진 논쟁은 2008년 이후 신학자들의 가담으로 더욱 치열하고 전문화되었다. 즉, 신약학자인 평택대 김동수 교수가 2008년에 『방언은 고귀한 하늘의 언어』를 출판하여 옥성호를 비판하고 김우현의 손을 들어주었다.[55] 하지만 2011년, 고신대에서 조직신학을 가르치는 박영돈 교수가 『일그러진 성령의 얼굴』을 통해, 위의 세 사람 입장들을 모두 비판하고 통합적 입장을 추구하려 했다.[56] 결과적으로, 김우현의 책에서 촉발된 일련의 논쟁은 오순절주의자들의 전유물로 간주되던 방언을 포함한 성령운동 일반에 대해 대중 및 학계의 관심을 집중시키는 결과를 가져왔다.

셋째, 방언논쟁이 벌어진 때를 전후로, 신사도운동에 대한 출판계, 학계, 그리고 교단적 차원의 논쟁도 폭발하기 시작했다. 즉, 2007년을 기점으로 신사도운동을 주도하는 피터 와그너, 신디 제이콥스, 체안, 마이크 비클, 릭 조이너 등의 책들이 한국에서 신사도운동을 주도하는 단체들 소속 출판사들을 통해 정말 '홍수처럼' 쏟아져 나왔다. WLI, Shekinah MEDIA, 뉴와인, 드보라하우스, 순전한나드, 죠이선교회출판부 등이 대표적인 출판사들이었다. 이런 상황에서, 신사도운동에 대해 비판적으로 대응한 곳은 부흥과개혁사와 새물결출판사다. 부흥과개혁사는 2008년 존 맥아더의 『무질서한 은사주의』와 2009년 행크 해너그라프의 『빈야드와 신사도의 가짜 부흥운동』를 연속으로 출판했고, 새물결출판사에서는 행크 해너그라프의 『바벨탑에 갇힌 복음』을 출판하여, 신사도운동에 대한 경계를 촉구했다. 출판계뿐만 아니라, 신사도운동에 대한 교계차원의 비판적 대응도 즉각 나타났다. 2009년 6월 29일, 한국장로교총연합회[한장총] 이단대책위원회는 "신사도운동에 대한 장로교 신학적 입장' 이란 주제로 제3회 세미나를 개최했다. 이 날 발제를 맡은 최병규 목사와 이승구 교수는 개혁주의적 입장에서 신사도운동을 날카롭게 비판했다.[57] 이 두 사람 외에도, 정이

철 목사와 박형택 목사가 신사도운동의 주요 저격수로 활발히 활동하고 있다.[58]

2. 갈등의 심화

최근에는 한국에서 활동하는 사역자들과 단체들 중, 신사도운동과의 관련성 문제로 당사자와 비판자들 간의 치열한 논쟁과 갈등이 구체적으로 전개되고 있다. 이 논쟁은 크게 개인적 차원과 집단적 차원으로 분류할 수 있을 것 같다. 개인적 차원의 논쟁은 신유사역자 손기철 장로와 큰믿음교회 변승우 목사를 중심으로 전개되었고, 집단적 차원에서는 에스더기도운동과 인터콥이 논쟁의 핵심이었다.

먼저, 건국대학교 부총장이자 온누리교회 장로인 손기철은 치유말씀 사역단체 '헤븐리터치미니스트리' HTM 대표로서 현재 한국교회 내의 대표적 치유사역자로 활동하고 있다. 그가 매주 월요일마다 성남의 선한목자교회에서 진행하는 말씀치유집회에는 평균 2,000-2,500명이 참석하고 있으며, 지금까지 그가 쓴 7권의 책들은 모두 베스트셀러가 되었다.[59] 하지만 정이철 목사는 그를 신사도운동의 대표적 인물로 지명하여 비판했으며,[60] 2009년 최병규 목사가 한장총 세미나에서 발표한 논문, "신사도개혁운동 형성의 역사적 배경과 신학에 대한 비평"에서 손 장로를 변승우 목사와 함께 "간접적으로 신사도운동과 연대하고 있거나 사상을 전하고 있는 이들" 속에 포함시켰다.[61] 뿐만 아니라, 2011년 7월 11에 열린 '개혁주의 신학대회'에서 총신대 김지찬 교수는 손 장로의 문제점을 '①기적이 과연 일어난 것인지 확인할 수 없다. ②기적적 현상들이 항상 성령의 역사인지 알 수 없다. ③객관적 계시인 성경보다 주관적인 직접 체험을 강조하는 모습을 보인다. ④은사중지론에 대해 오해하고 있다'라고 정리했다.[62] 이런 학자들의 연구를 토대로, 같은 해 9월 19-23일까지 열린 제96회 총회에서 예장 합동은 손 장로에 대해 "교류를 삼가고 집회에 참석하지 말아야 한다"고 교단의 공식적 입장을 정했다.[63] 이런 반응에 대해 손 장로는 국민일보와의 최근 인터뷰에서 자신의 입장을 다음과 같이 밝혔다.

> 솔직히 그것이 정확하게 무엇을 의미하는지 잘 모르겠습니다. 좀 더 구체적으로 '이런 부분은 이러이러하다'고 가르쳐 주면 좋겠습니다. 무엇이 자의적으로 보였을까요? 하나님은 제게 3번 비전을 보여주셨습니다. 치유사역과 하나님 나라, 그리고 그 하나님의 나라를 교회를 통해서 이루라는 것입니다. '하나님 나라 없는 교회, 교회 없는 하나님 나라'는 있을 수 없다는 것이 저의 지론입니다."[64]

여전히 손기철 장로의 사역에 대한 우려의 소리는 적지 않다. 하지만 일부의 냉혹한 비판에도 불구하고, 그의 사역을 이단으로 정죄하여 가로막는 대신, 장점을 살리고 문제점을 수정하여 좋은 방향으로 사역할 수 있도록 도와야 한다는 보다 온건한 입장이 대세인 것처럼 보인다. 최근에 손 장로에 대한 논문을 발표한 장신대 현요한 교수가 이런 입장을 대변하는 것 같다.[65]

다음으로, 변승우 목사의 경우를 살펴보자. 한국교회연합 바른신앙수호위원회는 2012년 9월 8일에 최근 한국교회에서 이단성 문제로 논쟁의 대상이 된 8명_{이만희, 이재록, 박윤식, 김기동, 류광수, 변승우, 정재형, 홍재철}에 대한 최종입장을 결정해서 발표했다. 이 명단에 변승우 목사가 포함되었으며, 변 목사에 대한 한교연의 결정사항이 『뉴스파워』에 다음과 같이 요약해서 보도되었다.

변승우 씨는 성경 이외의 직통계시적인 차원의 계시 성경이 아닌 음성를 주장함으로써 신사도 개혁운동과도 유사한 계시관을 견지하고 있다. 변승우 씨의 계시관은 비 성경적임은 물론 정통교회의 계시관과 배치된 것으로 하나님의 말씀인 성경의 권위를 훼손시키는 것이다. 변 씨는 오늘날도 '사도'가 있으며, 그 자신을 사도라고 한다. 또한 변 씨는 '믿음으로만 구원받는다'는 구원관을 부정한다. 정통교회를 "정통의 탈을 쓴 짝퉁 기독교", "바리새파 사람들" 심지어 "영적 기생충"이라고 공격하며 자신의 교회는 온전한 교회라고 주장한다.[66]

이런 발표가 있기 전인 2009년 5월, 이단연구가 박형택 목사와 변승우 목사 간에 치열한 지상논쟁이 벌어졌다. 박 목사는 변 목사가 성경의 객관적 진리보다 자신의 주관적 체험을 중시한다고 비판하면서, 사도직, 예언, 직통계시 등을 문제 삼았다. 이에 대해 변 목사는 박 목사가 자신들을 오해하고 있으며, 은사중지론에 근거해서 자신을 이단으로 몰아가는 "이단사냥꾼"이라고 거칠게 비판했다.[67] 결국, 예장통합, 합동, 고신에서는 그를 이단, 이단성, 참여금지 등으로 규정했고, 예장 백석에서는 제명·출교시켰으며, 예성에서는 그의 신사도운동과 예언집회에 대해 "이단성이 농후하다"고 결의했다. 한편, 기성 이단대책위원회는 변 목사에 대해 "이단성 없음"으로 결론을 내렸고,[68] 한국기독교총연맹 한기총 이단대책위원회 위원장 고창곤 목사도 2010년 10월 21일에 다음과 같이 결정함으로써 그를 이단으로 규정하길 거부했다.

신학과 교리와 장정이 서로 다른 교단의 측면에서 볼 때는 서로 상충되는 문제가 있으나 범 교단적인 입장에서 볼 때 이단으로 보기는 어렵다고 판단된다. 그러나 본 소 위원회가 연구를 통하여 변승우 목사에게 제시한 계시론, 구원론, 은사론, 타교회와 목회자에 대한 비난에 대하여 지적한 내용을 잘 지켜 나가는지 주시할 필요가 있다.[69]

이어서 집단적 차원의 갈등을 살펴보자. 여기서는 지면의 한계 상, 에스더기도운동의 경우만 다루고자 한다. IHOP의 영향을 깊이 받은 것으로 보이는 에스더기도운동이 신사도운동으로 지목되어, 비판의 표적이 되고 있다. 2007년에 시작되어 기도사역자 훈련학교, 북한구원 월요기도운동, 미주 에스더 컨퍼런스, 해외 JESUS ARMY 컨퍼런스 등을 핵심 사역으로 수행하고 있는 에스더기도운동은 자신의 정체성을 다음과 같이 밝히고 있다.

> 민족의 위기 앞에서 "죽으면 죽으리라"라는 에스더의 결단으로 개인과 교회와 국가의 죄악을 철저히 회개하며, 사탄의 궤계공산주의 영, 물질숭배의 영, 음란의 영를 멸하기 위해 기도와 금식으로 왕 되신 주님께 나아가는 기도사역입니다. 또 남한교회의 영적부흥과 북한구원, 그리고 세계선교를 위하여 24시간 쉬지 않고 기도하는 초교파기도운동입니다.[70]

하지만 2012년부터 이 단체를 신사도운동으로 비판하는 목소리들이 터져 나오면서 논쟁이 뜨겁게 달아올랐다. 2012년 4월 24일에 에스더기도운동 대표 이용희 교수가 총신대 채플에서 특강하면서 논쟁의 막이 올랐다. 특강 내용이 정치색을 강하게 드러내면서 학생들 사이에 부정적 반응이 나타났고, 일부 학생들이 에스더기도운동과 신사도운동의 관련성을 지적하며 학교 측에 강력히 항의했다. 이 사건을 『뉴스앤조이』가 보도하자, 4월 27일 이용희 대표가 『뉴스앤조이』와 『마르투스』 대표기자를 명예훼손으로 고소함으로써 사태가 급변했다, 얼마 후, 이 논쟁은 미주 한인사회로 확장되었다. 정이철 목사가 5월 10일과 26일『미주뉴스앤조이』에 에스더기도운동을 신사도운동으로 비판하는 글을 연재했고, 6월 7일 '에스더기도운동대책연합'이 결성되어 "에스더기도운동은 신사도운동과 결탁되어 있다"는 내용의 성명서를 발표했다.[71] 이런 비판에 직면하자, 이용희 대표는 6월 13일에 반박문을 발표했다. 이 반박문에서, 이 대표는 정 목사와 대책연합이 제기한 중보기도 사상, 요엘의 군대, 선포기도, 기름부음, IHOP국제기도의집, International House of Prayer 등에 대한 문제에 조목조목 해명했다. 그는 에스더기도운동이 신사도운동이라는 주장은 객관적이지 않고, 에스더기도운동의 지저스 아미 컨퍼런스Jesus Army Conference도 신사도운동과 무관하다고 강변했다.[72] 그럼에도 논쟁은 끝나지 않았다. 6월 22일에『뉴스앤조이』에는 한장총 이단상담소소장 박형철 목사의 인터뷰 기사가 실렸다. 그는 이 인터뷰에서 "그들이 사용하는 용어와 사상을 보면 그 성향 자체는 분명한 것 같다. 하지만 그것이 신사도운동을 의도적으로 실행한 증거라고 볼 수 없다. 앞에서 이야기했지만, 정확한 이해가 없어도 신사도운동에 빠질 수 있다"라고 에스더기도운동을 신사도운동으로 간주했다.[73] 이렇게 논란이 지속되자, 그동안 에스더기도운동과 긴밀한 관계를 유지해 온 비전교회 안희환 목사가 박형철 목사와『뉴스앤조이』를 비판하고, 에스더기도운동을 변호하는 글을 자신의 홈페이지에 올렸다.[74] 이 논쟁은 현재에도 뜨겁게 진형 중이다.

IV. 주요 쟁점들

신사도운동에 대한 비판은 개혁주의 진영에 의해 주도되고 있다. 신사도운동을 비판적으로 평가하는 교단들, 신사도운동에 대한 비판적 서적을 출판하는 출판사들, 그리고 신사도운동에 대한 비판적 연구를 발표하는 학자들 모두, 보수적 개혁주의와 관련되어 있기 때문이다. 흥미롭게도, 아직까지 오순절교회와 성결교회에서는 이 문제에 대한 심각한 반응을 보이지 않고 있으며, 진보진영에서도 별다른 반응이 없다. 이처럼, 개혁주의 진영에서 신사도운동을 문제시하는 가장 중요한 이유는 개혁주의의 '은사중지론' 과 신사도운동의 핵심적 주장들이 충돌하기 때문이다. 신사도운동은 신약성경의 5중직사도, 예언자, 교사, 전도자, 목사의 회복을 강조하며, 방언, 신유, 축귀 등을 포함한 성령의 다양한 은사들을 중시한다. 신사도운동가들은 지금도 성령의 초자연적 은사가 지속되어야 한다고 강력히 주장하며 은사중지론을 맹렬히 비난한다.[75] 반면, 개혁주의자들이 신사도운동을 비판하는 교리적 기반은 은사중지론이다. 물론, 개혁주의자들 중에서 은사중지론에 대한 입장은 다양하다. 예를 들어, 존 맥아더는 "방언과 치유와 기적은 모두 새로운 계시의 시대를 입증하기 위한 표적의 역할을 했다. 그래서 계시의 시대가 끝날 때 표적도 함께 중단되었다"[76]고 엄격한 은사중지론을 고수한다. 반면, 박영돈 목사는 보다 개방적인 입장을 취한다. "비록 필자는 보수적 신학을 가르치고 있지만 성령의 초자연적이고 신비한 역사에 대해 성경이 허용하는 한도 내에서는 열린 자세를 취하려고 한다. 극단적인 입장을 따르는 이들과는 달리, 방언과 치유의 은사가 중지되었다고 보지 않는다."[77] 반면, 이승구 교수는 중도적 입장을 취한다. "한가지 오해가 있는 것이 있다. '은사중지론' 을 이야기하면 모든 이적, 치유, 방언 등이 중지되었다고 하는 이들도 있다. 그러나 중지된 것은 예언·계시를 말하는 것이다. 이적, 치유, 방언 등은 지금도 여전히 존재한다."[78] 은사중지론에 대한 입장의 차이에도 불구하고, 개혁주의 진영이 신사도운동을 경계·비판하는 주된 신학적 근거는 은사중지론이다. 결국, 현재 진행되고 있는 신사도운동논쟁은 은사주의자들과 은사중지론자들 간의 갈등으로 볼 수 있다.

둘째, 신사도운동을 비판하는 이들의 주된 걱정은 신사도운동이 객관적 성경의 권위보다 개인의 주관적 체험을 중시하는 경향이다. 즉, 성경과 체험 간의 갈등이다. 신사도운동가들은 기본적으로 성령을 강조한다. 피터 와그너가 "제3의 물결"로 명명했던 그룹과 긴밀한 관계가 있기 때문에 이 운동의 은사주의적 성향은 지극히 농후하며, 그것이 이 운동의 성장에 가장 강력한 내적 동력으로 기능해 왔다. 따라서 이 운동의 집회는 음악이 중요한 역할을 담당하고, 열광적인 찬양과 기도가 특징이다. 방언, 신유, 예언, 축귀, 쓰러짐, 웃음과 짖음 등은 예배의 일반적 광경이며, 최근에는 금가루, 금이빨 소동까지 벌어졌다. 결국, 이 집회에 참석하는 많은 이들이 이런 체험 자체에 열광적으로 반응했고, 특히, 예배 중에 선포되는 예언사역자들의 예언에 대단한 권위를 부여했다. 이런 맥락에서, 개혁주의자들은 이 운동이 성경보다 주관적 체험에 몰두하며, 심지어 성경의 권위를 무시하는 지경에 이르렀다고 우려와 비판의 목소리를 토해낸다. 예를 들어, 미국에서 신사도운동의 가장 무서운 저격수로 활약하는 행크 해너그라프는 "가짜 부흥운동은 거짓 기사와 이적을 통해 자신들의 정당성을 입증하려 하지만, 진정한 부흥운동은 언제나 살아 있는 하나님의 말씀에서 그 기원을 찾는다"라고 주장했고,[79] 박영돈 목사는 "다행히 아직까지는 신사도운동을 하는 이들 중에서 자신의 예언이 성경 말씀과 동등한 권위를 가졌다고 노골적으로 주장하는 이는 없는 것 같다. 하지만 실제에 있어서 교인들은 성경말씀보다 오늘날의 '사도들'에게 새롭게 주어지는 예언에 더 의존한다"고 지적했다.[80] 존 맥아더의 다음 글은 신사도운동에 대한 개혁주의의 걱정을 가장 명료하게 보여주는 것 같다.

안타까운 사실은, 은사주의 운동이 남긴 유산이 대체로 혼돈과 교리적 혼란이었다는 점이다. 영성에 대한 은사주의적 접근은 불건전하며 잠재적 환멸로 가득하다. 은사주의의 울타리 양편에는 불안과 실망과 패배를 경험하는 그리스도인 신자들이 있다. 어떤 이들은 심지어 절망에 빠져 있다. 그들이 설교시간과 주일학교 시간에 듣는 영적인 '풍성한 삶'은 그들과는 관계가 없어 보인다. 그들은 현실적이고 실제적인 일상 속에서 그리스도인의 신앙에 합당한 삶을 살 수 있는 열쇠를 어디서 발견할 수 있을까? 이 질문에 대한 유일한 정답은 예나 지금이나 변함없이 하나님의 말씀으로 돌아가는 것이다. 우리가 하나님을 섬기고 하나님의 영광을 위해 사는 데 필요한 모든 진리를 하나님이 우리에게 계시한 책이 바로 성경이기 때문이다. 그러나 앞에서도 여러 차례 살펴보았듯이 은사주의 운동은 불행하게도 사람들을 하나님의 말씀에서 멀어져 내면 지향적으로, 신비주의와 주관성을 지향하는 쪽으로 몰고 가는 경향이 있다.[81]

셋째, 개혁주의자들은 신사도운동 안의 신학적 결핍과 실천적 오류 간의 상관관계를 우려한다. 예를 들어, 피터 와그너는 '새 포도주를 새 부대에 부어야 한다'는 논리 속에 신사도운동을 천명하면서, 신사도시대의 지도자는 전통적 방식의 신학교육제도나 안수제도를 거부하고 운동 내의 자체적 방식으로 교육하고 지도자를 세운다고 주장했다. 비록, 자신들이 기독교의 전통적 교리들에 충실하다고 주장하지만, 강조점과 방향성 면에서 전통적 기독교에서 점점 더 멀어지는 경향은 쉽게 감지할 수 있다. 또한 그들은 성령에 대한 강력한 믿음과 의존에 근거해서 능력전도, 영적도해, 영적전쟁 등을 강조하고, 묵시적 종말론에 근거해서 전투적·급진적 예배, 기도, 봉사, 선교활동을 추구한다. 개혁주의자들은 이런 경향에 대해서도 날카롭게 비판한다. 이승구 교수의 말이다. "와그너는 각 지역은 지역을 사로잡고 있는 지역의 영에 지배를 받기 때문에 이를 통찰해야 한다고 가르친다. 그래서 영적으로 문제가 있는 지역에는 십자가를 세우고 땅 밟기를 하며 지역의 영을 통제한다. 그러나 십자가 자체가 무슨 영적 효과가 있다는 것은 성경적이지 않다. 십자가는 그 의미, 즉 예수 그리스도의 구속의 의미가 있는 것이지 그 자체가 부적과 같이 힘을 발휘하는 것은 아니다."[82] 구체적으로, '봉은사 땅밟기' 사건이 사회적 물의를 일으킨 후, 정훈태 교수도 『국민일보』에 기고한 글에서 동일한 문제를 제기하며 비판했다.[83] 개혁주의자들이 인터콥을 비판하는 가장 큰 이유도 바로 여기에 있다. 인터콥을 신사도운동으로 규정하며 지속적으로 비판과 경계를 촉구하고 있는 '세계한인기독교이단대책연합회'의 인터콥 소위원회는 2012년 3월 19일 발표한 성명성에서 다음과 같이 주장했다.

> 예루살렘을 강조하는 인터콥의 선교의 가장 심각한 문제는 세대주의적이라는 것입니다. 최바울 선교사와 박바울 선교사는 7년 대환란과 적그리스도의 등장, 사단이 결사적으로 걸고넘어지는 예루살렘을 중심으로 벌어질 지구적인 영적 전투 등의 세대주의의 종말가설을 가르치면서도 교묘한 논리로 인터콥과 세대주의는 무관하다고 강의했습니다. 오히려 세대주의가 뭔지도 모르고, 인터콥의 선교가 어떤 노선인지 알아보지도 않는 무책임하고 무지한 사람들에 의해 인터콥이 핍박을 당한다고 인터콥에 매료된 순진한 청년들을 선동하며 오도하였습니다.[84]

끝으로, 급진적 성령운동을 추구하는 신사도운동의 사회적 특성에 대해 우려하는 목소리들도 적지 않다. 신사도운동은 교회성장학과 깊은 관계를 갖고 있다. 피터 와그너와 존 윔버는 풀러신학교에서 성령과 교회성장의 관계에 대한 강의를 함께 진행한 경험이 있으며, 피터 와그너가 '신사도개혁운동'이라 명명한 것도 교회성장에 대한 새로운 분석의 결과였기 때문이다. 따라서 신사도운동은 대체로 성령체험과 교회성장을 대단히 강조한다. 신사도운동의 이런 측면 때문에, 외부인들은 신사도운동이 지극히 개인주의적, 실용주의적, 신비주의적 색체를 보인다고 비판했다. 예를 들어, 종교사회학자 김성건 교수는 손기철 장로를 예로 들면서, 신사도운동에 내재한 주관주의적 경향을 경고했다. "현재 세계화와 신자유주의 물결 속에서 더욱 개인주의적, 주관주의적으로 변해가는 사람들 가운데 영적인 실체를 체험하려는 갈망이 심화되는 경향으로부터 일정한 인기를 모으고 있다고 볼 수 있다...그런데 문제는 그런 영적인 체험이 자칫 사람들의 개인주의화를 조장할 수 있다는 점이다."[85] 반면, 최근에는, 미국에서 신사도운동이 보수정치와 유착하는 현상들이 목격되면서, 이를 우려하는 목소리가 커지고 있다. 특히, 미대선의 공화당 후보로 급부상했던 텍사스 주지사 릭 페리[Rick Perry]와 신사도운동 간의 긴밀한 관계가 알려지면서, 신사도운동의 정치화에 대한 우려의 목소리가 터져 나오기 시작했다.

> 종말과 예수의 재림을 준비하면서 정치, 사업 그리고 문화에 대한 지배를 추구하는 새로운 기독교운동이 미국정치에 자주 모습을 드러내고 있다. 그 지도자들은 하나님에 의해 사도와 예언자로 부름 받은 사람들로 간주되고 있다. 국제 "사도와 선지자" 운동은 이 운동의 지도적 건축자인 C. 피터 와그너에 의해 신사도개혁으로 명명되었다. 물론, 그 운동이 와그너에 의해 조직된 네트워크보다 더 크지만, 그리고 모든 회원들이 자신들을 와그너의 신사도개혁운동의 회원으로 간주하지 않지만, 소위 그 운동의 사도와 예언자들은 다른 복음주의자들과 자신들을 분리시킬 수 있는 독특한 이념을 갖고 있다.[86]

한국에서도 에스더기도운동이 특정한 이념에 근거해서 사회적 · 정치적 활동을 전개하는 것에 대해 우려의 목소리가 높다.[87] 이것은 신사도운동이 추구하는 소위 '지배신학' 과 깊이 관계가 있으며, 김성건 교수가 우려하는 신사도운동의 개인주의 · 주관주의 경향과 정반대의 모습이다. 즉, 과도한 개인주의적 경향과 지나친 정치화 경향이 공존하면서 다양한 각도의 논쟁을 야기하고 있는 것이다.

마무리

이상에서 최근 한국교회에서 논쟁의 중심에 서 있는 신사도개혁운동을 역사적 배경과 현재 상황을 중심으로 간략히 살펴보았다. 이제, 지금까지의 내용을 토대로 신사도운동의 특징을 정리하면서 글을 마무리하고자 한다.

먼저, 신사도운동은 낯선 운동의 갑작스런 출현이 아니다. 신사도운동의 특징으로 거론되는 사도와 예언자를 포함한 5중직은 오순절운동 안에서 이미 오랫동안 언급된 것이며, 입신, 방언, 거룩한 웃음 같은 영적 현상도 오순절운동 이후 지속되어 온 것이다. 특히, 임파테이션, 5중직, '나타난 하나님의 아들들' 은 1940년대에 출현한 늦은 비 운동으로부터 직접 영향을 받은 것으로 보이며, 보다 최근에는 존 윔버의 빈야드운동과 존 아놋의 토론토블레싱과의 만남을 통해 과거의 영향이 재현 · 활성화된 것으로 보인다. 즉, 신사도개혁운동은 최근에 출현한 매우 낯설고 특이한 성령운동이 아니다. 미국부흥운동의 전통에 서 있으면서, 무엇보다 오순절운동의 직간접적 영향 하에 발전한 것이다.

둘째, 신사도운동은 한국교회의 성장이 멈추고 교회개혁의 요구가 고조되는 위기상황에서, 한국교회에 영적 활력을 불어넣고 신자들의 신앙생활에 열정을 회복시키고 있다는 측면에서 어느 정도 한국교회에 긍정적 기여를 하고 있음에 틀림없다. 한국교회는 지난 130여년의 역사에서, 부흥운동을 통해 성령운동의 전통을 유지해 왔다. 1907년 평양대부흥운동 이래 1980년대까지 부흥회, 수련회, 기도원, 부흥사, 은사^{방언과 신유} 등은 한국교회의 부흥을 대표했던 상징어였다. 하지만 1990년대에 진입하면서, 다양한 영역에서 부정적 증상들이 노출되기 시작했다. 교회성장과 대형화가 시대적 화두가 되었다. 교회의 사회적 · 정치적 영향력은 절정에 달했으나, 교회개혁의 목소리가 안과 밖에서 거세게 들리기 시작했다. 성경공부와 내적 성장이 강조되던 때에 공교롭게도 주일저녁예배, 새벽예배, 금요철야예배, 부흥회 등이 사라지면서 영적 열기도 시들해졌고, 이 틈을 타서 하나님의 교회와 신천지 같은 대형이단들이 극성을 부리기 시작했다. 이런 상황에서 2000년부터 신사도운동이 한국교회에 본격적으로 도입되기 시작했다. 이 운동과 관련된 교회, 신학교, 출판사, 집회 등이 우후죽순처럼 출현하고, 사람들이 이 운동에 열광하고 있다. 기존 교회의 신자들은 계속 줄고 있는 상황에서 이 운동과 관련된 그룹들이 영적 부흥과 양적 성장을 동시에 경험하고 있는 것이다. 이런 면에서, 이 운동의 가치를 현실적으로 부정만 할 순 없다.

셋째, 개혁주의 진영에서 이 운동을 향해 반복적으로 제기하는 문제들에 신사도운동은 진지하게 귀를 기울일 필요가 있다. 무조건 자신들의 운동과 사역을 방해하는 음해세력, 이단사냥꾼, 종교의 영, 사탄 등으로 정죄해선 안 된다. 실제로, 성령운동의 과도한 열정이 극단적인 상황을 연출했던 사례가 역사 속에 수없이 많았기 때문이다. 신사도적 성향의 교회들이 성장하는 것은 사실이지만, 양적 성장에 과도한 의미를 부여하는 것도 위험하다. 목적과 수단이 혼동될 때, 질보다 양이 우선될 때, 성령과 물질이 뒤섞일 때, 교회는 늘 분열과 갈등의 혼란에 빠졌기 때문이다. 새 시대를 위해 사도의 권위와 예언의 역할이 절실히 요청될 수 있다. 사도와 예언자는 초대교회를 세우는데 결정적인 기여를 했다. 올바른 영적 지도력을 통해 교회를 혼란에서 구하고 건강하게 성장시키는데 결정적인 역할을 했던 것이다. 하지만 잘못된 예언과 미성숙한 카리스마적 리더십이 성도들의 삶을 파괴하고 교회를 해체시켰던 기록 또한 교회사에 즐비하다. 그래서 정말 조심해야 한다. 또한, 지배신학에 근거한 적극적 사역도 교회가 무시할 수 없는 시대적 사명임에 틀림없다. 이원론적 세계관을 극복하면서 타락한 세속도시 속에 하나님나라를 온전히 세워가는 것이 모든 성도의 책임이기 때문이다. 하지만 교회가 자신을 성경의 보편적 진리 대신 특정이념^{경제적 · 정치적}과 배타적으로 동일시하는 것은 매우 위험하다. 교회가 세상에 대한 심판자의 자리 대신 당파적 갈등에 휘말려 초라하게 추락할 수 있기 때문이다. 뿐만 아니라, 종교적 체험은 경전에 대한 지적 학습만큼 신앙생활을 위해 중요하다. 신사도운동이 이 점에서 중요한 기여를 했음에 틀림없다. 하지만 경험에 대한 과도한 집착이 성경에 대한 겸손한 순종과 병행되지 않을 때, 기독교로서 본질을 상실할 위험이 크다. 성경 없이 신비체험은 얼마든지 가능하지만, 성경과 상관없는 신비체험은 기독교가 아니기 때문이다. 이런 맥락에서, 신사도운동에 대한 개혁주의 진영의 비판은 신학적으로 정당하며 시의적절하다.

넷째, 신사도운동의 비판을 주도하는 개혁주의 진영도 진지한 자기반성의 시간이 필요한 때다. 개혁주의는 지난 130년간 한국교회를 주도해 왔다. 신학, 조직, 문화면에서, 개혁주의는 한국교회의 형성과 발전에 결정적인 영향을 끼쳤다. 하지만 그런 영향 속에 성장한 한국교회가 현재 성적 스캔들, 재정비리, 교회세습 등으로 갈등과 비난에 휩싸여 있으며, 교인들은 이단과 타종교로 빠르게 이탈하고 있다. 한국교회를 대표하는 한기총은 해체의 위기에 직면해 있으며, 오만한 교회들은 대기업을 넘어 세습왕국으로 진화하는 중이다. 이런 상황에서, 신사도운동이 이런 위기에 기여하거나 편승한 부분도 있겠지만, 한국교회의 절대다수를 차지하는 개혁주의 목회자와 교회들이 훨씬 더 직접적이고 광범위한 영향을 끼쳤음은 부인할 수 없다. 이것이 바로 개혁주의자들의 고뇌와 반성이 절실히 요구되는 이유이다. 개혁주의 교회들이 성경의 중요성을 그토록 강조했지만, 정작 교인들은 성경을 배우기 위해 신천지로 빠져나가고 있다. 개혁주의 학자들이 체험보다 성경을 중시했지만, 정작 교인들은 성령을 체험하기 위해 신사도운동에 열광하는 중이다. 개혁주의 목회자들이 고난과 성화의 가치를 반복해서 설교했지만, 정작 목사들은 돈, 성장, 건축, 세습의 덫에서 헤어 나오지 못하고 있다. 어쩌면, 현재 개혁주의 진영에게 필요한 것은 신사도운동과의 소모적 논쟁 보다 철저한 자기개혁인지 모르겠다. 존 윔버와 손기철을 비판하는 대신, 성령과 성령에 능한 사역자들을 온전히 양성하는 것이 더 절박한 과제가 아닐까? 피터 와그너와 마이크 비클을 이단시하기보다, 사도적 권위와 능력을 구비한 목회자, 24시간 하나님과 동행하며 자신의 영역에서 하나님나라를 이루어가는 헌신된 제자들을 양성하는 것이 더 긴급한 숙제가 아닐까? 인터콥과 에스더기도운동을 공격하는 대신, 더 진솔한 선교의 열정, 더 정직한 기도의 마음, 더 철저한 예수의 정신으로 무장한 사역자들을 훈련하는 것이 더 절실한 요청이 아닐까? 어쩌면 그동안 개혁주의는 성경에 계신 하나님에 대해 탁월한 설명을 제공해 왔는지 모른다. 하지만 오늘의 신자들은 성경 속의 하나님이 성경 밖에서 역사하시는 모습을 눈으로 보고 싶어 하는 것 같다. 하나님의 나라는 말이 아니라 능력에 있다는 말이 진리라면, 그 진리를 몸소 확인하고 싶은 것이다. 이 부분을 개혁주의가 자기논리에 갇혀 간과한다면, 결코 개혁주의는 신사도운동을 이기지 못할 것이다. "새 부대에 새 포도주"란 말씀을 개혁주의도 기억해야 한다.

다섯째, 신사도운동에 대한 비판은 한국교회 성령운동 전체와 연루된 신학논쟁으로 발전할 가능성이 크다. 현재, 신사도운동에 대한 신학적 비판은 개혁주의 진영에 의해 주도되고 있다. 경험보다 성경을 중시하고 은사지속론보다 은사중지론을 신봉하는 개혁주의의 관점에서, 신사도운동은 매우 위험한 주관주의, 신비주의, 열광주의란 비판을 피할 수 없다. 하지만 성결교회와 오순절교회 등은 은사중지론을 인정하지 않는다. 이 교단들은 성경의 절대적 가치를 존중하면서, 동시에 신앙의 체험적 측면도 간과하지 않는다. 동시에, 한국교회 안에서 방언과 중보기도 등은 이미 보편적 체험으로 실천되고 있기에, 단지 신사도운동에서 행해지는 관행이나 주장이란 이유만으로 모든 것을 귀신현상으로 폄하하는 것은 또 다른 문제를 야기할 수 있다. 이런 맥락에서, 성결교회와 오순절교회의 신학자들도 신사도운동에 대한 논쟁에 참여할 필요가 있다. 무엇보다, 이들은 신사도운동과 자신들의 전통이 결코 무관하지 않다는 사실을 인정해야 한다. 신사도운동이 극단적으로 진화하면서 한국교회에 부정적 영향을 확산시킨다면, 기존의 성령운동을 주도했던 그룹들도 책임을 면하기 어려울 것이다. 한국교회의 성령운동이 보다 건강하고 바람직한 방향으로 발전할 수 있도록, 자신들의 신학적 전통에 입각한 정밀하고 체계적인 연구를 수행해야 한다. 개혁교회 진영과 웨슬리안 진영, 은사중지론자들과 성령운동가들 간에 진지한 학문적·목회적 논쟁을 유도하고, 한국교회의 성령운동이 보다 균형 잡힌 모습으로 성숙할 수 있도록 최선을 다해야 한다.

　　끝으로, 신사도운동을 둘러싼 치열한 논쟁을 통해, 한국교회는 보다 건전하고 균형 잡힌 대안적 성령운동을 모색해야 한다. 피터 와그너가 신사도개혁운동을 선포한 배경은 세계적 차원에서 복음의 확산이 주춤하고, 교회 내에서 수많은 문제를 감지한 것이다. 더 이상 기존의 방식으로 교회가 생존할 수 없다고 판단했던 것이다. 현재, 한국교회에서 신사도운동의 확산도 같은 맥락에서 이해할 수 있다. 이런 상태에서 신사도운동에 대한 신학적 비판은 불가피하면서도 아쉬움이 많이 남는다. 그들의 발걸음을 되돌

릴만한 매력적 대안을 제시하지 못한다면, 신사도운동에 대한 기존교회의 비판은 "패자의 질투"로 치부될 가능성이 높다. 동시에, 기존의 성령운동 그룹의 침묵도 바람직하지 않다. 때에 따라 연대와 거리두기를 반복하는 어정쩡한 모습은 "무능한 선배의 비겁"처럼 보이기 때문이다. 이제, 한국교회는 신사도운동을 대체할 보다 확실한 성령운동으로 성도들을 사로잡던지, 아니면 신사도운동의 뒤틀린 부분들을 엄하게 교정함으로써 쇠퇴하는 전통적 성령운동을 건강하게 계승하도록 유도하던지, 아니면 제3의 창조적 대안을 제시해야 할 것이다. 한국교회에 남겨진 어렵지만 절박한 숙제다.

미주

1. 이 글은 "신사도개혁운동, 너는 누구니?" 「성결교회와 신학」 제29호 (2013 봄): 90-114를 수정한 것이다.

2. C. Peter Wagner, "The New Apostolic Reformation," *Renewal Journal* (2012. 4. 12)(http://renewaljournal.wordpress.com/2012/04/12/the-new-apostolic-reformation-byc-peter-wagner/, 2012. 10. 14 접촉).

3. "History of ICA"(http://www.coalitionofapostles.com/about-ica/, 2012. 10. 9 접속).

4. C. Peter Wagner, "Arise Prophetic Conference, Gateway Church, San Jose, CA" (10/10/2004).

5. "ICA Definition of Apostle" (http://www.coalitionofapostles.com/about-ica/, 2012. 10. 9 접속).

6. "너희는 사도들과 선지자들의 터 위에 세우심을 입은 자라 그리스도 예수께서 친히 모퉁잇돌이 되셨느니라"(엡2:20). "그가 어떤 사람은 사도로, 어떤 사람은 선지자로, 어떤 사람은 복음 전하는 자로, 어떤 사람은 목사와 교사로 삼으셨으니, 이는 성도를 온전하게 하여 봉사의 일을 하게 하며, 그리스도의 몸을 세우려 하심이라"(엡4:11-12).

7. C. Peter Wagner, "The New Apostolic Reformation," *Renewal Journal* (2012. 4. 12)(http://renewaljournal.wordpress.com/2012/04/12/the-new-apostolic-reformation-byc-peter-wagner/, 2012. 10. 14 접촉).

8. *Ibid.*

9. 빈슨 사이난, 『세계오순절성결운동의 역사』, 이영훈 · 박명수 공역 (서울: 서울말씀사, 2000), 26.

10. *Ibid.*, 26-7.

11. *Ibid.*, 75.

12. *Ibid.*, 76.

13. Donald W. Dayton, *Theological Roots of Pentecostalism* (Peabody, MA.: Hendrickson Publishers, 1987), 22-28.

14. David D. Bundy, "Irving, Edward(1792-1834)," in *International Dictionary of Pentecostal Charismatic Movements* (Grand Rapids, MI.: Zondervan, 2002), 803-4.

15. Philip L. Cook, *Zion City, Illinois: Twentieth-Century Utopia* (Syracuse, NY.: Syracuse University Press, 1996), 172.

16. 배덕만, 『성령을 받으라』(대전: 대장간, 2012), 31-3.

17. 빈슨 사이난, 『세계오순절성결운동의 역사』, 92.

18. Cecil M. Robeck. Jr., *The Azusa Street Mission and Revival* (Nashville, Tenn.: Nelson Reference & Electronic, 2006), 12.

19. David Edwin Harrell, Jr., *All Things Are Possible* (Bloomington, IN.: Indiana University Press, 1975), 27-41; D. J. Wilson, "Branham, William Marrion," in *International Dictionary of Pentecostal Charismatic Movements*, 440-1.

20. 빈슨 사이난, 『세계오순절성결운동의 역사』, 212-13; R. M. Riss, "Latter Rain Movement," in *International Dictionary of Pentecostal Charismatic Movements*, 830-33.

21. Bruce Barron, *Heaven on Earth?: The Social & Political Agendas of Dominion Theology* (Grand Rapids, MA.: Zondervan Publishing House, 1992), 71-9. 얼 펙에 대한 상세한 소개는 배덕만, "오순절 운동의 새로운 한 모형: 얼 펙의 '현재 임한 하나님 나라' 신학," 『한국교회사연구』 제21권 (2007): 125-52에서 확인할 수 있다.

22. 사실, 와그너가 성령운동에 대한 고정관념을 바꾸게 된 것은 그가 볼리비아에 선교사로 사역할 때였다. 하지만 그가 웜버를 통해 자신의 만성적 두통을 치료받고 그와 함께 강의하면서 더욱 성령운동에 확신을 갖게 되었다.

23. 빈슨 사이난, 『세계오순절성결운동의 역사』, 336-38.

24. G. W. Gohr, "Kansas City Prophets," *International Dictionary of Pentecostal Charismatic Movements*, 816-7.

25. http://www.wagnerleadership.org/Peter.htm.

26. http://en.wikipedia.org/wiki/Mike_Bickle_(minister).

27. Bruce Barron, *Heaven on Earth?*: 76-7. 또한 Christian International School of Theology 의 홈페이지에 있는 빌 해몬 소개란을 참고하시오. http://www.christianinternational.org/index.php?option=com_zoo&task=item&item_id=3041&Itemid=54.

28. 정이철, 『신사도운동에 빠진 교회』(서울: 새물결플러스, 2012), 40-2. 그 외에도 주요한 신사도운동가들로 다음과 같은 인물들이 있다. Bill Johnson, Rick Joyner, Jack Deere, John Eckhardt, Chuck Pierce, Jim Laffoon, George Otis, Dutch Sheets, Wesley and Stacey Campbell, Jim Goll, Mike and Cindy Jacobs, Rick Ridings, John and Paula Sandford, Michael and Andrea Schiffman, Gwen Shaw, Sharon Stone, Tommy Tenny, Hector Torres, Barbara Wentroble, Mary Crum, Barbara Yoder. 이 명단은 이승구, "신사도운동가들과 그들의 근본적인 문제점"에서 얻었다. 이 논문은 한국기독교사연구소(소장 박용규 교수)가 2012년 11월 26일 서울 잠원동 신반포중앙교회에서 개최한 '한국교회 이단사이비운동 비평심포지엄'에서 발표된 논문이며, http://blog.daum.net/jncwk/13748233에서 얻었다.

29. 대한예수교장로교회 서서울노회의 총회보고서에 따르면, 온누리교회의 '경배와 찬양' 집회가 한국에서 빈야드운동을 처음으로 소개했다고 주장한다. "빈야드 운동이 처음으로 소개된 것은 1980년대 후반 온누리교회 하용조 목사의 동생 하스데반이 온누리교회 찬양곡 70여곡을 빈야드 교회 존 웜버에게서 얻어 와서 경배와 찬양팀을 결성하여 목요일 저녁 청소년들을 불러 모아 온누리교회에서 찬양을 부르게 한 것이 그 시발이었다. 정이철, "한국교회 신사도운동의 현황," (http://cafe.daum.net/ddmgf/n0Px/1?docid=1MUof|n0Px|1|20111115155622&q=%C1%A4%C0% CC%C3%B6). 반면, 성결대 배본철 교수는 이재범 목사의 번역을 통해서 빈야드가 한국교회에 도입되었다고 지적했다. "한국교회에서의 빈야드운동의 영향은 미국과 거의 비슷한 시기인 1980년대에 시작되었다. 이 운동이 한국에 소개된 것은 특히 이재범 목사가 번역한 이른바 '능력시리즈'의 영향이 큰 것으로 알려져 있다." 배본철, "'제3의 물결'에 대한 이해와 비평-빈야드운동을 중심으로," 『역사신학논총』 제11집 (2002), 202.

30. 신사도운동의 대표적 비판자인 정이철 목사는 경배와 찬양과 신사도운동의 관계를 다음과 같이 정리했다. "경배와 찬양 사역 자체가 신사도운동이었다는 것은 아니고, 신사도운동을 일으키는 그룹의 분위기가 물씬 풍기는 대표적인 사역에 한국교회가 열광하기 시작하면서 친근감이 형성되었다는 것이다." 정이철, "한국교회 신사도운동의 현황."

31. 정이철, "한국교회 신사도운동의 현황."

32. 안환균, "빈야드, '토론토 축복'의 현장을 가다," 『목회와 신학』 (1995. 7), 221.

33. 2000년 이후, 한국어로 번역된 피터 와그너의 신사도운동 관련 서적들은 다음과 같다. 『목사와 예언자』(진흥, 2004), 『신사도적 교회로의 변화』(Shekinah MEDIA, 2006), 『도미니언』 (WLI, 2007), 『일터교회가 오고 있다』(WLI, 2007), 『교회의 지각변동』(WLI, 2007), 『종교의 영으로부터의 자유』(WLI, 2008), 『사도와 선지자』(Shekinah MEDIA, 2008), 『오늘의 사도』 (Shekinah MEDIA, 2008), 『하늘 여신과의 영적 대결』(Shekinah MEDIA, 2008). 최근에는 그의 자서전, 『악어와의 레슬링, 예언 그리고 신학』(서울: WLI, 2010)이 출판되었다.

34. 예를 들면, 그는 2005년, 2009년, 2011년에 체안, 신디 제이콥스 등과 함께 오거나 단독으로 방문하여, 여러 교회에서 신사도운동 관련 집회와 특강을 진행했다.

35. WIL Korea는 자신의 정체성을 다음과 같이 천명한다. "21세기 신사도 개혁운동의 기수로서

WLI KOREA는 그리스도의 몸 된 교회가 오중 직임을 활성화하여 마지막 추수를 위해 영광스런 신부로 단장되도록 하는 일에 앞장설 뿐 아니라, 일터 사역이라는 최첨단의 전략을 가지고 모든 도시와 나라가 그리스도 예수께로 돌아오도록 평신도 지도자들을 일으킬 것이다."(http://www.wli.or.kr/sub01_04.php, 2012. 10. 10 접속).

36. 한국 HIM선교회는 자신의 비전을 다음과 같이 명시하고 있다. "1. 20세기 말부터 전 세계적으로 일어나고 있는 강력한 영적각성운동(Renewal Movement) 및 신사도적개혁교회운동(New Apostolic Reformed Movement)을 전한다. 2. 북한 및 아시아 지역을 포함한 10/40 지역에 선교사를 파송하여 교회를 개척한다."(http://cafe.daum.net/acts21c/DXMr/10?docid=MYGm|DXMr|10|20070704001626
&q=%C7%D1%B1%B9%20HIM%20%BC%B1%B1%B3%C8%B8, 2012. 10. 10 접속).

37. WIL Korea가 그동안 강사로 초청했던 인물들은 다음과 같다. 피터 와그너, 체 안, 척 피어스, 짐 골, 빌 존슨, 밥 베켓, 바바라 요더, 마이클 브라운, 릭 라이트, 래리 탐작, 프랜시스 사이저, 제임스 말로니, 미키 로빈슨, 타미 펨라이트, 로버트 하이들러, 앨리스 스미스.

38. 현재까지 국내에 소개된 신사도관련 저서들은 거의 WLI와 영동제일교회 소속 Shekinah MEDIA를 통해 출판되었다.

39. http://cafe.daum.net/hpwm/Yj3O/31?docid=1FLVy|Yj3O|31|20120419142111&q=%C7%D1%B1%B9%BE%C6%C0%CC%C7%D5, 2012. 10. 10 접속).

40. 특별히, 한국아이홉의 인턴십 핵심과목들은 다음과 같다. 1. 국제기도의집 소개, 2. 기도의집 도구들, 3. 하프&보울, 4. 기도의 집과 중보기도-안나의 부르심, 5. 하나님과의 친밀감, 6. 하나님의 정의실현, 7. 아가서와 신부의 영성, 8. 선두주자 사역과 7가지 헌신, 9. 산상수훈의 삶, 10. 스몰그룹 모임 & 규칙들 ,11. 예언, 치유, 축사 사역 (실습포함), 12. 성령의 현상들 이해하기, 13. 이스라엘 위임명령, 14. 마지막 때-요한계시록, 15. 파트너 개발 훈련(http://www.ihopkorea.com/internship.php, 2012. 10. 10 접속).

41. http://cafe.daum.net/Bigchurch(2013. 6. 3 접속).

42. http://www.agapespirit.or.kr/intr06_02.html(2013. 6. 3 접속).

43. 예를 들어, 변승우 목사는 박형택 목사와의 지상논쟁에서, "박형택 목사와 대부분의 이단사냥꾼들은 은사중단론자"라고 비판했다. "변승우-박형택 목사 지상논쟁, 교단간 갈등 비화 우려," 『크리스천투데이』(2009. 5. 9)(http://www.christiantoday.co.kr/view.htm?id=202205, 2012. 10. 14 접속).

44. 고신(2007, 지극히 불건전한 사상, 관련 저술탐독 금지, 강사초빙 금지, 집회참여 금지), 합신(2009, 이단성, 참여금지), 미주한인예수교장로회KAPC(2012, 교류 및 참여금지).

45. 정이철, 『신사도운동에 빠진 교회』(서울: 새물결플러스, 2012).

46. 최병규, "신사도운동 형성의 역사적 과정 및 한국교회에 끼치는 영향," 이승구, "신사도 운동에 대한 장로교 신학적 진단과 평가," 김재성, "특별기고-신사도운동의 문제점을 진단한다"『기독교한국신문』(2013. 3. 9).

47. 정이철, 『신사도운동에 빠진 교회』(서울: 새물결플러스, 2012)와 행크 해너그라프, 『빈야드와 신사도의 가짜 부흥운동』(서울: 부흥과개혁사, 2009)가 있으며, 박영돈, 『일그러진 성령의 얼굴』(서울: IVP, 2011)과 존 맥아더, 『무질서한 은사주의』(서울: 부흥과개혁사, 2008)도 같은 맥락에서 출판된 책들이다.

48. 예를 들면, 구권효, "에스더기도운동, '우린 신사도운동 아니다',"『뉴스앤조이』(2012. 6. 16); 전현진, "모르고도 빠지는 신사도운동"『뉴스앤조이』(2012. 6. 22) 등이 대표적이다.

49. "2. 한국아이합은 신사도운동과 연관이 있나요? 없습니다. 한국아이합은 오직 마지막 때에 영원히 꺼지지 않는 기도의 심장이고 싶을 뿐입니다."(http://www.ihopkorea.com/intro.php, 2012. 10. 10 접속).

50. 정이철, "신사도운동의 유래와 기원,"

51. 이재범, "새 물결의 파고 '빈야드운동,' 어떤 것인가?"『목회와 신학』(1995. 6), 63.

52. 김우현, 『하늘의 언어』 (서울: 규장, 2007).

53. 옥성호, 『방언, 정말 하늘의 언어인가?』 (서울: 부흥과개혁사, 2008).

54. 규장은 김우현 PD와 손기철 장로의 책을 집중적으로 출판했고, 평신도 사역자들인 이들의 책은 한국교회 내에 성령운동을 대중화하는데 결정적인 기여를 했다. 반면, 부흥과개혁은 존 맥아더, 행크 해너그라프, 옥성호 등의 책을 집중적으로 출판하여, 한국교회의 신사도운동에 대한 가장 강력한 비판세력으로 기능했다.

55. 김동수, 『방언은 고귀한 하늘의 언어』 (서울: 이레서원, 2008).

56. 박영돈, 『일그러진 성령의 얼굴』 (서울: IVP, 2011).

57. 이날 최병규 목사는 "신사도운동 형성의 역사적 과정 및 한국교회에 끼치는 영향"을, 이승구 교수는 "신사도 운동에 대한 장로교 신학적 진단과 평가"를 발표했다. 최병규, "한국 교회여, 신사도운동을 연구하라!" (한국기독교이단상담연구소 홈페이지, 2009. 6. 2) (http://jesus114. org/gnuboard4/bbs/board.php?bo_table=bbs06_01&wr_id=104. 2012. 10. 14 접속).

58. 정이철 목사 홈페이지에서 그가 신사도운동에 대해 쓴 많은 글들을 확인할 수 있다. http:// www.cantoncrc.com/bbs/zboard.php?id=column2 참조.

59. 『고맙습니다 성령님』 (규장, 2007), 『왕의기도』 (규장, 2008), 『치유기도』 (규장, 2009), 『기적을 일으키는 믿음』 (규장, 2009), 『기대합니다 성령님』 (규장, 2011), 『기름부으심』 (규장, 2008), 『치유와 권능』 (두란노, 2006).

60. 정이철, "신사도운동의 전도사, 손기철 장로," 『미주뉴스앤조이』 (2011. 11. 29)2 (http:// www.newsnjoy.us/news/articleView.html?idxno=2722. 2012.10. 14 접속).

61. 최병규, "신사도 개혁 운동 형성의 역사적 배경과 신학에 대한 비평," 『뉴스파워』 (2009. 6. 30) (http://www.newspower.co.kr/sub_read.html?uid=14152&section=sc4&section2. 2012. 10. 14 접속).

62. "손기철 장로, 은사중지론에 대해 오해하고 있다." 『크리스천투데이』 (2011. 8. 25). (http:// www.christiantoday.co.kr/view.htm?id=249500. 2012. 10. 14 접속).

63. "[합동 4신] 관상기도 · 왕의기도, 교류금지 결의," 『크리스천투데이』 (2011. 9. 20). (http:// www.christiantoday.co.kr/view.htm?id=250100. 2012. 10. 14 접속)

64. "건국대 부총장 된 손기철 장로 '기독인은 이 땅에서 킹덤 멘털리티 갖고 하나님 나라 삶 살아야'", 『국민일보』 (2012.05.01.).

65. 현 교수는 2012년 4월 6일에 '기독교영성과 치유은사' 란 주제로 열린 제21회 기독학술원 월례 발표회에서 손 장로와 은사주의 간의 관계를 지적하고, 몇 가지 문제점을 열거한 후에, "손 장로에게 교리적으로 이단이라고 지적할 수 있는 점을 발견하지는 못했다"고 했으며, "전통적인 교회와 신학자들이 그를 정죄할 것이 아니라 전문적인 신학 교육을 받지 못한 그에게 적절한 권면과 충고를 제공해 보다 균형 잡힌 치유사역을 하도록 돕는 것이 좋을 것이라고 생각한다"고 개인적 입장을 밝혔다. "'왕의 기도' 손기철 장로…교리적으론 이단 아냐", 『베리타스』 (2012. 4. 7). (http://www.veritas.kr/contents/article/sub_re.html?no=12526. 2012년 10월 12일 접속).

66. "한교연, 바른신앙수호위 연구보고서 채택," 『뉴스파워』 (2012. 9. 10) (http://www. newspower.co.kr/sub_read.html?uid=20487. 2012. 10. 14 접속).

67. 이 논쟁의 핵심에 대해선, "변승우-박형택 목사 지상논쟁, 교단간 갈등 비화 우려," 『크리스천투데이』 (2009. 5. 9). (http://www.christiantoday.co.kr/view.htm?id=202205) 참조.

68. "기성 이대위, '변승우 목사 이단성 없음' 결론," 『크리스천투데이』 (2010. 03. 15). (http:// jp.christiantoday.co.kr/view.html?cat=rs&id=8964. 2012. 10. 14 참조).

69. "한기총 이대위, 변승우 목사 이단성 없다 결론," 『크리스천투데이』 (2010. 10. 22). (http:// www.christiantoday.co.kr/view.htm?id=241749. 2012. 10. 14 참조). 이런 한기총의 발표는 거센 반발을 불러왔고, 한기총이 이단을 옹호하는 집단으로 곤경에 처했다. http://www. pray24.net/board/view.do?iboardgroupseq=1&iboardmanagerseq=1 (2012. 10. 11 접속).

71. 에스더대책연합은 성명을 통해 에스더기도운동이 △신사도운동 성향의 용어를 사용하고 △신
사도운동 이론에 따른 기도와 집회를 해왔으며 △IHOP과 '큰믿음교회' 등 신사도운동으로 지
적받은 단체의 강사들과 연합 집회를 개최했고 △직접 주관하는 '지저스아미컨퍼런스(Jewsus
Army Conference)' 강사들이 신사도운동과 연관성이 있다고 주장했다. 이 성명서 전문은 다음
에서 확인할 수 있다. (http://www.newsnjoy.or.kr/news/articleView.html?idxno=191287,
2011. 10. 11 접속).

72. 이 대표의 반박문 전문은 다음에서 확인할 수 있다.

73. "모르고도 빠지는 신사도운동", 『뉴스앤조이』(2012. 6. 22). (http://www.newsnjoy.or.kr/
news/articleView.html?idxno=191373, 2012. 10. 11 접속).

74. 안희환, "뉴스앤조이의 에스더 기도운동본부 공격은 바람직하지 않다" (2012. 6. 14). (http://
www.mediamob.co.kr/newpower/blog.aspx?id=279963, 2012. 10. 11 접속). 안희환, "박
형택 목사의 에스더 기도운동 비판의 문제점"(2012. 8. 17) (http://blog.chosun.com/blog.
log.view.screen?blogId=29204&logId=6562330, 2012. 10. 11 접속).

75. 예를 들어, 변승우 목사는 박형택 목사와의 지상논쟁에서, "박형택 목사와 대부분의 이단사냥
꾼들은 은사중단론자"라고 비판했다. "변승우–박형택 목사 지상논쟁, 교단간 갈등 비화 우려,"
『크리스천투데이』(2009. 5. 9)(http://www.christiantoday.co.kr/view.htm?id=202205,
2012. 10. 14 접속).

76. 존 맥아더, 『무질서한 은사주의』, 180.

77. 박영돈, 『일그러진 성령의 얼굴』, 13. 개신대학원대학교 나용화 총장도 계시(은사)중지론
은 사실상 그리스도의 교회를 죽이는 것이라며, 지금 시대에도 여전히 계시와 은사가 지속되
고 있다고 강조했다. "치유 · 은사집회, 성령의 역사인가 사탄의 장난인가?"『크리스천투데이』
(2011. 8. 27) (http://www.christiantoday.co.kr/view.htm?id=249576, 2012. 10. 14 접속).

78. 이승구 교수는 2011년 9월 19일에 '교회2.0목회자운동 9월 정기포럼'에서 그렇게 자신의 입장
을 밝혔다. "지금도 예언 · 계시가 존재하는가," 『뉴스앤조이』(2011. 9. 23). 총신대 김지철 교
수도 비슷한 입장을 보였다. 그는 손기철 장로가 은사중지론에 대해 오해하고 있다고 언급하면
서, "손기철 장로를 비롯한 은사주의자들은 칼빈주의가 오늘날 영적 은사는 완전 중지됐다고 믿
고 있나 보는데, 이는 잘못이다. 칼빈주의는 사도시대와 함께 모든 은사가 중지됐다고 한 적이
없다. 다만 오늘날의 은사는 어떤 은사라 하더라도 사도성이나 계시성을 가지지 못한다는 점을
지적할 뿐이다." "손기철 장로, 은사중지론에 대해 오해하고 있다." 『크리스천투데이』(2011. 8.
25)(http://www.christiantoday.co.kr/view.htm?id=249500, 2012. 10. 14 접속).

79. 행크 해너그라프, 『빈야드와 신사도의 가짜 부흥운동』, 46.

80. 박영돈, 『일그러진 성령의 얼굴』, 112.

81. 존 맥아더, 『무질서한 은사주의』, 478.

82. "지금도 예언 · 계시가 존재하는가," 『뉴스앤조이』(2011. 9. 23.). (http://www.newsnjoy.
or.kr/news/articleView.html?idxno=35862, 2012. 10. 14 접속).

83. "우선 땅 밟기 기도는 정복주의적, 승리주의적 발상으로 기독교 선교에 방해가 된다. 교회가 단
기선교팀을 통해 행해지는 땅 밟기 기도는 민간신앙적인 혼합주의가 내포된 것이다…땅 밟기
기도가 활발하게 움직이게 된 동기에는 신사도운동이라 할 수 있다. 신사도운동은 영적 전투라
는 도해를 갖고 있는데, 오순절운동과 은사주의를 통한 축귀 사역을 강조하는데 있다. 피터 와
그너와 그의 부인 도리스 와그너는 영적 도해의 근원을 에스겔 4장 1–3절에서 찾는다. 여기서 하나님께서는 에스겔에게 시
의 지도를 진흙판 위에, 그리고 그 성읍을 에워싸라고 명령하셨는데, 이것은 보통의 전쟁이 아
닌 영적 전쟁을 가리킨다는 것이다." 정훈태, "땅 밟기 어떻게 볼 것인가," 『국민일보』(2010.
11. 5) (http://missionlife.kukinews.com/article/view.asp?page=1&gCode=area&arcid=00
04296348&code=23111111, 2012. 10. 14 접속).

84. 이 성명서의 전문은 다음에서 확인할 수 있다. "미주 한인 교계 인터콥 논란 재점화," 『뉴스앤
조이』(2012. 3. 25) (http://www.newsnjoy.or.kr/news/articleView.html?idxno=37323,

2012. 10. 14 접속).

85. 김성건, "퇴색한 '성령운동', 본질 회복해야: 2012 '주의 길을 예비하라' 집회에 즈음하여," 『뉴스앤조이』 (2012. 6. 26)(http://www.newsnjoy.or.kr/news/articleView.html?idxno=191389, 2012. 10. 14 접속).

86. "The Evangelicals Engaged In Spiritual Warfare," *NPR* (August 24, 2011). 최근에 미국대선의 공화당 후보로 출마했다가 중도사퇴한 텍사스 주지사 릭 페리(Rick Ferry)와 신사도운동가들 간의 긴밀한 관계가 알려지면서 논란이 되었다. 예를 들어, 2009년 9월 28일에 일군의 신사도운동가들이 페리의 사무실을 방문해서, 그를 위해 예언기도를 해주었다. 그 자리에서 신사도사역자들은 텍사스를 "미국을 부흥과 신성한 통치로 이끌 '예언자 주' (the Prophet State)"라고 선언했고, 페리가 주지사를 넘어 미국 대통령이 될 것이라는 의미의 예언을 하기도 했다. Forest Wilder, "Rick Perry's Army of God: A little-known movement of radical Christians and self-proclaimed prophets wants to infiltrate government, and Rick Perry might be their man." Observer (2011. 8. 3).(http://www.texasobserver.org/cover-story/rick-perrys-army-of-god, 2011. 10. 12 접속).

87. 이용희 대표가 총신대에서 특강했을 때, 일부 학생들 안에서 강한 반감이 조성되었던 것도 그가 강연 내내 특정한 정치적 성향을 노골적으로 드러냈기 때문이었다.

제14장[1]
교회 세습

국회도서관의 검색창에 "세습"을 입력하자, 네 가지 항목으로 자료들이 올라왔다. 북한의 부자세습, 재벌세습, 세습무당, 그리고 교회세습. 물론, 네 종류의 세습 모두 부정적 함의를 담고 있다. 북한의 부자세습은 우리가 북한체제를 비난하는 가장 근본적 이유 중 하나다. 재벌세습은 이미 사회적 비난의 표적이 되었고, 재벌 안에서도 대안 마련에 고심 중이다. 세습무당은 한국사회에서 가장 꺼리는 직업중 하나일 것이다. 정말, "팔자 사나운 사람들"에게 찾아온 무서운 운명으로 간주하기 때문이다.

교회세습도 마찬가지다. 사회는 교회세습을 종교적 타락의 명백한 증상으로 간주한다. 공교회로서 교회의 본질이 훼손된 증거이며, 하나님의 교회가 사유화되는 신성모독적 현상이다. 하지만 교회세습은 이미 한국교회의 엄연한 현실이 되었다. 교회 안팎에서 날카로운 비판과 세속언론의 거친 공격에도, 대형교회들은 정말 "좌로나 우로나 치우치지 않고" 세습을 향해 무소처럼 돌진한다. 그 위세가 자못 무섭다. 그들에겐 사유재산을 보호하고 교회의 안정적 성장을 보장하는 최선의 방책일지 모르지만, 한국사회 안에서 개신교의 몰락을 촉진하는 위험한 도박이다.

이런 현실을 직시하면서, 본 장은 지난 40년간 한국교회에서 벌어진 교회세습의 기록을 정리하고, 세습을 둘러싼 다양한 반대, 저항, 비판의 목소리들을 소개하며, 그런 현상들의 특징과 한계를 지적하고자 한다. 이 글에서 교회세습의 역사를 세 시기[1973-1999, 2000-2011, 2012-2013]로 구분했다. 교회

세습 반대운동이 사회적 주목을 크게 받았던 해가 2000년과 2012년이었으므로, 그때를 중심으로 시기를 셋으로 나눈 것이다. 부디, 한국교회가 개혁과 부흥의 골든타임을 놓치지 않고 극적인 반전을 이루길 소망한다.

I. 1973-1999

1. 세습과 반응

한국사회에서 교회세습이 주목을 받기 시작한 것은 1997년부터다. 그해에 충현교회가 교회개척자 김창인 목사의 아들 김성관 목사를 제4대 담임목사로 결정했는데, 그로 인해 교회 안팎에서 극심한 갈등이 발생했고, 교회세습이 교회적 · 사회적 이슈로 부각된 것이다. 하지만 충현교회가 한국교회 최초의 세습교회가 아니다. 그 이전에도 주목할 만한 세습의 경우들이 있었다.[2]

사회선교의 개척자적 역할을 담당했던 도림교회통합가 1973년 유병관 목사 후임으로 아들 유의웅 목사를 청빙했다. 1980년대에는 두 교회, 부평교회1980, 기감와 길동교회1986, 합동에서 아들이 아버지의 뒤를 이어 담임목사로 부임했다. 이렇게 드물게 진행되던 교회세습은 1990년대에 들어와서 갑자기 속도를 내기 시작했다. 1995년, 대구지역의 대표적 교회인 대구서문교회합동와 부천의 기둥교회기감가 은퇴하는 목사의 아들들을 후임으로 결정했다. 하지만 이때까지 교회세습은 한국교회에서 예외적인 현상이었고, 세습으로 인한 교회의 갈등이나 사회적 비난도 거의 없었다. 오히려, 이렇게 아들들이 대를 이어 목회하는 동안 교회들이 크게 성장함으로써, 후임자 선택과 승계가 성공적이었다는 평가를 받았다.

하지만 1997년 충현교회의 후임자선정과정에서 심각한 분열과 갈등이 발생하면서, 교회세습에 대한 대중여론이 급격히 악화되었다. 충현교회를 개척한 김창인 목사는 1987년 은퇴했고, 이종윤, 신성종 같은 훌륭한 목회자들이 연이어 후임으로 사역했다. 하지만 그들은 자리를 오래 지키지 못했다. 그리고 1997년 김창인 목사의 아들 김성관 목사가 제4대 담임목사로 청빙되었다. 하지만 이 과정에서 김성관 목사의 자격시비, 김창인 목사의 과도한 개입, 청빙결정과정의 불법성 문제가 불거지면서 분쟁이 시작되었다. 게다가, 김창인 목사와 김성관 목사의 관계가 악화되고 1999년 김성관 목사의 폭행사건이 발생하면서, 상황은 통제불능상태에 빠졌다. 결국, 3만 명이 넘던 충현교회 신자 수는 5천 명으로 급감했고, 충현교회와 교회세습에 대한 비난여론이 형성되었다.

이처럼, 충현교회 사태로 교회세습에 대한 여론이 악화되었지만, 교회세습은 계속 이어졌다. 1997년에 대표적인 감리교회 중 하나인 주안교회인천에서 한상호 목사가 아버지 한경수 목사의 뒤를 이어 담임목사로 부임했고, 1998년과 1999년에는 한국을 대표하는 부흥사들, 즉 신현균 목사성민교회, 통합,3와 오관석 목사서울중앙침례교회, 기침가 아들들에게 자리를 물려주었다. 이 교회들은 은퇴목사의 아들들을 담임목사로 결정했지만, 충현교회 같은 심각한 내홍을 겪지 않았고 사회적 비판도 거의 없었다.

순번	연도	교회	교단	위치	전임자/후임자	관계	목회	지위	기타
1	1973	도림교회	통합	서울	유병관/유의웅	아들	26년		
2	1980	부평교회	기감	인천	홍창준/홍은파	아들			
3	1986	길동교회	합동	서울	박만식/박주완	아들	34년		
4	1995	대구서문교회	합동	대구	이성헌/이상민	아들	45년	총회장	
5	1995	기동교회	기감	경기	고용봉/고신일	아들	19년		
6	1997	충현교회	합동	서울	김창인/김성관	아들	개척	총회장	
7	1997	주안교회	기감	인천	한경수/한상호	아들	30년	감독	
8	1998	성민교회	통합	서울	신현균/신영준	아들	개척		아들사임
9	1999	서울중앙침례교회	기침	서울	오관석/오영택	아들	개척		현, 하늘비전교회

2. 세습의 특징

이 시기의 교회세습은 몇 가지 특징을 보인다. 먼저, 1990년대 이전의 한국교회에서 세습은 예외적 현상이었다. 1970년대에 한 교회, 80년대에는 두 교회 정도가 공적으로 알려질 정도로 세습은 흔한 일이 아니었다. 둘째, 1990년대부터 한국교회에 세습이 빠른 속도로 증가했다. 특히, 1995년부터 5년 동안 6개 교회가 세습을 완료했다. 이것은 앞의 경우와 비교할 때, 엄청난 속도로 세습이 증가한 것이다. 셋째, 아직까지 세습이 교회적·사회적 이슈로 부각되지 않았으며, 세습에 대한 부정적 여론도 크게 확산되지 않았다. 충현교회를 제외하고, 세습결정과정에서 불협화음이 거의 들리지 않았고, 충현교회와 성민교회 외에 다른 교회들은 세습 후 교세가 크게 성장함으로써 오히려 긍정적 평가를 받았다. 넷째, 이 시기의 교회세습은 합동과 기감이 주도했다. 통합과 기침 소속 교회들도 있었지만, 앞의 두 교단과 비교할 때 수가 적었고 기성, 예성, 기장, 고신의 모습은 보이지 않았다. 다섯째, 지역적으로, 대구서문교회를 제외하고 절대다수가 경인지역에 위치하고 있었다. 여섯째, 세습을 완료한 교회들은 대부분 대형교회들이며, 은퇴목사가 개척했거나 장기간 목회하면서 교회를 크게 성장시켰다. 일곱째, 은퇴목사들은 대부분 교단총회장이나 감독을 지냄으로써 교단적 지위와 영향력이 대단했다.

3. 반응과 분석

이 시기의 세습에 대한 교회적·사회적 반응은 아직 명확한 형태를 취하지 못했다. 일차적으로, 은퇴목사들이 교회에서 절대적 영향력을 행사하고 있었고 교단적 차원에서도 높은 지위에 있었기 때문에 교회 안팎에서 이런 결정을 문제 삼기 어려운 상황이었다. 또한 후임목회자들 대부분이 외국유학 및 박사학위를 소지하고 있었고 목회승계 이후에도 괄목할 만한 실적을 거둠으로써, 개교회 안에서 아들에게 목회를 승계한 것에 큰 불만이 없었다. 오히려 교회세습을 긍정적으로 평가하는 여론마저 형성되고 있었다.[4]

하지만 충현교회의 갈등과 분열을 기점으로, 서서히 교회세습에 대한 위기의식과 비판의 목소리가 터져 나오기 시작했다. 아직 비판의 강도나 규모가 사회적 이목을 끌 정도는 아니었지만 말이다. 이 시기에 확인할 수 있는 거의 예외적인 공적 비판은「기독교사상」에 실린 장기천 목사^{동대문감}^{리교회}의 글이다. 그는 당시에 확산되던 교회세습을 성직세습으로 명명하면서 원론적 차원의 비판을 제기했지만, 유서 깊은 동대문교회의 담임목사이며 감리교회의 감독회장을 지낸 인물이 교회세습을 공개적으로 비판했다는 점에서 그의 글은 역사적으로 중요한 의미를 지닌다. 특히, 이후에 그런 지위의 목회자들 안에서 교회세습에 대한 강력한 비판의 소리를 거의 들을 수 없게 되었다는 사실을 고려할 때, 이 글의 의미는 남다르다. 그는 성직세습에 대해 탄식하며 다음과 같이 비판했다.

> 지난 선교 1세기 동안에는 극히 드문 현상이었던 것으로 여겨지는데, 1990년대에 들어서자 여기저기서 감쪽같이, 때로는 공공연하게 성직세습을 자랑하는 예식이 벌어지고 있다. 세속에 대한 어떤 이익이나 명예를 포기하고, 다만 하느님을 사랑하며, 이웃을 위하여 자신을 바치는 데 온 삶을 헌신키로 한 성직자에게 이런 일들은 어떤 이유로도 설득력을 잃게 마련이다. 하느님 나라의 구현을 추구하는 교회로서는 모양새가 구겨졌다는 비판을 면치 못할 것이다. 교회 안에서마저 정실이 판을 친다면 스스로 재앙을 불러들이는 꼴이 된다. 북한의 김일성 부자에게나 있을 법한 못된 일인 줄 알았는데, 거룩하고 은혜로운 교회 안에서도 이

런 일이 벌어지고 있다니, 부끄럽고 두렵기조차 한 일이 아닐 수 없다.[5]

II. 2000-2011

1. 세습과 반응

한국교회의 20세기는 교회세습을 둘러싼 뜨겁고 치열한 논쟁 속에서 저물었다. 8만 명의 신도수를 자랑하는 광림교회[기감]가 2001년 은퇴하는 김선도 목사 후임으로 아들 김정석 목사를 청빙할 계획이란 사실이 알려지면서, 교계 전체가 홍역을 앓기 시작한 것이다. 물론, 이 사실을 제일 먼저 안 것은 광림교회 신자들이었다. 즉각, 광림교회 안에서 반대목소리가 교회 홈페이지를 중심으로 터져 나왔다.[6] 기윤실, 복음과상황, 뉴스앤조이, 새벽이슬 같은 단체들이 2000년 3월부터 기도회와 공동기자회견을 통해 광림교회세습반대운동을 시작했다. 하지만 이런 부정적 여론에도 광림교회가 세습계획을 공식적으로 발표하자[2000. 4. 30], 여러 곳에서 반대성명이 잇달아 발표되었다. 2000년 6월 12일 감리교신학대학교 총동문회가, 2000년 6월 30일 기윤실이 반대성명서를 발표한 것이다.[7] 광림교회도 침묵하지 않았다. 언론과 매체를 통해 자신들의 정당성을 주장하며 적극적으로 반격을 가했다.[8] 한기총[회장 이만신]도 7월 19일 성명서를 발표하여 광림교회의 결정을 옹호했다.[9] 이렇게 상황이 전개되자, 한국기독교목회자협의회[회장 옥한흠]도 세습에 대한 [온건한] 비판적 성명서를 발표했고,[2000. 9., 18,10] 이어서 '감리교교회세습중지서명운동본부' 가 발족되어 서명운동과 세미나를 개최했다. 소수의 신학자들도 비판에 동참했다. 한국여성신학회는 "한국교회 세습 이대로 좋은가?" 를 특집으로 학회지를 발간했으며,[11] 『기독교사상』 12월호에 연세대 김광식 교수가 "교회세습에 관하여" 란 제목의 글을 발표하여 교회세습을 강력히 비판했다.[12] 하지만 이렇게 광림교회 세습문제로 한국교회가 극심한 갈등을 겪고 있을 때, 구로중앙교회^{기감, 베다니교회}에서는 곽주환 목사가 아버지 곽전태 목사의 뒤를 이어 담임목사로 부임했다. 광림교회도 2001년 3월 25일 세습을 완료했다.

이렇게 교회, 교단, 교계의 강력한 저지선을 광림교회가 정면 돌파한 후, 대형교회들은 경쟁적으로 세습에 몰두했다. 교계의 지도적 목사들이 침묵하는 상태에서, 기독교 시민단체들의 목소리는 공허했다. 한기총을 중심으로 대형교회들이 공모한 상태에서, 소수 학자들의 비판은 무기력했다. 강남제일교회^{기침, 2003}, 경향교회^{고려, 2004}, 분당만나교회^{기감, 2004}, 경신교회^{기감, 2005}, 대성교회^{합동, 2006}, 동현교회^{합동, 2006}, 종암중앙교회^{개혁, 2007}, 숭의교회^{기감, 2008}, 금란교회^{기감, 2008}, 계산중앙교회^{기감, 2008}, 임마누엘교회^{기감, 2009}, 경서교회^{합동, 2010}, 대한교회^{합동, 2011}가 아들에게 담임목사직을 넘겨주었다. 심지어 대학생선교단체인 한국대학생선교회^{CCC}에서 창립자 김준곤 목사의 사위 박성민 목사가 새 대표로 결정되었으며²⁰⁰², 기독교 일간지 「국민일보」의 회장직도 조용기 목사의 아들들^{조희준, 조민제}에게 세습되었다^{2006, 2012}. 세습의 영역이 교회담장을 넘어 선교단체와 기업으로까지 확장된 것이다. 큰 저항이나 분란 없이 세습이 완료되고 성장한 교회들도 적지 않았다. 분당만나교회와 경향교회 등은 대표적인 성공사례로 거론되고 있다.[13] 하지만 후보자의 자격과 결정과정의 불법성 때문에 교회가 분열되고 법정 소송에 휘말린 교회들도 여럿이다. 종암중앙교회와 강남제일교회가 대표적인 예다. 지금까지 분쟁이 지속되고 있으며 교세도 급격히 약화되었다.[14] 증가성결교회, 대흥침례교회, 경신감리교회 등은 무리한 세습시도가 교인들의 강력한 반대에 부닥쳐 무산된 경우들이다. 한편, 감리교를 대표하는 김선도, 김홍도, 김국도 형제는 모두 아들들에게 교회를 물려준 전대미문의 기록을 세웠고, 숭의교회는 3대째 세습에 성공했다. 모두가 신기록이다.

순번	연도	교회	교단	위치	전임자/후임자	관계	목회	지위	기타
1	2000	구로중앙교회	기감	서울	곽전태/곽주환	아들	개척	감독	현, 베다니교회
2	2001	광림교회	기감	서울	김선도/김정석	아들	30년	감독	
3	2002	CCC	선단		김준곤/박성민	사위	개척		사위/선단
4	2003	소망교회	통합	서울	곽선희/곽요셉	아들	개척		변칙
5	2003	강남제일교회	기침	서울	지덕/지병윤	아들	개척	총회장	분쟁
6	2004	경향교회	고려	서울	석원태/석기현	아들	개척	총회장	
7	2004	분당만나교회	기감	경기	김우영/김병삼	아들	개척		
8	2005	경신교회	기감	서울	김용주/	아들		감독	분쟁
9	2006	대성교회	합동	서울	서기행/서성용	아들	39년	총회장	
10	2006	동현교회	합동	서울	예종탁/예성철	아들	37년	총회장	
11	2007	종암중앙교회	개혁	서울	조경대/조성환	아들	개척	총회장	분쟁
12	2008	숭의교회	기감	인천	이호문/이선목	아들	38년	감독	3대
13	2008	금란교회	기감	서울	김홍도/김정민	아들	37년	감독	
14	2008	계산중앙교회	기감	인천	최세웅/최신성	아들	39년	감독	
15	2009	임마누엘교회	기감	서울	김국도/김정국	아들	개척	감독	
16	2010	경서교회	합동	경기	홍재철/홍성익	아들	개척	총회장	2014년
17	2011	대한교회	합동	서울	김삼봉/윤영민	사위	개척	총회장	

2. 특징

이 시기에 진행된 교회세습의 특징은 다음과 같다. 첫째, 교회세습이 매년 이루어졌다. 한국에서 교회세습은 더 이상 예외적 현상이 아니라, 낯익은 일상이 되었다. 둘째, 세습교회의 수가 증가하면서, 세습하는 교단의 범주도 넓어졌다. 하지만 여전히 합동과 기감의 수가 압도적으로 많았다. 셋째, 세습한 모든 교회가 서울, 인천, 부천 등 경인지역에 밀집되어 있었다. 넷째, 세습한 교회들 대부분은 대형교회이며, 전국적으로 널리 알려진 교회들이다. 다섯째, 세습한 교회들은 원로목사들이 개척했거나 30년 이상 목회했다는 공통점이 있다. 여섯째, 세습에 성공한 교회의 원로목사들은 대부분 각 교단 내에서 총회장과 감독을 지냈다. 심지어 한기총과 NCCK 대표회장을 지낸 사람들도 여러 명이다. 일곱째, 아들에게 교회를 물려준 목회자들은 교단적 배경과 상관없이 대단히 보수적인 목회자들이었다. 여덟째, 세습의 범주, 대상, 방식에서 다양해지기 시작했다. 즉, 선교단체, 사위세습, 변칙세습, 기업세습 등 새로운 방식의 세습이 등장한 것이다. 아홉째, 세습으로 인한 갈등과 폐해가 극심해졌다. 부당한 세습이 증가하면서 교인들의 저항도 거세졌고, 그 결과 극단적 분열과 고통이 빈번하게 발생했다. 열 번째, 2000년 이후 교단적 · 사회적 차원의 세습반대운동이 빠르게 약화되었다.

3. 비판과 분석

이 시기에 교회세습에 대한 찬반진영의 주된 입장은 무엇이었나? 당시의 갈등구조 속에서 우리는 최소한 세 개의 상이한 입장들을 발견할 수 있다. 먼저, 세습을 추진했던 교회들과 이들의 영향 하에 있던 한기총이 세습지지파의 중심축을 구성하고 있었다. 이 그룹은 "세습"이란 용어자체의 사용을 반대하고,[15] 교회의 안정적 발전을 위한 세습의 장점을 강조하며,[16] 적절한 자격과 자질을 겸비하고 적법한 절차에 의해 결정된 청빙은 세습이 아니라고 주장했다.[17] 보다 적극적으로, 교회세습을 십자가의 결단으로 미화했고,[18] 성공한 세습사례를 열거하며 세습을 정당화했다.[19] 뿐만 아니라, 교회세습 반대운동을 개교회의 특수성과 자율권을 침해한 부당한 간섭과 월권으로 규정했으며,[20] 교회 내적 문제를 세상에 폭로함으로써 교회 명예를 실추시킨 "자해행위"라고 경고했다.[21] 둘째, 기윤실 등의 시민단체들과 이들을 지지한 학자들이 세습반대파를 구성했다. 이들은 교회세습을 성경적, 역사적, 윤리적, 선교적 차원에서 근거가 없는 반신학적 행위로 진단했다.[22] 동시에, 목회자의 과도한 독선과 욕심에서 비롯된 반교회적 행태요, 교회를 사유화하려는 우상숭배적 죄악이라고 교회세습을 날카롭게 공격했다.[23] 끝으로, 온건한 입장에서 한국교회의 개혁을 요청하던 중도파가 있었다. 이 그룹은 기본적으로 교회세습에 비판적이었지만 교회세습을 반대할 명백한 신학적 근거가 없고, 개교회가 자율적으로 결정할 문제라고 규정했다. 따라서 이들은 교회세습 문제에 대한 교단 혹은 법적 통제를 지나친 간섭으로 비판하면서, 개교회가 문제의 심각성을 깊이 인식하고 절제해 달라고 요청했다.[24]

그렇다면, 이 시기에 세습이 급증한 이유는 무엇이며 이에 대한 해법은 무엇일까? 이 문제와 관련해서 일차적으로 주목할 것은 1997년을 기점으로 세습이 급증했다는 사실이다. 즉, IMF 이후 국가경제가 절체절명의 위기에 처한 상황에서, 특히 교회성장이 멈추고 교세가 위축되는 상황에서, 그리고 무수한 신학교졸업생들 간의 생존경쟁이 치열해진 상황에서 세습을 찬성하는 측과 반대하는 측 사이의 갈등이 더욱 첨예해진 것이다. 대형교회에서 은퇴하는 목사와 다수의 성도들은 이런 상황에서 교회의 안정적 성장을 보장할 최선의 선택으로 부자세습을 추진·승인하는 반면, 반대파들은 공평과 정의를 근거로 비판의 목소리를 높이는 것이다.[25]

보다 근본적으로, 한국교회 안에 깊숙이 스며든 천민자본주의의 부정적 영향을 지적하는 목소리도 많다. 즉, 해방 이후 한국사회가 자본주의적 산업사회에 성공적으로 진입했고, 한국개신교회가 이런 시대적 흐름에 가장 탁월하게 적응하고 기여했던 것이다. 한국사회의 경제적 급성장은 한국교회의 대형화를 초래했으나, 결국 양적 성장이 시대적 에토스가 되면서 물질적 성공이 축복의 가시적 징표가 되었다. 이런 상황에서, 청빈과 희생이라는 고귀한 기독교적 가치는 비현실적 이상으로 멸시되고, 철저하게 현실적 논리와 이기적 욕망이 목회의 핵심원리로 맹위를 떨치게 되었다. 이런 정신에 사로잡힌 대형교회 목사들이 자식들에게 교회를 세습하는 것은 지극히 자연스러운 목회적 결론일 수밖에 없다는 것이다.[26]

이런 문제의식 속에서 많은 사람들이 교회세습과 원로목사제의 상관관계에 주목했다. 교회세습의 가장 현실적인 이유 중 하나는 장기간 목회했던 목사들이 은퇴 후에도 지속적으로 교회에 영향을 끼치고 자신들이 성취한 물질적·사회적 특권을 자식에게 대물림하고 싶은 이기적 욕망이다. 그리고 이런 욕망을 부추기고 가능케 하는 제도적 장치가 바로 원로목사제도다. 따라서 교회세습이란 악순환의 고리를 끊기 위해선 원로목사제도부터 철폐해야 한다는 것이다.

> 한국교회는 목회자 세습 문제에 대한 싸움을 '뒤로하여야 한다.' 즉 극복하여야 한다는 말이다. 한국교회가 점차 비대해 지면서 만든 공로목사 또는 명예목사 제도, 한 교회에서 20년 이상 시무하는 원로목사 제도 등을 폐지해야 한다. 그러한 제도는 한국교회의 제도화를 고착화시키는 제도임은 말할 것도 없고, 담임목사직 세습 문제와도 무관하지 않다고 생각하기 때문이다. 그러므로 이런 모든 제도를 과감하게 철폐하여야 한다.[27]

동시에, 교회세습은 담임목사에게 권한이 과도하게 집중된 결과이므로, 이를 미연에 방지할 수 있는 법적 장치들이 마련되어야 한다는 주장도 많았다. 세습방지는 더 이상 개인적 양심으로 해결될 수 있는 수준을 벗어났기 때문에 목회자의 전횡을 막기 위한 효율적 제도들이 필요하다는 것이다. 예를 들어, 박삼종 대표^{대전청년아카데미}는 "임기제, 정관작성, 연봉제, 사무총회 권한강화로 한 사람이 주님의 교회를 지배하고 왕이 되어 우상처럼 섬겨지는 전횡을 막아야 합니다" 라고 강력히 주장했다.[28]

III. 2012~2013

1. 세습

지난 1년 동안, 4건의 주목할 만한 교회세습이 이루어졌다. 제일성도교회^{합동}가 은퇴하는 황진수 목사 후임으로 진웅희 목사를 청빙했다. 진 목사는 황 목사의 사위였다. 2011년, 제일성도교회는 진웅희 목사를 후임으로 결정하고 주보에 청빙목사로 이름을 올렸으나, 진 목사의 자격시비가 불거지면서 내분과 비난에 시달리게 되었다. 하지만 "임시당회장뿐 아니라 황목사와 교인 대부분이 진 목사 청빙을 반대하지 않고 있어서 또다시 세습절차를 밟아 갈 것으로 예상된다."[29] 한국교회에서 더 이상 도덕성과 합법성은 중요하지 않은 것 같다. 같은 시기에, 광명동산교회^{합동}에서 교회세습이 시도되었다. 이 교회를 개척했던 최성용 목사가 은퇴하면서 자신의 아들을 새 담임목사로, 자신을 원로목사로 추대하려 했다. 하지만 취임예배에 아들 최정환 목사가 나타나지 않으면서 교회는 걷잡을 수 없는 소용돌이에 휩싸였다. 후임자결정과정의 불법성이 드러나면서 최성용 목사는 총회에서 제명되고 아들의 청빙도 취소되었다. 이후 이수웅 목사가 교회에 의해 신임목사로 결정되었지만, 원로목사 측과 갈등이 벌어졌고 교인들 간의 물리적 충돌과 법정싸움까지 벌어졌다. 갈등과 분열은 아직도 진행 중이다.[30]

이런 상황에서, 한기총 대표회장을 지낸 왕성교회^{합동} 길자연 목사와 성남성결교회^{기성} 이용규 목사가 연속적으로 부자세습을 성사시켰다. 왕성교회의 경우, 2003년 지교회 형식으로 과천왕성교회를 세웠고, 2005년부터 길자연 목사의 아들 길요나 목사가 담임으로 사역했다. 왕성교회는 지난 해 3월 25일 공동의회를 열어, 서울왕성교회와 과천왕성교회의 합병을 결의하고 길 목사 부자를 동사목사로 임명했다. 일부 교인들이 회의소집의 부당성을 지적했지만, 회의는 강행되고 모든 결정이 거수로 이루어졌다.[31] 왕성교회는 10월 8일 다시 공동의회를 열어, 길요나 목사를 담임목사로, 길자연 목사를 원로목사로 결정했다.[32] 성남성결교회는 2013년 1월 20일 사무총회를 열고 세습을 확정했다. 성남성결교회는 이용규 목사 아들 이호현 목사를 후임 목사로 청빙하는 안건을 사무총회에 상정했는데, 사무총회에 참석한 교인 211명이 만장일치로 청빙에 찬성했다. 세습결정을 비공개로 진행했던 왕성교회와 달리, 성남교회는 이 과정을 세상에 공개했다. 더이상, 세습은 음지에서 결정되는 '찜찜한 비리'가 아니다.[33] 두 교회 모두, 자신들의 결정이 절차상의 문제가 없고 후임목사의 자격과 자질이 충분하며 교회가 원하기 때문에, 세습이 아니라고 강변했다.[34]

순번	연도	교회	교단	위치	전임자/후임자	관계	목회	지위	기타
1	2012	제일성도교회	합동	서울	황진수/진웅희	사위	개척		분쟁
2	2012	광명동산교회	합동	경기	최성용/최정환	아들	개척		분쟁
3	2012	왕성교회	합동	서울	길자연/길요나	아들	39년	총회장	변칙
4	2013	성남성결교회	기성	경기	이용규/이호현	아들	개척	총회장	

2. 저항

지난 10년과 달리, 2012년부터 진행된 세습은 교회 안팎에서 심각한 저항과 비난에 직면했다. 그렇다면 지난 한 해 동안 교회세습에 대한 관심과 저항을 촉발시킨 사건들을 살펴보자. 먼저, 2007년에 부당한 교회세습으로 한국사회에 큰 물의를 일으켰던 김창인 목사^{충현교회 원로목사}가 갑자기 양심선언을 했다. 그는 2012년 6월 12일 열린 원로목회자 위로예배에서 성명서를 통해 "충현교회 제4대 목사를 세우는 과정에 관여하면서 목회 경험이 없고, 목사의 기본 자질이 돼있지 않은 아들 김성관 목사를 무리하게 지원해 위임목사로 세운 것은 내 일생 일대 최대의 실수였다"고 고백한 후, "그것이 하나님 앞에서 저의 크나큰 잘못이었음을 회개 한다"고 밝혔다. 김 목사의 공개적 참회가 교계 및 일반 언론에 의해 대서특필되면서 한국교회의 세습 문제가 다시 한 번 "뜨거운 감자"로 떠올랐다. 한 달 후인 7월 19일에 한기총은 "후임 담임목사 청빙"에 관한 성명서를 발표하여, "최근 K모 원로목사가 아들 목사의 문제로 한풀이 같은 발언을 하여 교계에 물의를 빚고 있으나, 이는 해당교회와 아버지와 아들이 도덕적으로 윤리적으로 책임을 져야 할 일이며, 결코 한국교회 전반에 관한 문제가 아니다."라고 김 목사 참회의 의미를 폄하했다. 그리고 "후임으로 세워질 분이 교회의 영적인 분위기와 조화롭게 맞고, 교회 후임 목회자가 적법한 절차에 의해 청빙되는 것은 가장 아름다운 모델이 될 것이며 지극히 성경적이고 하나님께서 기뻐 받으실 영광된 징표인 것이다."라고 세습을 두둔했다.[35] 이에 대해, 기윤실은 2012년 7월 24일 "한기총의 세습옹호 성명서에 대한 기윤실의 입장"이란 성명서를 통해 한기총의 입장을 비판했다. 한기총도 7월 26일 "담임목사 청빙 관련 기윤실 입장 표명에 대한 한기총의 입장"이란 제목의 반박성명서를 발표하여 기윤실의 비판에 반격을 가했다.

이런 상황에서, 그동안 교회세습의 한 축을 담당해 왔던 기독교감리회에서 '세습금지법'을 제정하려는 움직임이 있었다. 이에 대해, '미래목회포럼' 대표: 정성진 목사이 2012년 8월 28일 "담임목사직 세습금지 입법을 지지한다"는 제목의 논평을 발표하자,[36] 2012년 9월 1일 감리교 세습의 핵심인물인 김홍도 목사가 『조선일보』에 "시기가 왜 무서운 죄인가"란 제목의 전면광고를 게재하여 세습의 정당성을 옹호하고 반대세력을 정죄했다.[37] 9월 5일, 김동호 목사높은뜻연합선교회 대표가 자신의 페이스북에 김홍도 목사 광고사건을 "영적 치매"로 비판했고, 김홍도 목사가 김동호 목사를 명예훼손으로 고발했다. 이렇게 상황이 급물살을 타기 시작한 9월 25일, 정동감리교회에서 열린 감리교 입법의회에서 '세습금지법'이 통과되었다.[38]

이 법안에 대해 교회와 사회 모두가 큰 관심을 보였으며, 하나같이 한국교회사의 기념비적 사건으로 치하했다.[39] 이에 자극 받아, 예장통합 평양노회[10. 22-24]도 '교회세습방지헌의안'을 총회에 제출하기로 결정했다. 11월 2일에는 '교회세습반대운동연대'[공동대표, 김동호, 백종국, 오세택]가 공식출범했으며, 11월 20일 이 문제에 미온적 태도를 보였던 한국기독교교회협의회[KNCC]도 세습근절을 다짐하는 총회선언문을 채택했다. 침묵하던 학자들도 발언대에 나섰다. 기독교학술원[원장: 김영한]의 제26회 월례기도회 및 발표회[2013., 1., 18]에서 "한국교회 영성과 세습"이란 주제 하에 여러 논문들이 발표되었다. 발표자들은 대형교회의 세습이 성경적, 신학적, 윤리적으로 용납될 수 없는 죄악이라고 한 목소리로 비판했다.[40]

3. 특징

먼저, 세습을 강행한 교회들 중 예장합동 교회들이 압도적으로 많았다. 둘째, 그동안 합동과 세습을 양분했던 감리교회 모습이 보이지 않는 반면, 성결교회[기성]가 처음으로 모습을 드러냈다. 셋째, 예전보다 세습과정에서 불협화음이 더 크게 들려왔다. 현재까지 그 진통에서 벗어나지 못한 교회가 대부분이다. 넷째, 교단총회장과 한기총 대표회장을 지낸 목사들의 교회가 세습에 성공함으로써, "한기총은 세습 왕국"이란 오명을 이어갔다.[41] 다섯째, 세습한 교회들은 은퇴하는 목사가 개척했거나 40년 가까이 목회함으로써 교회 내에서 영향력이 망각했다. 그런 힘을 배경으로, 그들이 세습을 강행한 것이다. 여섯째, 세습을 둘러 싼 갈등구조가 더욱 명확해졌다. 한편에선, 대형교회와 한기총이 세습세력을 형성했고, 반대편에선 교회세습반대운동연대 중심의 저항세력이 진영을 구축했다. 일곱째, 세습반대진영의 구성원이 변하고 강화되었다. 감리교회가 교단적 차원에서 세습을 금지한 것, 통합 소속 노회가 동조한 것, 김동호 목사가 전면에 나선 것, 김창인 목사가 공개적으로 회개한 것, 일군의 저명한 학자들이 비판적 소리를 낸 것 등이 저항세력의 전력증강에 큰 보탬이 되었다. 여덟째, 세속언론이 교회세습에 관심을 보이며 반대운동에 힘을 실어주고 있다. 교회세습은 더 이상 개신교의 내적 문제가 아니라 사회적 관심과 쟁점이 되었다.

4. 비판과 분석

세습을 강행한 사람들은 이전에 세습한 사람들의 논리를 반복했다. 이들은 계속 '세습' 이란 용어사용의 부적절함을 지적했다. 그런 용어는 북한의 경우처럼, 법적 절차와 과정을 무시한 경우만 해당되고, 자신들처럼 교단법을 준수하여 찬반투표를 통해 후임자를 결정한 것은 '세습' 이 아니라 '후임목사청빙' 이라는 것이다.[42] 동시에, 목회자로서 적절한 자격을 갖추고 교인들이 그를 목회자로 청빙하고자 한다면, 아들 신분은 전혀 문제 되지 않는다는 것이다.[43] 끝으로, 교회세습을 반대하는 것은 교회 형편과 상황을 모르는 외부인들의 과도한 간섭과 월권이며, 반대운동을 주도하는 사람들은 좌파세력이라고 규정했다.[44]

이 같은 세습옹호론에 대해 세습반대론자들은 대형교회세습을 "추잡한 세습" 으로 규정하고 맹렬하게 비판했다.[45] 세습반대론자들도 모든 세습을 악한 것으로 규정하지 않는다. 가난하고 소외된 지역에서 힘겹게 사역하는 아버지 뒤를 잇는 것은 문제가 아니며, 오히려 장려할 '미담' 으로 언급했다.[46] 문제가 되는 것은 부와 명예, 권세가 보장된 대형교회 담임목사직에 검증되지 않은 아들을 아버지의 힘으로 무임승차시킨 경우였다. 이런 견해는 세습문제가 공론화된 이후 세습반대 진영에서 지배적인 입장이었다. 하지만 조성돈 교수는 한국교회 종교시장의 최근 상황을 고려할 때, 중소형교회의 세습도 대형교회세습과 같은 맥락에서 이해해야 한다고 주장했다.

20명 30명 되는 작은 교회에도 부임하려면 조건이 얼마나 까다로운지 모른다. 이런 교회에도 담임으로 가기 위해서 꽤 복잡한 이해타산이 얽히기도 한다. 그러니 이제 목회세습은 대형교회 만의 이야기가 아니다. 아무리 작은 교회라도 교회 간판이 걸려 있는 이상 목회세습의 대상이 될 수 있다. 그리고 실제적으로 목회세습은 한국교회 전반에 걸쳐서 상당히 광범위하게 퍼져 있는 상황이다. 그로 인해서 대부분이라고 할 수 있는 소명만 있는 목회자들은 좌절에 좌절을 겪게 되는 것이다.[47]

이런 현실의 대안으로, 두 가지 방안이 반복적으로 제기되었다. 첫째, 세습의 원인을 목회자들의 신학적 빈곤으로 진단하고, 교회론의 정립과 교육을 근본적 대안의 하나로 제시했다. 한국기독교목회자협의회가 전국 목회자 500명을 대상으로 실시한 의식조사에 따르면, 한국교회 목회자의 가장 부족한 점이 '신학적 깊이' [38.6%]로 드러났다. 결국, 교회세습은 '안정적 성장' 이라는 현실적 이유와 '왜곡된 교회론' 이라는 신학적 빈곤이 결정적 역할을 한 것이다. 따라서 신학생, 교인, 목회자를 대상으로 한 올바른 교회론 교육이 긴급한 과제로 떠올랐다.[48] 둘째, 이미 한국교회의 부자세습은 개인의 양심이나 교회의 합리적 결정에 의지할 수 없는 단계에 이르렀기에, 감리교 '세습방지법' 같은 구체적 법안을 교단적 차원에서 마련해야 한다는 것이다. 이형기 교수는 교단헌법에 세습금지 조항을 추가해야 한다고 주장했고,[49] 김영한 교수도 "감리교가 제정한 세습금지법은 장로교와 더불어 한국 개신교 모든 교단에 적용되어야 한다" 고 제안했다.[50]

마무리

이상에서 1973년 교회세습을 이룬 도림교회부터 2013년 세습을 완료한 성남성결교회까지 40년간 한국교회에서 이루어진 교회세습사례를 시기별로 구분하여 대략적으로 살펴보았다. 이제, 각 시기마다 한국교회의 세습과 이에 대한 저항운동의 특징을 간략히 요약하고, 개인적 견해를 첨가함으로써 글을 마무리하고자 한다.

먼저, 교회세습의 특징들은 다음과 같다. 시기적으로, 한국교회의 세습은 1973년부터 공식기록이 나타나지만, 1997년부터 본격적으로 진행되기 시작했다. 그리고 2001년 광림교회가 세습에 성공하면서 가속도가 붙었다. 이것은 IMF로 한국사회 전반에 위기의식이 고조된 것, 교회성장이 정체기에 접어들면서 안정적 성장에 대한 욕구가 강해진 것, 1970년대에 목회를 시작했던 대형교회 목사들의 은퇴시기가 집중된 것 등 다양한 요인들이 결합하여 1997년 이후로 교회세습이 급증한 것으로 보인다.

교단적으로, 교회세습에 성공한 교회들은 전 교단에 두루 분포되어 있지만, 합동과 기감의 수가 압도적으로 많았다. 합동과 기감의 신학적 차이가 분명하지만, 기감에서 세습을 감행한 목회자들은 정치적·신학적 측면에서 대단히 보수적인 성향을 지닌 사람들이었다. 결국, 한국교회에서 교회세습은 보수주의자들에 의해 주되었음을 알 수 있다. 한기총이 교회세습을 옹호했다는 것도 이런 사실을 지지하는 증거다.

지역적으로, 교회세습은 소수의 예외를 제외하곤, 경인지역에서 집중적으로 발생했다. 이것은 일차적으로 대형교회가 경인지역에 몰려있기 때문이겠지만, 대체로 수도권현상/도시현상임에 틀림없다. 심지어 유일하게 비수도권지역의 세습사례로 알려진 대구서문교회도 농어촌지역이 아니라, 대도시에 위치하고 있다. 하지만 부산, 광주, 대전, 울산 같은 지방의 대도시들에서 아직까지 주목할 만한 교회세습이 보고되지 않은 것에 대해서는 다른 분석이 필요하다.

목회자적 측면에서, 세습을 시도·완료한 교회들은 은퇴하는 목사들이 개척했거나, 20년 이상 목회하면서 교세를 크게 성장시켰다. 뿐만 아니라, 그들은 대형교회 담임목사뿐만 아니라, 교단의 총회장이나 감독을 지냈다. 결국, 그들은 자기 교회 내에서 절대적인 권위와 지배력을 갖고 있으며, 교단차원에서도 대단한 영향력을 행사할 수 있었다. 이런 권세와 지위가 교회세습을 가능하게 만든 현실적 동력이었다.

다음으로, 교회세습반대운동의 특징은 다음과 같다. 시기적으로, 2001년 광림교회가 세습을 시도했을 때, 최초로 반대운동이 조직적으로 전개되었고, 2012년에 다시 한 번 강력하게 부활했다. 하지만 그 사이에 수많은 교회들이 부자세습을 완료했으나, 이에 대한 별다른 저항과 비판은 없었다. 결국, 주목할 만한 저항운동이 꾸준히 존재하지 않았기 때문에 대형교회들이 파죽지세로 세습을 진행할 수 있었던 것이다.

지역적으로, 세습반대운동은 서울에서 집중적으로 전개되었다. 이것은 이 운동을 주도한 단체들이 서울에 집중되었고, 지방에서는 아직까지 주목할 만한 세습사례가 없었기 때문인 것으로 해석된다. 하지만 지방에도 대형교회들이 존재하며 세습가능성이 농후하기 때문에, 세습반대운동의 범위를 전국으로 확대하지 못하고, 이것을 가능하게 할 전국적 조직망을 갖추지 못한 것은 이 운동의 근본적 한계로 보인다.

주체적 측면에서, 그동안 반대운동이 기윤실, 교회개혁실천연대, 성서한국, 복음과상황, 뉴스앤조이 등 소수의 복음주의 단체들에 한정되어 왔다. 물론, 2000년 감리교 내부에서 몇몇 단체들이 반대의 목소리를 내었지만, 다른 곳에서는 이런 움직임을 좀처럼 감지할 수 없었다. 특히, 소수의 예외를 제외하곤, 교회의 관심과 참여가 너무 미약했다. 영향력 있는 목회자들의 참여도 대단히 부족했다. 결국, 이 교회세습반대운동이 보다 많은 교회와 목회자들의 적극적 반응과 참여를 이끌어내지 못한다면, 그래서 여전히 소수의 주변단체들만의 운동으로 머문다면 기대하는 결과를 성취하기 어려울 것이다.

교단적으로, 교회세습은 기감과 합동이 주도했다. 그런데, 최근에 기감에서 세습금지법을 통과시키면서 교단적 차원의 세습반대운동이 시작되었다. 이것은 향후 한국교회 전체에 큰 자극과 도전이 될 것이다. 하지만 또다른 한 축인 합동 측에서는 아무런 반응도 보이지 않고 있다. 합동은 한국교회 최대교단이며, 지금까지 가장 많은 세습교회를 배출했다. 합동 측에서 이 문제의 심각성을 인식하고 함께 보조를 맞추지 않는다면, 이 운동의 장래가 밝지 않을 것이다. 따라서 향후 반대운동은 합동에 좀 더 많은 힘을 쏟아야 할 것이다.

신학적으로, 교회세습에 대한 학계의 반응이 대단히 미온적이었다. 물론, 몇 차례의 교회세습관련 세미나와 포럼이 개최되어 몇몇 학자들이 논문을 발표했고, 학술지와 잡지에 세습에 대한 비판적 글들이 수록되기도 했다. 하지만 40년의 교회세습역사에 비해 그 양과 질은 대단히 실망스런 수준이다. 아직까지 교회세습에 대한 제대로 된 학위논문이나 단행본이 출판되지 않았으며, 수많은 기독교관련 학회들에서 이 문제를 공식주제로 삼은 적도 거의 없다는 사실에서 이런 현실을 확인할 수 있다. 학자들의 관심과 연구가 절실히 요청되는 이유다.[51]

운동방법론 측면에서, 그동안 반대운동은 성명서, 기도회, 포럼/세미나, 반대시위 등을 통해 전개되었다. 하지만 이런 방식으로 전개된 반대운동이 지난 20년간 별다른 성과를 거두지 못했다. 그토록 열심히 기도하고 성명서를 발표하고 반대시위를 벌였지만, 단 한 차례도 대형교회세습을 막지 못했다. 이것은 기존의 운동방식과 전략에 대해 뼈아픈 반성과 고민을 촉구한다. 현실적으로, 이것은 대단히 힘든 싸움이다. 그야말로, 다윗과 골리앗의 싸움이다. 그럼에도 이 싸움을 계속 해야 한다면, 다윗이 골리앗을 이겼듯이 보다 지능적·창조적 전략과 전술이 필요하다.

미주

1. 이 글은 "한국교회의 세습-그 뒤틀린 역사," 「신학과 선교」 vol. 43 (2013): 69-102를 수정한 것이다.
2. 이 글에서 언급된 교회들만 세습을 완료한 것이 아니다. 세습한 모든 교회의 명단을 확인하는 것은 현실적으로 불가능하다. 이 글에서는 언론에 노출되어 확인할 수 있는 대표적 교회들만 다루었다. 참고로, 2012년 10월 8일 왕성교회 세습결정 현장에서 청빙위원장은 지금까지 한국에서 세습한 교회 수가 650개가 넘는다고 말했다. 조애진·김지훈, "길자연 목사의 왕성교회 세습 현장 가보니…," 「한겨레뉴스」 (2012. 10. 8).
3. 신영준 목사는 2005년에 교회를 떠났고, 그 이듬해에 신현균 목사도 세상을 떠났다. 이로써, 현재 성민교회에서 신현균 목사 집안의 실질적 영향력은 사라진 것으로 보인다.
4. "이 외에도 목회세습이 성공적으로 이뤄졌다고 평가받고 있는 교회로는 예장 합동 측의 대구서문교회가 꼽힌다. 대구서문교회는 아들인 이상민 목사로 세대교체를 이뤄낸 교회이다. 길동교회, 도림교회 역시 아버지 목사에 이어 아들 목사로 담임목사직이 세습된 교회로 성공적으로 교회성장과 목회가 이뤄지고 있는 교회다." 우은진, "세습문제의 논란과 파장," 「한국여성신학」 제43호 (2000. 0), 78.
5. 장기천, "한국교회 성직세습의 문제," 「기독교사상」 통권 제466호 (1997. 10), 12.
6. "후계자 확정 사실이 알려지자, 교회 홈페이지에는 반대 글들이 폭주했고, 교회측이 홈페이지 토론방을 폐쇄하자, 이번에는 감리교 본부와 감신대 홈페이지에 반대 글들이 올라오기 시작했다." 담임목사직 세습, 사회문제로 비화. 기윤실, 감목협 반대운동, 각 일간지 보도," 「기독교사상」 통권 제502호 (2000. 10), 273.
7. 감신 동문회는 교회세습에 대해 "교회와 교역자의 위신을 심각하게 추락시키는 반교회적 행위," "중세교회를 타락시켰던 성직매매와 다름이 없는 행위"라고 강력하게 비판하고, 교회법에 포함시켜야 한다고 밝혔다. 박성흠, "타락선거관행, 교회세습 목회자수급문제 등 촉구," 「기독공보」 (2000. 6. 17). 기윤실, "일부 대형 교회 담임 목사직 세습에 대한 우리의 입장" (2000. 6. 30).
8. 9월 5일에 기윤실과 복상포럼이 마련한 세습을 주제로 한 포럼에서 광림교회 교인들이 포럼진행을 반대하고, "윤실 포럼에 대한 우리의 입장"이란 제목의 유인물을 낭독했다. 김선도 목사는 「동아일보」와의 인터뷰 (2000. 9. 7)에서 세습을 변호했으며, 10월 26일 한국기독교학술원이 주최한 강연회에서 광림교회의 기획담당 박동찬 목사가 '한국 교회의 세습 문제에 대한 신학적 조명'에 대한 논찬으로 발표한 "아들이 후임담임자로 선정되는 것에 대한 목회적 고찰"이란 글을 통해 광림교회의 부자승계의 정당성을 변호했다.
9. "교회와 교단 법에 위배 안 되면 세습이라 할 수 없다: 한기총, 자칭 '목회자 아들이 후임목회자 되는 문제'에 대한 성명 발표," 「뉴스앤조이」 (2000. 9. 20).
10. 김종희, "세습 반대하는 이들의 목소리 겸허히 수용하길: 한목협, 담임목사 세습 관련 18일 성명서 발표," 「뉴스앤조이」 (2000. 9. 18). 이 성명서 내용 중, "4. 우리는 '담임목직 세습' 문제에 대하여 흑백 논쟁을 할 수 있는 절대적인 성경적, 신학적 근거를 찾기가 쉽지 않다는 사실을 솔직히 시인합니다. 따라서 어떤 신학적 입장이나 성경해석학적인 주장을 너무 지나치게 내세우며 대물림의 문제를 일방적으로 공격하는 것은 그 자체가 또 하나의 문제를 야기시킬 수 있음을 인정합니다."란 내용이 문제가 되어, 또 다른 논쟁을 불러왔다. 김종희, "한목협 성명 놓고 네티즌들 다양한 반응," 「뉴스앤조이」 (2000. 9. 20) 참조.
11. 이 논문집에 실린 논문들은 다음과 같다. 홍근수, "담임목사 세습제도는 기독교적인가?," 임희숙, "한국교회 세습문제와 그 여성신학적 성찰," 우은진, "세습문제의 논란과 파장."
12. 김광식, "교회세습에 관하여," 「기독교사상」 통권 504호 (2000. 12).
13. 2010년 9월 10일, 한국실천신학회 산하 성장동력교회위원회가 주최한 '성장동력교회세미나'

에서 박해정 교수(감신대 예배학)는 만나교회의 설립자 김우영 목사의 아들 김병삼 목사가 세습했으나, 매년 15%의 출석률 증가로 그의 리더십이 어느 정도 인정받고 있다고 설명했다. "여전히 부흥하는 교회의 비밀," 『들소리신문』 (2010. 9. 16). 또한 경향교회의 경우, "석기현 목사의 부임 후 3년간 4천여 명의 성도가 증가한 것으로 나타났다... 3년이 지난 지금 석기현 목사는 절대다수의 성도들에게 큰 신임을 받고 있다는 평가다." 송경호, "경향교회, 3년간 성도 4천여 명 늘어," 『크리스천투데이』 (2007. 9. 30).

14. 김철영, "사태가 불거진 후 교회는 1년 만에 주일 출석 1,500명이던 교인수가 절반으로 줄어들었다고 한다." 『뉴스파워』 (2007. 7. 29).

15. "세습이란 용어는 봉건주의사회나, 왕조시대에 사용되는 말이지 교회에서 사용될 수 있는 용어는 아니라고 봅니다... 현직 목회자의 아들이기 때문에 후임자로 결정되면 세습이라고 일괄되게 적용하는 것은 온당치 못하며 용어 사용도 신중치 못한 것입니다." 한기총, "목회자의 아들이 후임목회자가 되는 문제에 대한 입장" (2000. 9. 18).

16. "후임자가 전임자와 같은 목회철학을 가지고 같은 스타일의 설교를 증거하며 그 교회의 교인들로부터 신뢰를 얻게 되는 것은 어느 한 순간에 이루어지는 것이 아니다. 그러기에 후임자가 수년간 전임자의 지도력 아래 여러 시행착오를 거치며 배운 경험들은 후임자로서 가져야 할 가장 귀한 자산이 아닐 수 없다. 이런 점에서, 여러 성장하는 대형교회에서 아들을 훈련시켜 담임자가 되게 하는 것은 첫째, 목회의 위험부담을 줄이는 현실적인 방안이 되기 때문이며, 둘째, 후임자의 시행착오와 적응의 시간을 줄이는 방안이 되기 때문이다." 박동찬, "아들이 후임담임자로 선정되는 것에 대한 목회적 고찰"(2000. 10. 26).

17. 박영률 목사(한기총 총무)는 2002년 10월 17일에 안양중앙교회에서 열린 예사목 주최의 '교회대물림' 세미나에서, "물론 전략적, 계획적으로 아들을 후임 목회자로 삼았다면 이는 잘못된 것이다. 그러나 정당한 법 절차에 의해 아들을 청빙했는데도 이를 세습으로 매도하는 것은 심각한 문제다"라고 주장했다. 양정지권, "한국 교회에 세습은 없다?," 『뉴스앤조이』 (2002. 10. 22).

18. "교회를 잘 알고 실력이 뛰어난 아들이 아버지의 뒤를 잇는 것은 아무런 문제가 없다. 목회는 인간적인 마음이라면 무작정 축복할 수만은 없는, 어렵고 힘든 고난과 십자가의 길이다. 이 길을 아버지에 이어 아들이 걷는다면 축복할 일이다"(박영률). 신철민, "한국교회에 세습은 없다?"

19. 박동찬 목사는 "아들이 담임목회자의 후임으로 선정된 예는 국내외적으로 많이 있으며, 대체적으로 안정감있게 성장하고 있는 것으로 나타나고 있다"고 주장하면서, 오스왈드 스미스, 로버트 H. 슐러, 오랄 로버츠, 빌리 그레이엄, 이호문 목사(수의교회), 홍은파(부평교회)를 성공사례로 들었다. "아들이 후임담임자로 선정되는 것에 대한 목회적 고찰." 하지만 최근에 오랄 로버츠와 로버트 슐러의 자녀들이 파산함으로써 선친들이 물려준 가업이 몰락했다.

20. 김선도 목사는 동아일보와의 인터뷰에서, "광림교회 신도중에도 박사 의사 교수 등이 수백 명이 있습니다. 이들이 직접 뽑은 장로들이 오랜 고민 끝에 결정한 것이므로 외부에서도 이 결정을 존중해줘야 합니다. 이렇게 결정한 후임목사에게 기윤실이 '사임할 생각은 없느냐, 사임하면 문제가 해결되는 것이 아니냐'는 내용이 든 질의서를 보내왔습니다. 이것은 교권과 인권에 대한 침해입니다"라고 기윤실을 비판하며 자신의 세습을 변호했다. 송평인, "담임목사직 세습 공방 광림교회 김선도 목사," 『동아일보』 (2000. 9. 6).

21. "한국교회는 일반적으로 건전하게 성장하고 있습니다. 그 성장과정에서 부정적인 면이 노출되는 사례도 있을 것입니다. 이는 기도해야 할 일이지, 일반언론까지 동원해서 여론몰이식으로 하는 것은 좋은 방법이라고 볼 수가 없습니다. 그것은 일종의 자해행위와도 같은 것입니다. 교회 성장에도 결코 도움이 안되며 하나님의 영광도 가리우고 한국교회에도 결코 유익하지 않다는 사실을 인지하시기 바랍니다." 〈목회자의 아들이 후임목회자가 되는 문제에 대한 입장〉(2000. 9. 18).

22. 유승원, "신분세습논란과 예수의 전복성," 『기독교사상』 통권 552호 (2004. 12); 홍근수, "담임목사 세습제도는 기독교적인가?: 성서적, 교회론적, 신학적 일고," 『한국여성신학』 제43호 (2000. 9); 김명용, "목회자의 세습에 대한 신학적 비판," 『뉴스앤조이』 (2000. 10. 13); 주재용,

"한국교회 세습, 그 비판과 극복의 길," 『뉴스앤조이』 (2003. 4. 14).

23. "목회자의 세습은 그 자체가 불의이다. 신앙고백이 규정한 공교회 정신과 충돌하고 합당한 담임목사를 세워서 교회를 바르게 인도하실 성령의 역사를 방해하는 것이다. 그뿐 아니라 그것은 교회 안에서 예수 그리스도 외에 다른 주인이 있다는 것을 의미하고 하나님나라의 거울로서의 교회의 참모습을 훼손하므로 성장과선교에도 치명상을 입힌다. 한국교회가 바르게 성장하기를 원한다면 세습과 전별금 같은 비난 받을 불의한 일을 청산하고 교회가 흔들림 없이 시대적인 사명을 감당할 수 있도록 힘을 모아 기도해야 한다." 김용인, "세습과 전별금에 휘청거리는 한국교회," 『뉴스앤조이』 (2011. 4. 26).

24. "기독교단체들이 지금까지 소위 '담임목사직 세습' 문제가 얼마나 해로운 발상인가를 한국 교회를 향해 경종을 울리는데 광야의 소리로서 그 역할을 잘 감당했다고 생각합니다. 그러나 이 문제를 심판자적 자세로 끝까지 뿌리를 뽑겠다는 생각을 하는 것은 바람직하지 않다고 봅니다. 이후의 문제는 해당 교회의 신앙양심과 판단에 맡기는 것이 옳다고 여겨집니다." 한국기독교목회자협의회, "소위 말하는 '담임목사직 세습'에 대한 우리의 입장" (2000. 9. 18).

25. 김광식, "교회세습에 관하여," 『기독교사상』 통권 504호 (2000. 12), 210. 이 주제에 대한 훌륭한 연구로는 김명배, "신자유주의 경제체제가 한국교회에 끼친 영향에 관한 연구," 『현상과 인식』 (2012년 가을)이 있다. 김명배는 대형교회의 교회세습은 "신자유주의 경제체제 하의 재벌기업의 비민주적 지배구조가 한국교회에 그대로 투영된 것이다"라고 결론을 내렸다(ibid., 61).

26. "대형교회들이 지교회를 분립하는 것도 재벌의 문어발식 경영을 닮았고, 교회 세습마저도 재벌의 행태를 닮았다. 한국교회 목회자들의 70%에 가까운 비율이 교회법상 하자가 없다면 교회세습에 문제가 없다는 견해를 갖고 있다고 한다. 절차상의 합법성 여부에 교회세습 문제의 본질이 있는 것이 아니다. 부의 독점적 소유와 배타적 특권이 문제이고, 교회도 마치 하나의 사유재산처럼 여기는 의식이 문제다." 최형묵, "참 '교회됨'의 신학적 이해," 『뉴스앤조이』 (2004. 2. 3).

27. 홍근수, "담임목사 세습제도는 기독교적인가?" 『한국여성신학』 제43호 (2000. 9), 72.

28. 박삼종, "주체가 노예로 전락한 세습사회," 『뉴스앤조이』 (2011. 12. 21).

29. 임안섭, "제일성도교회, 사위 세습 제동," 『뉴스앤조이』 (2012. 10. 20).

30. 광명동산교회사태에 대해선, http://blog.daum.net/mranatha/3502 참조.

31. "투표 결과, 교인 대다수가 공동의회 연기에 반대해 회의는 계속 진행됐다. 원로목사 추대와 담임목사 임기 연장 건은 눈을 감고 거수로 투표했다. 두 안건 모두 참석자 414명 중 2/3 이상이 찬성해 통과됐다. 반대에 손은 든 사람은 2명 정도였다." 김은실, "왕성교회 세습 본격화하나," 『뉴스앤조이』 (2012. 3. 25). 왕성교회 측이 주장하는 평균 예배 출석인원은 1만 명이 넘는다.

32. 이날 공동의회에서 청빙위원장은 "세습은 교회의 눈으로는 하나님의 거룩한 성직의 승계이며, 부의 세습이라는 건 세속의 눈으로 본 것일 뿐입니다. 650개가 넘는 교회에서 담임목사직을 자녀에게 승계했고 99%가 성공했습니다."라고 세습의 정당성을 역설했다. "길자연 목사의 왕성교회 세습 현장 가보니…," 『한겨레뉴스』 (2012. 10. 8).

33. 성남성결교회 세습결정과정은 동영상으로 확인할 수 있다. http://www.newsnjoy.or.kr/news/articleView.html?idxno=193092

34. 예를 들어, 성남성결교회 이용규 목사는 "북한처럼 일방적으로 하는 것이 세습이지 이렇게 절차를 밟아서 하는 것은 세습이 아니다"라고 말했다. 김은실, "성남성결교회 만장일치로 교회세습 승인," 『뉴스앤조이』 (2013. 1. 13).

35. 심지어, "한기총은 인본주의적이고 비이성적인 세상의 잣대로 교회를 재단하고 세상 언론에 유포하며 한국 교회의 성장을 방해하는 소수의 진보적 세력들로 말미암아 한국 교회 전체가 오해와 편견 속에 복음의 길이 막혀가는 것을 매우 안타깝게 생각하며 유감을 표명하는 바이다. 이에 한기총은 명실상부 한국 교회의 대표적 기관으로서 추후 세습, 승계를 운운하며 기독교의 법과 질서를 뒤흔드는 잘못된 세력 앞에 55,000 교회와 10만 목회자를 보호하기 위하여 단호히 대처해 나갈 것을 천명하는 바이다."라며, 세습반대운동을 향해 공개적으로 전면전을 선포했다. 이 선언문의 전문은 한기총 홈페이지에서 확인할 수 있다. http://www.cck.or.kr/

36. 이 논평에서, 미래목회포럼은 교회세습을 반대하는 5가지 이유를 밝혔다. ①하나님의 뜻을 묻기 전에 이미 혈연으로 담임목사가 결정되는 것 ②교회의 정당한 평가와 결의에 따라 담임목사가 결정돼야 하는 교회법을 어기는 것 ③다른 사람과 공정한 경쟁을 하지 않으므로 불공평한 일 ④구약의 제사장직 대물림과는 다른 것 ⑤큰 교회로 발전시킨 공로를 인정해 자녀에게 특혜를 주어도 된다는 생각은 비신앙적 발상. 이대웅, "'담임목사직 세습금지 입법지지' 미래목회포럼 논평,"『크리스천투데이』(2012. 8. 28).

37. "아버지 목사가 은퇴하고 아들이 담임자가 되면 '세습'이라 공격하고 비난한다...그러나 김일성·김정일·김정은이 세습하듯 자격이 있건 없건 물려주고 물려받는 교회는 없다...자격도 없는 아들을 억지로 담임목사 시키는 아버지가 어디 있으며, 그것을 받아주는 교인들이 어디 있겠냐...기업의 주인이 재산을 자식에게 물려주듯, 교회 건물이나 헌금을 물려주는 것이 아니다... 교회 건물이나 재산은 목사의 소유가 아니라 교회의 소유이고, 생활비도 교회가 책정해 주는대로 받는 것이지 담임목사가 봉급을 제 맘대로 정할 수 없다...그런데 좌파들은 북한의 3대 세습은 한마디도 하지 않으면서 교회의 정당한 후임자는 세습이라 비난하는데, 그것은 잘못된 것이다." 김홍도, "시기가 왜 무서운 죄인가?"『조선일보』(2012. 9. 1), 22.

38. 총투표자 390명, 찬성 245명, 반대 138명, 기권 7명.

39. "(사설) 감리교 '세습금지' 다른 교단으로 확산되길,"『서울신문』(2012. 8. 28); 김범수, "감리교 '목회 세습 금지' 확정,"『한국일보』(2012. 9. 25); 김지훈, "감리교 '교회세습' 안한다,"『한겨레』(2012. 9. 25); 정형권, "감리교 '세습금지법' 통과,"『기독신문』(2012. 9. 25).

40. 이날 박봉배, 오영석, 손봉호, 김영한 교수가 발표했다.

41. 한겨레 조현 기자는 성남성결교회 세습결정을 다룬 기사 제목을 "한기총은 세습왕국"이라고 붙였다.『한겨레』(2013. 1. 24).

42. 한기총, "후임 담임목사 청빙," (2012. 7. 19).

43. 김석종, "한기총 회장 출신 목사들, 줄줄이 교회 세습,"『경향신문』(2013. 1. 21).

44. 김홍도, "시기가 왜 무서운 죄인가?"『조선일보』(2012. 9. 1), 22.

45. 최종운, "추잡한 세습, 아름다운 세습,"『뉴스앤조이』(2012. 1. 8).

46. "물론 많은 사람이 지적하듯 모든 세습을 잘못이라고 할 수는 없다. 아무도 가지 않으려고 하는 시골이나   오지에서 평생 섬긴 교회를 아버지의 뒤를 이어 그 아들이 섬긴다고 할 때, 그것은 비판받을 일이 아니라,   감동 그 자체다." 유영, "능력자 투표로 뽑았으니 세습도 문제없다?"『뉴스앤조이』(2012. 1. 6).

47. 조성돈, "세습 반대 운동, 더 불을 지펴야 한다,"『뉴스앤조이』(2012. 10. 4).

48. 이용필, "목회자도 교회세습·양극화에 부정적,"『뉴스앤조이』(2013. 2. 1).

49. 임안섭, "세습반대운동연대 출범, 교단 총회에 금지법 통과되도록 할 것,"『뉴스앤조이』(2012. 11. 1).

50. 김영한, "교회세습금지의 신학적 근거,"『크리스천투데이』(2012. 10. 1).

51. 이 장은 2013년 발표한 논문을 토대로 한 것이기에, 명성교회의 세습(2017)과 관련된 논의가 누락되었다. 이후에 한국교회의 세습과 관련해서, 교회세습반대운동연대 기획·배덕만저『교회세습, 하지 맙시다:교회세습반대운동연대보고서』(서울:홍성사, 2016)과 민종기『목회세습, 하늘의 법정에 세우라:중대형교회의 목회세습 반박문 95개 조항』(대전:대장간, 2018)등이 출판되었다.

제15장 [1]
혐오와 차별

21세기의 시작과 함께 혐오가 심각한 사회문제로 떠오르기 시작했다. 그런데 이런 부정적 현실의 중심부에서 보수적 개신교인들의 모습이 감지되었다. 이후 이들의 활동은 규모와 영향력 면에서 빠르고 강력하게 성장했다. 그 결과, 한국사회에서 혐오문제는 한국교회와 분리되어 생각할 수 없게 되고 말았다. 또한, 다수의 전문가들은 한국교회가 혐오의 주체가 된 이유를 근본주의의 영향에서 찾았다. 성경무오설과 문자적 해석, 마니교적 이원론과 도덕적 파시즘을 신봉하는 근본주의의 포로가 됨으로써, 사랑과 정의, 평화와 해방의 복음을 선포하고 실천해야 할 교회가 혐오와 배제, 차별과 폭력의 진원지가 되었다는 것이다. 이런 진단과 분석의 사실여부와 상관없이, 이런 평가를 받고 있다는 사실 자체가 이미 치명적인 문제다. 한국교회가 혐오의 주체로 기능할 경우, 한국교회는 교회로서 본질을 상실할 뿐 아니라 더 이상 한국사회에서 긍정적인 역할을 수행할 수 없기 때문이다.

이런 문제의식을 바탕으로, 본 논문은 혐오와 한국교회, 근본주의의 상관관계를 분석하는데 일차적인 목적을 둔다. 이 작업을 위해, 나는 본 주제와 관련된 기존의 연구들을 검토했다. 이 작업을 통해, 한국사회에서 혐오 현실에 대한 기본적인 정보, 혐오에 관한 학계의 다양한 연구, 혐오를 둘러싼 한국교회와 근본주의의 관계, 그리고 한국교회를 향한 다양한 비판과 제언을 확인할 수 있었다. 이런 선행 작업을 토대로, 이 장은 혐오에 대한 다양한 쟁점들을 먼저 나열하고 이에 대한 학계의 분석을 소개한 후, 혐오와 한국교회, 그리고 근본주의 상관관계를 분석할 것이다. 연구자의 주관적 판단이나 편견을 최대한 피하기 위해, 기존 학계의 연구 성과들을 객관적으로 정리하고 인용할 것이다. 이를 통해, 현재 혐오의 주된 원천으로 지목된 한국교회의 현실을 이해하고, 이에 대한 외부의 부정적 평가와 그 이유를 확인하며, 이런 비판을 극복하기 위한 한국교회의 책임과 과제도 발견하길 기대한다.

I. 혐오에 대한 학계의 진단과 분석, 그리고 대안

1. 혐오란 무엇인가?

흔히, 감정으로서 혐오^{hatred, disgust}는 "극도의 싫음, 역겨움, 적대감"을 뜻한다.[2] 하지만 사회적 현상으로서 혐오는 이런 개인적 차원의 감정과는 내용과 범주 면에서 차이가 있다. 즉, 혐오문제를 연구한 법학자 홍성수에 따르면, "여기서 혐오는 그냥 감정적으로 싫은 것을 넘어서 어떤 집단에 속하는 사람들의 고유한 정체성을 부정하거나 차별하고 배제하려는 태도"[3]를 뜻한다. 그런데 혐오가 개인의 감정으로 머물 때는 사회적 문제가 되지 않는다. 하지만 그것이 다양한 방식으로 개인이나 집단에 의해 사적이나 공적으로 표현될 때 사회적 함의와 영향력을 갖게 된다. 마사 누스바움 Martha C. Nussbaum은 '원초적 대상 혐오'와 '투사적 혐오'를 구분하여, 감정과 구분된 혐오의 사회적 차원을 설명한다. 즉, 원초적 대상 혐오는 "하수구에 낀 오물이나 동물의 배설물, 인간의 채액 등에 대한 혐오"로서, "학습되는 것이 아니라 인간의 본능"이다. 따라서 이런 혐오는 "위험을 피하면서 생존 가능성을 높이기 위해 필수적"이다. 반면, 투사적 혐오는 "원초적 혐오의 대상을 향한 역겨운 속성을 특정 집단이나 개인에게 전가하고 구성원 중 몇몇을 '오염원' 으로 규정한 것" 이다.4 이런 구분을 수용한다면, 문제가 되는 것은 바로 이 "투사적 혐오" 이며, 혐오 자체 보다 혐오 표현이 보다 중요한 관심대상이다.

그렇다면 혐오표현이란 무엇일까? 홍성수는 혐오표현을 "소수자에 대한 편견 또는 차별을 확산시키거나 조장하는 행위 또는 어떤 개인, 집단에 대해 그들이 소수자로서의 속성을 가졌다는 이유로 멸시, 모욕, 위협하거나 그들에 대한 차별, 적의, 폭력을 선동하는 표현" 이라고 정의한다.5 2016년 발표된 국가인권위원회 연구용역보고서는 "어떤 개인 집단에 대해서 그들이 사회적 소수자로서의 속성을 가졌다는 이유로 그들을 차별 혐오하거나 차별적 폭력을 선동하는 표현" 으로 정의한다.6 그리고 혐오에 대한 여러 국제협약들을 검토한 최종선은 "민족, 인종, 종교, 성별 등에 따른 특정 집단을 차별 · 구별 · 배척 · 제한 · 배제 등의 방법으로 기본권 등의 행사를 침해하거나 저해하는 것." 7이라고 정의한다. 이처럼 혐오는 여러 방식으로 표현되며 내용도 다양하다. 이것들 중에서 선동incitement이 대중들의 구체적인 행동을 촉발할 가능성이 농후하기에 가장 위험한 것으로 분류된다.8

2. 왜 혐오가 문제인가?

기본적으로, 혐오는 힘없는 약자를 대상으로 한 비열한 폭력이다. 즉, 혐오는 주류에 의해 비주류에게, 다수에 의해 소수에게, 강자에 의해 약자에게 행해진다. 『계몽의 변증법』에서 막스 호르크하이머Max Horkheimer와 테오도르 아도르노Theodor W. Adorno가 언급했듯이, "분노는 눈에 띄지만 방어 능력이 없는 이들을 향해 분출된다." 9 이것은 인류가 극복하고자 했던 전근대의 수치스런 유물이다. 군주제 하에서 백성은 군주의 소유물이었다. 전체주의 사회에서 개인의 존엄성은 쉽게 무시되었다. 이런 비극적 현실을 극복하려는 치열한 과정이 근대화의 여정이었고, 그 과정이 지향했던 목적지가 바로 민주주의였다. 그런데 혐오는 이 과정과 성취를 전면적으로 부정하는 수치스런 행위이다.

혐오는 단순한 발언에서 파괴적 폭력으로 빠르게 진화한다. 혐오는 강력한 힘을 가진 다수가 자기방어나 반격의 기회도 능력도 없는 소수를 향해 잔인하게 작동한다. 동시에, 주변 사람들은 무관심 속에 외면하거나 수동적으로 묵인한다. 이런 무방비 상황에서 단순한 언어적 혐오표현은 쉽고 빠르게 그리고 너무나 자연스럽게 폭력으로 발전한다. 그리고 혐오의 대상과 범위, 강도는 지속적으로 확장되고 강화된다. "혐오발언은 단순히 언어적 표현에 그치지 않고 집단과 대중에게 감정적 행동을 일으키며 이어서 폭력으로 번져나가기에 사회문제로 대두된다."[10]

혐오는 혐오 대상과 혐오주체, 그리고 주변인들의 인격과 삶을 쉽게 파괴한다. 혐오 대상으로 선택된 개인이나 집단은 단순한 혐오 발언에도 쉽게 기가 꺾이고 불안해진다. 게다가 이런 혐오가 집단적·사회적 차원에서 대규모로 집요하게 진행될 경우, 혐오 대상의 존재 자체가 치명적 위기에 처할 수밖에 없다. 또한, 혐오는 혐오 주체의 인격도 해체시킨다. 혐오는 양심의 가책이나 이성적 성찰을 방해하고, 타인의 고통이나 비극에 대한 공감도 가로막는다. 따라서 혐오주체는 타인과의 관계 회복이나 상생을 기대하지 못하는 병든 자아로 퇴화할 가능성이 매우 높다. 뿐만 아니라, 혐오는 이런 비극적 상황을 수동적으로, 혹은 비겁하게 구경하는 이들에게도 치명적이다. "자신과 다른 모든 사람에 대한 혐오와 멸시가 계속 심화되고 확대되면 결국 모든 사람이 해를 입게 된다... 유감스럽게도 바로 그런 것이 증오가 가진 힘이다."[11]

혐오는 공공선도 파괴한다. 혐오는 소수자에 대한 다수의 조직적·제도적 폭력이며, 강력한 힘에 의한 일방적 공격이다. 혐오가 확장되고 제도화되는 과정에서, 가해자는 자신의 행동을 정당화하고 강화하기 위해 다양한 방법을 동원한다. 하지만 이 과정은 공정한 절차에 의한 합의와 타협 대신, 불법과 편법이 난무하여 민주적 질서가 무너진다. 거짓과 사익의 횡포 앞에서 공공성과 보편성은 설자리가 없다. "혐오표현은 배려와 협력 속에서 공존해야 할 다양한 집단의 구성원들의 존재를 부인하고 나아가 그러한 집단의 개별 구성원들을 공동체로부터 추방하려는 시도의 매개체 역할을 한다. 사회적 공공선의 파괴다.[12]

3. 왜 그리고 어떻게 혐오는 발생하는가?

기본적으로, 혐오는 정치적·경제적 상황과 밀접한 관련이 있다. 사회가 안정되고 번영을 누릴 때는 사회적 약자들이 오히려 돌봄과 보호의 대상으로 간주된다. 하지만 경제적 불황과 정치적 불안이 고조되어 생존의 위협을 느낄 경우, 대중들은 자신들의 공포와 분노를 표출할 대상을 물색하기 시작한다. 이근식의 지적처럼, "혐오문화 속에 숨겨진 감정은 두려움이기 때문이다."[13] 그리고 가장 먼저 눈에 포착되는 것이 바로 사회적 약자들이다.

혐오가 발생하기 위해선, 혐오의 정당성을 입증할 이데올로기의 도움도 필요하다. 이 혐오가 일회적 사건이 아니라, 보다 많은 사람들에게 동의를 얻고 지속적으로 영향을 끼치기 위해선, 혐오의 이유와 근거를 설득력 있게 설명할 수 있어야하기 때문이다. 그런 목적을 성취하려면, 이 설명은 "구체적인 역사적 문화적 틀 안에서 산출해 낸 것"이어야 하며, "오랫동안 냉철하게 벼려온, 심지어 세대를 넘어 전해온 관습과 신념의 산물"이어야 한다.[14]

이런 정치경제적 상황과 이데올로기, 그리고 종교가 결합할 때, 혐오는 더욱 강력한 힘을 발휘한다. 흔히, 혐오와 조우하는 종교는 근본주의적 속성을 갖는다. 이때, 근본주의적 종교는 이원론적, 배타적, 순혈주의적 특성을 보인다. 그런데 이런 종교적 특성은 특수한 상황에서 작동하는 혐오에게 정당성을 부여할 뿐 아니라, 동시에 이 혐오의 작동에 관여하는 다양한 제도와 권력에게도 강력한 동력을 제공한다. "차별구조가 팽배해지는 사회위기라고 일컬어질 만큼의 정치적인 불안정의 시대에서, 교회의 근본주의적 사고는 권력과 정부의 합법성을 보장하여 줄 사회제도와 체제를 유지해 줄 필요성과 만나 종교와 정치의 연계가 발생한다.[15]

끝으로, 혐오가 장기적으로 지속되고 널리 확장되기 위해선, 주변 사람들의 묵인이나 방조도 필요하다. 이것은 독일의 혐오현상을 분석하면서 카롤린 엠케Carolin Emcke가 특히 주목했던 부분이다.

> 개입하지 않는 사람들, 스스로 그렇게 행동하지는 않더라도 다른 사람들의 행동을 동조적으로 용인하는 사람들 역시 증오를 가능하게 하고 확장한다. 어쩌면 폭력과 위협이라는 수단은 지지하지 않더라도 분출된 증오가 향하는 대상을 혐오하고 경멸하는 이들이 은밀하게 묵인하지 않았다면, 증오는 결코 그렇게 힘을 발휘하지 못했을 것이다. 그리고 그렇게 장기적이고 지속적으로 사회 전체에 널리 퍼져나갈 수 없었을 것이다.[16]

4. 혐오는 우리의 현실이다

최근에 발표되는 각종 통계자료들은 혐오가 이미 한국에서 심각한 사회문제임을 보여준다. 먼저, 한국인의 외국인 혐오증xenophobia이 매우 심각한 것으로 드러났다. 여성가족부의 발표에 따르면, 한국인 중 외국인 노동자와 이민자를 이웃으로 삼고 싶지 않다는 응답이 31.8%였다. 미국[13.7%], 호주[10.6%], 스웨덴[3.5%] 등과 비교해보면, 이 수치의 크기를 보다 쉽게 이해할 수 있다. 이런 현실은 최근 난민에 관한 중앙일보의 여론조사에서도 거듭 확인되었다. 즉, 제주도 예멘 난민을 받아들이는 것과 관련한 질문에서 반대61.1%가 찬성35.8%보다 두 배 가까이 많았다. 한편, 여성가족부의 같은 조사에서 한국인 중 동성애자를 이웃을 받아들이고 싶지 않다고 대답한 사람들이 79.8%였다. 이런 결과는 네덜란드6.9%, 미국20.4%, 독일22.4%, 싱가포르31.6%, 대만40.8%, 중국52.7%, 말레이시아58.7%와 비교할 때, 우리 상황이 매우 심각한 수준임을 보여준다.[17]

이런 통계의 실체는 현실에서 빈번하고 구체적으로 확인할 수 있다. 몇 가지 예를 들어보자. (1) 여성 성소수자 인권단체인 퀴어여성네트워크의 주최로 '제1회 퀴어여성생활체육대회' 가 2017년 10월 21일 동대문구체육관에서 개최될 예정이었으나 체육관 측의 일방적인 대관취소 통보로 무산되었다. (2) 수년 전 결혼을 통해 한국국적을 취득한 한 여성이 국내 모처의 목욕탕을 이용하고자 했으나, '외모가 외국인이고 에이즈를 옮길지 모른다' 는 이유로 출입을 금지 당했다. (3) 2017년 9월 5일, 서울 강서구의 한 초등학교 강당에서 열린 '강서지역 공립 특수학교 신설 주민 토론회' 에서 수십 명의 장애 학생 부모들이 학교 건축을 허락해 달라며 반대 측 주민들 앞에 무릎까지 꿇었지만, 반대 측 주민들은 "쇼하지 마라"고 외치며 반대의 뜻을 굽히지 않았다.

그 외에도, 다양한 비속어들이 혐오의 매체로 널리 사용되고 있다. 특히, 특정 부류의 사람들을 벌레에 비유하여 '00충' 이라고 부르고, 특정 여성을 지칭하여 '00녀' 라고 조롱하는 것이 보편화되고 있다. 남성을 비하하는 '한남충' 한국 남성 벌레, '급식충' 급식먹는 벌레, '일베충' 일간 베스트 회원, 노인을 비하하는 '틀딱충' 틀니딱딱 거리는 벌레, 40대 남성을 조롱하는 '개저씨' 개념 없는 아저씨, 그리고 여성 비하의 '된장녀' 와 '김치녀' 가 대표적인 예들이다. 최근에는 초등학생들 사이에서 '월거지' 월세사는 거지, '전거지' 전세사는 거지,

'빌거' 빌라사는 거지, '엘사' LH사는 사람처럼, 부모의 소득과 사는 곳에 따라 차별과 혐오를 담은 신조어가 유행하고 있다.[18] 이처럼, 혐오는 우리 문화의 일부로 자리 잡았다.

II. 혐오와 근본주의, 그리고 한국교회

1. 혐오는 한국교회와 무슨 관계인가?

성소수자, 여성, 장애인, 외국인과 난민을 대상으로 한 편견과 차별, 그리고 혐오는 한국교회만의 문제가 아니다. 한국사회 전체가 다른 나라들에 비해 타자특히 사회적 소수자에 대한 편견과 차별, 혐오가 훨씬 심하기 때문이다. 하지만 사회적 소수자들에 대한 편견과 혐오 면에서 한국교회는 한국사회에서 단연 압도적인 모습을 보이고 있다. 주요 사회적 현안들에 대한 한국인들의 인식을 조사한 한국기독교사회문제연구원원장: 김영주의 발표에 따르면, "개신교 응답자는 진화론 반대45.9%, 공산주의 배격72%, 동성애 반대62.3%, 이슬람 반대68.4%의 결과가 나온 반면, 비신자 응답자는 진화론 반대12.5%, 공산주의 배격58.1%, 동성애 반대36.6%, 이슬람 반대51.2%라는 응답을 보였다."[19] 양자의 차이가 상당하다.

혐오와 한국교회의 상관관계는 통계조사 외에, 혐오현상을 연구한 학자들에 의해서도 공통적으로 지목되고 있다. 즉, 그들에 의하면, 혐오와 배제, 차별의 현장과 담론에서 개신교인들이 주도적인 역할을 담당할 뿐 아니라 막강한 영향력도 행사하고 있다. 그런데 이때 연구자들이 한국교회를 지칭하는 명칭이 매우 다양하다. 하지만 그렇게 다양한 표현들은 궁극적으로 한국개신교 내의 특정 그룹을 지칭하는 것으로 보인다.

먼저, 가장 포괄적인 표현으로 '한국개신교'가 자주 언급된다. "주목할 만한 사실은 이러한 '혐오' 이슈를 둘러싸고 한국개신교가 자주 거론된다는 점이다. 개신교는 한국 사회의 '혐오' 이슈에서 매우 중요한 역할을 담당하고 있다."[20] "개신교는 한국 사회의 '혐오' 이슈를 둘러싸고 가장 자주 언급되는 종교집단이다... '혐오' 이슈의 '혐오의 첨병' 으로서 회자되는 경우가 많다."[21] "그런데 개신교 교회는 최근 갑자기 더 노골화된 공격적 태도로 사람들을 대한다...이와 함께 성소수자, 이방인, 타종교인 등이 타자화되었고 공격의 대상으로 지목되었으며 공격을 당하고 있다."[22]

한국 개신교보다 좀 더 구체적으로 '보수 기독교/개신교계' 라는 표현도 발견된다. "2006년 국가인권위원회가 포괄적 차별금지법 제정을 권고하고 법무부가 법안 마련에 나서자 심상치 않은 상황이 전개되었다. 일부 보수 기독교계에서 '성적 지향' 등을 삭제하라고 요구했고, 결국 법무부는 '성적 지향' 을 삭제한 법안을 국회에 제출했지만 이조차 통과되지 못했다."[23] "2000년 이후 혐오담론을 주도한 세력은 보수 개신교 집단이다. 그들의 주된 혐오 대상은 동성애, 특히 남성 동성애자들이다."[24]

하지만 가장 빈번하게 언급되는 명칭은 '근본주의' 다. "문자주의적 성경해석과 그것에 근거한 보수/근본주의적 신학과 더불어, 약화되고 있는 헤게모니적 남성성에 대한 깊은 불안감이 한국 개신교 우파의 동성애 반대운동을 형성하고 확장시키는데 한몫했다고 볼 수 있는 것이다."[25] "부분적으로는 에이즈에 대한 [대중의] 공포를 이용하여 1980년대와 1990년대에 세력을 넓힌 종교적 근본주의 집단들은 여성 권리 및 동성애자 권리에 우호적인 법률을 폐지하기 위해 열심히 노력했다."[26] "이러한 혐오 발언과 표현들은 최근 사회, 정치, 경제적 불안감, 전통적 가부장적 유교문화의 서열식 사고, 게다가 현대 기독교 근본주의 사고의 결합을 통하여 사회 전반에 깊이 있게 빠른 속도로 뿌리내리고 있다."[27]

이처럼 학자에 따라 그 표현이 한국개신교회, 한국보수기독교, 근본주의 등으로 다양하지만, 신학적 특성과 행동방식을 고려할 때 이들이 지목하는 대상은 '한국 개신교 근본주의자들'로 정리할 수 있을 것이다. 한국의 모든 개신교인들이 혐오현상과 직접 연관된 것은 아니기 때문이다. 오히려 한국개신교인들 중에는 혐오에 반대하여 다양한 활동에 참여하는 사람들도 적지 않다. 이것은 보수기독교인들의 경우에도 마찬가지다. 반면, 가장 협의의 범주인 근본주의자들은 대체로 현재 진행 중인 다양한 형태의 혐오, 배제, 차별과 관련된 조직이나 행사, 운동에 적극적으로 참여하고 있는 것으로 보인다.

2. 근본주의란 무엇인가?

오늘날 근본주의fundamentalism는 모든 종교 내부에 존재하는 급진적 그룹을 지칭하는데 널리 사용되고 있다.[28] 하지만 이 용어는 본래 20세기 초반 미국에서 출현한 보수적 개신교 진영을 지칭했다. 남북전쟁1861-65 종전 후 미국사회는 북부를 중심으로 산업화·도시화 시대에 돌입했다. 하지만 자본주의 초기 단계에서 미국 도시들은 경제적 빈곤에서 기인한 다양한 사회문제들과 씨름해야 했다. 동시에, 미국교회와 신학교는 유럽에서 수입된 성서비평학과 생물학적 진화론이란 새로운 도전에 직면했다. 전체적으로, 미국은 산업화와 영토 확장을 통해 신흥강대국으로 급부상하고 있었지만, 미국의 보수기독교인들은 다방면에서 위기에 처한 것이다.

이런 현실적·신학적 도전에 대한 응전으로, 프린스턴신학교를 중심으로 성서무오설이 탄생했고, 영국에서 온 존 넬슨 달비John N. Darby, 1800-82를 통해 세대주의적 전천년설이 수입되었다. 이런 신학적 신상품들은 "근본주의의 아버지"로 불리는 무디Dwight L. Moody, 1837-99와 그의 동료들, 성서예언대회1875-97, 성서학원들, 학생자원운동1886-1930년대, 성결운동 그리고 잡지「근본적인 것들」Fundamentals, 1910-15 등을 통해 빠르게 성장·확산되었다. 미국 북장로교회가 1910년 총회에서 "성경의 영감과 무오성, 그리스도의 동정녀 탄생, 그리스도의 대속적 죽음과 육체적 부활, 기적"으로 요약되는 5개조 교리를 선포한 것은 당시 근본주의자들의 주된 관심사와 영향을 단적으로 보여준다.

하지만 근본주의는 1920년대에 분열의 동인으로 작용하고 교회와 사회에서 비난과 조롱의 대상으로 전락했다. 당대의 저명한 설교자 해리 포스딕Harry E. Fosdick, 1878-1969이 1922년 행한 설교 "근본주의자들이 승리할 것인가?"가 큰 논쟁을 촉발했다. 1924년 총회 직후에는 북장로교회 내 진보적 그룹이 5개조에 반대하여 '어번선언' the Auburn Affirmation에 서명함으로써 교단 내 갈등이 심화되었다. 그리고 1925년 세상을 떠들썩하게 한 소위 '원숭이 재판' 혹은 스코프스 재판으로 근본주의 진영은 심한 내상을 입었다. 이후 미국의 보수교단들이 근본주의자 대 진보주의자 사이의 갈등으로 분열의 홍수에 휩싸였다. 그 결과, 정통장로교회, 침례교성서연합, 근본주의침례교단 등이 탄생했지만, 무대중앙에선 모습을 감추었다. 대신, 그들은 교회와 신학교, 방송네트워크를 중심으로 교세를 확장하는데 집중했다.

한 세대 동안 자신들만의 세계에 갇혀있던 근본주의자들이 1960년대부터 다시 모습을 드러내기 시작했다. 한국전쟁을 통과하면서 미국사회가 '매카시 광풍'으로 몸살을 앓을 때, 근본주의자들은 강력한 반공주의자들로 거듭났다. 이후, 공립학교에서 기도하는 것이 금지되고 흑인인권운동이 미국사회를 강타했으며, 히피문화와 성혁명, 베트남 전쟁, 낙태허용으로 1970년대까지 미국사회는 급격한 혼란과 변화의 시기를 맞이했다. 이런 현실은 그동안 성속이원론과 묵시적 종말론에 심취하여 사회와 거리를 유지했던 근본주의자들이 자신들의 권리와 '기독교 미국' Christian America을 수호하기 위해 현실정치에 뛰어들도록 자극했다. 그들은 당대의 변화를 치명적 위협으로 간주했고, 그 원인을 '세속적 인본주의' secular humanism에서 찾았다. 이런 새로운 움직임은 '기독교우파Christian Right의 탄생으로 이어졌다. 대표적인 근본주의자 제리 폴웰Jerry Falwell, 1933-2007은 1979년 '도덕적 다수' Moral Majority를 조직하여 공화당 대선후보 로널드 레이건Ronald Reagan, 1911-2004을 지지했으며, 1972년부터 본격적으로 시작된 '남녀평등헌법수정안' Equal Rights Amendment 비준운동을 저지하는데 적극 참여했다. 이 운동에는 단지 개신교 근본주의자들뿐 아니라, 보수적 가톨릭 신자들과 유대인들도 상당수 참여했다.

1980년대 후반, 유명한 근본주의적 오순절파 TV 설교자들인 짐 베이커Jim Bakker, 1940- 와 지미 스와가르트Jimmy Swarggart, 1935- 의 섹스스캔들이 연속으로 터지면서 근본주의 진영은 심한 타격을 받았다. 하지만 팻 로버트슨Pat Robertson, 1930- 이 1986년 대선에 출마하고 '기독교연합' Christian Coalition, 1989을 조직하면서 재기에 성공했다. 이들은 '가족의 가치' pro-family를 중심으로 동성애와 낙태, 포르노에 강력히 반대하고, 학교와 공공장소에서 기독교신앙의 실천을 보장받기 위해 분투했다. 또한 자신들의 입장을 지지하는 아들 부시George W. Bush, 1946- 의 대통령 당선을 위해 헌신했으며, 그가 당선된 후에는 네오콘Neo Conservatives과 함께 부시 정권의 막강한 지지 세력으로 기능했다. 비록, 오마마 정부의 탄생과 함께 이들의 위세는 한풀 꺾였지만, 여전히 미국 기독교의 중요한 부분으로 살아있다.[29]

3. 한국교회와 근본주의

한국교회와 근본주의는 어떤 관계일까? 한국교회는 다양한 신학적 전통과 교파들로 구성되었으나, 전체적으로 근본주의적 성향이 강하다는 평가가 지배적이다. 이런 평가에 대해 한국교회 당사자들은 대체로 부정적으로 반응하지만, 한국교회 밖에서 한국교회를 연구하는 학자들은 일반적으로 동의한다. 예를 들면, 종교학자 장석만은 "한국교회의 70-80%는 근본주의 교회라고 봐야한다." 고 평가했고,[30] 한국기독교를 연구하는 이진구도 "한국교회의 주류가 근본주의라는 사실에 이의를 제기할 사람은 거의 없을 것이다."라고 단언했다.[31] 종교사회학자 이원규의 주장도 동일하다. "전체적으로 보면 한국교회는 근본주의 성향이 매우 강하다고 할 수 있다. 소위 자유주의나 중도주의로 분류되는 교파 사람들 가운데도 근본주의 신앙을 가진 교인들이나 성직자도 적지 않은 것으로 보인다."[32]

　　한국교회의 근본주의적 성향은 한국에서 활동한 미국 선교사들을 통해 이식되었다. 기본적으로, 19세기 후반에 활발히 전개된 미국의 해외선교에는 무디, 심슨, 피어슨, 고든 등의 영향이 지대했고, 이들의 영향 속에 장차 근본주의의 특성으로 인정되는 성서무오설, 세대주의적 전천년설, 성결운동 등이 전 세계로 전파되었다. 이런 선교적 환경 속에서, 한국에도 자연스럽게 근본주의적 신학과 신앙이 초기부터 전달되었으며, 이후 신학교육, 부흥운동, 신학논쟁 등을 통해 교파를 초월하여 한국교회의 일반적인 특징으로 뿌리내렸다. 1930년대부터 거의 1세대 동안 장로교의 범주를 넘어 한국교회 전체에 영향력을 행사한 박형룡의 글을 통해, 당시 상황을 확인할 수 있다.

> 근본주의는 별다른 것이 아니라 정통주의요, 정통파 기독교다. 한걸음 더 나아가 근본주의는 기독교의 역사적, 정통적 신앙을 그대로 믿고 지키는 것, 즉 정통신앙과 동일한 것이니만큼 이것은 곧 기독교 자체라고 단언하는 것이 가장 정당한 정의일 것이다. 근본주의는 기독교 자체다.[33]

　　이런 상황은 분단 이후 한국교회가 군부독재시절을 통과하며 경제부흥과 민주화, 교회성장을 경험할 때도 큰 변화 없이 지속되었다. 이 기간 동안, 한국교회는 반공과 친미, 친자본주의를 견지하며 보수정권과 밀월관계를 유지했고, 자신의 외연을 지속적으로 확장했다. 하지만 1990년대 후반부터 한국교회는 심각한 위기에 직면했다. 먼저, 교회내부에서 문제가 발생했다. 목회자들의 성추행, 배임횡령, 교회세습 등으로 교회의 위상이 실추되고, 20여 년간 지속되던 폭발적 성장도 멈추었다. 1997년 국가부도사태로 교회도 심한 타격을 입었다. 동시에, 신천지와 하나님의교회^{안상홍파}의 공격적 포교도 한국교회 전체에 또 다른 위협이 되었다. 이런 상황에서, 햇볕정책을 추구한 김대중 정권과 사학법개정을 추진한 노무현 정권이 연이어 집권했다. 그 결과, 오랫동안 반공과 친미를 고수하며 정권과 밀월관계를 유지하고 각종 특혜를 누려왔던 한국교회는 심각한 위기과 자기모순에 직면했다.[34]

이런 위기와 갈등 속에서 사사건건 정부와 대립각을 세웠던 보수적 기독교인들이 드디어 광장으로 진출하기 시작했다. 1989년 창설된 한국기독교총연합회가 선봉에 섰다. 기독교계열의 뉴라이트 조직들이 동시다발적으로 출현했고 기독교정당들이 총선에 참여하기 시작했다. 소위 "잃어버린 10년"을 만회하기 위해, 한국교회는 이명박-박근혜 정부탄생에 힘을 다해 협조했고, 반동성애운동을 중심으로 세력을 결집했다. 그 결과, 보수적 개신교회는 현재 강력한 보수정치세력으로 활약하고 있다. 최근에 실시된 여론조사에 따르면, 여전히 대다수의 개신교인들은 근본주의적 신앙을 유지하고 있다.[35] 비록 지난 30년간 교인수와 교회의 수가 많이 축소되었지만, 기본적인 특성 자체는 크게 변하지 않은 것이다.

4. 근본주의자들은 어떻게 혐오를 표현하는가?

근본주의적 개신교인들은 어떤 방식으로 혐오를 표현하고 있을까? 먼저, 혐오는 개인적 차원에서 발생하고 있다. 다음은, 근본주의자들이 개인적으로 발언한 혐오표현의 예다. "동성애, 이슬람, 차별철폐 이것들 그대로 됐다간 한국 교회 원천적으로 없어집니다. 동성애, 이슬람 이겨야 합니다."36 "가정에서 여자가 머리 구실을 하면 그 집안은 그만 중풍 병자처럼 비정상적인 것이 되어 버립니다. 그리고 더 나아가서 그 집안은 괴물이 되고 맙니다."37 "이슬람 진리를 위한 폭력은 그들의 교리에 의해 정당화되고 있습니다. 이것이 극단적으로 나가게 되면 지하드가 되어 테러를 벌이게 되는 것이지요."38

조직적 차원에서 진행된 경우도 많다. 예를 들어, 자유한국당 김진표 의원이 2018년 7월 11일 '난민법 개정을 위한 국민토론회'를 개최하고, "전 세계 좌파들이 이슬람 난민으로 질서를 흔들고 있다... 우리 아들들도 장가를 못 가는데 저들은 우리 딸들을 데리고 살려 한다"고 주장했다. 그런데 이 행사를 기독교 관련단체들^{우리문화사랑국민연대, 자유와인권연구소}이 공동으로 주최한 것이다.39 또한, 혐오표현으로 가득한 가짜뉴스들이 SNS를 통해 빠르고 광범위하게 확산되어 사회적 이슈가 되었다. 그런데 「한겨레」의 보도에 따르면, 개신교 극우단체인 '에스더기도운동'을 통해 '스웨덴에서 발생한 성폭력의 92%가 이슬람 난민에 의한 것이고 피해자 절반이 아동이다,' '아프간 이민자의 성범죄율이 내국인보다 79배가 높다' 등의 혐오성 가짜뉴스들이 제작되어 배포되었다고 한다.40

주요 교단들도 총회 차원에서 혐오의 주체로 활동하고 있다. 2019년 교단총회에서 예장 통합이 '무지개 퍼포먼스' 신학생들의 목사고시를 불합격 처리했으며, 소셜 미디어에 동성애자를 '사회적 약자'라고 표기하기만 해도 '동성애 옹호 행위'라는 것을 헌법 시행세칙에 명시하는 방안을 연구하기로 결정한 것이 대표적인 예다. 예장 합동도 동성애자 및 지지자의 신학교 입학 불허하고 적발 시 퇴학시키기로 결정했으며, 예장 백석도 김대옥 목사^{한동대 전 교목}를 동성애 옹호자로 규정하고 이단으로 정죄했다. 예장 고신도 동성애 관련 시국선언문을 발표했다.41

개인과 단체들이 협력하여 직접 특정 방송이나 행사를 반대하거나 방해하는 경우도 적지 않다. 기독교방송[CBS]TV 채널을 통해 방영되는 강연 프로그램 〈세상을 바꾸는 시간, 15분〉에서 대학성소수자모임연대[QUV] 소속 회원이 출연해 "성소수자도 우리 사회의 분명한 구성원입니다"라는 주제의 강연을 했다. 이 방송이 2017년 11월 23일 주요 포털들을 통해 공개되자, 일부 기독교계 단체들이 성명을 발표하고 강력히 반발했던 것이 한 예다.[42] 또한 매년 서울에서 개최되는 '퀴어문화축제' 행사장 주변에서 개신교 단체들이 대규모 맞불집회를 개최하고 있다. 이들은 동성애에 대한 혐오를 표출하는 각종 홍보물을 설치하거나 배포하고, 대형 음향장비를 동원해 북을 치고 노래를 부르며 통성기도를 한다.[43]

끝으로, 차별금지법 반대운동처럼, 소수자들을 위한 법률 제정을 저지하기 위해 한국교회가 전국적 차원에서 조직적·지속적으로 반대운동을 전개하고 있다. 2011년, 학생인권조례 제정이 인권·시민단체에 의해 추진되었을 때, 개신교 진영에서 '성적 지향에 따른 차별금지 조항'을 문제 삼으면서 정부와 갈등이 발생했다. 2013년에는 두 건의 차별금지법안이 보수 개신교의 압력과 반발로 자진 철회되었으며, 2014년에도 같은 이유로 '서울시민인권헌장'이 공포되지 못했다. 지역적 차원에서도, 각종 조례들이 '성소수자'나 '성적 지향'의 문구가 포함되었다는 이유로 기독교계의 반대에 부딪혀 통과되지 못했다.[44] 최근에는, 보수 개신교가 선거 때마다 정치인들에게 동성애 반대와 차별금지법 제정 반대를 강력히 요구하고 있다.

마무리

한국사회에서 보수적 개신교회가 혐오표현의 주된 발원지라는 학계의 지적은 한국교회에 심각한 고민거리를 안겨준다. 이런 지적에 대해, 당사자인 보수적 개신교인들은 부정적으로 반응한다. 자신들은 근거도 없이 맹목적으로 사회적 소수자들을 비난하는 것이 아니며, 사회적 소수자들에 대한 반대와 비판은 종교적 신념과 사회적 책임에 근거한 합법적 표현이며 정당한 권리행사라고 항변하는 것이다. 하지만 그런 항변과 변호에도 불구하고, 한국교회가 사회적 소수자들을 향해 표출하는 언어와 행동은 매우 거칠고 폭력적인 혐오표현이며, 이로 인해 소수자들은 심각한 정신적 위협과 사회적 박탈을 경험하고 있다. 뿐만 아니라, 주류에 속한 다수의 사람들이 한국교회의 주장과 행동에 대해 불쾌감을 느끼고 부정적인 평가를 내리고 있다. 한국교회는 이런 비판을 진지하고 정직하게 경청해야 한다.

무엇보다, 한국교회는 결코 '혐오의 정치학'으로 세상을 변화시키거나 구원할 수 없다는 사실을 깨달아야 한다. 21세기의 삶은 사회의 급격한 변화와 이동으로 유동적·유목민적 특성을 지닐 수밖에 없다. 동시에, 다양한 형태의 하이브리드가 일상화되고, 주류와 비주류의 역학관계도 끊임없이 변한다. 특히, 신자유주의의 세계적 확산과 4차 혁명의 급진전은 사회 구성원들 간의 경쟁을 극대화하면서 생존을 더욱 어렵게 할 것으로 예측된다. 이런 '유동사회'에는 불안이 상존하고, 대량으로 배출되는 '호모사케르' homo sacer들로 인해 위기가 심화될 수밖에 없다. 이런 디스토피아적 상황에서, 인간에 대한 최소한의 이해와 배려, 상생을 위한 인내와 관용이 무시된다면, 낙오자들로 가득 찬 이 땅의 삶은 쉽게 지옥으로 돌변할 것이다. 근본주의자들의 눈에는 이런 현실이 불편하고 불만족스러울 것이다. 그럼에도, 분노와 증오, 혐오와 폭력으로는 아무 것도 바꿀 수 없다. 집단적 시위와 집요한 압력으로 정치가들을 움직일 순 있겠지만, 침묵하는 다수 뿐 아니라 힘없는 소수마저 결코 구할 수 없다. 자신의 자리를 지키고 세상을 바꾸고 싶다면, 한국교회는 전략을 수정해야 한다.

바울이 말했다. 천사의 방언을 말하고 산을 옮길 만한 믿음이 있으며 모든 소유를 내어줄지라도 사랑이 없으면 아무 것도 아니라고. 그리고 진정한 사랑은 오래참고 친절하며, 교만하지도 무례하지도 성을 내지도 원한을 품지도 않는다고. 오직 모든 것을 믿고 바라고 견딘다고^{고전13:1-7}. 물론, 교리적 순수성을 추구하고 세상의 타락한 풍조에 저항하는 것이 종교의 본질임을 누구도 부인할 수 없다. 하지만 낯설고 불편한 타인들 속에서 교리를 지키고 덕을 실천하는 방법이 혐오와 욕설, 폭력일 수 없으며, 정치가들을 압박하여 성취한 일시적 법률개정도 아닐 것이다. 그런 맥락에서, '근본'을 다시 생각하라는 충고에 한국교회는 마음을 열어야 한다.[45] 행동을 멈추고 그들의 말을 먼저 들으라는 제안도 무시할 수 없다.[46] 그리고 '교회의 정원'이 '세상의 황무지'로 오염되지 않으려면 교회와 국가 사이에 적절한 벽을 세우라는 권면도 가슴에 새겨야한다.[47] 한국교회가 혐오에 사로잡힌 수구가 아니라, 사랑으로 인내하며 긍정적 변화를 추구하는 건강한 보수, 혹은 창조적 진보로 기능할 때, 교회는 세상의 빛과 소금으로 존재할 수 있을 것이다. 정의의 실현은 오직 사랑으로만 가능하기 때문이다.

미주

1. 이 글은 "혐오와 한국교회, 그리고 근본주의," 『혐오와 한국교회』, 권지성 외 지음 (서울: 삼인, 2020): 121–40을 출판사의 허락하에 여기에 다시 수록한 것이다.
2. 홍성수, 『말이 칼이 될 때』 (서울: 어크로스, 2018), 24.
3. 홍성수, 『말이 칼이 될 때』, 24.
4. 이지성, "혐오의 시대, 한국 기독교의 역할: 극우 기독교의 종북게이 혐오를 중심으로," 「기독교사회윤리」 제42집 (2018), 224.
5. 홍성수, 『말이 칼이 될 때』, 31.
6. 구형찬, "혐오와 종교문화," 24
7. 최종선, "국내외 혐오표현 규제 법제 및 그 시사점에 관한 연구," 「법학논총」 제35집 제3호 (2018), 49.
8. 홍성수, 『말이 칼이 될 때』, 31.
9. 카롤린 엠케, 『혐오사회』 (서울: 다산초당, 2017), 72.
10. 이근식, "혐오와 덕의 공동체: 스탠리 하우어스의 덕윤리를 통한 혐오문화의 기독교윤리적 극복방안에 대한 연구," 「기독교사회윤리」 제37집 (2017), 113.
11. 카롤린 엠케, 『혐오사회』, 24.
12. 이승선, "공적 인물이 발화하거나 방송에서 발생한 혐오표현의 특성에 관한 탐색적 연구," 138.
13. 이근식, "혐오와 덕의 공동체," 132.
14. 카롤린 엠케, 『혐오사회』, 76
15. 이근식, "혐오와 덕의 공동체," 125.
16. 카롤린 엠케, 『혐오사회』, 92.
17. 홍성수, 『말이 칼이 될 때』, 228.
18. [사설] "초등학생 사이 유행하는 차별·혐오 표현은 어른 책임," 「중도일보」 (2019. 11. 17).
19. 최승현, "'동성애 반대' 비율, 개신교인 62.2%, 비신자 36.6%, 가나안 교인 35.8%," 「뉴스앤조이」 (2019. 11. 4).
20. 구형찬, "혐오와 종교문화," 18.
21. 구형찬, "혐오와 종교문화," 47.
22. 김진호, 『산당을 폐하라: 극우적 대중정치의 장소들에 대한 정치비평』 (서울: 동연, 2016), 131.
23. 홍성수, 『말이 칼이 될 때』, 203.
24. "혐오표현? 문제는 혐오정치야!" 「비마이너」 (2016. 5. 13)
25. 김나미, "한국 개신교 우파의 젠더화 된 동성애 반대 운동," 『당신들의 신국: 한국사회의보수주의와 그리스도교』, 제3시대그리스도연구소 엮음 (서울: 돌베개, 2017), 273.
26. 미셸린 이샤이, 『세계인권사상사』, 조효제 옮김 (서울: 길, 2010), 507.
27. 이근식, "혐오와 덕의 공동체," 113.
28. 예를 들어, Karen Armstrong, *The Battle for God: A History of Fundamentalism* (New York: Ballantine Books, 2001)는 개신교, 유대교, 이슬람의 근본주의를 역사적으로 정리한 대표적인 연구서다. 아래에 이어지는 내용들은 이 책과 배덕만, 『한국개신교근본주의』 (대전: 대장간, 2010)을 참고하여 정리한 것이다.
29. 미국 개신교 우파의 정치활동에 대해서는 배덕만, 『미국 기독교 우파의 정치활동』 (서울: 넷북스, 2007)을 참조.
30. 윤동욱, "복음주의, 알고 보면 기득권주의?," 「한겨레」 (2004. 12. 2.), 41.
31. 이진구, "한국 기독교 근본주의와 종교권력," 「기독교사상」 (2010. 8), 55.

32. 이원규, "종교사회학적 관점에서 본 한국교회와 근본주의," 「종교연구」 제28집 (2002. 9). 52.

33. 박형룡, "근본주의," 「신학지남」 25권 1호 (1960), 16.

34. 조민아, "그들의 색(色)과 계(計): 차별금지법 반대 투쟁과 '종북게이'의 탄생을 통해 본 기독교 우파의 타자 만들기," 「당신들의 신국」, 323–24.

35. 2019년 7월 8일부터 19일까지 한국기독교사회문제연구원(원장 김영주)가 지앤컴리서치에 의뢰하여 진행한 "2019년 주요사회현안에 대한 기독교인 인식조사"에서, 성경의 축자영감설과 성서무오설에 동의하는 사람이 59.8%, 성경을 기록된 문자대로 믿는다는 사람이 55%, 구원이란 사후 천국에 가는 것이라고 생각하는 사람이 59.7%로 나타났다. 그 외에, 진화론 반대 (45.9%), 공산주의 배격(72%), 동성애반대(62.3%), 이슬람반대(68.4) 등의 결과가 나왔다.

36. 2016년 4월 17일 예수사랑교회 주일예배 설교 중. 박기용 · 박유리, "차별과 배제, 극우정치의 두 날개," 「한겨레」 (2016. 4. 22).

37. 옥한흠, 『예수 믿는 가정 무엇이 다른가』 (서울: 국제제자훈련원, 1991), 100. 임희숙, 『기독교 근본주의와 교육』 (서울: 동연, 2010), 41에서 재인용.

38. 이억주, "다원화사회, 기독교에 대한 도전과 응전," 「신앙세계」 482호 (2008. 9), 14.

39. 김건호, "김진태, '전 세계 좌파들이 이슬람 난민으로 질서 흔든다," 「세계일보」 (2018. 7.12)

40. 김완 · 박준용 · 변지민, "동성애 · 난민 혐오 '가짜뉴스 공장'의 이름, 에스더," 「한겨레」 (2018. 9. 27).

41. 최승현, "동성애 말살 정책 펴는 교단들," 「뉴스앤조이」 (2019. 10. 1).

42. 구형찬, "혐오와 종교문화," 33.

43. 구형찬, "혐오와 종교문화," 34.

44. 홍성수, 『말이 칼이 될 때』, 203–4.

45. 강학순, "'근본주의'의 극복에 관한 철학적 고찰," 「현대유럽철학연구」 vol. 27 (2011), 96. 강학순은 "근본에 항상 열려있고, 근원에 가까이 머무르고자 하고 근원에 대한 향수를 견지하는... 열린 근본주의"를 대안으로 제시한다.

46. 이은혜, "개신교인, 비개신교인보다 성소수자혐오 표현 2배 더 사용," 「뉴스앤조이」 (2019. 6. 15). 이일 변호사(공익법센터 어필)는 "(혐오) 행동을 멈추고 먼저 그들의 말을 들어야 한다"고 권면한다.

47. 정태식은 "종교가 정치와 결합하게 될 때 신앙은 타협이라는 위험에 빠질 수 있다... 교회와 국가 사이에 벽이 없다면 '교회의 정원'은 '세상의 황무지'에 의해 오염될 것"이라고 경고한다. 정태식, "공적 종교로서의 미국 개신교 근본주의의 정치적 역할과 한계," 「현상과인식」 제33호 (2009. 5), 65.

제16장[1]
한국기독교총연합회

　한국기독교총연합회[이하 한기총] 대표회장 전광훈 목사의 문재인 대통령 하야운동으로, 한기총에 대한 관심이 절정에 달했다. 한기총이 출범한 이래, 지금처럼 이 단체의 존재가 세간의 주목을 받고 뇌리에 각인된 적은 없을 것이다. 지난 30년 간, 한기총은 "한국기독교회를 대표하는 하는 기관"이자 "한국사회 내 극우 보수세력의 대명사"로 인식되었다. 분명히, 수적인 측면에서 한국교회를 대표했으며, 질적인 측면에서 보수세력을 대변했다. 하지만 지난 한 세대 동안 한기총은 안팎에서 극적인 변화를 경험했다. 과연 어떤 변화를 겪었을까? 그 변화와 전광훈 목사 사태 간에 어떤 관련이 있을까? 이제 한기총의 역사를 검토함으로써, 이런 질문의 답을 찾아보자.

I. 탄생

　1988년 2월 29일, 한국기독교교회협의회[KNCC]는 제37차 총회에서 "민족의 통일과 평화에 대한 한국기독교회 선언"을 참석회원의 만장일치로 채택했다. 이 선언은 (1) 정의와 평화를 위한 교회의 선교적 전통 (2) 민족분단의 현실 (3) 분단과 증오에 대한 고백 (4) 민족 통일을 위한 한국교회의 기본 원칙 (5) 남북한 정부에 대한 한국교회의 건의 (6) 평화와 통일을 위한 한국교회 과제로 정리되었으며, 특히 "남한의 그리스도인들은 반공 이데올로기를 종교적인 신념처럼 우상화하여 북한 공산정권을 적개시한 나머지 북한 동포들과 우리와 이념을 달리하는 동포들을 저주하기까지 한 죄를 범했음을 고백"했다. 또한 남북한 긴장완화와 평화증진을 위하여, "평화협정이 체결되고 남북한 상호간에 신뢰회복이 확인되며, 한반도 전역에 걸친 평화와 안정이 국제적으로 보장되었을 때, 주한미군은 철수해야 하며 주한 유엔군 사령부도 해체되어야 한다"고 제안했다.[2]

이 선언은 연인원 350명이 넘는 지도자들이 3년 동안 5차례 협의과정을 거치고, 다양한 교단과 정당, 학자들의 자문을 통해 완성했다. "분단 반세기 동안에 남한 사회에서 민간 부분에 의해 제기된 최초의 본격적인 통일선언으로 획기적인 역사적 의미를 지니는 계기"를 마련했다는 평가를 받았다. 하지만 이에 대한 반발도 만만치 않았다. 특히, 이 교회협의회의 핵심 교단인 예장 통합 총회가 이 선언을 수용하지 않은 것이다. 이어서 "공산주의로부터 자유 대한민국과 한국교회를 지키려고,"[3] 한국교회 원로 10명이 1989년 1월 한경직 목사가 거처하는 남한산성에 모였다. 이들 중 9명이 이북 출신이었다. 이들은 교회협의회가 한국교회를 대표할 수 없다고 판단한 후, "한국교회를 이끌어 갈 수 있는 기관을 만들어야 한다"고 의견을 모았다.[4] 후속 조치는 일사천리로 진행되었다. 2월 9일 준비위원회를 구성한 후, 4월 28일 준비위원회 창립총회를 갖고 대표회장에 한경직 목사를 선출했다. 그리고 12월 28일 강남중앙침례교회^{당회장 김충기}에 36개 교단 6개 기관 대표 121명이 모여 창립총회를 개최했다. 이로써 한국기독교총연합회가 탄생했다. 이날 발표된 〈창립취지문〉에서 한기총은 자신의 정체성과 사명을 다음과 같이 천명했다.

본 연합회는 정관이 말하듯이 신구약 성경으로 신앙고백을 같이하는 한국의 개신교 여러 교단과 연합기관, 그리고 건전한 교계 지도자들의 협력기관으로서 각 교단 나름대로의 독자성을 유지하면서 시대적 사명을 충실히 감당하고저 본 연합체를 구성하는 것입니다. 그간 일부에서는 지나치리만큼 현실 정치에 참여함과 동시에 일부에서는 방관하는 부패한 정권과의 야합 등 교회 본연의 궤도에서 좌우가 이탈했던 것을 우리 모두 자성해야 할 것입니다. 이제 우리는 주님께서 한국교회에 주신 사명에 충실하기 위하여 좌로나 우로나 치우치지 않으면서 국내의 문제와 교회 안팎의 상황에 현연히 대처하는 본래의 모습을 회복할 것이며, 한국에서 뿐만 아니라 세계사 속에서 한국교회의 위상을 정립하는데 진력할 것을 다짐합니다.[5]

초창기에 한기총의 영향력은 상당히 제한적이었다. 기본적으로, 교계의 실질적 대표자들이 아닌 원로들 중심으로 조직이 구성되었고, 회원단체들이 책임을 다하지 않았으며, 주목할 만한 사업과 활동도 부족했기 때문이다. 이런 상황에서 한기총은 사랑의 쌀 나누기 운동, 북한 쌀 보내기 운동, 세계 도처의 난민들에게 쌀 보내기 운동, 탈북자 및 북한에 양식과 의류 보내기 운동에 주력했다. 따라서 이 시기엔 한기총이 특별한 정치색을 드러내거나 정치문제에 깊이 관여하는 모습은 거의 볼 수 없었다.

하지만 이후 대형교회 담임목사들이 참여하면서 한기총은 비약적으로 발전하기 시작했다. 그들을 통해 자금과 인원이 충원되면서 활동의 동력과 영역이 크게 강화되었기 때문이다. 동시에, 한국교회의 분열을 통해 발생한 수많은 군소교단들이 자신들의 법적·신학적 정당성을 확보하기 위해 한기총에 대거 가입하기 시작했다. 자신의 규모와 영향력을 확장할 필요성을 절감하던 한기총도 이들을 적극 수용했다. 그 결과, 2001년 50개 교단 16개 단체, 2010년에는 66개 교단 19개 단체를 거느린 대형조직으로 빠르게 성장했다.

II. 변화

주로 구호사업에 치중하면서 세력확장에 집중했던 한기총은 1998년 '국민의 정부'가 출범하면서 정치적 목소리를 높이기 시작했다. 오랫동안 극우 정권과 밀월관계를 유지해왔던 한기총에게 진보정권의 출현은 심각한 위기의식을 야기했다. 그동안 한국교회가 독점적으로 향유했던 정부의 특혜가 종식되고, 분단 이후 최초로 정부와 이념적 갈등을 시작했기 때문이다. 특별히, 김대중 대통령의 일관된 햇볕정책, 분단 이후 최초의 남북정상회담과 6.29선언²⁰⁰⁰ᵇ은 이런 위기감을 극대화시켰다. 이때 『월간조선』 편집장 조갑제가 자신의 홈페이지ᶻᵃᵇᵈⁿ에 개신교를 군대와 함께 "잘 조직된 거대한 반공 보루"로 언급했다.[6] 이에 대한 응답이었을까? 2001년 1월 "대한민국을 사랑하는 단체들 협의회"의 발족으로 보수 시민단체들이 결합할 때, 한기총은 '과소비추방국민운동'의 핵심 단체로 참여했다. 드디어 한기총이 극우 보수 세력으로서 모습을 드러내기 시작한 것이다.

동시에, 한국교회는 2000년부터 광림교회의 세습 문제로 홍역을 앓기 시작했다. 감리교신학대학교 총동문회와 기독교윤리실천운동 등이 강력하게 반대했음에도 광림교회는 세습을 밀어붙였다. 이런 상황에서 한기총은 성명서를 발표하여 광림교회를 지지했다. 이미 대형교회와 밀월관계를 형성한 한기총으로서는 당연한 반응이었다. 이 과정을 통해, 한기총은 대형교회의 대변자로서 자신의 정체성을 강화했다.

그리고 2002년이 시작되었다. 김성일에 따르면, 우익진영이 2000년대에 "관주도의 수동적 참여라는 관변단체 성격을 벗어나 사회운동의 일반 성격을 갖춘 대중운동으로 자신의 모습을 변화"시켰고, 그 결정적 전환점이 바로 2002년이었다.

2002년 일어난 일련의 사건〈김동성 선수 금메달 박탈로 야기된 오노 사건과 그 진상을 파헤친 네티즌들의 활약, 노사모 신드롬과 진보정당의 의회 진출, 월드컵 길거리 응원전, 미선이 효순이 촛불집회, 노무현 대통령 당선〉의 양태는 이전의 사회운동 혹은 대중 결집의 그것과 너무나도 달랐다. 계급, 계층, 성별, 나이, 지역 등의 사회적 구별을 초월한 폭발적 대중 참여, 정보 소통을 통한 집단지성의 발현, 운동단체로부터 일반 시민으로 행동 주체 이동, 다종다양하면서도 재치 있는 자기표현 양식, 모두가 하나 된 광장문화의 창출, 정치와 놀이가 결합된 정치 집회의 출현 등은 새로운 대중의 시대의 도래를 알렸다.7

이런 배경에서 2003년 노무현 대통령의 참여정부가 출범했고, 한기총은 광장으로 진출했다. 3월 1일 정오 서울시청 앞에서 '반핵반김 자유통일 3.1절 국민대회가 열렸고, 주최측 추산 10만 명이 참석했다. 같은 날 오후 3시 서울 여의도 한강둔치에서 '나라와 민족을 위한 구국기도회'가 한기총 주최로 개최되어 역시 10만 명이 운집했다. 이후 참여정부가 국가보안법폐지, 사립학교법개정, 과거사진상규명을 추진하자, "국난으로 돌입한 안보체제의 붕괴와 끝없이 추락하는 경제와 고통 받는 민생은 아랑곳하지 않고…이념 문제들로 국론분열이 심화되고 있다"며 맹렬히 비판했고, "친북, 좌익세력을 제거시켜 주옵소서"라고 기도했다.8 심지어, 노무현 대통령이 서거했을 때, "자살을 미화하고 민생을 혼란하게 하는 선동을 즉시 중단하라. 자기 생명을 죽이는 자살은 말 그대로 살인이며 죄악이다"고 정죄했다.9 진보정권에 대한 원한이 뼛속 깊이 사무친 것이다. 백종국의 표현처럼, "군사독재 시절이라면 상상도 할 수 없는 상황"이며, 한기총이 "KNCC가 희생적으로 추구한 민주화의 가장 큰 수혜자가 된 셈이다."10

하지만 2008년 이명박 대통령이 취임하자, 정부에 대한 한기총의 태도

는 완전히 돌변했다. 장형철의 지적처럼, "2000년대 이후 한기총의 정치
담론은 구체적으로 개신교 보수 진영의 기득권 사수와 유지, 그리고 타종
교와 비교하여 차이가 나는 정치적 이득규제완화와특혜을 얻을 수 있느냐 또는
그렇지 않느냐에 따라 달라졌다."[11] 자신과 이념적 지향이 달랐던 지난 정
부들을 향해서는 거의 저주에 가까운 비난과 반대로 일관했던 한기총이 서
울시장 시절 수도 서울을 하나님께 봉헌했던 이명박 장로의 선거운동에 전
력투구했으며, 그가 당선된 이후에는 최대의 정치적 후원세력으로 협력했
다. '4대강 살리기 사업'이 각계의 강력한 반대에 직면했을 때, 한기총이
"오염되고 파괴된 생태계가 복원되도록 친환경적으로 추진되어야 한다는
입장에서" 이 사업을 적극 지지했던 것이 대표적인 예다.[12] 이런 친정부적
태도는 박근혜 정부 시절에 한층 강화되었다. "온 국민은 박근혜 정부의 시
작에 힘을 실어주어야 한다." "박근혜 정부와 함께 하는 대한민국의 변화
와 개혁, 그리고 선진국의 대열에 올라서고자 하는 도전은 쉬지 않고 계속
되어야 한다." "박근혜 정부가 출범한 지 일년도 안된 과정에 수많은 외교
정상들을 만나 역대 대통령 중에 국가신임도를 가장 높인 평가받을 만한
대통령으로 국민 앞에 각인되었다."[13] 21세기 용비어천가의 전형이다.

III. 위기

성공회대 김동춘은 한국 우익이 "극단적 반북 반공, 그리고 친미주의"
에 함몰된 모습을 "제국주의가 되어보지 못한 한국우익들의 일그러진 모
습"[14]이라고 일갈했다. 김지방도 한기총이 "교회에 대한 비판-목회세습,
대형화, 안티기독교 등-에 맞서 교회의 이익을 지키는 방패 역할을 하면서
한국교회 내에서 자신의 존재 가치를 과시했다"고 지적했다.[15] 이로써, 한
기총은 창립시에 천명했던 것과 달리, 특정 이념과 정권, 그리고 부패한 교

회에 대한 배타적 지지세력으로 경도되고 말았다. 자연스럽게, 이런 한기총의 일탈행위에 대해 교계 안팎에서 비판이 터져 나왔다. 2009년 12월 결성된 '한기총 개혁을 위한 기독인 네트워크'는 "한국기독교총연합회에 드리는 공개서한"을 채택했다. 이들이 지적한 한기총의 문제는 다음과 같다.

> 한기총 성명 및 핵심 목사들의 설교와 활동을 분석해 보면 십자가, 고난, 하나님나라는 말 뿐이고, 힘, 성공, 번영, 돈, 시장, 자본, 경제만 찬양하는 행태들을 노골적으로 드러낸다. 그럴 때마다 한국교회와 많은 그리스도인들은 세상으로부터 역사의식도 없고, 시대정신도 모르는 종교 기득권자들처럼 조롱을 받아야만 했다.[16]

이런 외침에 한기총은 진지하게 반응하지 않았다. 오히려 제동장치가 고장난 자동차처럼 파국을 향해 돌진했다. 2010년 이광선 목사가 대표회장에 취임한 후, 이단 연구가 4명을 제명하고 오히려 그동안 이단으로 규정되었던 장재형크리스천투데이 설립자에게 무혐의 결정을 내렸다. 다락방류광수과 평강제일교회박윤식, 인터콥최바울, 그리고 사기 전과가 있는 신현옥시온세계선교교회도 이때 한기총에 가입했다. 2011년에는 사무총장이 성락교회 김기동 측으로부터 1억 7천만원을 받아서 큰 논란이 일어났다. 전국 신학대 교수 110명이 한기총을 규탄하는 성명을 발표했다. 심지어, 같은 해 대표회장 금권선거 논란도 시작되었다. 일부 목사들이 당시 대표회장 길자연 목사의 금권선거를 폭로한 것이다. 직전 대표회장이었던 이광선 목사도 "돈을 썼을 때는 대표회장에 떨어졌는데, 돈을 쓰니까 대표회장에 당선되더라"고 고백했다.[17] 결국, 대표회장의 직무가 정지되고 법원이 파견한 직무대행체제에서 개혁안7.7 개혁정관이 마련되었다. 하지만 길 목사의 측근 홍재철 목사

가 실행위원회를 열어 이것을 폐기하고, 얼마 후 단독 입후보하여 대표회
장에 당선되었다.

이같은 일련의 파행은 결국 한기총의 추락으로 이어졌다. 손봉호 교수
가 2월 17일 「시사저널」과의 인터뷰에서 "한기총은 개혁이 불가능하다"
라고 진단한 후 "해체 운동에 나서겠다"고 밝혔다.[18] 이어서 '한기총 개혁
을 위한 기독인 네트워크'가 '한기총 해체를 위한 기독인 네트워크'로 이
름을 변경하고, 본격적으로 한기총 해체운동을 시작했다. 이들도 "한기총
이 자정능력을 완전히 상실했음을 확인했다"며, "한기총이 역사적 수명을
다하였음을 인정하고 해체하기를 촉구"했다.[19] 이런 비판과 저항에도 불
구하고, 한기총은 반성이나 변화를 모색하지 않았다. 결국, 한기총 내부에
서 별도의 비대위를 조직했던 예장 통합, 백석, 대신, 합신, 예성, 기하성 등
이 탈퇴하여, 2012년 3월 29일 '한국교회연합'을 창립했다. 2013년에는
한기총의 최대 교단이었던 예장 합동과 고신마저 탈퇴를 결정함으로써, 한
기총은 군소교단들의 연합체로 전락하고 말았다.

흥미로운 것은 이런 상황에서 2016년부터 이단 교회 신천지예수교증
거장막성전도 한기총 해체운동에 나선 것이다. 이들은 전국에서 "CBS 폐
쇄, 한기총 해체"라는 문구가 적힌 플래카드를 내걸고, 한기총의 과거 금권
선거 내용이 담긴 전단지를 일반인들에게 배포했다. 이들은 "과거 한기총
이단사이비대책위원회에 참여했던 목사들이 지금도 신천지를 매도하고
있다"면서 한기총에게 분풀이를 시작한 것이다.[20]

IV. 종말(?)

파국으로 치닫던 한기총은 한교연과의 재결합을 통해 세력을 만회하
려 했다. 하지만 통합 직전에 이단문제가 발목을 잡으면서 거듭 좌절되고

말았다. 이런 와중에, 맹목적으로 추종했던 박근혜 대통령이 촛불혁명으로 하야하고 진보적 성향의 문재인 정부가 들어섰다. 문 대통령은 국민들의 절대적 지지 속에 김정은 국방위원장과 정상회담을 성사시킴으로써 한반도에서 핵전쟁의 위협을 극복하고 평화의 시대를 열기 위해 분투하고 있다. 반면, 박근혜 대통령의 구속으로 수구세력은 해방 이후 최대의 존재론적 위기에 직면했다. 이것은 반공, 친미, 재벌을 매개로 박근혜 정권과 유착관계를 유지했던 한기총에게도 절체절명의 위기였다. 이런 상황에서, 2019년 1월 29일 전광훈 목사^{사랑제일교회/청교도영성훈련원}가 한기총의 대표회장에 당선되었다. 대표적인 극우주의자 전 목사는 예상대로 취임과 함께 파격적 행보를 이어갔다.

전 목사는 3월 9일 이단대책위원회를 소집하여 한국의 주요교단들이 이단으로 규정한 변승우^{사랑하는교회}를 이단에서 해제했고, 변 목사가 세운 예장부흥총회의 한기총 가입도 허락했다. 그리고 4월 8일 긴급임원회를 열어 그를 공동회장에 임명했다. 이로써 변 목사는 한달 사이에 주요 이단에서 한기총 공동회장으로 신분이 세탁되었다. 이후 전 목사는 자유한국당 황교안 대표와 만나 자유한국당의 총선 승리를 공공연히 지지했고, 5월의 한 설교시간에는 황교안 대표가 자신에게 장관직을 제안했다면서 "내년 총선에서 빨갱이 국회의원들을 다 쳐내 버려야 한다"고 발언했다.[21] 6월 3일, 한기총 내에서 자신의 정치적 행보를 비판하는 '한기총정상화를 위한 임원 및 회원교단장 비상대책위원회' 소속 5명에 대한 자격정지를 결정하면서 내부의 반대세력을 정리했다. 그리고 6월 5일, 마침내 그와 한기총은 문재인 대통령에게 연말까지 하야하라고 촉구하는 시국선언을 발표했다. 이 선언문은 "문재인 정권은 그들이 추구하는 주체사상을 종교적 신념의 경지로 만들어 청와대를 점령했다. 검찰, 경찰, 기무사, 국정원, 군대, 법원, 언론 심지어 우파 시민단체까지 완전 점령해, 그들의 목적을 향해 달려가

고 있다”고 주장했다.[22]

이 선언문은 즉각 정부와 정당, 교계의 다양한 영역에서 강력한 반발을 불러왔다. 다음 날인 6월 6일, 여야 4당은 전 목사에게 “망언을 중단하라”는 비판 성명을 발표했다.[23] 6월 7일에는 기윤실에서 성명을 발표하여 한기총의 한국교회 대표성을 부정하고, “극단적인 정치 이념 단체로 변질된 지 오래되었다”고 비판했다.[24] 이어서 한국기독교교회협의회[10일], 박종화 목사경동교회원로를 포함한 개신교계 원로들[18일], 건강한작은교회연합 등 8개 단체[21일]가 연속적으로 전 목사와 한기총을 성토하는 성명서를 발표했다. 그리고 기하성이 행정보류를 결의했으며, CCC한국대학생선교회가 한기총에서 공식적으로 탈퇴했다. 하지만 이런 상황에서 전 목사와 한기총은 더욱 강경한 목소리로 자신들의 행위를 변호하고, 문재인 정부와 비판세력을 맹렬히 비난하고 있다.

『뉴스앤조이』 분석에 의하면, 2019년 1월 현재 한기총에 77개 교단이 참여하고 있지만, 행정 및 가입 보류된 교단을 제외하면 소속 교단은 63개다. 하지만 예장 합동, 통합, 기성, 예성, 기하성 같은 한국의 대표적 교단들이 모두 빠져 있기 때문에, “작게 잡아도 한국교회 70% 이상은 한기총과 관련이 없다.”[25] 따라서 한기총은 어떤 의미에서도 한국교회를 대표하는 단체가 아니며, 장래의 운명은 더욱 불안하고 불투명하다. 극단적인 극우적 행보와 무분별한 이단 해제가 한기총의 종말을 촉진하고 있음에 틀림없다.

마무리

한기총은 태생적으로 극우적 특성을 가질 수밖에 없었다. 초창기에는 그런 성향을 노골적으로 드러내지 않았다. 하지만 보수정권 및 대형교회와는 밀월관계를 유지한 반면, 진보적 정권 및 교회와는 적대관계를 유지한 결과, 그런 성향이 꾸준히 강화될 수밖에 없었다. 한동안 효과적 대중 운동과 적극적 확장 노력을 통해 세력과 규모가 크게 확대되면서, 한기총은 한국교회와 사회 모두에게 강력한 영향력을 행사했다. 하지만 권력과 부에 집착하고 도덕적 감수성이 부족하며 특정 이념과 정권을 배타적으로 추종한 결과, 한기총은 종교로서 너무 쉽게 본질을 상실하고 빠르게 부패했다. 결국, 잠시 동안 성공에 취해 있던 동안 내부의 부패와 분열로 몰락하기 시작한 것이다. 동시에, 특정 이념 및 정권과 유착관계를 유지한 결과, 정치적 환경이 돌변하자 이성과 판단력을 상실하면서 급격하게 수구세력으로 퇴화했다. 정교분리 사회에서 종교의 적절한 자리를 확보하지 못했고, 종교로서 예언자적 기능과 제사장적 기능도 균형 있게 수행하지 못했다. 또한 한국교회를 대표하는 연합기관으로서 자신의 공적 책임도 제대로 감당하지 못했다. 그런 위기상황에서 전광훈 목사가 한기총을 장악했으니, 장차 한기총의 운명은 어떻게 될 것인가? 한 가지 분명한 것은, 전 목사는 한기총과 이 나라 모두에게 '재난'이다.

미주

1. 이 글은 "한기총의 어제와 오늘, 그리고 내일," 「기독교사상」 통권 728호 (2019. 8): 32-44를 수정한 것이다.
2. "민족의 통일과 평화에 대한 한국기독교회 선언" (1988. 2. 29) (http://www.kncc.or.kr/sub03/sub00.php?ptype=view&idx=9087&page=41&code=old_pds).
3. 한국기독교총연합회, "한기총의 반기독교언론 MBC 종교탄압, 선전 선동에 대한 성명서" (2019. 5. 28). (http://www.cck.or.kr/chnet2/board/view.php?id=722&code=news_2011&cate=).
4. 김수진, 「한국기독교총연합회 10년사」 (서울: 한국기독교총연합회 10년사 발간위원회, 2002) 머리말 중.
5. 김수진, 「한국기독교총연합회 10년사」, 88.
6. 구둘래, "기독교의 나라" (2014. 11. 14) (http://h21.hani.co.kr/arti/culture/culture_general/38344.html).
7. 김성일, "한국 우익진영의 대응사회운동 전개와 정치과정", 「문화과학」 (2017), 137.
8. 한국기독교총연합회, "비상구국기도회 선언문" (2004. 10. 4).
9. 한국기독교총연합회, "시국성명서" (2009. 6. 12).
10. 백종국, "한국기독교총연합회의 정치시회적 성격과 새로운 버전" (제1차 한기총 진단포럼 "한기총의 신학적 역사적 실체를 묻다"에서 발표한 글, 2009. 12. 28).
11. 장형철, "한국 개신교 보수 진영의 정치 담론 분석", 「사회이론」 (2018. 봄/여름), 115.
12. 한국기독교총연합회, " '4대강 살리기 사업'에 대한 한국기독교총연합회의 입장" (2010. 5. 25).
13. 한국기독교총연합회, "한미동맹 60주년을 넘어 세계 평화를 이룩하자" (2015. 5. 14), "제97주년 3.1절을 맞이하여"(2016. 2. 23), "정의구현사제단의 시국미사에 대한 한국기독교총연합회의 입장" (2013. 11. 26).
14. 김동춘, "우익 대중단체의 분위기와 그 조건", 「황해문화」 (2014 봄), 82.
15. 김지방, "한기총의 실체" (서울 명동 '교회다움'에서 열린 '한기총 개혁을 위한 기독인 네트워크' 주최 토론회에서 발표한 글, 2010. 4. 13).
16. 한기총 개혁을 위한 기독인네트워크, "한국기독교총연합회에 드리는 공개서한" (2009. 12. 28).
17. 김진영, "이광선 목사의 금권선거 양심선언 기자회견문 전문," 「크리스천투데이」 (2011. 2. 9).
18. 안성모, "한국교회, 개신교 역사상 가장 타락했다," 「시사저널」 (2011. 2. 21).
19. 이대웅, "한기총 건물 앞에서 '한기총 해체' 기자회견 개최," 「크리스천투데이」 (2011. 3. 16).
20. "한기총 해체, CBS 폐쇄, 거리로 나온 신천지," 「뉴스앤조이」 (2016. 4. 12).
21. "전광훈, '황교안, 장관직제안…총선서 빨갱이 다 쳐내야'," 「고발뉴스닷컴」 (2019. 5. 21).
22. 한국기독교총연합회, "한국기독교총연합회 시국선언문" (2019. 6. 5).
23. 최승현, "여야 4당, '문제인 하야' 주장한 전광훈 목사에게 '망언 중단하라'," 「뉴스앤조이」 (2019. 6. 6).
24. 기독교윤리실천운동, "한기총은 한국교회를 대표하는 조직이 아닙니다" (2019. 6.7).
25. 이용필 · 최승현, "한국교회 대표하는 한기총? 가입교단 면면 살펴보니," 「뉴스앤조이」 (2019. 5. 20).

에필로그

복음주의의 지평이 확장되면서 중요성과 영향력이 상승했을 뿐 아니라, 내적 한계와 모순도 증폭되었다. 그렇다면, 지난 20세기 동안 미국과 한국에서 복음주의가 성취한 업적은 무엇이며, 동시에 노출된 부정적인 영향과 극복해야 할 과제는 무엇일까? 이제, 이런 질문들에 대한 개인적 의견을 제시하면서 책을 마무리하고자 한다.

1.

복음주의는 세속화가 빠르게 진행되면서 기독교의 근본진리가 외면·왜곡되는 서구에서, 그리고 오랫동안 복음과 단절되었던 비 서구지역으로 그리스도, 성경, 회심을 전하는 사역을 탁월하게 수행했다. 즉, 혁명과 전쟁, 이성과 과학의 영향 하에 종교 일반, 특히 기독교의 지위와 영향력이 급격히 위축되는 상황에서, 복음주의는 기독교의 생명력 유지와 영향력 확대에 괄목할 만한 결과를 낳은 것이다. 그런 의미에서 복음주의는 20세기 기독교를 주도했다고 평가할 수 있다.

전 세계가 다양한 영역에서 근본적·구조적 변화를 거듭한 20세기 동안, 복음주의는 급변하는 현실에 가장 탁월하게 적응하며 종교시장의 치열한 경쟁에서 압도적인 우위를 점했다. 20세기에 민주주의의 발전으로 정교분리와 종교의 자유가 제도화되고, 시장 자본주의의 확장으로 개인의 선택과 대중적 관심이 강조되었으며, 포스트모더니즘의 유행으로 소수자의 권리와 관점의 다양성이 존중되기 시작했다. 그리고 운송수단 및 통신장비의 비약적 발전으로 세계화가 가속화되었다. 이렇게 변화된 환경에서, 복음주의는 복음을 전하기 위해 과학기술을 적극적으로 수용했고, 개인의 선택과 대중적 관심에 민감하게 반응했으며, 전 세계를 무대로 선교와 목회를 역동적으로 전개했다. 이처럼, 적응과 반응 면에서 복음주의는 20세기의 가장 성공한 기독교임에 틀림없다.

2.

20세기 복음주의는 미국과 한국에서 적지 않은 문제들을 노출함으로써 기독교의 가치와 전망에 부정적 영향을 미치기도 했다. 이 문제들의 해결 여부에 따라, 복음주의 자체 뿐 아니라, 복음주의와 관련된 제반 영역의 미래가 크게 달라질 것이다.

복음주의자들의 사회적 지위가 상승하면서 기득권 세력과 배타적 유착관계를 형성했고, 종교적 영역뿐 아니라 정치적 영역에서도 보수적 때로는 수구적 태도를 고수했다. 하지만 복음주의가 본질적으로 보수주의와 동일시 될 이유도 필요도 없다. 물론, 복음주의가 신학적 자유주의에 저항한 것은 역사적 사실이다. 하지만 근본주의의 과도한 신학적 반동과 자신의 입장을 명확히 구분한 것도 복음주의다. 또한 18세기 영국 복음주의자들은 노동자들의 이익을 앞장서서 옹호했고, 19세기 미국 복음주의자들은 노예제도에 반대하고 여성운동에도 적극적으로 참여했다. 20세기에도 빈곤, 전쟁, 인종차별에 저항한 복음주의자들의 행렬은 멈추지 않았다. 따라서 복음주의자들의 정치적 보수주의는 복음주의의 본질이 아니며, 복음주의의 보편적 특성도 아니다. 따라서 전 세계적으로 신자유주의가 폭력적으로 확장되면서 사회적 양극화가 비정상적으로 심화되는 상황에서 복음주의가 중심과 정상의 입장을 대변하는 대신, 아래와 주변에 주목하는 것, 시대착오적 관행을 고수하는 대신, 복음의 창조적 증거와 진실한 섬김에 집중하는 것은 복음주의의 생존과 성숙을 위해 대단히 중요하다. 시대와 무대의 변화 속에도 복음주의가 포기할 수 없는 중차대한 사명이며 과제이기 때문이다.

복음주의는 위에서 언급한 것처럼, 20세기의 역동적 변화에 탁월하게 적응하며 가장 영향력 있는 기독교 버전으로 입지를 굳혔다. 하지만 그것은 복음주의에게 축복이자 불행의 씨앗이기도 하다. 즉, 20세기에 발생한 변화의 중심부에 자본주의가 있다. 냉전이 종식된 이후 미국이 유일의 절대강국으로 부상하고 그 영향력이 전 세계로 확장될 때, 그런 변화와 확장의 궤도 속에 미국식 복음주의도 동행·공존했다. 그 결과, 돈을 모든 악의 근원으로 경계하고, 맘몬과 하나님을 함께 섬길 수 없다는 성경의 근원적 가르침이 비겁하게 간과되거나 참담한 궤변 속에 왜곡되고 말았다. 적극적 사고방식, 교회성장학, 번영신학 등이 모두 미국의 복음주의자들에 의해 주창되고 전 세계 복음주의 교회들의 지배적 신학과 전략이 되었던 것이 사실이다. 과연 이런 복음주의 신학과 전략이 복음, 십자가, 회심이라는 복음주의의 전통적 가치와 어떻게 공존할 수 있을까? 교회가 세상의 빛과 소금이 되기보다, 오히려 교회 안에 돈, 섹스, 권력이라는 세상의 물결이 창궐하는 현실에 미국식 복음주의도 적지 않은 책임이 있고, 한국 복음주의의 상황도 크게 다르지 않다. 반면, 진보적 복음주의, 이머징교회, 신수도원주의처럼, 이런 부정적 현실에 대해 철저히 반성하며, 이에 대한 대안을 용감하고 진지하게 모색하는 신학적·목회적 실험들이 복음주의 내부에서 지속적으로 진행되고 있다. 매우 다행스럽고 복된 소식이다. 부디, 복음주의가 자신의 영역 안과 밖에서 직면한 한계와 모순을 슬기롭게 극복하길 진심으로 기원한다.

3.

　20세기 후반에 이르러 기독교의 중심축은 서구에서 비서구로 이동했다. 필립 젠킨스의 주장처럼, "지금 지구상에서 가장 기독교인구가 많은 곳이 바로 남반구에 존재한다. 우리가 만약 '전형적인' 현대 기독교인을 떠올린다면, 나이지리아의 한 마을이나 브라질 '빈민가'에 살고 있는 한 여성을 그려야 마땅하다."[1] 오순절운동을 중심으로 아프리카, 아시아, 라틴아메리카에서 기독교 인구가 폭발적으로 증가하면서, 이슬람, 불교, 힌두교, 로마가톨릭교회가 지배하던 그 지역의 종교적 지형도가 근본적으로 재구성되었다.

　하지만 우리가 결코 간과하지 말아야 할 것이 있다. 이 지역들은 기존의 지배적 종교들과 함께 애니미즘 같은 토속신앙이 여전히 민중들의 삶과 의식에 막강한 영향력을 행사하고 있다. 그리고 만성적인 정치적 불안과 경제적 빈곤, 치명적인 비위생과 낮은 수준의 의학·의료시설 등으로 이단적 번영신학과 미신적 성령운동이 무정부적으로 번성하고 있다. 반면, 서구의 교회들은 과학과 의학, 철학과 신학, 자본과 인권의 발전과 분화 속에 세속사회로 빠르게 변모했다. 유발 하라리의 진단처럼, 빈곤, 질병, 전쟁 때문에 인류가 종교에 귀의하는 시대는 더 이상 존재하지 않는다고 주장할 정도로 말이다.[2] 분명히, 이런 진단이 일정부분 사실에 근거하고, 어느 정도 현실적인 진단임을 부정할 수 없다.

　그럼에도, 서구에서 기독교는 여전히 무시할 수 없는 전통과 유산, 제도와 경험, 인물과 재정을 보유하고 있다. 기독교의 새로운 중심축으로 부상한 지역들이 경험하는 현재의 여러 난제들을 서구는 이미 오래전에 직접 경험하고 나름대로 극복했다. 동시에, 현재 기독교가 번영하는 지역이 장차 열기가 식고 매너리즘에 빠질 때 발생할 위기를 서구는 현재 전방위적으로 경험하고 있다. 따라서 비록 종교적 열정와 활기 면에서 남반구가 기독교, 특히 복음주의의 새로운 무대로 급부상했지만, 견제와 균형 면에서, 그리고 이 새로운 중심지의 건강한 성장을 위해서 복음주의를 중심으로 한 서구 기독교의 역할과 가치는 상당기간 지속될 것이다. 따라서 남반구와 북반구, 서구와 비서구간의 조화로운 협력과 상생이 절대적으로 필요하다.

4.

복음주의가 지배적인 한국교회는 현재 매우 심각한 위기에 처해 있다. 따라서 교인수가 급감하고 사회적 비판이 급증하는 상황에서, 현실을 정직하게 인식·반성하며 본질을 회복하는 것이 무엇보다 중요하고 절박한 과제다. 비록, 미국교회의 지원과 정부의 후원이 있었지만, 성령의 역사, 성도의 헌신, 교회의 섬김으로 한국교회는 양적·수적으로 급성장했다. 한국사회의 발전과 성장에도 적지 않은 공헌을 했다. 하지만 그런 성장과 영향력이 절정에 달한 순간부터, 한국 교회들은 정치적 수구세력으로 퇴행했다. 동시에, 세습과 스캔들, 배임횡령 등의 윤리적 일탈을 반복하고 타자와 약자에 대한 보수적·배타적 태도를 고수함으로써 대표적인 혐오 대상으로 추락했다. 교세의 급감이 그 가시적인 결과이며, '개독교'란 세간의 표현은 상징적 증거다.

현재 한국 교회는 '벌거벗은 임금님' 처럼, 남들 눈에 다 보이는 치부를 자신만 모르거나 알면서도 애써 무시하는 것처럼 보인다. 부끄럽고 고통스럽지만, 반복된 오류와 실수를 정직하게 반성하며, 당면한 문제와 과제를 용감하게 직면하고 근본적 해결을 위해 최선을 다해야 한다. 어렵지만 불가능하지 않다. 더 어렵고 험난한 시절도 견디었고, 더 비참한 상황에서 더 힘든 장벽도 극복한 경험이 있기 때문이다. 무엇보다, 한국교회를 여전히 사랑하고 신뢰하는 목회자와 성도들이 적지 않다. 이 땅에서 성령과 함께 예수를 증거 해야 하는 지상명령과 "너희를 나의 백성으로 삼고, 나는 너희의 하나님이 될 것이다" 출6:7란 하나님의 언약도 여전히 유효하다. 이제, 우리의 결단과 실천만 남았다.

미주

1. 필립 젠킨스, 「신의 미래」, 김신권 · 최요한 공역 (서울: 도마의 길, 2009), 20.
2. 유발 하라리, 「호모 데우스」, 김명주 역 (서울: 김영사, 2017).

참고문헌

강남순. "종교근본주의 담론과 젠더." 「신학사상」 123호 (2003. 가을): 91-123.

강돈구. "현대 한국의 종교, 정치 그리고 국가." 「종교연구」 제51집 (2008 여름): 1-28.

강연홍. "한국교회 내 성차별로 고통 받는 여성을 위한 기독교상담에 대한 연구." (호남 신학대학교기독교상담 대학원 석사학위논문, 2003).

강휘원. "미국 종교의 자유 성립과 '보이지 않는 국교'." 「현상과 인식」 (2006 가을): 32-56.

강인철. 「한국의 개신교와 반공주의」. 서울: 중심, 2007.

구교형. "'87년형 복음주의', 그 미래를 네가 만들어라." 「복음과 상황」 제256호 (2012. 2).

_____. 「뜻으로 본 통일 한국」. 서울: IVP, 2014.

구권효. "에스더기도운동, '우린 신사도운동 아니다'." 「뉴스앤조이」 (2012. 6. 16).

구둘래. "기독교의 나라." 「한겨레」 (2014. 11. 14).

권성권. "동성애가 '선천적인 특성'에 의해 일어나고 있다?" 「뉴스앤조이」 (2009. 11. 2).

권연경. 「네가 읽는 것은 깨닫느뇨?」. 서울: SFC, 2008.

_____. "성경무오설을 다시 생각해 본다." 「뉴스앤조이」 (2006. 6. 14).

김광식. "교회세습에 관하여." 「기독교사상」 통권 504호 (2000. 12): 210-18.

김건호. "김진태, '전 세계 좌파들이 이슬람 난민으로 질서 흔든다." 「세계일보」 (2018. 7.12).

김근주. 「특강 예레미야」. 서울: IVP, 2013.

김기현. "믿음으로 창조를 안다." 「복음과 상황」 제229호 (2009. 11).

김나미. "한국 개신교 우파의 젠더화된 동성애 반대 운동." 「당신들의 신국: 한국사회 의 보수주의와 그리스도교」. 제3시대 그리스도 연구소 엮음. 서울: 돌베개, 2017: 263-314.

김대원. "한기총, '배아줄기세포, 성체줄기세포 연구로 대체해야." 「크리스천투데이」 (2005. 10. 8).

_____. "최성규 대표회장 '성체줄기세포 연구 전폭적 지원." 「크리스천투데이」 (2005. 10. 14).

_____. "손봉호 총장 '배아줄기세포연구는 살인." 「크리스천투데이」 (2005. 11. 12).

_____. "또 배아줄기세포? 이번엔 이종교잡까지." 「크리스천투데이」 (2006. 5. 20).

김동수. 『방언은 고귀한 하늘의 언어』. 서울: 이레서원, 2008.

김동춘. 『전환기의 한국교회』. 대전: 대장간, 2012.

김동춘. "우익 대중단체의 분위기와 그 조건." 「황해문화」 (2014 봄): 65-82.

김명배. "복음주의 진영의 사회참여에 나타난 교회와 국가의 관계." 「선교와 신학」 제
20집 (2007): 127-54.

_____. "신자유주의 경제체제가 한국교회에 끼친 영향에 관한 연구." 「현상과 인식」
(2012 가을): 43-68.

김명용. "목회자의 세습에 대한 신학적 비판." 「뉴스앤조이」 (2000. 10. 13).

김민아. "사회참여적 복음주의 운동이 한국 시민운동의 형성에 끼친 영향: 1987년 민주
화 전후시기를 중심으로." (서울대학교 대학원 석사학위논문, 2013).

김범수. "감리교 '목회 세습 금지' 확정." 「한국일보」 (2012. 9. 25).

김석종. "한기총 회장 출신 목사들, 줄줄이 교회 세습." 「경향신문」 (2013. 1. 21).

김성건. "퇴색한 '성령운동', 본질 회복해야: 2012 '주의 길을 예비하라' 집회에 즈음
하여." 「뉴스앤조이」 (2012. 6. 26).

김성일. "한국 우익진영의 대응사회운동 전개와 정치과정." 「문화과학」 통권 제91호
(2017): 134-59.

김수진. 『한국기독교총연합회 10년사』. 서울: 한국기독교총연합회 10년사 발간위원
회, 2002.

김수찬. "미군정과 제1공화국 하에서 한국교회와 정교분리 원칙." 「역사신학논총」 제9
집 (2005): 111-31.

김승진. 『근원적 종교개혁: 16세기 성서적 아나뱁티스트들의 역사와 신앙과 삶』. 대
전: 침례신학대학교 출판부, 2011.

김신옥. 『행함으로 믿음을 온전케 하라: 김신옥 목사의 삶 이야기』. 대전: 대장간,
2010.

김영한. "교회세습금지의 신학적 근거." 「크리스천투데이」 (2012. 10. 1).

김완·박준용·변지민. "동성애·난민 혐오 '가짜뉴스 공장'의 이름, 에스더." 「한겨레」
(2018. 9. 27).

김용국. "한국복음주의운동의 정체성과 과제." 「역사신학논총」 제15집 (2008): 182-
219.

김용인. "세습과 전별금에 휘청거리는 한국교회." 「뉴스앤조이」 (2011. 4. 26).

김우현. 『하늘의 언어』. 서울: 규장, 2007.

김은석. "'87년형 복음주의'의 정치참여-선거를 중심으로." 「복음과 상황」 제258호
(2012. 3).

_____. "우리의 우정과 연대의 시효는 아직 다하지 않았다: 김회권 목사가 말하는 87
년형 복음주의 태동기." 「복음과 상황」 제256호 (2012. 2).

김은실. "왕성교회 세습 본격화하나." 「뉴스앤조이」 (2012. 3. 25).

_____. "성남성결교회 만장일치로 교회세습 승인." 「뉴스앤조이」 (2013. 1. 13).

김재성. "특별기고-신사도운동의 문제점을 진단한다." 「기독교한국신문」 (2013. 3. 9).

김종희. "세습 반대하는 이들의 목소리 겸허히 수용하길: 한목협, 담임목사 세습 관련 18일 성명서 발표." 「뉴스앤조이」 (2000. 9. 18).

_____. "한목협 성명 놓고 네티즌들 다양한 반응." 「뉴스앤조이」 (2000. 9. 20).

김지방. 『정치교회』. 서울: 교양인, 2007.

_____. "한기총의 실체" (서울 명동 '교회다움'에서 열린 '한기총 개혁을 위한 기독인 네트워크' 주최 토론회 발표 글, 2010. 4. 13).

김지훈. "감리교 '교회세습' 안한다." 「한겨레」 (2012. 9. 25).

김진영. "한국교회 내 무속성은 양적 성장만 매진한 책임." 「크리스천투데이」 (2010. 2. 8).

_____. "한국교회사 평가: 한말엔 A-, 해방직후엔 F." 「크리스천투데이」 (2010. 2. 18).

_____. "이광선 목사의 금권선거 양심선언 기자회견문 전문." 「크리스천투데이」 (2011. 2. 9).

_____. "권오성 총무 '지방선거, 소통않는 정부에 대한 경고." 「크리스천투데이」 (2010. 6. 5).

_____. "이어령 박사 '교회가 심판 너무 많이 한다." 「크리스천투데이」 (2010. 5. 6).

김진호. 『산당을 폐하라: 극우적 대중정치의 장소들에 대한 정치비평』. 서울: 동연, 2016.

_____. "한국교회의 '신앙적 식민성'이라는 문법-정치적 개입주의와 정교분리 신앙 사이에서." 「기독교사상」 통권 제587호 (2007. 11): 67-77.

김철영. "사태가 불거진 후 교회는 1년 만에 주일 출석 1,500명이던 교인수가 절반으로 줄어들었다고 한다." 「뉴스파워」 (2007. 7. 29).

김형원. 『정치하는 그리스도인』. 서울: SFC, 2012.

김홍도. "시기가 왜 무서운 죄인가?" 「조선일보」 (2012. 9. 1).

김회권. 『김회권 목사의 청년설교 1, 2, 3』. 서울: 복있는사람, 2009, 2013.

_____. 『다니엘서』. 서울: 복있는사람, 2013.

김흥수. 『한국전쟁과 기복신앙 확산연구』. 서울: 한국기독교역사연구소, 1999.

_____. "친일·전쟁·군사정권: 한국교회의 반성." 「기독교사상」 통권 제560호 (2005. 8): 40-9.

_____. "교회와 국가, 한국기독교의 경험." 「기독교사상」 통권 제640호 (2012. 4): 20-7.

_____. "이단 또는 한국적 기독교: 통일교·전도관·용문산기도원의 종교운동." 「종교

와 문화』 제23호 (2012): 15-36.

남궁 곤 편.『네오콘 프로젝트: 미국 신보수주의의 이념과 실천』. 서울: 사회평론,
2005.

노길명.『한국의 종교운동』. 서울: 고려대학교출판부, 2005.

노충현. "WCC부산총회 거부한다."「기독신문」(2009. 12. 8).

_____. "세계적 복음전도자 빌리 그레이엄 목사 소천."「기독신문」(2018. 2. 22).

노치준. "한국개신교와 국가권력 간의 관계."「기독교사상」통권 제640호 (2012. 4):
28-37.

댄 킴볼.『시대를 리드하는 교회』. 서울: 이레서원, 2008.

도날드 밀러, 테쓰나오 야마모리.『왜 섬기는 교회에 세계가 열광하는가?』. 김성건·정
종현 옮김. 서울: 교회성장연구소, 2008.

도널드 데이튼. "존 웨슬리와 종교개혁."『종교개혁기념강좌 자료집』. 부천: 서울신학
대학교, 2003.

_____.『다시 보는 복음주의 유산』. 배덕만 옮김. 서울: 요단출판사, 2003.

_____. "세계오순절신학/운동의 동향" (복음신학대학원대학교 건신 특강 발표
글, 2013. 5. 28).

디아메이드 맥클로흐.『3천년 기독교 역사III』. 윤영훈 옮김. 서울: 기독교문서선교회,
2013.

로드니 스타크·로저 핑크 공저.『미국종교시장에서의 승자와 패자: 1776-2005』. 김태
식 옮김. 서울: 서로사랑, 2009.

로버츠 리아돈.『치유사역의 거장들』. 박미가 역. 서울: 은혜출판사, 2004.

로버트 벨라.『사회변동의 상징구조』. 박영신 역. 서울: 삼영사, 1981.

로버트 웨버.『기독교 문화관』. 이승구 옮김. 서울: 엠마오, 1984.

류대영.『한국 근현대사와 기독교』. 서울: 푸른역사, 2009.

_____. "1980년대 이후 보수교회 사회참여의 신학적 기반."「한국기독교와 역사」제18
호 (2003. 2): 37-72.

류재광. "잘못된 성의식의 시대, '생명을 사랑합시다'."「크리스천투데이」(2004. 9.
23).

리랜드 라이큰.『청교도-이 세상의 성자들』. 김성웅 옮김. 서울: 생명의 말씀사, 2003.

마크 놀.『복음주의 지성의 스캔들』. 서울: IVP, 2010.

목창균.『현대복음주의』. 서울: 황금부엉이, 2005.

미셸린 이샤이.『세계인권사상사』. 조효제 옮김. 서울: 길, 2010.

박기용·박유리. "차별과 배제, 극우정치의 두 날개."「한겨레」(2016. 4. 22).

박동찬. "아들이 후임담임자로 선정되는 것에 대한 목회적 고찰" (한국기독교학술원 주
최 강연회 발표문, 2000. 10. 26).

박득훈.『돈에서 해방된 교회』. 서울: 포이에마, 2014.

박명수.『근대복음주의의 성결론』. 서울: 대한기독교서회, 1997.

_____,『근대복음주의 주요흐름』. 서울: 대한기독교서회, 1998.

_____.『근대사회와 복음주의』. 서울: 한들출판사, 2008.

_____. "다종교사회에서의 개신교와 국가권력."「종교연구」제54집 (2009 : 봄) 1-37.

_____. "정치와 종교: 한국과 미국 ; 이명박 정부시대의 정치와 종교: 불교와 기독교를 중심으로."「성결교회와 신학」제27권 (2012): 42-77.

박삼종. "주체가 노예로 전락한 세습사회."「뉴스앤조이」(2011. 12. 21).

박상미. "낙태..그리고 예수의 성육신."「크리스천투데이」(2004. 1. 7).

_____. "기윤실, 대학로서 생명윤리 캠페인 펼쳐."「크리스천투데이」(2006. 3. 13).

박성흠. "타락선거관행, 교회세습 목회자수급문제 등 촉구."「기독공보」(2000. 6. 17).

박수호. "종교정책을 통해 본 국가-종교간 관계: 한국 불교를 중심으로."「한국학논집」제39집 (2009): 165-99.

박영돈.『일그러진 성령의 얼굴』. 서울: IVP, 2011.

박용규.『평양대부흥운동』. 서울: 생명의 말씀사, 2005.

_____.『세계부흥운동사』. 서울: 한국기독교사연구소, 2018.

박종배. "이상원 교수 '배아줄기세포 연구는 엽기적 살인."「크리스천투데이」(2006. 1. 11).

박종현 엮음.『변화하는 한국교회와 복음주의 운동』. 서울: 두란노아카데미, 2011.

박지호. "정치와 종교가 제대로 입 맞추려면."「복음과 상황」(2007. 10. 15).

박총. "만년 청년 이승장 목사."「복음과 상황」제251호 (2011. 9).

박충구.『종교의 두 얼굴: 평화와 폭력』. 서울: 홍성사, 2013.

밥 하웃즈바르트.『자본주의와 진보사상』. 서울: IVP, 1989.

배덕만. "오순절 운동의 새로운 한 모형: 얼 퍽의 '현재 임한 하나님 나라' 신학."「한국교회사학회지」제21집 (2007): 125-51.

_____. "진보적 사회운동으로서 오순절운동의 가능성 모색: 현대 종교적 담론의 한 모델."「종교와 문화」제13호 (2007): 65-87.

_____.『미국 기독교우파의 정치운동』. 서울: 넷북스, 2007.

_____. "짐 월리스: 복음주의 사회참여의 새로운 모델."「복음과 상황」제216호 (2008. 10): 34-59.

_____.『한국 개신교 근본주의』. 대전: 대장간, 2010.

_____. "오순절신학의 성령이해."『성령과 기독교 신학』. 황승룡 박사 은퇴기념집 편찬위원회 엮음. 서울: 대한기독교서회, 2010: 317-34.

_____. "복음주의 운동의 새로운 흐름, 이머징 처치(Emerging Church): 브라이언 맥클라렌(Brian McClaren)을 중심으로."「종교와 문화」제18호 (2010): 17-42.

_____. " '가난한 자에게 성결을' : 나사렛교회의 정체성에 대한 역사신학적 고찰."「지

성과 창조」 Vol. 14 (2011): 9-50.

_____. "우리식 복음주의를 꿈꾸며." 「복음과 상황」 제256호 (2012. 2).

_____. 『성령을 받으라』. 대전: 대장간, 2012.

_____. "개혁의 빛과 그림자: B. T. 로버츠의 자유감리교회를 중심으로." 「역사신학논총」 제23집 (2012): 93-120.

_____. "신사도개혁운동, 너는 누구니?" 「성결교회와 신학」 제29호 (2013년 봄): 90-114.

_____. "정교분리의 복잡한 역사: 한국의 보수적 개신교를 중심으로, 1945-2012." 「한국교회사학회지」 제43집 (2016.4): 175-224.

배본철. "'제3의 물결'에 대한 이해와 비평-빈야드운동을 중심으로." 「역사신학논총」 제11집 (2002): 200-20.

배준환. "술과 담배를 절제할 수 있는 이유 중 하나." 「뉴스앤조이」 (2003. 5. 28).

백낙준. 『한국개신교회사』. 서울: 연세대학교출판부, 1973, 2010.

백종국. "한국의 천민자본주의와 기독교." 『한국교회와 정치윤리』. 이상원 편저. 서울: SFC 출판부, 2002: 218-26.

_____. 『바빌론에 사로잡힌 교회』. 서울: 뉴스앤조이, 2003.

_____. "'한기총' 식 정치와 한국교회의 미래." 「뉴스앤조이」 (2007. 7. 6).

_____. "한국기독교총연합회의 정치사회적 성격과 새로운 버전" (제1차 한기총 진단포럼 "한기총의 신학적 역사적 실체를 묻다"에서 발표한 글, 2009. 12. 28).

베른하르트 로제. 『마틴 루터의 신학: 역사적, 조직신학적 연구』. 정병식 옮김. 서울: 한국신학연구소, 2005.

브라이언 맥클라렌. 『새로운 그리스도인이 온다』. 김선일 옮김. 서울: IVP, 2008.

_____. 『다시 길을 찾다』. 박지은 옮김. 서울: IVP, 2009.

_____. 『예수에게서 답을 찾다』. 김선일 옮김. 서울: 포이에마, 2010.

_____. 『기독교를 생각한다』. 정성묵 옮김. 서울: 청림, 2011.

_____. 『정의 프로젝트』. 김복기 옮김. 대전: 대장간, 2014.

브라이언 왈쉬와 리처드 미들턴. 『그리스도인의 비전』. 황영철 옮김. 서울: IVP, 1987.

빈슨 사이난. 『세계오순절성결운동의 역사』. 이영훈·박명수 공역. 서울: 서울말씀사, 2000.

새뮤얼 헌팅턴. 『문명의 충돌』. 이희재 역. 서울: 김영사, 1997.

서울신학대학교 성결교회역사연구소. 『한국성결교회 100년사』. 서울: 기독교대한성결교회출판부, 2007.

쉐인 클레어본. 『믿음은 행동이 증명한다』. 배응준 옮김. 서울: 규장, 2007.

송경호. "경향교회, 3년간 성도 4천여 명 늘어." 「크리스천투데이」 (2007. 9. 30).

_____. "기장 목회자 1천여 명 성명 발표, 한기총 성명과 대치." 「크리스천투데이」 (2009. 6. 17).

송상원. "한국복음주의교회연합 창립." 「기독신문」 (2014. 5. 12).

스텐리 하우어워스·윌리엄 윌리몬. 「십계명」. 강봉재 역. 서울: 복있는사람, 2007.

송평인. "담임목사직 세습 공방 광림교회 김선도목사." 「동아일보」 (2000. 9. 6).

스튜어트 머레이. 「이것이 아나뱁티스트다」. 강현아 옮김. 대전: 대장간, 2011.

신국원. 「니고데모의 안경」. 서울: IVP, 2005.

신재식. 김윤성, 장대익. 「종교전쟁」. 서울: 사이언스북스, 2009.

아더 홈즈. 「기독교 세계관」. 서울: 엠마오, 1985.

안국진·유요한. "한국 내 종교갈등 및 종교차별 상황 극복을 위한 제언." 「종교와 문화」
　　제19호 (2010): 181-206.

안성모. "한국교회, 개신교 역사상 가장 타락했다." 「시사저널」 (2011. 2. 21).

안희환. "아들이나 딸이 동성애를 해도 좋다고 할까?" 「뉴스앤조이」 (2007. 10. 26).

＿＿＿. 뉴스앤조이의 에스더 기도운동본부 공격은 바람직하지 않다. 「크리스천뷰」
　　(2012. 6. 14).

알버트 월터스. 「창조, 타락, 구속」. 양성만 옮김. 서울: IVP, 1992.

양정지건. "한국 교회에 세습은 없다?" 「뉴스앤조이」 (2002. 10. 22).

양희송. "미국 정치가 주목하는 복음주의자, 〈소저너스〉의 짐 월리스." 「복음과 상황」
　　(2007. 1. 12).

＿＿＿. "복음주의 지성운동의 현실과 과제." 「복음과 상황」 제240호 (2010. 9).

＿＿＿. 「다시, 프로테스탄트」. 서울: 복있는사람, 2012.

엘리자 그리즈월드. 「위도10°」. 유지훈 옮김. 서울: 시공사, 2011.

E. S. 피오렌자. "해석의 에토스: 탈근대적 탈식민지적 상황." 「신학사상」 제95집
　　(1996 겨울): 38-63.

오덕교. 「언덕 위의 도시」. 수원: 합동신학대학원대학교, 2004.

옥성호. 「방언, 정말 하늘의 언어인가?」. 서울: 부흥과개혁사, 2008.

우은진. "세습문제의 논란과 파장." 「한국여성신학」 제43호 (2000): 74-92.

윈스롭 허드슨·존 코리건. 「미국의 종교」. 배덕만 옮김. 서울: 성광문화사, 2008.

유동식. 「한국신학의 광맥」. 서울: 다산글방, 2000.

유승원. "신분세습논란과 예수의 전복성." 「기독교사상」 통권 552호 (2004. 12):
　　50-8.

유연석. "성(聖)스러운 곳에서 벌어지는 성(性)스러운 일들." 「뉴스앤조이」 (2009. 11.
　　6).

유영. "능력자 투표로 뽑았으니 세습도 문제없다?" 「뉴스앤조이」 (2012. 1. 6).

유영익. "이승만과 한국의 기독교." 「성결교회와 신학」 제13호 (2005 봄): 10-35.

이근식. "혐오와 덕의 공동체: 스탠리 하우어스의 덕윤리를 통한 혐오문화의 기독교윤
　　리적 극복방안에 대한 연구." 「기독교사회윤리」 제37집 (2017): 107-36.

이대웅. "복지부 낙태 허용확대 방침, 종교계 반발." 「크리스천투데이」 (2008. 2. 19).

_____. "고통에도 끝까지 포기 않는 것이 진정 '존엄한 죽음'." 「크리스천투데이」 (2009. 5. 12).

_____. "서경석 목사 '대통령에게 가장 큰 책임이 있다." 「크리스천투데이」 (2010. 6. 7)

_____. "한기총 건물 앞에서 '한기총 해체' 기자회견 개최." 「크리스천투데이」 (2011. 3. 16).

_____. "'담임목사직 세습금지 입법지지' 미래목회포럼 논평." 「크리스천투데이」 (2012. 8. 28).

이덕주. "한국교회와 근본주의: 한국교회사적 입장." 『한국기독교사상』. 한국교회사학연구원 편. 서울: 연세대학교출판부, 1998: 21-44.

_____. "한국 감리교회 역사에 나타난 영적 권위와 지도력 문제 1." 「뉴스앤조이」 (2009. 3. 3).

이만열. 『한국기독교와 역사의식』. 서울: 지식산업사, 1993.

_____. 『한국기독교문화운동사』. 서울: 대한기독교출판사, 1996.

_____. 『한국기독교와 민족의식』. 서울: 지식산업사, 2000.

_____. 『한국 기독교와 민족통일운동』. 서울: 한국기독교역사연구소, 2001.

이문식. 『통일을 넘어 평화로』. 서울: 홍성사, 2007.

_____. 『이문식의 문화읽기』. 서울: 두란노아카데미, 2011.

이민애. "한기총 '낙태는 엄연한 살인행위, 규제 있어야." 「크리스천투데이」 (2006. 7. 19).

이수인. "개신교 보수분파의 정치적 행위." 「경제와 사회」 제64호 (2004 겨울): 265-99.

이승구. "신사도운동가들과 그들의 근본적인 문제점" (한국교회 이단사이비운동 비평 심포지엄 발표 논문, 2012. 11. 26).

이승규. "동성애 차별은 안되지만 나쁘다고 말해야 한다." 「뉴스앤조이」 (2007. 11. 2).

이승선. "공적 인물이 발화하거나 방송에서 발생한 혐오표현의 특성에 관한 탐색적 연구" 「언론과학연구」 제18권 제2호 (2018. 6):107~46

이원규. "종교사회학적 관점에서 본 한국교회와 근본주의." 「종교연구」 28 (2002. 가을): 29-67.

_____. 『한국교회 어디로 가고 있나』. 서울: 대한기독교서회, 2000.

이용필. "목회자도 교회세습·양극화에 부정적." 「뉴스앤조이」 (2013. 2. 1).

이용필·최승현. "한국교회 대표하는 한기총? 가입교단 면면 살펴보니." 「뉴스앤조이」 (2019. 5. 20).

이은선. "한국교회사의 관점에서 본 한국교회와 정치참여." 「한국개혁신학회논문집」 제13권 (2003. 4): 76-97.

이재근. "5가지 키워드로 읽는 빌리 그레이엄의 삶과 사역." 「뉴스앤조이」 (2018. 3. 8).

이종연. "복음주의 시민단체 이렇게 일한다." 「복음과 상황」 제257호 (2012. 3).

이지성. "혐오의 시대, 한국 기독교의 역할: 극우 기독교의 종북게이 혐오를 중심으로." 「기독교사회윤리」 제42집 (2018): 211-40.

이혜원. "미국 제1차 대각성운동의 영향력." 「근현대 부흥운동사」. 최재건 편. 서울: CLC, 2007.

임안섭. "제일성도교회, 사위 세습 제동." 「뉴스앤조이」 (2012. 10. 20).

_____. "세습반대운동연대 출범, 교단 총회에 금지법 통과되도록 할 것." 「뉴스앤조이」 (2012. 11. 1).

임희숙. 「기독교 근본주의와 교육」. 서울: 동연, 2010.

장기천. "한국교회 성직세습의 문제." 「기독교사상」 통권 제466호 (1997. 10): 11-7.

장진호. "80년대 이후 한국 복음주의의 경제관과 실천." 「복음과 상황」 제261호 (2012. 7).

장형철. "한국 개신교 보수 진영의 정치 담론 분석." 「사회이론」 (2018. 봄/여름): 87-124.

전성민. "한국복음주의는 성경을 다시 읽어야 한다." 「복음과 상황」 제260호 (2012. 6).

전현진. "모르고도 빠지는 신사도운동." 「뉴스앤조이」 (2012. 6. 22).

정만득. 「미국의 청교도 사회」. 서울: 비봉출판사, 2001.

정상운. "이달의 성결인: 레티 카우만." 「활천」 vol. 569, no. 4 (2001): 10-3.

정이철. 「신사도운동에 빠진 교회」. 서울: 새물결플러스, 2012.

정재영. "시끄러운 교회, 성스러운 성당." 「뉴스앤조이」 (2006. 12. 1).

정정훈. "한국복음주의, 혁신 없이 미래는 없다." 「복음과 상황」 제255호 (2012. 1).

_____. "복음주의자의 진보 정당 지지, Why Not?" 「복음과 상황」 제256호 (2012. 2).

정지영. "87년형 복음주의운동의 신학을 찾아서." 「복음과 상황」 제260호 (2012. 6).

정형권. "감리교 '세습금지법' 통과." 「기독신문」 (2012. 9. 25).

제임스 데이비슨 헌터. 「기독교는 어떻게 세상을 변화시키는가」. 배덕만 옮김. 서울: 새물결플러스, 2014.

제임스 사이어. 「기독교 세계관과 현대사상」. 김헌수 옮김. 서울: IVP, 1986.

제임스 패커·토마스 오덴. 「복음주의 신앙선언」. 정모세 옮김. 서울: IVP, 2014.

조나든 에드워즈. 「놀라운 부흥과 회심 이야기」. 백금산 역. 서울: 부흥과 개혁사, 2006.

조성돈. "세습 반대 운동, 더 불을 지펴야 한다." 「뉴스앤조이」 (2012. 10. 4).

조병호. 「한국기독청년 학생운동 100년사산책」. 서울: 땅에 쓰는 글씨, 2005.

조성수. "한국에서의 교회와 국가와의 관계에 관한 연구." (연세대학교 박사학위논문, 2008).

조용훈. "정교분리원칙에서 본 최근 한국 개신교의 정치참여 문제." 「한국기독교신학논총」 제65집 (2009): 305-26.

조애진·김지훈. "길자연 목사의 왕성교회 세습 현장 가보니⋯." 「한겨레뉴스」 (2012. 10. 8).

존 맥아더. 『무질서한 은사주의』. 이용주 역. 서울: 부흥과개혁사, 2008.

존 하워드 요더. 『예수의 정치학』. 신원하·권연경 옮김. 서울: IVP, 2007.

_____. 『근원적 혁명』. 김기현·전남식 공역. 대전: 대장간, 2011.

죠지 마르스텐. 『미국의 근본주의와 복음주의 이해』. 홍치모 옮김. 서울: 성광문화사, 1998.

주재용. "한국교회 세습, 그 비판과 극복의 길." 「뉴스앤조이」 (2003. 4. 14).

지규철. "정교분리의 해석과 적용기준: 미국의 국교금지조항을 중심으로." 「한일법학연구」 제9권 (1990): 69–122.

지재일. "강북지역 10여개 지역교회와 선교회, 연합 기도모임." 「크리스천투데이」 (2005. 6. 14).

지형은. 『갱신 시대의 요청』. 서울: 한들출판사, 2003.

짐 월리스. "다보스에서도 일하시는 하나님." 「복음과 상황」 제203호 (2007. 8. 20).

_____. "새로 발표한 복음주의 성명서." 「복음과 상황」 제214호 (2008. 7. 18).

_____. 『회심』. 정모세 옮김. 서울: IVP, 2008.

_____. 『하나님의 정치』. 정성묵 옮김. 서울: 청림, 2008.

_____. 『기독교인이 세상을 바꾸는 7가지 방법』. 배덕만 옮김. 서울: 살림, 2009.

_____. 『가치란 무엇인가』. 박세혁 옮김. 서울: IVP, 2011.

_____. 『부러진 십자가』. 강봉재 옮김. 서울: 아바서원, 2012.

_____. 『하나님의 편에 서라』. 박세혁 옮김. 서울: IVP, 2014.

최병규. "한국 교회여, 신사도운동을 연구하라!" (한국기독교이단상담연구소 홈페이지, 2009. 6. 2).

_____. "신사도 개혁 운동 형성의 역사적 배경과 신학에 대한 비평." 「뉴스파워」 (2009. 6. 30).

최상경·조준만. "빌리 그레이엄과 한국교회 인연⋯ '교회 성장' 이뤄." 「데일리굿뉴스」 (2018. 2. 23).

최승현. "여야4당, '문제인 하야' 주장한 전광훈 목사에게 '망언 중단하라'." 「뉴스앤조이」 (2019. 6. 6).

_____. "동성애 말살 정책 펴는 교단들." 「뉴스앤조이」 (2019. 10. 1).

_____. "'동성애 반대' 비율, 개신교인 62.2%, 비신자 36.6%, 가나안 교인 35.8%." 「뉴스앤조이」 (2019. 11. 4).

최자실. 『나는 할렐루야 아줌마였네』. 서울: 서울말씀사, 2010.

최종선. "국내외 혐오표현 규제 법제 및 그 시사점에 관한 연구." 「법학논총」 제35집 제3호 (2018): 33–57.

최종운. "추잡한 세습, 아름다운 세습." 「뉴스앤조이」 (2012. 1. 8).

최중현.『한국메시아운동사』. 서울: 생각하는 백성, 1999.

최종고. "한국교회의 정교분리."「기독교사상」통권 제278호 (1981. 8): 39-50.

_____. "한국에 있어서 종교자유의 법적 보장과정."「교회사연구」제3집 (1981): 73-111.

최형묵. "참 '교회됨'의 신학적 이해."「뉴스앤조이」(2004. 2. 3).

_____. "민중신학에 근거한 기독교 사회윤리의 관점에서 본 한국 근대화."「신학논단」제74집 (2013): 273-310.

카롤린 엠케.『혐오사회』. 서울: 다산초당, 2017.

카터 린드버그.『경건주의 신학과 신학자들』. 이은재 역. 서울: CLC, 2009.

칼 헨리.『복음주의자의 불편한 양심』. 박세혁 옮김. 서울: IVP, 2009.

케네스 콜린스.『전정한 그리스도인: 존 웨슬리의 생애』. 박창훈 옮김. 부천: 서울신학대학교출판부, 2009.

키드 하드먼.『부흥의 계절』. 박응규 옮김. 서울: CLC, 2006.

크리스토퍼 라이트.『하나님 백성의 선교』. 서울: IVP, 2012.

토니 캠폴로.『친밀하신 하나님 행동하시는 하나님』. 윤종석 옮김. 서울: 복있는사람, 2009.

_____.『레드레터 크리스천』. 배덕만 옮김. 대전: 대장간, 2013.

파울 알트하우스.『마르틴 루터의 신학』. 구영철 옮김. 서울: 성광문화사, 1994.

필립 젠킨스.『신의 미래』. 김신권·최요한 옮김. 서울: 도마의 길, 2009,

하도균. "웨슬리와 성령운동가로서의 플레처에 관한 연구-최초의 웨슬리안 신학자로서의 기여와 시비에 관하여."「한국기독교신학논총」제70권 (2010): 229-52.

하비 콕스.『종교의 미래』. 김창락 역. 서울: 문예출판사, 2010.

한경직.『한경직 목사 설교전집 제1권』. 서울: 대한예수교장로회 총회교육국, 1971.

한국기독교역사학회.『한국기독교의 역사 III』. 서울: 한국기독교역사연구소, 2009.

한국웨슬리학회 편.『웨슬리 설교전집 7』. 조종남, 김홍기, 임승안 외 공역. 서울: 대한기독교서회, 2006.

행크 해너그라프.『빈야드와 신사도의 가짜 부흥운동』. 서울: 부흥과개혁사, 2009.

허명섭.『해방 이후 한국 교회의 재형성』. 부천: 서울신학대학교출판부, 2009.

홍근수. "담임목사 세습제도는 기독교적인가?: 성서적, 교회론적, 신학적 일고."「한국여성신학」제43호 (2000. 9): 57-73.

홍성수.『말이 칼이 될 때』. 서울: 어크로스, 2018.

홍지훈.『마르틴 루터와 아나뱁티즘』. 서울: 한들, 2000.

Ahlstrom, Sydney E. *A Religious History of the American People*. New Haven and London: Yale University Press, 1972.

Aikman, David. *Jesus in Beijing: How Christianity is Transforming China and Changing the Global Balance of Power*. Washington D. C.: Regnery Publishing, 2003.

Alexander, Estrelda. *The Women of Azusa Street*. Cleveland, OH.: The Pilgrim Press: 2015.

Anderson, Allan. Michael Bergunder, Andre Droogers, and Cornelis Van Der Laan. *Studying Global Pentecostalism: Theories and Methods*. Berkeley and Los Angeles: University of California Press, 2010.

_____. *To the Ends of the Earth: Pentecostalism and the Transformation of World Christianity*. New York: Oxford University Press, 2013.

_____. "The Globalization of Pentecostalism and the Transformation of World Christianity." *Journal of Youngsan Theology* vol. 28 (2013): 105-34.

Armstrong, Karen. *The Battle for God: A History of Fundamentalism*. New York: Ballantine Books, 2001.

Bae, Dawk-Mahn. "'Kingdom Now': Social Implication of Eschatology in the Pentecostal-Charismatic Movement in America" (Drew University Ph. D. dissertation, 2004).

Baer, Jonathan R. "Redeemed Bodies: The Functions of Divine Healing in Incipient Pentecostalism." *Church History* 70:4 (December 2001): 735-71.

Balmer, Randall. *Thy Kingdom Come*. New York: Basic Books, 2006.

_____. *God in the White House: A History*. New York: HarperOne, 2008.

Bartleman, Frank. *Azusa Street*. New Kensington, PA.: Whitaker House, 2000.

Brown, Dale W. *Understanding Pietism*. Nappanee, IN.: Evangel Publishing House, 1978.

Barron. Bruce. *Heaven on Earth?: The Social & Political Agendas of Dominion Theology*. Grand Rapids, MA.: Zondervan Publishing House, 1992.

Blumhofer, Edith L. *Aimee Semple McPherson: Everybody's Sister*. Grand Rapids, MI.: William E. Eerdmans Publishing Company, 1993.

Boston, Robert. *Close Encounters with the Religious Right: Journeys into the Twilight of Religion and Politics*. Amherst, NY.: Prometheus Books, 2000.

Brouwer, Steve. Paul Gifford and Susan D. Rose, *Exporting the American Gospel*. New York and London: Routledge, 1996.

Buckingham, Jamie. *The Autobiography of Pat Robertson: Shout It From The Housetops!*. Spring Plainfield, NJ.: Bridge Publishing, 1972.

_____. *Daughter of Destiny: Kathryn Kuhlman*. Alachua, FL.: Bridge-Logos, 1999.

Bundy, David D. "Irving, Edward(1792-1834)." in *International Dictionary of Pentecostal Charismatic Movements*. Grand Rapids, MI.: Zondervan, 2002: 803-4.

Carpenter, Joel A. *Revive Us Again: The Reawakening of American Fundamentalism*. New York and London: Oxford University Press, 1997.

Chesnut, Andrew. *Born Again in Brazil: The Pentecostal Boom and the Pathogens of Poverty*. New Brunswick, NJ.: Rutgers University Press, 1997.

Cleary, Edward and Hannah W. Stewart-Gambino. *Power, Politics, and Pentecostals in*

Latin America. Boulder, CO.: Westview Press, 1998.

Coleman, Simon. *The Globalisation of Charismatic Christianity: Spreading the Gospel of Prosperity*. Cambridge: Cambridge University Press, 2000.

Collins, Kenneth J. *The Scripture Way of Salvation*. Nashville, TN.: Abingdon Press, 1997.

_____. *A Real Christian: The Life of John Wesley*. Nashville: Abindgon Press, 1999.

_____. *The Evangelical Movement: The Promise of an American Religion*. Grand Rapids, MI.: Baker Academic, 2005.

Conforti, Joseph A. *Samuel Hopkins and the New Divinity Movement*. Grand Rapids, MI.: Christian Univeristy Press, 1981.

Corten, Andre and Ruth Marshall−Fratani. *Between Babel and Pentecost: Transnational Pentecostalism in Africa and Latin America*. Bloomington: Indiana University Press, 2001.

Cox, Harvey. *Fire from Heaven: The Rise of Pentecostal Spirituality and the Reshaping of Religion in the Twenty-first Century*. New York: Addison−Wesley Publishing Company, 1995.

Davis, Russell H. "Calling as Divine Summons: Biblical and Depth Psychological Perspectives." *Union Seminary Quarterly Review* 51 no 3−4 (1997): 131−43.

Dayton, Donald W. "From 'Christian Perfection' to the 'Baptism of the Holy Spirit'." in *Aspects of Pentecostal-Charismatic Origins*. ed. Vinson Synan. Plainfield, NJ.: Logos International, 1975: 39−54.

_____. *Discovering an Evangelical Heritage*. Peabody, MA.: Hendrickson Publishers, 1976.

_____. *Theological Roots of Pentecostalism*. Peabody, MA.: Hendrickson Publishers, 1987.

_____, "The Limits of Evangelicalism: The Pentecostal Tradition." in *The Variety of American Evangelicalism*. eds. Donald W. Dayton and Robert K. Johnston. Doners Grove, Ill.: InterVarsity Press, 1991: 36−56.

Drummond, Lewis A. *The Evangelist: the Worldwide Impact of Billy Graham*. Nashville, TN.: Word Publishing, 2001.

Epstein, Daniel Mark. *Sister Aimee: The Life of Aimee Semple McPherson*. San Diego: A Harvest Book, 1993.

Eskelin, Neil. *Pat Robertson: A Biography*. Lafayette, CA.: Huntington House, Inc., 1987.

Eskridge, Larry. "'One Way': Billy Graham, the Jesus Generation, and the Idea of an Evangelical Youth Culture." *Church History* vol. 67(1) (1998): 83−106.

Erb, Peter C. *Pietists*. New York: Paulist Press, 1983.

Evans. Curtis J. "Billy Graham as American Religious and Cultural Symbol." *Harvard Theological Review* 108:3 (2015): 471−81.

Faupel, D. William. *The Everlasting Gospel: The Significance of Eschotology in the Development of Pentecostal Thought*. Sheffield, UK.: Sheffield Academic Press, 1996.

Gaustad, Edwin Scott. *The Great Awakening in New England*. Chicago: Quadrangle Books, 1957.

Goen, C. C. *Broken Churches, Broken Nation*. Macon, GA.: Mercer University Press, 1997.

Gohr, G. W. "Kansas City Prophets." *International Dictionary of Pentecostal Charismatic Movements*: 816-7.

Graham, Billy. *Just as I am: The Autobiography of Billy Graham*. Grand Rapids, MI.: Zondervan and HarperSanFrancisco, 1997.

Granfield, Patrick. *Theologians at Work*. New York: The MacMillan Co., 1967.

Guelzo, Allen C. "Perfectionism and Its Edwardsian Origins, 1835-1870." in *Jonathan Edwards's Writings: Text, Context, Interpretation*. ed. Stephen J. Stein. Bloomington and Indianapolis: Indiana University Press, 1996: 159-74.

Gunn, T. Jeremy. "Under God but Not the Scarf: The Founding Myths of Religious Freedom in the United States and Laïcité in France." *Journal of Church and State* 46 no 1 (Winter 2004): 7-24.

Hall, David D. *Worlds of Wonder, Days of Judgement: Popular Religious Belief in Early New England*. New York: Alfred A. Knopf, 1989.

Hambrick-Stowe, Charles E. Charles G. *Finney and the Spirit of American Evangelicalism*. Grand Rapids, MI.: William B. Eerdmans Publishing Company, 1996.

Hardesty, Nancy A. *Women Called to Witness*. Knoxville, TN.: The University of Tennessee Press, 1999.

Harrell, David E. Jr. *All Things Are Possible: The Healing and Charismatic Revivals in Modern America*. Bloomington, ID.: Indiana University Press, 1975.

_____. *Pat Robertson: Personal, Political and Religious Portrait*. San Francisco: Harper & Row Publishers, 1987.

Hatch, Nathan O. *The Sacred Cause of Liberty: Republican Thought and the Millennium in Revolutionary New England*. New Haven, CT.: Yale University Press, 1977.

Hedges, Chris. *American Fascists: The Christian Right and the War on America*. New York: Free Press, 2006.

Henry, Carl F. H. *The Uneasy Conscience of Modern Fundamentalism*. Grand Rapids, MI.: William B. Eerdmans Publishing Company, 1947.

Hunt, Stephen. "Book Review." *Modern Believing* 53 no. 4 (October 2012): 426-29.

Iwig-O'Byrne, Liam. "Dress, Diversions and Demonstrations: Embodied Spirituality in the Early Free Methodist Church." *Wesleyan Theological Journal* 40 no. 1 (Spring 2005): 229-58.

Jones, Burton R. *Reminiscences of Early Free Methodism*. Chicago, Ill.: Free Methodist Publishing House, 1903.

Lambert, Frank. *Inventing the "Great Awakening."* Princeton, NJ.: Princeton University Press, 1999.

Maddox, Randy L. *Responsible Grace*. Nashville, TN.: Kingswood Books, 1989.

Marsden, George M. *Fundamentalism and American Culture*. Oxford and New York: Oxford University Press, 1980.

_____. *Reforming Fundamentalism: Fuller Seminary and the New Evangelicalism*. Grand Rapids, MI.: William B. Eerdmans Publishing Company, 1987.

_____. "Evangelical and Fundamental Christianity." in *The Encyclopedia of Religion*, ed. Mircea Eliade. New York: Macmillan Publishing Company, 1987: 190-97.

_____. *Jonathan Edwards: A Life*. New Haven-London: Yale University Press, 2003.

Martin, Bernice. "The Global Context of Transnational Pentecostalism in Europe." *PentecoStudies (2010)*: 35-55.

Martin, David. *Tongues of Fire: The Explosion of Protestantism in Latin America*. Oxford: Blackwell, 1990.

_____. *Pentecostalism: The World Their Parish*. Oxford: Blackwell, 2002.

McClymond, Michael J. "We're Not in Kansas Anymore: The Roots and Routes of World Pentecostalism." *Religious Studies Review*. vol. 33 (October 207): 275-90.

McEllhenney, John G. *United Methodism in America: A Compact History*. Nashville, TN.: Abingdon Press, 1982.

McKnight, Scot. "Five Streams of the Emerging Church." *Christianity Today* (February 2007): 34-9.

Moberg, David O. "The Future of Human Relations: Evangelical Christianity and the Social Sciences." *Bulletin of the Evangelical Theological Society* 4 no. 4 (1961): 105-11.

Nichol, John Thomas. *The Pentecostals*. Plainfield, NJ.: Logos International, 1966.

Noll, Mark A. *American Evangelical Christianity: An Introduction*. Malden, MA.: Blackwell Publishers, 2001.

Poewe, Karla. *Charismatic Christianity as a Global Culture*. Columbia: University of South Carolina Press, 1994.

Pollock, John. *Crusades: 20 Years with Billy Graham*. Minneapolis: World Wide Publications, 1969.

Rauschenbush, Walter. A *Theology for the Social Gospel*. Nashville and New York: Abingdon Press, 1945.

Riss, R. M. "Latter Rain Movement." in *International Dictionary of Pentecostal Charismatic Movements*: 830-33.

Robeck, Cecil M. Jr. *The Azusa Street: Mission & Revival*. Nashville, TN.: Nelson Reference & Electronic, 2006.

Roberts, B. T. "New School Methodism." in *Why Another Sect: Containing a Review of Articles by Bishop Simpson and Others on the Free Methodist Church*. Rochester, NY.: The Earnest Christian Publishing House, 1879.

_____. *Holiness Teaching. ed. Benson Howard Roberts*. Rochester, NY.: Earnest Christian Publishing House, 1893.

Robertson, Pat. *Answers to 200 of Life's Most Probing Questions*. Nashville: Thomas Nelson Publishers, 1984.

_____. *The Plan*. Nashville: Thomas Nelson Publishers, 1989.

_____. *The Turning Tide: The Fall of Liberalism and the Rise of Common Sense*. Dallas: Word Publishing Group, 1993.

_____. "The New World Order." in *The Collected Works of Pat Robertson: The New Millennium, The New World Order, The Secret Kingdom*. New York: International Press, 1994: 281-441.

_____. *The End of the Age*. Nashville: Word Publishing, 1995.

_____. *Six Steps to Spiritual Revival. Sisters, OR*.: Multnomah Publishers, Inc., 2002.

_____. *Bring It On: Tough Questions. Candid Answers*. Nashville: Word Publishing, 2003.

Rosell, Garth M. *The Surprising Work of God: Harold J. Ockenga, Billy Graham, and the Rebirth of Evangelicalism*. Grand Rapids, MI.: Baker Academic, 2008.

Sandeen, Ernest. *The Roots of Fundamentalism: British and American Millenarianism 1800-1930*. Chicago and London: The University of Chicago Press, 1970.

Sanneh, Lamin. "The Return of Religion." *The Cresset: A review of literature, the arts, and public affairs*, a publication of Valparaiso University (June 2009): 15-23.

Sepulveda, Juan. "Future Perspectives for Latin American Pentecostalism." *International Review of Mission*. vol. 87 No. 345 (1998): 189-95.

Shaull, Richard and Waldo Cesar. *Pentecostalism and the Future of the Christian Churches: Promises, Limitations, Challenges*. Grand Rapids, MI.: Eerdmans, 2000.

Smith, Timothy L. *Revivalism and Social Reform: American Protestantism on the Eve of the Civil War*. Baltimore and London: The Johns Hopkins University Press, 1957.

Snyder, Howard A. "To Preach the Gospel to the Poor: Missional Self-Understanding in Early Free Methodism(1860-90)." *Wesleyan Theological Journal* 31 no 1 (Spring 1996): 7-39.

_____. "B. T. Roberts' Early Critique of Methodism." *Wesleyan Theological Journal*. 39 no 2 (Fall 2004): 122-46.

_____. *Populist Saints: B. T. and Ellen Roberts and the First Free Methodists*. Grand Rapids, MI.: William B. Eerdmans Publishing Company, 2006.

Spener, Philip Jacob. *Pia Desideria*. Philadelphia, PA.: Portress Press, 1964.

Queen, Edward L. II. "Graham, Billy (Wiiliam Franklin)." in T*he Encyclopedia of American Religious History*. vol. 1. eds. Edward L. Queen II, Stephen, R. Prothero, and Gardiner H. Shattuck Jr. New York, NY.: Proseworks, 1996: 263-65.

Stout, Harry S. *New England Soul: Preaching and Religious Culture in Colonial New England*. Oxford and New York: Oxford University Press, 1986.

_____. *The Divine Dramatist: George Whitefield and the Rise of Modern Evangelicalism*. Grand Rapids, MI.: William B. Eerdman Publishing Company, 1991.

Sutton, Matthew Avery. "Between the Refrigerator and the Wildfire': Aimee Semple McPherson, Pentecostalism, and the Fundamentalist-Modernist Controversy." *Church History* 72:1 (March 2003): 177-82.

_____. *Aimee Semple McPherson and the Resurrection of Christian America*. Cambridge, MA.: Harvard University Press, 2007,

Taves, Ann. *Fits, Trances, & Visions: Experiencing Religion and Explaining Experience from Wesley to James*. Princeton, NJ.: Princeton University Press, 1999.

Townsend, George D. "The Material Dream of Aimee Semple McPherson: A Lesson in Pentecostal Spirituality." *Pneuma* 14 no 2 (Fall 1992): 171-83.

Wacker, Grant. "Billy Graham's America." *Church History* 78:3 (September 2009): 489-511.

Wagner, C. Peter. "The New Apostolic Reformation." *Renewal Journal* (2012. 4. 12): 409-21.

Wall, Robert Water. "The Embourgeoisement of the Free Methodist Ethos." *Wesleyan Theological Journal* 25 no 1 (Spring 1990): 117-29.

Walrath, Brian D and Robert H. Woods. "Free Methodist worship in America: a historical-critical analysis." *Wesleyan Theological Journal* 40 no 1 (Spring 2005): 208-28.

Wallis, Jim. *The Call to Conversion: Why Faith Is Always Personal but Never Private*. San Francisco: HarperSanFrancisco, 1981.

_____. *Revive Us Again: A Sojourner's Story*. Nashville: Abingdon Press, 1983.

_____. *The Soul of Politics: Beyond "Religious Right" and "Secular Left."* San Diego: A Harvest Book, 1994.

_____. *The Great Awakening: Reviving Faith & Politics in a Post-Religious Right America*. New York: HarperOne, 2008.

Watson, Justin. *The Christian Coalition: Dreams of Restoration, Demands for Recognition*. London: Palgrave macmillan, 1997.

White, Charles Edward. *The Beauty of Holiness: Phoebe Palmer as Theologian, Revivalist, Feminist, and Humanitarian*. Grand Rapids, MI.: Francis Asbury Press, 1986.

White, Ronald C. Jr. and C. Howard Hopkins. *The Social Gospel: Religion and Reform in Changing America*. Philadelphia: Temple University Press, 1976.

Whitefield, Stephen. "The Reverend Billy Graham: the Preacher in American Politics." *Revue LISA* vol. IX-n° 1 (2011): 96-118.

Wilder, Forest. "Rick Perry's Army of God: A little-known movement of radical Christians and self-proclaimed prophets wants to infiltrate government, and Rick Perry might be their man." *Observer* (2011. 8. 3): 14-20.

Wilson, D. J. "Branham, William Marrion." in *International Dictionary of Pentecostal Charismatic Movements*: 440-1.

Winn, Christopher T. Collins. *From the Margins: A Celebration of the Theological Work of Donald W. Dayton. Eugene, OR.*: Pickwick Publications, 2007.

Yong, Amos. *In the Days of Caesar: Pentecostalism and Political Company*. Grand Rapids, MI.: Wm. B. Eerdmans Publishing Company, 2010.